国家出版基金项目
NATIONAL PUBLICATION FOUNDATION

中国社会科学院近代史研究所中华民国史研究室

总编 李 新

中华民国史

大事记

第九卷

(1940—1942)

韩信夫　姜克夫　主编

中 华 书 局

编著者名录

1905—1910 年　韩信夫　刘明逵

1911 年　郭永才　王明湘　齐福霖　范明礼

1912 年　张允侯　张友坤　章伯锋　胡柏立
　　　　耿来金　刘寿林　钟碧容

1913 年　胡柏立　耿来金

1914 年　章伯锋　张允侯

1915 年　钟碧容

1916 年　郭永才　王明湘

1917 年　韩信夫　范明礼

1918 年　刘寿林　钟卓安　章伯锋

1919 年　张允侯　张友坤

1920 年　钟碧容

1921 年　齐福霖

1922 年　陈　崧　王好立

1923 年　朱信泉　任泽全

1924 年　蔡静仪

1925 年　韩信夫　丁启予　陈永福

1926 年　严如平　柏宏文

1927 年　吴以群　罗文起

1928 年　查建瑜　韩信夫

1929 年　娄献阁　白吉庵

1930 年　李静之　　张小曼

1931 年　任泽全

1932 年　石芳勤　　徐玉珍

1933 年　江绍贞

1934 年　熊尚厚

1935 年　吴以群　　刘一凡

1936 年　郭　光

1937 年　郭大钧　　王文瑞　　李起民

　　　　　　李隆基　　常丕军　　刘敬坤

1938 年　陈道真　　韩信夫

1939 年　李振民　　张振德

1940 年　梁星亮

1941 年　陈仁庚　　梁星亮

1942 年　董国芳

1943 年　李振民　　张守宪

1944 年　梁星亮　　张振德

1945 年　齐福霖　　王荣斌

1946 年　查建瑜　　任泽全

1947 年　陈　敏　　章笑明　　汪朝光

1948 年　卞修跃　　贾　维　　陈　民

1949 年　江绍贞　　朱宗震

审　订　李　新　　韩信夫　　姜克夫　　齐福霖　　吴以群

　　　　　（以下按姓氏笔划为序）

　　　　　王学庄　　江绍贞　　刘敬坤　　朱宗震　　朱信泉

　　　　　孙思白　　汪朝光　　李振民　　严如平　　杨天石

目　录

第九卷

1940 年(民国二十九年)

1 月

1 月 1 日 国民党中央党部、国民政府举行元旦庆典,中央委员、国府各院部、会长官及党、政、军各机关高级职员千余人参加。林森主席主持并作《向同胞们的新年献词》的报告,勉励国民:一、信行本党五全大会之 10 项要目,即崇道德、兴实学、宏教育、裕经济、慎考铨、尊司法、重监察、重廉政、开宪治、遵总理遗教。二、实践国民精神总动员纲领的条款和国民公约,建立三民主义建国信仰和三个共同目标,即国家至上、民族至上;军事第一、胜利第一;意志集中、力量集中。三、遵守政府法令,服从兵役,加紧受训,建立强大国军。四、完成地方自治,奠定县政基础。

△ 蒋介石以国民精神总动员会会长之名义,向全国国民广播策勉,指出“我们举国奋斗的目的,在抗战胜利建国成功,大家所一致策勉的,应该是如何贡献个人所有的力量,使抗战早日胜利,建国顺利完成”,并强调实行精神总动员就是要发挥我们民族忠孝的伟大力量,“以必死的决心,完成民族复兴的大业,把各人的全部时间、精力、一切智能乃至生命,无保留的贡献给国家”。

△ 国民政府通令全国实行去年 9 月公布的《新县制各级组织纲

要》。行政院政务处长蒋廷黻对记者称：实行新县制，其意义有三：一、建设人民政治教育，完成地方自治工作；二、力谋人民公共福利事业，增进人民健康；三、增加县的生产与切实办理国民基础教育。

△　四川省政府秘书长贺国光发表《川政之回顾与前瞻》，指陈兼理川省主席蒋介石所定治川方案：第一，厉行禁烟；第二，安定地方；第三，慎选贤能；第四，肃正风气；第五，生产建设；第六，实行地方自治。并称此六项为"使四川克成为中华民国复兴根据地之起码办法"。

△　军事委员会公布，抗战以来，日军在中国伤亡达 146.44 万余人，每月平均死伤约五万人。

△　桂林改市，原桂林县改称临桂县。

△　行政院在重庆设立中国汽车运输公司，以陈延炯为总经理。

△　绥境蒙政会委员长沙克都尔札布在伊盟发表《告蒙古同胞书》，提出普及蒙旗教育、增加卫生设施、调查户口、增强保甲、改良畜牧、禁烟等 18 项措施，望蒙胞淬励奋斗，群策群力，共勉期成。

△　第五战区李宗仁部鄂北兵团自高城向应山、广水、平靖关等地日军第十三师团发动攻势。6 日，萧之楚第二十六军第二十三师进至武胜关、广水。7 日，王仲廉第八十五军第四师克复花山。

△　第一战区卫立煌部攻克豫北沁阳。

△　增援桂南昆仑关之日军及由昆仑关退却之日军在九塘、八塘附近占领阵地继续抵抗。2 日，第五军杜聿明部及第一五九师、新二十二师、荣誉一师等部对八塘、九塘日军攻击。杜部因力战 10 余日，官兵疲惫不堪，兼以日军施放毒气，致该部伤亡较大，进展甚微。

△　中共山东省委机关报《大众日报》发表毛泽东为纪念该报创刊一周年的题词："动员报纸……以提高民族觉悟，发扬民族自信心与自尊心，反对任何投降妥协的企图，坚持抗战到底，不怕困难，不怕牺牲，我们一定要自由，我们一定要胜利。"

△　中共冀东区委在遵化县阁老湾召开会议，决定进行肃匪、建政、开辟新区、建立小块游击根据地等工作。并按挺进军司令部命令，

将冀东部队统编为第十二、第十三两个主力团,陈群任第十二团团长,刘诚光任政委,包森任第十三团团长兼政委。

　　△　日军第十八师团自粤北翁源大镇河头之线南犯,3 日主力窜至沙田。第五十四军霍揆彰部迎击,4 日克复翁源、官渡。

　　△　日军为增援桂南作战,停止对粤北攻势,是日抽调该方面作战之近卫旅团及第十八师团主力向桂南方面转进。9 日,近卫旅团在钦州湾登陆,沿邕钦路北进,22 日在七塘附近集结。13 日,第十八师团在钦州湾登陆,19 日集结于南宁南郁江南岸。

　　△　晋东南长子、屯留、潞城各据点日军万余,以空军助战,向长子范汉杰第二十七军及长子南仙翁庙、杨鲁村、尽义村一带之第四十六师突击。第四十六师、预八师向日军反击,战至 4 日,敌腹背受攻溃逃。5 日,第四十六师等克复黎城、东阳关、潞城及河南涉县(今属河北省)。

　　△　是日至 18 日,日军第二派遣支舰队、第三联合航空队出动飞机数千架,对滇越铁路中国段进行轮番轰炸。5 日、8 日,法国政府两次向日本政府提出抗议,并要求赔偿损失。12 日,日外相野村吉三郎向法驻日大使安利表示:日军切断南宁路线后,通过滇越路的运输量增长一倍,而且中国军队因此得以进行反攻;至于轰炸,完全是现地的日军为自卫而采取的当然措施,对于轰炸造成的损失,不负赔偿责任。

　　△　汪精卫在南京发表《共同前进》一文和题为《和平运动之前途》的广播讲话,宣称:"共同防共"、"经济提携"是中日的"共同目标",因此"在外交上、在国防上与日本采取同一方针";在经济上,"实行有无相通,短长相补"。并称:1940 年"无疑的是和平运动由开始而到达于成功"。

　　△　日本中国派遣军总司令部制定《中国事变解决之极秘指导》,提出"以三个月为期限,努力完成汪工作及重庆工作的双重计划",即建立汪精卫伪政权及实现"汪蒋合流"。

　　△　伪满禁烟总局在各省、市设立名为烟政科的所谓"禁烟"机构,在铁岭、绥化设烟膏制造厂,并将原有的 1800 个管烟所改为官管。

1 月 2 日　　监察院公布新视察工作方针,共分一般视察、特别视察、机关视察、分区视察四类:一、一般视察以行政、财政、军政、教育、司法为对象;二、特别视察以某项事业为对象;三、机关视察以中央各机关为对象;四、分区视察以各省、市、县为对象。所需经费由中央核准,视察工作将在 2 月进行。

△　外交部长王宠惠发表对美广播演讲,指出随着时局的变化,美国在远东之发展将无限量,美国之物资与道义已对于远东之命运发生巨大之影响,切望中美关系愈益增进,粉碎日本之所谓"东亚新秩序"。

△　行政院令准湖北省政府设立鄂东行政公署,驻黄冈县。

△　第九战区薛岳部攻克赣北滩溪,进击永修。

△　中国艺术展览会在莫斯科东方文化博物馆开幕。

△　香港当局宣布封锁港口,一切船舰不准驶入。

1 月 3 日　　蒙藏委员会委员长吴忠信赴西藏主持第十四世达赖喇嘛坐床典礼,是日抵拉萨。

△　新四军豫鄂边区挺进支队与鄂中游击队在京山县八字门会合,改编为豫鄂挺进纵队,李先念任司令员,朱理治任政治委员。下辖五个团三个总队。之后又建立了第六团。

△　第九战区薛岳部攻入南昌城区,焚毁日军仓库一座。

△　八路军第一二九师刘伯承部攻克豫北汤阴县之五陵堡,歼灭日伪军 300 余人,俘虏 100 余人。

△　日机 21 架侵入湖南宝庆机场,连续投弹六次,毁机三架,伤四架。次日,中国空军自桂南秧塘机场起飞,轰炸南宁机场,炸毁日机四架。

△　日军陆海军为配合桂南会战订立航空协定,以陆军航空部队飞机 30 架直接协同地面作战,海军航空部队飞机 75 架负责距战场远处的攻击,并以海军第三联合航空队继续攻击桂林、柳州中国机场。

△　陶希圣、高宗武宣布脱离汪精卫集团,是日秘密离上海赴香港。

1 月 4 日　中共代表、八路军参谋长叶剑英在重庆与军事委员会参谋总长何应钦举行谈判。何应钦要求中共取消"违令扩充"的部队及"非法"设立的军区。叶剑英答称:这些军队和军区都是在抗日斗争中发展起来的,肩负着沉重的抗敌任务,不能取消,要求国民政府允许八路军将三个师扩编为三个军九个师,并承认陕甘宁边区政府及其所辖地区及敌后解放区。双方争执激烈,谈判无结果,商定日后继续进行。

△　全国慰劳抗战将士委员会总会以桂南、粤北前线屡战告捷,特致电祝贺,并汇二万元表示慰劳。

△　陕甘宁边区文化协会第一次代表大会在延安举行。大会宗旨为:开展边区文化运动,建立中华民族新文化。张闻天、毛泽东先后作《抗战以来中华民族的新文化运动与今后任务》的报告和《新民主主义的政治与新民主主义的文化》的讲演。大会通过加入延安各界宪政促进会、组织少数民族文化促进会、成立鲁迅研究会等决议及宣言。12日闭幕。

△　新编第二十二师邱清泉部克复桂南九塘,5 日拂晓继续攻击八塘,战至 11 日,攻抵大潭至六落之线。

△　军事委员会参谋总长何应钦密电鲁苏战区总司令于学忠速派劲旅前往文登以南一带,"剿办"在该地征兵之八路军。

△　第一战区第四十七军李家钰部第五二三团围攻八路军驻山西晋城土岭之晋城、阳城、沁水三县联合办事处,办事处主任宋乃德等 20 余人伤亡,70 余人被捕。后经晋豫边抗日游击司令唐天际等向第四十七军交涉,释放全部被捕人员。

△　英驻华大使卡尔抵达重庆。

1 月 5 日　国民政府公布《各省市政绩考成暂行条例》,凡五条。

△　驻英大使郭泰祺会晤英外相哈里法克斯,商谈接受英国信贷及英、美、法三国共同发展中国西南运输业等问题。

△　国民党谈判代表张冲受蒋介石之命,与叶剑英进行谈判。张冲提出要八路军第三五九旅回到河东去。叶剑英提出如下条件:一、把

边区周围的军队调赴前线,陕甘驻军恢复骑二师进军前之状态;二、绝对不增调任何军队赴绥德、吴堡、清涧,陕北行政专员何绍南撤职;三、解决陕甘宁边区问题;四、承认扩军,则第三五九旅过河当可商量。

△　赈济委员会以粤北战事"民众备遭荼毒",是日派该会处长钟可托携款 30 万元,前往赈济。

△　经济部采金局设立云南省金矿勘探处,办理云南宾川、祥云、凤仪、姚安、丽江、永胜、剑川等 20 余县金矿勘探、开采事宜。

△　缅中文化协会在仰光成立,会长宇巴伦,副会长缅、中各一人,中国为李文珍。

△　第四战区第六十四军邓龙光部及暂编第二军向广东英德方面日军进攻,敌在连江口、黎洞、高田、清远等处抵抗后南逃,是日该部克复英德。至 10 日,先后克复连江口、高田、黎洞、清远及银盏坳。

△　中共中央电令贺龙、关向应由冀中返回晋西北。2 月 2 日至 8 日,贺、关率八路军第一二〇师主力五个团分批返回晋西北,统一指挥该地区八路军和新军。

△　日本"梅机关"为汪伪青岛会谈拟定《中央政治会议要纲》和《华北政务委员会组织条例》。要纲规定:中央政治委员会为最高领导机关,设主席一人,每届任期一年。下设法制、内政、外交、军事、财政、经济、教育各委员会及秘书厅。《条例》规定:为处理河北、山东、山西三省及北平、天津、青岛三特别市范围内的防共、治安、经济及其他"国民政府"委任的政务,并监督各省、市,特设立华北政务委员会,下设内务、财务、治安、教育、实业、建设,有任免下属官员、成立绥靖部队、处理华北资源开发、对外贸易及管理华北的国有财产等权。

1 月 6 日　军事委员会任命邓龙光为第三十五集团军总司令。

△　豫南昌平关告捷。第五战区一部克复豫南昌平关、东鲁寨、陈家店等日军据点,旋向母猪河一带进击,7 日晚攻克花山及附近四据点,并围攻大庙坂、平靖关、庙儿岭等地。

△　张冲与叶剑英再谈,转达何应钦对叶剑英 5 日意见的答复:

一、已下令陇东停止军事行动,着朱绍良派人调查解决,中央军可后撤;
二、何绍南决不再去,高桂滋军亦不调;三、陕甘宁边区问题解决困难甚
多,尤其陕、甘、宁三省当局反对,可否找一折衷的办法? 四、扩军事于
事态平息后,由何应钦负责向蒋提出实行。叶剑英表示:调查应由双方
派人去;对边区问题的解决须按原决定发表,绝无折衷的余地。

　　△　杨靖宇率东北抗联第一路军警卫旅在吉林省濛江县西岗地
区,与日军小滨部队和伪警察大队作战失利。月末,杨靖宇率部在濛
江、辉南两县交界的马屁股山遭敌袭击,杨靖宇同警卫旅和少年铁血队
失掉联系。

　　△　东北抗联第三路军一部袭击黑龙江省铁力县日军守备队及伪
军,毙伤 70 余人。

　　△　驻英大使郭泰祺晤英外相哈里法克斯,继续商谈英国援华问
题。郭谈及英信贷案,我方所需之货仅得十分之一,而首要之钢材毫无
所得,英外相表示当催促以应中国之急需。继谈汽油问题,郭称:我方
正与信贷局及油商接洽,每年供我方 50 万磅汽油,五年为限,请予赞
助。英外相亦表同情。

　　△　西藏女子刘曼卿率康藏民众抗敌赴难宣传团自拉萨抵重庆。

　　△　冀南广宗、威县日伪军千余人在炮兵、骑兵配合下,分途向八
路军第一二九师一部进攻,被八路军第一二九师青年纵队击溃,毙伤
200 余人。

　　△　日本兴亚院会议决定关于汪伪中央政权成立的《纲要》,凡七
条,要点为:以汪精卫"新中央政府为对手,开始正式调整邦交"。谈判
日期及调整邦交条件,"等看清该政府的发展及内外形势后再决定";为
了确立日本的战时经济,在与"新中央政府正式缔结调整邦交之前,根
据既定方针应积极促进必要的经济建设"。对于战时经济的薄弱环节
及违反《日中新关系调整要纲》的施策,"更宜尽力调整","使汪极力协
助日本,以加速重庆的屈服"。该《纲要》另有附件及备考。

　　△　日本"梅机关"为青岛会谈拟定《关于建立中央政府大纲》和所

谓《国民政府政纲》。前者规定:一、中央政府由国民党、既成政府、在野合法政党及社会上其他有力分子构成,如果重庆国民政府实行改组,也可作为中央政府的组成分子。二、中央政府根据日中关系调整纲要,正式调整日中国交。后者规定:一、实行和平外交,"分担东亚永久和平及建设新秩序的责任"。二、与各友邦共同防共和实行经济技术合作。三、召开国民大会,制定宪法,实施宪政。四、建立中央银行,确立币制,整理税制,复兴农村。五、以反共、和平、建国为教育方针。

1月7日　蒋介石飞抵桂林,亲自指导南宁作战。10日飞抵柳州,视察驻迁江之夏威第十六集团军司令部,策勉官兵加紧作战,收复失地。

△　八路军第一二九师第三八五旅陈锡联部在平辽公路昔阳至关帝庙间展开破袭战,战至8日,歼灭日军70余人。

△　河南信阳伪警备旅长陈彬斋率部700余人反正。

△　日本"梅机关"拟定《青岛会谈要领》,规定:一、青岛会谈为中央政治会议作准备。二、会期三天。三、内容:通过及决定中央政府建立大纲、政府机构、名称、首都、国旗、中央政治会议组织纲要及条例、中央政治委员会组织条例、华北政务委员会组织条例等。四、由汪精卫向王克敏、梁鸿志说明《日中新关系调整要纲》的部分内容及中日关系近况。参加会谈的各方成员拟为:汪精卫及幕僚五名;王克敏及幕僚三名;梁鸿志及幕僚三名。

1月8日　蒋介石通令四川各专员、县长限期完成禁烟,2月以前自动戒绝,2月后半月举行调验,逾期不戒者,即以私吸论罪,处以徒刑或枪决,承办人员奉行不力定予严惩。

△　蒋介石通令全国学生在寒假期间宣传兵役。所需经费由所属机关、学校筹款支报,不得借口推诿。

△　第五战区李宗仁部攻入湖北潜江,毁日军仓库一座。

△　中共中央军委总政治部为欢迎1月5日自新疆归来的300多名八路军指战员(原西路军的一部)举行晚会,毛泽东出席。

△ 伪华北临时政府发表声明称：一、中央政府成立后，华北将与日本保持现有关系；二、华北关税上缴后，中央须支付华北建设费用；三、保留与日、满处理地方问题的权力；四、改称华北政务委员会后，须保有现有行政区域。

△ 日本首相阿部信行在官邸召开临时内阁会议，听取兴亚院关于成立汪精卫政府问题和《日中新关系调整要纲》主要内容的说明。阿部宣称：全力支持汪精卫政府的成立，"贯彻近卫声明，以期达到最终目的"。

△ 日本内阁通过《树立中央新政府的基本方针》，规定：对汪精卫工作之进展，不规定缓急，听其自然，政权之树立亦根据实力酌量进行，当前按临时政权处理。政权树立前，努力促使进行汪蒋合流工作，大致继续到 3 月前后。政权树立后，预定于其后半年仍继续进行此项工作。如仍不能奏效时，即向长期持久战转移。至于对重庆工作，决定与重庆政府保持接触，通过巨头会谈求得解决。

1 月 9 日 行政院会议决议：湖北省政府设置宜昌行署，派省府委员林逸圣兼行署主任。

△ 张冲与叶剑英谈判，称蒋介石、何应钦已内定以下解决国共军事问题的方案：一、撤换何绍南；二、骑二师撤回洛川以南；三、解决边区问题，以免再发生冲突；四、高桂滋不调；五、八路军扩编为三个军六个师；六、第三五九旅过河东，冀南纸币停止发行。

△ 何应钦再与叶剑英谈判。何提出解决陕甘宁边区问题之方案仍是改边区为专员区，并划给 14 个县，即从原定的 18 个县中划去淳化、栒邑、正宁、宁县四县。并称：该四县接近公路和西安，常生摩擦。叶剑英表示反对，并提出扩军非九个师不可。

△ 第四战区陈公侠第六十四军收复广东增城以北地区，并向增城进击。11 日，击溃良田方面之敌，克复从化。

△ 粤北第三十五集团军邓龙光部攻克昌田，旋分途追击残敌，一路直趋温泉，一路抄从化迫增城，日军向广九路退却，11 日溃走军田。

△　第九战区薛岳部攻克赣北马回岭。

△　八路军第一二九师皮定均特务团袭击晋东南潞城微子镇，毙伤日军 70 余人。

△　豫南平昌关日军 2000 余人，附战车 16 辆，飞机 10 架，西犯桐柏，第五战区李宗仁部阻击日军，日军不支，溃退至吴家店附近。

1 月 10 日　立法院长孙科发表《论实施宪政》的演讲，称实施宪政之功有三端：一、完成训政，巩固民权基础。二、建设人民政治教育，培植标准的民主政治精神。三、集中人民意志，完成建国工作。又称：实施宪政还应注意组织良好的地方民意代表机关及完成地方自治。

△　中共中央指示在重庆的董必武、叶剑英，就陕甘宁边区、山西新旧军冲突、河北摩擦、八路军扩军、新四军、竹沟惨案等问题同国民党交涉，提出陕甘宁边区应为 23 县，少一县不行，八路军有在 23 县境内动员民众实行三民主义与《抗战建国纲领》之权；河北问题，委任朱德为冀察战区总司令兼河北省主席，贺龙为察哈尔省主席，撤销鹿钟麟、石友三，拒绝庞炳勋；调停山西新旧军冲突；八路军扩至三军九师，22 万人，月饷 440 万元；新四军编三个师，五万人，月饷 100 万元，并补充 1000 万发子弹。次日，中共中央又指示南方局，目前先解决边区和扩军问题。

△　国立中央大学校长罗家伦、中山大学校长邹鲁、北京大学校长蒋梦麟、四川大学校长程天放、西北大学校长胡庶华等联名致电美国参众两院，恳请美国政府予日本以经济制裁，指出：美国继续供给日本汽油及飞机零件，将"使美国民众之良心受重大之震动"，"予日本以继续侵略之鼓励"，"实与美国政府及人民之远见不能相容"。

△　驻美大使胡适在纽约演说，呼吁全世界信仰民主及爱好和平之人民一致抵制日货，并督促各国实行有效之对日禁运办法，借使日本在华之军事行动早日停止。12 日，又在美国各学院联合会演说，称中国反侵略战争为"新的世界大战"之一部，中国决为求自存独立而战。

△　新四军管文蔚部在江苏扬中歼灭日军 100 余人。12 日，日军

陷扬中。

△　中国渔船 70 只在汕尾附近遭日驱逐舰袭击,千余名渔民遇难,损失百万元以上。

△　日本与伪蒙疆政府、华北开发公司、满洲铁道株式会社成立大同煤矿公司,资本 4000 万元,对永定庄、裕丰(旧煤峪口)、保晋、同家梁、白洞、宝藏和昭和七个坑口进行开发。

1 月 11 日　国民党中央执行委员会举行会议,通过如下要案:一、设立中央文化驿站;二、中央组织部增设党员训练处;三、修正中央政治学校校章。

△　军事委员会任命樊崧甫为第三十四集团军副总司令。

△　中共中央再次提出解决陕甘宁边区问题的方案,主要为:一、坚持 23 县,少一县不行;二、23 县境内实行民主制度,彼方原有行政机关、地方武装等,一律撤销;三、撤销以破坏边区为目的之一的特务机关,但党部不在内;四、边区名称为"陕甘宁边区";五、边区政府委员会由边区参议会选举,国府加委,不得委派别人;六、主席林伯渠;七、边区行政经费每月津贴 20 万元;八、撤销咸榆公路及陇海铁路上一切阻拦制度,以后不得扣留阻拦来往人员;九、马师(即骑二师)撤退洛川以南。

△　日本兴亚院在南京召开各地联络部长会议,统一对建立汪政权的方针。政务长官柳川说明日本内阁会议通过的关于建立中央政府的基本方针,并对此进行协商。会议决定支持政府的方针,努力协助建立汪政权。

1 月 12 日　蒋介石致电桂林行营主任白崇禧,指示在南宁作战中"不可以侥幸求成","必须先求稳当,次求变化,未稳当以前,切不可遽求变化"。

△　经济部平价购销处奉令执行《取缔囤积居奇办法》,对于囤积棉花、毛线、皮革、纸张、五金等日用必需品者,分别按"劝导、警告、征用"等步骤予以取缔。

△　第三十六军姚纯部接替第五军杜聿明部防地,向昆仑关日军发动进攻,因日军抵抗顽强,姚部补给困难,虽力战数日,无法进展,形成对峙状态,昆仑关战役结束。

△　冀察战区侯如墉、乔明礼部 6000 余人向八路军驻河北赞皇地区之平汉纵队范子侠部进攻。八路军第一二九师李达、王宏坤等部予以反击,将其大部歼灭。同日,八路军冀南、冀中部队各一部将踞束鹿、宁晋地区之乔明礼部主力歼灭。15 日,日军为增援侯如墉部,出动日伪军 2500 余人,合击赞皇以西地区,被八路军击退,侯残部 700 余人窜至赞皇投降日军。

△　晋东南长治、壶关日军 5000 余人南犯,第二战区阎锡山部与敌在周村镇、互河头、韩店一带激战。13 日,日军一部由长治增援,并以大炮、飞机助战,双方在流泽、小池岭、大峪、黄岭一带激战。

△　日本政府向法国政府提出最后通牒,要求在两星期内停止滇越铁路之军火运输,否则将炸毁该路之每一座桥梁。

1 月 13 日　桂林行营在迁江召开桂南会战高级将领会议,决定宾阳附近作战方针:以攻克南宁为目的,先确保现态势,待后续兵团集中完毕后,对郁江两岸之敌同时开始攻击而歼灭之。作战区分郁江南、北两岸,南路由夏威指挥,北路由吴奇伟指挥。

△　蒋介石以南洋华侨筹赈祖国难民总会主席陈嘉庚发动侨胞回国慰劳致电嘉勉,并告已电外交、海外部及各党部力予协助。

△　粤北日军分沿粤汉、禅灰二路溃退,第三十五集团军邓龙光部猛袭军田,一路直迫官遥,与日军滨未、近卫两师团发生激战。

△　周佛海与日本驻上海公使加藤会谈关于日本对汪中央政府的承认问题。加藤表示汪政权成立后,日本只派遣特派大使,不派全权大使,不递国书。周则表示,如此成立新中央政府实无意义,如日本不承认,宁可不组织。

1 月 14 日　八路军第一二〇师一部与山西新军在临县会师,并召开庆祝胜利大会,续范亭报告战斗经过及其意义,同时宣布新军总指挥部正式成立,续范亭任总指挥,下辖决死第二、第四纵队,暂一师及工卫旅。

△　日军在豫北武陟县吴村屠杀修河堤民工 300 余人,并掳去民工 70 余人,毁房屋 900 余间。

△　日本阿部内阁辞职,天皇裕仁任命米内光政继任首相。

1 月 15 日　国民政府派定江苏、浙江、安徽、湖北、湖南、四川、广东、广西、河北、河南、察哈尔、陕西、甘肃、青海、宁夏、西康 16 省民政厅长为各该省的国民代表大会代表选举总监督。

△　资源委员会在云南宣威设立宣明煤矿公司,与云南省政府合办,由谭锡畴主持,有员工 54 人。抗战胜利后结束,由明良煤矿局接管。

△　朱德、彭德怀及八路军全体将领致电蒋介石,严斥军事委员会政治部部长陈诚在韶关演说中所称"八路军游而不击"、"延安无一伤兵"等语,要求派遣陈诚亲临前线考察职军情形,"以雪冤诬,杜摩擦,固团结,而利抗战"。

△　《中国文化》杂志在延安创刊,创刊号发表毛泽东在陕甘宁边区文化协会第一次代表大会上的讲演《新民主主义的政治与新民主主义的文化》,后改题为《新民主主义论》。

△　第五战区李宗仁部攻入鄂南大冶县城,焚敌仓库三所,并乘夜袭击通城、关王庙等处,歼敌一个中队。

△　甘肃海原县回民马国瑞等聚众暴动,次日响应者达 1000 余人,18 日达 3000 余人。

△　日伪军 2500 余人从石家庄、元氏、获鹿等地九路合击赞皇以西之八路军,被击溃,毙伤 300 余人。

△　日本驻蒙军司令长官冈部直三郎决定纠集第二十六师团黑田重德、骑兵集团长小岛吉藏、伪蒙军三个师、伪军王英部三个师,向绥西地区进犯,企图摧毁第八战区傅作义部第三十五军绥西根据地。24 日,日军大本营批准此作战计划。

1 月 16 日　蒋介石手令各省及社会人士充裕教育经费,尊重小学教师,切实改善小学教师待遇,希望诸教师"勿以一时之困穷而动其志,勿以功绩之无闻而轻弃其职务"。

△　交通部长张嘉璈飞抵昆明,处理滇越铁路桥梁被炸事件。2月1日抵海防市,视察存料仓库。

△　延安举行陕甘宁边区第二届农工展览会开幕式,毛泽东出席并讲话。

△　第四战区第六十四军陈公侠部克复广东花县。

△　第九战区薛岳部克复鄂南贺胜桥,进击咸宁。

△　桂林至柳州铁路通车。

△　汪精卫致电蒋介石劝降,略谓:唯先生若能以国命民生为重,"与日本休战言和,根据近卫声明的原则,以求具体的实现,则兆铭及诸同志必能与诸先生同心戮力,使全国和平早日实现"。

△　日本"梅机关"为青岛会谈拟定所谓《国民政府机构预定表》,规定"国民政府"下设行政院、立法院、司法院、监察院、考试院、国防委员会。行政院下辖内政部、外交部、财政部、军政部、海军部、教育部、司法行政部、实业部、交通部、社会部、宣传部、警政部、赈务委员会、蒙藏委员会、侨务委员会。司法院下辖最高法院。监察院下辖审计部。考试院下辖铨叙部、考选委员会。国防委员会下辖参谋本部、军训部、军事参议院。

△　日本米内光政新阁组成。外相有田八郎,陆相畑俊六,海相吉田善吾,内相儿玉秀雄,藏相樱内幸雄。同日,米内发表就职声明,表示新阁将以坚定不移之意志迈进,建立"东亚新秩序"。在处理"中国事变"上,基本政策为协助"新中央政府"之产生。

1月17日　国民政府令免鹿钟麟河北省政府主席职,任命庞炳勋为河北省政府主席兼冀察战区副总司令。

△　蒋介石在重庆召见炮兵部队团长级军官,并发表《炮兵训练的基本要务》的讲演,宣称注重抬炮运炮的能力,注重教养马匹,注重管理炮及其器材乃是炮兵训练的基本要务,要求各团长切实做到,练成新式

精锐的革命炮兵。

　　△　财政部公布《出口货物注销外汇办法》。

　　△　蒋介石命令太南、太岳地区之八路军部队一律撤至白晋公路以东、邯长公路以北。同日,又命令第九十三军刘戡部、第二十七军范汉杰一部向临屯公路以北挺进,进攻八路军和决死一纵队驻地;命令阳城、晋城地区第四十七军李家钰部、第十四军陈铁部向晋豫边八路军进攻;命令高平、陵川、长子、壶关地区第四十军庞炳勋部、第二十七军一部等进攻八路军第三四四旅徐海东部及决死三纵队。21 日,朱德、彭德怀致电蒋介石提出抗议,表示八路军决不离开上述地区,并反对进攻决死队。

　　△　八路军第一二〇师大青山李井泉支队在绥远武川附近歼灭日军、伪蒙军 200 余人。

　　1 月 18 日　第一二九师奉八路军总部命令,派陈赓率第三八六旅主力进入太岳区与决死一纵队会合,并与薄一波统一指挥该地区八路军和决死纵队,以应付阎锡山之突然进攻。

　　△　美国《纽约时报》撰文驳米内 16 日就职声明,表示如日本不变更侵华政策,美日关系无法改善。

　　1 月 19 日　第九战区副司令长官杨森自抗战军兴以来,率部转战苏、浙、皖、赣、湘、鄂等省,"屡摧强寇,迭著殊勋",国民政府近特晋授三等宝鼎勋章,蒋介石是日致电嘉勉。

　　△　17 日至是日,何应钦及张冲等接连与中共代表叶剑英等谈判,提出国民党关于两党军事问题及陕甘宁边区问题的条件:一、边区名称为陕北行政区;二、暂时隶属行政院;三、县数 15 县;四、第十八集团军扩军三军六师;五、第三五九旅至少要有一部分过河东,以给中央面子。

　　△　国民党中央执行委员叶楚伧致函宣传部长王世杰,建议增加党报之发行数额,并称"扩大宣传,应付共产党实属当务之急"。

　　△　朱德、彭德怀等致电中共中央、中央军委,提出今年扩大八路

军 20 万人。30 日,毛泽东等复电:今年扩军 30 万,主要分配在有枪的区域。

　　△　刘伯承赴冀西同冀察战区总司令鹿钟麟、第九十七军军长朱怀冰会谈,劝其停止摩擦,一致对外,并表明严正自卫之立场。鹿表示中立,朱则反对。

　　△　中共中央书记处致电新四军副军长项英,再次指示新四军向北发展,指出:在现在的抗日反共局面继续发展的形势下面,"新四军大江南北部队应在现地区力求发展"。在发展中,给摩擦者以打击,给武装进攻者以反攻,"才能巩固自己,坚持阵地和克服投降危险"。

　　△　汪精卫、周佛海、梅思平、林柏生与日影佐、须贺、清水、矢野等在上海会谈,讨论青岛会谈的各项事宜。后汪精卫接见日本记者,谈其"中央政府"成立后之对内对外政策,对内实行"反共建国",在其统治区内实行对日"局部和平"。对外则与日本"外交方针一致",并根据近卫声明的原则,调整"中日国交"。

　　1 月 20 日　蒋介石在重庆接见法驻华大使高思默,对法国拒绝日本假道越南运输军火物资一事表示感谢,并称对于滇越铁路,只须两国迅速修复,保护周密,使日本轰炸破坏之阴谋无所施展。

　　△　英国驻华大使卡尔向国民政府外交部递交备忘录,谓:英国政府愿知中国政府供给英国钨砂及生丝、桐油、茶叶、猪鬃之数量,"如上述任何货物可供采购,则英国政府或能以无线电及电话材料供给中国,以为交换";并称:英国政府在相当长时间内,"歉难以各种机器工具、特制钢铁及测量器材等供给中国"。

　　△　何应钦致电军令部长徐永昌,告西北地区政治环境错综复杂,较全国任何一地为甚,"最显著者为八路军与晋绥集团,均各有主张与作风",建议"培植、充实中央在西北之部队,以形成坚强之核心力量"。26 日,徐永昌复电称:目前西北虽有第一、十六、九十、四十二、八十军,似仍有兵力不足之虞,"应再充实中央在陕甘之兵力";"宁、青四马部队除前已整理并增经费外,似应特须加强其精神教育及一般训练";"晋绥

军以阎长官整理为宜"。

△ 苏阿拉木图至新疆迪化市航线开通。

△ 汪伪中央秘书长褚民谊在上海对伪中华社记者称:"现在和平基础已备,唯和平之实现,必须全国一致,乃能迅速而普遍。故盼蒋(介石)毅然决定大计,与日本停战言和。"

1 月中旬 傅作义在绥西五原召集团长军事会议,商讨反击日军进攻绥西的对策,商定:在战略上首先用软顶硬打的战法,节节阻止,打退日军进攻;尔后化整为零,分区游击,使敌人找不到我军主力;俟敌人疲惫之时,化零为整,集中优势兵力,攻其不备,一举歼敌,收复绥西。

△ 第十六集团军夏威部第三十一军及第一三四师、第一七〇师,第三十七集团军叶肇部第六十六军,第三十五集团军第六十四军,第三十八集团军徐庭瑶部第二、五、六、三十六、九十九军,第二十六集团军蔡廷锴部第四十六军及第一、二、三、四独立团,第四十三师,新编三十三师等部,为增援宾阳方面作战,到达前线。

△ 东北抗日联军第二路军第七军一部在黑龙江虎林县七里沁沟、五里洞、外七里等地歼灭日军 50 人。

1 月 21 日 第二战区阎锡山部自白晋路两端夹击由壶关南犯日军,至夜将敌击溃,克复高平。24 日,克复荫城镇。

△ 国民党中央要员发起之追悼吴佩孚大会在重庆举行,蒋介石、丁惟汾、于右任、孔祥熙、叶楚伧、朱家骅、何应钦、陈立夫、邵力子、吴敬恒等及各机关、团体 200 余人出席,丁惟汾主祭,孔祥熙致词称:吴佩孚是一个爱国者,"其晚节忠亮,不受敌人所威胁利诱","已为国家尽忠,为民族尽孝"。继宣读国民党中央执委蒋介石之祭文。24 日,吴佩孚灵柩厝北平拈花寺,沿途观殡者数万人。

△ 中共中央决定,由于过去历届国民参政会均决而不行;国民党对国民大会、宪法及宪政重大问题,对中共和全国人民均采取忽视和不理态度;故意指定制造摩擦的人组织华北视察团以增加两党摩擦;对八路军、新四军、陕甘宁边区及共产党员实行进攻与压迫政策等原因,中

共参政员均不出席第五次参政会，以示抗议。

　　△　陶希圣、高宗武致书香港《大公报》，揭露汪精卫与日本秘密签订的《日中新关系调整要纲》及其附件，并详述汪日密约签订之经过，劝告汪精卫等"悬崖勒马，勿再受日阀之欺骗与利用，以冀公私两全"。

　　△　伪华北临时政府王克敏、王揖唐、朱琛、齐燮元及日顾问喜多诚一到达青岛。22日，伪华中维新政府梁鸿志、温宗尧、陈群、任援道及日顾问原田熊吉，伪蒙古联合自治政府李守信到达青岛，参加青岛会谈。

　　△　日军土桥师团一部乘汽艇80余艘自杭州偷渡钱塘江，向浙南进犯，是日陷萧山。

　　△　民生公司"建兴"轮于长江广阳坝附近撞沉"隆义"轮，乘客100余人遇难。

　　1月22日　国民党中央宣传部长王世杰就高宗武、陶希圣披露汪日密约事，致电驻美大使胡适，请其"就近指导在美宣传人员，充分利用此文件，以打击日政府对英、美之假妥协"。

　　△　陶希圣、高宗武致电汪精卫、褚民谊、周佛海、梅思平、丁默邨等，切望为中华民国四万万同胞及万代子孙之独立自由与生存计，放弃无益于国之有害运动。

　　△　汪精卫、周佛海、梅思平、林柏生等到达青岛，参加青岛会谈。下午汪精卫拜访华北日海军最高指挥官野村中将，并接见记者发表谈话，称他所进行的"和平运动"，是从东亚大局着想，并非以战败之故，避难苟安。

　　△　日本驻香港特务机关长铃木卓尔与自称"宋子良"的国民党代表在香港会谈日中和平问题，宋称目前蒋介石不愿同汪精卫合作，并尽力破坏这种合作，建议日本方面坦率地向蒋介石提出简明的避免战争的要求，促使蒋介石转变。29日，日本中国派遣军总司令部电令铃木卓尔，迅速了解重庆方面的动向。

　　1月23日　蒋介石发表《为日汪密约告全国军民书》，称日汪密约

"把近卫声明'东亚新秩序'的一字一句都具体化了","骨子里暗藏着机械利刃","比之二十一条凶恶十倍,比之亡韩手段更加毒辣";号召中华国民"光复山河,荡涤汉奸腥膻,报复先烈仇恨"。同日,又发表《为日汪密约告友邦人士书》,切盼友邦勿供给日本军火"助寇侵华",并希望友邦援助中国抗战,"共谋中国及远东之正义、和平与安定"。

△ 国民政府决定行政院设立农林部,管理全国农林行政事宜。下设总务、农事、农村经济、林业、渔牧等处及垦务总局。

△ 重庆《新华日报》发表社论《全国同胞起来,反对汪派卖国密约》,指出:"摆在中国人民面前只有两条道路:一条就是坚持抗战的道路,中华民族所走的道路,中华民族的生路;一条就是对日投降的道路,汉奸汪精卫及其他投降分子所走的道路,中华民族的死路。中间的道路是没有的而且也不可能有的。"

△ 孔祥熙发表《今后财政之展望》,认为"我国抗战已历二年零七个月,经长期之艰苦奋斗,抗战已进入有利阶段。以战时财政而言,不但仍富有弹性,可以继续支持抗战,且更有余力,可以从事建设,以副抗战建国同时并进之国策"。

△ 周恩来按照中共中央的委托致信斯大林,说目前中国抗战正进入艰难时期,统一战线内部存在着严重的摩擦,投降与分裂正成为目前中国的主要危险。

△ 第八战区傅作义部克复绥西新民堡,日军退守旧城。

△ 甘肃海原回民马国瑞率众攻克海原县城,被当地驻军第五八二团镇压。29日,暴动失败。5月,暴动复起,旋亦被镇压,终致失败。

△ 豫南长台关伪军余歧成率部200余人反正。

△ 日军以第五师团在桂南失利,调广东之近卫混成旅团及第十八师团第二十三旅团增援南宁,是日到达前线,并将在桂南之各部队改编为第二十二军,以久纳诚一为司令官,隶属华南方面军。

△ 青岛会谈开始。汪精卫之代表周佛海与伪蒙疆政府代表李守信会谈,达成如下协议:一、汪精卫方面承认在蒙疆地区实行高度防共

是必要的；二、"蒙疆政府"对即将成立的新"中央政府"给予协力。会谈结束后，李守信发表谈话称：蒙疆新地位的确立，"将有助于东亚新秩序的建设及新中央政府的发展"。

　　△　汪精卫集团为掩盖日汪密约真相，由陈春圃以汪精卫随从秘书长的名义发表声明称："高宗武、陶希圣所发表之文件，只是交涉中之日方片面提案，既非日方最早之要求，亦非最后折中之结果，而为断章取义之片断记录。"同日，周佛海亦发表谈话，称高、陶所公布之日汪密约"为日本的最初提案"。

　　1月24日　行政院会议决定组织政务巡视团，督察各省行政及建设设施，指导新县制之实施，促进地方自治之推行；并通过《中苏通商条约》及设立农林部等案。

　　△　军事委员会任命李及兰为第九十四军军长。

　　△　驻美大使胡适及上海商业储蓄银行总经理陈光甫在华盛顿拜访美国联邦贷款主任琼斯，说明中国政府决不讲和，决不投降，一定坚持长期抗战。陈光甫并将中国政府要求美国再借7500万美元意向书面交琼斯。

　　△　经济部公布《钢铁管理规则》。

　　△　经济部设立豫陕鄂边采金处，办理河南淅川、嵩县，陕西洛南、白河、洵阳、安康及湖北郧县金矿开采事宜。

　　△　国立中央大学、重庆大学、中央政治学校、四川省立教育学院等院校248名教授联名通电讨汪，呼吁全国文教同人"共谋有效办法，铲除此辈害群之马，毋使玷污文教，贻羞人民"。

　　△　中共吉东省委和北满省代表在周保中主持下，于苏联伯力召开会议，参加会议的有周保中、冯仲云、赵尚志等。会议总结东北抗日游击战争的经验教训，确定东北抗日联军今后的斗争方针和策略。通过《吉东北满党内斗争问题的讨论总结提纲》、《关于东北抗日救国运动的新提纲草案》等文件。

　　△　日本华北方面军下达关于进攻后套（即绥西五原）作战命令：

驻蒙军可暂时在后套地区作战,消灭当面之敌。作战完毕,应迅速将全部部队撤回至原来作战控制线以内,进行整备。撤退时对可被敌利用之军事设施及军需物资,应尽量予以破坏或烧毁。

△　汪精卫、王克敏、梁鸿志举行第一次会谈。出席者汪精卫方面为褚民谊、周佛海、梅思平、林柏生、刘郁芬;王克敏方面为王揖唐、齐燮元;梁鸿志方面为温宗尧、陈群、任援道;日本方面有影佐祯昭、犬养健、谷荻那华雄、清水董等。会议通过伪中央政府成立大纲、政纲、政府名称、首都、国旗和成立日期等案。会后,汪精卫就法统问题发表谈话称:中央政府将继承国民政府之法统,取消一党独占,凡各合法政党及全国贤能之士,均能依法参加,协力商议政治。

△　汪精卫对合众社记者发表谈话,承认卖国密约是"去年 11 月 5 日与日方在华一部分人士试拟之方案"。

1 月 25 日　第一战区司令长官卫立煌暨所部将领通电讨汪,誓率北线及中原数千万忠义同胞,与倭寇搏战到底。同日,重庆工、农、商、学、妇各界发表联合宣言,呼吁全国军民一致讨汪,共除奸逆,以维国法。

△　陆军大学举行第十七期开学典礼,蒋介石到会作《陆大学员之责任与基本的修养》的讲演,称建军的先决条件在于建立军人的精神与人格,而修养精神与锻炼人格,应从日常生活的食、衣、住、行做起。勉励学员自省,学术与精神均有不逮,从此奋发努力,精益求精。

△　军事委员会驻八路军总部联络参谋长陈荣楫在第四十军军部报告,以其在华北耳闻目睹之现实,承认"八路军抗日积极,设施英明",国民党"华北党务、行政人员均非共产党对手",并断言两年后华北政权均将为共产党操纵。

△　中共中央发出《关于与国民党谈判条件不能让步问题的指示》,指出:"我们须考虑增加扩军数与经费数,并以晋、察、冀、鲁四省及豫东、皖北、苏北全部划为我军防地,方于抗日有利";陕甘宁边区问题,"不仅二十三县不能少,而且须考虑增至二十八县,方能巩固后方"。

△　中共中央指示北方局、八路军总部在山西工作的意见：巩固晋西北，建立新政权；在晋东南方面，巩固现有阵地，严阵以待。

△　上海英商信和纱厂1800名工人举行罢工，要求增加工资及发给四个月的奖金。经过斗争获得部分胜利，30日罢工结束。

△　日军第二十八师团主力协同第十八师团主力，向广西七塘西春虎山之守军甘丽初第六军、傅仲芳第九十九军阵地进攻，以一小部由五塘、六塘东犯六景，北经那河迂回武陵；以近卫混成旅团沿邕永公路渡邕江东岸北犯甘棠，并以空军配合作战。第六十四军陈公侠部主力因日机空袭，运动困难，无补战局。第二军李延年部之第七十六师、第六军之第四十九师仓促驰援，情况不明，兵力逐次投入，消耗颇多。

△　山西昔阳日军700余人进攻皋落镇，八路军第一二九师第三八五旅一部予以阻击，毙伤敌80余名。日军施放毒气，八路军将士中毒400余人。

△　汪精卫、王克敏、梁鸿志举行第二次会谈。首由汪精卫对《中日新关系调整要纲》及《秘密谅解事项》部分内容作了说明，协商结果将条约及附件交汪精卫处理，并在发表前严守秘密。关于《华北政务委员会组织条例》、《华北政务委员会秘密谅解事项》、《中央政治会议组织纲要》、《中央政治委员会组织条例》、《中央政府的组成》、《关于召开国民大会及实行宪政之件》等，或按原件通过，或由汪精卫提交中央政治会议协商内定。决定中央政治会议于3月初在南京召开，中央政府于3月中旬成立。

1月26日　朱怀冰第九十七军及河北省政府由太行山北部地区撤至邯长路以南之武安、涉县、磁县、林县地区。

△　八路军第一一五师一部攻克山东郯城。

△　财政部公布《推进银行承兑贴现业务暂行办法》，凡六章11条。

△　新四军参谋长张云逸为河南竹沟事件再次致电卫立煌，要求"惩凶雪冤，以遏乱萌"，并保障新四军人员"生命财产之安全"。

△　日军第十八师团击退第四战区第三挺进纵队一部,攻陷南宁附近之良庆,27 日陷刘墟。

△　汪精卫分别会见王克敏、梁鸿志,就"临时"、"维新"两政府与中央政府之间的关系、中央政治会议议员分配、决议办法、开会地点、时间、议题等达成协议,青岛会谈结束。旋汪精卫发表谈话,称此次青岛会谈,实际为"和平运动"之一大进步与发展。同日,日军派遣军总参谋长板垣征四郎发表谈话,宣称青岛会谈使汪精卫中央政府之组成及调整中日关系之前途,更具有浓厚之希望。

△　伪华北临时、华中维新政府发表《联合声明》,称:今经青岛会谈,进而将见中央政治会议之召集,"悉为吾人所冀求望其实现者,全国贤达之士,亦必深谅其苦心,而冀助成此大业也"。

1 月 27 日　国民政府明令督办四川省肃清私存烟土事宜公署改为四川省禁烟督办公署,派蒋介石兼四川省禁烟督办,贺国光、徐孝刚为会办;派蒋经国为江西省第四区行政督察专员兼江西第四区保安司令。

△　国民党贵州省党部改组,黄宇人、杨治晏、黄国桢、赵昉等 11 人为执行委员,黄宇人兼主任委员,赵昉兼书记长。

△　中华全国文艺界抗敌协会发动"保障作家生活运动",以改善作家的经济困境,动员广大文艺家投身于抗日民族解放斗争。《新蜀报》是日召开座谈会,老舍、阳翰笙、胡风、光未然等出席,与会者就提高稿酬、保障版权、版税等问题交换了意见。会后,《新华日报》、《大公报》、《新民报》等纷纷撰文,积极支持这一运动。

△　第一战区卫立煌部攻入开封车站,毁日军第四堆栈。

△　第三战区顾祝同部攻入浙江萧山县城。

△　傅作义密电蒋介石,告绥西日军大事增加,乘冰期西犯,请求严令绥西各部"彻底执行命令,打破保全实力、躲避任务心理,以期协力歼敌,确保后套"。

△　八路军总部参谋处公布冬季反"扫荡"战绩。从 1939 年 12 月

12日起至 1940 年 1 月 3 日止,八路军同日伪军先后作战 400 余次,毙伤日伪军 1.04 万余人,俘日军 23 人、伪军 1150 人。

　　△　朱德、彭德怀致电徐向前、朱瑞、陈光等,指出对山东专搞反共摩擦的沈鸿烈等,须在有理有利的原则下,在军事上打击之,在政治上孤立之,并推翻其危害抗日的反动政权。并指出:我们的主要敌人是日寇,不要放过一切有利时机予日伪军以沉重打击。

　　△　八路军陕甘宁边区留守兵团主任萧劲光致电阎锡山,表示愿意调解山西新旧军冲突,使山西恢复团结抗战的局面。

　　△　汪精卫等回到上海,是日成立"还都筹备委员会",褚民谊任秘书长。

　　△　周佛海与日本犬养健在青岛举行会谈,商讨汪日密约披露后的不利形势及挽救办法。周佛海提出:日本应以事实证明密约之不确,其办法可考虑:第一,日军总司令部从南京移驻他处;第二,取消国旗上拟加之三角形布片;第三,早日承认新中央政权。

　　△　日伪共同统制经营的华北电业公司在北平成立。

1 月 28 日　冯玉祥在重庆发表广播讲演,呼吁国共两党真正团结起来,用积极抗战的行动去彻底粉碎汪逆卖国密约,战斗到最后胜利。

　　△　第三战区司令长官顾祝同暨陈仪、黄绍竑、熊式辉、唐式遵、刘建绪、上官云相、韩德勤、王敬久、俞济时、冷欣等率所部通电讨汪。同日,西康省政府主席刘文辉发表谈话,愿追随国人之后,本自身职责,力求抗战国策之彻底完成。

　　△　桂林行营主任白崇禧以日军大举进攻,战况剧烈,命令桂南参战各部:以收复南宁之目的,迅速向葛墟、富兴村等地集结兵力,积极准备尔后之攻势。29 日,因情况突变,令甫到宾阳之第七十六师王凌云部及第六十四军邓龙光部向甘棠前进,第四十六军何宣部向永淳方向前进。

　　△　中共中央作出关于目前时局与党的任务的党内指示,指出党目前的任务是:"一方面,坚决反抗投降顽固派的军事进攻和政治进攻;

又一方面,积极发展全国党政军民学各方面的统一战线","力争抗日根据地巩固和抗日武装、抗日政权的发展,力争党的巩固和进步";并指出:"力争时局好转,同时提起可能发生突然事变(在目前是局部的、地方性的突然事变)的警觉性,这就是党的目前政策的总方针。"

　　△　山东八路军一部攻克济阳东北之仁凤镇,歼灭日伪军 200 余人。

　　△　第二战区第九十三军刘戡部、第二十七军范汉杰部向山西安泽、屯留间之府城、英寨、张店等地八路军进攻。冀察战区第四十军庞炳勋部及第二战区独八旅等部在晋东南高平地区包围八路军第一一五师第三四四旅部队。

　　△　日军罔直与小岛率日伪军 1.5 万余人,乘汽车 300 余辆,由包头出发分两路向绥西进犯,一路沿包头—五原公路向西进犯;一路由包头南渡黄河,由南岸西犯。同日,黑田率日军二万余人,分乘汽车 1000 余辆,附飞机多架,坦克 100 余辆,由包头取道后山向绥西进犯。

　　1 月 29 日　国民参政会第四届大会第七次会议通过《召集国民大会,制定宪法,实施宪政案》;蒋介石报告《实施宪政应具有的确切认识》,宣称实施宪政"是要为国家确立百年久远的规模"。

　　△　军事委员会任命詹忠言为第二十五军副军长。

　　△　蒋介石电请泰国总理兼外交部长銮披汶,对侨居泰国之中国人民给予充分之保护,并"仍如昔日之允许,从事合法事业,而不受干扰"。

　　△　石友三第三十九集团军一部围攻驻冀鲁边之八路军东进纵队,并将该军第三团第十一、十三两连及骑兵班在南宫北仓庄包围缴械。30 日,石部暂三师、独四旅围攻冀南清河西北八路军东进纵队第三团及清河、清江两县大队,八路军伤亡 55 人。

　　△　日军第五师团一部及台湾混成旅团,对桂南邕宾路北方高地实施步、战、炮联合攻击,突破第九十九军傅仲芳部第九十二师马鞍山阵地。桂林行营急令傅仲芳固守四、五、六塘北方高地。同日,郁江两

岸日军分别向伶俐及小黎墟附近集结,第四十六军一部及独一团协同向小黎墟日军侧击。

　　△　日军第五师团主力在桂南八塘附近,一部在五塘附近协同向北攻击。第十八师团一部分别迂回攻击,攻占鹿颈、永淳,并渡郁江北犯,30日进抵甘棠附近,第七十六师王凌云部在甘棠西南予以阻击,伤亡甚众。31日,日军陷甘棠。至邕宾路与三庄岭间之日军,亦分途北犯。

　　△　绥西日军罔直部在西公旗附近遭第八战区傅作义部骑六军门炳岳一部阻击,入夜进至宿亥滩。黄河南岸日军进至二圪旦湾,遭门炳岳另一部阻击,略有伤亡。门部乘夜转移,日军继续西犯。

　　△　日本首相米内光政发表施政演说,宣称在处理“中国事变”上,“继承已商定之方针,坚决地解决中国事变,完全支持与援助中国新中央政府的诞生与成长”。

　　△　美国长江舰队司令格斯福特、美驻华大使詹森及大使馆陆海军武官,乘美舰“吕宋号”由上海抵汉口,调查日本继续封锁长江之实况。

　　1月30日　军事委员会命令,自2月1日起,桂南作战由第四战区司令长官张发奎指挥,政治部长陈诚协助。

　　△　军令部制定《防止异党部队越轨行动方案》,要点为:“运用军事、政治、外交等手段,坚固国军壁垒,积极抵制日寇之侵略,对于妨碍此方针的一切恶势力,当极力铲除或消弭,并促其觉悟”;军事上“在北方尤其晋、冀两省增强部队,巩固现有地位,防止异党继续扩大”,“第三、第四、第五及第九战区对异党应严密制裁,相机铲除”;政治上“以舆论制裁,使其觉悟,改变前非”;外交上“向苏联当局说明异党之越轨行动,望其对于中共错谬行动加以纠正”。

　　△　国民参政会华北慰劳视察团成立,参政员李元鼎为团长、邓飞黄为副团长,梁实秋、于明洲、余家菊、卢前为团员,是日自重庆出发赴河北、河南、山西、陕西四省进行慰劳视察。

△ 中共中央发出《关于武装自卫反顽进攻的指示》,指出:对河北与山西境内的任何军队,不论是中央军、晋绥军及石友三,如果他进攻八路军地区,"我应在自卫原则下,在有理有利条件下,坚决反抗并彻底消灭之"。

△ 第二战区阎锡山部暂编第二旅 1500 余人进犯山西榆次东南黄彩地区,被八路军第一二九师第三八五、三八六旅及独立支队各一部全歼,击毙旅长薛文教、副旅长赵武才。

△ 日军黑田部在乌布浪口和乌镇地区遭傅作义部马腾蛟步兵师阻击,日军以大炮轰击、飞机轰炸、坦克掩护向马部冲锋,马部官兵奋勇抵抗,击退日军进攻。同日,马彦骑兵旅两路南北夹击日军,双方伤亡较大。31 日,第一〇一师董其武部驰援,战至日暮,向折桂乡转移,第八十一军马鸿宾部亦向狼山转移。21 日,日军陷乌布浪口及乌镇。

△ 汪伪以高宗武、陶希圣披露其卖国密约,解除高、陶伪中央政治委员会委员职务,并任命周佛海为伪中央政治会议秘书长。

1 月 31 日 朱德、彭德怀、林彪、贺龙、刘伯承、聂荣臻、徐向前、萧克致电蒋介石,反对汪精卫与日本签订密约,略称:"汪等诸逆,丧心病狂,狼狈为奸,普天同愤,以此益坚信生存唯有抗日,妥协即是灭亡";并指出:自国民党"《防止异党活动办法》流行以来,各地摩擦纷起冲突,有生力量抵消,莫此为甚",要求蒋介石"明令禁止《防止异党活动办法》之流行,并对抗日阵营中之矛盾现象作彻底之调整,对暗藏之汪派作彻底之清洗,用以巩固团结,增强抗战力量"。

△ 军事委员会任命夏威、吴奇伟为第四战区副司令长官,缪培南为第九集团军代总司令。

△ 朱怀冰部在河北罗川地区袭击八路军第一二九师独立营,该营 230 余人死伤过半,被俘 100 人,损失枪 190 余支。2 月 3 日,朱德致电朱怀冰,要求立即释放被俘人员,停止此倒退行为。

△ 新四军一部袭击安徽当涂煤矿公司,歼灭日伪军 100 余人。

△ 桂南日军第十八师团一部会同近卫旅团,在炮、空协力下向甘

棠第七十六师右翼攻击,该师不支,被迫向北撤退。邕宾路两侧之日军亦同时向思陇第三十六军右翼及第九十九军正面攻击。

1月下旬　国共两党谈判继续进行。何应钦先提出边区划12县,两个专员区,军队三军六师,后又让步到边区16县,军队仍三军六师。中共中央提出增加六个补充旅后,遂又同意增加三个补充团,并建议划河南、河北给中共,以换取陕甘宁边区。最后,张冲再三表示,陕甘宁边区军队问题已尽了最大努力,至多只能争到边区18县,且淳化、栒邑、正宁、宁县四县须与绥德等四县调换,军队实不能再加。

是月　国民政府制定《运用保甲组织防止异党活动办法》,要点为:"尽量在保甲组织内发展本党组织","特殊地带保甲长(如陕北),必须由党员充任,并负责侦察异党活动,随时分报上级党政机关核办"。"中央统计局各地之情报网或特工人员应与当地保甲长中忠实同志设法取得联系";"上级党政机关对于保甲长之思想行动应注意考察,如发现有错误者,应予纠正或惩办"。

△　三民主义青年团通令施行《本团工作纲领》,分为总则、组织、训练、宣传、社会服务、附则等六项。

△　江南人民抗日义勇军与江苏丹阳县游击纵队合编为新四军挺进纵队,向苏北泰州、扬州地区挺进。

2　月

2月1日　军事委员会任命陈鸿远为第十四军副军长。

△　中共中央发布《关于目前时局与党的任务的决定》,指出:投降与倒退的危险,"依然是目前时局中的主要危险"。提出目前的十大任务:扩大反汪宣传;猛力发展全国各方面的统一战线;力争政治民主;抵制投降反共势力的进攻;发展抗日的民众运动,团结一切抗日的知识分子;实行减租减息减税与改良工人生活;巩固与扩大各个抗日根据地;巩固与扩大进步的军队;广泛发展抗日的文化运动;巩固共产党的组织。

△ 延安各界三万余人举行讨汪大会,向国民党提出 10 项要求:一、全国讨汪;二、加强团结;三、厉行宪政;四、制止摩擦;五、保护青年;六、援助前线;七、取缔特务机关;八、取缔贪官污吏;九、实行总理遗嘱;十、实行三民主义。毛泽东出席并发表讲话。

△ 晋西北第一次行政会议在兴县召开,会议宣布晋西北行政主任公署正式成立,推举续范亭为主任,并通过《晋西北抗日拥阎讨逆实施大纲》,凡六条:实行紧急政治动员;建立抗日民主政权;彻底改善人民生活;实施抗日经济政策;扩大抗日民众运动;普及社会文化教育。3 日会议结束。

△ 新四军游击支队奉命正式改称为新四军第六支队,彭雪枫任司令员兼政委。下辖三个总队和三个主力团。

△ 经济部为开发航运,组设查勘金沙江试航队。

△ 桂南甘棠方面日军以陆、空军联合向第三十八集团军所部发动攻击,一部突至第七十六师右翼石塘附近,与第四十九师遭遇。第七十六、四十九师仓促应战,激战两日,伤亡甚重。同时,宾阳第三十八集团军总部被炸,与各部联络中断,且后方缺乏控制部队,未能阻止日军。各部遂向大桥、黎塘、陶墟方面转进。

△ 日本海军第九十战队第一中队出动飞机七架,对宾阳重要军事建筑物轮番轰炸,致五处起火。同日,日本第二十一独立飞行中队全体出动,对宾阳第四战区后方部队轰炸,炸毁桥梁一座。

△ 日本海军第十五航空队出动飞机 27 架,对正在修复的滇越铁路大桥进行轰炸,炸毁火车一列,乘客死 101 人、伤 121 人。3 日,法国政府驻日大使安利向日本政府提出抗议。20 日,日方说明此为误炸,表示将给予抚恤。

△ 日本第七十五届议会复会,米内首相发表演说,宣称日本处理"中国事变"之既定方针,是牢不可破的,对于以汪精卫为首的"新中央政权,帝国政府不惜一切予以支持与援助"。有田外相重申外交方针,"以处理中国事件为中心,谋国际关系之调整,在建设东亚新秩序目标

下,谋善邻友好、共同防共、经济提携之实现"。

△　日本中国派遣军总司令部拟定《汪与重庆关系调整施策》,提出向汪精卫透露日本诱和的消息,使汪方面有心理准备,并要求其为"实现和平"而献策或响应。

2月2日　广西省临时参议会、国民党陕西省党部及重庆《新华日报》、《大公报》等120家报社、通讯社通电讨汪。

△　东北抗日联军通电讨汪,决心"以赤诚拥护国策,在最高统帅领导之下,杀敌锄奸,愿效前驱,完成抗战建国之大业"。

△　下午6时,桂南日军第十八师团经甘棠、武陵攻陷宾阳,并续向武鸣、上林进犯。昆仑关以西之第六、第九十九军遭日军攻击,伤亡较多。昆仑关、九塘之第二、第三十六军因宾阳失陷,后方断绝,被迫向都安、忻城方面作离心转移,进至宾阳县之中大村,第二军第九师与日军遭遇,师长郑作民指挥作战中中弹阵亡。沿邕宾路北窜之敌,进至清水河南岸,为新三十三师所阻。

△　下午,日军黑田部先头部队进至绥西折桂乡,以飞机、大炮掩护,以坦克为前导,分途向董其武第一〇一师一部攻击,董部官兵伤亡400余人,乘夜沿狼山向西转进。

△　乌镇、乌布浪口日军进至黑石虎、三女店地区,孙兰峰新三十一师一部予以侧击,日军仓促应战,伤亡甚重。入夜,敌避不应战,将汽车横列狼山南麓,步兵下车与孙部对峙。孙部另一部沿狼山迂回至黑石虎、三女店间敌之侧背,袭击汽车。战至次日晨3时,破坏汽车数十辆,毙伤敌百余名,旋撤入狼山,占领万和长侧地。

△　日本国会议员斋藤隆夫在议会质询首相米内,批评政府对"中国事变"的处理方针,旋受到各方之压力。陆军当局认为斋藤此举"侮辱圣战之目的",政友会议员要求众议院惩戒委员会劝斋藤辞职。27日,日本青年同盟主席田泽义铺声援斋藤,并促政府对斋藤事件公开说明其政策。3月6日,众议院惩戒委员会通过开除斋藤议员案。7日,众议员多数通过,驱除斋藤出国会。

2 月 3 日 毛泽东、陈绍禹、林祖涵、吴玉章为华北视察团事,以参政员名义致电国民参政会,略称:此视察团之团长、团员,不仅无一共产党员参政员参加,且连第四次参政会中提出组织此视察团之原提案人沈钧儒、邹韬奋、陶行知诸先生,以及素以志诚硕望、公正无私者张一麐、黄炎培、江恒源、张表方等先生,亦无一参加。由此等人选所组成之视察团,对于视察事项所搜材料及所作结论,必属偏私害公,殆无疑义。揭露视察团的主要任务是收集共产党、八路军和陕甘宁边区的材料,妄图将摩擦事件的责任归罪于共产党。

△ 军事委员会任命商震为第六战区司令长官。

△ 张发奎以宾阳失守、后方补给线被截断,急令第九十九、三十六、二军及第六十六军等部向上林方面撤退;第六军向大览方面撤退。日军台湾旅团亦乘势向思陇并转向陆平方向前进,且占据宾阳之近卫旅团向上林突进。同日,北渡郁江之第四十六军第一七五师克复甘棠,由青桐西进之第六十四军第一五六师克复古辣,4 日克复永淳。

△ 日军陷五原。日军黑田部、冈直部等全部进入河套地区后,分兵三路向五原城围攻,一路侵占百川堡,一路进占五原城。4 日陷临河、陕坝。5 日陷盛公等地。傅作义副长官部及第三十五军军部移驻临河县东南亚马来,伺机反攻。

△ 日机轰炸桂南迁江,被中国军队击落一架。同日,日机 30 余架袭击桂省雷平,中国军队击落轰炸机二架,俘虏驾驶员五名。

△ 日本铃木卓尔与"宋子良"在香港会谈,铃木代表日本政府答复"宋子良"对日本对华政策所持疑问,指出:汪精卫处理同重庆政府的关系是内政问题,日本无意干涉,望中国政府妥善处理;日本绝对不赞同重庆政府打算利用第三国调节日中关系的意见,并要求重庆国民政府迅速派遣代表商谈停战和平问题。5 日,"宋子良"离港赴重庆向蒋介石汇报,并商讨对策。7 日,蒋介石主持召开国防会议,决定派代表参加会谈。

2 月 4 日 桂林行营鉴于所部连日伤亡重大且昆仑关失守,不宜在宾阳平地与日军决战,决定待后续兵团到达,再相机转取攻势。同日,第六十四军第一五六师王德全部于克复古辣后向黎塘前进。6日,日军一部向黎塘攻击,激战二日不克,退回大桥、宾阳。7日,日军与第一三五师苏祖馨部、第一七〇师黎行恕部发生激战,双方均有伤亡。

　　△　香港《南华》、《天演》、《自由》三报反汪工友回国服务团抵桂林,广西总工会等43个团体举行欢迎大会。

　　△　东北抗联第三路军龙北指挥部指挥冯治纲率部在阿荣旗三岔河上游任家窝堡与日伪军激战中不幸牺牲。

　　△　安徽东流江面日舰六艘满载军火分批上驶,中国炮兵部队猛烈轰击,军火中弹爆发,四艘受创甚巨,敌兵死伤甚多。

　　△　旅古巴全体华侨举行讨汪大会,通电否认卖国伪组织,并呈请国民政府迅速缉捕奸逆,明正典刑。

　　2月5日　国民政府明令特准青海灵童拉木登珠继任第十四世达赖喇嘛。

　　△　鲁苏战区将领于学忠、沈鸿烈、韩德勤等,第四战区司令长官张发奎等,湖北省政府主席陈诚等,于是日及13日、17日分别通电讨汪。

　　△　陕甘宁边区自然科学研究会召开成立大会。毛泽东出席并讲话,指出:人们为着要在自然界里得到自由,就要用自然科学了解自然、克服自然和改造自然,从自然里得到自由。

　　△　傅作义在亚马来副长官部召集高级将领会议,部署绥西战役第二阶段的作战要旨:各部仍以机动游击战的战术打击消耗敌人,将其主力牵制至河套地区,以利其他战场作战,同时派出战斗小组,袭扰敌人。会后,傅作义将副长官部移至黄河以南什纳格尔庙。

　　△　第六十四军陈公侠部由桂南贵县方面向宾阳日军侧击,在贵宾路之五灵、黎塘间与敌激战三昼夜,将敌击溃。

　　△　第五战区所部出击豫南信阳东五里店日军据点,歼灭日伪军5000余人,余不支西溃,五里店收复。

　　△　福建金门岛抗日民众夜袭金门,攻入伪机关,击毙伪维持会长孟寿臣。

　　△　东北抗联一部在吉林宾县南对店附近与日军发生遭遇战,毙敌 200 余人,日机三架助战,被击落一架。

　　△　冀察战区总司令鹿钟麟函告石友三,第四十军庞炳勋部"已奉命入冀","今后之工作应为限共与抗日并重","对八路军可酌以武力制止"。

　　△　第二战区新编第二师金宪章部越过正太路,向八路军晋中地区进犯,被八路军第一二九师第三八六旅新一团独立支队在榆庄以北歼灭大半。金宪章率残部北逃。

　　△　日机 12 架空袭陕北府谷县,投弹 40 余枚。

　　2 月 6 日　八路军总部为统一太南、豫北的作战指挥,决定将八路军第三四四旅、晋豫边支队、独立游击支队、决死队三纵队和民军第四团等部合编为八路军第二纵队,左权兼任司令员,黄克诚任政治委员。16 日,主力进至冀鲁豫地区。5 月,由黄克诚率领南下苏北地区支援新四军。

　　△　晋南伪军一部 1700 余人携大炮八门、机枪 40 余挺、步枪 1000 余支反正。

　　2 月 7 日　蒋介石倡导春祀劳军运动,是日派员携巨款交春祀劳军筹委会,用以嘉勉抗日将士。

　　△　原新加坡华侨筹赈会总会委员兼该会福建募捐主任侯西反抵重庆。

　　△　《中国工人》月刊在延安创刊,由中共中央职工运动委员会主办。

　　△　八路军一部分途进攻河北遵化、丰润伪军据点,毙俘伪军 150 余人。

　　△　河南兰封伪军刘景林率部 500 余人反正,并毙日军军官、顾问多人,焚敌营舍、仓库数处。刘景林在战斗中阵亡。

△　日军袭击新四军江南抗日义勇军驻地江苏常熟阳澄湖畔洋沟楼，该部奋起反击，毙日军警备队长斋藤以下 20 余人。

△　日本议会预算委员会举行会议，讨论废除《九国公约》问题，首相米内和外相有田出席。会议认为：《九国公约》是英、美为牵制日本大陆政策所想出的策略，是实现日本"新秩序"的重大障碍，在树立"汪政权"后，这对于解决"中国事变"会引起极大困难。陆军大臣畑俊六表示：处理《九国公约》问题，陆军将遵从内阁的方针。

2 月 8 日　国民党中央以去年底日军犯粤北，前方将士予敌重创，通告褒奖各参战有功部队。

△　军事委员会任命马腾蛟为第八十一军军长。

△　军令部致函军政部，建议"再充实中央军在陕甘之兵力"，并"加强对宁、青四马部队的精神教育及一般训练"。21 日，军政部复函称：对于西北方面的军事力量，"今后将在经费、武器可能的范围内给予充实，以固边防"。

△　中国青年党通电讨汪，表示拥护抗战国策，不变初衷，并声明将来汪党果有盗用本党名义之处，"此仅汪逆个人作伪企图之扩大，对于本党向来一贯之立场，决不足以动撼分毫"。

△　国民党中央社会部拟定《各地党部指导民运小组实施办法》，规定各地党部民运小组直接与中央社会部通讯，加强对民运之指导。

△　桂南宾阳日军第五师团一部向武鸣突进，武鸣失陷，守军被迫向武鸣西北山地撤退。

△　美国参议院外交委员会通过以 2000 万美元贷予中国政府，并表示今后将在财政上继续援华。

2 月 9 日　国民政府明令缉捕汉奸鲍文樾、叶蓬，并褫夺前授鲍文樾之陆军中将、军事参议院上将参议职务及叶蓬之四等宝鼎勋章、陆海空军甲种一等奖章等。

△　国民参政会秘书处制定华北战区慰劳视察团组织规则，规定该团之任务，"为宣达中央意旨，慰问军民，并视察各战区军民实际状况

及其他文化、宣传、交通、经济、物价等事项"。慰劳及视察的区域,暂定冀、豫、晋、陕四省。时间定为三个月。

△　国民党中央执行委员会制定《关于共党外围组织之接收训练领导案》,要点为:"从统一全国民众组织入手,按照民众之职业、身份组织各种抗敌后援会",加强"各地动员委员会之领导力量"。

△　教育部通令各院校为发扬中国固有文化,应进行下列各项工作:广搜中国通史、断代史、专史材料,充实教学内容;与海外友邦有联系的学校应密切合作,整理中国材料,研究中国问题,翻译中国典籍。

△　中共中央向国民党提出停止全国摩擦问题,指出目前国共问题的中心已不是九师 23 县问题,而是全国摩擦问题。要求国民党:一、下令全国停止摩擦;二、停止向山东、河北两省增兵;三、讨伐通敌的石友三;四、令阎锡山制止旧军进攻新军,恢复八路军之兵站;五、撤退马禄侵入鄜县南之部队;六、委任朱德为鲁、察、冀、热四省战区司令长官兼河北省主席,彭德怀为第二战区副司令长官;七、撤销咸榆公路、陇海铁路对付共产党、八路军之检查站,取消西安之劳动营;八、撤销对共产党、八路军、新四军之书报禁令。

△　桂南各路日军开始南撤。黎塘、邹墟、上林各处日军近卫旅团及第十八师团向宾阳撤退,10 日在宾阳会合,沿邕宾路南撤,除以一部留置四塘附近外,主力于 13 日退抵南宁;陆干、马头之日军台湾混成旅团向黄墟撤退,经林墟于 11 日退抵高峰隘附近;武鸣之日军第五师团经双桥退抵高峰隘,与黄墟撤退之日军会合,除以一部固守高峰隘外,主力于 11 日向南宁撤退。

△　日本大本营下令解除第二十一军战斗序列,组成华南方面军及第二十二军战斗序列,编入中国派遣军战斗序列,华南方面军司令官为安藤利吉中将,第二十二军司令官为久纳诚一中将。

△　冀南八路军反击石友三军的战役开始。11 日,八路军冀南、冀中部队在清河以西歼灭石部两个团,将其全部包围在下堡寺、窑安堡地区。

2 月 10 日　　重庆各界举行春祀劳军大会,到国民政府、中央党部暨各界代表 2000 余人,社会部长谷正纲主持。送礼者数额逾 100 万元。

△　中共中央和中共中央军委发出《关于战略方针的指示》,指示八路军、新四军要坚持华北、华中抗战,稳定全国统一战线,争取时局好转。

△　八路军第一二〇师一部及山西新军一部在兴县魏家滩全歼进攻之阎锡山部游击第三师。

△　朱怀冰第九十七军在河北武安、磁县袭击八路军第一二九师先遣支队第一队及青年工作团。12 日,刘伯承致电朱怀冰,痛斥其制造摩擦、造谣生非的行径。

△　日本大阪《每日新闻》记者访问褚民谊,询问伪府成立后国内外各方面之趋势。褚答称:"中央政府成立还都后乃继承国民党之法统","至于现在之重庆政府,已沦为一地方政权"。"新中央政府对于日本以外之第三国家极愿调整其关系","对于日本则采取共同步骤,以期建立新东亚"。

2 月 11 日　　第三战区一部攻克安徽合肥,毙伤日伪军 800 余人,并击落日机一架。淮南伪军王古林率部 1000 余人反正。

△　守备桂南清水河之新编第三十三师张世希部乘日军南撤之际,沿邕宾路跟踪南进,是日进抵思陇,14 日抵昆仑关,17 日抵五塘。18 日,武鸣北之第一纵队第一三五师亦沿邕武路南进,进抵高峰隘东西高地。在大览之第六军向陆干、林墟前进,17 日进抵林墟。

△　第八战区傅作义部攻克绥西临河。

△　中共中央军委指示徐向前、朱瑞、陈光、罗荣桓,对沈鸿烈、于学忠部应采取不同方针,指出:"沈鸿烈属于顽固派,对我百般摩擦,故须在自卫原则之下坚决消灭之";于学忠部与沈部则不同,他们"是尚有希望的,除对其反共政训人员应加以坚决打击外,对东北军应极力争取,至少使之取中立态度"。

2 月 12 日 国民党中央发布《国民大会与宪政的指示》,指出国民大会的任务为"制定宪法,决定宪法施行日期,并根据建国大纲及训政时期之施政成绩起草宪法大纲";并规定:研究宪政的团体只能由各省、市党部发起组织;宪政集会、座谈会、讨论会、讲演会等由省、市党部和政府会同所在地参议会召集;凡反对宪政及违反三民主义而曲解宪政之言论,均在取缔之列;国民大会职权在于制宪,不能行宪,"五五宪草仍然有效"。

△ 蒋介石在国民党中央总理纪念周作《中央干部目前应有的认识和努力》的讲演,认为抗战建国大业能否成功,全视中央机关能否建成现代国家机构而定。

△ 广东省主席李汉魂报告出巡粤北翁源四县经过,略称:粤北战事日军屠杀民众 1300 余人,焚民房 1.1 万余所,财物被洗劫,每县损失达 800 万元。

△ 青海省西宁市各界民众 3000 余人举行讨汪锄奸大会,决议电请中央讨伐汪精卫,表示青海民众誓在蒋委员长领导下,抗战到底。

△ 汪精卫派周佛海、梅思平、林柏生等在上海邀请中国国家社会党、中国青年党头目诸青来、陆鼎揆、张英华、赵毓松等及赵正平、岑德广、杨毓珣等举行会议,报告青岛会谈经过及其商定的政纲、法统、组织条例等项,并宣布伪中央政治会议筹备完竣,将定期召开。国家社会党及中国青年党表示将发表宣言,响应汪精卫之"和平运动",并派代表参加伪中央政治会议。

2 月 13 日 蒋介石召集何应钦、程潜、徐永昌等研究国民党关于陕甘宁边区问题及国共军事问题的方案,决定同意给陕北行政区 14 县,至多 16 县,或者以察、绥二省及晋省之三分之一来交换陕北行政区;至于军队,只同意第十八集团军扩为三军六师并加若干补充团,同时要求中共军队担任归德、绥远之防务。

△ 军事委员会任命韩全朴为第七十二军军长,陈良基为副军长。

△ 县政计划委员会主任委员李宗黄在中央电台播讲《新县制之

实施》,提出实施新县制的工作要点为编查户口、规定地价、开荒垦地、整理财政、健全机构、训练民众、开辟交通、厉行新生活等。

　　△　重庆各界慰劳前线将士代表团团长蒋作宾、副团长洪兰友及团员李文范、刘纪文等携慰劳金 30 万元、锦旗 70 面飞抵桂林,转赴韶关、衡阳、耒阳前线劳军。24 日,返抵重庆。

　　△　第四战区各部收复桂南宾阳、武鸣、武陵、上林。至 24 日,又收复五塘以北之六塘、七塘、八塘、九塘等处,日军退守高峰坳及邕宁城。

　　△　八路军冀西游击队一部在内丘县西丘村阻击由临城出犯之日伪军,毙伤 180 余人。

　　△　退至南宁之日军第十八师团继续沿邕钦路南撤,于 16 日至 21 日先后分由钦县及龙门港乘舰返粤。

　　2 月 14 日　蒋介石发布关于桂南方面作战要旨:以消耗敌兵力并确保西南新国际线路安全为目的,以有力部队一部与敌保持接触,不断袭扰,并切断邕钦交通,主力分别控制于后方整顿,迅速恢复战力,相机收复南宁。

　　△　桂南甘棠方面第四十六军何宣部向香那、旧州、灵山前进,18 日其独立第一、二、三团及新十九师分别到达上述各地。左河北之第三十一军韦云淞部亦于是日前进,17 日抵大塘附近。

　　△　伪满协和会中央本部制定《修建建国神庙和宫廷府的勤劳奉仕运动要纲》。根据该《要纲》设置"建国神庙及宫廷府御造勤劳奉仕联络协议会",并编成协和勤劳奉仕队,队员总共约 15 万人,从 4 月 15 日至 10 月末为奉仕的时间。

　　△　汪精卫召集幕僚在上海江湾体育场大厅开会,声称"对前途不必因无军队而消极"。同日,日本中国派遣军总司令西尾寿造宴请汪精卫。汪精卫致答谢词称:"中国为日本,日本为中国,实为和平运动之根本精神。中日两国互相依赖,和平运动方可胜利。"

　　△　今井武夫抵香港,与铃木卓尔会见"宋子良"及张治平。"宋子

良"宣称:参加会谈的中国代表将携带蒋介石的委任状,具有和日本代表同等的身份和地位;宋美龄已到达香港,对此次会见抱有很大希望,并将从侧面予以援助。会谈中双方达成在香港举行圆桌会议的协议。17 日,今井回南京,20 日铃木也回南京,分别向日本中国派遣军总司令部报告会谈经过,指出:日中双方代表均希望就和平问题进行商谈,宋美龄来香港从侧面发表谈话支持商谈。最后商定,本月内在香港探明蒋介石的真实意图,尔后结合对汪精卫工作再决定当前的工作方针。

　　△　美国商务部发表去年对中国、日本贸易统计,中国对美国贸易出超约 600 万美元,日本对美国贸易入超在 700 万美元以上;中国输美货物 6170 万美元,美国对华出口贸易5580.9196万美元,日本输美货物总值 16119.6 万美元,美国对日出口贸易 23140.5 万美元。

　　2 月 15 日　国民政府以前广西都督陆荣廷护国战争时"声誉甚著,讨袁之役,率先响应义师,尤彰勋绩",是日特予明令褒扬。

　　△　陕甘宁边区政府主席林伯渠、八路军后方留守处主任萧劲光以前任陕西第二区(绥德)专员何绍南制造摩擦、贪污枉法之事,致电林森、蒋介石、程潜等,略谓:何"任职两年余,抗战国策未见奉行,摩擦事件积案盈尺,贪污枉法,怨声载道",请将犯官何绍南加以逮捕,并解至陕北,组织巡回法庭,令民众加以审判。

　　△　第六十四军陈公侠部克复广西思陇。

　　△　第三战区顾祝同部克复闽南东山岛。

　　△　绥西日军陆续撤退,傅作义部乘机派出一部主力部队袭击陕坝之敌,毙伤日伪军 300 余人,残敌逃回五原。临河日军闻讯,弃城逃向五原集中。

　　2 月 16 日　第五战区李宗仁部攻入湖北钟祥、岳口。

　　2 月 17 日　经济部长翁文灏在迁川工厂春节同乐会上演说,称迁川工厂资本约值二亿元,对内地工业已树坚固基础,勖勉各厂应帮助政府共同发展新兴事业,政府当从各方面予以便利。

　　△　日军千余乘舰数艘,驶抵福建海澄县属江面,在白塘、清洋两

处强行登陆。

△　日机再次轰炸滇越路。19日,法驻日大使再度抗议。

△　日本在华北最大的通讯机关中华通讯社在北平成立,替代原同盟社华北总局华文部。

△　日本兴亚院总务长官柳川在参议院答辩处理"中国事变"之质询时称:日本政府"虽然已声明不以蒋介石为对手",然若"重庆政府能与中央政府采取同样方针,则自然两者将会合流";并称:只有等重庆政府提议媾和,或自行解体归于汪政权之下,或汪蒋合流之后,日本无须留驻部队于战线之必要时,即是"中国事变"之终结。

△　日本拓相小矶在众议院报告称:日本政府为了确保资源之开发及市场之开拓,极注意南方各地,"拟以台湾、南洋为根据地,和平地向南方进行经济活动,其南进之目标为华南、暹罗及荷属东印度",并称:"拓务省拟促台湾总督协同陆、海、外三省进行海南岛的工作。"

2月18日　蒋介石为纪念新生活运动六周年发表《告全国同胞书》,对新生活运动的基准礼、义、廉、耻的意义作了新的解释:"礼"是严严整整的纪律,"义"是慷慷慨慨的牺牲,"廉"是切切实实的节约,"耻"是轰轰烈烈的奋斗。提出新生活运动第七年的五项工作:一、厉行精神动员,策进战时生活;二、协助兵役建设,尊敬受伤战士;三、协助肃清烟毒,增进国民健康;四、促进国民经济,增加战时生产;五、唤起妇女同胞,推进妇女运动。

△　全国县政学会成立,蒋介石为名誉会长,戴传贤、孔祥熙、陈立夫等为名誉副会长,孙慕迦等17人为理事,旨在"研究新县制"。

△　蒋介石致函四行联合总处秘书长徐堪、副秘书长徐柏元,命令银行发放农贷必须与地方政府及各级党部合作;关于党方的联系,可约陈果夫、朱家骅、谷正纲、康泽等参加。

△　湖南省各界举行讨汪锄奸大会,通过提议:一、开除周佛海省籍;二、建议政府通令各省、市、县在抗战阵亡将士祠墓前铸汪精卫夫妇长跪像。

△　石友三部在八路军反击下逃至漳河南之清丰、濮阳地区,冀南反击石部战役结束。是役八路军毙、伤、俘石部 2800 余人。

2 月 19 日　蒋介石在中央训练团党政班第六期毕业典礼上作《建国之非常精神与基本要务》的讲演,要求学员养成法治精神,绝对遵行上级命令;实行业务竞赛,充分发挥人、时、地、财、物的效用;注重实际的基本工作等。

△　军事委员会任命李梦笔为第二十六军副军长。

△　白崇禧向桂林各界发表演说,称坚持持久战,胜利之时机有三:一为自力更生,坚韧奋斗;二为消耗敌人之物力、财力,促其崩溃;三为静候国际间更有利之形势,以世界力量共同解决倭寇。

△　萧劲光致电程潜,要求撤离陕西省府派驻陕甘宁边区各县县长,指出:国共合作三年以来,边区行政尚未确定,一县之内有两县长,古今中外,无此怪事。且陕省所派县长及绥德专员专以制造摩擦,扰我后方为能事。故请将所有陕省府驻边区之县长立即完全撤离,否则即实行护送出境。

△　延安青年宪政促进会召开成立大会。毛泽东出席并讲话,指出:新民主主义的宪政就是中国人民大众的宪政。

△　闽南海澄伪军特务团长陈竞锐、警卫团长胡赖圃率所部 1800 余人,携步枪 1500 余支,轻重机枪 20 挺及全部辎重反正。

△　福建厦门伪军团长陈先锐率部 2000 余人反正,并与日军一部在太武山、港尾激战。

2 月 20 日　蒋介石密示国民党中央:关于中共纠纷案件着由中央党部、军委会及政治部各派一员专门负责处理,政治方面之宣传由政治部负责执行。

△　行政院会议通过设置专科以上学校“中正奖学金”,计名额 400 名,每年奖金各 400 元,由教育部统一执行。

△　延安各界宪政促进会成立,并发表宣言,指出:“(一)今日实施宪政之意义,在于发扬民意,彻底战胜帝国主义。(二)国民大会代表选

举法必须彻底修正,其代表必须重新选举。(三)国民大会组织法必须修正,国民大会应成为国家最高权力机关。(四)全国应发起普遍深入的宪政运动,人民有讨论宪政与选举国大代表之自由,各抗日党派有合法存在权利与参加国大代表竞选之自由。"大会提出对于国民大会代表选举法的修正案和对于国民大会组织法的修正案。毛泽东出席并讲话,指出:抗日和民主是目前中国的两件头等大事。大会推选毛泽东、王明、王稼祥、林伯渠、康生、吴玉章、李富春、谢觉哉、艾思奇等47人为理事。吴玉章任理事长。

△　鲁南解放区军民召开讨汪大会,徐向前等出席并讲话,号召军民一致锄奸除逆。

△　周佛海得悉日方进行"桐工作"的消息后,即向汪派人士表示:东京与重庆直接谈判的关键,"不在东京,而在重庆。东京有和之意,而重庆反以东京欲和为日军将崩溃,其气焰更甚,此和平之不可期也"。

△　伪满洲国公布《向学校派遣陆军现役将校案》,以加强对学生的军事训练。同日,又宣布《兵役法》改称《国兵法》,8月开始征兵。

2月21日　蒋介石以寒假届满,学期更始,特通电全国各大、中、小学校长,申述去年教育会议演讲之旨趣,劝勉各级学校校长、教职员切实"负责指导学生思想品性,增进学生体格精神,俾造成有志气有作为之青年,为国家开拓新命运"。

△　军事委员会任命罗卓英为第九战区副司令长官。

△　国民党中央宣传部处长彭革陈报告全国新闻事业状况:抗战前全国报纸有873家,通讯社375家。抗战以来,全国有报纸410余家,通讯社29家。分别统计,浙江最多,有43家,湖南次之,有42家,四川又次之,有35家。全国广播电台较战前增加,计有30余家。

△　日本中央部以参谋总长载仁亲王名义指示日本中国派遣军总司令西尾寿造,开展诱降蒋介石的"桐工作",内容为:一、日中双方的会谈由中国派遣军指导进行;二、会谈要在建立汪精卫的新中央政权后进行,特别注意照既定方针,不能动摇建立新中央政权的根本工作;三、鉴

于国内外形势的微妙,应绝对避免急于举行全面谈判或盼望谈判成功的态度,从而不丧失随时停止交涉的思想准备。"桐工作"的条件为:一、重庆政府保证放弃抗日容共政策;二、重庆政府和汪精卫进行适当合作,建立新的中央政府或是与中央政府合流;三、重庆政府保证按照新中央政府和日本商定的日华新关系调整原则正式调整日华邦交。同日,参谋次长泽田茂中将向天皇上奏"桐工作"。

2 月 22 日 第十四世达赖喇嘛坐床大典在拉萨布达拉宫举行,计到中央及西藏官员 500 余人,蒙藏委员会委员长吴忠信照料坐床。拉萨市内举行赛马跳神表演,以示祝贺。同日,重庆各界在长安寺举行庆祝大会,市区悬旗结彩,遥示庆贺。

△ 国民党中常会决议:农林水利部改为农林部,直隶行政院。

△ 蒋介石密令程潜、卫立煌驱逐太行山区之八路军,略称:"陵川至树掌间驻有中共军六个团,若不驱逐,则我必陷于窘境,令庞炳勋、李家钰两军速将陵川占领,并将该地共军驱逐。……亦可先抽调两个团至林县以西堵截。"28 日,卫立煌复电蒋介石,要求"速拨有力部队增援晋东南,俾易达成任务"。

△ 山东各界宪政促进会在鲁南成立,徐向前、朱瑞、黎玉、方养斋等 60 人为执行委员,推方养斋为会长。

2 月 23 日 蒋介石在柳州主持召开军事会议,白崇禧、张发奎、李济深、陈诚、商震、薛岳、余汉谋、李汉魂等参加。会议检讨桂南会战之得失,并决定今后之战术与对策。蒋介石训示各部:一、对于敌军精神应有深切反省与警惕。二、认识敌军战术之优、劣点(敌军之优点为快、硬、锐、密;劣点为小、短、浅、虚)。三、我之克敌制胜战术与对策——以"稳定"制敌之"快速";以"坚韧"克敌之"强硬";以"伏兵"破敌之"锐利";以"严明"对敌之"秘密"。四、各高级司令官应决心负责,牺牲一切,培养部属独断专行、自动作战的精神与能力。五、各将领要遇事细心,注意研究,精诚团结,互助合作。六、现阶段之作战要旨:全力争取主动,积极进攻。

△ 东北抗联第一路军总指挥兼政委杨靖宇在吉林濛江县(今靖宇县)保安村三道崴子附近遭日伪军包围,交战中不幸阵亡。

△ 八路军吕正操部在冀中地区歼灭日伪军150余人。

△ 民生公司"民望"轮在四川宜宾下游30里处国公山江面倾覆,乘客200余人,遇救者仅95人。

△ 日军1.2万余人对晋西北岢岚、临县、方山、兴县地区进行春季大"扫荡"。至4月1日,被八路军第一二〇师及山西抗日新军粉碎。

2月24日 国民政府派王宠惠为互换《中苏通商条约》全权代表。

△ 李宗仁密电蒋介石,告八路军、新四军各一部"与我军争取洪泽湖地区,近又由邳县增调一部","我军已派一三八旅前往剿办"。同日,李宗仁再电蒋介石,请求派队"协剿"。

△ 行政院公布《游击区域及接近战区地方各机关收支处理暂行办法》,凡七条。

△ 晋西北军政委员会成立,贺龙为书记,关向应为副书记。同日,晋西北军政民联合委员会亦成立,贺龙为主任。

△ 上海永安第三纱厂3000余名工人罢工,要求增加米贴和反对开除九名工人。资方勾结捕房,调遣马队鞭打、驱逐工人出厂,致工人多人受伤。3月1日,上海工人救亡协会发表《告社会人士书》,声援工人斗争。3月5日,资方以改组为名,解散全体工人,招收新工。工人斗争失败。

△ 缅甸华侨在仰光举行献车典礼,捐运输汽车60辆,支援国内抗日。

△ 桂南日军2000余附炮10余门、坦克12辆,在飞机掩护下向五塘地区进犯,白崇禧部迎击,激战竟日,将敌击溃,获战车二辆、野炮二门。

2月25日 柳州军事会议发表桂南会战奖惩名单:桂林行营主任白崇禧督率不力降级;政治部长陈诚指导无方降级;第二十七集团总司令叶肇扣留,交军法会审;第三十八集团军总司令徐庭瑶、第三十六军军长姚纯、第六十六军军长陈骥、第九十九军军长傅仲芳、第三十六军参谋长郭肃、第四十九师师长李精一、第三〇三师师长宋士台撤职查办;第九师师长郑作民已阵亡免究,该师番号取消,改称无名师;第三十五集团军总司令邓龙光、第四十六军军长何宣、第七十六师师长王凌云各记功一次。是日会议结束。

△ 是日至 28 日,中共中央派王若飞、萧劲光携毛泽东亲笔信赴陕西宜川秋林镇,与阎锡山进行谈判。26 日,王、萧向阎提出六条和平建议:一、双方停止军事行动;二、双方停止政治攻击;三、新军表示拥护阎锡山,但不受其改编;四、双方互不处罚,互不侵犯;五、经济统一,实行阎提出的十大纲领;六、阎锡山恢复与新军电台联系及派员来往。阎锡山自称他是国共两党的中间力量,他的存在是于团结抗战有利的,表示今后当注意进步团结,并答应恢复中共在晋西的兵站,但不同意沿线驻兵。4 月 24 日,双方商定如下协议:一、在晋西以汾阳至离石公路为界,公路以南的地区停止游击战争;二、在晋东南以临屯公路为界,八路军和新军不向路南发展;三、停止政治攻击,不骂旧军领袖,号召在阎锡山领导下坚持第二战区的抗战;四、新军、牺盟会派员到秋林会见阎锡山,恢复往来关系。

△ 第二战区阎锡山部克复晋西北岚县。

△ 国民党抗战建国英雄墓及汪精卫夫妇长跪铁像建墓铸逆委员会筹备会成立,冯玉祥为主任委员,张继为副主任委员。

△ 井陉煤矿发生瓦斯爆炸,日本军警将矿井口堵死,致井下 1200 名矿工遇害。

2 月 26 日 傅作义在绥西亚马来召集军事会议,会商反攻五原之作战方案。傅作义痛感“绥西战役我军伤亡甚大,丢失了五原全境”,决心誓与河套地区共存亡,剩下一兵一卒,也要与日军周旋到底。决定利用“春分”前黄河解冻时机,攻克五原,收复失地。

△ 第四战区张发奎部克复广东澄海,27 日克复新会。

△ 朱德、彭德怀等致电八路军第一一五师代师长陈光、政治委员

罗荣桓,指出天津以南形势严重,该区应长期坚持游击战争,以营为单位注意培养地方性的小游击队。基本是游击战,而不是运动战。

△ 新四军一部在苏南金坛击溃出犯日军一部,毙敌 50 余人,缴获步枪 20 余支。次日,又袭延陵,毙敌 20 余人。29 日,再攻孝河,毙敌 50 余人。

△ 经济部采金局设立江西省金矿勘探队,办理江西省南康、赣县、会昌、瑞金等县金矿勘探开采事宜。

△ 日本兴亚院华北联络部长喜多诚一返国,是日向陆相畑俊六报告司徒雷登对蒋介石和平工作的情况,称司徒雷登已赴重庆,蒋介石提出缔结和平原则八项:一、首先日本要以蒋介石为对手;二、以近卫三原则作为和平的基本条件;三、华北、蒙疆的防共有必要(但不意味驻兵);四、调整经济合作范围;五、可搞文化提携,努力改革教科书;六、原则上日本须撤兵,但在华北、蒙疆暂留亦可;七、为经济提携,希望成立委员会;八、必须和欧美维持友好关系。此外,满洲问题在和平后处理。

2 月 27 日 何应钦在行政院报告国共谈判中共产党方面提出的要求及国民党中央的原则:一、服从中央命令;二、人事经理饷项,照中央章则;三、饷项不得移充宣传之用;四、一切杂色队伍包括编制之内。

△ 行政会议决议通过《高中以上学生参加抗战奖励办法》及重庆市公共汽车公司改为官商合办案等。

△ 美国副国务卿威尔斯声明不承认正在酝酿中的中国汪伪政府。

2 月 28 日 八路军第一一五师徐海东第三四四旅全歼来犯之阎锡山部独八旅第十三团,俘团长陈树华以下 200 余人。

△ 高宗武、陶希圣在香港披露梁鸿志等 1938 年、1939 年与日本政府签订的各种密约八件,其内容要点为:由日本华中矿产股份公司统制开发中国锡、铁、铜、铅、钠等矿产资源,设立铁矿股份有限公司,统制开发中国铁矿;设立华中铁路股份公司,经营统制华中铁道、汽车交通;设立中华航空股份公司,统制全国航空事业;设立华中电气通讯股份有

限公司,从速合并、收买中国新设电气事业;设立华中水电股份有限公司,由日本方面独占并统制华中之电力和自来水事业;特设上海恒产股份有限公司,将上海之土地、房屋及其他各种附带事业交由该公司经营。以上设立之机构,以华中振兴公司为核心,由该公司投资各种企业,日本对该公司有指导与监督权。

△ 王克敏、梁鸿志抵上海,与汪精卫会商建立伪政府之意见。汪以伪中央政治会议名额 30 人,不敷支配,将另组"和平救国大同盟",包罗伪新民会、大民会等组织,由汪精卫任盟长,聘日本人为顾问。王、梁表示不赞同。

△ 日本议会预算委员会举行会议,讨论树立"汪政权"问题。陆相畑俊六发言称:陆军将尽力援助"汪政权"并继续与中国政府军队作战;重申中日战争的目的是彻底消灭中国的抗战军队,因此,"汪政权"的树立不过是处理中日战争中的一个阶段而已。

2 月 29 日 国民党中央通告各级党部,永远开除樊仲云、陈中孚、梅哲之、汤良礼、罗君强、金雄白、傅式说、朱朴、陈春圃、顾忠琛、汪曼云、章正范、叶蓬、黄大伟、蔡洪田、张载伯、林知渊、刘云、黄香谷、周裴成、张子孝、张一尘、张克昌、黄敬斋、汤澄波、张德钦、卢英 27 名汉奸之党籍。

△ 国民政府明令裁撤各省市地方自治推进委员会。

△ 云南省主席龙云在昆明报告云南将从越南购进大量米粮济饥,并称云南米价高涨的原因,一是"产量减少",二是"外汇高涨"。

△ 八路军第一二〇师一部收复晋西北方山县,歼灭日军 300 余人。

△ 上海英商公共汽车公司司机、售票员 1800 余人举行罢工,要求改善待遇,英租界公共汽车全部停驶。午后,义防兵在公司门前用刺刀驱逐工人,并投掷催泪弹,致工人多名受伤。

△ 美国驻华大使詹森结束对华北、华中商务视察,是日抵达重庆。按:此时美、英、法、苏四国大使均在重庆,是为抗战以来四大使同

时集会重庆的第一次。

2月下旬 朱德在八路军总部会见第九十七军军长朱怀冰,指出抗日根据地是八路军从日寇手中夺回来的地方,你们要占领,人民不会同意。你们要地盘,去把日寇占领的地方夺回来。如果你朱怀冰不明大义,胆敢进攻,我们一定坚决自卫。

是月 共产国际执委会主席团作出关于中共代表团报告的决议,肯定中共的政治路线是正确的,当前动员千百万中国人民来克服投降危险是共产党的中心任务。

△ 日本中国派遣军参谋部制定向国民党进行政治、军事进攻的计划,要点为:与汪伪政权合作"分化重庆军政要员",鼓动国民党军队与共产党军队"发生摩擦";"以金钱收买华军倒戈","以军事力量防止国际外交人员与国民党中央接近","以威胁方法阻止各国以军火援华,并实施对重庆经济封锁"。

3 月

3月1日 国民政府公布《民国二十九年军需公债条例》,定额国币12亿元,年息六厘,自民国三十一年(1942)开始还本,自公布之日施行。同日,公布《民国二十九年建设金公债条例》,定额英金1000万镑,美金5000万元,年息五厘,民国三十一年开始还本,自公布之日施行。

△ 国民政府公布《民国二十九年江苏省整理地方财政公债条例》,定额国币1000万元,年息6厘,民国三十一年12月31日还清,自公布之日施行。

△ 蒋介石在重庆主持中央政治学校高等科第一期开学典礼,并作《现代公务人员之要件》的讲演,提出有实际的知识和技能;有正确的人生目标和热诚的责任心;有健全的体格和振奋的精神乃为现代公务人员的三大要件。

△ 资源委员会在四川泸县成立泸县酒精厂,由陆宝愈主持,有员

工 313 人。抗战胜利后结束。

△ 第四战区下达桂南灵山战役作战命令:以主力使用于邕钦路以东地区,有力一部使用于邕钦路以西地区,邕钦路以东部队编为东路兵团,辖第十六集团军之第四十六军,第二十六集团军之独立第一、二、三团,第三十五集团军之第六十四军,统归吴奇伟指挥。以第四十六军主力推进于小董东北地区,第六十四军控制于灵山西北地区。

△ 第九战区薛岳部在江西奉新北花庙前袭击日军,毁敌汽车五辆,毙敌少将佐藤金治等 10 余人,毙伤士兵 100 余人。薛部少尉排长温维新在战斗中阵亡。

△ 广西省主席黄旭初出巡桂南前线事毕返桂林,对记者称:敌扰宾阳,民房民食被焚掠一空,食宿无着,为状至惨。省府已定积极救济灾民,帮助恢复战区生产。4 日,省府决定办理贷款及建造棚屋。

△ 晋东南解放区各界民众举行反汪大会,朱德致开会词,指出:我们反对汪精卫,反对一切实际走上汪精卫道路,还在抗日营垒中的汪精卫;反对分裂倒退,反对妥协投降。

△ 山东八路军将领徐向前、罗荣桓等通电讨汪,表示愿作前驱,"置国家于抗战团结之坦途,拯民族于独立自由解放之大道"。

△ 四川青、红帮等秘密帮会合组为国民自强社,是日在重庆成立,石孝先任主任干事。

△ 日本中国派遣军总司令西尾寿造签发日本方面参加香港会谈代表今井武夫、铃木卓尔和臼井茂树的身份证明。3 日,国民政府秘密确定参加会谈的人员为:重庆行营参谋处副处长陈超霖、最高国防会议主任秘书章友三及自称"宋子良"的特工人员。预备人员为侍从次长、香港特使张汉年,联络员张治平。

△ 日本藏相樱内幸雄在议会答辩关于解决增加侵华军费之质询时称:日本将来通过与汪精卫新政权的经济合作,可得到莫大的经济利益,不仅可以解决增加的战争费用,而且还会有余。

3 月 2 日 军事委员会政治部在重庆召开政工会议,历时三日,决议健全各军政治部,取消师政治部。

　　△　蒋介石电复卫立煌,"围击陵川一带八路军事宜仍照原计划实施",至请增加晋东南兵力一事,"暂从缓议"。

　　△　新四军一部夜袭湖北天门,歼灭日伪军 200 余人,俘 200 余人。

　　△　东北抗联第一路军第一方面军一部袭击吉林省临江珍珠门、太阳岔一带的伪警防队和森林警察队。5 日,又在临江三岔子东南袭击伪军三团和伪森林警察队。6 日,其主力部队 100 余人在濛江县湾沟痛击敌长岛工作班,毙伤敌人 11 名,缴获机枪一挺,步枪 9 支,匣枪三支,粮食 400 斤。

　　3月3日　日军陷苏北淮阴、宿迁、涟水、泗阳。

　　△　伪大民会发表《更新宣言》,略称:与日本"促进善邻提携,确立互助互惠关系","协助建立东亚新秩序,建立世界和平"。并拥护响应汪精卫之"和平运动",支持"新中央政府"的成立。

　　3月4日　国民党中央在重庆召开各战区参谋长会议,蒋介石到会发表训词,要为:总结各战区冬季攻势的战术原则,目前亟应研究的对策:一、对于敌人坚守据点及交通线之对策;二、对于少数敌人防守广大地区之对策;三、对于敌军凑集小部队临时编成增援队之对策;四、对于敌人威胁我军侧背之对策;五、克复据点防敌反攻之对策;六、敌军坚守不出时诱敌就歼之对策;七、打击敌人混成营兵力之对策;八、对敌集中运输之对策。11 日闭会。

　　△　国民党中央在重庆召开人事行政会议,蒋介石在会上作关于实行"行政三联制"的讲话。10 日闭会。

　　△　国民政府公布《民国二十九年福建省生产建设公债条例》,定额国币 2000 万元,年息五厘,满 20 年还清,自公布之日施行。

　　△　蒋介石电令四川省政府秘书长贺国光,"对于县行政,应特别注重清查户口,清丈土地,并令各县与乡、保互相比赛,以明功过优劣"。

　　△　中苏文化协会改选,孙科继任会长,邵力子、陈立夫任副会长,

梁寒操、张冲、戈宝权、米克拉舍夫斯基、米海耶夫、巴库林、郭沫若、侯外庐等 39 人为理事。

△ 朱德为驳斥国民党顽固派对八路军的诬蔑,向华北同胞陈述八路军战绩及一贯主张:一、本军在华北抗战已历三年,作战 5000 次以上,收复失地数十县,消灭敌寇 20 余万,缴获之多,冠于全国,事实昭彰,人人共知。二、本军为抗日民族统一战线之发起者与坚持者,必抗战到底,驱逐日寇出中国。本军内部实行官兵平等,不打人,不骂人,经济公开,士兵开会自由,官兵人人受教育,上下级亲爱团结。本军实行军民一致,不拉兵,不拉伕,不拉牲口,优待抗日军人家属,帮助民众春耕秋收,保护抗日政权及抗日民众团体。三、实行总理遗嘱,唤起民众抗战到底,公开揭发一切汉奸。

△ 八路军第一二九师在冀南地区第二次反击石友三部的战役开始,历时七日。石军被击退至河南民权以东、陇海铁路两侧地区。是役共毙、伤、俘石军 3600 余人。

△ 日陆相畑俊六在东京演说称:"开放长江系出于日方之自愿,并不负任何义务,此事由驻华日军当局处理。"

3 月 5 日 国民政府明令公布《绥远省境内蒙古各盟旗地方自治政务委员会组织大纲》,凡 16 条,规定该会隶属行政院,并受中央主管机关及中央指导大员之指导。设委员 19 人至 24 人,人选由国民政府派充,并于委员中指定委员长一人,常务委员三人。

△ 国民党中央监察委员、国民政府委员、中央研究院院长蔡元培在香港逝世,享年 74 岁。

△ 国民政府以樊仲云、陈中孚、梅哲之、汤良礼、罗君强、金雄白、傅式说、朱朴、陈春圃、顾忠琛、汪曼云、章正范、黄大伟、蔡洪田、张载伯、刘云、黄香谷、周斐成、张子孝、张一尘、张克昌、黄敬斋、汤澄波、张德钦、卢英 25 人,"均属附逆有据",是日发出通缉令,着"全国军政机关一体严缉务获,归案惩办"。

△ 中共中央、中央军委发出《关于晋西事变后我之基本政策的指

示》,指出:阎锡山在与我方谈判中,表示他是"国共两党之间的中间力量",因此,我们应"继续团结阎锡山,巩固山西旧军力量在阎的指挥下,不使发生不利于我们的分化,保存阎在吕梁山脉的地盘,不使某方进驻。八路军与新军亦不进驻,恢复新军与阎之指挥隶属关系,以利华北与西北之抗战"。

　　△　第三战区第二游击区规定新四军在苏南的第一、二支队统归第一支队司令陈毅指挥。并规定苏南新四军的活动范围在高资、码庙、东昌街、行香街、上马场之线以西,溧(水)武(进)公路及码西湖以北,长江以南地区;陈毅部之司令部位置在瓦屋山以北、南镇街以南的山岳地带,非有第三战区第二游击区的命令不得越过指定地境。

　　△　八路军第一二九师反击朱怀冰部的磁、武、涉、林战役开始,战至 8 日,歼灭朱部万余人,俘虏第九十四师参谋长蒋希文、鹿钟麟部的参谋长王斌、蓝衣社雷鸣远、武安自卫军军长胡象乾等,并控制了武涉公路以南,西平罗、临淇以北地区。

　　△　国立西南联合大学 300 余名工友举行罢工,要求改善生活待遇。7 日复工,并出版壁报,揭露国民党"腐化"、"专制"及在"陕西、河北各地开始剿共"之倒退行径。

　　△　鄂中京山地区日军 1000 余向新四军豫鄂挺进纵队驻地丁家冲、石板河进犯,该军第六团与敌激战竟日,将其击退。

　　△　日本华南方面军参谋长根木博访问南京,向中国派遣军总部建议:以南宁为根据地,进而攻打柳州,再以三个追击队构成向重庆追击的形势;同时,在华中进攻长沙,沿扬子江向重庆插入一支挺进队;在华北则进行西安作战。中国派遣军以"即便把现在的战线加以扩大,也很难用武力使重庆屈服"为由,未予采纳。

　　△　日本兴亚院会议决定,在汪精卫中央新政府建立时,日本派遣专使参加"还都"典礼,并派遣特派大使与新中央政府谈判缔结调整"国交"条约。

　　3 月 6 日　国民党中央执行委员会、中央监察委员会电唁蔡元培家属,并派吴铁城代表致唁。同日,孙科、孔祥熙、戴传贤、王世杰、潘公展、朱家骅等分别电蔡元培家属表示哀悼。7 日,国民党中央常务委员会决议,由国民政府褒扬蔡元培,发治丧费一万元,未成年子女教育费二万元,生平事迹交党史史料编纂委员会,由中央秘书处及中央宣传部主持筹备追悼会。

△ 中共中央发出关于抗日根据地政权问题的党内指示,指出:抗日民主政权的性质是"民主统一战线的","是一切赞成抗日又赞成民主的人们的政权,是几个革命阶级联合起来对于汉奸和反动派的民主专政"。指示抗日民主政权在人员分配上,共产党员占三分之一,非党的左派和进步分子占三分之一,中间派占三分之一。特别强调"必须保证共产党员在政权中的领导地位","保证党的领导权"。

△ 八路军第一二九师一部攻克濮县、观城、仙庄、六塔集、卫城集、柳格集、东北庄、双庙集等石友三部据点,歼灭高树勋部、石友三部1000 余人。

△ 日军步、骑兵 1000 余,附炮数门,自广东新会经大小梅山向麻塘进犯,7 日陷中山县。

3 月 7 日 军事委员会任命张琼为第二军副军长。

△ 蒋介石手拟对八路军的"训令"五条:一、不应认防地为私有,不应掩护叛军与袭击友军;二、应言行一致,协力互助,建立共信;三、不应擅委官吏,更不应残杀政府官吏;四、不应尽征民粮,断绝民食;五、不应擅发私钞。

△ 司法院院长居正在重庆发表广播讲演,勖勉国民当前努力的目标:"第一,不要忘记总裁提倡的新生活运动;第二,不要忘记厉行节约运动;第三,希望大家服行兵役,踊跃从军。"

△ 中共中央指示朱德、彭德怀,在山西反摩擦斗争取胜的形势下,应对卫立煌有所让步;在汾离公路以南则与阎锡山休战,维护阎的地位。

△ 毛泽东电唁蔡元培家属,称蔡元培为"学界泰斗,人世楷模"。

9日,中共中央电唁蔡元培家属称:孑民先生"为革命奋斗40余年,为发展中国教育文化事业勋劳卓著,培植无数革命青年及促成国共两党合作",并告以特派廖承志代表致唁。

　　△　八路军第一二九师一部在晋东南壶关附近歼灭日伪军百余人。

　　△　日军2800余人进攻鲁南山区之白彦,八路军第一一五师特务团、第六八六团、苏鲁支队等部奋起反击,战至22日,歼敌800余人,缴获长短枪350余支,并收复费县以西广大地区。

　　△　日军1500余人进犯山东滕县。13日,八路军第一一五师一部将敌击溃,歼灭500余人。

　　△　日海军陆战队一部由苏北射阳河进犯阜宁,是日阜宁失陷。

　　△　日、中双方代表今井武夫、铃木卓尔、臼井茂树和陈超霖、章友三及"宋子良",在香港东肥洋行举行会谈,10日结束。会谈主要议题为:对日政策、承认伪满洲国、共同防共等问题。日方代表要求重庆政府放弃抗日政策。中方代表表示,实现和平后中国自然停止抗日活动,并称"满洲国"已成既定事实,事到如今中国并不反对,蒋介石对于承认"满洲国"并无异议,因此对"满洲国"采取沉默态度而事实上承认。关于日、中两国缔结共同防共协定,中方代表表示同意,并允许将内蒙作为共同防共的特殊地区。日方代表提出在华驻军防共,在满洲驻军加强对苏战备。对此,中方代表表示日军可相当长地推迟在重要地区撤军的时间。此外,双方还就经济合作、蒋汪合作问题进行商谈,中方代表完全赞同日方提出的合作内容,要求明确以日本为主、中国为辅的合作关系。以上会谈内容,由日方写成"备忘录"。中国方面由于尚需请示蒋介石,故未签字。

3月8日　西藏热振呼图克图暨噶厦致电林森、蒋介石,对国民政府特派吴忠信来藏主持第十四世达赖转世坐床大典"感戴无暨"。"至于中日战事,现正由三大寺暨各寺喇嘛大举祈祷,祈祷中央胜利"。

　　△　国民政府任命马君武为国立广西大学校长。

△　县政计划委员会主任委员李宗黄向中央社记者称：该会已成立法制、人事、警政、教育、土地、合作、农业、交通、卫生、慈善事业等 15 个专门委员会，人员 121 人，从事拟订新县制有关法规，研究每一专门问题。

△　重庆各界妇女举行"三八节"大会，李德全主持。大会通过宣言、讨汪通电、慰问前方将士电等，并通过如下决议：要求国民政府在宪法上明文规定妇女在政治上、经济上、教育上和社会上一律平等，确实保障妇女地位；请求国民政府普遍建立妇女组织；要求国民政府通令全国工厂，实行男女同工同酬等。

△　第五战区游击部队潜入汉口租界"力"字第一码头附近，乘夜将守备日军 10 余人尽行歼灭，并火烧敌军需品。

△　汪伪中央公布日本国会对华政策 12 条，要点为：对于汪伪中央政府，"予以全面的支持"，"期待新中央政府成立，迅速具有统一国家之实力，日本将先作国际法上合法之承认"；"近卫声明善邻友好、共同防共、经济提携三原则，中国人民应予充分彻底理解"；希望"重庆赞成和平运动，分解而加入新中央政府旗帜之下"。

△　伪新民会改组仪式在北平中南海怀仁堂举行，并发表《新民会纲领》，宣称：该会"为新中国建设之精神团体，与临时政府表里一体，同为国家机构的民众实践组织"。纲领要点为：一、发扬新民精神，显示王道；二、实行反共，复兴文化，确立和平；三、振兴产业，改善人民生活；四、睦邻结盟，以建设东亚新秩序。3 月 30 日，制定《民国二十九年度工作实施要纲》，内容一为确立新民会的指导理论，二为谋求各个组织的扩大与加强。8 月 17 日，推举王揖唐为会长，安藤、缪斌为副会长。

△　美国进出口银行宣布，该行董事会已批准对中国政府贷款 2000 万美元。同日，美国总统罗斯福向报界发表谈话，称美国医药援华委员会已收得捐款 55 万美元，将悉数购买药品捐助中国。9 日，蒋介石致电罗斯福，对美援华表示衷心感谢。

3 月 9 日　第一战区司令长官卫立煌请求八路军停止对朱怀冰部

的进攻,表示愿意同八路军谈判。八路军总部指示第一二九师接受卫的请求,并作如下让步:唐天际部撤至陵川;临屯公路以南,长乐、高平公路以西之八路军撤至公路以东、以北;并请卫立煌保证八路军高、阳、垣、曲兵站一线来往人员之安全。14 日,八路军总部同第一战区谈判达成协议,以临屯公路及长治、平顺、磁县之线为两军分界线,八路军撤至该线以南,第一战区部队由河南濮阳、南乐撤退至封丘以北地区。

△　日军 1000 余分九路进犯山东东平,八路军第一一五师一部将敌击溃,歼灭 300 余人。

△　日军 9000 余人分十路向平西抗日根据地"扫荡",八路军萧克部在民众配合下,展开反"扫荡",激战三日,歼敌 800 余人,击落日机一架,击毁火车一列。

△　察南、北平郊区各据点日伪军 9000 余人,分十路向平西抗日根据地"扫荡"。平西军民展开反"扫荡"斗争,历时 14 天,毙、伤、俘日伪军 900 余人,敌于 22 日溃走。

△　日军 1500 余、飞机三架进犯晋西北静乐县。

△　日军第十一军司令官冈村宁次奉调回国任军事参议官。17日回国,临行告别各师团长,称其最大之憾事为未能摧毁中国之抗战企图,却将众多官兵战死在中国。

△　日本首相米内在参议院发表谈话,申述日本政府处理"中国事变"之方针,在于"建设新秩序,以保持东亚永久安定,更进而贡献于世界之和平",并称:"以汪精卫为中心之中央政府行将成立。帝国决定从速承认,并予以全面之援助。"他要求日本国民应"依据既定方针,举国一致,遭遇任何困难,誓向事变解决一途迈进"。

3 月 10 日　第六十四军邓龙光部、第二十六集团军蔡廷锴部对桂南日军发动春季攻势。13 日,敌第五师团及台湾混成旅团主力受邓、蔡两部攻击,分由郁江右岸及钦(县)灵(山)路反攻,图迂回包抄邓、蔡部。

△　鹿钟麟密电程潜,告朱怀冰部在晋东南"被共军夹击,四十、二

十七军既令北开,按目前之形势,应饬庞(炳勋)军由陵川以南地区绕至林县,范(汉杰)军进至树掌。若悉由陵川绕树掌前进,则共军扼守,恐旷日持久,朱军将消耗尽净,豫北、冀南将沦于共手"。

△ 蔡元培灵柩由香港道福寺暂厝于东华义庄殡舍,香港各界扶柩、执绅者 5000 余人。同年安葬于香港仔华人永远坟场。

△ "宋子良"与章友三、陈超霖根据 7 日中日双方会谈"备忘录"的条款,提出《和平意见对案》八条,要点为:"原则上同意"考虑承认"满洲国问题";放弃抗日容共政策;共同防共;经济合作;聘请日本军事及经济专家为顾问;适当处理汪精卫问题;日本应于和平妥协时将军队从速全部撤退等。

△ 板垣征四郎在南京发表《陆军纪念日感言》之广播讲话,声称全力支持汪精卫新中央政府的建立,并愿将日本占领之中国广大区域,交给"行将诞生之新中央政权统辖之下"。

3 月上旬 日军进犯广东中山县,肆意焚烧残杀,难民纷纷逃避,连日达二万人以上,广东省主席李汉魂特电拨款五万元施行急赈。

3 月 11 日 毛泽东发表《目前抗日统一战线中的策略问题》,提出抗日民族统一战线中"发展进步势力,争取中间势力,孤立顽固势力"的策略方针,和"有理"、"有利"、"有节"的斗争原则。

△ 蒋介石严令鹿钟麟、朱怀冰、石友三、孙良诚、丁树本等部不准退过黄河,受庞炳勋统一指挥,继续对八路军进攻。

△ 卫立煌令第九军郭寄峤部、第十四军陈铁部、第二十七军范汉杰部、第四十七军李家钰部、第九十三军刘戡部集结晋东南高平、陵川地区;第四十一、第七十一军渡黄河北进;第四十军由陵川向豫北林县开进,联合进攻八路军。

△ 日机九架袭击赣北浮梁,被第九战区薛岳部击落一架,坠贵池,飞行员三人毙命。

3 月 12 日 国民党中央举行孙中山逝世十五周年及国民精神总动员一周年联合纪念会,勉励国人"贯彻精神总动员纲领,排除一切障碍,完成国家统一,走向民族复兴大道"。同日,蒋介石发表《告全国同胞书》,称一年来各方面之成效与收获为中外所赞赏,指出精神总动员的功用在造成蓬勃奋发、精神向上的风气,一切工作要求"切实",努力依照纲要三要点,做到"持久"、"彻底"与"坚忍",提出今后精神总动员的方针为:具体实行纲领,加强经济斗争,提倡工作竞赛,充实国民月会。

　　△ 香港华侨工商教育界 140 余团体通电讨汪,并盼国府再颁明令,悬重赏缉捕巨奸,用申法纪。

　　△ 陕甘宁边区学生联合救国会致书国民参政会,要求给予青年以参政权,并以如下意见交国民参政会:一、明令修改国民大会选举法及宪法草案,确定年满 18 岁以上的青年,均有同等选举权与被选举权;二、各省、市、区及战地青年学生救国联合会每万人会员,选举代表一人,各大学选举代表一人,参加国民大会。

　　△ 桂南灵山战役开始。第四十六军一部攻击大塘、小董间之日军,占领紫匡附近之高地及大路岭。同日,第一八八师占领十二坕,截断邕钦路。

　　△ 新四军陈毅所部袭击江苏扬中一带日军,毙敌 200 余人。

　　△ 新四军李先念部在湖北应山杨家岗、张扬店击溃伪军刘光部300 余人。

　　△ 汪精卫发表所谓《和平宣言》,声称"中央政治会议"召开在即,"中央政府"成立有期,今后将在"中央政府"领导下,对外调整邦交,对内实施宪政,实现和平;切望"重庆方面抛弃成见,立即停战,共谋和平,俾和平方案之实现"。同日,米内响应汪精卫之宣言,表示全力支持与援助汪精卫成立新中央政府,并准备从速承认。

　　△ 《苏芬停战条约》在莫斯科签字。同日,驻苏大使杨杰发表谈话称:"苏芬战争结束后,苏联将加强援助中国,日苏不可能接近。"

　　3 月 13 日　教育部在重庆召开国民教育会议,讨论推进国民教育问题。蒋介石出席并讲话,称"国民教育为一切之根本",希望各省、市教育行政人员"以勇锐之精神,贯彻国民教育之计划";"策动地方贤达士绅,一致协成此举";"注重师资培养,实行就地督导";"酌用竞赛方法,厉行实施考核"。会议 16 日闭会,通过议案 27 项。

△ 国民党中央宣传部、社会部及新生活运动总会、重庆卫戍总司令部、赈济委员会等召开会议,商定加强行都力量办法三项:一、救济服务机关一元化。二、充实及集中服务队之组织,并统一其指挥。三、扩大空袭紧急救济联合办事处之组织及职权。

△ 朱德、彭德怀致电卫立煌,表示愿将驻晋东南陵川、高平之八路军第三八五、第三四四旅主力一律撤至树掌以北地区。

△ 山西新军、牺盟会负责人薄一波等致电阎锡山,表示不咎既往,愿对山西新、旧军关系谋合理解决,停止冲突,继续团结抗战。

△ 日军 700 余进袭晋西北静乐县西北之马坊镇。20 日,静乐日军 800 余、飞机三架攻陷岚县。23 日,岚县日军 700 余人陷普明镇,八路军第一二〇师一部与敌激战一夜,敌不支向静乐溃退,岚县收复。

△ 陈公博由香港返上海会见汪精卫,汪称:"政府再不组织,只有宣布和平运动失败。"陈称:"南京极力向日本交涉得到最优之条件,但务必通知重庆,全国一致,然后乃和。"

△ 伪满洲国国务总理张景惠发表声明,表示伪满洲国对汪伪政府之成立,予"不惜一切之援助",并希望中、日、"满""一致实现东亚永久之和平"。

3 月 14 日 湖南省临时参议会开会,议定实行新县制之要项三点:一、分期实行新县制,各县不得逾规定三年内期限;二、整理保甲;三、统一地方武力,实行警保联系。

△ 林伯渠致电程潜,指出,陕甘宁边区"虽然取消了陕省政府所派 12 县县长,摩擦纠纷仍不能根本消除",要求国民政府"明令承认边区政府,确定边区范围"。

△ 中共中央书记处、中央军委指示朱德、彭德怀等,目前的反摩擦斗争必须注意自卫原则,不应超出自卫的范围,尤其对中央军应注意

此点,因国共合作主要就是同中央军的合作;同时指出目前山西、河北的反摩擦斗争即须告一段落,不应再行发展。

△　八路军陇海南进支队一部在江苏睢宁县北歼灭伪军王宣梁部一个支队。20日,在睢宁、宿迁边境歼灭伪和平救国军第三独立团一部,毙伪队长刘厚仁以下80余人,俘30余人。

△　成都抢米事件。国民党特务康泽命令二三百名特务化装为贫民闯入成都潘文华之重庆银行,抢劫米库,捣毁银行,后反诬共产党所为。晚,国民党特务在成都进行大逮捕,中共川康特委书记、八路军驻成都代表罗世文及车耀先、洪希宗等10余人先后被捕。15日,成都各报登出"共产党煽动饥民抢米"的特大新闻,以此称共产党"破坏抗战,破坏团结"。旋中共成都市委发表《为抢米事件告成都市民书》,揭露反共分子的阴谋。

△　上海邮电、水电、码头、印刷、棉纺等100余工会以汪精卫窃用工会名义,捏造响应"和平运动",联名致函中央日报社予以否认,表示拥护抗战国策,声讨汪逆。

△　桂南钦州日军第二十八师团一部附骑、炮兵,由牛冈经平吉向第六十四军阵地进犯。南宁附近日军第五师团一部由良庆沿蒲津路东窜南阳乡,是日陷永淳。

△　日军发言人在上海对记者称:南京新中央政府成立后,确有保障外人在华合法利益之能力,第三国之利益将不被干涉,其范围包括在华贸易权、投资权及发展文化事业权。

△　中国国家社会党特别委员会、中国青年党政治行动委员会分别发表宣言,响应汪精卫之所谓《和平宣言》,表示将以全力支持汪精卫新中央政权成立。

△　英、美两国政府分别通知日本政府,表示两国决维护《九国公约》之规定,并不因中国汪伪政权的成立而改变对华之态度。

3月15日　中国复兴商业公司与美国世界贸易公司签订《中美售购华锡合同》,双方洽商中国应交华锡总额为四万吨(每吨3000磅),分七年分批交付。华锡装运地点为海防、仰光、香港或其他中国境内境外之海口或铁路终点，每磅售价美金一分。

△　国民政府特任陈济棠为农林部部长。

△　朱德、彭德怀致电蒋介石，表示愿将驻晋东南高平、陵川境内之八路军除留小部分维护兵站外，一律撤至平顺线附近，豫北辉县、林县各部一律撤至漳河沿岸。16 日，八路军第一二九师命令以上地区之部队撤退。

△　周佛海发表谈话，对重庆国民政府诱降，声称中央新政府的成立对全面和平不会有妨碍，假使重庆政府愿意与日本停战议和，准备以全力促成；中央政府成立后，对重庆政府"不仅没有丝毫敌对的心理，而且是抱着无限的期待"。

3 月 16 日　国民政府明令褒扬蔡元培，令称：蔡元培"道德文章，夙负时望。早岁志存匡复，远历重瀛，研贯中西学术。回国后锐意以作育人才促进民治为己任，先后任教育总长、北京大学校长及大学院院长，推行主义，启导新规，士气昌明，万流景仰。近长中央研究院，提倡文化事业，绩效弥彰。方期辅翊中枢，裁成后进，高年硕学，永为党国仪型"。发给治丧费 5000 元，并派许崇智前往致祭，生平事迹存备宣付国史馆。

△　蒋介石在陆军大学讲演《今日高级军官之急务》，指出指挥官与幕僚长作战的惟一要务"为激发全军官兵的敌忾心"；军事胜利的第一个要诀为"准备"二字；军事最后胜利之最大秘诀在"决心坚定，始终不撼"之中；今日幕僚长与指挥官的急务为监督命令之贯彻。

△　鲁中沂水、莒县、铜井等地日伪军 500 余人，窜至沂蒙山八路军驻地抢粮，行至沂水西南之孙祖，被八路军山东纵队第二支队击退，毙伤敌 120 余人，八路军收复铜井。

△　桂南日军第二十八师团陷陆屋、旧州。永淳方面日军窜抵沙洋东南一带，与第六十四军一部展开激战。

△　日军 2000 余人开始对豫皖苏边萧（县）、宿（县）、永（城）、砀

(山)地区进行分区"扫荡"。新四军第六支队一部及地方武装 5000 余人展开反"扫荡",连克李石林、王白楼、张大屯、黄口车站等日伪军据点。4 月 1 日又发起山城集战斗,迫使敌人撤回原防,粉碎了日伪军"扫荡"。

3 月 17 日　驻英大使郭泰祺在伦敦发表谈话,认为英国需要中国友谊,"但若对于日本过于采取'绥靖'政策,则此项友谊必受严重之打击";并称:"日本在亚洲和太平洋推行之计划,乃系针对英、法、美、苏、荷各国而发,与其对付中国毫无二致。"

△　桂南日军第五师团、台湾混成旅团攻陷灵山,守军第六十四军邓龙光部、第二十六集团军蔡廷锴部主力向灵山西北方向撤退。22 日,邓、蔡两部反攻,克复灵山。

△　汪精卫、陈公博等抵南京。18 日,汪精卫会见日本派遣军总司令西尾寿造和板垣征四郎,报告召开"中央政治会议"及"中央政府"成立之筹备事宜。西尾表示全力支持,并声明拟交还日军管理的矿山和工厂。

△　日军参谋总长闲院宫向西尾寿造发布《关于"桐工作"的指令》,要求中国派遣军总司令部全力展开停战交涉,条件为:日中两国以"善邻友好"、"共同防共"、"经济提携"为调整邦交的基本原则。中国方面应承认"满洲国","放弃容共抗日政策";日中两国缔结防共协定,日本在蒙疆及华北重要地区驻扎必要的军队,蒙疆为防共特殊地区;日中两国在华北及长江下游地区实行经济合作。在华南沿海特定岛屿(包括海南岛)实行海军军事方面的密切合作。"中国从日本招聘军事、经济顾问",并保证日本人在中国内地的居住和经商自由。《指令》还提出《关于处理"桐工作"和建立新中央政府工作关系的要领》,规定停战协定若在汪精卫政府建立之前签定,应促进其"对重庆的合作",若在汪精卫政府成立之后,"应尽最大努力使重庆加以承认","并促使蒋汪合作,努力在蒋汪合作的基础上开始正式和平谈判"。

3 月 18 日　傅作义下达反攻五原的作战命令,令新三十一、三十二师及第一〇一师、新六旅、新五旅、新骑四师以及游击军等部在 3 月 20 日夜 12 时同时向五原新、旧两城及外围据点发动总攻击,各部须于 19 日夜进入攻击准备位置。

　　△　行政院公布《田赋推收通则》,凡 19 条。

　　△　中国国家社会党在重庆发表宣言,斥责汪伪政府假借该党名义发表附逆谬论,申明该党"坚决抗日",决不与汪伪"同流合污",当与国人共起而诛之。

　　△　抗日军政大学第四分校在淮北成立,彭雪枫任校长,吴芝圃、张震任副校长,萧望东任政治部主任。

　　△　陶希圣在香港《大公报》发表《日汪所谓中央政治会议》一文,披露汪精卫等与日本订立关于树立新中央政府之步骤,"第一步以汪为中心,召集'国民党代表大会',第二步召开'中央政治会议',第三步在南京成立'国民政府',使用青天白日旗"。

　　△　日本中国派遣军总司令部修订《"桐工作"指导行事预定表》,决定 3 月 27 日、28 日、30 日、31 日举行日本、重庆正式会谈;4 月 5 日发表《和平宣言》;4 月 10 日停战;4 月 11 日、12 日汪、蒋合作通电;4 月 16 日、17 日、18 日、19 日、20 日举行讲和会议。最后于 4 月 20 日树立中央政府。

　　△　日本华北派遣军最高指挥官发表布告,声称愿将历来代管的各矿山及工厂,速行移让于临时政府;遇有必要时,拟依据中日经济合作之原则,分别妥为处理。同日,伪临时政府布告称:所有日军管理的各矿山、工厂的业主,应即克日前赴主管官署,提出归还原业之声明,一俟政府接收之后,即当分别次第发还。

3 月 19 日　驻苏大使杨杰返抵重庆述职。

　　△　军事委员会任命陈公侠为第六十四军军长,张弛为副军长。

　　△　日军一部向桂南佛子坪、丰塘之线发动攻击,第四战区东路兵团(第十六、二十六、三十五集团军各一部)御敌受重创,至 20 日退至灵山东北之罗逢、乐民、苏村、石塘之线,与敌对峙。

△　日本华北方面军在天津召开各兵团参谋长会议,部署"扫荡"华北抗日根据地,要求各兵团继续执行"高度分散部署"的办法,"讨伐肃正"。"讨伐重点指向剿灭共产匪团;肃清京汉、津浦两线中间的冀中地区,打通滏阳河及卫河水路"。以第二〇七、一〇一师团、独立混成第十五旅团、第十二军等部具体执行。

△　汪精卫公布《中央政治会议组织条例》、《中央政治会议组织要纲》及出席"中央政治会议"30人名单:汪伪国民党中央执监委员陈公博、周佛海、褚民谊、林柏生、梅思平、丁默邨、刘郁芬、叶蓬、李圣五、曾醒;伪临时政府王克敏、王揖唐、齐燮元、朱琛、殷同;伪维新政府梁鸿志、温宗尧、陈群、任援道、高冠吾;伪蒙古联合自治政府卓特巴扎布、陈玉铭;国家社会党诸青来、李祖虞;中国青年党赵毓松、张英华;无党无派人士赵正平、杨毓珣、岑德广、赵尊岳。列席二人:彭东原(广东)、何佩瑢(湖北)。

3月20日　蒋介石在重庆对中央训练团役政人员讲述目前役政改进之要点,称地方自治为兵役制度之基础,应协力推行新县制。指出前方部队补充后不能维持原有战斗力;补充部队组训不良,教育不合前方需要;补充部队不能按时到达,乃为目前役政之缺点。

△　五原反攻战开始。晚12时,孙兰峰第三十一师主力及五临警备旅一部附炮兵一营向五原新城西关及黑头圪旦之日军发起猛攻。日军凭借坚固工事掩护,以猛烈火力向孙部进攻。21日,孙部主力全歼西关之敌,进入城内扫荡义和渠之敌。五临警备旅亦攻占白桓及黑头圪旦,另一部攻占白桓以东地区。日军据守城内两处据点,孙部屡攻不克。

△　夜12时,彭庆荣部第三十一师附炮兵二营向五原旧城及广盛西发起进攻。战至21日晨,将前后补红地区伪蒙军击溃,残敌逃回旧城内。第九十四团乘机向旧城进攻,第九十五团向广盛西进攻,敌不支向东溃逃,广盛西及五原旧城克复。

△　第五战区李宗仁部攻入安徽安庆日军机场,焚汽油800余桶。

△　"宋子良"向日方和谈代表铃木卓尔透露:困扰蒋介石的最大

问题是承认"满洲国",因而重庆方面迟迟不决定。21 日,"宋子良"乞求铃木对重庆迟迟延期答复予以谅解。

△ 汪伪中央政治会议在南京召开。汪精卫主持并致词。会议决议:一、授权汪精卫决定中日新关系调整方针。二、通过国民政府成立大纲案。政府名称为"国民政府",首都设于南京,国旗为青天白日满地红。三、政府成立日期为 3 月 30 日。下午,汪精卫接见中日记者团,称中央政治会议有两大重要方针:一、实现和平;二、实施宪政,并称:中央政治会议的召开,标志着"和平运动"已确立稳固基础。

3 月 21 日 国民党中央常务委员会通过《关于国民大会代表选举无法完成之补救办法案》、《关于国民大会辽、吉、黑、热四省代表之产生方法案》及《推进边远省区民运工作的原则》。

△ 国民政府公布《特种股份有限公司条例》,凡 11 条。

△ 军事委员会任命莫与硕为第八十六军军长,冯圣法为第九十一军军长。

△ 蒋介石接见中央政治学校新闻专科毕业学生,称新闻记者应为"国家意志所由表现之喉舌"和"社会民众启迪之导师",并勖勉他们"善尽普及宣传之责任";"善尽宣扬国策之责任";"善尽推进建设之责任";"善尽发扬民气之责任"。

△ 国民参政会华北战区视察团结束对陕西、山西、河南、河北等地的视察,是日返抵重庆。团长李元鼎对记者称"前线军民合作实为水乳交融","各地建设亦有进步"。

△ 宪政座谈会与宪政促进会筹备会在重庆举行茶会,讨论对宪政问题的意见,张澜、章伯钧、董必武、黄炎培等 40 余人参加。张澜、沈钧儒发言称:实施宪政已成为全国一致的要求,不发动人民参加讨论,则宪政是空架的。要求国民政府公布第四次国民参政会通过的"全国人民都有政治自由"的实施宪政议案。

△ 新疆省政府主席李溶在迪化病逝。4 月 4 日,国民政府以李溶"筹维省治,安定边陲,六载以还,勋勤懋著",予以明令褒扬。

　　△　经济部采金局设立四川省安平区金矿勘探队,办理四川绵阳、江油等县金矿勘探开采事宜。

　　△　军令部制定《剿办淮河流域及陇海路东南附近地区非法活动之异党指导方案》,拟调集李品仙、韩德勤、李明扬等部兵力万余进攻淮河流域及陇海路东南附近之八路军、新四军。并"预期于6月中旬以前,肃清该地区内非法活动之异党势力"。蒋介石批示:"开始动作,最多不得过半个月,必须用最迅速之行动将其一网打尽。"

　　△　蒋介石密电卫立煌,令其必须限定时日令八路军撤至长治、邯郸之线以北地区,"我军应在长治、邯郸之线从速筑构防线,不得任其自由南犯"。

　　△　第四战区东路兵团一部由横县附近南渡邕江,向大塘方面推进,灵山之日军先后由北南乡、江口、平南、平山等处向西南方向撤退,在武利圩、百劳圩固守。22日,克复灵山。

　　△　董其武第一〇一师及王子修新六旅击溃乌拉壕和乌加河之日伪军,破坏桥梁两座。22日,日军乘汽车80余辆向王子修部进攻,王部不支向山麓撤退。乌加河北岸日军强修浮桥,被第三〇二团全力阻击,未能得逞,该团伤亡20余人。午后董其武率援军将敌击溃,占领桥头堡阵地。至此,五原新、旧城外围各据点收复。

　　△　门炳岳部骑六军一部向伪蒙军第八师发动攻击,敌不支向五原新城溃逃,复遭新三十一师孙兰峰部痛击,向北山逃窜,又被预伏在灶火渠之第一〇一师及民众截击,消灭殆尽。

　　△　中共中央发出《关于时局的指示》,指出:在汪精卫积极组织傀儡政府,民族危机更加严重的局势之下,"共产党有与国民党及各界人民进一步团结抗日的必要与可能";"在一切地方,如果国民党军愿意接受我们的提议,停止向我进攻,我应立即停止反摩擦行为";"订立和平,以影响顽固派,争取同盟者"。

　　△　八路军第一二九师冀西游击队及倪志亮晋冀豫边区纵队一部在河北元氏黑水河战斗中,毙伤日伪军200余人,俘日军一人,缴获山

炮一门。

　　△　日军舰三艘炮击广东赤湾,并派兵千余登陆,窜至南山与第四战区一部在南头附近激战。

　　△　日军陷澳门,并向澳门当局提出如下要求:一、澳门受日本保护,每月担负日方费用 40 万元港币;二、将反日分子驱逐出境;三、准许日方派员会同岛上警察挨户搜索;四、准许本军用票在岛上流通。31日,葡萄牙外交部发言人称:日本占领澳门附近中国之若干海岛后所引起的有关问题,正由日政府与澳门当局接洽中。

　　△　汪伪中央政治会议举行第二次会议,决议通过伪《国民政府政纲》、《中央政治委员会组织条例》、《国民政府组织系统表》、《修正国民政府组织法第 15 条》、废止临时政府、维新政府名称及善后方法等案。决定设立“华北政务委员会”,“临时政府”已办政务由“国民政府”令“华北政务委员会”接收,并遵照“中央”法令从速调整。“维新政府”已办政务由“国民政府”直接接收,并从速调整。“临时政府”公务人员由“华北政务委员会”尽量任用,“维新政府”公务人员由“中央政府”尽量任用。

　　3 月 22 日　蒋介石密电程潜、卫立煌,令其从速将晋东南八路军“如期撤至长、邯路以北地区”,“将在高平以东陵川境部队除少数维护兵站线外,一律撤至平顺”,“将在辉县、林县之部队一律撤至漳河沿线”,“将白晋路以东、长治东阳关、邯郸线以北地区部队撤退,并严密监视其是否按指定路线撤退”。

　　△　下午 3 时,第十一战区傅作义部孙兰峰新三十一师副师长王雷率第九十一团在炮兵协同下,攻占五原新城内日军特务机关和屯垦办事处日军司令部,全歼守敌,五原新城遂告收复。

　　△　汪伪中央政治会议举行第三次会议,决议通过《华北政务委员会组织条例》、《实施宪政》、《重庆政府处置方法》等案,并颁“国民政府”各院、部、会及绥靖主任人选。《重庆政府处置方法》规定:“国民政府”成立后,重庆政府对内、对外各种法令及条约、协定、契约等一概无效,所有军队应即停战,等待命令,所有公务人员应于最近期间到南京报

到。"国民政府"人员名单：主席林森（汪精卫代理）；行政院长汪精卫，副院长褚民谊；立法院长陈公博，副院长（待定）；司法院长温宗尧，副院长朱履和；监察院长梁鸿志，副院长顾忠琛；考试院长王揖唐，副院长江亢虎。内政部长陈群，外交部长褚民谊，海军部长汪精卫（兼），军政部长鲍文樾，财政部长周佛海，教育部长赵正平，司法行政部长李圣五，工商部长梅思平，农矿部长赵毓松，铁道部长傅式说，交通部长诸青来，社会部长丁默邨，宣传部长林柏生，警政部长周佛海（兼），赈务委员会委员长岑德广，边疆委员会委员长罗君强，侨务委员会委员长陈济成，水利委员会委员长杨寿楣，行政院秘书长陈春圃。最高法院院长张韬，行政法院院长林彪。审计部长夏奇峰，铨叙部长江亢虎（兼）。军事委员会委员长汪精卫，参谋本部部长杨揆一，军事参议院院长任援道，军训部长萧叔萱，政治训练部长陈公博（兼）。华北政务委员会委员长王克敏。开封绥靖主任刘郁芬，武汉绥靖主任叶蓬，华北绥靖军总司令齐燮元，苏浙皖三省绥靖军总司令任援道。

3月23日　中共中央书记处召开会议，听取秦邦宪关于国共两党关系的报告。会议决定秦邦宪、林伯渠、邓颖超、董必武四人出席此次国民参政会。

△　中央研究院评议会选举翁文灏、朱家骅、胡适为院长候补人选，选举姜立夫、吴有训、茅以升、吕炯、陈寅恪、陈垣、赵元任等为第二届评议员。

△　八路军第一二〇师彭绍辉第三五八旅配合民众武装歼灭岚县日军130余人。24日，克复岚县县城。

△　"宋子良"与铃木卓尔在香港会谈。"宋子良"出示蒋介石转告板垣的急电，内容为：蒋介石本人对于非正式代表提出的"备忘录"基本上无异议，但在承认"满洲国"问题上遭到东北将领等反对，现在正努力说服，最后不得已时亦有施以镇压手段的考虑；现在距离成立新中央政府的时间已迫在眼前，因此可否将正式的最高代表的会谈延期到4月中旬；新中央政府成立日期问题也请一并重新加以考虑。随后铃木请

示中国派遣军总司令部,总司令部答复同意按蒋的意见处理,并指示会谈即使延期到 4 月,也不要使对方失去希望。

　　△　汪精卫在南京发表题为《国民政府还都的重大使命》的广播讲话,宣称"国民政府还都",就是要统一起来做和平运动,完成实现和平,实施宪政两大使命;中央新政府的成立和还都,标志着"和平运动"已到了一个新阶段;希望"重庆方面破除成见,加入到和平运动中来","盼林(森)主席早一点回到南京来"。

3 月 24 日　重庆各界举行追悼蔡元培大会,蒋介石、吴敬恒、王宠惠、孔祥熙、戴传贤、于右任、张继等参加致祭,张继、吴敬恒先后报告蔡元培生平事迹、学术成就等,最后宣读国民政府及国民党中央祭文。同日,四川、贵州、广西、湖南、浙江等省及香港均举行追悼大会,吊祭蔡元培。

　　△　《益世报》在重庆复刊,主任委员病休,职务由牛若望兼代。按:该报已有 25 年历史,七七事变后,平、津两馆被迫停刊,迁往云南。

　　△　日本水川伊夫中将率残兵逃出五原,图渡乌加河逃往大余太,是日被傅作义部游击部队击毙,残兵大部被歼灭,一部分落入乌梁素海淹死,20 余人落荒逃遁。

　　△　日军反攻五原。日军小岛骑兵集团主力和黑田第二十六师团一部,附炮 30 余门,密集乌加河畔,向董其武部第三〇一团阵地猛攻,并以飞机 10 余架扫射轰炸,掩护步兵乘船渡河。董部奋勇阻击,团长宋海潮身中七弹,随从人员大部阵亡,黄昏后奉命后撤。

　　△　汪精卫公布伪中央政治委员会委员名单:中央政治委员会主席汪精卫;当然委员汪精卫、陈公博、温宗尧、梁鸿志、王揖唐、王克敏;列席委员褚民谊、朱履和、江亢虎、顾忠琛;指定委员周佛海、褚民谊、陈璧君、梅思平、陈群、林柏生、刘郁芬、任援道、焦莹、陈君慧、叶蓬、陈耀祖、李圣五、丁默邨、傅式说、杨揆一、鲍文樾、萧叔萱、李士群;聘请委员齐燮元、朱琛、卓特巴札布、殷同、高冠吾、赵正平、缪斌、赵毓松、诸青来、赵尊岳、岑德广。

3月25日　东北抗联第一路军第二方面军在吉林和龙县红旗河伏击日军"讨伐队",毙敌官兵 100 余人,俘虏 30 余人。26 日,又在花脸碰子毙伤日军 40 余人。

△　陕西省府主席蒋鼎文发表反共演说,称:中国共产党"不拥护三民主义,不服从蒋委员长的统一领导",既未履行其诺言,且更趋于封建势力的造成,将成为历史的罪人,云云。

△　河北赞皇、元氏日军 500 余,在飞机掩护下出犯,八路军第一二九师一部在元氏西南之东西台城地区予以阻击,并击落日机一架。

△　日本政府决定:派遣阿部信行为"驻华全权大使",派遣松平、小山两议长为"庆祝使节",参加汪伪政府"还都"典礼。

△　日本陆军省军务局长武藤在议会上声称:日本政府准备向汪伪政府"放弃租界权利,期望第三国亦采取同样行动",并称:日本政府"准备采取步骤对付拒绝交还租界的国家"。

△　河北井陉煤矿红庄矿井因年久失修起火,日军恐烧坏煤井,下毒手封井,井下矿工数百人全部烧死。

3月26日　行政院会议决议,自本年 7 月 1 日起施行《遗产税暂行条例》。

△　国民政府修正公布《财政部组织法》,规定财政部设关务、税务、国库三署和总务、盐政、赋税、公债、钱币五司,以及直接税、会计二处。

△　南洋华侨筹赈总会主席陈嘉庚及庄西言、李铁民等率南洋华侨归国慰劳团部分团员自仰光飞抵重庆,重庆各界代表 3000 余人前往机场欢迎。陈嘉庚在机场临时茶会上对记者阐明归国目的:一是向抗战军民致敬慰之意;二是考察战时国内状况,带回南洋向华侨报告宣传,使千万华侨增加爱国热心,以外汇财力助祖国抗战;并称:"第八路军所在地延安,亦拟前往视察。"

△　周恩来、任弼时、邓颖超、蔡畅、陈琮英、陈郁等九人自苏联经迪化、兰州、西安,是日回到延安,并带回国民政府发给八路军的一批薪

饷。毛泽东、陈云等前往迎接。在当晚举行的欢迎大会上,周恩来讲话指出:从报刊上看到国内许多人准备妥协投降,搞摩擦分裂及倒退的现象,实令人痛心。在全党全国人民的共同努力下,投降派必定失败,中国抗战定能获得最后胜利。按:周恩来因臂伤于 1939 年夏赴苏治疗。

△ 新四军参谋长兼江北指挥张云逸致电蒋介石等,请其制止进攻新四军皖东部队之行为,并严惩为首指使之徒,抚恤伤亡。

△ 第五战区李宗仁部与日军在豫南信阳城郊激战。27 日,李部攻入信阳,日军南溃。

△ 白崇禧部克复桂南灵山之陆屋、旧州。

△ 日伪军 2000 余人向新四军豫皖边永城、萧县地区"扫荡"。新四军第六支队队长彭雪枫率部反击,毙伤日伪军 1000 余人,残敌溃逃。

△ 汪伪中央政治委员会公布该会各专门委员会主任委员人选:法制梅思平、内政陈群、外交徐良、军事鲍文樾、财政陈之硕、经济陈君慧、交通李祖虞、教育焦邺,中央政治委员会秘书长周佛海。27 日,又增设社会事业专门委员会,蔡洪田任主任委员。

3 月 27 日 监察院派员视察贵州、湖北、四川等省政务,视察事项为:精神总动员、民政、财政、教育、建设、保安、军事、禁政、救济、司法。

△ 五原战役结束。董其武部第一〇一师一部扒开乌加河南堤,引水淹没乌加河至五临公路,日军陷入泥淖之中,董部乘势向敌猛攻,城内日军在飞机导引下,逃出城区,向乌加河北逸去,五原失而复得。是役共歼日伪军 300 余人,俘虏 50 余人,缴获汽车 40 余辆。

△ 香港《自由》、《天演》、《南华》三报反汪工友回国服务团到达重庆。

△ 燕京大学校长司徒雷登月前抵达重庆,是日在嘉陵宾馆讲演华北现状,孔祥熙、陈立夫、吴铁城及燕京大学旅渝学生 200 余人参加。

3 月 28 日 第一战区卫立煌部乘夜攻入日军占领区河南淮阳。

△ 蒋介石密电李品仙,令其"肃清淮南路两侧及蒙、涡、宿、永等附近之异党组织","将其压迫于大江以南,或一举剿灭之"。同日密电

韩德勤,令其"先肃清江都边境及涟水、宿迁、沭阳边境附近地区之异党,尔后与二十一集团军协力相机进剿洪泽湖南北地区之异军"。

△ 程潜密电蒋介石,报告第二、八、十战区对八路军的作战部署:第二战区"晋东南方面十八集团军应遵照规定作战地境迅速于长白路以东、邯长路以北地区服从作战任务,所有经晋城、陵川通林县之交通着由卫(立煌)副长官统筹部署,以两个师以上兵力占领"。第八战区之陇东"密派有力部队严密监视中共势力,绝不准其对平凉进扰"。第十战区"对陕北中共部队应配备有力部队于洛川附近,绝不准其南犯"。

△ 军政部、军令部制定《剿办苏皖边区非法活动之异军指导方针》,拟以李品仙部及韩德勤部"预为充分之准备,迅速进出于淮河南北附近地区,将盘踞该地之异军压迫于大江以南,或相机歼灭之"。

△ 日军2000余,飞机五架攻陷晋西北临县,次日又退出该县。

△ 英驻日大使克莱琪在东京日英协会发表演说称:英日两国系"为共同目标而努力,此目标即为永久之和平,抗拒外来之压力"。4月3日,驻英大使郭泰祺驳斥克莱琪之演说,称英国"与日本之和平,即为中国之灭亡"。

3月29日 林森在革命先烈纪念日对全国将士和同胞以及友邦人士发表广播讲演,痛斥汪伪汉奸组织之叛国罪行,表示与蒋委员长同心同德,督率全国文武官吏和人民,护卫国家民族整个的领土与主权完整,目的一日不达到,奋斗一日不终止,希望各友邦自今以往,始终给我们一贯之同情与更多之援助。

△ 国民党中央宣传部为声讨汪伪组织,自是日至4月1日,邀请林森、吴铁城、陈立夫、居正、于右任、戴季陶、孔祥熙、翁文灏、何应钦、王世杰、邵力子、李德全等党政要人向国内外作广播讲演。

△ 八路军第一二九师赵基梅独立支队袭占山西寿阳冀家坳日军据点,歼灭伪军80余人。

△ 台湾独立革命党、台湾民族革命总同盟等抗日团体合组成为台湾革命团体联合会。该会的基本任务为:一、促进成立革命政党;二、

建立祖国与台湾的正常关系;三、发展台湾内部革命斗争;四、开展前方及沦陷区台胞的革命工作。

3 月 30 日　国民政府明令全国严缉陈公博、温宗尧、梁鸿志、王揖唐、赵正平、赵毓松、诸青来、岑广德、陈济成、杨寿楣、林彪、夏奇峰、江亢虎、任援道、刘郁芬、齐燮元、王克敏、汪时璟、朱履和、江履谦、李文滨、徐良、严家炽、陈维达、卓特巴札布、夏肃肇、潘毓桂、傅侗、曾醒、陈玉铭、杨毓珣、何佩瑢、许继祥、戴英夫、汪瀚章、蔡培、何庭流、赵叔雍、周化人、李祖虞、彭年、胡兰成、孔宪鉴、李士群、邓祖禹、沈尔侨、王修、刘培绪、郑大章、李欧一、富双英、汤尔和、王荫泰、殷同、朱琛、董康、苏高仁、余晋和、赵琪、江朝宗、马良、徐苏中、唐蟒、张永福、张英华、张显之、凌霄、陈之硕、陈君慧、何炳贤、陈伯藩、唐惠民、陈辉祖、焦莹、萧叔萱、高冠吾、张韬 77 名汉奸。

△　汪伪国民政府在南京成立。汪精卫及各院、部、会主要人员陈公博、周佛海等宣誓就职。汪精卫宣读《国民政府还都宣言》,声称"国民政府"还都南京,"使向于实现和平,实施宪政之大道勇猛前进",并希望重庆方面"破除成见,亟谋收拾,共济艰难"。会后,发表对日广播演说,对日本的支持表示"深切之谢意",并愿为中日关系"因调整而得到共存共荣,东亚之和平与秩序得到永久坚固之基础"而继续努力。

△　外交部照会各国驻华使节,并训令中国驻外使节照会各驻在国政府,郑重声明:南京汪伪政府或中国他处存在之其他伪组织,其任何行为当然完全无效,中国政府和中国人民绝对不予承认,深信世界自尊之国家,对中国境内之日本傀儡组织决不予以法律上或事实上的承认。

△　上海学生举行总罢课,反对汪精卫傀儡政权成立。学生冲破巡捕房的干涉,高呼口号,到租界各马路散发讨汪传单。

△　美国务卿赫尔发表声明,不承认南京之汪精卫伪政府,继续承认重庆国民政府为中国之合法政府。

△　全国慰劳总会举行会议,决议聘请陈诚为会长,谷正纲、马超

俊、郭沫若为副会长。

　　△　桂林行营命令桂南各部在坚守已占据之阵地的同时,组织各种出击队,袭击并破坏敌之交通、通信及敌伪政治、经济,并将主力置于适当地区集结整训,为尔后反攻南宁做好准备。

　　△　东北抗联第三路军第三支队 250 余人,连续袭击嫩江东北四站和二十里河屯。两次战斗中缴获步枪 21 支,手枪一支,子弹 1300 余发。

　　△　日军千余、飞机三架攻陷晋西北方山县,八路军第一二〇师一部及山西新军第二纵队与敌战至次日,收复该县。

　　△　河北武安日伪军 1000 余分三路向八路军边区纵队进攻,遭八路军一部反击,歼敌 130 余人。

　　△　汪伪中央政治委员会召开会议,通过各院、部、会组织法,中央机关经费支配和官俸等级等提案,并公布立法委员和军事委员会委员名单:立法委员为杭锦寿等 50 人,军委会委员为陈公博等 26 人,常务委员为陈公博、周佛海、刘郁芬、齐燮元、鲍文樾、杨揆一、任援道、叶蓬、萧叔萱。

　　△　伪华北临时政府、伪华中维新政府发表宣言,宣布自即日起解散。

　　△　伪华北政务委员会成立,王克敏任委员长,常务委员王克敏、汪时璟、齐燮元、汤尔和、王荫泰、殷同,委员为朱琛、王揖唐、董康、苏体仁、余晋和、赵琪、江朝宗、马良、潘毓桂。该会为汪伪政府的直属机构,受其委托处理华北辖区内一切政务,下设内务、财务、绥靖、教育、实业、建设等署和政务厅。

　　△　周佛海与日本横滨正金银行上海分行经理岸浪义质签订《政治借款契约书》,总金额法币 4000 万元。

　　△　日本首相米内光政发表广播演说,表示对汪政权“不惜予以全般的援助”,希望各国迅速“认识此新事态而予以协力”。

　　△　日本陆军省召开会议,研讨参谋本部关于撤退在华军队的提

案,参谋总长闲院宫、陆相畑俊六等出席。决定:"如本年内中国事变仍不能解决,则自 1941 年初开始自动撤兵,到 1942 年底,将兵力缩小至以防守上海的三角地带及华北察、绥一隅为限。"

3 月 31 日　国民党中央常务会议作出《关于国大代表产生问题的决议》,规定:国民大会代表之区域选举及职业选举,如确有变动或事实上之窒碍,不得依法完成时,应由国民政府遴选另定。

△　监察院长于右任在重庆发表《以胜利击破汪倭毒谋》的广播演讲,呼吁各界同胞切实认识中华民族的总危机,以中山主义对明治遗策,收复既失领土,造成独立自由之中华民国。

△　驻英大使郭泰祺、驻法大使顾维钧、驻苏大使杨杰、驻美大使胡适等联名通电讨汪,表示誓遵国策,以维友邦同情,而正国际视听。

△　宋蔼龄、宋庆龄、宋美龄抵重庆。4 月 3 日,重庆各界妇女举行盛大欢迎会。午后,宋氏三姐妹至新生活指导委员会视察,并参观重庆孤儿院,宋庆龄称赞孤儿院工作成绩优异,称"将来必不致产生汪精卫一类之人物"。

△　延安成立蒙古文化宪政促进会,参加者有蒙、回、藏、汉等族人员,吴玉章、李富春、林伯渠等为理事。

△　新四军参谋长张云逸电告蒋介石,安徽第五区专员兼第十纵队司令李本一部 1000 余人、皖东行署莫、甘支队 2000 余人、定远县吴子约部五六百人,近日袭击新四军驻大桥之江北指挥部及第四支队司令部,要求制止此种破坏抗日的倒退行为。

△　日本中国派遣军总司令部向铃木卓尔提出今后对"桐工作"的方针,指出:"桐工作"重新进行时,应向重庆说明"汪政权的成立不妨碍汪蒋事后合流的可能性,日方保留对汪政权的承认即有此意"。并提出汪蒋事后合流的工作期限订于今秋,而今夏为整体工作成败的关键。

△　日军第三十六、四十一师团及独立第九混成旅团 6000 余人围攻晋东南沁县,八路军第一二九师一部与敌战至 4 月 2 日,歼敌 500 余人。

　　是月　国民政府决定四川、西康、贵州、陕西、甘肃、河南、安徽、湖北、江西、广东、广西、福建、浙江各县、市自卫总队一律改编为国民兵团,团队以下各级部队和后备队6月以后次第成立。

　　△　军事委员会任命梁培璜为第十九军军长。

　　△　何应钦检讨对日作战溃败原因:一、部队作战缺乏协同动作;二、无死守阵地之决心与必胜的信念;三、构筑防御阵地忽略纵深配备;四、谎报军情,过度夸大敌情,用意在减轻自己之责任;五、破坏交通线不得要领,或迟或早或不彻底;六、指挥机关臃肿重迭;七、对上级命令不研究,奉行不力;八、鱼肉百姓,扰民作恶。

　　△　山西牺盟会第二次代表大会在沁源召开,提出继续团结阎锡山共同抗日,并决定山西新军在八路军的领导下进行整军,加强战斗力。会后,牺盟会即宣告结束。

　　△　汪伪中央政治会议决定对重庆政府的处置方案:"一、重庆政府如放弃抗战容共政策,并接受中日新关系调整方针,则可加入中央政府。二、国民政府还都后重庆方面对内及对外各种政令及条约、协定、契约等一概无效。三、在重庆政府指挥下之军队如自愿停战来归中央者,中央政府一概容纳,并予以种种便利。四、重庆政府所有公务人员如能于中央政府成立后半年内回京者,中央政府应以原级原俸令其继续任职。"

　　△　河北旱灾,灾民大饥,有食树皮、泥土为生者,致死甚众;有食麦草充饥者,致夏收无望,尤以保定、天津地区为甚。受灾村镇1.5万余处,灾民达300万。山东省灾区亦达5000村镇,灾民近百万。日军乘机强迫逃津灾民在津特三区伪劳工协会领取出关证,出关者日约3000人。

4　月

　　4月1日　国民参政会第一届第五次大会在重庆开幕,国民参政员 145 人出席。议长蒋介石报告半年来全国政治、军事、外交设施及日、汪伪之目前状况,指出汪伪政府的成立,不能影响抗战到底的决心,"我们必须恢复国家领土、主权、行政的完整","力求抗战建国纲领的实现","确立宪政之基础"。林森致训词,副议长张伯苓、参政员代表梁上栋分别致词。

　　△　国民政府以孙中山"倡导国民革命,手创中华民国,更新政体,永奠邦基,谋世界之大同,求国际之平等,光被四表,功高万世",明令全国自是日起,尊称孙中山为中华民国国父。

　　△　国民政府明令全国严缉吕景颜、吕哲夫、鲍巽之、陈骍、徐剑萍、朱光普、丁健娱、王寿彭、唐少泉、张佩绅、潘同麿、解吉文、马典如、凌西礐、陈庆渔、黄砚山、陈武扬、杨敦谦、刘月浦、卢新三、杨敦纯、董志瑚、张建时、陈平、田庆霓、周郑璜、朱张林、程学卿、陈阮、朱月、徐元新、李恺良 32 名汉奸。

　　△　第八战区傅作义部克复绥西五原东北之乌镇及乌石浪口,毙日、伪蒙军 300 余人,俘 50 余人。

　　△　中共中央、中央军委指示八路军总部、新四军军部:华北八路军应抽调足够力量(四五万人)南下华中增援新四军,打退国民党军的进攻,建设以淮河以北,淮南铁路以东,长江以北,大海以西为范围的新的抗日根据地。"总的目的,在于打退反动进攻,扩大抗日势力,克服投降危险,争取时局好转"。

　　△　朱德、彭德怀致电八路军第一一五、一二〇、一二九师及各军区,指出敌人近日强化交通,修筑道路,并增筑据点,这不仅妨碍我军的军事行动,而且有害于抗日根据地的经济流通。令各部队于 10 日开始破路,对于敌人新修的公路、铁路,加以彻底的破坏。

　　△　天津 122 个民众团体,以全市 140 万市民之名义联名通电讨汪。

　　△　资源委员会在云南开元成立开元酒精厂,后改名云南酒精厂,与云南省政府合办,由黄人杰主持,有员工 92 人。抗战胜利后结束,让

予云南省政府。

△　日伪军3000余人、汽车30余辆,由皖北永城、砀山、黄口、王白楼等地,四路向新四军第六支队驻地"扫荡"。新四军第六支队第一、三总队等部与敌激战于山城集附近之磨山、僖山一带,反复冲杀,歼敌300余人。新四军第一总队队长鲁雨亭殉国。

△　日本政府特任阿部信行为对华交涉特命全权大使,其任务为:一、同新中央政府合作(根据内阁总理大臣的指示行事)。二、签订中国、日本与第三国的关系及日中新关系的条约(根据外务大臣的指示行事)。有关重要政策的处理及有关治安问题,与陆海军最高指挥官协力进行。

4月2日　国民参政会第一届第五次大会继续举行。何应钦报告半年来抗战军事状况,王宠惠报告外交状况,孔祥熙报告财政状况。参政员胡景伊等105人提出"声讨汪逆兆铭南京伪组织临时动议",经讨论后推参政员陈豹隐等作文字修正。会议主席张伯苓提出"声讨汪逆兆铭南京伪组织通电"之修正案,一致通过。

△　军事委员会任命郑洞国为新编第十一军军长。

△　是日及次日,广东省政府主席李汉魂、第二战区司令长官阎锡山、贵州省政府主席吴鼎昌、福建省政府主席陈仪、西南联合大学校长蒋梦麟、西康省政府主席兼川康边防总指挥刘文辉、兼四川省政府主席蒋介石暨省府委员,山东、河南、湖南、浙江、江苏省政府,第四战区司令长官张发奎、第六战区司令长官商震、第三战区司令长官刘建绪等分别通电讨汪。

△　行政院公布《统一检查办法》。

△　顾祝同电告蒋介石对皖南新四军"必要时拟断然予以制裁"的措施,准备用一个师又两个团的兵力"捣毁扑灭其泾县附近根据地为主目的,并牵制其北渡,钳制其活动"。5日,蒋介石复电顾祝同:"尚属可行,仰切实督令遵照。"

△　第四战区张发奎部攻入广东江门城垣,毁日伪设施数处。

　△　延安大众化问题研究会成立,宗旨是研究文艺大众化的理论与实践,负责人周文。

　△　晋冀鲁豫边区太岳区军民粉碎日伪军五路围攻,歼敌 500 余人。

　△　法国政府总理雷诺接见驻法大使顾维钧,声明不承认汪伪政府。

4 月 3 日　国民参政会第一届第五次大会继续举行。翁文灏报告半年来经济建设情况,张嘉璈报告全国交通设施情况,并通过各组审查委员会名单,计分军事国防、外交国际、内政、财政经济、文化教育等五组。大会通电慰问前方抗日将士及战区同胞。

　△　孔祥熙在中央广播电台发表《汪逆伪组织与日阀末路》的广播讲演;5 日,冯玉祥作题为《全国民众都应努力铲除卖国汉奸汪兆铭》的广播讲演,号召全国各界同胞,"有钱的出钱,有力的出力,来粉碎伪组织,赶走日寇"。

　△　蒋介石为在长江上游和襄河上游实施决堤,阻止日军进攻沙市、宜昌,密电李宗仁和长江江防司令郭忏,略称:如在长江上游决堤,泛滥及于监(利)、潜(江)、沔(阳)、汉(川)一带,且属湖沼纵横之地,运动不易,敌之主力置于该方面甚小,似无实施之必要。如于襄河上游决堤,泛滥区为荆(门)、沙(市)、天(门)、潜(江)、沔(阳)、汉(川)一带,此方面为江防之侧背,亦即我军最感痛苦方面。如判明敌之主力在汉宜路方面,我在襄河东岸上游决堤,确能予敌以严重打击,亦可施行。

　△　国民政府令准英国借用刘公岛期限展期。

　△　八路军驻重庆办事处、重庆新华日报馆联合举行晚会,欢迎香港《南华》、《自由》、《天演》三报反汪工友服务团。《新华日报》总编辑吴克坚致欢迎词称:这些工友的行动证明,"他们是英勇的,坚决的,不怕困难,不怕牺牲,始终为中国人民解放事业而斗争的战士"。

　△　东北抗联第二路军总指挥周保中返抵饶河后方基地,主持召开中共第七军代表大会,贯彻伯力会议精神,将抗战坚持到底。会议决

定将第七军改编为第二路军第二支队，王汝起任支队长、刘雁来任支队副、王效明任支队政委。会议历时七天。参加会议的有赵尚志、王效明、崔石泉等 38 人。

　　△　苏联空军志愿队协同中国空军，出动飞机 23 架，分头轰炸日军汉口机场与岳阳日军司令部，炸毁日军舰一艘，伤亡 200 余人。同日，又袭击山西运城日军机场，毁伤日机 30 架。

　　△　日机 20 架轰炸西安，投弹百余枚，炸毁房屋 50 余栋，死伤居民 10 余人。

　　△　英国外交次官白特勒在下院声明，重申英国政府不承认"汪组织"之态度并未改变。外相哈里法克斯在上院亦重申继续承认重庆之国民政府为中国之合法政府。

　　4 月 4 日　国民政府任命盛世才兼新疆省政府主席。

　　△　国民参政会第一届第五次大会继续举行。周钟岳报告内政工作状态，陈立夫报告国民教育设施及最近国民教育会议通过的五年普及教育计划。共产党参政员林伯渠、秦邦宪、邓颖超由西安抵渝，即日参加会议。

　　△　藏籍国民党中央委员安钦呼图克图致电蒋介石，反对汪伪政府成立，拥护国民政府，效忠抗战。

　　△　驻英大使郭泰祺在伦敦发表演说，称中国与日本作战，"原系被迫而应战"，并称：中国政府"深信美国政府必将停止以五金及油类输往日本；日本如缺乏此种供给，势必无力作战"。

　　△　伪苏浙皖绥靖军总司令部在南京成立，任援道任总司令。设南京、湖州、杭州、庐州、蚌埠、苏州、芜湖七个绥靖区。

　　4 月 5 日　国民参政会第一届第五次大会讨论《中华民国宪法草案》（即"五五宪草"）。立法院长孙科作"宪草"起草经过及内容说明的报告。会议宣读议长交宪政期成会草拟之《中华民国宪法修改草案》，并由张君劢说明宪政期成会组成之经过。蒋介石发表关于"宪草"的意见：一、治权与政权必须分别清楚；二、宪法应富有弹性，越谨严越不能实行。

　　△　蒋介石致电嘉勉傅作义及克复五原将士,称:五原大捷"不仅保障了西北,而且奠定收复失地,驱逐敌寇之基础,在抗战全局上,关系尤为重要"。

　　△　国民党中央监察委员、军事委员会委员、前第二十九军军长宋哲元在四川绵阳病逝。17 日,国民政府明令褒扬宋哲元,发给治丧费 5000 元,交军事委员会从优议恤,并将生平事迹存备宣付国史馆。

　　△　军事委员会制定《兵役奖励办法》,对自动投军者、免役人员自动请缨者、党国人员自动服役者,分别给予嘉奖、记功、奖金、褒状等,以资鼓励。

　　△　国民参政员梁漱溟等向国民参政会第五次大会提交解决国共两党摩擦等议案五项,议长蒋介石即席表示此事当属重要,并组织特种委员会负责解决。9 日,特种委员会举行第一次会议,决议:一、一切军队,无论何种番号,一律服从最高统帅之命令,绝对不得自由行动。二、如有军队怀疑邻近军队之行动者,应将事实报告上级长官,听候最高统帅之处置,在未奉命前,不得自由行动。

　　△　广东省各界在韶关举行讨汪锄奸大会,省主席李汉魂宣布汪精卫叛党卖国罪行,大会发表讨汪通电二则,并决议自是日起在全省举行扩大讨汪锄奸宣传周两周。晚,举行火炬游行。

　　△　旅美华侨统一义捐救国总会通电讨汪,祈全国同胞奋起,共灭此獠。

　　△　重庆、成都、昆明等地各界人士分别举行公祭阵亡将士及死难同胞大会,并慰问阵亡将士、殉难同胞家属。

　　△　全国慰劳总会以空军将士轰炸运城、岳阳日机场,战果重大,特致电慰问,并汇寄 5000 元以表敬意。

　　△　第一战区卫立煌部再度攻克豫东淮阳,在南关与日军巷战,并焚毁南关大桥。

　　△　墨西哥政府声明不承认汪伪政府。

4 月 6 日　国民参政会第一届第五次大会继续讨论《中华民国宪

法草案修正案》，参政员罗隆基、邹韬奋、董必武、左舜生等相继发言。川康建设期成会与华北慰劳视察团分别提出书面报告，交大会审议。

△　国民政府特聘姜立夫、吴有训、李书华、侯德榜、曾昭抡、庄长恭、凌鸿勋、茅以升、王宠佑、秉志、林可胜、陈桢、戴芳澜、陈焕镛、胡先骕、翁文灏、朱家骅、谢家荣、张云、吕炯、唐钺、王世杰、何廉、周鲠生、胡适、陈寅恪、陈垣、赵元任、李济、吴定良为国立中央研究院评议会第二届评议员。

△　国民政府下令通缉吴庆甫、吴履湘、吴履宣、洪光华、张士衡、顾庆飏六名汉奸。

△　中苏文化协会晋东南分会在八路军总部所在地武乡县王家峪成立，朱德任名誉会长，彭德怀任会长。

△　朱德、彭德怀致电蒋介石、程潜等，告汪伪政府成立后华北敌占区之情形：一、各地一律改换汪伪青天白日满地红"国旗"，旗角上织有五角星，上书"和平反共"字样。二、各地新民会有改组为国民党党部之说，到处召开伪政府成立大会，宣传反共，宣传国共分裂，伪称"汪蒋合流，共同反共"。三、所有伪军改着灰布军装，并宣传打八路军不打中央军，且愿帮助中央军"剿共"，以施其挑拨离间之诡计，请动员各种宣传力量，揭穿汪逆之阴谋。

△　军令部密令鲁苏战区副总司令韩德勤：相机肃清洪泽湖以南之新四军，并与李宗仁密切联系，打通苏、皖"补给线"。

△　罗马教廷宣布不承认汪伪政府，继续支持重庆国民政府。

4月7日　蒋介石、宋美龄在重庆举行宋庆龄、宋蔼龄由港来渝欢迎大会，重庆妇女界知名人士百余人出席，宋美龄、宋蔼龄、宋庆龄、蒋介石相继讲话。宋庆龄讲话要求妇女们参加国民大会，号召妇女们坚持抗战到底。

△　云南、四川、甘肃、河南省临时参议会及第八十二军军长马步芳通电讨汪。芝加哥华侨救国后援会悬赏70万元，缉拿汪精卫。

△　第三战区一部攻克浙江海盐、吴兴县城，毁日伪军仓库、电厂

及伪机关多处。

　　△　日军第十一军制定关于宜昌作战计划,拟于雨季前在汉水两岸击破第五战区主力,"以进一步削弱蒋军,并利于推动对华政治谋略之进展"。作战自 5 月上旬开始发动,"首先将第五战区兵团主力歼灭于随县、襄阳一线以北地区,随后将汉水右岸之敌压至宜昌附近,予以歼灭"。作战拟分三期进行:第一期作战区域为襄河东岸;第二期作战区域在襄河西岸,攻占目标为宜昌;第三期作战预定第三师团于安陆渡汉水,第三十九、第十三师团在其以南渡河。参战部队为该部第三师团、石本支队、第十三师团、第三十九师团、池田支队等。

　　4 月 8 日　国民参政会第一届第五次大会通过参政员胡石清等 55 人提出的《请政府明确宣释"领土完整"之意义,以励民心而利抗战案》。同日,大会决议致电傅作义祝捷,并通过《改善出口统制》、《加紧禁烟》、《加强推行新县制》、《指定国民大会代表名额应多指定妇女代表》等案。

　　△　国立中山大学校长邹鲁因病辞职。19 日,代理校长许崇清赴粤接事。

　　△　军令部拟定对鲁西南八路军作战办法:一、拟俟晋东南第十八集团军就范后,严令其将鲁西(津浦路西、黄河南)及鲁西南部队开赴黄河以北,执行作战任务。二、密令于学忠、沈鸿烈、石友三等确实布置,严格防范,以注视其行动。三、该部若不奉命即予制裁,进行剿办。

　　△　汪精卫偕林柏生、李士群、周隆庠、萧叔萱等到北平巡视。到平后,即拜访日本华北方面军最高司令长官多田骏和联络部长森冈。下午,汪对"华北政务委员会"厅、局、处、署长以上人员训话。会后接见记者,称"华北政务委员会"必能与中央政府一心一德,共同肩任和平反共建国大计。9 日,汪一行抵张家口,会见伪蒙古联合自治政府主席德穆楚克栋鲁普和日军最高司令官。下午返北平。

　　△　汪伪政府任命胡毓坤为苏豫边区绥靖总司令。

　　△　古巴政府宣布不承认汪伪政府,继续承认重庆国民政府为中

国惟一之合法政府。

4 月 9 日　国民参政会第一届第五次大会举行全体会议,讨论通过政府报告及参政员提案多项,并选举孔庚、陈博生、李中襄、邓飞黄、许孝炎、林虎、杭立武、陶玄、高惜冰、范予遂、董必武、左舜生、张君劢、刘叔模、黄炎培、莫德惠、卢前、胡石青、张澜、秦邦宪、章伯钧、许德珩、李璜、褚辅成、王造时为本次大会休会期间驻会委员。

△　军事委员会任命卫立煌兼任冀察战区司令长官,任命石友三为第三十九集团军总司令。

△　晋西北各界宪政促进会在兴县成立,贺龙、关向应、林枫等 65 人为理事。该会通过临时动议案两项:一、请求国民政府修正"五五宪草"和国民大会组织法及代表选举法,务求适合抗战需要。二、要求阎锡山取消 1937 年选举之国大代表,另由人民民主选举真正代表民意的代表。

△　第九战区薛岳部克复江西靖安、奉新县城,并围攻南昌。10 日,日军决抚河堤,阻薛部前进。

△　第五战区李宗仁部攻克湖北麻城。

△　晚,汪精卫在北平发表《和平反共》的广播讲演,声称:"和平在思想方面是一种坚定信仰和正确之主张,行动方面是经济提携,使中国成为现代国家;反共在思想方面排斥共产主义,实行三民主义,行动方面参用过去剿共办法,迅速促其灭绝。"

△　林柏生在张家口对中外记者团发表谈话,声称若使重庆政府瓦解,办法有二:"一为以宣传方法,使其了解过去之谬误,脱离共党关系,并使明瞭依存欧美无益;二为使重庆方面及全国民众明瞭国府还都的俨然事实。"

4 月 10 日　国民参政会第一届第五次大会通过平抑物价案、对于教育报告之决议案及参政员张申府等 21 人提出的《保障讲学自由,以便学术开展,而促进社会进步案》。下午,举行休会式,蒋介石致休会词,称本会成立两年来最大的贡献有三:一、实现精诚团结;二、支持抗战国策;三、确立民治楷模。副议长张伯苓、参政员代表庄西言分别致词。

　　△　蒋介石电令李宗仁、张自忠、汤恩伯等,对于日军进攻宜昌、沙市应迅速预行部署,准备先发制敌。第五战区应乘敌进犯沙、宜企图渐趋明显之前,行先发制敌攻击。以汤恩伯、王缵绪两部主力分由大洪山两侧地区,向京钟、汉宜路之敌攻击,并由襄花路、豫南及鄂东方面施行助攻,策应作战,打破敌西犯企图。诸准备须于4月中旬完成。

　　△　东北游击司令唐聚五去年夏在平台山之役力歼日军,身负重伤,犹复浴血苦斗,卒致捐躯,国民政府是日明令褒扬,追赠陆军少将。

　　△　日本大本营发布《大陆命第 426 号》,命令中国派遣军总司令官可于五六月间在华中、华南方面“进行暂时超越既定作战地区的作战”。要求战役结束后仍返回原驻地,不允许固守新占领区,即不准占领和保持宜昌。

　　4 月 11 日　蒋介石在重庆对三民主义青年团中央团部干事监察联席会议讲青年团工作的方针与要务,指出团员社会服务的三项基本工作:救济贫病老幼、协助政府禁烟、慰问并扶助出征军人家属。

　　△　新四军政治部主任袁国平赴上饶与第三战区参谋处处长岳星明谈判新四军问题。岳提出:江北新四军部队必须南调;新四军皖南兵力过多,宜向苏南增移;苏南地区可酌量扩大。袁国平提出五点:一、扩大作战区域;二、扩大兵员;三、改变包围新四军的状况,取消进攻命令;四、保护新四军家属;五、皖北部队不能调。岳星明强调说明:扩大作战区域可以商量,扩大兵员可由战区代办,包围不是事实,家属自当保护,唯皖北部队仍应逐渐南调。

　　△　孙科接见报界人士,说明国民大会定于本年 11 月 12 日召集,全国代表选举事宜亦定于本年 6 月底前办理完竣;旋就中央社记者叩询之国民大会职权、宪法草案内容、国民大会代表选举以及实行宪政程序等问题作了答复。

　　△　国民政府决定设立国立贵州农工学院。

△ 中共中央北方局在黎城召开太行、太岳、冀南地区的高级干部会议,讨论根据地建设与政权问题,决定成立冀南、太行、太岳行政联合办事处及太行军政委员会。

△ 冀察战区鹿钟麟部向河北新城出击,在大清河左岸龙湾河头一带与日军激战,另一部在安国西南庄与敌激战。

△ 日军第一一四、第二十七师团及独立第八混成旅团 3.7 万余人,对冀中抗日根据地进行分区"扫荡"。冀中军民经过历时 50 天的作战,将敌击溃。此役共毙伤日军 4300 余人,伪军 350 余人,俘日军 12 人,伪军 2250 人。

△ "宋子良"由重庆返香港,向日本香港机关讲述重庆方面对待"桐工作"的情况,略谓:重庆内部对和平问题"存在着障碍,特别是有共产党的反对",重庆政府今后将对其进行压制,以期促进和平。一般说来,中央系军队是赞成和平的。在条件方面,成为问题的是满洲及驻兵问题,日方若不重新考虑这些要求,交涉将难以进行。

△ 伪满公布《国兵法》和《国兵法施行令》,从 4 月 15 日开始实施。6 月 20 日,又公布《国兵法施行规则》。从此,伪满军由募兵制改为征兵制,强制青年为其充当炮灰。

4 月 12 日 晚,英驻华大使卡尔、法驻华大使高思默、美驻华大使詹森一同晋见蒋介石和王宠惠,劝告中国"及时对日媾和"。卡尔称:"目前,英、法要以全部力量挫败德国的野心,无暇顾及中国。英、法不愿使中国灭亡,所以再三劝告采取对日和平方针。"高思默称:"中国要想避免巨大的损失,只能与日本和解。"詹森称:"如果很快达成停战协定,中国因有英、美、法的帮助,日本绝对不会提出过苛的或极不合理的条件及要求。愿中国政府对此再三考虑。"蒋介石答称:英、法、美三国的和平劝告是不可能实现的,要和平日本必须先撤兵,否则中国就不停止抗战,不惜任何牺牲。

△ 新四军豫鄂挺进纵队一部向鄂中地区日军展开破袭战,是日一度收复黄陂县城、随县马坪镇、孝感小河市、应山张杨店等地。13 日

与日军在京山八字门、孝感南新街、应城黄家滩激战三次,毙敌 300 余人。新四军伤亡数十人。

△　苏联空军志愿队和中国空军出动飞机 40 架,再次轰炸日军汉口机场、岳阳日军司令部及附近仓库,炸沉汽艇二艘、仓库一座,毙敌百余。

△　四川灌县都江堰举行放水典礼,林森亲临主持。

△　汪精卫偕林柏生、周隆庠、陈耀祖、林汝珩等到广州巡视,并拜访日本华南派遣军最高指挥官。13 日,召见伪广东省及广州市维持会人员训话,表示要加强对广东地区和平运动的组织、训练和宣传,使广东成为和平运动的模范。14 日,汪一行返宁。

4 月 13 日　第五战区召开各集团军总司令会议,研究襄河东岸对日作战方针。会议认为:敌似将以主力由襄花路方面攻击,企图歼我襄河以东地区野战部队,并相机攻沙(市)宜(昌)。据此制定如下作战指导方针:以一部正面分途挺进敌后,扰袭敌主力,相机先发制敌于枣阳以东或荆(门)当(阳)以南地区,与敌决战。

△　蒋介石致电白崇禧、张发奎,令桂南方面应加强邕钦路两侧游击及新国际路线之掩护,主力控制整训,以备尔后反攻。

△　新疆迪化市举行市民大会,代表全疆 14 个民族 400 万同胞通电全国,力主坚持抗战,实行宪政,改善民生;反对摩擦,加强团结;开放言论自由,肃清汪逆余党。

△　晚 8 时,法驻华大使高思默设宴招待重庆国民政府要人,英、美、苏三国大使及其他国家的驻华大使。重庆方面蒋介石、王宠惠、孔祥熙、陈立夫、于右任等出席。蒋介石发表演说,对友邦竭力支持中国抗战,得以维持数年之久,深致谢忱,并称日军若不全部从中国领土撤退,断不能进行和平谈判,英、法两国因为欧洲战争,对中国的援助受到种种阻碍,希望英、法两国致力于欧洲战争,不要顾虑中国。

△　第一战区卫立煌部攻克豫东罗王车站,并向开封进击。

△　日军对河北易县进行春季"扫荡",该县常峪沟一带群众 800

余人遭敌杀害。

4月14日　国民参政会特种委员会举行会议,研究国共问题,决议:一、对于地方政治制度及其职权,必须经中央正式订定公布,以举统一之实,此事希望中央从速解决。二、民众运动应绝对遵守抗战建国纲领之规定,服从国家法令,所有政治性防制办法,应予一律撤销,以收团结之效。三、关于货币,希望中央就地方需要予以相当数量之供给,同时取消局部施行之通货,以免紊乱币制。四、经济抗战,应命令各方严切执行,绝对不使敌货流通。

△　延安各界举行追悼蔡元培、吴承仕大会,周恩来送挽联。

△　第三战区一部攻入苏北阜宁,与日军展开激烈巷战,敌仓库尽毁。

△　第五战区鄂东部队一部攻克六神港,进迫武穴、田家镇。

△　八路军第一二九师汪乃贵第八支队、陈锡联第三八五旅,在晋东南长城镇歼灭日伪军200余人。

△　据重庆《大公报》载:槟榔屿华侨胶业公司代表王振相等与中国茶叶贸易公司,在重庆设立中南橡胶厂股份有限公司,资金100万元。7月,在重庆等地开始建厂。

△　美旧金山华侨举行声讨汪精卫巡游大会。大会以全侨名义发电两封:一致国民政府,请加紧通缉汪精卫;一致全国公团及海外各侨团,共同讨汪。

4月15日　朱德、彭德怀、叶挺、项英率八路军、新四军全军将士通电全国,声讨汪精卫,反对妥协投降,指出:"国内少数不明大义之徒,或策动投降,或实行反共,而以反共为投降之准备步骤。盖反共之极,势必至于投降;而投降之前,尤必倡言反共,汪精卫之覆辙可证。故居今日而言,抗战之危机,实不在敌伪之猖狂,而在我抗战阵营内投降反共分子之存在。"

△　宋庆龄发表《给国外朋友的一封信》,呼吁各国朋友继续援助中国人民的抗日斗争,"不减少一分力量,一直坚持到我们的胜利——

也即是你们的胜利为止"。

△　八路军鲁西军区成立,杨勇兼军区司令员、萧华任政治委员,下辖泰西、运西、鲁西北、运东四个军分区。

△　《台湾先锋》(月刊)在浙江金华创刊,由台湾义勇队出版,主要用以锻炼队员和对外宣传。

△　冀东日军大举扫荡平谷以北之雾灵山区,八路军开展反"扫荡",一度占领平谷县城,歼敌 500 余人。

4 月 16 日　国民政府明令修正《国民参政会组织条例》第八条条文:"国民参政会参政员之任期一年,国民政府认为有必要时得延长之。"

△　行政院会议决议:任命邵力子为驻苏特命全权大使,原任杨杰免职。

△　白崇禧上书蒋介石,建议"于适当地带,划定第十八集团军作战之区域,同时令新四军编入十八集团军战斗序列,一律集结于此区域内,授以攻敌任务,指定攻击目标"。白提议的方法为:一、在漳河以北之地带,划定第十八集团军作战区域,并明确规定中共活动之范围,只限于此区域不得有所逾越;二、将黄河以南之豫、鲁、苏等省之新四军或与该军有关之游击队,一并集中于指定区域以内,彼此既有明确之界限,可免相互摩擦,减少祸端;三、严格限制其军队人数与编制;四、第十八集团军在指定区域内之行政官吏,由第十八集团军荐请中央委派。

△　南洋华侨回国慰劳团团长潘国渠率团员 44 人抵达重庆。次日,晋谒林森、蒋介石。

△　晋南日军分四路进犯中条山:第一路 3000 余人于安邑、夏县东向张店公路进犯;第二路 2000 余人于闻喜、绛县南窜横岭关;第三路 1000 余人于翼城一带东窜五子关庄;第四路于府城镇、鲍店镇向中条山进犯。17 日,敌陷平陆、茅津渡等地。

△　日本与伪华北政务委员会共同筹组的华北经济对策协议会在北平中南海开会,参加者有日本兴亚院负责人、伪满洲国、伪蒙政府及

伪华北当局的负责人,研讨对华北的经济控制。

△ 日本在上海组织纳税日本人会,作为对租界交涉之常设机关,林雄吉为会长。

4月17日 蒋介石致电徐永昌,告以日军进犯鄂西之计划:其主攻重点为"桐柏山与大洪山之中间地带,对第五战区右翼张自忠部取守势,必要时亦取攻势",主攻对象为第五战区前线川军第一二一、一二三、一二四、一二五、一二六等师及桂军第三师。同日,蒋介石又密电李宗仁、汤恩伯,认为日军西犯,"其目的决不在夺取宜昌与襄樊,而在打击我军以后,使其可安全退守"。"即使其向襄河以西进攻,亦必佯动"。因之,"我军应于敌军尚未进犯之前先发制敌"。

△ 国民政府以绥西五原大捷明令褒扬傅作义,授予最高荣誉之青天白日勋章,并犒赏所部官兵 30 万元。

△ 蒋介石下令禁止四川盐市投机垄断,对于煽制盐运、妨碍盐产之赶运或操纵盐卤及其他制盐所需器材之价格者,严行惩治。

△ 迁川工厂联合会在重庆召开年会,主席颜耀秋报告称:该会成立二年来现有会员 150 余单位,工厂种类有重工业、制造业、交通等,工厂发展区域向在沿江沿海一带,总数达五万余家。

△ 台湾革命团体联合会在重庆举行割让台湾四十六周年纪念会,发表宣言称:"决领导台湾同胞反对异族统治,配合祖国抗战,为整个中华民族的自由解放,为台湾同胞独立自主而牺牲奋斗。"

△ 上海英商煤气公司工人举行罢工。20 日,资方被迫和工人代表签订协议,答应增加工资津贴三成和米贴等,工人复工。

△ 日军竹田重松等部自晋南平陆、茅津渡等地南犯,第二战区晋南部队与敌鏖战一日,18 日晨克复茅津渡。

△ 汪精卫偕林柏生、李士群、周隆庠等到汉口巡视,旋拜访汉口日军最高指挥官,并对伪湖北省政府、伪武汉市政府及伪武汉参议会等人员训话。18 日,伪武汉市政府举行拥汪大会,汪出席并讲话,会后接见记者称:如果武汉、广州、北平、南京各地的"和平运动"统一起来,就

可促成"全面和平"的实现。下午返宁。

4 月 18 日 蒋介石以国民党党、政、军机关人员"积习相沿,泰侈相尚,酒食征逐,日有所闻",通令《取缔党政军机关宴会办法》,训令由行政院执行。并责成重庆卫戍司令部、宪兵司令部、市政府、市警察局随时严密查禁,有犯必惩,勿稍宽殆。

△ 宋蔼龄、宋庆龄、宋美龄应中央广播电台及国际广播电台之请,对美国发表讲演。宋庆龄断言:中国抗战必胜,太平洋和全世界将来的历史一定和以前不同,必将更加光明灿烂。宋蔼龄指出:汪逆成立伪政权,完全是一幕丑剧,他们的目的是要把各国在华的利益加以毁损,给日本独霸一切。宋美龄要求美国对日禁运汽油、煤油以及其他战争物资,并称:如果美国继续帮助日本,使日本在东方逞其野心,那么"事态的发展就不堪闻问了"。

△ 军事委员会决定,撤销军事运输总监部及运输总司令部,另设运输统制局,统辖西南运输处、运输总司令部及交通部等运输机构,派参谋总长何应钦兼任主任,交通部长张嘉璈、后方勤务部长俞飞鹏兼副主任。

△ 国民政府明令中央社会部改隶行政院,其工作侧重为推进民众组织、社会福利及合作事业。

△ 国民党中央常务委员会决定,免洪兰友重庆市党部主任兼职,遗缺由陈访先继任。

△ 八路军第一一五师萧华挺进纵队在山东陵县歼灭日军百余人。

△ 晋南中条山日军七八千人,飞机 20 架,向东邢、大郎庙一带进犯,第二战区阎锡山所部迎击,激战两日,毙敌 500 余。旋日军 4000 余增援,被击溃,毙伤近千人。

4 月 19 日 军令部为缩小八路军、新四军作战区域,制定第一次方案,要点为:一、八路军、新四军应在"确定之战斗地区内作战",其在第一、第五及鲁苏战区内之部队限期撤出。二、令于学忠、沈鸿烈、石友

三、卫立煌等严密部署,防范该部越境。三、未奉明令,擅自越境者,"即以叛逆论惩,进行挞伐"。21日,制定第二次方案,内容与第一次方案略异。

△　赈济委员会副委员长屈映光向报界人士报告该会成立三年来工作概况:成立省赈济委员会者23省,县、市成立赈济委员会者532县及二市,成立义民总站18个,登记义民总计2.00713718亿人。

△　日本新任驻华舰队司令岛田繁太郎抵南京。

4月20日　蒋介石在成都对军事委员会运输统制局高级职员讲《运输统制与运输运动》,要求军运和商运互相协助,兼筹并顾;并提出运输运动的要求为:一、规划实行驿站制;二、利用旧有工具与方法,发动人力与兽力之运输。

△　中美双方正式签订《华锡借款合约》,贷予中国2000万美元,中国以四万吨滇锡为抵押,年息四厘,七年偿清,由中国银行担保。

△　国民外交协会通告欧美及各国和平团体,无论汪伪政府及其主子如何欺骗世界,全中国人民决与其势不两立。

△　重庆市总工会成立,参加者46个团体,通过讨汪及工人生活福利等议案八项。

△　民生实业公司"民用"轮由重庆驶北碚,因超载乘客,在嘉陵江飞揽子滩沉没,淹死者89人,多系公务人员。

△　日军陷晋东南陵川。21日,陷高平。

△　日本开放珠江航务。21日,日总领事声明,每周准英轮一艘通行。

4月中旬　第五战区为阻止日军进攻襄东地区,奉命制定作战部署如下:一、江防军郭忏部利用襄河东、荆河右岸阵地拒敌渡河,不得已时退至荆门、当阳东南地区与敌决战。二、右集团军张自忠部守备襄河河防及大洪山地区,以一部兵力固守襄河西岸阵地,巩固大洪山南侧各隘路,主力配于长寿店以北地区,迎击敌人进攻。三、中央集团军黄琪翔部负责随(县)枣(阳)地区正面防务和大洪、桐柏两山的游击战。

四、左集团军孙连仲部负责迎战信阳方面之敌。五、机动兵团汤恩伯部担任侧击西犯之敌任务,集结于枣阳东北地区。六、大别山游击军李品仙部负责对沿江敌军据点和平汉路南段的游击战。

△ 新四军政治部主任袁国平就新四军问题与第三战区达成初步协议:一、对新四军第四、五支队问题不作决定,呈蒋请示办法;二、管文蔚部南调,决定自 5 月起增加经费三万元;三、皖南留一团并留指挥机关一部;四、军部先率两个团移苏南,直属队陆续转移,开拔费二万元;五、作战区域为镇江、丁庄铺、延陵至郎溪及溧水至南漪湖之大茅山两侧地区。

△ 日军第二十一、三十二师团、独立第十旅团及伪军万余人,由邹县、枣庄、临沂等据点分十路出动,向抱犊岭抗日根据地进行大规模合围“扫荡”。八路军第一一五师主力及各地方部队、游击队在民众支援下,经月余苦战,与敌作战 30 多次,毙伤日伪军 2200 余人。

4 月 21 日 国民政府决定,国民参政会第一届参政员任期自本年 7 月 1 日起再延长四个月。

△ 中国社会改进研究会在重庆成立,朱家骅、谷正纲、洪兰友、杭立武、李中襄等为理事,邵力子、马超俊、康泽为监事。该会主旨为:研究社会组织、社会文化、社会经济、社会事业之病态,探求其解决之方案。

△ 第九战区薛岳部克复赣北安义县城,日军溃走修水北岸。

△ 第一战区司令长官卫立煌、第二十七军军长范汉杰等到达晋东南八路军总部,总部举行欢迎会,晋东南十余群众团体参加。

△ 八路军第一二九师徐深吉青年纵队将冀南观台西南西艾沟伪军 400 余人全部歼灭。

△ 安徽保安第四、八团配合第二十一集团军一部共 4000 余人,分三路向驻无为县之新四军游击队发动突然袭击,激战数小时,新四军伤亡百余人。

△ 江苏第三游击区第一游击分区指挥官翁达所部五个团及盱眙

支队、仪征、六合等县常备队数千人,向驻竹镇、井集、半塔等处之新四军第五支队罗炳辉部进攻。新四军被迫退出以上各处,翁部即将竹镇抢劫、焚烧一空,捕去新四军工作人员 20 余人,悉遭用菜刀残杀、剥皮、活埋、悬首街头,惨绝人寰。25 日,罗炳辉致电蒋介石、顾祝同、韩德勤,要求"将祸首翁达绳以国法,以弭后祸"。

△ 广东中山婆罗岛伪军李吉治部不满葡萄牙警察驻防湾仔,下令封锁水陆交通,24 日向湾仔移动,双方发生冲突,葡警退回澳门,伪军乃占湾仔。

4 月 22 日 军令部拟就缩小八路军、新四军作战区域的第三次方案,呈交蒋介石核定。此方案要点为:一、变更战斗序列,将八路军、新四军划为一个战区(冀察),委朱德、彭德怀为总、副司令。二、不变更战斗序列,明确规定八路军、新四军之作战区域。三、按八路军、新四军目前态势,以兵力大小划分数个战区。四、按八路军、新四军目前分布情况,于黄河以北及长江以南划分两个作战区域。

△ 教育部制定奖励学生参战实施办法,凡参战有功学生除军事机关给予奖励外,并由教育部发给奖章、奖状;殉职者除予抚恤外并由学校立碑纪念。

△ 宋蔼龄、宋庆龄、宋美龄离重庆飞抵成都,25 日视察中国工业合作协会成都事务所,27 日出席成都励志社举行的欢迎茶会。

△ 第三战区一部克复浙江泗安,进击林城桥。

△ 日军第十五、十七、一一六师团各一部万余人,对皖南新四军历时 11 天的大"扫荡"结束。新四军第三支队第一、三团经过 10 余次反"扫荡"作战,毙伤日军 900 余人。

4 月 23 日 第一战区卫立煌部乘夜攻入开封城垣,焚日军营房及仓库数处,占领日军司令部,毙敌少佐津下等以下官兵 97 人。同日,卫立煌部马彪暂编骑兵第一师克复豫东淮阳。

△ 八路军第一二九师一部对冀南永年、曲周一带"扫荡"冀南第三分区之 2000 余日军实施反击,歼敌 500 余人。

△　晋东南日军陷阳城。皖中日军陷含山。

△　日本特派大使阿部信行及日本国民庆祝伪国民政府成立使节团抵南京。使节团成员为日本贵族院议长松平赖寿、众议院议长小山松寿、东洋协会副会长永田秀次郎及经济、新闻界代表等。使节团发表声明,希望"汪政权在和平反共的旗帜下,与日本分担建设东亚新秩序的责任"。

4 月 24 日　何应钦密电卫立煌,不准八路军要求担任邯长路以南平顺、潞城、壶关一带之攻击任务,仍令照原规定之区域,不得变更。

△　汪伪政府决定成立广东省和广州市政府,任命陈公博兼省长,陈耀祖代理省长兼省保安司令,彭东原兼广州市长。

△　日机 30 架分批袭重庆近郊白市驿等地。

4 月 25 日　教育部召开第二届高等师范教育会议,历时三日,通过大学师范学院逐步独立设置、充实师范学校附校等案。

△　军事委员会任命陈大庆为新编第二军军长。

△　晋东南第二战区阎锡山所部克复陵川、阳城。

△　军令部饬韩德勤对所部"严加整训,并加强党政军一元化之机构",驱逐新四军,恢复洪泽湖以南地区。

△　驻河北保定、安国、博野、高阳等地日伪军 2000 余人,合围八路军驻博野白塔村一部,双方激战竟日,各伤亡 300 余人。战斗结束后,日伪军对当地群众进行报复,杀害男女老幼达 650 多人。

△　上海市数万商民集会反对伪上海市政府设立中央市场,统制食物,剥削商民,并要求予以撤销。

4 月 26 日　延安各界召开讨汪群众大会,通过决议号召全国各机关及群众团体掀起讨汪群众运动,严禁各级人员和汪派联系,把残余的汪派分子从各级党、政、军机关清除出去;并通电全国,服从蒋委员长的最高领导,坚持抗战到底。

△　军事委员会制定《防止异党兵运方案》,拟定考验、侦察、密告、查禁、联系、检举、分化、吸收、说服、制裁 10 项措施。

△　何应钦密令鲁苏皖边区游击总指挥李明扬,饬其与韩德勤商洽,共同驱除洪泽湖南北之新四军部队。

△　东北抗联第三路军第九支队袭击驻吉林通化县小南河(今属北安县)木业公司之日伪军护林队,毙伤敌 60 余人。

△　日军对皖南沿江地区进行大"扫荡"。芜湖日军 5000 余人,在空军掩护下,向新四军第一团父子岭阵地猛犯,经一天激战,第一团毙伤日军 370 余人,将其击退。另一路日军 3000 余人,向新四军第三团何家湾阵地进攻,经一天激战,第三团毙伤日军 300 余人,日军不支而退。5 月 6 日,反"扫荡"结束,共毙伤日军 900 余人。

△　晋南闻喜、夏县、安邑、运城等地日军会合南犯,一股 3000 余在芮城东南遭第二战区阎锡山部迎击,敌向上下曹一带溃退,芮城收复。

△　芜湖日军 5000 余进占南陵,并分两路向父子岭及南(陵)青(阳)公路侧之何家湾新四军防地进攻。新四军第一、三团奋起抗击,激战终日,将敌击退,歼敌 670 余人。

△　赣北日军 2000 余附炮 20 余门,向靖安以南猛犯,发炮千余发。

△　铃木卓尔赴南京,向板垣征四郎报告与"宋子良"、张治平会谈的情形,称:重庆已表示对日和谈的积极意愿。板垣乐观地表示:中日战争"可望在本年内解决"。

△　汪伪国民政府在南京举行还都典礼。汪精卫、陈公博及各院、部、会首脑,日本特派大使阿部信行及日本使节团成员,日顾问影佐、须贺等出席。褚民谊致开会词。阿部信行、汪精卫先后讲话。

4 月 27 日　行政院组成政务巡视团,各路负责人为:陕、甘、宁、青陈立夫,滇、黔蒋作宾,湘、赣、粤桂蒋廷黻。5 月 10 日,蒋廷黻谈巡视团之任务:一、抗战与人民生活;二、战时各省财政;三、各省实施县政纲要之经过及困难;四、兵役问题。

△　国民政府派胡世泽为出席国际联合会禁烟会议代表;派李平

衡为出席第十六届国际劳工大会代表。

△　第九战区薛岳部与日军在赣北奉新激战,敌以大炮猛击,并施放大量瓦斯,奉新不守。守军再攻,于 30 日克复。

4 月 28 日　蒋介石在成都国民党中央军官学校总理纪念周演讲,宣示抗战处于紧要关头,策勉每一学生要确立有志竟成的自信,磨砺艰苦奋斗的精神,达成改造军队、改造环境的目的。

△　中国经济学社举行年会,陈嘉庚、马寅初等出席。陈嘉庚发言称:"大家平时注意资本家,结果事实相反,真正的力量是在那些平日为人看不起的劳动者。"又称:南洋侨眷"劳动大众要占 90％,真正出钱的是他们"。马寅初发言痛斥国民党财阀靠买卖外汇营生的"强盗行为"。

△　晋察冀北线灵丘日军千余人向上寨、下寨地区八路军驻地"扫荡"。八路军晋察冀军区一部与日军激战竟日,毙伤 200 余人。日军溃逃中两次施放毒气弹,八路军官兵中毒百余人。

△　日军小艇一艘驶至澳门码头强行登陆,日军至市中心,中国商店、银行纷纷关闭。葡警、葡军旋将日军包围,日军见状返舰驶去。

△　汪精卫与阿部信行及日军驻华总司令西尾寿造等在武汉举行军事会议,制定如下作战方案:一、以占领老河口、宜城之线为目的,发动豫南、鄂北战役;二、鄂北以主力沿襄花路西进,另一部由京钟路北进,会师枣阳,再以信阳之兵力会师襄樊;三、进攻之兵力由各据点抽调。

△　国民党四川省党部举行总理纪念周,蒋介石发表演说,强调禁烟与剿匪的重要,并称在三年之内,要使四川全省"没有一个人没有饭吃,没有一个人没有衣穿,也没有一个没有屋住,更没有一个人没有事做"。

4 月 29 日　国民政府公布《民国二十九年西康省地方金融公债条例》,定额国币 500 万元,年息六厘,15 年后还清,自公布之日施行。

△　中共中央政治局召开会议,研究广东工作。毛泽东指出:应将工作重心放在武装工作和战区工作。周恩来指出:省委的工作中心,一

是在敌后建立政权和武装；二是国民党统治区的工作；三是香港、广州等敌人中心城市工作。

△ 军事委员会任命杨森为第九战区副司令长官。

△ 中国空军大编队轰炸河南信阳、武胜关日军及其运输干线，投弹百余枚。

△ 第九战区薛岳部克复赣北靖安。

4月30日 宋子文密电孔祥熙，要求平衡基金委员会设法拨出美金300万元、英镑200万元，以维持目前外汇市场上的金融危机。

△ 新四军全军将领通电浙江、福建、江西、江苏、安徽各省国民党军政人员，重申新四军坚持大江南北抗战的决心，呼吁加强团结，粉碎日本侵略者和汉奸卖国贼的挑拨离间阴谋。

△ 浙东第三战区部队攻克定海县城，焚日伪司令部及电厂。

△ 汪伪政府行政院会议决定设立上海大学。

△ 日本政府制定《中小工业的转业对策》，拟将国内19个工厂迁移至中国东北。

△ 美国调查委员会致电国务卿赫尔，建议美国政府对华借款，认为此时系援助中国币制之"最适宜时机"，同时亦可防止日方利用汪精卫傀儡政权歧视美国在华利益，操纵上海汇兑。

4月下旬 上海商业储蓄银行总经理陈光甫完成美国贷款2000万美元洽谈，离美返国。行前致电蒋介石，称："国际间无慈善事业……今后抗战必须基于自力更生之原则"，"否则，求人之事，难若登天。"

是月 军事委员会撤销桂林行营，改组为军事委员会桂林办公厅，以李济深为主任，林蔚为副主任。

△ 经济部拨款269万元改进川丝生产。

△ 资源委员会将四川龙溪河水力发电厂长寿分厂改建为长寿电厂，由黄育贤主持。抗战胜利后，改由胡道济主持。

△ 第八战区成立战地复兴委员会和土地整理委员会，宣布停止放垦，对已放垦的土地进行清理整顿，将清理出地主执照外的耕地，按

谁种谁耕的原则永租,并创建军耕农场,安置随军烈士家属和作战伤残官兵。

　　△　中共中央发出《关于回回民族问题的提纲》,要点为:启发并提高全回族坚决抗日的认识和信心;回族在政治上应与汉族享有平等的权利;尊重回族人民信奉宗教的自由,尊重他们的风俗习惯,发扬回教的美德,保护清真寺;实施抗战教育,培植抗战建国的回族人才;改善回、汉、蒙等各民族间的关系,巩固抗日团结;帮助回族改善人民生活,激发回族人民抗战热忱与生产热忱。

　　△　中共中央发出《关于绥远敌占区工作的决定》,指出目前"最适当可能的形式是游击战争",并指示大青山游击根据地今后的任务是:建立广泛的统一战线,争取绥远国民党军队及地方势力共同抗日;加强民联团结工作;组织群众,进行宣传;巩固和发展党的组织,加强党的阶级教育,有计划地培养民族干部。

　　△　美国调查委员会调查:日本对中国的文化侵略旷世罕闻。自战争爆发后,中国损失书籍达 1500 万册,其中若干为稀有之古版及手抄的古书。中国高等教育机关 108 所中,被迫停办的有 25 所。

5　月

　　5 月 1 日　枣宜会战开始。信阳、随县、钟祥三地之日军各以战车引导,飞机及炮兵火力支援,突破第五战区临时阵地线,向枣阳方面进行包围。其前进态势计分六路:第一路由长台关经明港转向泌阳、唐河,以向枣阳;第二路由信阳至桐柏而西向枣阳;第三路由随县北攻至高城,经唐县镇、随阳店向枣阳;第四路由随县经安居镇、环潭镇、吴家店,以向枣阳;第五路由钟祥北攻长寿店、张家集、汪家店、田家集以向枣阳;第六路由钟祥北攻洋梓,沿汉江以东,直向枣阳。此六路,北二路为右翼,南二路为左翼。日军先以两翼向枣阳行包围攻击,尔后中央的两路再攻击前进,以会师枣阳。

△　晨,信阳方面日军第三、第四十师团一部六七万人,在飞机、炮火支援下,向枣阳方面发动进攻。第四十师团梨刚联队由信阳向桐柏以东小林店进犯,第三师团一部由长台关沿邢集、毛集,主力由信阳以北迂回明港,经任店、竹沟向泌阳以西进攻。第二集团军孙连仲部池峰城第三十军在小林店,刘汝明第六十八军在查山、明港,李仙洲第九十二军第一四二师在任店与日军激战。午后,日军攻占小林店、明港、任店等地。

△　钟祥方面日军第十三师团主力、第十五师团及装甲兵团一部、飞行大队、骑、炮兵各一部约三万人,由洋梓、黄家集一带向第五十九军黄维纲部第一八〇师、骑兵第九师阵地进攻。2日,突破长寿店阵地,向普门冲、马家集一带进攻。第七十七军冯治安部第一七九、一三二师撤退至垭口以东地区,向田家集之敌侧击。

△　国民政府决定自是日至1941年4月30日为兵役改进年,命令各地于每次国民月会中讲解兵役法令,进行兵役宣传,开展防止逃兵运动。

△　国民政府任命钱昌照为经济部资源委员会副主任委员。

△　国民党中央党部举行欢迎宋庆龄茶会,林森、吴敬恒、于右任、何应钦、邵力子、陈立夫、孙科等出席,林森致词盛赞宋庆龄在港筹款救济难民,成效卓著,此次入川,为抗战增加力量不少。宋庆龄致词,切望精诚团结,共救危亡。

△　蒋介石在成都对四川省训练团干部演讲《推进地方自治之基本要务》,称地方自治以经济为基础,应注意调剂物资、加强运输、协助农贷、清丈土地、开辟公荒;并提出目前亟应完成的工作为健全兵役、协助清乡、查编民枪、禁绝烟毒。

△　军事委员会任命周祖晃为第四十六军军长。

△　新四军将领叶挺、项英、陈毅、张鼎丞、张云逸、戴季英、罗炳辉、彭雪枫在《新华日报》发表《新四军全体将领通电各省军政长官》,表示"竭诚拥护政府,拥护委座,拥护国策,信守不渝,必不使逆贼得遂其

离间挑拨之奸巧"。"日寇国仇,汪逆国贼,抗敌讨逆,分属军人"。

△　南洋华侨归国慰劳团离重庆分赴各地进行慰劳活动。第一团由潘国渠率领,前往川、陕、豫、鄂、皖五省;第二团由陈忠赣率领,前往湘、浙、赣、闽、粤、桂六省;第三团由陈肇基率领,前往甘、青、宁、绥、川等省,并约定事毕各自解散返南洋。

△　日机八架轰炸贵阳,投弹多枚,中央医院中二弹。死医生、护士四人,伤数人。

△　汪伪政府决定成立接收日军管理工厂委员会,任命梅思平为委员长。同日,汪伪中央通讯社在南京成立,林柏生为理事长(原中华通讯社于 4 月 30 日解散)。

5 月 2 日　经济部发布通令:对于战区或接近战区的渔业、矿业、林业及特种营业权之更名,或其权益之转移抵押变更,不动产之移用或抵押,各公司股东之更名,股份之转移或抵押等,一律须经本部核准,否则概属无效。

△　第二战区阎锡山所部对同蒲路南段各要冲发动进攻,是日克复西侯马,并占领侯马车站,切断同蒲路。

△　信阳方面日军万余附炮 30 门、战车 60 余辆进至小林店以西及毛集、竹沟一带,继续向泌阳方面进犯。第三十军池峰城部第二十七师在李新集,第六十八军刘汝明部第一四三师在邢集,第一一九师在毛集、黄冈一带与日军激战,敌不支向西急退。5 日,泌阳陷落。第九十二军李仙洲部由确山西移,协同池峰城第三十军围歼信阳日军,第十三军张雪中部第一一○师在泌阳西大河屯伏击歼敌。

△　第三战区皖南部队克复南陵,皖中部队克复含山。

△　苏联空军志愿队飞机 13 架,分别轰炸湖北钟祥日军机场和山西运城日军机场。

△　山西昔阳日军以"清政"为名,抓捕进步知识分子和伪机关人员,是日活埋 100 多人。

5 月 3 日　国民政府任命万福麟为辽宁省政府委员兼主席;马占

山为黑龙江省政府委员兼主席;邹作华为吉林省政府委员兼主席;缪澂流为热河省政府委员兼主席。

　　△　国民政府拟定甘肃省为西北粮仓中心,发放农贷 2000 万元。

　　△　蒋介石为中原作战电示卫立煌,令对洛阳、南阳、临汝、登封、许昌各要点,"应派定相当部队速作严密固守之准备,以为抑制敌军前进,而使我各方部队得以从容进击"。

　　△　随枣方面第五十九军军长黄维纲指挥第一八〇、第三十八师、骑兵第九师在新集一带与日军激战,后向双沟方面日军进击。廖震第四十四军、许绍宗第六十七军在茅茨畈东南山地向长寿店日军侧击。5 日,第三十八师在田家集击溃日军 3000 余名。

　　△　随枣方面日军第三十九师团、第六师团一部 10 万余人,由第十一军总司令官团部和一郎指挥,向随县西北陈鼎勋第四十五军、莫树杰第八十四军阵地进犯。守军各部以有力部队坚守阵地,主力逐次后撤。5 日,日军进至环潭镇、唐县镇、高城镇。

　　△　桂南邕钦路第四战区张发奎部克复平乐,歼灭日军百余人。

　　△　八路军吕正操部在河北霸县歼灭进犯日伪军 200 余人。

　　△　八路军第一一五师一部在山东聊城东南歼灭日伪军 150 余人。

　　△　香港工商界 12 个团体联名通电讨汪。

　　△　伪满公布《开拓团法》,进一步从法律上为日本大规模向东北移民给予承认和保护,企图使日本开拓团真正成为其实行殖民统治的据点。

　　△　日军宣布:自 5 月 15 日起开放黄浦江。

　　△　日本外务大臣有田在日本国际协会成立三十周年大会发表讲话,宣称日本外交的首要目的是解决"中国事变";为此,一方面对汪政权将支持到底,同时要加强对重庆政府的军事压力,使其尽快崩溃或投降。

　　△　日本大本营制定《昭和十五年(1940)度在华兵力调整要领》:

一、着手调整的时间:6 月上旬。二、在华兵力总数:昭和十五年 10 月底 75 万;昭和十五年 11 月底 72 万,以后维持在 72 万。三、新增加的两个精锐师团,包括在上述兵力数内。6 月 6 日,参谋本部作出中国派遣军编制定员数的决定:华北地区人员 25.3 万人,马匹 4.05 万匹;华中地区人员 33.2 万人,马匹 7.45 万匹;华南地区人员 14.9 万人,马匹 3.3 万匹。合计人员 73.4 万人,马匹 14.8 万匹。

5 月 4 日　国民政府任命张彭春为驻土耳其特命全权大使。

△　国民政府明令通缉汉奸宋启秀、苏体仁。

△　随枣方面日军第三十九师团及第六师团一部,向黄琪翔第十一集团军发动进攻。5 日,先后攻占黄部高城、安居等阵地,守军退守环潭、唐县及高城以北之线。

△　中共中央发出对东南局及新四军军分会的指示,要求新四军在江苏境内,应不顾顾祝同、冷欣、韩德勤等的限制和压迫,在西起南京、东至海边、南至杭州、北至徐州的地区内,尽可能迅速地并有步骤、有计划地将一切可能控制的区域控制在手中;独立自主地扩大军队,建立政权。

△　八路军第一二〇师贺龙部在晋西北岚县城郊歼灭日伪军 700 余人。

△　上海全市学生总会成立,参加者有大学 27 所,中学 63 所,并通电全国慰问前线抗日将士,声讨汪逆伪政权。

△　汪伪政府军事委员会筹备组织和平建国军第三集团军,任唐蟒为总司令。

△　伪满洲国发行日货公债 5000 万元。

5 月 5 日　八路军第一二九师为粉碎日军的"囚笼政策"发动白晋战役,该部第三八五旅及地方民众分五路向白晋路沿线沁源、固亦、漳源、权店、南关及来远各日伪军据点进攻,战至 7 日,歼敌 350 余人,破坏铁路、公路 200 余里,击毁火车一列。

△　军事委员会任命萧之楚为第十一集团军副总司令。

　　△　第九战区薛岳部攻克湘北羊楼司,焚毁仓库两座,破坏铁路七八处。

　　△　第八十四军莫树杰部与日军在枣阳东之环潭镇、唐县镇、高城镇一带交战,第一七四师于唐县镇北侧击北窜之敌,主力向敌外翼邓县附近后撤。陈鼎勋第四十五军向安居附近转移,协同大洪山第六十七军许绍宗部侧击日军之后路。唐县镇日军继续向西北进犯,7日攻陷随阳店、吴家店。

　　△　信阳方面日军突破第三十军池峰城部防地,进陷桐柏,该军逐次后撤。

　　△　据《中央日报》称:桂南宾阳为日军烧杀,灾情极重,县政府调查共死亡 1891 人,失踪 490 人,毁房屋 3960 间,计 2077 户。省府特拨款 10 万元赈济。

　　5 月 6 日　第二战区阎锡山部攻克晋南曲沃。

　　△　军事委员会任命李玉堂为第十军军长。

　　△　唐河失陷。第二十七、三十、三十一师各部分别在西新集、固县、沙河铺与日军激战,日军越桐柏、泌阳西犯,守军各部亦向唐、泌间转进,与第三十一集团军汤恩伯部夹击西犯之敌。午后,日军先头部队 3000 余攻陷唐河,守军刘光汉部向唐河西转移。

　　△　汪伪政府成立军事训练部,任援道任部长。

　　5 月 7 日　经济部长翁文灏由渝抵蓉,是日对川省经济界人士谈话称:"川省农产丰富,唯农村金融尚待继续协助,故四行及农本局更当增加农贷资金至万万元以上,俾多数农民得以实沾其益",对于工业、矿业,"政府当努力提倡,甚盼有资本有能力之国民,奋起开发"。

　　△　随枣方面第三十三集团军总司令张自忠率第三十八、第七十四师在枣阳西南方家集与日军激战,歼敌千余,继向枣阳、双沟方面日军压迫。11 日,在土桥铺、兴隆寺一带激战。12 日,第七十五军周喦部东渡襄河增援,进至吕堰镇附近,向刘家集、小申、高家田等处日军压迫,使日军陷于包围之中。

△　唐河日军一部向南阳进犯,李仙洲第九十二军主力协同第十八军彭善部、第十三军张雪中部在源潭镇一带堵击,日军不支窜回唐河。其时,汤恩伯第三十一集团军主力由源潭镇向唐河包围,第九十二军主力绕至唐河以东,第三十军主力由唐(河)南(阳)大道以南袭击唐河。日军三面压迫,主力向唐河西南急窜,与由随县、钟祥北上之日军第六、三十九、十三师团会合,在枣阳以北驻守。

△　第三战区顾祝同部克复皖南青阳。

5 月 8 日　汤恩伯第三十一集团军一部与日军在唐河附近激战,日军溃败,唐河克复。

△　陈鼎勋第四十五军第一二七师收复鄂北关门山、向资山。11日,又克吴家店,残敌北窜枣阳,与桐柏、唐河西犯日军会合。

△　枣阳失陷。日军向唐县镇发起进攻,并以战车从两翼包围,守备军第八十四军第一七三师钟毅部受敌四面压迫放弃枣阳。日军得以逐次攻占随阳店、吴家店,是日占领枣阳。钟部主力向唐河、白河西岸转移,师长钟毅在突围中壮烈殉国,部下官兵伤亡惨重。

△　李及兰第九十四军、王缵斌第七军、陈鼎勋第四十五军等部以日军陷枣阳,乘机向敌后攻击。第九十四军自宜昌、江陵方面东进至汉宜公路,攻击应城、京山、皂市、云梦地区。第六十八军刘汝明部向信阳方面进攻,是日收复明港。第七军与鄂东游击队攻占平汉铁路沿线之鸡公山、李家寨、柳林东站等据点。第四十五军一部攻克随县附近安居、均川等据点,断敌后路。

△　军事委员会任命刘雨卿为第三十二集团军副总司令,免邓宝珊新编第一军军长职。

△　上海公共租界工部局马路工人罢工,要求改善工资待遇。清洁工、粪车工起而响应。14 日,4000 余名罢工工人推派代表向纳税华人会、特区市民联合会等公团请愿,提出五项条件,要求转达工部局。经工人推派代表与工部局工务处数次谈判,罢工获胜,工人于 17 日复工。

△　汪伪政府任命邵文凯为伪宪兵总司令。

5月9日　兼四川省主席蒋介石核定《四川省经济建设纲要》,以土地、农林、工矿、交通、贸易、金融、垦殖、卫生八项为建设之主干。10日,国民政府定四川省为"抗战建国根据地"。

△　宋蔼龄、宋庆龄由重庆返抵香港。20日,宋庆龄发表重庆之行观感,指出:人民对抗战信念极坚,内地生产建设与日俱进,人民团结,抗战必胜。并称:各方均深明抗战大义,情绪高昂,敌伪造谣徒见心劳日拙。

△　周恩来会见协商抗日根据地与国民党统治区实现通邮事宜的中华邮政总局第三军邮视察段总视察林卓午,赞许和勉励他致力于国共通邮事业,并为之题词:"传邮万里,国脉所系。"

△　周恩来致函阎锡山,建议山西新、旧军重新团结,一致抗日,略称:"临汾失守后,八路助新军发展游击,恢复失邑,成绩昭然,而全国亦咸以敌后模范归功先生。乃奸人见忌,故抨新军于外,以毁先生之长城。来实为我山西之模范抗日阵线痛惜不置。"并称:"苟先生对团结有进一步解决,来等无不愿尽绵薄,以挽危局,以利抗战。……唇齿相依,患难与共,处今之世,惟先生能熟察之也。"

△　随枣方面自唐河溃败之日军窜新野、邓县以南地区,第三十军池峰城部第三十、三十一师,第八十五军王仲廉部第三十二师及第十三军张雪中部第一一〇师协同夹击,将邓县之敌击溃。

△　驻法大使顾维钧在巴黎太平洋问题研究会演说,指出:中国向来崇尚思想自由,远东方面若有人妄冀树立霸权,为不可想象之事;并称:"中国之存在,足以保障太平洋之和平。"

5月10日　蒋介石电令李宗仁等:鄂北之敌经我多日围攻,粮弹殆尽,必向原阵地退却,第五战区应乘敌态势不利、退却困难之好时机,以全力围攻捕捉。

△　国民党中央指定叶楚伧、张群、王世杰、许孝炎、李中襄等八人为宪草研究人员,俟其研究之成果,与各参政员之意见趋于一致时,再

行召开宪政期成会,制定最后一次之宪法草案,提交国民大会讨论,以产生完整而切合需要之中华民国宪法。

△ 军事委员会任命杨宏光为新编第三军代军长。

△ 周恩来离延安前往重庆,继续主持南方局工作,并参加同国民党的谈判。于 31 日到达重庆。

△ 第三战区顾祝同部克复皖南繁昌,日军溃退芜湖。

△ 张雪中第十三军第一一〇师围攻新野方面日军,敌伤亡惨重向枣阳南窜,新野遂告克复。同日,李仙洲第九十二军一部及池峰城第三十军第二十七师攻克泌阳。12 日,攻克桐柏。

△ 日军进犯晋西,是日陷乡宁、吉县。17 日,第二战区阎锡山部克复乡宁,残敌经林山庙、天神庙南窜河津。

△ 伪广东省政府成立,陈公博兼省主席。14 日,汪伪政府派招桂章为广东省江防司令。

△ 英国战时内阁成立,丘吉尔任首相。11 日,英外交部次官白特勒宣布:继续遵守《九国公约》之原则,不承认中国之汪伪组织。12 日,蒋介石电贺丘吉尔任首相。

5 月上旬 朱德在洛阳与卫立煌会晤,在欢迎会上,强调只有国共两党团结一致,才能克服困难,争取抗战的最后胜利。随后,与卫就两军防区达成协议:以临屯公路及长治、平顺、磁县之线为界,该线以南为卫立煌部驻区,以北为八路军驻区。

5 月 11 日 拉萨市民众通电讨汪,表示"坚决抗战到底之决心,誓不与国贼共立"。

△ 第四十五军陈鼎勋部第一二七师克复随县西北吴家店。钟祥方面日军与李宗仁部守军在土桥铺、兴隆集一带激战。同日,第五战区李宗仁部克复豫南武胜关。

△ 国民政府以前北平师范大学教授吴承仕"前岁敌陷北平,以其鼓吹抗日,指名搜捕,几遭不测,嗣走津门,仍努力撰文,激发民族思想,未因处境艰危,稍渝初志,卒于去秋被捕,不屈不挠,殉义捐躯",是日明

令褒扬,并特给恤金 3000 元。

△ 教育部成立学术审议委员会,是日举行第一次会议,聘任吴敬恒、朱家骅、张君劢、陈大齐、陈布雷、马寅初、蒋梦麟、吴有训等 25 人为委员,该会任务为:审议全国各大学之学术研究事项;专科以上学校教员资格之审查事项;审议国际文化之合作事项等八项。

△ 赈济委员会总干事孙亚夫向中央社记者谈河北灾情与救济:据报告,河北灾区达 100 县市,灾民达 700 余万人,受灾面积 3590 余万亩。除水灾外,又重以兵、旱、虫灾。中央已拨款 200 万元以上,派员前往河北赈济。

△ 复旦大学校董会开会决议,准前代理校长钱新之辞职,由吴南轩继任校长。

5 月 12 日 第五战区各部向枣阳日军展开反攻,日军被迫向枣阳以南收缩,唐河、泌阳收复。

△ 军事委员会任命赵锡光为第三十六军代军长。

△ 重庆各界人士开会,欢迎在华日人反战同盟西南支部巡回工作团团长鹿地亘及团员坂本秀等 17 人。郭沫若主持并致词,对该团以热血参加中国抗战工作,不惜牺牲生命劝告敌军反战同志来归深表谢意。

△ 军事委员会扣发新四军军饷后,新四军供应困难,保卫中国大同盟上海分会筹集 10 万元两次慰劳新四军。是日,第二次慰劳团团长吴大琨离开新四军军部返沪途经安徽太平,遭国民党特务绑架后,押送上饶集中营。1942 年 11 月 12 日吴大琨经人保释出狱。

△ 上海公共租界筑路工人、清洁工人要求改善待遇未遂,举行罢工。16 日,工部局工程修理部工人全体怠工。下午,工部局被迫答应工人所提条件,各部工人遂于 17 日晨复工。

△ 周佛海等在汉口与日军联络部长柴山及浅见会谈汪伪政府之财政统一问题。柴山同意将武汉税收权交与汪政府,但对起始日期及上缴数额意见不一,谈判无结果。14 日,继续会谈成立财政整理委员

会和向中央解交款项问题,仍未谈妥。15 日,周佛海等返宁。

5 月 13 日 蒋介石电令李宗仁等,"应以遮断敌退路,断其补给为主眼,克服一切困难,迅速围歼枣阳一带敌之主力"。

△ 随枣方面第九十二军李仙洲部克复明港,第八十四军莫树杰部克复唐县镇。第三十三集团军张自忠部在黄家垉、万家集、据家湾堵敌南退,毙伤日军 700 多人。

△ 蒋介石通令严禁盐业商人等不得借故捣乱妨碍增加盐产及扰乱盐市。

△ 社会部长谷正纲对记者谈话称:社会部改隶行政院后的工作重点为:派员参加各社会团体,并加强指导;厉行干部训练;普遍推行社会服务;普及国民精神总动员运动。

△ 中统局致函社会部,请转饬各级党部"在每一地区各组织一个或二个外围团体,专事打击某党活动",并拟定对共产党实行"取缔与制裁"办法三项。

△ 军事委员会办公厅致函国民党中央宣传部,诬指《新华日报》(华北版)近月来肆意破坏抗战,削弱抗战力量,请求转呈中央及国民政府明令查封该报,"并查办该报主办人及毛泽东、王稼祥等,以弭乱源"。

△ 八路军第一二九师刘伯承部在晋东南辽县、和顺方面与进犯日军展开激战,至 24 日,先后将辽县、榆社间之营头、杨克店攻克,全歼伪救国军第二师一团。

△ "宋子良"、章友三、陈超霖与日本今井武夫在香港会谈,报告重庆方面的意见。"宋子良"强调承认"满洲国"和华北驻兵是重庆方面最困难的问题。"宋子良"希望日方放宽谈判条件,日方表示决不让步,至 17 日未取得一致意见,宣告休会。29 日,日本中国派遣军总部决定仍坚持日方的谈判条件。

△ 日本中国派遣军总司令部与日本海军中国方面舰队司令部达成联合行动轰炸中国内地的协定,其轰炸行动代号称"101 号作战"。作战时间预定自 5 月中旬起约三个月,第一期作战主要为重庆方面,第

二期作战为成都方面。投入的航空部队有陆军第三飞行集团和海军联合空袭部队,以武汉、孝感、运城为起飞基地。

　　△　日军犯粤北,是日由神冈进至从化街口,花县得而复失。17日,日军再陷从化。

　　5月14日　行政院会议决议聘孔祥熙、周钟岳、陈立夫、李石曾、张静江、叶楚伧、张伯苓、吴敬恒、张继、蒋梦麟、邵力子、王世杰、翁文灏、张嘉璈、朱家骅、顾颉刚、李济、李书华、傅斯年、陈垣、马超俊、蒋廷黻等为故宫博物院理事会理事;并通过《小学教员待遇规程》。

　　△　军事委员会任命梁仲江为第三十七军副军长。

　　△　周恩来在西安会见陕西省政府主席蒋鼎文,就国民党军队进攻陕甘宁边区事向蒋提出抗议。

　　△　抗战救国教育团李公朴等一行10余人,结束对晋察冀边区15县、500余村镇的考察,是日到达晋东南武乡王家峪八路军总部。

　　△　第五战区李宗仁部克复鄂南通山,残敌北窜。

　　△　第八十五军王仲廉部克复枣阳北湖河镇。池峰城第三十军一部进抵苍台镇东北,向郭滩镇进击。第十三军张雪中部新编第一师由苍台镇东南侧击北犯之敌。日军陷重围,以一部突围沿襄河东岸南窜,主力在枣阳一带筑构工事固守。同日,汤恩伯部及第三十军攻占枣阳以北湖阳镇。

　　△　张自忠率特务营及第七十四师主力驰往瓜店堵击日军。15日,日军一部由峪南窜至方家集,张自忠及第三十三集团军总部人员围歼该敌,敌不支突围南逃。

　　△　八路军吕正操部在河北深县歼灭进犯之日伪军120余人。

　　△　晋东南辽县日军第四混成旅团1000余人西犯长城、管头,八路军第一二九师陈锡联第三八五旅予以阻击,毙伤敌约500人,毙伤骡马300头,残敌逃回辽县。

　　△　汪伪政府官制改革,军政部改为陆军部,与海军部一并隶属军事委员会;军事委员会裁参谋本部与政治训练部;军事训练部与兵监合

建为三厅;军事委员会办公厅改称总务厅;成立广东江防司令部。

5月15日　外交部长王宠惠就国际形势发表谈话,表示无论国际情势最近之发展如何,中国之外交政策并无变更,"吾人抵抗日本侵略之坚强决心始终不渝,非至日本军阀偿赎其破坏东亚和平与秩序之罪恶,吾人决不停止抗战"。并称:"吾人对日本任何干涉荷印之行动,不能不表示关切,因中国在荷印之华侨约百万以上,对荷印经济之发展颇有贡献,且拥有巨额之投资。"

△　新任农林部部长陈济棠对记者谈该部之设施,略称:农林部成立后的主要任务为罗致全国科技专家,将科学知识、人工技术普及于农村,加强农林生产,增加国富。并称将赴各地考察战时农业生产。

△　赈济委员会为赈济粤、桂战区灾民,先后拨款共200万元,并派员于是日飞桂、粤两省,妥定善后办法。

△　军事委员会下令撤销第六战区,其作战地域并入第九战区。

△　第二十九集团军王缵绪部在张家集、马家集,第七十七军冯治安部第一三二师在长寿店与日军激战。同日,日军一部由枣阳东南溃窜,陈鼎勋第四十五军、莫树杰第八十四军在唐县镇附近夹击该敌。

△　第五战区鄂南游击队攻入蒲圻,毁日伪军仓库数处,日军派兵施救,被毙伤甚多。

△　第七十五军周磊部克复襄阳北吕堰驿,并协同第五十六师向双沟方面日军进击。

△　八路军第一一五师徐海东第三四四旅、第一二九师新三旅及吕正操部冀中军区南下支队共七个团,向山东东明以东之东明集等处石友三部发起攻击,歼其第一八一师等部800余人。同日,宋任穷、程子华统一指挥鲁西、冀鲁边、冀南、冀鲁豫等部队,在鲁西及冀南地区讨伐石友三,石部被歼及逃散的约1.5万人,八路军直捣石部基地濮阳、濮县,控制了冀南、鲁西10个县。

△　日军大本营为加强对重庆航空进攻作战,决定增加陆海军对华航空力量,华北由98架增至101架,华中由141架增至180架,华南

由 83 架增至 127 架,总计由 322 架增至 408 架,重点指向华中、华南。

5 月 16 日　张自忠殉国。15 日晨,日军一部三四千人附炮 20 余门、飞机 30 余架助战,向枣阳南之南瓜店发起进攻,图夺路南逃,张自忠率第七十四师、骑九师及总部特务营与敌激战六七次,伤亡较重。是日,日军复以大部向张部包围,张自忠登山督战,指挥所部与敌肉搏,多次击退日军进攻,张部官兵亦大部阵亡。战至下午 1 时,日军冲至山上,张自忠已身中数弹,右胸穿洞,左右劝其转移,张坚决不肯,为防落入敌手,乃拔枪自戕,壮烈殉国。临终对随从官兵嘱称:"对国家、对民族、对长官,良心很平安,大家要杀敌报仇。"

△　枣阳克复。枣阳附近第五战区各部向枣阳发起进攻,池峰城第三十军、舒荣第八十九师一部攻克七房岗、土桥铺;张雪中第十三军一部克复枣阳。

△　军事委员会政治部长陈诚在重庆向报界人士谈豫鄂大捷之意义,称豫鄂大捷"确证倭寇在军事上已至开始崩溃之时期,此后必无力再行大规模之进攻,使我最后胜利之信念愈益坚强,其意义较湘北为尤大,收获为尤多"。

△　何应钦致电八路军参谋长叶剑英,为石友三"暗通敌伪"曲意辩护,诬称朱德、彭德怀来电是对石"妄加诬蔑",并命八路军退出鲁西地区。

△　资源委员会在四川犍为成立犍为焦油厂,由陈梓庆主持,有员工 217 人。抗战胜利后结束,让予四川省乐山职业学校。

△　日本参谋本部第八课制定关于举行蒋介石、板垣长沙会谈商定局部停战的计划,拟将第九战区之蒲圻、萍乡、监利、湘乡一带作为局部停战地区。若薛岳响应局部停战,便可看出中国方面的诚意,并有由局部停战扩大为全国停战的趋向。

△　汪伪政府答礼使节团赴日本,陈公博为专使。21 日抵东京,陈发表讲话表示"以最大诚意,努力于和平方案之实现"。21 日晚,米内首相设宴招待,并称日本决加倍克服一切障碍,完成建设东亚新秩序

之大业。

5 月 17 日　国民政府明令褒扬安徽合肥县长张敬文,令称:张敬文在敌陷皖北"迫任伪职,乃勖勉诸子杀贼报国,并自从容仰药,以死明志","教忠取义,洵堪矜式",应予明令褒扬。

△　中国茶叶公司改为国营茶叶专业公司,办理全国茶叶生产、制造、收购、运销及对外贸易等一切业务,由国库拨资 1000 万元,并由财政部派潘宜之为董事长,寿景伟为总经理。

△　日军由枣阳东南增兵 5000 余人,战车数辆,向枣阳反攻,第十三军猝不及防,枣阳陷敌,守军被迫退至枣阳附近。20 日,枣阳附近各部除以小部队迟滞日军北进外,主力向唐河西南、新野西北、白河以西转移。

5 月 18 日　何应钦招待驻重庆各国武官及记者,说明豫鄂大捷之经过与意义,称此次大捷之意义概有两端:第一,敌谋包围歼灭我野战军之毒计,已为我完全粉碎。第二,敌初企图包围我军,施行一大规模歼灭战,结果反为我军重重包围,遭受最奇重之损失。

△　军事委员会任命罗树田为第十八军军长。

△　国民党中央组织部长朱家骅致电李宗仁,祝贺豫鄂大捷,称此捷"仰百炼之储威,集空前之肤绩,破倭寇之迷梦,扬炎汉之天声","抗战全功,指顾可期"。

△　第五战区李宗仁部继攻克豫南平靖关后,是日又攻入信阳,将信阳机场日机 12 架击毁。信阳西南贤山日军驰援,与刘汝明第六十八军一部遭遇。

△　国民政府派驻古公使李迪俊为议订《中多(多米尼加)友好条约》全权代表。

△　中国边疆建设协进会在重庆成立,蒋介石为名誉会长,于右任为会长,参加者有西藏、云南、蒙古、新疆等边疆省代表。

△　日本海军联合空袭部队对重庆和成都实施攻击,是日袭击重庆附近之白市驿和梁山两机场。

△ 日本大本营陆军部作出《以昭和十五、十六年为目标的处理中国问题策略》，其方针为："进一步统一与加强政略、战略和谋略，以全力迅速使重庆政权屈服"，时机不迟于 1940 年底。如此时重庆政权尚未屈服，"不问形势如何，断然实行长期解决方针，以对付各种形势的变化"。当前对华谋略工作的重点措施在于：一、进行各种努力，促进对重庆直接停战的和平交涉。二、加强使新中央政府容纳重庆政权的措施。三、如有可能，尽力利用第三国对重庆政权进行搭桥工作。四、促进国共分离。另外，在此期间，随着形势的发展，应特别加强对华北的领导力量。

5 月 19 日 白崇禧电李宗仁，祝贺豫鄂大捷，称"此次日寇西犯，深赖我公德威，诸兄指挥得力，歼除残寇，碎彼企图，遽德好音，欢腾无比，特电致贺"。

△ 朱德、彭德怀致电蒋介石，指出石友三投敌叛国，袭击八路军，近日更形猖獗，我方获得西北行营致石友三密电称：划定曹县、定陶、菏泽、东明、考城、巨野、成武、单县为该石部所辖，负责消灭小股共军及切断华北共军与华中共军联络之任务，要求将石部"调至洛阳加以整训，以免危害华北抗战"。

△ 八路军第一二九师桂干生支队，在山西昔阳东歼灭出扰之日伪军 150 余名。

△ 粤北日军陷鸡笼冈，20 日陷良口。24 日，第四战区张发奎部反攻良口，毙敌 2000 余名。

△ 日机 40 架五批轰炸成都市，被中国军队击落一架，坠于三台。

5 月 20 日 何应钦在国民党中央、国民政府联合纪念周报告《对于豫鄂会战我们应有的认识》，指出"倭寇必然崩溃"、"汪逆必然覆灭"、"抗战胜利的信心益坚，胜利的时间益近"，是应当加强的三点认识。

△ 中苏文化协会致书苏联人民："你们是世界上真正以平等待我之民族，是我们被压迫人类最真诚的朋友。"

△ 日军在四五十架飞机及战车 200 余辆掩护下，分向枣阳北湖

阳镇、湖河镇、杨家垱、七房岗等地进攻。21 日,陷湖阳镇、湖河镇,并向新野、下屯镇等地窜扰。22 日,新野日军窜向枣阳,下屯镇日军向西南进犯。

△　日机 24 架再次空袭四川梁山机场,中国空军起飞迎战,击落日机七架。同日,日机炸陕西南郑西北医学院,死伤师生 10 余人。

5 月 21 日　经济部长翁文灏告戒部属"持躬必须清廉,治事务求公正",切不可贪图私利,袒护亲友,如有凭借地位营私舞弊者,一经查出,定必重惩。

△　全国妇女慰劳总会主任委员宋美龄以日机屡袭重庆,空军将士奋勇作战,特组慰劳团是日赴前方劳军。

△　豫北第一战区卫立煌部炸毁漳河铁桥,歼灭守备日伪军百余名,获枪百余支。

△　东北抗联第三路军第三支队突袭黑龙江嫩江县四站(塔溪)伪警察署及驻守伪军,俘敌 30 余人。同日,第二路军第二支队一部在饶河县大代河伏击伪军,毙伤敌 20 余人。第二支队长王汝起不幸阵亡。

△　日机 50 余架两次袭击重庆,被中国空军击落一架,坠于长寿附近。

5 月 22 日　山西阳城日军以"开会"为名,将四乡群众 220 余人集中城内,进行集体屠杀,被杀害者近 200 人。

5 月 23 日　信阳伪皇协团团长吕西周、傅雨挥,伪和平军团长袁兴国乘夜率部重创日军,后全部反正。同日,信阳伪军第三旅旅长陈维汉、第四旅旅长王祥斋闻讯,率部人枪千余反正。

△　陈公博等拜见日本天皇,又会见首相米内、海相吉田、前首相近卫等,并与米内会谈。陈公博报告了汪伪政权成立后之状况,希望日本朝野对其大力协助,并尽快调整邦交。

△　日本陆军部田川大吉郎曾与司徒雷登在上海会谈中日和平事宜,是日田川向畑俊六报告司徒雷登与蒋介石会晤情况,略称:蒋介石希望达成和平协定,并相信早日和睦地合作建设东亚新秩序,是符合中

日两国的利益的。司徒雷登认为,现在需要的是双方都站在平等的地位,谋求东亚的永久和平与亲善,即可实现和平。

5月24日　白崇禧致电蒋介石,请明令褒扬故第三十三集团军总司令张自忠、故第一七三师师长钟毅"捐躯报国"事迹,"以资激劝,而慰英灵"。

△　军事委员会任命冯治安为第三十三集团军总司令,任命徐景唐为第十二集团军副总司令。

△　第三战区顾祝同部攻克皖南铜陵。

△　湖北省36县已成战区,备受战争涂炭,灾民总数达100余万人,国民政府、赈济委员会是日拨款100余万元,予紧急赈济。

5月25日　国民政府明令陆军中将潘文华、王缵绪、王陵基特加陆军上将衔。

△　国民党中央、国民政府严饬所属各机关切实组织服务队,参加反空袭服务。

△　军事委员会任命杨天民为第十五军副军长。

△　中共中央军委任命罗瑞卿为八路军野战政治部主任;王若飞为八路军副参谋长,驻军委办事。

△　第四战区所部克复粤北良口西南风火岭,毙日军联队长山本二郎以下500余人,俘军官荒木松子等三人。

△　八路军冀鲁豫军区部队猛攻道清路沿线,攻入滑县县城,激战两日,毙伤日伪军500余人。

△　日军第十一军下达强渡襄河、攻占襄樊的命令,要求于5月31日子夜第三师团从襄阳东南方奇袭渡过汉水,并攻占襄阳,第三十九师团从王家集一带奇袭过汉水,配合第三师团作战。

5月26日　南洋华侨归国慰劳团团长陈嘉庚偕侯西反、李铁民等自兰州抵达西安,西安各界千余人前往城郊欢迎。

△　据中央社讯:四行总处为资源委员会借款5000万元,以助其发展国营工业,收购大量矿产。

△　豫北伪先导军司令张雪青率部反正。

△　日机 72 架两批轰炸重庆,被击落两架。同日日机 136 架四批轰炸合川、綦江、永川一带。

5 月 27 日　重庆大学校长叶元龙、复旦大学校长吴南轩、中央大学校长罗家伦,为日机迭炸重庆各大学、中学、医院、住宅区,呼吁美国政府从速禁止钢铁及石油输日,以制止日军暴行。

△　铨叙部颁布《公务员晋级办法》。

△　据中央社讯:国民党中央组织部以小学教师对地方自治助力极大,特通令全国各级党部,今后务须注意征收小学教师入党。

△　上海日商华生烟草公司 1900 名工人罢工,要求增加工资五成及改善待遇。31 日,资方答应自 6 月 1 日起增加工资三成,罢工结束。

△　第四十九军政治部主任冯家邦向军委会政治部揭发该军腐败不法之状:经济财务混乱,各级军官私吞军饷,中饱私囊,吃喝嫖赌,战事不参,固步自封;军风败坏,强占民物,拉伕拉差,奸淫妇女;军民之间,视若仇敌;抗日救护工作十分落后,每次战役之后,伤亡官兵流离载道,惨痛不可言状;每遇部队移动,强取民间骡马,到达一地,视为己有;官兵皆吸食毒品。

△　山西昔阳日军 700 余人向八路军抗日根据地进犯,八路军第一二九师一部阻敌,毙伤日军 300 余人。

△　日伪军 2000 余人由安徽滁县出发"扫荡",侵占来安县城。新四军第五支队于 31 日分三路夜袭来安城,歼灭日伪军 200 余名。同日,定远日伪军 400 余人进攻藕塘地区,被新四军第四支队一部击退。

△　日机 160 余架轰炸重庆,复旦大学、中央大学、重庆大学多处被炸。复旦大学教务长孙寒冰及职员、学生等遭炸遇难。

5 月 28 日　蒋介石致电军事委员会各办公厅主任、各战区司令长官、各绥靖主任、各集团军司令、各军长、师长,追述张自忠英勇抗战及殉国的事迹,并称:"我三民主义之精神,实由荩忱(张自忠字)而发挥之;中华民国历史之光荣,实由荩忱而光大之。其功虽未竟,吾辈后死之将士,皆当志其所志,效忠党国,增其敌忾,翦此寇仇。"

　　△　张自忠灵柩运抵重庆。蒋介石及国民党军政要员及重庆各界人士数百人前往朝天门码头迎灵,蒋介石亲为执绋。下午3时,举行盛大葬礼,旋运灵柩至北碚双柏树暂厝,俟抗战胜利后举行国葬。6月,军事委员会通报并呈准国民政府颁抚恤金10万元。

　　△　行政院决定在重庆建立"忠烈祠"一所,采录抗日殉难烈士诸人姓名,为位以祀,以彰中央褒忠之典,而励来者响义之心。

　　△　国民党云南省党部为在大专学校发展党务一事函告中央组织部称:云南大专学校林立,教授甚多,学生几万人,其中人才不少,若能趁此发展党务,则既可利用在校学生做训练民众工作,又可使知识分子和本党发生密切联系,使之监察异党活动,尤为方便。此事党部不宜直接出面。如由中央指派以地方党部为主体,加入各校中本党的领导分子,共同组织一文化运动委员会进行此项工作,运用似较灵活。

　　△　国民党广西省党部主任委员、省府主席黄旭初,省参议会议长李任仁等发起组织的广西宪政协进会在桂林成立,并发表宣言:主张实行孙中山遗教;五五宪章应予修改;中央地方均权制,实行耕者有其田,土地国有。

　　△　中国空军袭击湖北安陆,炸毁日军汽车数十辆。

　　△　日军千余人进攻新四军驻江苏江都东南大桥附近之部队,激战竟日。时第三战区一部五个团亦向新四军侧背进攻,与日军遥相呼应。新四军腹背受敌,放弃大桥阵地,毙日军400余人,其中旅团长一人。

　　△　日军7000余人分途向山东临沂、蒙阴抗日根据地进犯;德县、平原、陵县等地日军4000余人三路向陵县八路军一部进犯,被八路军全部击溃。

　　△　日机98架三批轰炸重庆,在近郊投掷爆炸弹、燃烧弹160余枚,数处起火,市民死伤250余人。

　　△　日本中国派遣军总司令部拟定日中《预备会谈指导要领》,要

旨为:"诱使重庆同意停战条件,基本形成停战议定书。关于合流问题以及和议开始问题,随谈判的进展,一旦意见一致,便继续努力,以导致要人的会见和在协议上签字。"关于蒋、汪合流问题,"使汪与重庆双方理解停战与合流的相互关系,首先实行停战,尔后诱其合流"。其方案为:"(一)依靠日本方面居间调解;(二)由汪拿出提案;(三)由重庆方面拿出方案;(四)依靠第三国居间调解。"

5 月 29 日 国民政府明令在政府机关、民众团体一律改称孙中山为国父;在党内称国父或总理均可;民间已印就之图书文字,不必强令改易。

△ 军事委员会任命黄维纲为第五十九军军长。

△ 驻苏大使邵力子启程赴任。6 月 7 日,抵达莫斯科。11 日,向苏联最高苏维埃主席加里宁递交国书。

△ 河南省赈济委员会函告社会部,河南待赈灾民除黄、沁两泛区约 210 余万人外,其他灾区亦在 260 余万人,请求赈济。

△ 第三战区顾祝同部自苏北宫河东向兴化进击,攻入城垣,歼敌 600 余人,克复兴化。

△ 晋察冀边区军民经 10 余日作战,于是日克复耿村、台怀、上社等地,歼灭日伪军 700 余人,粉碎日军对五台东北山区的"扫荡"。日军溃退时,沿途烧杀抢掠,村庄、庙宇多被烧毁。

△ 日机 63 架轰炸重庆平民区及文化区,在重庆大学投弹 50 余枚,市民伤亡二三十人。中国军队击落日机一架。

△ 日本兴亚院专门委员会草成《日汪基本条约》初稿。30 日,提交陆军省审核,得出如下结论:一、如果承认汪政权,必然形成长期持久战。二、关于长期持久战的决心与处置,另行研究。三、即使承认汪政权,该政权也无发展前途。

△ 美国传教士梅福林等以日机连日狂炸重庆市平民区及文化区,电请总统罗斯福立即对日禁运煤油、废铁。

5 月 30 日 驻美大使胡适拜会美总统罗斯福,递交孔祥熙乞美襄助维持中国金融密函一件，并告外传中日代表在港议和之说完全为无稽之谈。

△ 国民党中央派孙左齐为湖北省党部书记长。

△ 国民外交协会以敌机肆虐，残杀平民，特电美国朝野，呼吁对日禁运。

△ 八路军冀中回民支队在衡水县城和安家村之间康庄设伏，歼灭日伪军170余人，俘伪军60余人。

△ 汪伪政府特派任援道兼海军部代部长。

5月31日 陈嘉庚率南洋华侨归国慰劳团第一团抵延安慰问，延安各界5000余人举行欢迎仪式。陈嘉庚即席讲演，激励人民坚持抗战，打倒汪精卫派妥协分子。6月1日，毛泽东、朱德等宴请陈嘉庚一行。后陈嘉庚等参观访问第四军校、安塞县等。8日离延安经鄜县赴宜川，前往山西考察。

△ 后方勤务部长俞飞鹏致书何应钦，报告张自忠殉国之经过，并称：据报张自忠殉国后，日军将其尸体抬至30里外之陈家集附近，洗净用布包裹，备棺埋葬，立木牌为标志，并向陵墓敬礼。要求将张将军殉难经过发交军令部参考，备作史料。

△ 据《中央日报》讯称：湖北、江苏、湖南、浙江、山西、安徽、江西、西康、四川、西京（今西安市）、贵州、南京、陕西、福建、广西、河南、绥远、甘肃、青海、宁夏、青岛等22省、市已办竣国民大会代表选举事宜，名册已呈国民政府备案。

△ 成都五大学美籍教职员及旅蓉美侨40余人，愤日机不断袭渝，滥炸文化区或大中学校，师生惨罹不幸，电请罗斯福总统禁以汽油、钢铁输日。

△ 豫北伪军许存礼、张实励率部700余人反正。

△ 晚，日军第三、第三十九师团等约万人，以毒气为掩护，分由襄樊、宜城间欧家庙、王家集、小河、明正铺强渡襄河，企图占领襄樊、南漳，攻略沙市、宜昌。枣宜会战第二期作战开始。

5 月下旬　宋庆龄对香港记者发表谈话,痛斥汪精卫"国内分裂在即"的谣言,指出:这只是"他们的梦想,值此大敌当前,困难未除,我信贤明当局均不愿为亲者所痛、仇者所快之举,为日寇所乘。只有少数不明大势之人,故作恶化之宣传,实安人也"。

　　△　重庆全国报界记者协会主席范长江就国内抗战问题拜访陈嘉庚,陈提出三项政治主张:第一,加强祖国内部的团结;第二,反对依赖英美西方列强,"抗战胜利的因素,主要地靠自己";第三,"待胜论"必将使"国家陷于偏安",应予反对。

是月　军事委员会撤销第十战区。

　　△　资源委员会将公路总局移交的炼油厂改建为四川巴县炼油厂,由罗宗实主持,有员工 81 人。抗战胜利后结束。

　　△　江南人民抗日救国军东路指挥部在江苏常熟县徐家浜成立,谭震林为司令员。

　　△　新四军一部袭击上海附近安亭车站,俘伪军百余人,缴枪 80 余支。

　　△　伪中国东亚联盟协会在北平成立,缪斌任会长。出版《东亚联盟》月刊。

6　月

6 月 1 日　蒋介石密令李宗仁、孙连仲、汤恩伯等,指示宜昌战役的作战要旨应以确保宜昌、襄樊为目的,以襄河两岸部队从西北向东南对渡河犯襄河之敌侧背攻击,压迫于襄河及湖沼地带而歼灭之。第五战区分为左、右两兵团:左兵团辖孙连仲、孙震、汤恩伯、刘汝明各部,兵团长由李宗仁兼任;右兵团辖冯治安、王缵绪及江防军各部,兵团长由陈诚兼任。

　　△　军事委员会拟定襄河西岸作战紧急部署方案,凡 10 条,要点为:令第七十五军迅开南漳、保康间控置,阻敌西犯,掩护右集团及江防

军之左侧背；孙连仲并率第三十军由襄阳南下，与右集团第三十三集团军主力夹击宜（城）、襄（阳）间渡河之敌，而歼于水际；江防军主决战方面，应保持在左，特应注意敌从右集团钟祥方面渡河；汤恩伯督率所部及第九十二军，继续向襄阳、随县间之敌猛攻，断敌后方联络，以行牵制；王缵绪集团及第四十五军应以大洪山为根据地，分向京陆路、襄花路攻击敌之后方，断其补给。蒋介石手批：第九十二军严令其向襄花路出击；第九十四军与汤恩伯集团军限期集结于新野附近，准备向襄、樊方面出击。

△　国民政府公布《非常时期人民团体组织纲领》，要点为：一切人民团体均须经政府许可，职业团体会员及下级团体加入上级团体，以强制为原则，退会则有限制；全国人民除受法令限制外，都要分别参加人民团体组织；各种职业团体负责人以曾经受过"特种训练"合格人员担任。

△　财政部成立直接财税处，由赋税司司长高秉坊兼任处长。该处主办所得税、利得税、遗产税，兼办印花税。

△　国民政府明令嘉奖中国航空建设协会菲律宾支会，令称：菲律宾支会成立以来"推进会务，劝募飞机，捐款不遗余力，前后缴解逾400万元，裨益航空建设，洵非浅鲜"，应予明令嘉奖。

△　资源委员会将军政部移交的酒精厂改建为贵州遵义酒精厂，由汤元吉主持，有员工329人。抗战胜利后让予国防部，迁往新疆。

△　第四战区张发奎部克复广东花县。

△　东北抗联第三路军第六支队一部夜袭驻黑龙江铁力县东北之日军守备队，毙敌70余人。

△　苏南日军南浦旅团冈本联队一部从江宁县湖熟据点出发，侵犯句容三岔地区。新四军第二支队一部在廖海涛指挥下出击，在赤山毙日军中队长吉田以下130余人。4日，日军数千又犯，被新四军于虬山一带又毙伤40余人。

△　日军第三、第三十九师团向襄樊发动攻势。军事委员会急令

第四十一军应"死守襄樊",以待第三十军到达。第四十一军虽奋力应战,终寡不敌众,弃守襄阳。日军主力乘势渡襄河,攻占襄阳,并分途沿襄阳至远安道、宜城至当阳道南犯。

6 月 2 日 宜昌战役右兵团长陈诚奉命由重庆东下,是日晚抵万县,致电蒋介石报告该兵团作战方案:"以确保宜昌、击破渡河西犯敌人之目的,应以沿襄河各守备兵团利用既设阵地,逐次消耗敌军,另以有力兵团于襄河东岸攻击敌侧背,同时于当阳及其迤北地区控置至少一个军之兵力,相机击破过河之敌。"

△ 第九战区薛岳部自赣北武宁袭瑞昌,日军少将、兼九江警备司令藤堂高英率部驰援,激战竟日,毙敌藤堂高英以下 400 余人。

△ 东北抗联第三方面军和第二路军第五军一部袭击吉林舒兰县水曲柳森林采伐事务所,击毙日军 13 人、伪警察 14 人。5 日,袭击五常县拉林河森警队香水河子分驻所,击毙日军 10 人,伪警察四人。

6 月 3 日 全国禁烟会议在重庆召开,蒋介石发表训词,称"倭寇与鸦片均为我民族最大之仇敌,抗战禁烟同一重要,不可忽视"。并提出禁烟纲要六端:一、禁种严铲,认真检阅,倘有发现,枪决种户;二、运售烟毒,开设烟馆者,依照法律执行枪决;三、偷吸瘾民,罚以劳役,屡戒不悛者,处以极刑;四、施禁工作,寄于保甲,奖励检举,处罚隐匿;五、收复地区,务须彻底根除敌人遗留之毒物;六、禁绝期满,继续严禁办法,尚须加倍努力。会议 5 日闭会,通过《民国三十年度禁烟行政计划》等。

△ 蒋介石致函四川省士绅贤达,切望他们积极参加地方自治之乡镇保甲事业,"或则参加训练,出任乡镇保甲各级首长之实职,或则就地匡襄协助各项事业之实施"。

△ 国民党中央举行总理纪念周,孔祥熙报告《贸易委员会工作概况》,称贸易委员会成立三年多来,办事处、收货处、运输站布满全国,直属有富华、复兴、中荣三大国营贸易公司,职员有 2000 余人;两年多来,该会的主要贡献有四:奠定了国家对外贸易的基础,改变了我们对外贸易的性质,维护了外销物资的生产事业,圆满执行对外贸易合约。

　　△　行政院颁布《川康经济建设委员会组织规程》，凡 12 条，规定该会以促进川、康两省经济建设及其合理发展为宗旨，由行政院在委员中指定一人为委员长，八至 10 人为常务委员，主持会务。

　　△　陈诚自万县到达宜昌，指挥宜昌方面战事，命令第二十九、第九十四军于当阳以东构筑工事，作为宜昌屏障；急调第十八军参加宜昌防守。

　　△　第四十一军孙震部、第八十五军王仲廉部攻入襄阳城垣，至晚歼敌 500 余人，敌不支，纵火焚房夺路向南溃逃，襄阳克复。

　　△　第四战区张发奎部再克粤中良口，日军败溃增城、福利。

　　△　军事委员会下令禁止运销日货，如有违犯，从重惩处。

　　△　由宜城渡河之日军分三路沿襄（阳）沙（市）公路及其以西地区南犯，是日陷宜城。其先头部队攻陷孔家湾、雷家河一带；一部进至刘侯集附近，遭第五十九军黄维纲部堵击，另一部陷南漳。

　　△　日本首相米内发表谈话称：日本对汪伪中央政权的承认问题，大致以日华基本条约签字之日，即为承认新中央政府之时。

　　6 月 4 日　国民政府明令嘉奖吉隆坡华侨陈永捐献飞机支援抗战。

　　△　蒙藏委员会委员长吴忠信主持第十四世达赖喇嘛坐床典礼事宜后，是日假道仰光抵昆明。11 日抵重庆。

　　△　第四十一军孙震部、第二军李延年部、第七十七军冯治安部猛攻南漳日军，南漳克复，日军大部南犯。

　　△　日军第三、第六师团各一部由荆门之旧口、沙洋附近强渡汉江，与自宜城南下之部队会合，向第五战区江防兵团郭忏部发动攻击。

　　△　日、中代表今井武夫、铃木卓尔、臼井茂树和"宋子良"、章友三、陈超霖在澳门举行会谈。中方代表指出蒋介石已坚定了实现和平的决心，并向日方表示，目前双方的交涉是最实在、最直接、最具信赖的惟一途径，双方应努力缩小感情距离；在对付共产党问题上，国民党要人趋于一致反共，并由蒋介石采取有力手段派要人赴西北防共；在蒋汪

合作问题上,中方代表建议在中立地区由蒋介石派大员和汪精卫本人商谈,并同意日方要求,保证不把汪作为汉奸对待。此外,中方代表还同意缔结防共协定的原则,驻军问题待和平恢复后缔结防共协定时再予解决。双方同意板垣、蒋介石、汪精卫三人进行会谈,解决全部问题。会谈于 6 日结束。

△　陈公博、林柏生等结束在日本的活动,是日返抵南京。5 日,陈在伪中央政治委员会报告赴日答礼经过。

△　美国务院通知日本驻美大使,美国对于国防上之各种重要物品准备禁止出口,包括飞机及零件、摩托等。

6 月 5 日　蒋介石密电李宗仁、陈诚、汤恩伯,令汤恩伯部三个军"应全部通过襄花公路向宜城、钟祥与旧口方向分别急进,一面相机占领襄河东岸各重要据点,以堵截敌军后方交通线;一面将其各军主力积极渡过襄河西岸,与我荆、宜部队夹击襄河西岸之敌",并限各军于本月 10 日前确实占领襄河东岸各据点。

△　日军第四师团在沙洋、旧口南北强渡汉江,分向沙市、江陵、十里铺一带西进,图南、北两路围击第五战区襄西部队于宜昌以东地区。襄西部队与敌遭遇后向西撤退。

△　日军福盛、镰浦联队攻陷沙洋,旋进占后港、和尚桥等地,守军第三十二师王修身部兵力薄弱,无力反攻,相持至 8 日,敌以轻骑迂回万城、马山、荆州城一带,下午由宝塔河窜入沙市市区,王修身部沿江退至江口。

△　鄂北应山县伪军熊源泉率部 500 余人毙日军 200 余人,获步枪百余支后全部反正。

△　平古、北宁两线日伪军 1.3 万余人,开始对燕山、盘山、五龙山地区分区反复"扫荡"。冀东军区在当地民众配合下,开展反"扫荡"战斗,战至 10 日,毙伤日伪军 1000 余人。

6 月 6 日　蒋介石密电汤恩伯,令其以两师兵力截断京钟路、汉宜路敌后交通,应以主力改由宜城以北地区渡河西进,夹击敌军。

△ 军事委员会任命裴昌会为第九军军长。

△ 荆门失陷。第五十五军曹福林部及王长海第一三二师、何基沣第一七九师等部在荆门附近、黄家集、观音寺阻击由东、北进犯荆门之日军,战至夜9时,敌重兵增援,第五十五军不支,向荆门西南转移,其余各部逐次后撤,敌陷荆门,并占领观音寺。7日,继续向毛家山、毛家店、石板滩李延年第二军阵地进攻,图攻略远安。

△ 山东寿张县城内日军500余人向城南八路军第一一五师杨勇部驻地黑虎庙进犯,被八路军毙伤百余人,残部向城内逃窜。

△ 日本海军第一联合航空队飞机34架轰炸梁山机场,第二联合航空队飞机53架攻击遂宁机场。中国空军迎战,损失三架,日机一架自行爆炸。

△ 汪伪中央政治委员会准王克敏辞华北政务委员会委员长兼内务总署督办等职,改推为伪中央政治委员会委员及国民政府委员,特派王揖唐继任华北政务委员会委员长兼内务总署督办。

6月7日 蒋介石密电孙连仲,告以"敌已全力南下进攻荆、宜",令其应不顾一切,以主力南下拊敌之背,不可为敌后卫所牵制,使宜昌友军单独作战。

△ 延安各界千余人举行晚会,欢送陈嘉庚、侯西反、李铁民等南洋华侨慰劳代表团,毛泽东、朱德、吴玉章、萧劲光、王明等出席。朱德致词希望陈嘉庚等先生把八路军和陕甘宁边区的情况介绍给千百万侨胞。陈嘉庚讲话,希望国共两党消除摩擦,加强团结,一致对外。8日,陈嘉庚一行离延。

△ 八路军第一二九师进行整编。整编后全师辖九个旅,28个团。新成立三个军区:太行军区,由第一二九师兼,边区机构取消;太岳军区,由陈赓任司令员,王新亭任政委,下辖三个分区;冀南军区,由陈再道任司令员,宋任穷任政委。

△ 日本中国方面舰队就加强对中国内地轰炸,与中国派遣军进行联络,希望在6月至8月加强这一攻击,并提议在此期间集中200架

轰炸机对重庆方面进行 3000 架次、对成都方面进行 2000 架次的集中轰炸;6 月至 7 月实施 15 次,8 月实施 10 次。

△　日本华北方面军第一军独立混成第三、九、十六旅团,日驻蒙军谏山、石丸两支队共二万余人,向晋西北抗日根据地"扫荡"。八路军第一二〇师及山西新军展开反"扫荡",战至 7 月 6 日,进行大小战斗251 次,毙、伤、俘日伪军 4000 余人。

6 月 8 日　蒋介石手令:自 7 月 1 日起,前方作战部队无论官佐士兵,严禁携带眷属,倘敢违犯,即以军法从事。

△　八路军第一二〇师萧克部陈先瑞团在河北滦县西司营子歼灭该据点日军 30 余人,击落日机一架。

△　日军 5000 余向河北密云地区"扫荡",被八路军第一二〇师萧克部击退,歼日军 300 余人。

△　日军第四师团一部攻陷江陵。守军萧之楚第二十六军一部转移至沮水、漳河两岸江口、向安寺、马家店、董市,拒敌西犯。李及兰第九十四军、李延年第二军、周嵒第七十五军在河溶、慈化、当阳之线及沮漳河沿岸与敌激战。

△　日军攻陷沙市,屠城三日。赶马台街废墟一片,克成路被焚四五十家,李公桥、梅台巷、兴盛街、花家湾以及其他大街小巷均被烧被炸,惨不忍睹,火焰熏天,数日未息,民众死亡者不可数计。

6 月 9 日　故第一七三师师长钟毅灵榇运抵重庆,蒋介石率各级军政长官及机关代表亲临江岸迎灵,尔后灵榇运往广西,安葬于桂林郊外。28 日,国民政府明令追赠钟毅为陆军中将。

△　江苏省保安司令部特别党部制定《防止异党兵运实施办法》,其目的在使地方原有之武力组织信仰坚定、意志集中、行动统一。其办法为:"以理论克服理论,以组织对付组织,以行动制裁行动,以工作领导工作为原则。"

△　重庆文艺界举行关于文艺民族形式的座谈会,出席者有以群、姚蓬子、戈宝权、胡绳、梅林、潘梓年、艾青等。潘梓年发言驳"通俗性与

艺术性不能统一在一个作品内"的观点。

△ 荆门、十里铺、江陵之线日军陆空军联合向董市、当阳、远安进攻。午后,突破方靖第十一师右翼阵地,守军不支,乘夜转移至古老背、双莲寺、当阳之线。10日,古老背、当阳陷敌。方师转守宜昌外围之鸦雀岭、玉泉寺等地。

△ 伪中国教育建设协会在南京成立,戴英夫为会长。出版《教育建设》月刊。

6月10日 第三战区顾祝同部攻克浙江萧山县城,焚毁日伪军军事机关。

△ 八路军徐向前部马耀南、廖容标两支队在山东新泰、莱芜一带歼灭日伪军500余人。

△ 日军第十一军下达攻占宜昌的命令:第三、第三十九师团消灭敌人北面集团后,在当阳一带及当阳以西地区整理阵容,准备尔后的行动。第十三师团击败安福市(宜昌东南30公里)之敌后向宜昌突进,迅速攻占宜昌。突入宜昌之各部,对第三国的各种权益,要防止发生无益的纠纷。

△ 日军第六十战队飞机36架轰炸四川梁山,市区军事设施破坏甚多。同日,海军第二联合舰队飞机袭击重庆,中国空军飞机34架迎战,被击落16架,日机二架被毁。

6月上旬 蒋介石与周恩来在重庆谈判,周对蒋表示:中共诚意抗战,拥蒋反汪,而国民党却在抗战中实行反共、溶共、剿共,这只能帮助敌伪。指出:说中共要暴动,推翻国民党,全是造谣。中共的发展主要是在敌占区与敌、伪争取群众。蒋介石称:抗战团结都是有决心的,任何困难决不畏惧,国共间的一切问题都可以解决,但军事上必须服从命令。

6月11日 蒋介石密电薛岳,告以:"一、敌由第三、第九两战区各抽转一部兵力于第五战区方面,刻渡过襄河之敌,已进至宜昌外围阵地,向我猛攻中。二、贵战区应努力向所指示之目标积极进攻,牵制敌人,以解友军之危。希速令关麟徵、杨森两集团所部进攻蒲圻,王陵基集团进攻武宁,着即时行动,不得稽延。"

△　国民政府以前河北省南乐县长魏汉彬"因坚决抗战,为敌伪所忌,致父母被捕,田庐被毁,其眷属流离",是日明令嘉奖,并给予奖金3000 元。

△　行政院决议设立贵州农学院,长沙湘雅医学院由私立改为国立。

△　日军向宜昌城郊守军第十八师阵地发动全面进攻,10 时冲破城郊至镇镜山段,并向城西北之飞机场发展。守城部队与镇镜山部队联络隔绝,师长罗广文对城内部队失去掌握,各自为战。

△　日机 117 架分四批轰炸重庆,先后投炸弹、燃烧弹 200 余枚,市民死伤 60 余人,苏驻华大使馆被炸,德国海通社及苏联塔斯社中国总社中弹全毁。中苏文化协会理事王昆仑、侯外庐即日持函往苏联大使馆表示慰问。同日,蒋介石、许世英、谷正纲、洪兰友等赴灾区视察灾情,抚慰难胞。

△　日本兴亚院联络委员会通过对阿部信行大使的训令案,《训令》要旨为:一、日本对汪政府的承认,要在签订条约的形式下施行;二、汪政府对"满洲国"的承认,或在签订条约前或至迟与此同时必须实行;三、日汪条约是作为战争的善后处理,并作为今后长期的关系准则。

6 月 12 日　蒋介石以宜昌告急密电李宗仁、孙连仲、汤恩伯,令第三十军池峰城部在远安、观音寺之线,第八十五军王仲廉部、第九十四军李及兰部在观音寺、荆门之线,归汤恩伯指挥,准备攻击进犯宜昌之敌。

△　日军攻陷宜昌。日军自宜昌机场向城区猛攻,10 时敌骑一部突入城区,守城部队第十八师一部予敌以袭击,另一部皮宜猷第五十四团乘机退至宜昌南岸,溺毙者甚多。至黄昏,敌集中火力,猛攻镇镜山,守军张涤瑕第五十三团撤至黄柏河西岸,宜昌陷落。

△　粤北第四战区张发奎部攻入从化城垣,激战数时,日军不支,

夺路向广州溃逃。13 日,克复从化。

△ 日机 157 架分批对重庆进行轰炸,先后进入市区及江北地区,投弹 480 余枚,市民死伤达 1400 余人,炸毁房屋 300 余幢,佛教古刹长安寺、罗汉寺被炸毁。中国空军击落日机七架。次日,蒋介石以二万元嘉奖作战有功空军将士。

△ 军事委员会任命孙兰峰为暂编第三军军长,董其武为暂编第四军军长。

△ 丹麦新任驻华公使高霖抵重庆,18 日向国民政府主席林森呈递国书。

△ 日本兴亚院会议通过《关于中日交涉开始之条件》案,并决定此案经内阁同意后,由影佐带给阿部信行。18 日,影佐和犬养健由东京到南京,向阿部传达日内阁关于调整中日关系的《训令》及《关于中日交涉开始之条件》。阿部即召集使馆人员讨论。

6 月 13 日 蒋介石密电李宗仁等,命令第五战区右兵团迅速收容各部,掌握有力部队反攻宜昌,以一部攻占荆门,以主力由远安、观音寺之间攻击宜昌方面之敌,要求各部不顾一切,猛力进攻,不可失机。

△ 中共中央发出《关于争取东北军工作的指示》,指出:东北军在抗日战争中是一支较可靠的友军,"我们对东北军的关系好坏,对于我们争取广大友军工作有极大的影响","对其关系能长期维持友好,则使我党我军在其他友军中信誉增加,反之则使许多友军对我发生畏惧"。因此,争取东北军工作是"争取全国友军工作的重要环节"。

△ 汪伪中央政治会议通过伪考试院副院长江亢虎提出的"新经济政策",其要点为:一、每年发行新纸币;二、全数尽买农、工、商所有出口品;三、一方在国内批发,一方对国外贸易。

△ 汪伪政府外交部就意大利向英、法宣战发表声明,要求各交战国驻华军队和军舰,采取自动退出中国的措施,并禁止私相授受在中国所得各项权益。

△ 美国务卿赫尔就日机轰炸重庆向日本政府提出抗议,称此种

暴行无论在何时何处发生,均为吾人所衷心谴责。

6 月 14 日 第五战区彭善第十八军第十一师反攻宜昌,日军一度退出宜昌。守军未及持续进攻,日军复返宜昌,宜昌得而复失。

△ 日本中国派遣军总部劝告第三国驻重庆外交机关全部移至重庆市东南面长江南岸安全地带,以免误炸。7 月初,第三国外交机关全部转移至该安全地带。

△ 日本外相有田劝告英、美等国大使撤退重庆侨民。

△ 美驻日大使格鲁访日外务大臣有田,就日机迭炸重庆,美国大使馆有波及之虞提出严正抗议。

6 月 15 日 外交部长王宠惠发表谈话,抗议日机迭炸重庆,称日军之暴行,适不过使吾人抗日之决心为之增强。

△ 军事委员会任命陶峙岳为第三十四集团军副总司令,丁德隆为第一军军长。

△ 重庆市厉行疏散人口,除必需留渝之一部分机关职员及工商厂号职员眷属外,其他无治安勤务与交通通信责任之公务人员及其眷属即日疏散出境,以避日机滥炸。

△ 冀察热边八路军粉碎日伪军对蓟县、密云地区的"扫荡",激战七昼夜,毙敌 300 余人,俘日伪军 40 余人。

△ 美驻日大使格鲁照会日外相有田,拒绝日本所提第三国撤出重庆的要求。

6 月 16 日 彭善第十八军、冯治安第七十七军、郑洞国新编第十二军第五师、王仲廉第八十五军第三十二师反攻宜昌、当阳。17 日,彭善部攻入市区,克复宜昌城及附近阵地,日军不支,乘夜东退。冯治安部猛攻当阳之敌,遮断荆门、当阳间交通线,毙敌旅团长池田直三,并向荆门日军攻击。第五、第二十二师北渡长江进攻沙洋、十里铺。

△ 日机 117 架分四批轰炸重庆,投弹 400 余枚,炸沉木船 200 余只,毁房屋 200 余幢,六处起火,伤亡 20 余人,被中国空军击落六架。

△ "宋子良"自重庆回香港,告日方代表铃木称:重庆方面准备接

受板垣、蒋介石、汪精卫三人会谈,但蒋介石认为有关三人会谈及和平条件等,需事先取得中央执行委员会的同意,目前尚不能作出确切回答。20日,"宋子良"转达重庆方面的意见:一、可以接受板垣、蒋、汪会谈;二、准备提前于7月上旬召开中央执行委员会,待后再定会谈准确时间;三、会谈地点定为长沙。并称:如日方同意,中方对水路或机场的使用决无阻碍,准备在会谈前进行清扫或清理。

△　英国大使馆发言人称:英国对华政策一如往昔,毫无变更,决继续维持在华权益,绝不放弃。并称:香港"防务极坚固,当局已准备一切,足以抵抗外来袭击"。

6月17日　蒋介石就日机迭炸重庆发表演说,表示日机"只能炸毁我们的房屋砖瓦,决不能动摇我们的抗战精神";并称:如果对日讲和,"其结果必致完全受日本的宰割"。

△　国防最高委员会秘书长张群就日机迭炸重庆对中央社记者谈话称:"敌人的此种暴行,只能充分表现其卑鄙与违背人道主义之奇耻,对于我全面抗战之坚决意志,并无丝毫影响。"

△　陈诚电告蒋介石:"宜昌于本日午前3时完全克复。"右兵团即向襄河西岸追击敌人。

△　经济部公布并施行《非常时期重要商业同业公会工作纲要》,凡13条。

△　第三战区顾祝同部克复皖南贵池。

△　八路军第一二〇师第三五八旅彭绍辉部在静乐米峪镇歼灭由静乐进犯文水、交城之日军500余人。

△　南宁日军以近卫师团与台湾旅团固守南宁,另以第五师团沿邕龙公路向西突围,晚进至绥渌城。23日,在空军配合下,西进至板利、雷时墟。24日,陷北江墟。26日,陷明江。

△　日机75架分三批轰炸重庆。

△　太古轮船公司"岳州号"船工举行罢工,"盛京"、"湖南"、"海口"等船船工起而响应,举行同盟罢工。经英、法领事馆出面调解,20

日下午相继复工。

6 月 18 日 行政院会议通过设立国立中正大学案;并决定拨款 50 万元,赈济重庆市被炸灾民。

△ 空军驻渝部队将领对中央社记者谈称:最近空军驻渝部队反空袭出击 12 次,击落日机寻获残骸 29 架,击伤者 40 架以上,总计损失 1000 万美元以上;而我方被炸之损失为 40.8 万美元以上。

△ 日军第十三师团之北村、立花、村井、柴田联队分路向宜昌进攻,与守军第十八军彭善部在镇镜山、将军岩阵地激战,双方伤亡甚重。

△ 日本政府向法驻日大使安里提出抗议,不准军用物资经越南输入中国,并要求派出监视团实地监督。20 日,法国政府接受日本的要求,封锁滇越铁路,同时中断由同登经南宁转中国内地的公路运输。日本派出以西原一策为团长的监视团 40 人到达,进行监督。

△ 戴高乐将军在英国通过英国广播公司发表讲话,号召法国民众抵抗法西斯德军对法国的占领。

6 月 19 日 周恩来根据中共中央商定的意见,向国民党正式提交了全面解决两党关系的具体方案:其主要内容为:一、请实行《抗战建国纲领》所规定之人民集会、结社、言论、出版之自由:(甲)请明令保障各抗日党派之合法存在;(乙)请即释放一切在监狱之共产党员;(丙)请停止查禁各地抗日之书籍杂志;对《新华日报》之出版发行请予以法律之保障;(丁)请通令保护第十八集团军及新四军之军人家属,禁止非法骚扰和残害。二、请在游击区及敌占区内实行《抗战建国纲领》规定之指导及援助人民武装抗日,并发动普遍的游击战,对各该地区之地方政权,请予开放,实行民主,对当地民众组织,力予扶植,使各党各界人才,均充分发挥反对敌伪斗争之能力与效果。三、关于陕甘宁边区、第十八集团军及新四军问题:(甲)请明令划定延安、延长、延川、保安、安定、安塞、甘泉、鄜县、定边、靖边、淳化、栒邑、宁县、正宁、庆阳、合水、环县、盐池及防守黄河之绥德、米脂、吴堡、葭县、清涧共 23 县为陕甘宁边区,组织边区政府,隶属行政院,并委托林祖涵同志为边区政府主席;(乙)请扩编第十八集团军为三军九师,其所属游击部队按战区所属游击部队同等待遇;(丙)请增编新四军为七个支队;(丁)请规定第十八集团军、新四军与友军作战的分界线;(戊)请依同等待遇,按时补充第十八集团军、新四军以枪械、弹药、被服、粮秣及卫生、通信、交通等器材。

　　△　郑洞国新十二军第五师、王仲廉第八十五军第三十二师各一部克复湖北沙市。20日,攻入江陵城垣,并向北进攻,克复襄(阳)沙(市)路之最大据点建阳驿,毁敌汽车50余辆,继向荆门、当阳进攻。

　　△　日军第十三师团再陷宜昌。

　　△　英、日《天津协定》在东京签字,要点为:一、英、日双方取得更密切之合作,以取缔租界内有碍治安秩序及有碍日军安全之一切活动;二、租界内所存之中国白银,以约十分之一为华北赈济之用,其余则由双方共同封存,以待将来双方商得处理办法;三、英方不得禁止联银券在租界内通行。

　　△　国民政府就英、日《天津协定》签订发表声明,天津租界内白银问题之处理,是英、日无视中国的所有权,中国政府表示抗议。

　　△　朱德、彭德怀联名致电陈光、罗荣桓等:陈(士榘)、黄(骅)支队月底可到堂邑、聊城,先配合杨勇、萧华两部消灭鲁西伪军,然后开至鲁南,一部至胶东,为山东纵队主力。

　　△　汪伪中央宣传部长林柏生对重庆广播,向蒋介石劝降,宣称:"蒋介石如肯为国家打算,停止战争,实现和平,我们不但可走开,并且可以死,愿以死来换取国家的生存独立。"

　　△　日本参谋本部情报部长土桥勇逸向英驻日武官提出:关闭滇缅路、封锁香港与广东边界、撤退上海英军是避免日本对英宣战的惟一办法。

　　6月20日　朱德在延安干部会上作《华北抗战的总结》报告,指出华北抗战,在全国战略有决定的意义,掩护了整个大西北,保卫了最重要的国际交通,同时牵制了日寇半数的兵力,巩固了华中和华南的阵地。报告提出今后坚持华北抗战的方针是:坚持统一战线,坚持团结,坚持国共合作,坚持实行三民主义,坚持抗战到底。

△ 全国慰劳总会举行慰劳重庆市防护人员大会,并向空袭殉难防护人员致哀;将另行择期慰劳空军将士。

△ 浙江第三战区顾祝同部攻克嘉善,毁敌营数处。

△ 八路军第一一五师杨得志部第二纵队(辖第三四四旅和新二旅)越陇海线南下,是日与新四军彭雪枫部第六支队在安徽涡阳新兴集会合。

△ 冀南各路日军3000余人、汽车10余辆、坦克三辆分途向冀鲁豫地区的威县、曲周、肥乡、广平、大名、冠县、馆陶一带进行大规模"扫荡"。八路军各路部队分别在魏县、平固、庵年、打虎寨等地侧击该敌,至27日,将各路日军击退,毙敌500余人。

△ 汪伪政府任命高冠吾为伪江苏省政府主席。

6 月 21 日 国民政府就天津英租界白银事发表声明,略谓:该项白银系交通银行所有,且为法币准备金之一部分。中国政府在提出等于英金十万镑之数额充作华北救济经费后,英国政府对于其余全部白银,为交通银行及中国政府之信托人,故现在所议定之封存该项白银办法,对于该项白银之原来状况并无变更。

△ 军事委员会任命刘元塘为新编第十二军军长。

6 月 22 日 国民政府令准福建省增设三元县、水吉县。25 日,令准贵州省增设望谟县。

△ 据《中央日报》载:自本年度1月1日起,全国有四川、河南、广东、广西、陕西、福建、浙江、青海等省实施新县制,湖南、江西定于7月1日起实施,甘肃、西康亦在核定之中。

△ 八路军杨得志部在冀南馆陶地区歼灭进犯日军,毙伤日军300余人,其中指挥官二名。

△ 日军第三十六师团4000余人分三路"扫荡"晋东南榆社、武乡、辽县以南地区,八路军第一二九师所部分头截击,并袭击潞城、壶关、榆次、襄垣等地日军,破击白晋、平(定)昔(阳)两公路,迫使日军主

力撤回辽县、沁县。

　　△　日军原支队在广东宝安南奇袭登陆,击溃第四战区一部,攻占深圳。23 日,攻占宝安、沙头角等地,封锁中英边境。28 日,英国香港总督发布命令,强令妇女儿童及与保卫香港无关人员一律离港。7 月 1 日晨,第一艘轮船载 4500 多人撤退者出港,开往马尼拉。

　　△　"宋子良"通知香港的铃木卓尔:原则上同意蒋介石、板垣征四郎、汪精卫三人会谈,但会场必须设在长沙。

　　△　影佐昭桢、今井武夫会见周佛海,商谈蒋介石、汪精卫、板垣征四郎在长沙举行会谈问题。周佛海称:汪精卫必可前往,惟事前须严密布置。旋周约梅思平、陈公博见汪精卫,汪表示同意,但重庆方面须派张群等高级代表,先到上海进行谈判。

　　△　法国政府向法西斯德国投降。

6 月 23 日　外交部长王宠惠就日本胁迫法国政府停止中越间一般货运事向法国政府提出抗议,并称日本如取道越南攻华,或在越南等地有武力侵略行为,中国政府被迫而采取此种局势下一切必要之自卫措施。

　　△　周佛海会见影佐、今井,讨论蒋、汪、板垣会谈问题。今井称:蒋介石虽同意举行会谈,但要求暂不告诉汪精卫,告诉前应与重庆商量;并称日方已通知重庆方面,即使汪不参加,板垣也必定前往。周佛海提议此次会谈在洞庭湖举行,影佐、今井表示同意。

6 月 24 日　外交部发表声明,再次抗议法国禁止中越货运,指出:法国此举不仅违背国际公法、中法条约及国联决议案,而且助长侵略者,要求迅即恢复运输,并拒绝日方所派监视人员。

　　△　蒋介石密令李宗仁、陈诚、薛岳、顾祝同等停止对宜昌日军的反攻,称:"为应付国际变化,保持国军战力,俾利整训之目的,第五战区应即停止对宜昌攻击,第三、第九战区亦应即停止大规模攻击,而各以一部与敌保持接触,不断袭扰,牵制敌人。"

　　△　日机 117 架分四批轰炸重庆,在江北、北碚及市区投弹 400 余

枚,炸毁房屋 50 余幢,英总领事馆全部房屋被炸毁,英大使馆及法总领事馆院内均中弹。中国空军击伤敌机多架。

△　比籍神甫雷鸣远在重庆病逝。次日,灵柩暂厝重庆歌乐山,冯玉祥亲临吊唁。7 月 18 日,国民政府明令褒扬雷鸣远。

△　日本中国派遣军总参谋长板垣征四郎访问汪精卫,敦促参加板垣、蒋介石、汪精卫三方会谈,汪极表示赞成。

△　日本陆军中央参谋次长泽田飞抵南京,向中国派遣军总部传达处理"桐工作"的意见:一、承认"满洲国"问题,不一定作为此时的条件,可改在缔结和平后协商。二、驻兵问题,也不一定作为此时的停战条件,可提出如缔结日华互助条约这样的条件,必要时亦可从收回租界等问题发展到日华军事同盟。

△　日伪军以沪西法租界已无难民,要求法方撤退防军及捕房。是日法方将防军、捕房撤至租界内,25 日将徐家汇移交日伪军驻防。

△　日军在江苏丹阳访仙桥镇近月轩茶馆屠杀喝茶者 108 名。

△　汪伪政府参谋本部代总参谋长杨揆一与板垣征四郎签订《日本军与中国方面治安机关(军队、宪兵、警察之总称)关于治安肃清的相互关系之协定》,规定:一、日本军事机关与中国军警各机关应保持紧密联系,共同负责所辖区域内的治安警卫;二、日本各军司令官、各兵团长、各地区警备队长及各地宪兵队长,有权指挥所辖区域内中国军警指挥官及其下属指挥官。

△　伪满洲国增设四平省。

△　日本外务次官谷正之向英驻日本大使克莱琪正式提出:禁止通过滇缅路向重庆政府运送军火及汽油、卡车等可能增加其抗战能力的物资。

6 月 25 日　国民政府下令通缉邝启东、汪希文、朱则、许锡庆、黄锐钟、李仲猷、许力求、朱赤子、林汝珩、金覃、萧汉中、汪道源、顾仕谋、卢宝永、周应湘、林中原、商隽明、黄折冲、郭雅雄、卢宗缙、何人魂 21 名汉奸。

△ 重庆大学商学院院长、著名经济学家马寅初对《新华日报》记者谈话，认为现在是有力的人大家都出力了，有钱的人却没有出钱。不但没有出钱，而且在拼命地趁火打劫，拼命地发国难财，这样下去是危险到了极点的；主张除了有钱人拿出过多的钱来而外，发国难财的所得应该全部贡献给国家，商人的利润也应该出 50％。

△ 中国空军再次袭击宜昌，日军炮兵阵地及支撑点数处被炸。

△ 冀中八路军部队发起青纱帐战役。战役重点是肃宁、博野、高阳、清苑、安新、蠡县、河间、献县、青县等地区。到 8 月 10 日结束战斗，共作战 146 次，毙伤日伪军 2600 多人，俘伪军 500 多人。

△ 汪精卫发表《蒋介石的磁铁战》一文，认为蒋介石集团的对日战争只能激起日本人的怒气，会像磁铁一样吸引日本人侵占中国更多的国土，使中国遭受更大更多的损失。并鼓吹中日战争若继续下去，国富兵强的日本则会不免于伤，而中国就不同了，国穷兵弱，其结果只有死而已。

△ 日机 125 架分四批轰炸重庆，被中国空军击落二架。

△ 日本外相有田宣布实行东亚门罗主义，宣称日本"推行中国事变之目的，系立足于建立东亚共存共荣圈"。

6 月 26 日 国民政府令准改江西省立中正大学为国立中正大学。

△ 彭德怀撰《三年抗战与八路军》一文，宣布八路军三年来在华北敌后先后建立 14 个抗日根据地，收复和占领 150 多个县城，牵制敌人 15 个师团，占敌在华总兵力的 38.4％。

△ 萧劲光致电胡宗南，要求制止所部进攻陕甘宁边区的行为。

△ 八路军第一二九师新八旅第二十二团政委史钦深率两个连在冀南大名以北地区遭日伪军合击，全体指战员奋起突围，英勇抵抗，毙敌 500 余人后，全部壮烈牺牲。

△ 日机 130 余架分三批轰炸重庆，浮图关及苏驻华大使馆一部被炸，死伤市民 30 余人。中国空军击落日机三架。

△ 汪精卫和陈公博、周佛海等讨论举行蒋、汪、板垣会谈的具体

办法,决定先由板垣与蒋介石会谈。

6 月 27 日　重庆市临时参议会通电痛斥日机两月以来空袭重庆达 19 次之多,致无辜市民惨遭牺牲,文化机关及学校、报馆、教堂备受蹂躏。外国使馆、领事馆、通讯社及外侨之生命财产均被有计划的摧毁。"尚望全国同胞努力以赴,并望国际人士迅采有效之行动援助吾国,以击溃此人类公敌"。

△　第五战区李宗仁部克复湖北黄陂。

△　八路军冀热察挺进军一部于延庆县佛峪口附近歼灭日军步、骑兵 140 余人,俘敌八人。

△　日机 95 架分三批轰炸重庆,在沙坪坝学校区投炸弹数百枚,国立中央大学试验室及教职员住宅被炸,幸师生度假,无一人伤亡。

△　周佛海与影佐、今井及堀场等会商蒋、汪、板垣谈判问题。关于会见办法,双方同意:第一步,重庆方面派要员到香港接洽;第二步,板垣与蒋介石会见;第三步,汪、蒋及汪、蒋、板垣会见。会见地点或长沙或宜昌。

△　日本外相有田向天皇启奏对华方针时宣称:欲解决中日事变,"必先根绝重庆之一切活动力"。

6 月 28 日　国民政府公布西康省临时参议会议长、副议长及参议员名单,议长谭其茳,副议长胡恭先。

△　军事委员会任命周绍轩为第十二军副军长。

△　日机 90 架分三批轰炸重庆,新市区、江北岸及玉带街、兴隆街等处均遭滥炸,数处起火,炸毁房屋甚多。中国空军与敌在长寿上空激战,击落敌机一架。

△　日军宣布封锁香港,香港总督奉命疏散妇孺。是日起香港与内地水陆交通均告断绝。

△　驻江苏泰州地区的鲁苏皖边游击军李明扬、李长江部出动 13 个团的兵力,向泰州西北郭村地区的新四军挺进纵队管文蔚、叶飞部进攻。新四军一面呼吁李明扬、李长江停止进攻,一面急调由陶勇率领的

苏皖支队及江南主力三个团驰援。

△ 石友三部趁日军"扫荡"冀鲁豫边区,指挥所部第一八一、第三、第八师及孙良诚、李树春等部三万余人,向濮阳、濮县一带猛犯,沿途捕杀抗日人员。同时,大名、聊城、濮阳、濮县一带日军亦出动策应石军,对八路军取包围合击态势。

△ 汪伪中央宣传部驻上海特派员、上海国民新闻社社长穆时英遇刺毙命。

6 月 29 日 国民政府公布《民国二十九年广东省六厘公债条例》,定额国币 1500 万元,年息六厘,15 年后还清,自公布之日施行。

△ 国民政府颁布《妨害兵役治罪条例》,凡 24 条。

△ 第一战区卫立煌部攻克豫东商丘。

△ 新四军挺进纵队与苏皖支队在当地群众支持下,对进攻郭村的李明扬、李长江部组织自卫反攻,歼其三个团。

△ 宜昌日军 2000 余由美孚油栈附近渡长江南犯,陈诚部在五龙口迄磨难山一带与日军激战。

△ 日机 99 架分四批轰炸重庆,投弹 200 余枚,炸毁房屋 200 余间,中央大学校舍被炸毁;中国空军击落日机二架,坠于市郊北。

△ 日本外相有田发表广播演说,重申日本建设"大东亚新秩序"的使命和"尽一切手段以期根绝援蒋行为"的决心;并称:东亚各国和南洋各地具有密切关系,有必要"把所有这些地区统一在一个独立范围内"。

6 月 30 日 第一战区卫立煌部攻克河南开封,同日又克亳县、鹿县。

△ 李长江部第三纵队陈玉生部、第二纵队王澄部等分率一个团、一个营在新四军挺进纵队第四团的接应下,举行起义。新四军各部乘势向李军全力出击,李军向泰州溃退。

△ 豫东伪军周岚易部反正,并全歼柘城日军联队长以下数百人。

△ 日机 37 架轰炸西安,民众死伤 200 余人,炸毁房屋 500 余间。

是月　中共中央南方局将中共广东省委划分为粤北和粤南两个省委。粤北省委书记张文彬,粤南省委书记梁广。

△　印度援华医疗队队员柯棣华、巴苏华大夫到达晋察冀边区,任白求恩国际和平医院首任院长。

△　英国三军参谋总长就香港形势发表谈话,认为"日本正伺机把英国势力从中国和香港赶出去",并对保卫香港作出如下决定:在任何情况下,香港都不能作为一个前进海军基地使用。"对于既不能援救,又不能长期抗战的香港,只能作尽可能长期保持的前哨阵地。对于主张加强守备部队的压力,应当坚决顶住"。

△　5 月至是月,日本关东军细菌部队远征队在石井四郎中将率领下,赴华东宁波,将 70 公斤伤寒菌、50 公斤霍乱菌和五公斤鼠疫菌跳蚤散布在宁波地区,造成瘟疫流行。

7　月

7 月 1 日　中国国民党第五届中央委员会第七次全体会议在重庆开幕。出席者中央执行委员 89 人,列席者候补中央执行委员、中央监察委员、候补中央监察委员等。蒋介石任主席,并致开会词。会议着重讨论抗战期间的经济问题,并对党务、行政机构重新进行设施。是日,通过组织审查委员会、组织主席团等案。

△　蒋介石会见黄炎培、左舜生,接受黄炎培递交的关于外交方针的意见书,听取左舜生对于内政方面的意见。蒋介石表示希望他们以公正人资格参与商讨中共问题。

△　军事委员会决定重设第六战区,8 日任命陈诚为司令长官。

△　国防最高委员会任命第一集团军总司令卢汉为滇越边防总指挥,总指挥部设于滇越线要冲蒙自。

△　军事委员会任命苏祖馨为第四十八军军长,杨光钰为第九十军副军长。

△　国民政府实施《遗产税暂行条例》，凡 24 条。

△　第一战区卫立煌部克复河南濮县。

△　资源委员会与盐务总局联合在四川威远成立威远煤矿公司，由孙越崎主持，有员工 2548 人。抗战胜利后改由史维新主持。

△　第二战区阎锡山部高金波率两个团、崔道修第三游击纵队、薄相毓第六游击纵队东渡汾河，在洪洞东进攻山西新军。3 日，在广胜寺一带与新军一部 2000 余人激战，6 日占领该地，新军向沁源、霍县方面撤退。

△　苏北郭村新四军向鲁苏战区第二游击总指挥李明扬部第四纵队发动攻击，战至 4 日，将其全部击溃，歼灭李部 180 余人。

△　河北易县姚村镇日伪军 400 余人西犯，是日陷樊村镇。2 日，八路军一部反攻。至 3 日晨，该敌又向八路军进犯，被击溃。此役先后歼灭日伪军 200 余人。

△　伪河北省燕京道署在北平成立，商崇禄为道尹，辖通县、大兴、宛平、良乡、房山、昌平、蓟县、平谷、密云、顺义、怀柔、香河、固安、三河、涿县 15 县。

△　上海大光通讯社社长邵虚白被汉奸暗刺殒命。

△　伪满洲国决定，本年度对日本输出价值 17 亿元的物资。

△　滇越路货运告停。

7 月 2 日　国民党中央五届七次全会举行第一次会议，中央常委会报告党务及政治，并决定分交各该组审查委员会审查。下午举行第二次会议，听取外交、军事两项报告，并交各该组审查委员会审查。会议并决定宣言起草委员会人选及设立物价审查会。

△　国民党中央针对周恩来 6 月 19 日所提方案，提出复案，主要内容是：（甲）关于党的问题，俟宪法颁布后再谈。（乙）关于陕甘宁边区问题，决定区域为绥德、米脂、吴堡、葭县、清涧、延安、延长、延川、保安、安定、安塞、甘泉、鄜县及定边、靖边两县之各一部，以上 15 县，名称改为陕北行政区，其行政机关为陕北行政区公署，暂隶属行政院，但归陕

省政府指导,并直接管辖该区内所属各县。第十八集团军在陕甘宁留
守部队一律撤至该区内。(丙)关于第十八集团军及新四军作战地域问
题,决定两种方案:第一案:将第十八集团军全部与新四军调赴河北省
境内,并将新四军加入冀察战区之战斗序列,扫数调赴该战区;第二案:
将第十八集团军之大部分及新四军之全部调赴河北省境内,其第十八
集团军之一部留置晋北作战,但所留部队应编入第二战区之战斗序列,
但山西之政治、党务、军事,驻军不得干涉,绝对服从第二战区司令长官
之命令。委任朱德为冀察战区副司令,免去第二战区副司令长官职务。
(丁)关于第十八集团军及新四军编制问题,决定:第十八集团军除编为
三军六个师三个补充团外,再增加两个补充团,不准有支队(师之编制
为整理师两旅四团制);新四军编为两个师(师之编制为整理师两旅四
团制);第十八集团军及新四军应绝对服从军令,所有纵队、支队、其他
一切游击队一律限期收束,编军之后不得再委其他一切名义或自由成
立部队。

　　△　朱德、彭德怀致电蒋介石称,石友三部与鲁西伪军约 200 人,
向濮阳、濮县一带进攻,沿途摧毁当地抗日民主政府,同时与盘据大名、
聊城、濮县、濮阳一带之日军策应,共同对付该地区之八路军部队;并将
八路军杨得志部缴获的石部与日军联络密函转蒋介石,要求严惩石友
三。

　　△　八路军第一二九师新一旅韦杰部在晋东南潞(城)屯(留)公路
一段,配合地方武装歼灭日军 200 余人。

　　△　新四军第二团在江苏丹阳县袁庵歼灭日伪军 200 余人。

　　△　桂南凭祥日军第五师团高桥部以陆、空军北攻龙州,激战竟
日,守军韦云淞第三十一军不支,龙州失守。

　　△　伪和平救国军第一师师长曹大忠、第二师师长李忠毅、第三师
师长宋克宾率部在豫东反正,并反攻鹿邑、亳县之日军,是日克复柘城、
虞县,进攻马牧集,隔断马牧集至朱集陇海路交通。

7 月 3 日　国民党五届七次全会举行第三次会议,通过《推进侨民

教育》、《十万空军建设》、《吸收华侨资金,开发西南沿边以固国防》等14项议案及组织议案整理委员会。

△　海外部长吴铁城发表声明,斥责日本外相有田6月29日广播演说,指出:有田倡导所谓东亚门罗主义,不过希图利用国际一时不安之局,遂其独霸太平洋之野心,蹂躏友邦之权利。

△　军事委员会颁布《陕鄂湘川康滇黔后方七省总清查实施方案》,清查范围包括:肃清残匪、清查户口、整顿保甲、办理联保连坐、登记在乡军人、登记民枪、完成地方自卫组织、组训壮丁、推行民众教育、扫除兵役流弊、指导国民月会、实行新生活运动、举行合作贷款、促进国民经济建设。

△　经济部平价购销处明令取缔囤积居奇,所有批发商及公私仓库所存货物,经本处历次劝导而尚封囤待价者,应于一个月内从速提销上市,倘仍迁延不遵者,一经查出,定为依法处理。

△　陈毅从江南兼程赶到郭村,派朱克靖去泰州,向李明扬、李长江说明新四军假道东进,东进后即将郭村归还。同时,遣返在郭村作战中全部俘虏700余人,与李明扬、李长江重归于好。

△　山西日本特务主任大本清致函第三十三军军长于振河,以下列条件进行诱降:一、晋绥军如能与日军合作"剿匪",则原有防地已为日军占领者,一律归还;二、保障晋绥军官之名誉地位;三、晋绥军之军需品及粮秣等负责补充完足,并另厚赏,军费按时支给;四、山西军用票准予更换联合票,以资通行;五、华北广大地区均由晋绥军统治,并付予警备权。

△　日本大本营陆军部制定《在世界形势发展下的处理时局纲要》,其方针为:力求迅速解决"中国事变",并应特别改善国内外的形势,继续寻求良机,努力解决南方问题。关于处理"中国事变",特别应杜绝第三国的援蒋活动,迫使重庆政府迅速屈服。为此,在外交上,加强与德、意的团结,谋求迅速调整对苏外交。对香港要结合滇缅公路的彻底封锁,首先消除其敌对性,同时应大力推进各项有关工作。关于对

南方行使武力问题,目前应尽力将目标限于英国,只攻占香港及英属马来半岛。

7 月 4 日 军事委员会派遣白崇禧在鄂北老河口召开枣宜会战检讨会议,与会者有李宗仁及各集团军总司令、军、师以上人员。首由白崇禧训话,继由各总司令及军、师长报告作战经过、经验教训和各部队现状。会议宣布第五战区关于枣宜会战功过奖惩的命令:第七十五军军长周磊作战有功,晋升为第二十六集团军总司令;第三十九集团军刘和鼎部多数主官记功。江防军司令郭忏、第四十一军第一一二师师长王志远、第二军新三十三师师长张世希等作战不力,押解重庆交军法审判。第二十六军军长萧之楚作战不力,免军长职。

△ 日机 80 架分四批轰炸重庆、遂宁,在国立中央大学、省立重庆大学校园投弹 200 余枚,炸毁校舍百余间,20 余人伤亡。中国空军击落敌机一架,坠于长寿东。

△ 汪伪中央政治委员会特任江亢虎为代理考试院院长,特派汪精卫、褚民谊、周佛海、梅思平、林柏生、徐良、周隆庠为出席与日本"调整国交"谈判代表,杨揆一、陈春圃、陈君慧为谈判辅佐官。

7 月 5 日 国民党五届七中全会举行第四次会议,蒋介石主席并讲述最近抗战形势及外交形势,继听取经济、交通报告。下午,听取内政、教育报告,并通过对于军事报告的决议案及关于恢复设置中央妇女部等要案共 31 项。

△ 军事委员会任命李文田为第三十三集团军副总司令。

△ 中共中央发表《为抗战三周年纪念对时局的宣言》,指出:当前中国面临着"空前投降危险和空前抗战困难的时期",全国人民应该加紧团结起来克服这种危险与困难。《宣言》要求国民党当局"认真实践其允许过人民允许过我党的一切政治上与具体问题上的条件,以利团结与抗战"。

△ 朱德在《新中华报》上发表《为争取抗战最后胜利而奋斗》一文,指出:由于一部分上层地主资产阶级不愿意进步,就形成了今日新

的投降妥协的严重危险。发扬民主运动,实行民主政治,是我们克服投降妥协的危险和克服困难的最中心的一环。同日,朱德、彭德怀致电蒋介石、林森,指出:坚持抗战、团结、进步的方针,粉碎日伪及帝国主义逼降、诱降之阴谋,实为当前之急务。

△　汪伪政府与日本"调整国交"谈判在南京举行。汪方为汪精卫等七人,日方为阿部信行及日高、影佐、犬养、安藤、松平、须贺七人。汪精卫和阿部信行先后发言。阿部称:调整中日国交应以近卫声明为基础,以《日华新关系调整要纲》为标准,但因战事尚未结束,条约中或有与平时不同的"特殊条款"。继由日高和褚民谊说明会谈之方式。

7 月 6 日　国民党五届七中全会举行第五次会议,孔祥熙作财政报告,并通过对于党务、政治、财政、经济、交通报告之决议案及关于物价审查委会审查报告等要案 24 项。继由蒋介石报告五届六中全会以来改进党务、政治、经济之要点,及今后党、政、军工作之急务,并以"负责任,任劳怨,立己与立人,健全人事组织,祛除迟滞诿卸之弊端",共资策励。

△　外交部致电驻美大使胡适,告以越南运输全停,缅甸运输线亦为我生死关头,请希速探询美方对于英方之态度。同日,郭泰祺亦电请胡适,"即竭力向美国国务院陈说缅甸危机,设法挽救"。

△　汪日调整"国交"谈判开始讨论和审议中日调整"国交"的基本事项条款及附属事项的具体条文,于 31 日闭会。

△　日本中国派遣军总司令部致函汪精卫,要求教育部门将日语列为中小学必修课程。汪精卫批准在初中以上学校开设日语课。

7 月 7 日　蒋介石发表《告全国军民书》,策勉全国军民实行精神总动员,履行国民公约,拥护国民政府。同日,又发表《告友邦人士书》,表示日军"倘在越南或其他亚洲地域有任何武力侵略行为",中国政府"必不惜以武力与之周旋"。

△　国民党中央举行抗战建国三周年纪念会,全体中央委员参加,

林森领导行礼,中央委员吴敬恒作报告。是日全国公祭抗战阵亡将士,并慰劳荣誉军人及抗战将士家属。

△　外交部长王宠惠为纪念抗战三周年发表声明,对友邦支援中国抗战表示感谢,并称中国决维护《九国公约》及其他国际条约之尊严,协力维持远东之均势,无论今后国际情势有若何变化,吾人必继续抗战到底。

△　国民政府明令褒扬故陆军上将、第三十三集团军总司令张自忠,令称:张自忠"久膺军寄,夙著忠贞,卢沟桥事变后,转战前方,屡建奇勋,方冀干城永寄,翊成复兴大业,乃以鄂中战役,亲当前锋,抱成仁取义之决心,奋勇截敌,重创喋血,犹复猛进不已,并谆谆以效忠国家民族雪耻复仇勖勉部众,终因伤重殉职,全军感痛,政府追怀壮烈,轸悼良深"。

△　蒋介石通电全国,追述张自忠将军抗战功绩,称张自忠抗战以来,一战于泌水,再战于临沂,三战于徐州,四战于随枣,三民主义之精神实由荩忱而发挥之。愿"吾辈后来者皆当志其所志,剪此寇仇,以完成荩忱未竟之志"。

△　军事委员会任命周碞为第二十六集团军总司令。

△　八路军总部宣布:八路军正规部队已由抗战初期的四万多人发展到近 50 万人。解放区战场抗击日军 40 万人,占整个侵华日军的58％,并抗击了全部伪军。

△　八路军总部发布《对日俘政策的命令》,凡六条,要点为:日本士兵被俘或自动来投者,绝对不准伤害或侮辱;愿归国或归队之日兵,尽可能予以方便,使其安全到达目的地;战死或病死之日兵,应在适当地点埋葬,建立墓标。

△　由在延安的日本反战同志森健、高山进、市川春天发起组织的日本人民反战同盟延安支部正式成立。

△　日本首相米内发表演说,声称日本"为建设东亚新秩序及东亚永久之太平,将不辞任何困难予以最大努力。日本现正与新中央政府

调整国交,中国事变可告一段落"。

7月8日　国民党五届七中全会举行第六次会议,决定以全会名义致电慰劳抗战将士及海外侨胞,并通过教育报告之决议案及设立中央设计局、党政工作考核委员会、经济作战部、战时经济会议等要案。会议通过本次全体会议宣言,其要旨为:一、暴日野心无止境,为世界各国之公敌;二、加强奋斗,纠正缺点,切实提高工作效率;三、同胞同志积极奋起,完成抗战大业。蒋介石致闭会词,策勉党员"抱定党亡与亡,党存与存之决心,把个人的安危、生死、荣辱、祸福,一切托付于党"。

△　军事委员会重建第六战区司令长官部,司令长官陈诚,统辖湘、鄂、川、黔边地区战事,辖第二十、二十六集团军与长江上游江防司令部。

△　军事委员会任命刘振三为第五十九军副军长。

△　粟裕率新四军江南指挥部及江南主力部队自镇江、丹徒间北渡长江,是日到达江都县吴家桥地区,与新四军挺进纵队管文蔚部、苏皖支队陶勇部会合,开辟苏北抗日根据地。7月下旬,成立新四军苏北指挥部,陈毅任总指挥,粟裕任副总指挥,下辖三个纵队,叶飞、王必成、陶勇分任第一、二、三纵队司令,共7000余人。

△　日机88架分三批轰炸重庆,英驻华大使卡尔公馆遭炸。

7月9日　蒋介石为三民主义青年团成立二周年发表《告全国青年书》,指出今日青年最迫切之急务为:"一、认识时代;二、坚定主义信仰;三、确立革命的人生观"。勖勉青年"认清基本工作,处处脚踏实地,埋头苦干,贯彻到底,完成革命建国、实行三民主义之使命"。

△　延安各界集会纪念抗战三周年。朱德讲话指出:八路军、新四军在敌后坚持游击战争,牵制了敌人近一半的兵力,建立了许多根据地,这对于争取整个抗战胜利是分不开的。但是,八路军、新四军却受到少数不明大义的顽固分子的污蔑和摧毁,这是与抗战前途极端不利的,急应加以制止,全国人民应坚决反对。

△ 第三战区拟定《对于新四军防止活动及剿办办法》,要点为:一、秘密处置;二、实行连坐法;三、武力消灭;四、"向民众宣传共军之罪恶"。

△ "宋子良"对铃木提出重庆方面关于蒋、汪、板垣谈判的答复:7月下旬在长沙举行板垣、蒋会谈,汪蒋会谈在后,另行举行。因为"汪问题是内政问题,由中国自行处理"。铃木表示满意。

△ 日机 54 架轰炸重庆,炸毁房屋 300 余栋;中国军队击落日机四架。

△ 日军第四十一师团"扫荡"山西沁水县西山村,毒死、刺死、烧死民众 80 余人。

△ 汪伪政府决定设立粮食管理委员会,任命梅思平为主任委员。同日,决定成立中日文化协会,由汪精卫和阿部信行任名誉理事长,并通过《中日文化协会组织条例》。

7 月 10 日 苏联总顾问福尔根致书蒋介石,陈述其对宜昌失陷基本原因的意见:一、情况判断不正确,误信敌不占宜昌之说。二、对于部队作战,缺乏坚强与连续一贯的领导,尤其以军委会方面为然。三、极端迟缓,一切处理照例,延误时机。四、缺乏监督及贯彻目的之严格要求,尤其军委会方面如此。五、第九战区司令长官公然不执行军委会命令。福尔根认为"军队作战指挥问题,乃我军最落后的问题之一","军事委员会对大军统帅与指挥,须按时化、具体化、坚决化、连续化,成为全军之表率"。

△ 桂南龙州日军进犯上金,次日陷上金。

△ 鲁南伪军赵益增部 5000 余人分驻益都、临淄、昌乐、沂水等10 余县及 20 余处据点,是日反正,各该地亦告克复。

△ 日机 90 架轰炸重庆西郊,并窜扰南川。

7 月上旬 日本中国派遣军参谋堀场飞抵香港,与中日双方代表洽谈举行要人会谈事宜,达成如下协议:关于停战条件,中国方面加深理解"备忘录"内容,领会日本方面的"从大局着眼的真意"。关于要人会谈的地点,协定为长沙北侧飞机场。会谈步骤为,首先由板垣、蒋介石协商停战,然后由汪精卫、蒋介石会谈,协商合流之事。

7月11日　军令部拟定目前各战区作战部署,要点为:目前应以一部维持现在态势,以主力巩固行动,并确保长沙、西安要点。另抽调适宜控制部队,充分利用游击战术,在敌后扩大扰袭,不断消耗敌人。第三战区应为巩固行都,截断敌后长江航运,另与第九战区配合,反攻南昌。第四战区重点置于粤桂边,威胁钦(县)防(城)。第六战区与第九战区配合,负责洞庭湖之警备。第一战区陕境内应于潼关、华县间控置一个军严加整备。第八战区应重点置临河、五原附近。第五战区应于南漳、保康间完成游击根据地之设施。

　　△　国民党中央常务委员会任命王宠惠为中央监察委员会常务委员。

　　△　四川省政府为平抑全省米价,制订紧急处置办法六项,决定全川以7月9日市价减低25％为最高标准,并严禁黑市。

　　△　东北抗日联军第二方面军和警卫旅各一部,攻入吉林和龙县卧龙屯,击毙日军丰田中尉以下20余人。

7月12日　英国驻日大使克莱琪与日本外相有田会谈,英方接受6月24日日本提出封锁滇缅路之要求。同日,外交部照会英国政府,重申滇缅路国际运输线,请勿循日本之要求,并称该路线对中英两国友好关系之维持极为重要。

　　△　新四军张鼎丞第二支队在安徽芜湖东南水阳、黄池间歼灭日军130余名。

　　△　新四军第六支队和八路军第二纵队第三四四旅(欠一团)正式合编为八路军第四纵队,司令员彭雪枫,政委黄克诚,共八个团,约1.7万余人。

　　△　石友三部在山东范县攻击八路军杨勇、萧华部,伤害该部官兵500余人,掳去162人。次日,杨、萧部反攻,毙伤石军千余人。

　　△　上海煤气公司工人千余名及虹口区一日营公司工人200余人

实行罢工,要求增加工资及米贴。

　　△　日本中国派遣军总司令部拟定《关于"桐工作"巨头会谈的计划》,会谈地点:长沙。会谈时间:7 月下旬(第一日预定为 7 月 28 日)。会谈的准备工作,应以日、华二巨头会谈开始,然后进行"白字"(即停战)正式谈判。参加会谈人员:陆军派遣机关,板垣中将、今井大佐、堀场中佐、片山少佐、畠山大尉(副官)、内之宫中尉(翻译)、臼井大佐。海军方面:预定二至三人。会谈内容另定。

　　7 月 13 日　财政部设立战区货运稽查处,查缉敌货及走私。

　　△　军事委员会任命关麟徵为第九集团军总司令。

　　△　日军大本营命令中国派遣军总司令部应长期确保宜昌,尔后武汉方面作战的地域,大致为安庆、信阳、宜昌、岳州、南昌之间,超越上述指定地区进行地面作战时,另行命令。

　　△　日本宣布自 7 月 15 日起,封锁宁波、温州、三都澳港口。

　　△　香港当局宣布,将增加警察后备队员额,俾应付任何非常事变,同时呼吁中国居民志愿加入警察后备队服务。

　　7 月 14 日　豫东第一战区卫立煌部攻克虞城,伪军旅长李万兴率部 3000 余反正。

　　△　八路军晋察冀军区杨成武部在河北易县歼灭日伪军 250 余名。

　　△　汪伪政府行政院训令上海市长傅耀宗与工部局交涉,限令上海《申报》、《密勒氏评论报》、《大美晚报》的外交编辑阿尔满·鲍惠尔、高尔德等七人出境。

　　7 月 15 日　国民党三民主义教学研究会在重庆成立。蒋介石为名誉会长,陈立夫兼会长,甘乃光、方治为副会长。

　　△　山西省新绛县县长李凯明迭次亲率警队艰苦抗战,卒能击溃强敌,屡战奏功,国民政府是日明令褒奖,并予晋级,以资鼓励。

　　△　国民政府特派陈大齐为民国二十九年度高等考试再试典试委员会委员长。

　　△　宋庆龄在香港发表《中国、世界和你》一文,赞扬国外朋友对中国抗日斗争的援助,指出:从抗战开始到现在,各国支援中国的机构,给予全国范围的医药、孤儿和工业等方面的救济工作,证明了外国朋友对中国作了自我牺牲的努力。

　　△　东北抗日联军第三路军第九支队,在黑龙江克山县杜保董村击溃日伪军 200 余人,击毙日军参事官以下 20 余人。

　　△　日军 2700 余人向晋西北根据地"扫荡",八路军第一二〇师张宗逊旅予以抗击,歼灭日军 400 余人,缴获战马 120 余匹。

　　△　汪精卫下令驱逐寓居上海公共租界之美国记者高尔德等六人出境。17 日,高尔德等发表联合声明,称:"同人俱属美侨,受美国法律之保护。同人等过去并未触犯美国法律,以后亦然,故傀儡组织之出境令,仅属纸上文章而已。"

　　△　伪满洲国皇帝溥仪颁布《国本奠定诏书》和《恩赦诏书》,拟在长春建立"建国神庙"和"建国忠灵塔";公布特别减刑者 15.1 万人,一般减刑者 11 万余人,复权者 14 万余人。

　　7 月 16 日　国民党中央常委会通过《关于陕甘宁边区及第十八集团军、新四军作战地境编制问题的提示案》,主要内容为:关于陕甘宁边区问题,区域为陕省之绥德等 18 县,名称改为"陕北行政区",其行政机关称为"陕北行政公署","暂隶属行政院,但归陕省政府指导"。"除此一区外,其他任何地方,一律不得援例"。关于第十八集团军及新四军作战地境问题,"取消冀察战区,将冀、察两省及鲁省黄河以北并入第二战区,阎锡山仍任战区司令长官,卫立煌、朱德仍分任副司令长官"。"冀、察两省、鲁北及晋北之一部由朱副长官负责"。"十八集团军及新四军全部应扫数调赴朱副长官负责之区域内,并将新四军加入第十八集团军战斗序列,归朱副长官指挥。""十八集团军及新四军须于奉命后一个月内全部开到前条之规定地区内"。关于第十八集团军及新四军编制问题,"十八集团军除编为三军六个师三个补充团外,再加二个补充团,不准有支队"。"新四军编为两个师"。第十八集团军及新四军应

"绝对服从军令；所有纵队支队及其他一切游击队，一律限期收束；编军之后，不得再委其他一切名义或自由成立部队；军事委员会随时派员点验"。21 日此案送达周恩来转朱德遵行。

△　蒋介石对中央社记者发表谈话，警告英国："如果以滇缅路运输问题与中日和平并为一谈，即无异英国帮助日本，迫中国对日屈服，其结果必牺牲中国之友谊，且必牺牲英国在远东之地位。"并称：在英国如有此种行为，"英国必获极端相反之结果，其本身必遭无穷不测祸害"；如英国视停止滇缅路运输可以缩短远东战争者，"其结果必更助长远东之战祸，扩大远东之战局"。

△　外交部发言人发表声明，对英国封锁滇缅路"表示最严重的关切"，认为此举"不独极不友谊，且属违法"。同日，驻英大使郭泰祺访英国外次白特勒，抗议英国政府封锁滇缅路，并指出：英国提议滇缅路停运三个月，以求中日成立和平，实为对华之"侮辱与损害"。

△　军令部调制陆军部分战斗序列：任命冯钦哉为第一战区副司令长官；孙连仲为第五战区副司令长官；吴奇伟为第六战区副司令长官；王陵基为第九战区司令长官；卫立煌兼任冀察战区总司令。

△　第九战区炮兵部队于九江、芜湖间击沉日舰一艘，汽艇 10 艘。

△　八路军第一纵队司令员徐向前、政治委员朱瑞及山东纵队指挥张经武、政治委员黎玉等为国民党山东省主席沈鸿烈指使部属与日伪军配合进攻八路军，致电鲁苏战区总司令于学忠及林森、蒋介石，提出严正抗议，并要求明令制止。

△　日机 54 架分二批轰炸重庆，中国空军奋力出击，击落日机三架，飞行员丁寿康殉国。

△　日军宣布封锁闽、浙沿海交通。是日，日军一部在福建晋江之永宁登陆。17 日，一部陷浙江镇海。23 日，第三战区顾祝同所部反攻，克复镇海。

△　日本米内光政内阁总辞职，近卫文麿奉命组阁。

7 月 17 日　国民政府明令定 11 月 21 日为防空节，要求各地每年于是日举行防空部队与防空设备总检阅,扩大防空宣传与训练;同时宣布至 1939 年底,日机炸死中国军民 5.1601 万人,炸伤 6.5846 万人,毁房屋 21.6546 万间,损失约合国币 14.4829 万余元(战区内被炸人、财损失,尚未计算在内)。

　　△　蒋介石为英日封锁滇缅路致电宋子文和胡适,询问:"美国为何不能与英国积极合作,此中原因究竟何在?"请其向美国陈明只有"美国在远东多负责任,而后英国对日态度才能坚强。此为远东安危最大关键"。

　　△　八路军第一一五师曾国华运河支队、陈士榘晋西独立支队、第一二九师徐深吉新四旅等部,在山东范县以南之龙王庙、吴庙、王油房击溃石友三之暂编第一师等部,歼其 1500 余人。

　　△　美国国务卿赫尔声明反对英国封锁滇缅路,认为此举"与最近滇越铁路案件相同,对于世界贸易造成不正当之阻碍"。

　　7 月 18 日　军事委员会任命李宗鉴为第八十五军副军长,佘念慈为第六十七军副军长。

　　△　英国、日本关于封锁滇缅路运输的协定在东京签字,协定规定:自即日起,禁止军械、弹药、汽油、载重汽车及铁路材料经缅甸运入中国。同时,"缅甸禁运之货物,香港亦予禁运"。至同年 10 月 18 日宣告废止。

　　△　英国首相丘吉尔在下院报告,宣称英国封锁滇缅路,是觅致"公允的解决办法",既"希望中国确保其地位,维持其完整",也"希望日本国家繁荣,使每一日本公民所愿望之社会福利、经济稳定,均能获得保证"。并表示"吾人准备对中日两国'竭尽绵薄'","以和平及和解步骤求其成功"。

　　△　缅甸国防部发布布告:奉命禁止摩托、汽油、铁路材料、汽车及军火等物资经缅甸运往中国。

　　7 月 19 日　国民政府下令通缉刘和性、江美璜、龙绍基、何世乔、周锡恩、宋国涛、宋英、丁雨辰、陈西林、杨艺再、程自修、王好问、徐畅

懋、孙益堂、江斗山、罗光群、胡羽、森格鄂沁 18 名汉奸。

△　军事委员会任命霍揆彰为第二十集团军代总司令。

△　豫南第五战区李宗仁部攻克信阳,俘日军队长一名。

△　东北抗联第二路军总部直属部队乘夜袭击图佳铁路虎山站,炸毁桥梁一座,毙伤日伪军 21 人。

△　上海《大美晚报》(中文版)发行人张似旭在上海静安寺路遇刺殒命。8 月 1 日,国民政府明令褒扬。

△　近卫文麿接受组阁命令后,是日邀部分内定阁僚松冈洋右、东条英机及原海相吉田善吾举行会谈,商讨世界政策。关于处理"中国事变",把重点放在将战争进行到底与切断各种援蒋势力方面,同时对中国内部进行各种政治策略。重庆方面如要求讲和,必须接受以下条件:一、实现东亚的共同防卫;二、建立东亚经济圈;三、禁止排日及保证不重新对日作战;四、反对共产主义。在停战后建立新政府方面,重庆政府必须尊重南京政府的意见,两者之间"作为内政问题"进行适当的妥协。

△　美国代理国务卿威尔斯发表声明,表示美国政府希望"在条件许可的任何情况下,通过有秩序地同中国政府进行谈判和达成协议,从速取消在华治外法权,以及美国和其他国家根据国际协定而取得的其他一切所谓特权"。

7 月 20 日　在华日人反战同盟在重庆召开成立大会,同时举行俘虏解放式。33 名日盟员推举鹿地亘为会长,大会发表宣言,并提出"反战同盟"的四项工作方针:一、协力于中华民族之自卫解放抗战,灭绝日本帝国主义及其在大陆上一切代理人;二、拯救受压迫而牺牲于战争之人民,根据人民素志以建设民主之日本;三、努力中日两民族之亲善提携,根据自由、平等、友爱之原则,以奠定东亚和平;四、反对帝国主义战争,联合世界爱好和平之民族,以绝灭人类之任何不幸。

△　日反战人士伊藤进、井村芳子在鄂北抗日前线成立日本人民反战同盟第五战区支部。

△ 东北抗联第一路军第二方面军和警卫旅攻克吉林安图县日军新兴"集团部落",击毙日军福田中佐以下 20 余人。

△ 日伪军一部偷袭东北抗日联军第三路军总部驻地朝阳山,守军突围,击毙伪警察大队长以下 10 余人。第三支队政委赵敬夫在突围中阵亡。

△ 香港英当局禁止中国茶叶由港出口。

7 月中旬 八路军晋察冀军区司令员聂荣臻宣布:抗战三年来,晋察冀部队共与敌作战 3327 次,毙伤日伪军 5.3622 万人,俘日军 246 人,日军投诚二人,伪军反正 6101 人,缴获各种炮 63 门,长短枪 1.6643 万支。

△ 东北抗联第三路军第九支队在吉林通化县与日军武装移民团激战,毙敌 20 余人。

7 月 21 日 行政院通令各省、市政府:凡中央、地方公务人员,如有兼任私营商业管理人,或兼营与其主管业务有关之商业,及利用地位、权力经营投机事业囤积居奇者,应分别情节轻重依法惩戒,或其触犯刑法者,并依法从重处罚,不得稍涉宽假。该主管长官知情不举,同予处分。

△ 陈嘉庚、侯西反等结束对甘肃、青海、陕西、山西、河南等省的考察,是日抵重庆。同日,受到周恩来的会见。

△ 第三战区顾祝同部攻克浙江萧山。

△ 朱德、彭德怀致电蒋介石、卫立煌及西安行营等,揭露石友三所部纠集杂军二万余人,公开在敌军掩护与帮助之下,向冀鲁豫边区猛攻驻在该地之职军,并呈交八路军缴获的石友三部反共《军事会议决议案》及石部与日军联络之密函一件,请求明令讨石。

△ 闽海日军进犯三都澳。

△ 日本大本营陆军部下达向华南派遣攻城重炮兵的命令,由如下部队组成:第一炮兵队,队长北岛骥子雄少将;第一炮兵司令部之重炮兵第一联队及独立重炮兵第二大队,大队长金丸清俊少佐;独立重炮

兵第三大队,大队长樋口良彦中佐,后为贯名人见中佐;炮兵情报第五联队,联队长竹村滋中佐;第三牵引汽车队,队长小池利助中尉。同时,以上部队编入华南方面军。8 月 10 日,第一炮兵队由日本国内港口出发,18 日在粤南宝安地区登陆。

7 月 22 日　朱德、彭德怀、左权等联名致电聂荣臻、贺龙、关向应、刘伯承、邓小平等,并报中共中央军委,计划在华北发动大规模交通破袭战,指出:日军依据几条交通要道,不断向我内地扩大占领地区,增多据点,企图封锁与隔绝我各个抗日根据地之联系。为打击敌人之"囚笼政策",打破敌进犯西安之企图,争取华北战局更有利的发展,决定大举破击正太路。战役之目的为彻底破坏正太路若干要隘,消灭部分敌人,收复若干重要名胜关隘据点,较长期截断该线交通,并乘胜拔除该线南北地区若干据点,开展该路沿线之工作,以至基本上截断该线交通。基本破坏区为井径、寿阳段,对其他各重要铁路线,特别是平汉、同蒲应同时组织有计划的总破袭,以配合正太路战役。战役兵力组成为晋察冀军区、第一二〇师、第一二九师,共 22 至 24 个步兵团,另有总部炮兵团大部及工兵一部。此次作战即后来之"百团大战"。

△　行政院政务视察团结束对湖南、江西、福建、广东、广西等省的视察,是日返抵重庆。

△　第三战区顾祝同部攻克安徽无为县城,巢县日军增援。23 日,顾部反攻,克复巢县城。

△　八路军冀南军区以第一二九师新七、新九旅及民众万余人,对德石路进行破击战。27 日,战斗结束。

△　日机 120 余架袭击四川合川、綦江等地,投弹数枚,被中国空军击落侦察机一架。

△　日本新内阁组成:首相近卫文麿,陆相东条英机,外相松冈洋右,海相吉田善吾等。23 日,近卫文麿发表施政方针,外交上依照日本独立之立场,采行独立外交,积极建造世界秩序;经济上从速摆脱依存外国之弱点,重视中、日、"满"之经济提携及对南洋方面的发展;刷新国

民教育。

7月23日　第三战区顾祝同部克复浙江镇海、招宝山。

△　八路军第一二九师韦杰新一旅袭入河南安阳之观台镇，并炸毁漳河大铁桥。

△　日军步、骑兵千余人向河北邯郸地区"扫荡"，八路军刘伯承部徐深吉旅配合地方武装粉碎敌人的进攻。

△　日、中停战谈判代表铃木卓尔、"宋子良"遵照板垣及蒋介石之意旨交换《备忘录》，约定如下事项：一、会谈时间：8月初旬；二、地点：长沙；三、方法：板垣征四郎与蒋介石商谈日中停战问题。

△　日本大本营命令华南方面军从7月25日零时开始由大本营直辖。华南方面军的基本任务是：一、占据广州、汕头附近及海南岛北部的各重要地区和沿南宁——龙州公路地区，与海军协同，截断敌人的补给及联络线。二、超越前面各号令所提到的地区进行地区作战，应根据另外命令进行。三、在华南方面实施航空进攻作战时，中国派遣军和中国方面舰队应给以密切配合。四、加强对华谋略。五、为了处理事变，应对第三国进行必要的作战准备。

7月24日　国民政府公布《非常时期维持治安紧急法》，规定对于违犯《惩治汉奸条例》、《危害民国紧急治罪法》、《战时军律》、《陆海空军刑法》、《惩治盗匪暂行办法》等若干条款者，"军警应严密注意，侦察逮捕，于必要时并得以武力或其他有效方法制止之"。

△　陈嘉庚应国民外交协会邀请，作《西北之观感》的讲演，称赞共产党"上下刻苦耐劳，努力求进"，"在如此艰苦抗战中，大家都应该有这种精神才对"；呼吁中国各党派"应该加紧团结"，此不仅"关系国家一时的安危，而且关系民族永久的存亡"。

△　延安各界举行纪念成吉思汗公祭大会。同时，建成成吉思汗纪念堂，堂内塑有成吉思汗像及蒙古文化陈列馆。

△　桂南龙州日军陷渠黎。

△　日机36架轰炸成都，在市区投弹130余枚，炸毁民房638间，

死伤居民近 200 人。中国空军击毁日机一架,坠于南部县境,击伤 10 余架。

7 月 25 日　国民党中央常委会决议推孔祥熙、孙科、何应钦、张群、陈济棠为战时经济会议委员,孔祥熙为召集人。

△　外交部发表声明,严重抗议上海公共租界工部局将前上海市政府土地局交托保管之档案交于汪伪政府。

△　顾祝同电告蒋介石该部"制裁"皖南新四军的原则:"一、以实力制裁其实力,以组织制裁其组织;二、公开不法行为以公开办法对付之;三、秘密活动以秘密活动手段对付之;四、党、政、军切实联系。一切制裁办法力戒张扬暴露。"

△　新四军陈毅部由苏北扬州、泰州地区出发,向黄桥挺进。26日,韩德勤急令所部保四旅由黄桥向北出击,令陈泰运率税警总团由曲塘南下,南北夹击陈毅部。

△　阎锡山电告蒋介石"剿办"山西新军之情形,内称:中离柳公路以西以南盘据之叛军,连日被我于(振河)军扫荡,已告肃清。现汾、中大道以南地区共有叛逆 3000 余人,我温怀光军正进剿中。汾阳、灵石边境之叛逆,连日分段窜扰,均被我击退。

△　台湾青年革命家、台湾国民革命党发表宣言宣告参加台湾革命团体联合会,誓为台湾人民之自由解放而努力,永矢不渝。

△　驻英大使郭泰祺在伦敦拜会丘吉尔,讨论远东局势,丘吉尔宣称英国封锁滇缅路,在于"避免与日本发生冲突"。

△　美国总统罗斯福发表声明,宣布禁止石油、废铁出口,由美输日之石油、废铁须先获得国务院批准。

7 月 26 日　蒋介石在重庆对中央政治学校新闻班学员演讲,称改良中国新闻事业必须注重传递迅速、报道确实、定价低廉、发行普遍。

△　驻法大使顾维钧在法国维琪对记者发表谈话,指责英国对日本让步,宣称英国封锁滇缅路,"对中国不失为一大打击,但中国决不因此而屈服"。

△　沈鸿烈部王福成团在山东惠民南之萧家、冯家、赵家一带截击八路军,伤害官兵 150 余人。

△　桂南邕宁路日军陷四塘。

△　日本大本营和内阁举行联席会议,通过《基本国策纲要》,要点为:"为了应付世界局势的变动,改善国际国内的形势,必须迅速解决中国事变问题,同时抓住有利时机解决南方问题。"在国际上,"加强同德、意的政治团结,迅速调整对苏外交";在国内,"强化战时体制,充实各项战备工作"。27 日,会议通过《伴随世界形势进展对时局处理纲要》,提出"为了处理中国事变问题,应集中运用政治、军事的综合力量,特别要彻底杜绝第三国的援蒋行为,采取一切手段,务使重庆政权早日屈服"。"对外施策在加速解决中国事变的同时,应以解决南方问题为目标"。

7 月 27 日　周恩来携带国民党中央 7 月 16 日《提示案》飞返延安,请示中共中央。

△　鲁苏战区第二游击区总指挥李明扬电告蒋介石称:该部将采取快速之手段,一举歼灭新四军陈毅部及其苏北部队。30 日,蒋介石电示:八路军、新四军"中央正谋调整之,为避免冲突,目前应暂缓实施,静候解决"。

△　美国总统罗斯福发表声明,自 8 月 1 日起,美国禁止飞机发动机所用燃料、飞机所用润油、废钢铁等物资出口。

7 月 28 日　蒋介石在重庆接见陈嘉庚,陈嘉庚谈及赴兰州、西安、延安、山西、洛阳、汉中考察之观感,对抗战胜利之信念益加坚定。旋蒋介石谈国共关系问题,声称"若不消灭共产党,抗战决难胜利"。陈答称:"华侨心理,甚盼祖国团结,一致对外,若内部事待胜利后解决。"29 日,蒋设午宴招待陈嘉庚,何应钦、白崇禧、卫立煌、张治中、陈布雷、吴铁城等作陪。30 日,陈离重庆抵昆明,考察西南各省。

△　外交部发表声明:日本如派兵入越,对中国领土安全构成直接威胁,我国决派遣武装部队入越自卫。

△　日军陷晋东南陵川县城。

△　日机 63 架袭击四川,在万县城郊投弹,数处起火。

7 月 29 日　国民党中央党部举行扩大总理纪念周,蒋介石演讲《党政军主官目前之急务》,要求各主官对部属的生活状况应确实调查,确实研究;要效法前方官兵,坚忍奋斗。在经济方面,一是以创办合作社为改善经济生活的有效办法;二是发动平价运动与运输运动,以期调剂物资,安定社会。

△　军事委员会任命陈瑞河为第七十一军军长。

△　蒋介石对全国政工会议人员演讲《政工人员负责尽职之要道》。8 月 1 日,蒋介石又以同一题目再次作演讲。

△　国民政府以河南睢县士绅陈继修、山西中阳县士绅李树荣、河南信阳县士绅紫连复随军协助杀敌,效忠国家,忠贞不贰,慷慨捐躯,是日明令褒扬。

△　新四军苏北指挥部指挥所部攻占泰兴县黄桥镇及蒋垛、古溪、加力市等地,歼灭江苏保安第四旅何克谦部两个团及税警总团陈泰运部一个营,共 2000 余人。并争取何部特务团陈宗保部起义。

△　国民党中央宣传部令战时新闻检查局称,桂林出版之《救亡日报》"现为共党分子所操纵","仍应取缔"。

△　汪伪宪政实施委员会成立,汪精卫为委员长,陈公博、温宗尧、梁鸿志、王揖唐为常务委员。

△　美国副国务卿威尔斯在华盛顿向记者宣称:美国愿于适当时机,用谈判方式放弃在中国之特权。

7 月 30 日　行政院会议决议设立全国粮食管理局,以统筹全国粮食之产、销、储、运,调节供求,特派卢作孚为局长,何廉、熊仲韬、何北衡为副局长。8 月 1 日开始正式办公,下设行政管制、业务管制、财务三处和秘书、研究二室。

△　军事委员会任命刘建绪为第三战区副司令长官。

△　国防最高委员会电四川省政府令饬专员、县长应注意粮政,

"对于有关事项,务遵照命令,负责切实遵行,并应视为本身最大责任,不得视为协助性质"。

△ 阎锡山电告蒋介石所部近日"剿办"山西新军之情形,内称:由洪桐西渡叛逆约一个团,现驻东西龙马、赤荆村、洪桐城西一带,已饬侦剿;王思田师一部进剿苏达村、孝渠城西南叛逆,毙逆数十。盘据大石头、中、孝大道间叛逆约 2000 人,经我师宋团击退北窜。

△ 中共中央政治局召开会议,8 月 1 日、4 日、7 日、8 日连续召开。会议听取周恩来关于统一战线工作和南方党的工作的长篇报告。毛泽东作长篇发言,提出国民党统治区的中共组织,统归周恩来来管理,以统一党的领导,将来国民参政会的中共党团也在周恩来领导下;并指出中央今后注意力,第一是国民党统治区域,第二是敌后城市,第三是我们的战区。

7 月 31 日 山东省第一次各界代表联合大会复选于学忠、徐向前、朱瑞、郭洪涛、黎玉、范铭枢、元养斋、陈光、罗荣桓、张经武、李澄之等 61 人为国民大会代表。大会选举产生山东省临时参议会,范铭枢、元养斋、马保三、孙鸣岗、李澄之等 81 人为参议会议员,范铭枢为会长。成立山东省战时工作推动委员会,张经武、李澄之、黎玉、罗舜初等 23 人为委员,黎玉为主任委员。

△ 东北抗联第三路军第六支队,在黑龙江望奎县高贤村击溃伪海伦警察大队,毙伤敌 80 余人,俘敌大队长以下三人。第六支队副队长高继贤在战斗中阵亡。

△ 日机 116 架轰炸重庆北碚、铜梁,被中国空军击落五架。

△ "宋子良"向铃木卓尔提出重庆方面关于"桐工作"的两点意见:一、由于近卫首相再次上台,要求以某种方式撤销以前的不以蒋介石"为对手"的《近卫声明》;二、在板垣、蒋会谈时不要触及蒋、汪合作问题,并废除日、汪条约。

是月 国民政府制定《拱卫行都的作战计划》,其方针为:以拒敌入川为目的,应始终确保三峡以为作战轴心,并凭依三峡及其南北山地,破路清野,加强地形之险固,并用正面韧强抵抗,节节侧击,遮断敌人补给线,歼灭进犯之敌于三峡南北连山地带,预期在常德、石门、五峰、青岩沟、庙河、兴山、歇马河、南漳、襄樊各附近之线,万不得已时,亦须依托三峡,在沅陵、恩施、建始、奉节、白河之线以东与敌决战。决战时期当在秋季以后。第九战区在赣北、鄂南及湘北行持久战;第六战区守备三峡及其南北连山地带;第五战区驻守鄂北地区。第十、二、十八、六、三十九、七十一、三十、五十五军,分别置于沅陵、彭水、万县、贵阳、白河、汉中、南阳、邓县整训待命。

△　财政部公布《取缔禁止进口物品商销办法》,凡九条。

△　驻波兰、挪威、荷兰三国公使及驻比利时大使奉命回国,各该馆馆务亦同时结束。

△　中共中央任命任弼时为中央秘书长,负责中央书记处工作,并分管中央组织部、西北局和工、青、妇工作。

△　新四军苏南部队在茅山地区重组江南指挥部,罗忠毅、廖海涛分任正、副指挥。

△　冀东八路军李运昌部连克玉田县鸦洪桥,丰润县三女河、任各庄等 13 处日伪军据点,毙、俘日伪军 500 余人。冀东八路军第十二团一部在盘山地区全歼驻冀东的日本关东军骑兵中队。

△　蒙古抗日游击队成立,高凤英任队长。

△　日军在江苏崇明岛大肆烧杀,数百名无辜平民惨遭杀害。其中一次用机枪集体屠杀男子 100 余人,未死者用刺刀挑死。

△　日本华南派遣军司令部在广州市内营建工事,将所雇用民工 900 余人秘密枪杀。

8　月

8 月 1 日　国民政府申令禁止以机关长官私人名义对下级机关滥荐人员,"以革瞻徇迁就之弊,杜奔竞请托之风"。

△　军事委员会任命刘正富为第六十军副军长。

△　最高国防会议参议、国民参政员、国立广西大学校长马君武在桂林逝世。10日，国民政府明令褒扬。

△　第五战区李宗仁部攻克湖北应山。

△　晋冀鲁豫边区冀南、太行、太岳行政联合办事处成立，主任杨秀峰，副主任薄一波、戎伍胜。

△　八路军第一一五师张光中支队在山东崖庄歼灭日伪军200余人，俘伪县府主任一名、伪军20余人。

△　唐山矿工抗日游击队负责人节振国在率领工人游击队一部夜袭日军弹药库后，撤至滦县下尤各庄遭敌围攻，在战斗中节振国壮烈牺牲。

△　日本首相近卫文麿发表声明，重申日本的外交政策以解决"中国事变"为目的，并将建立强有力之政治机构，对华厉行经济提携，进而建立"大东亚新秩序"。同日，外相松冈洋右亦发表声明，宣称日本外交政策的当前任务，是以日、"满"、华为核心，确立大东亚共荣的连锁。

8月2日　新四军罗炳辉第五支队北渡苏北三河，与八路军黄克诚部第五纵队一部配合开辟淮（安）宝（应）地区。

△　日机100架袭击四川广安、隆昌、璧山等地。

△　汪、日调整"国交"谈判是日续会，至28日闭会，继续讨论和审议中日调整"国交"的基本事项、细目事项条文及处理其他事项等。28日，审议全部基本事项，并通过全部条约。

8月3日　中国农民银行将其存放在香港的白银10箱计4.65万元，通过中央银行广州分行委托汇丰银行美轮"亚当士号"转运纽约大通银行收存。

8月4日　新华日报社长潘梓年致函国民党中央宣传部，陈述重庆《新华日报》出刊以来，各地任意扣留禁止，致使发行遇到莫大之阻碍，请饬令各地党部及地方政府纠正此非法之扣留行为，予该报发行以合法保障。

△ 日本陆军省就"桐工作"电令铃木卓尔,向重庆方面说明:一、第二次近卫声明中的对象为重庆;二、日汪条约仅属内约层次;三、汪、蒋合流不是停战条件,日本不干涉中国内政。又称:"如果对方缺乏诚意,谈判可中止"。

△ 日本与法属越南当局在东京举行会谈,日方要求在越南设立海陆军根据地,以利早日结束对华战争。6日,双方签订《日军假道实施限制条件》,允日军在海防市登陆。

8月5日 桂南第四战区张发奎部克复上金,日军溃走龙州、宁明。

△ 徐永昌呈请蒋介石加强陕、甘、绥、宁之反共兵力,拟将在山西乡宁的第九十军李文部调驻黄河西岸陕境宜川、韩城附近。10日,蒋介石密电阎锡山,令李部"作西调宜川、韩城之准备"。

△ 据中央社讯:美国商务部公布,1938年、1939年两年中,美国汇往中国的基督教费最巨,现金及货物总额达1000万元。

8月6日 国民政府明令公布河南省临时参议会第二届议员名单,以刘积学为议长,陈士凯副之。

△ 行政院会议通过《各县保甲编整办法》。

△ 洞庭湖日军进犯湘北君山。

△ 新任香港代总督诺尔顿中将宣誓就职。

△ 缅甸政府发布公报称:经滇缅公路之非禁运货物之运输,业已恢复。但驶往中国满载货物之卡车,仅可带足敷往来行驶一次之汽油,而汽车主人亦需签字保证汽车仍将开回。

8月7日 第九集团军总司令关麟徵日前抵渝。是日,中国国民外交协会等五团体举行欢迎大会,关报告湘北大捷经过,并称湘北大捷的原因在于:将士抱必死之决心,充分发挥攻击精神;军纪严明,进退有据;军民合作,我军作战精神与技术之进步。

△ 军事委员会重设第七战区司令长官部,余汉谋为司令长官,设于广东曲江,负责广东、江西一部战事,辖第六十三、六十五军。

△　财政部公布《非常时期管理银行暂行办法》。

△　皖北新四军一部攻入常家坟日军据点,歼敌 200 余人。

△　美国芝加哥华侨救国后援会致电蒋介石、林森,声讨汪精卫叛国投敌,并悬赏 70 万元奖励诛杀汪逆。

8月8日　朱德、彭德怀、左权联名致电聂荣臻、贺龙、关向应、刘伯承、邓小平并报中共中央军委,对晋察冀军区、第一二〇师、第一二九师在正太战役中的任务作出具体规定:晋察冀军区主力以 10 个团破袭平定(不含平定)东至石家庄段正太线,破袭重点应在娘子关至平定段。第一二〇师应破袭平遥以北同蒲线及汾离路,应以重点置于阳曲南北,阻敌向正太线增援。对晋西北管地内各敌之据点与交通线,应分派部队积极破袭,相机收复若干据点。第一二九师以主力八个团附总部炮兵团一个营,破袭平定(含)至榆次段,正太线之破坏重点为阳泉张净镇。各部限 20 日开始战斗。同日,朱、彭、左再电聂、贺、关、刘、邓,指示正太线战役的破坏对象主要是桥梁、隧道、车站、铁路,应首先选择其要者破坏之。

△　第二战区阎锡山部克复晋南夏县。

△　日军将河南沁阳东北沁河掘口,河水南泻,尽成泽国,所有稻米尽被淹没,人民受灾甚巨。

△　旧金山华侨统一义捐救国会捐献航空救国金 100 万美元,支援国内抗日。

△　法国政府照会中国驻法大使顾维钧,表示如越南遭受任何侵害,法国必予抵抗。9 日,法越南总督德古下令远东法舰分别驻守越南各处,加强防务。

△　英国陆军部发布公告,决定撤退驻北平、天津、上海之英国军队(其中上海约 1500 人,天津约 150 人)。

8月9日　周恩来在延安高级干部会上作《目前抗日统一战线的形势、策略和工作》的演讲,强调指出:要将一切抗战力量的成败视同自己的成败,与之休戚相关;对主张抗战却又反共的分子和集团,必须打击其反共行动而争取其抗战；统战要与群众工作联系起来并以之为基础。至次日讲毕。

　　△　鲁苏战区于学忠部攻克山东齐东县城，毁日伪军机关及仓库数处。

　　△　八路军苏鲁豫支队、新二旅、陇海南进支队和新四军第六支队第四总队，正式合编为八路军第五纵队，黄克诚任司令员兼政委，下辖三个支队，彭明治、田守尧、张爱萍分任司令员，共约二万人。

　　△　日机 90 余架分二批轰炸重庆，在大梁子、朝天门、曾家岩、海棠溪、龙门浩等地投弹 10 余枚。被中国空军击伤三架。

8 月 10 日　蒋介石电令胡宗南将到达伊盟的高双成部调回陕北，增强防务；将三边（即定边、靖边、安边）以北地区划归第八战区，以高双成为陕北警备司令。

　　△　日舰 13 艘自广东潮阳袭击海门。

　　△　日本外相松冈洋右对记者宣称："日本政府在建设大东亚范围之共同繁荣中，将尽力与赞同日本意见之各国合作，对于一切障碍将全力克服。"并称：日本"将设法早日解决中国事变"。

　　△　美国代理国务卿威尔斯就英国撤退在华驻军事发表声明称：美国对英国此举颇表遗憾，但英国撤兵在各方面皆不影响美国政策，美国政策仍坚定不变。

8 月 11 日　蒋介石接见中央社记者，说明中国为采取正当防卫措施，将破坏滇越铁路，以消除日寇假道攻击云南之口实。

　　△　粤北第四战区张发奎部攻克增城，残敌向官塘营西北高地溃逃，张部尾追，与敌战于凤池、大池岭之线。

　　△　八路军总部特务团攻入山西屯留东之常村镇，歼灭日伪军百余人。

　　△　日机 90 架分三批轰炸重庆，浮图关、瓷器街、中华路、民权路、曾家岩、罗家坝等 10 余处遭炸，苏联大使馆落弹数枚，炸毁房屋四间，伤一人。中国空军击落六架，俘机士四名。

8月12日　中共中央发出关于国共谈判情况的通报,内容为:一、边区承认18县(绥德五县在内),我方主张以现状为界。二、八路军三军六师加六团,新四军两师,我方要求八路军三军九师,新四军三师。三、国方要求划区,以八路军、新四军开旧黄河北岸与友军分处,我方原则同意划区。并指出:努力争取中间势力,特别是争取200万友军反对"剿共"。至少对"剿共"消极,仍为推动时局好转的中心一环。

△　军事委员会任命张人杰为新编第七军军长,李忠毅为副军长。

△　第二战区阎锡山部攻入晋南绛县城,与敌巷战竟日,焚敌机关、仓库多处,至31日,毙伤200余人。

△　日机90架轰炸四川泸县、自流井。重庆市内发警报,大隧道内因容纳避难市民过多,加之天气酷热,致九人窒息死亡,伤40余人。此为重庆第一次大隧道案。15日蒋介石视察大隧道,面谕改进防空设施。

8月13日　蒋介石为"八一三"三周年发表《告沦陷区民众书》,称敌人屠杀我同胞,妄图灭我民族,"我们唯有坚决抵抗,死中求生,才能打破敌人侵略的野心,粉碎它奴华的妄念"。昭告沦陷区同胞"自爱自救,用孤臣孽子复国雪耻的精神,来作杀敌自卫,救亡复兴的努力"。

△　行政院会议通过《统一缉私办法》、《关于取缔囤积居奇办法》,对所有粮食及日常用品均规定限量,逾量即为囤积居奇,以妨害抗战论罪。

△　龙云对由昆明至重庆的外籍旅客谈话,表示决承中央旨意应付越南局势,将以强大之兵力抵抗日方之任何攻击。

△　陈嘉庚等抵贵阳。17日前往柳州。21日抵桂林。29日,离桂林抵长沙。9月2日抵韶关。9月6日,经大庾岭抵赣州,专员蒋经国与各界人士数百人在郊外欢迎。

△　湖北汉阳地区伪军黄仁杰、袁杰等部1500余人反正,参加新四军李先念部,改编为第十团和第十一团队。同日,鄂中伪军杨经曲率部反正,编为新四军豫鄂挺进纵队第四支队。

△　英国外相哈里法克斯对驻英大使郭泰祺表示:应当深切认识越南之地位不仅对中国有重大关系,即对英、美之利益亦属至关重要,并称:日本侵略越南,有损英国在远东之利益。

△　驻北平英军撤退。

8 月 14 日　航空委员会发表《告全国同胞书》,宣布三年来中国空军击落日机 848 架,击毙日空军人员 1148 人,炸伤敌舰 154 艘,击毙日空军少将、中将各一人,并呼请国民政府扩大空军建军工作。

△　上海公共租界工部局董事张啸林被刺身亡。

8 月 15 日　延安各界千余人举行追悼张自忠、陈安宝、郑作民、钟毅将军大会,朱德、萧劲光、王若飞、王稼祥、王明等到会,毛泽东送"尽忠报国"挽词。大会发表悼张自忠祭文,朱德讲话号召全国军民学习张自忠、陈安宝、郑作民、钟毅诸将军不怕牺牲、抗战到底的精神。

△　日军在广东台山县上川岛之南澳大湾及潮阳以南之海门强行登陆。

△　日军华南舰队袭击厦门东北之兴化湾,其陆战队一部在南日岛、红日岛、野马岛、鹿耳岛等岛屿登陆。

8 月 16 日　最高国防会议决议通过考试院呈递的《中央及地方各机关设置人事管理人员暂行条例》。

△　日机近日三次轰炸四川泸县,灾情甚重,赈济委员会是日派委员黄炎培携款二万元及药品等前往该县急赈。

△　上海各国驻军司令部谈判英军防区分配办法,商定:日军接管沪西之英防区,美海军陆战队接管公共租界中区之英防区与两虹口区之防区,即苏州河以北英方所驻区域。日军表示反对,声称要求将英防区全部交与日方接管。

8 月 17 日　蒋介石以各高级军事长官久战怠生,形成种种弊习,而以战斗意志之低落、革命精神之消沉与军队纪律之废弛为尤甚,特手令各战区司令长官及所属各部总司令、参谋长:一、加强精神之修养与指挥能力之提高,使意志益形坚定,使决心益形坚强。二、切实根除对友军敷衍、对部下讨好、对上级虚伪、对命令轻忽、对报告夸妄、对公务因循之恶习。三、所部官兵尤其直属官长,更应示以恪守纪律,崇尚道德,戒除奢侈,共同甘苦,切戒怕怨循情之恶习,扫除怕死畏敌之劣性。

　　△　蒋介石、白崇禧、杨杰等赴云南视察防务,与云南省政府主席龙云商定:如越南当局对日屈服,则驻于滇越边境之华军必要时采取攻势。

　　△　八路军冀鲁豫军区部队一部攻入濮阳县城,旋退出。

　　△　日本中国派遣军总司令部拟定《"桐工作"处理纲要》四条,主要内容为:"以前的决心不变,通过稳步而顺利地处理近卫声明问题、停战问题以及张群出迎等问题,而逐步促进之。"在处理上述问题时,如果确悉对方无诚意,或不能迅速收到实际的效果时,本工作可暂时中止。关于蒋、汪合作问题,"不把它作为停战条件来对待"。关于局部停战问题,努力会同双方军事参谋长正式签字,"在不得已时,达成君子协定"。

　　△　日本中央银行与伪满洲国签定特别资金契约,金额为一亿元。同日,伪满公布本年度上半年国际贸易入超突破五亿元。

　　△　缅甸《文理笃日报》撰文,深切盼望英国重新开放滇缅公路,并大量援助中国,使其在越南对日作战。

　　8月18日　国民政府节约建国储蓄劝蓄委员会成立,蒋介石为主任委员,宋子文、孔祥熙、钱新之为常务委员,翁文灏、张嘉璈、徐堪、陈行等为委员,并分设重庆、成都、昆明、兰州、贵阳、西安、桂林、沅陵、韶关、赣州、永康等分会。

　　△　外交部接获驻法大使顾维钧电称,日已向法提出多项条件,要求允许日军假道越南攻华,及占据越南各海口与要求各种经济特权。19日,顾维钧再电告外交部,法已训令其驻日大使允以东京湾为日之海军根据地,北圻为军事根据地。

　　△　天津英军撤往香港,自是日起,天津英军防区由美海军陆战队接替。

　　8月19日　日机190架分两批轰炸重庆,两路口、两浮口、中二路、通远门等 10 余处遭炸,30 余处起火,死伤民众百余人,无家可归者 2000 余人。美国之社交会堂中燃烧弹全部焚毁。

　　△　上海公共租界工部局宣称:美军对于最近上海各国驻军司令联席会所通过的妥协办法暂不实行,在美、日两国对此事之谈判未获结果之前,16 日会议议决之美军占领区,经英、美双方同意,暂交由万国商团接防。20 日,万国商团正式接防。

　　8 月 20 日　八路军发动"百团大战"。晚 8 时,八路军晋察冀军区、第一二〇师、第一二九师向以正太路为中心的华北日军交通线实行总破袭。晋察冀军区以 15 个团兵力破击正太路阳泉至石家庄段,另以 30 余团兵力分头破击北宁线、津浦线(德州以北)、沧石线、平古线、平大公路北段。第一二九师以 15 个团和一个炮兵团的兵力破击正太路阳泉至榆次段,另以 31 个团的兵力分头破击平汉线(元氏至安阳段)、德石线、平大线(北平至大名南段)、邯济路、白晋路(平遥至壶关段)。第一二〇师及决死纵队一部 20 余团兵力破击同蒲路(大同至阳曲段)、汾离公路全线。

　　△　八路军聂荣臻部郭天明支队一部进攻正太线之娘子关,克附近日军碉堡数处,炸毁火车二列,车厢 40 余节,并击溃娘子关西磨河滩之援敌,残敌 300 余退守堡垒、地道内。郭部火力强攻,战至 21 日,全歼守敌,占领娘子关,炸毁磨河滩铁桥。是役毙敌 400 余人,俘虏 10 人。

　　△　八路军第一二九师决死三纵队在潞城王家庄与日军激战,第三纵队政委董天知在战斗中殉国。

　　△　八路军第一二〇师张宗逊旅攻击静乐东之日军据点康家会,战至 21 日晨,全歼守敌,旋静乐日军千余人,汽车 20 余辆来援,被击溃。此役共毙伤日军 200 余人,俘虏 10 余人。

　　△　八路军第一二九师陈正洪团乘雨攻击沁县北之漳源,歼灭守敌过半。21 日晨,沁县日军百余来援,激战竟日,将敌击溃。是役毙伤日军 400 余人,陈团副团长吴隆阵亡,伤亡官兵 200 余人。

△ 日机170架分五批轰炸重庆,向平民区和商业区投弹,全城大火,市民死伤数百人,无家可归者约万人。英美会、十字堂、英年会、美国公谊会等10余处中弹。中国空军击落日机四架,俘驾驶员三人。同日,蒋介石特令加拨赈款100万元,交由空袭服务救济联合办事处妥为发放。

△ 日军围袭山西寿阳县王村,杀害群众143人,绝户19家。

△ 江苏省政府制定《防止异党非法活动办法》,指示各县、市、镇、保、甲长"以清除伪奸,防止异党非法活动两项为中心";"保甲长应随时检查保甲内居户及要道,遇有奸伪或异党潜入,立刻密报","如有知情不报或放纵勾结情事,应依法惩办,并予以连坐处分"。

△ 杂文月刊《野草》在桂林创刊,由夏衍、孟超、秦似、聂绀弩、宋云彬主编。

△ 驻上海英军300余人自沪西公共租界撤退,调往新加坡、香港增防。21日日军进驻该区。

8月21日 行政院公布川康经济建设委员会委员长及委员名单:蒋介石兼任委员长,刘文辉、邓锡侯、潘文华、贺国光、张笃伦、陈筑山、刘贻燕、甘绩镛、秦汾、卢作孚、徐堪等15人为委员,邓汉祥为秘书长。

△ 陈诚对报界人士报告宜昌失守之经过,称其三年来亲临战阵于淞沪及武汉之役,皆无遗憾,独于宜昌会战言之滋愧,"宜昌之失,在于无备,此后再不能蹈其覆辙矣"。并称,已经蒋介石令准,将辞去政治部部长及三民主义青年团书记长等一切后方兼职,今后将专负战区责任,从事拱卫行都工作。

△ 八路军太岳军区部队袭入同蒲路霍县车站。同日,第一二九师一部攻克平汉路临城、冯村和磁县渔阳镇日军据点,袭入安阳北之丰乐车站。

△ 八路军第一二九师陈赓旅攻克寿阳西南芦庄,克碉堡四处,歼灭守敌70余人,芦家庄以西10里内铁路、桥梁均被破坏。22日,又克沾尚镇、马道岭,并击毁行驶太谷之火车一列,毙伤日军百余人。

△　八路军第一二九师陈锡联旅郑国心团进攻阳泉,进至狮脑山附近,与由阳泉出犯之日军 400 余人遭遇,将敌击溃。陈旅政治部主任灵仁在战斗中阵亡,伤亡官兵 30 余人。同日该师陈赓旅一部攻击平定,敌凭工事抵抗,并施放毒气,陈部官兵 40 余人中毒。

△　八路军杨成武部向正太线井陉至娘子关段及井陉以北各日军据点发动进攻,克乏驴岭、北峪、地都等据点,歼敌 200 余人。乏驴岭至地都段铁路及桥梁、碉堡均被破坏,并完全占领井陉煤矿,歼灭日军 100 余人,解放矿工 2.3 万余人,炸毁全部矿井机器。

△　韩德勤于苏北东台下达向黄桥地区进攻的作战命令:特派李明扬为进剿军总指挥,李守维、李长江为副总指挥。进剿分左翼和右翼,左翼以郭心冬、刘漫天为正、副指挥,由第一一七师(欠一旅)、独立第六旅(欠一营)、保安第一旅(欠二营)组成,于 8 月 30 日在曲塘、胡家集、海安附近集结完毕,9 月 2 日起经古溪及以东地区,向黄桥地区攻击前进;右翼以李明扬兼任指挥,陈泰运为副指挥,由李明扬部三个支队和陈泰运部全部组成,于 8 月 30 日在姜堰附近集结完毕,9 月 2 日起经蒋垛及以东地区向黄桥地区攻击前进。

△　豫东伪军第六路司令刘文正率部千余人反正。

△　甘肃省增设康乐县,县府驻地新集。

△　上海《大美晚报》编辑程振章被汉奸狙击殒命。

△　铃木卓尔返东京与东条英机拜访近卫,报告重庆方面关于"桐工作"的意见。22 日,取得近卫致蒋介石的亲笔信,内称:"蒋介石阁下,顷悉阁下所派之代表与板垣中将之代表于香港就日华两国之问题交换意见,已半载有余,其结果是最近阁下将与板垣中将会见,余深信此次会见当能确立调整邦交的基础。"另外,又取得板垣《关于蒋汪合作问题的保证》信函一件,函称:"为了有助于日华尤其是中国内部取得圆满的和平,对于蒋汪合作问题,应有提出善意的建议的机会,但基于不干涉内政的原则,不作为一项停战条件。兹保证如上。"28 日,铃木携以上信函赴香港向"宋子良"提示,"宋子良"满意地说:"这就不成问题

了，重庆会满意的。"

8 月 22 日　蒋介石在重庆对青年团和政治部各级干部发表训词，指出青年团和政治部工作效能低微的原因，是由于干部"不知事理，不守范围"，以致力量相消，事业迟滞；由于干部只能任劳，不肯任怨，遇事推诿，敷衍塞责。训示各级干部应严以自律，深切反省，明察国情，按部就班，逐渐改进。

　△　军事委员会任命刘戡为第十四集团军副总司令，任命陈铁为第五集团军副总司令。

　△　国民外交协会、国际反侵略运动大会中国分会等 135 个民众团体，为日机迭炸重庆联名通电全国，表示宁以重庆为墟，誓当坚定奋发，以迎接抗战最后胜利之来临。

　△　国民政府拨款五万元交湖南省政府，救济衡阳灾民。

　△　朱德、彭德怀致电蒋介石，告百团大战战况：百团大战已经历一月余之准备，已于 8 月 20 日 20 时开始。参战部队为第一二〇师、第一二九师、晋察冀军区及决死队等，计 105 个团，分为三个集团，分由聂荣臻、贺龙、关向应、刘伯承、邓小平指挥之。战斗序战胜利，已取得正太全线交通截断，正在发展之中。此战实为"华北抗战以来空前未有之积极主动向敌进攻"。

　△　八路军第一二〇师杨家瑞团攻克阳曲北龙泉，守敌大部被歼，残敌向忻县西溃窜，复被该部预备部队截击，敌继向西营尾庄溃窜，又被该部刘彬团截击。此役计毙日军 200 余人。

　△　经济部核准资源委员会施行《管理矿产品实施办法》，凡 23 条。

　△　山西新军续范亭部进袭晋西北五寨县城，小河头日军 200 余人来援，被续部在城北之西石附近阻击，毙敌 40 余人。晚，续部在民众千余配合下，破坏五寨至三岔堡、五寨至宁武公路、电线约 30 余里。同日，决死第二纵队一部配合民众，将大武至离石公路彻底破坏。

　△　寿阳日军 300 余人及伪军百余人被围攻数日，是日图向西突

围,被八路军第一二九师陈锡联旅一部击溃,毙伤 50 余人,俘日军中尉小队长等 21 人、伪军 50 余人。

△ 广东宝安县伪复兴军军长郎挚天率部 1600 余人反正。28 日发表宣言,斥日军侵华暴行,表示为抗日誓效前驱。

△ 日军对山西盂县活川口进行大"扫荡",一天两夜在该村杀害民众 108 人,绝户三家。

8 月 23 日 朱德、彭德怀通电全国,报告百团大战战况:八路军为粉碎日军新的进攻,集中大军,开始向正太、平汉、同蒲等路进攻以来,同蒲、平汉两路已不通车,正太路全线车站、桥梁、铁路、水塔、电信、工厂、矿场等均经我彻底破坏,并占领天险之娘子关,平汉路保定、石家庄、新乡各地全被截断,各处在激战中。

△ 朱德、彭德怀、左权等致电聂荣臻、贺龙、刘伯承、邓小平等,希望全体将士发挥最大之决心毅力、韧耐力、顽强性、机动性,以再接再厉之精神,在现有序战胜利的基础上,猛烈扩大战果,完成战役任务。

△ 八路军聂荣臻部郭天明支队一部配合繁峙独立团攻占繁峙东之日军据点大营。24 日,繁峙日军 300 余人来援,与郭团在蔡家庄以东激战。

△ 正太路八路军第一二九师新十旅攻克阳泉西狼峪镇,狼峪镇日军施放毒气,旅长范子侠、政委赖际发以下官兵 400 余人中毒负伤,同日攻克寿阳车站及寿阳城。八路军与日军展开狮脑山争夺战,28 日八路军放弃狮脑山。

△ 张治中就任三民主义青年团中央团部书记长。

△ 驻法大使顾维钧就法国允许日军进驻法属印度支那向法国维希政府外长博杜安郑重声明:只要法国政府竟然允许日本武装部队通过或驻屯在印度支那,或者听任日方采取类似行为,那么,中国政府即认为这是对中国的直接威胁,将被迫采取一切必要措施来应付这种局势。

△ 朱德、彭德怀就日机"八一九"、"八二〇"轰炸重庆,率八路军

全军将士通电慰问重庆市同胞。

　△　日机 81 架分两批轰炸重庆,在海棠溪等处投燃烧弹多枚,德国大使馆中弹。

　△　桂南第四战区张发奎部再克上金,日军向西溃走。

　△　汪伪政府成立党务训练团,汪精卫、陈公博任正、副团长。

　△　英国援华委员会代表访英外次长官白特勒,要求英国政府无条件立即开放滇缅路。白特勒答应允许药品经滇缅路运华。

8 月 24 日　蒋介石致电四川省政府,指示目前工作重心为:平抑物价,发展驿运。

　△　八路军第一二〇师彭绍辉旅攻克晋西北静乐南丰润村日军据点,歼灭守敌及增援日军 200 余人。

　△　八路军第一二〇师大青山李井泉支队于绥远素齐北古城附近伏击由察北开来之日伪军,毙日军 60 余人,俘伪蒙军 11 人。

　△　正太路东八路军第一二九师一部克苇泽关车站,西段克阳泉东移穰镇车站。同日,太原日军东犯榆次,被毙伤 300 余人。

　△　八路军第一二九师一部炸毁平汉铁路漳河铁桥。

　△　日机 50 架袭击桂林,四令街美国浸信教总会被全部炸毁,炸伤 11 人,损失约 10 余万元。

　△　日机八架连续轰炸八路军第一二九师榆次东建阵地,投弹 200 枚,死伤军民百余人。

8 月 25 日　周恩来从延安经兰州飞抵重庆。

　△　《新华日报》(华北版)发表社论《庆祝百团大战在正太路上序战大捷》,历述正太路沿线各重要车站及据点均被我军占领,沿线铁桥、隧道大部被我破坏,井陉煤矿和东王舍新矿已在我军掌握之中,晋、冀交界的天险娘子关已为我克复等,深信八路军一定能在这个序战胜利的基础上去取得更大更新的胜利。

　△　重庆市分由水陆疏散被炸灾民,陆路运至璧山、綦江,水路运至合川、长寿、江津。

8 月 26 日　卫立煌致电朱德称:日军陆续增兵,企图扫荡华北,截断我西北国际交通,"兄等抽调劲旅,予以当头迎击,粉碎其阴谋毒计,至为佩慰"。并表示已饬各部迅速动作,配合贵部作战。

△　军事委员会副参谋总长兼军训部长白崇禧赴长江以北各战区巡视军事。10 月 6 日,巡视完毕返渝。

△　八路军总部发布作战命令,要求各部在完成正太线战役任务的情况下,"应乘胜展开正太线两侧之战斗,去收复敌深入各该根据地内之某些据点;继续坚持正太沿线之游击战,缩小敌占区,扩大战果"。

△　日舰四艘在广东陆丰县碣石镇强行登陆。

△　据《中央日报》载:山东全省自 5 月以来屡遭蝗、水、雹三灾,灾民达 120 余万人。

8 月 27 日　八路军第一二九师刘伯承部攻克山西昔阳以北之日军辽县石港口据点。同日,该师陈赓旅配合山西阳曲南平原武装便衣队,歼灭伪警察巡查队 100 余人。

△　驻上海公共租界英军 250 人撤退。

8 月 28 日　外交部长王宠惠为越南问题再次发表声明,称:日本武装部队果侵入越南时,不论其用何借口,并不论在何种情形下,中国政府将认为此举系对中国领土安全之直接与紧迫的威胁,当立即同样派遣武装队伍进入越南,俾得采取自卫措置以应付此种局势,所有因采取此种必要措置而发生之后果,中国政府自不负任何责任。

△　驻法大使顾维钧向法国政府声明,表示中国决尊重越南之边界,苟日军不在越南登陆,中国军队决不越出边界。

△　蒋介石、白崇禧会见周恩来,周谈及陕甘宁边区下属县份和八路军、新四军扩编等问题。蒋表示,如果八路军、新四军不开至黄河北岸,则一切问题都不能解决。并称:游击队应受当地战区司令长官指挥。周恩来予以拒绝,并向中共中央书记处报告,说关于国共谈判,仍无结果,但必须打破蒋、何、白及顽固分子归罪于我们的宣传。坚决以我们 50 万军队要抗战、开到黄河以北无法生活为理由,与之针锋相对

作斗争。

　　△　周恩来与何应钦会谈。周提出国民党方案中所提八路军、新四军50万军队全部开入冀、察两省过于困难，且以新四军南调部队不多、南方游击队很大为由，强调国民党方案之不可能。何要周再提具体方案。

　　△　行政院会议决定：任命雷沛鸿为广西大学校长；西北大学校长胡庶华与湖南大学校长皮宗石对调。

　　△　卫立煌再电朱德，赞扬百团大战的胜利，并通报所部策应八路军在晋南、晋东南作战的情况，称："贵部发动百团大战，不惟予敌寇以致命之打击，且予友军以精神上之鼓舞。我部已开始配合贵集团军向当地顽敌袭击，加紧动作，策应牵制。"

　　△　中共中央军委指示八路军第一一五师和山东纵队，要求两部巩固和发展山东根据地，必要时再调一部分向苏北发展。指出：山东是基本根据地，华中是准备发展的方向。

　　△　中华全国文艺界抗敌协会为日军迭炸重庆，发表《告全世界文艺作家书》，呼吁一致对日军予以谴责与制裁。

　　△　晋东南长治日军500余人，配合飞机22架向郁坪道八路军驻地进犯，被八路军击毙百余人后溃去。

8月29日　八路军第一一五师陈光部在山东费县西之纸房、良田庄一带击毙日伪军百余人。

　　△　寿阳狮脑山日军沿正太路西犯，八路军第一二九师第三八五旅与敌在辛庄激战，日军施放毒气，旅长陈锡联、政委谢富治中毒。

　　△　缅甸仰光华侨救灾总会筹款100万元缉拿汪精卫。同日，纽约华侨筹赈会电汇国币五万元，救济重庆难民。

　　△　日军从江南抽调第十五、第十七师团及伪苏浙皖绥靖军等一万余人，对津浦路东大举"扫荡"，历时12日。新四军第四、第五支队等部在地方武装配合下，开展游击战争，作战65次，毙伤日伪军600余人，粉碎敌人的"扫荡"。

8 月 30 日 第四战区张发奎部克复桂南江州。

△ 中共晋察冀边区委员会公布《目前施政纲领》,凡 20 条。强调国共合作,坚持团结抗战,坚决保卫与发展边区,肃清一切破坏团结抗战、破坏边区的特务、奸细、托匪、妥协投降派,并对政治、经济、军事、文化建设等方面作了具体规定。

△ 日机 24 架分两批轰炸陕西武功西北农学院,投弹 120 余枚,毁校舍 136 间,殃及学院周围农村,炸死农民八人,伤 15 人。

8 月 31 日 国民政府改组湖北省政府,任命朱怀冰为省政府委员兼民政厅厅长,并代理省主席职务。

△ 湘北第九战区薛岳部攻入临湘。

△ 八路军副总司令彭德怀接见新华社记者,指出百团大战的意义有四:一、提高了全国军民对抗战的信心,严厉打击了悲观失望的情绪;二、在敌占区及在大后方起了非常重大的影响;三、分化了敌人,加速了敌国人民反战运动的高涨;四、鼓舞了世界人民反法西斯斗争的士气。

△ 八路军第一二〇师贺龙部独二旅康团袭击同蒲路北段阳方口车站,是日占领该车站。朔县、宁武日军两度增援,均被击退,毙敌 120 余人,俘日军工务队长以下四人。

△ 八路军第一二九师结束正太路破击战,开始反"扫荡"作战。该师第三八五旅在北脑山与由寿阳增援阳泉之日军激战,并派部进袭狮脑山、阳泉之日军。

△ 汪日调整"国交"谈判举行第十六次会议,双方全体人员参加,通过全部条约并署名草签,会谈结束。汪精卫发表谈话,宣称中日条约的草签在中日的新关系史上奠定了基石。阿部信行谈话称:国交调整条约是以中国事变以来日本政府屡次所发表的声明为基础,顾虑两国关系以及东亚将来之情形,以公正无私之态度而继续协议之结果。

△ 日机轰炸陕西宝鸡,炸死工人一人,伤四人,炸毁申新纱厂织布机 60 台,焚棉花千余包。

是月　军令部制定《长江上游要塞守备计划》,要旨为:国军以拒敌入川为目的,应固守三峡沿江两岸要塞,始终确保三峡入川门户,以为我野战军作战轴心,歼灭敌人于三峡南北连山地带。宜巴要塞区守备部队为第九十四军,指挥官李及兰,副指挥官刘翼峰;巴万要塞区守备部队为第十八军(欠第十八师),指挥官彭善,副指挥官李端浩。

△　中共中央针对国民党中央 7 月 2 日、16 日的提案,拟定新的复案,主要内容为:一、请依陕甘宁边区现在所辖之区域划为陕北行政区;请扩编第十八集团军为三军九师,其编制照甲种军及调整师办理;请改编新四军为三个师,其编制亦照甲种军及调整师办理;请改组冀、察两省政府,两省政府主席由中共方面保荐,省府委员应包括各抗日有关方面人员。二、关于划分作战区问题。同意第十八集团军及新四军应划定作战地区及与友军之作战分界线,但必须保障各抗日党派之全国合法权及中国人民之敌后游击权,以及第十八集团军、新四军之作战权。

△　蒋介石派遣陈策率军事使节团赴港,建议由香港中国人组成义勇军,与华南的两个军协同作战。旋香港防卫司令官向重庆派出情报官,又在华南一带组成中国人的防空情报网。

△　八路军苏鲁豫支队、第二纵队新二旅第六八七团、陇海南进支队与新四军第六支队第四总队合编为八路军第五纵队,进军淮海地区。

△　绥远蒙、汉人民及抗日团体在武川县召开绥察人民代表会议,各党派及各界人士 600 余人出席。会议通过了《绥察施政纲领》,成立了绥察行政办事处,推姚哲、杨植霖为正副主任。

△　日军袭击山东峄县朱沟,使用"窒息性"和"刺激性"毒气弹,致八路军及当地村民 350 人中毒身亡。

△　伪新民会在北平设立劳工总署,统治华北劳工,并向伪满洲国、伪蒙疆政府转售劳力。

9　月

9 月 1 日　蒋介石出席陆军大学学生毕业典礼,训示学生毕业后要讲求办事的方法,注意组织能力和统驭力的养成,努力做到"生活要严肃,态度要庄重,行动要敏捷"。

△　张治中就任军事委员会政治部部长职,以治事应公、严、勤、勇勖勉所属。

△　军事委员会恢复铁道运输司令部,将公路与水道之军事运输划归后方勤务部管理。

△　国民政府定重庆卫戍司令部为非常时期警备区,以重庆警备司令李根固主之。

△　资源委员会与云南省政府、中国银行联合在昆明成立云南锡业公司,由缪嘉铭主持。

△　周恩来在重庆致电中共中央,指出百团大战影响极大,估计到本年内重庆危殆,西南切断,国民党中央军将更加削弱,我更有大发展可能,故现在应以"击敌和友"为主,以利我方主张在全国的实现。

△　八路军第四纵队各部为配合华北八路军百团大战,在淮北津浦路西的萧县、永城、宿县、夏邑等地向日伪军据点展开攻势。

△　八路军第一二九师部队炸毁平汉线邢台、汤阴间铁桥两座。

△　八路军大青山支队李井泉部攻克绥远兴和县城。

△　新四军李先念部六团在湖北安陆平坝地区伏击由三阳店出犯之日军 1000 余人,毙敌数十人,马 10 余匹,李部伤亡 20 余人。

△　日军第四混成旅团、第二十七师团等部万余人分 11 路向正太路南之八路军第一二九师进攻,至 6 日被击溃,八路军副旅长汪乃贵负伤。

9 月 2 日　鲁苏战区副司令长官、江苏省政府主席韩德勤电告蒋介石,苏北八路军之一旅及罗炳辉部已攻占蒋家坝;陈毅部攻占黄桥、古溪后,逐步向南通、如皋东进,请速派大军增援,并携带大批弹药,以挽危局,并恳求调第五十七军缪澂流部由鲁南迅速南下,与第八十九军合力击破涟水、淮阴、泗阳以北运河两岸之新四军。

△ 中德文化协会改选,朱家骅当选为会长。

△ 八路军晋察冀军区部队袭击河北廊坊,截断平、津交通。

△ 河南濮阳、清丰、滑县等处日伪军 1700 余人分六路向濮阳、内黄间进犯,被八路军击退,毙伤 200 余人。

△ 周佛海与王揖唐、汪时璟在北平会谈,谈判华北关税上缴问题,决定华北关税收入每月向汪伪政府财政部上缴 200 万元,但此款须用于华北建设。

9月3日 桂南第四战区张发奎部攻入龙州北关。

△ 中国空军袭击日军广州天河机场,投弹多枚。

△ 八路军刘伯承部高团在河北广宗东北之定各庄歼灭进犯日军 120 余人。同日,韦杰旅在磁县西之观台毙伤日伪军 100 余人。

△ 重庆文化界举行作曲家张曙追悼会。周恩来出席并讲话,赞扬张曙和聂耳同为文化战线上的猛将。

△ 韩德勤调集所部向苏北新四军陈毅、粟裕部进攻。以李明扬、李长江、陈泰运部及保安第三旅为右路军,在姜堰集结;以第八十九军参谋长郭心冬指挥第一一七师(欠一个旅)、独立第六旅(欠一营)、保安第一旅(欠两个营)为左路军,在曲塘、胡家集、海安附近集结,计划分途经蒋垛、古溪向黄桥进攻。新四军苏北部队严守自卫立场,逐步后退。

△ 日机 126 架分批轰炸川东广安、南充等地。

△ 日机 36 架轰炸陕西安康,投弹 200 余枚,死伤民众 850 余人,毁房屋千余间。

△ 上海市总工会委员邵虚白遇刺殒命,是日国民政府以邵"领导工商运动,主持通讯社,与敌伪奋斗,始傲弗懈",予以明令褒扬。

9月4日 监察院长于右任以山西、陕西两省地当西北要冲,政治与吏治均对抗战前途关系甚大,建议设立晋陕监察使署,是日国防最高委员会决议通过,27 日任命茹欲立为监察使。

△ 第四战区张发奎部再克桂南上思。

△ 八路军第一二九师陈赓第三八六旅第十七团攻克晋东南屯留北路村日军据点,占碉堡三座,歼敌 100 余人。

△ 韩德勤坐镇苏北曲塘镇,指挥江苏保安第一、四、九及第一一七师与独立六旅等部,由曲塘、古溪、黄桥之线推进,进攻苏北新四军陈毅部。5 日,各路到达夏家庄、王业垛、刘家垛、分界桥、北溪河岸一线。6 日,陈毅部在营溪以南向韩部反攻,全歼其保一旅两个团。至夜,韩部向海安、曲塘溃退。

△ 韩德勤部向苏北新四军管文蔚部黄桥、蒋垛、珊溪、花园桥防地进攻。5 日,管部被迫应战,击退韩军。

△ 陈毅、管文蔚、叶飞等发出由叶挺、项英转呈顾祝同、蒋介石的电报,要求制止韩德勤部第八十九军、独立旅、税警团及保安第一、四、五、九旅共 26 个团的兵力,由姜堰、曲塘、海安分三路向黄桥地区新四军的进攻。

△ 鄂西长江北岸董市、玉皇阁一带日军向江南炮击,掩护其步兵渡江南犯。第六战区陈诚部还击,日军溺毙者百余人。

△ 日机袭击湖南沅陵,美国教会及美国复初员德女中均中弹,毁房屋二栋,死女生三人。

9 月 5 日 国民政府公布《民国二十九年四川省兴业公债条例》,定额国币 4000 万元,年息六厘,15 年后还清。同日,又公布《民国二十九年安徽省金融公债条例》,定额国币 800 万元,年息六厘,13 年后还清,自公布之日施行。

△ 国防最高委员会设立物价审查委员会,谷正纲为主任委员,翁文灏、张厉生、卢作孚、何浩若、吴国桢等为委员。

△ 蒋介石通过张冲向美国非正式提出以下两项建议:一、"向美国租让或以其它方式让美国控制海南和福摩萨(即台湾)99 年,中国在海南的部队由五个装备不良的师和没有装备的 15 万人的游击队组成,

他们将协助美国海军取得对(海南)的控制,同时在福摩萨,可以煽动反日的民众行动起来帮助美国的控制"。二、"美国在华全面经济垄断,排除其它国家,并把目前法国和英国的利益转给美国,由于英国的行为对日本过于友好,因此这样做是可能的"。

△　为配合百团大战,八路军山东纵队鲁南部队开始总破袭,连克日军大店、碑廓、沈疃等据点;胶东部队进攻招远;鲁南部队克复丰程。

△　八路军聂荣臻部在山西盂县歼灭日伪军 360 余人,俘日军22 人。

△　延安华侨救国联合会成立,由新加坡、爪哇、英国、法国、美国、印尼等国的华侨组成,李介夫为主任。该会宗旨为:一、加强对海外侨胞的联系和宣传;二、组织华侨归国抗战,参加边区经济建设和兴办各种企业。

△　铃木卓尔报告日本大本营,建议停止对蒋的"桐工作",称:"美国远东政策的加强,英国大使重庆之行以及苏联、中共情势趋于活跃等,致使处于紧急关头的蒋介石举棋不定,值此之际,莫如主动暂停此项工作。"

△　日本外相松冈洋右责成东亚局官员太田一郎草定诱降重庆国民政府的"和平试案",条件是:中国承认"满洲国",共同防共和经济合作。日方还表示"宽大":一、不要求蒋介石下野;二、承认"满洲国"可以秘密文书约定;三、撤兵,长江三角洲不驻兵,作为准武装地带,防共驻兵不包括山东。

9 月 6 日　国民政府明令定重庆为陪都,以成为战时军事、政治、经济之枢纽及战后西南建设之中心,并由行政院督饬主管机关参酌西京之体制,妥筹久远之规模。

△　国民政府节约建国储蓄团成立。蒋介石为名誉总团长,孔祥熙为总团长,叶楚伧、何应钦、张群、陈诚、王世杰等为副总团长,各省、市储蓄团团长由省主席或市长担任。同日,蒋介石为节约建国储蓄发表《告全国同胞书》,称节约建国储蓄运动是凭借我国优越天赋条件,集

资开发丰富资源,发挥人力财力,争取抗战胜利与建国的成功。希望全国同胞本坚强之毅力,一致奋发,"为国家民族财力开辟活水巨源,以供长期伟大建设的需要"。

△　国民政府公布《战时图书杂志原稿审查办法》,规定:送审之原稿,其言论根本谬误者停止印行,部分谬误者应遵照指示之点删改后,方准出版。其有少数不妥字句,得由审查机关删改。凡未经审查机关许可出版之图书杂志不准发行。不遵照指示删改而擅自出版者,一律予以查禁处分,其言论反动者依法处罚其编辑人、印刷人与发行人。

△　宋子文自美电告蒋介石:据苏驻华大使接莫斯科复电,苏拒绝美国军火由海参崴转运入华。

△　鲁苏战区总司令于学忠电告蒋介石:苏北新四军最近有南北两路夹击盐城、兴化、东台之势,情况危急,要求"迅派大军增援"。10日,蒋介石复电,拟调李品仙部进出津浦路沿线,声援苏北。

△　八路军第一二九师一部在晋东南榆社西北之双峰围歼日军第三十六师团永野大队 300 余人,击毙大队长永野中佐。同日,第一二九师另一部在正太路沿线攻击日军据点,敌片山旅团德江、原田两个支队,斋藤、铃木两个大队被歼过半。

△　冀中回民支队破击德石路,民众万余人、妇女自卫队千余人参战,歼灭日军冈部长郎中队长以下 260 余人。

△　八路军晋察冀军区部队在盂县以北,将由上社南进之日军 200 余人包围,歼其大部,残敌 40 余人逃回盂县。

△　苏北新四军陈毅、粟裕所部在营溪以南反击韩德勤部对黄桥的进攻,争取了韩军李长江、陈泰运部,攻克营溪,歼灭韩军保安第一旅一个多团,韩余部退回姜堰、海安一线。

△　汪精卫召见周佛海,告以日西义显在香港与钱永铭接洽,钱表示愿促蒋、汪合作,周作民可作为钱的代表。7日,汪精卫、周佛海同日本影佐及西义显会谈,讨论与钱永铭谈判汪、蒋合作,实现中日和平条件问题。11日,周佛海往上海与周作民、张竟立、盛沛东接洽,谈判汪、

蒋合作问题。

　　△　国民参政员左舜生等 30 余人联名上书蒋介石,请在近期召开国民参政会,解决国是,应付艰局。10 日,蒋介石复函称:"事实上困难,将暂缓考虑。"

　　9 月 7 日　国民政府颁布《党政工作考核委员会组织大纲》,凡 22 条及《中央设计局组织大纲》,凡 16 条。

　　△　桂南第四战区张发奎部克复上思西南平福、福佛子等日军据点,残敌败走绥渌西之长墟。

　　9 月 8 日　军事委员会任命黄琪翔为预备集团军总司令(11 月 29 日该集团军撤销)。

　　△　国民政府任命周恩来为军事委员会战地党政委员会副主任委员。

　　△　财政部为减少非必需品之输入,节约国民不必要之消费,严禁进口、销售奢侈品,并限本月底止彻底肃清,逾期出售即没收充公。

　　△　日本外相松冈派遣旧南满铁道株式会社部属西义显赴香港,同与蒋介石有较深历史渊源的交通银行总经理钱永铭联络,进行和平"试探",并要钱派代表去东京了解日本的条件。钱表示:"如果恢复到卢沟桥事变前的状态,日军全面撤兵,或许能同重庆进行谈判。"

　　△　日军在苏北灌南新安镇集中约 700 余人和驻涟水日伪军 200 余人,是日至 17 日两次分进合击高沟、杨口地区。八路军第五纵队第一、三大队打击来犯之敌,敌被迫退回新安镇和涟水。战斗中,毙伤日伪军 110 余人。

　　△　伪东亚同盟军第三师师长董瑞、第四师师长耿协沭、第五师师长王德噶于绥东安北、固阳一带率部万余反正。

　　△　日军围袭山西寿阳县韩赠村,一天屠杀村民 364 人,39 户被杀绝。

　　△　鲁南伪军团长鹿连茹率部反正,并炸毁津浦铁路泗水铁桥,日军列车七节坠河。

9 月 9 日　鲁苏战区于学忠部向胶东昌乐朱刘店日军据点进攻，敌仓惶应战不支，死伤百余人。

△　汪伪政府宪政实施委员会建议伪政府明年 1 月 1 日召开伪国民代表大会。12 日，汪伪政府予以采纳。

△　日本政府决定本年度派遣以第三部部长杉木俊为首的调查团至中国，调查东北及华北之物资资源。

9 月 10 日　蒋介石在国民参政会座谈会上报告欧战爆发后中国抗战之要务：集中人才，建设后方；加强军事，争取胜利；注意国际局势，推进战时外交。

△　军事委员会任命何绍周为新编第十一军副军长。

△　中共中央发出《关于时局趋向的指示》，指出："一方面准备迎接时局好转，一方面又准备对付投降派的突然事变。"同日，又发出《关于发展文化运动的指示》，指出：发展抗日文化运动，不但是当前抗战的武器，而且是在思想上、干部上准备未来变化与推动未来变化的武器。

△　中共中央指示八路军、新四军：在目前加强团结时，应注意集中主要力量打击日军，并在山东、华中方面继续扩大我军，对于友军，在彼等没有向我进攻或其进攻已为我击破时，均应采取缓和态度，与之订立和解协定，就地解决原有争议。"击敌和友，是目前军事行动的总方针"。

△　百团大战第一阶段结束。正太路沿线路轨、车站、桥梁、涵洞、水塔全部破坏，沿途日伪军重要据点娘子关、阳泉被八路军攻克，井陉煤矿遭到严重破坏，同蒲、平汉、德石、北宁等铁路均被切断，日军在华北的主要交通陷于瘫痪。

9 月上旬　周恩来向国民党联络代表张冲递交中共中央对国民党 7 月 2 日、16 日《提示案》的复案，提出调整作战区域及游击部队的三项办法：一、扩大第二战区至山东全省及绥远一部；二、按照第十八集团军、新四军及各地游击部队全数发饷；三、各游击部队留在各战区划定作战界线，分头击敌。这些意见被国民党搁置。

△ 参加中日谈判的重庆方面代表提出对近卫首相致蒋介石亲笔信的意见,认为该信"对于纠正近卫首相不以重庆政府为谈判对手的宣言一点,意义含蓄,并未坦率讲明,有随时加以推翻的可能"。另外,该信内关于和谈问题"并未明确表示与板垣总参谋长的主张一致,仅以旁观者的地位加以赞成"。为此,向日方提出三项意见:一、近卫首相的亲笔信必须表明取消和更正不以重庆政府为对手的声明。二、近卫首相应以当事人自居,而不应退居于客观地位,回避此次重大责任。三、近卫首相在亲笔信内必须主动表明对和平的诚意。日本方面如以缔结日汪条约对我方进行威胁,以求得迅速讲和,则其结果必将适得其反。

9月11日 蒋介石致电朱德、彭德怀,传谕嘉奖八路军将士,称:"贵部窥此时机,断然出击,切断华北交通,予敌甚大打击。""除电饬其他各战区积极出击,以策应贵部作战外,仍希速饬所部,积极行动,勿予敌喘息机会,彻底断绝其交通为要。"

△ 蒋介石发表《为实施粮食管理告川省同胞书》,昭告川民"父诏兄勉,共明大义,踊跃输将";尤希望全川各县各乡贤达士绅"一致起来,尽义务,负责任,努力协助,树立管理粮食的良规"。警告"如果有囤粮居奇,或藏粮待价而不遵法令出售的,一定以妨害民生,扰乱社会论罪"。

△ 蒋介石电令于学忠即派一部南下稳定苏北局势,尔后再回师山东,以收集中兵力,各个击破共军之效。

△ 军事委员会任命刘和鼎为第三十三集团军副总司令,任命荣光兴为第五十九军代副军长。

△ 中国自行炸毁滇越铁路河口大桥。

△ 行政院决议成都市市长杨全宇免职,缺职由余中英继任。12月23日,军事委员会以杨全宇不顾抗战大局与后方民食,操纵粮价,囤积小麦数百石,判处死刑,在成都市郊执行枪决。

△ 东北抗日联军第十二支队袭击黑龙江肇州县丰乐镇,攻占伪警察署、银行,毙伤日伪军六人,俘伪警察二人。

△　据中央社讯:美国芝加哥华侨救国后援会为响应祖国航空建设运动,特捐购机款 50 万美元。

9 月 12 日　军事委员会发言人发表声明,称为阻止日军假道越南攻击我国领土,我国破坏河口铁桥和铁路,实为最正当之防范措施;并称"如日本武装队伍侵入越南,我方必在越采取自卫措施"。

△　军事委员会任命欧阳菜为新编第二军副军长。

△　最高法院院长焦易堂辞职,遗缺由李发暂代。

△　第二战区阎锡山部攻克山西晋城。

△　日机 46 架分两批袭击重庆,在市郊投弹,炸毁房屋 30 余栋,死伤数人。时事新报社中弹,职工宿舍被炸毁。

9 月 13 日　军令部电令龙云、张发奎等,如日军侵越,应各以一部向老开河口以南沿铁路、公路远方进击,阻击敌人,并于金平、蛮耗、屏边、马关、麻粟坡、董干各附近地带节节抵抗。

△　龙云就法国允日本假道越南运兵事发表谈话,指出:"法初不准运华军火通过越南铁路,已违国际条约,此种不良印象,将长存中国人民脑海之中。我方奉命破坏桥梁,系正当防卫之初步,若日军确已登陆,我方将全部破坏,以免资敌。"

△　重庆市长吴国桢在市临时参议会驻会委员会宣布:蒋介石已批准拨款 200 万元,作为恢复重庆市面之经费。

△　苏北新四军陈毅部第二、第三纵队攻占姜堰,歼灭韩德勤所部保九旅 1000 余人。30 日,新四军又撤出姜堰,通知李明扬、陈泰运接防。

△　日轰炸机 36 架,以驱逐机 30 架掩护袭击重庆。中国空军以34 架战斗机迎敌,在璧山附近与敌遭遇,进行空战。此次空战中国空军被毁飞机 13 架,伤损 11 架,10 名飞行员阵亡,八名受伤。日机复以44 架袭击重庆,在南郊投弹,德国大使馆中弹,被炸毁大半。

△　日军 800 余人血洗山西平定县马家庄、小南庄、大南庄,一天一夜屠杀村民 334 人。其中马家庄民众被杀 237 人,占全村人口一半以上。

9 月 14 日　驻黑龙江宝清县七星镇伪军第三十团百余名官兵举行起义,34 人参加东北抗日联军第二支队。

△　日机 36 架袭击重庆及江北、巴县边境。

△　英国援华委员会致书丘吉尔首相,要求无条件开放滇缅路。28 日,英外交部表示:该路禁运期满,即行开放。

9 月 15 日　成都市各界举行追悼张自忠大会,由齐鲁大学校长刘世传主席、陈筑山、李伯申等先后致词,对张自忠抗日爱国精神备加赞扬。

△　全国慰劳总会在重庆、洛阳、金华、柳州、恩施、兰州、长沙等地举行中秋节劳军大会,并赠送前方将士月饼代金 100 万元。

△　苏北盱眙日军 700 余人和伪军一部,向盱眙以南、天长以北地区"扫荡",被新四军第四支队一部击溃。24 日,日伪军又纠集 4000 余人反扑,与新四军第四支队激战,终被新四军击退。

△　汪伪绥靖部长任援道率部分六路向苏皖之六合、天长、来安阵地进犯,均被击退。

9 月 16 日　朱德、彭德怀、左权联合发布百团大战第二阶段的作战命令:第二阶段作战的基本方针是继续破击日军交通,克复深入我基本根据地内之某些据点。第一二〇师以截断同蒲路北段交通为目的,集结主力破袭宁武至轩岗段;晋察冀军区集结主力破击涞源、灵丘公路及夺取该两城,并以有力部队在同蒲路东侧配合第一二〇师之作战,第一二九师以恢复榆社、辽县之目的开展榆辽地区斗争,并以一部分不断破袭白晋路北段。另对冀中、冀南部队、挺进队等部作战任务作了具体规定。命令要求各部于 9 月 20 日开始战斗。

△　聂荣臻就百团大战的意义和影响,对《晋察冀日报》记者发表谈话,指出:这是一个战役的主动进攻,不是战略的进攻,八路军取得了很大的胜利。它粉碎了敌人对边区的分割政策和"囚笼"政策,打击了敌人的经济封锁;打击了敌人"以战养战"的阴谋,削弱了伪政权的作用,捣毁了敌人的据点,扩大了边区的版图。

△　八路军第一二九师韦杰部新一旅一部攻克河南安阳北丰乐车站。

△　重庆各报刊登国民政府行政院通令,令称:回民除其宗教上之仪式外,其他一切均与汉人无异,实与信仰耶稣教、天主教之教徒相同,故只可称为回教徒,不得称为回族。

△　上海法租界之越南士兵向被拘于租界之中国军队开枪射击,华军死八人,伤 22 人。17 日,蒋介石闻讯后,立即命令调查真相,并命外交部提出严重抗议。18 日,外交部向法方交涉,先行改善待遇,保证不再发生类似事件,并保留一切要求权利。

△　伪东亚同盟军第九师师长王在春于绥东率部反正。

△　朝鲜光复军在重庆设立总司令部,李青天任总司令。

9 月 17 日　蒋介石在重庆发表《"九一八"第九周年告全国同胞》的广播讲演,称抗战三年来全国军民共消灭日军 150 万以上,"使敌国整个国家沦在万丈泥淖之中";切望全国军民"不分关内关外,不论前方后方,奋勇向前,同心协力,战胜暴敌,湔雪国耻,来贯彻我们神圣抗战的目的,完成我们历史的使命"。

△　蒋介石在重庆出席中央政治学校高级科第一期毕业典礼,并发表演讲,以日机狂炸重庆的教训说明军事化的重要,同时指出军事化的要义:要注重准备;要讲求实在;要力求迅速;要有独立处理事物的能力。

△　军事委员会任命唐俊德为第五十四军副军长,任命沈克为第七十一军军长。

△　行政院会议通过《与多明尼亚建立友好关系条约》及《组织陪都建设计划委员会》案。

△　日军攻陷河南温县。

△　"宋子良"由重庆抵香港,向铃木卓尔谈及重庆方面首脑会议决定"目前不应马上召开长沙会谈"的情况,理由为:一、主要是和平条件问题。日本已有和平条件八条,板垣又提出承认"满洲国"和蒋、汪合

作两条。提出如此不一致之提案,不能不使人怀疑。二、汪方人士称,已经把秘密会谈的情况和蒋介石的亲笔信件拍成了照片,不能不使人怀疑本工作的真正用意何在。三、日本所提蒋、汪合作问题,究竟是什么意思,会议纷纷议论,中国的抗战力量还很强,今天没有必要谋求屈服性的和平。铃木一一作了解释,最后表示:中方若有抗战能力,愿意打就打吧!

△　钱永铭派前国民政府铁道部主计司司长张竞立作为其私人代表到东京,并带去钱的主张:实行停战,日本六个月到一年内将卢沟桥事变后派到中国的军队逐步撤走,个别驻兵以协定规定;中国经济权属于改组后的中国国民政府;中、日在平等互惠原则下实行经济合作;以秘密协定承认"满洲国",缔结防共协定。日方认为钱永铭的主张与9月5日的"太田试案"接近,决定派员与钱永铭等在香港谈判。

9月18日　国民党中央常务委员会决议:原定本年11月12日召集国民大会,各项工作大体办竣,惟因各地交通受战事影响,颇多不便,国民大会召集日期应俟另行决定。一切未完选举事宜,由政府责成选举事务所积极办理。特设国民大会筹备委员会,负责组织大会筹备事宜。

△　国民政府特派朱家骅代理国立中央研究院院长。

△　旅渝东北同胞300余人举行"九一八"九周年纪念会,通过的决议有:致电慰劳前方将士及东北义勇军;请国民政府提前充实东北四省政府机构,并积极开始工作,通报东北各团体各同乡会,响应征募寒衣运动。大会发表宣言,强调"必须把抗战到底的'底'定为东北四省"。

△　中共中央发出《关于开展敌后大城市工作的通知》,指出中央成立敌后城市工作委员会,领导与推动整个敌后城市工作,以周恩来负总责。

△　驻井陉、娘子关、阳泉、寿阳、定襄、盂县等地日军5000余人,分七路对盂县进行报复"扫荡"。七日内杀害民众205人,烧毁民房

3700 余间。同日,日军在崞县刘庄屠杀民众 204 人,烧房 300 余间。

△　上海白俄商团团丁数人与上海胶州路四行仓库孤军谢晋元部发生冲突,打死打伤谢部士兵各一人,至 19 日,伤 26 人。19 日,外交部声明要求白俄商团赔偿损失,并请沪市市民收尸还之政府。同日,谢晋元致函新闻界,吁请主持正义。

9 月 19 日　外交部发表声明,表示日本要求越南准其以越南为军事根据地,"假道攻我,我方在军事上自不得不采取必要之措置"。并称:"轰炸河口铁桥,即纯系正当自卫。至于滇越路之昆河段,本完全在我国境内,在紧急必要时,我方有权自行调度。"

△　军事委员会任命杨光钰为第十六军副军长,魏炳文为第三十六军副军长,李梦笔为第九十军副军长。

△　社会部成立消费合作社运动推行委员会,谷正纲为主任委员。

△　何应钦电告韩德勤:苏北黄桥、蒋垛、卢家庄、园桥等原属鲁苏战区作战地域,新四军无进出该地之任务及必要,应饬其即返回原防。

△　八路军总部颁布《争取伪军反正办法》:一、伪军反正后,保持其原有武装,不得缴械;二、伪军反正后,即为抗日部队,不得散编;三、伪军反正后,应帮助其开展扩大,充实抗日力量。

△　八路军第一二九师韦杰部新一旅配合民兵夜袭山西长治日军机场,击毁日机三架,伤一架,毁仓库、材料库各一所。

△　国民党中央监察委员麦焕章在重庆逝世。

△　英商上海电车公司 2000 余名工人因生活困难举行罢工。持续一周后,英商公共汽车公司和法商水电公司工人起而响应,全市公交工人罢工。迫使英电资方接受工人提出的要求,增加工人工资和米贴。29 日工人复工。

△　汪伪政府改组伪安徽省政府,任命倪道烺为省政府主席。

△　日伪军袭击山西寿阳县羊头崖,集体屠杀村民 216 人,20 户被杀绝。

△　铃木卓尔将"宋子良"17 日报告重庆方面之情况告中国派遣

军总司令部,总部决定在当前重庆方面缺乏和平热情和能力的状况之下,暂时停止"桐工作"。10 月 8 日,日本大本营发布第 758 号命令:"原大陆指第 676 号所指示停战谈判应予停止。"

　　△　美联社电称:日军代表已奉命抵越,日、越两国正在初步协定基础上谈判。按:初步协定规定:准许日军 1.2 万人在越南三个海港登陆,开往中国边境。

　　△　美亚洲舰队颜露尔上将声明:美国决不退出远东,并将以一切可能之方法援助中国,停止以军需品输往日本。

　　9 月 20 日　国民政府颁布《抗敌殉难忠烈官民祠祀及建立纪念坊碑办法大纲》,凡 11 条,规定:凡身先士卒,冲锋陷阵,杀敌致果,建立殊勋,守土尽力,忠勇特著,临难不屈,或临阵负伤不治之抗敌殉难忠烈官兵得入祀忠烈祠,并得建立纪念碑或纪念坊;凡侦获敌人重要情报,组织民众协助军队工作,或执行军队命令,刺杀敌人和汉奸,破坏敌人重要交通路线,焚毁敌人仓库,破坏敌伪间谍组织,被掳不屈之抗敌殉难忠烈人民得入忠烈祠,并得建立纪念碑。

　　△　军事委员会任命蒋光鼐为第七战区副司令长官。

　　△　延安各界万余人集会,庆祝百团大战胜利暨"九一八"九周年大会,毛泽东、朱德以及社会各界人士与国民政府军委会驻延安联络参谋陈宏谟参加大会。朱德在大会上讲话,指出百团大战是我们对付敌人"囚笼政策"的办法,这个办法还能拖住敌人,延缓他们进攻我大后方的计划。

　　△　八路军晋察冀军区部队对河北涞源城及其附近十几个日军据点发起攻击,是日攻占三个城关和附近两个据点。23 日集中力量进攻涞源外围据点,攻克王甲村、刘家咀、金家井等十几个据点,守敌大部被歼。28 日张家口日军 3000 余人增援,八路军即放弃攻占涞源,改攻灵丘。攻克南坡头、抢风岭、青磁窑等据点后,大同日军千余人增援至浑源,并向灵丘进犯。东线易县、定县、保定等地日军增援,图合击八路军,八路军乃结束战斗。

△　国民政府公布《水利委员会组织法》,规定该会下设总务、设计、工务三个处。

9 月中旬　国民党晋察冀边区党部筹备处致电晋察冀军区司令聂荣臻及全体将士,祝贺百团大战大捷,称贵部"破坏敌交通,收复敌据点,耀武扬威,攻坚折锐","战绩辉煌,威震华北"。

△　韩德勤致电军事委员会,拟先给新四军以打击,占领盐城、东台等。白崇禧复电称:已电令李品仙策应,冷欣、上官云相速率兵渡河,并令王懋功部先去。

△　由苏北名绅韩国钧主持,在海安邀请苏北绅、商、学各界知名人士座谈,协商停止内战,一致团结抗日问题。会后向各方提出呼吁。韩德勤趁机提出"新四军如有合作诚意,应首先退出姜堰,再言其他"。

9 月 21 日　第三战区为"统一党、政、军指挥,加强防制",决定由苏南、皖南各方面党、政、军主官共同组织党政军联合委员会,附设于第三十二集团军总部,以上官云相为主任委员。并限本月底组织完毕,从 10 月 1 日起施行,时间暂定为三个月。

△　第三战区顾祝同部袭击江苏镇江,于南门外毙伤日伪军 200余人。

△　八路军第一二九师韦杰部新一旅一部在河南安阳同治桥歼灭日军一个中队大部,生俘日军 10 人。

△　晋西北八路军第一二〇师、山西新军各一部破击宁武、静乐线,是日攻克马头营。

△　英国援华委员会再次致函丘吉尔,称英国已有 130 万人通知委员会,要求无条件开放滇缅路,并称彼等拥护这一要求。

9 月 22 日　国民党中央党史史料编纂委员会征集抗战史料,范围包括文献、照片、实物及战利品、宣传品等。

△　八路军第一一五师杨勇旅强袭山东寿光西南日军据点,歼灭日伪军 130 余人,俘伪区队长以下百余人。

△　华南日军分三路向越南进兵,一路由平面关进占七溪,一路由

镇南关进占同登,一路由爱店进占支马。25 日,同登日军约一个师兵力占领谅山,复以一部向河内挺进。26 日,日军 8000 余人在海防市登陆,并占领保护海防之涂山炮台,旋向河内前进。

△ 日本、越南在河内签订协定,规定:一、日方可使用越南空军根据地;二、日军得以 6000 人驻守各根据地;三、日军得自华南假道越南进入中国境内,其通过之地区必须划定界线;四、越南允许日军若干在海防市登陆。

△ 江苏盐城、阜宁、兴化、东台沿海一带,中秋前海啸成灾,灾民达几万人。四县旅蓉同乡会是日联名致电国民政府,请予赈济。

9 月 23 日 国民党中央常委会会议商讨修订《国民参政会组织条例》,决议三项:一、改进参政员产生办法,增加参政员名额,扩充参政会及驻会委员之职权,将议长制改为主席团制。二、推王宠惠、居正、于右任、孔祥熙、王世杰、叶楚伧等整理修正参政会组织条例条文后,送政府公布。三、第二届国民参政会按照修正国民参政会组织条例于本年 11 月内完成一切产生手续,另候召集日期。

△ 外交部就法属越南与日本签订河内协定事,对法方提出抗议,称中国政府将自由行使自卫权,并声明因此而产生的损失及影响,法方应完全负责。

△ 陈嘉庚等赴福建省参观访问,是日抵浦城,27 日抵崇安,10 月 6 日抵福州。10 月 11 日前往闽南,访问泉州、安溪、集美等。11 月 9 日,抵长汀厦门大学。14 日抵大田,探望内迁的集美农林、水产、商业三校师生。

△ 第四战区第六十六军叶肇等部会攻桂南防城,战至 24 日晨,日军不支向茅圩退却,叶部收复防城,另一部追踪残敌。

△ 八路军第一二九师第三八五、三八六旅等部对榆(社)辽(县)公路日军发动进攻,榆辽战役开始。25 日,陈赓指挥第三八六旅收复榆社县城,全歼日军一个中队 200 余人和大部伪军。太行、太岳军区亦同时对白晋、同蒲线南段长治、壶关、潞城附近公路进行破击。

△ 晋西北八路军第一二〇师破击同蒲路北段宁武、原平段,攻克忻口镇、轩岗车站、狼窝、奇村,包围阳方口,一度攻入五寨城,先后歼灭日军 700 余人。

9 月 24 日 行政院会议讨论越南局势问题,决定按外交部屡次声明予以应付,并告国人应密切注意。

△ 八路军冀中部队为配合涞、灵地区作战,发起对任(丘)、河(间)、大(城)、肃(宁)地区的作战,自是日至 10 月 20 日,共攻克据点 29 个,破坏泊镇至东光一段津浦铁路,并破坏公路 150 余公里,毙伤日伪军 1500 余人。

△ 八路军第一二九师一部攻克山西榆(社)辽(县)线之小岭底、铺上两日军据点。榆社、管头等日军据点亦被突破。

9 月 25 日 国民政府通令全国,嗣后所有公私文件,对于信仰回教之人民因宗教而必须辨别时,应一律称之为回教徒,各省编纂地方志书,涉及回教事件,亦应改善其称谓,以正视听而利团结。

△ 国民政府就法国政府与日本缔结的允许日军进驻印度支那的协定提出抗议,指出:"法国政府与日本缔结上述协定之行为,不论中日间已否按国际法宣布处于战争状态,均构成严重违反国际法及国际睦邻关系之基本准则,似此实系敌视中国之行为。"并声明:中国政府对日军出现于印支边境附近及利用印支作为对中国作战的军事基地一事,保留采取一切必要自卫措施的全部行动自由,由此产生的一切后果,均应由法国政府负责。

△ 蒋介石致电新四军军长叶挺,称新四军陈毅部在江北"行动越轨,破坏抗战",强令该军"在江北之部队速调江南执行作战任务,不得故意延宕"。同日,蒋介石电告顾祝同,新四军陈毅部如不"遵令南移",即以"违抗命令,破坏抗战论罪"。

△ 彭德怀在中共北方局高干会议上作《关于百团大战》的报告,指出百团大战在全国起的作用有三:首先,打击和推迟了敌人进攻重庆、昆明、西安的阴谋;其次,振奋了全国人民特别是同情分子,团结了

中间分子,争取了动摇分子,孤立了顽固分子,打击了投降分子;第三,给了敌占区人民以莫大的振奋,推动了伪军与伪组织的瓦解。

△　八路军第一二九师第三八六旅攻克山西榆社县城,歼灭日军第四混成旅团两个中队。日军施放毒气,旅长陈赓、参谋长周希汉中毒。

△　东北抗联第三路军第三支队与第九支队一部攻克黑龙江克山县城,占领伪县公署和伪军第十九团团部,重创日军守备队,击毙日军警正以下30余人、伪警察20余人,俘伪军100余人。

9月26日　国民政府公布《修正国民参政会组织条例》,凡18条,将国民参政员名额增至240名,改进参政员产生办法,将议长制改为主席团制。同时公布各省、市应出参政员名额表:苏、浙、皖、赣、鄂、湘、川、冀、鲁、豫、粤省各出四人,晋、陕、闽、桂、滇、黔省各出三人,甘、察、绥、辽、吉、新、南京、上海、北平、重庆省、市各出二人,青、康、黑、热、天津、青岛、西京省、市各出一人。

△　延安《新中华报》发表朱德《扩张百团大战的伟大胜利》一文,指出百团大战"带有全国性的伟大的战略意义","它牵制了敌人进攻我西北后方及西南的企图"。"同时,更加强了全国同胞的伟大胜利信心,促进了全国的团结,使敌人难于实现其威迫利诱之阴谋"。

△　国民政府国防委员会委员徐谦在香港病逝。

△　国民党湖南常澧警备司令部中将司令唐生明受命密投汪精卫,是日由上海到南京会见周佛海。30日,汪精卫接见唐生明,允委唐为伪军事委员会委员。

△　美国复兴银行公司董事长琼斯宣布:美国进出口银行新近以2500万美元贷予中国,华方将以钨售予美国之金属物资准备公司,以为偿付。并称:该公司向华购买钨为美国国防计划之一部。

9月27日　行政院院长蒋介石指定张群、邓锡侯、刘文辉、潘文华、徐堪、卢作孚、何廉、陈筑山、刘贻燕、邓汉祥为川康经济建设委员会常务委员,蒋介石兼委员长。

　　△　晋中榆次、昔阳、太原各地日军 6000 余人向太北地区反击,晋东南武乡日军 700 余人被八路军第一二九师一部包围于榆社东红崖头,至 10 月 1 日,被歼 300 余人,残敌溃退。

　　△　德、意、日三国在柏林签订军事协定,主要内容为:一、日本承认并尊重德、意在建立欧洲新秩序中之领导地位。二、德、意承认并尊重日本在建立"大东亚新秩序"中之领导地位。三、签字国之一苟被目前尚未参加欧战或中日争议之国家所攻击时,彼此在政治、经济及军事上以各种方法互相协助。四、三国立即组织联合技术委员会,委员由德、意、日三国政府各自指派之。五、三签字国之任何一国与苏联间现存之政治地位,并不发生任何之影响。此协定有效期为 10 年。

　　△　汪伪中央宣传部长林柏生发表谈话,认为德、意、日三国同盟条约之签订,将"协力于新秩序之建设,使世界万邦各安其所,共存共荣";并称:"吾人所急需努力者,唯在如何树立合于正义之永久和平之新基础。"

　　△　美国总统罗斯福宣布,美国自本年 10 月 16 日起禁止所有废钢铁输至西半球以外之各国,仅英国一国例外,日本亦在禁运范围之内。

　　9 月 28 日　国民政府明令各党政机关严格执行下列七项:一、整饬纪纲;二、禁绝贪污;三、取缔营利;四、厉行工作计划;五、革除兼职兼薪之流弊;六、节用汽车;七、严禁奢侈赌博。

　　△　上海四行仓库孤军团长谢晋元在营地招待新闻界,报告与万国商团冲突事件的经过,并导各记者参观营内士兵生活状况及生产情况。

　　△　八路军吕正操部马本斋支队在河北赵县高村截击、歼灭日伪军 100 余人。

　　△　东北抗日联军第二路军总部警卫队一部,在图佳线孟家岗附近炸毁日军特别列车一列,敌死伤 400 余人。

　　△　日本中国派遣军总司令部制定《今后对重庆工作的处理要

纲》,凡八条。关于解决"中国事变",为适应长期持久战的方针,应加强对重庆的压力,"使重庆屈服乃至崩溃",其工作主要通过汪精卫新政府进行,其他方面则与之呼应。关于"桐工作",由于重庆方面"掌握了日本方面的意图,因此,对重庆要进行监视"。今后"只作为情报路线予以保留","目前不再提及",或让德国从中斡旋,或让汪精卫政府处理对重庆和平提案。

△ 日本政府制定《日本外交方针纲要》,提出:为了实现中日两国的全面和平,必须努力促进"大东亚共荣圈"的建设。其计划为:在法属印度支那、荷属东印度、海峡殖民地、英属马来亚、泰国、菲律宾、英属婆罗洲及缅甸地区内,以日、"满"、华为中心,组成一个独立圈,把这些国家和地区在政治上、经济上和文化上结合起来。

△ 英、法、意天津租界当局与日本、汪伪政府签订协定,将中国天津电话及英、法、意租界之电话管理权移交给伪天津市政府。10月2日,外交部就此向英、法、意三国驻华大使馆提出严正抗议。

9月29日 蒋介石接受驻苏大使邵力子的建议,是日致电斯大林,征询对中国外交政策的意见,希望中苏两国能采取共同的外交方针。10月16日,斯大林复电称:"依余意见,中国主要任务在于保持及加强中国人民的军队……只须中国人民的军队坚固强壮,则中国必可克服任何困难。"斯大林希望蒋介石排除"对日议和及和平之可能性"。22日,蒋介石复信斯大林,表示"日本无论如何,必为中苏两国共同之敌人"。

△ 蒋介石为德、意、日三国同盟协定签订致电国民党各将领,宣称德、意、日三国同盟协定签订"于我抗战,则为绝对有利,此后英、美、苏与我之积极合作,为极自然之趋势,而我国则敌友分明,应付简单,更易收得道多助之效",望全军将士"提高斗志,日夜整训,一致奋发,磨砺以须,歼除垂毙之暴敌,共竟革命之成功"。

△ 周恩来应中华职业教育社邀请,在该社举办的讲演会上作题为《国际形势与中国抗战》的报告,指出帝国主义战争正在扩大,中国必

须坚持自力更生,抗战到底,利用日美矛盾,但不能使抗日战争性质变化,成为帝国主义战争的工具。报告强调加强国内团结,反对妥协投降。

△ 八路军第一二九师第三八五旅第十三团攻克晋东南辽县管头之日军据点,全歼守敌百余人。辽县以西各据点日军被肃清。

△ 日军约一个师团兵力自桂南进入越南。泰国军队是日亦深入越边境 40 英里。

9 月 30 日 外交部长王宠惠就德、意、日三国签订军事同盟条约发表谈话,指出:对于一切以"新秩序"为借口,而实行侵略破坏世界合法秩序之行为,我们予以坚决反对。我们决不承认所谓"大东亚新秩序",尤不能承认日本在所谓大东亚之领导地位。

△ 驻英大使郭泰祺访问英国外次白特勒,谈判重开滇缅路问题。

△ 八路军第一二九师主力对晋东南辽县发动攻击,和顺、武乡之日军 600 余人增援,八路军乃停攻辽县,打击援敌。日军施放毒气,八路军先头部队一个营全部中毒。日军乘势抢占山头阵地,筑构野战工事,固守待援。10 月 1 日,辽县日军 500 余人增援,八路军伤亡较大,撤出战斗。

△ 八路军第一二九师第三八五、三八六旅及决死一纵队等部,在山西榆社、红崖头、关帝垴地区将由武乡东援之日军板井大队 600 余人包围,激战二日,歼敌 300 余人。

△ 韩德勤指挥所部 26 个团 3000 余人进攻苏北黄桥地区新四军陈毅部,以第八十九军和独立第六旅为主力,组成中路军,分经营溪、古溪、加力,进攻黄桥北面和东南地区;以李守维、李明扬及陈泰运部为右路军,以保安第一、五、六、九、十旅为左路军,掩护其主力之两翼,进攻黄桥以西及东南地区。陈毅部主动撤出姜堰,由李明扬、陈泰运部接防。

△ 驻苏北高邮、三垛之日军乘韩德勤部进攻黄桥等地新四军之际,出兵占领樊川、永安、丁沟一带。

△ 日机 45 架轰炸昆明,东方汇理银行及外人住宅区、教堂、教会医院等均被炸毁。

△ 中英双方同意将《中英威海卫专约》延长 10 年,至 1950 年 9 月 30 日为止。

△ 美国哈佛大学教授 11 人联名致函《华盛顿明星报》,主张美国应立即设法阻止日本侵略中国,要求停止以原料供给日本,扩大对中国之援助。

是月 外交部训令河内中国领事馆迅即撤退越南华侨,并要求法方赔偿中国因法日协定而遭受之一切损失。

△ 国民参政员张伯苓、孔庚、傅斯年、罗隆基等 30 余人联名致电英国上、下议院议员薛西尔等,呼吁在英国战争趋缓和之局势下,勿作不必要之顾虑,能毅然决定无条件开放滇缅路。

△ 中国地理研究所成立,黄国璋任所长。

△ 伪中华东亚联盟协会在广州成立,由林汝珩任会长,主办《粤东日报》及《东联评论》、《东联周报》等。

△ 日军对山西盂县长池以北的抗日根据地进行"扫荡",所到 20 多个村庄,被杀群众达 200 多人,焚毁房屋 3500 余间。

10 月

10 月 1 日 行政院通过《重庆陪都建设委员会组织规程》,该会直隶行政院,孔祥熙任主任委员,周钟岳、杨庶堪为副主任委员。同日,重庆各界三万余人举行庆祝陪都建立大会。晚,举行火把游行。

△ 国民党党政工作考核委员会成立,蒋介石任委员长,孔祥熙、于右任任副委员长,张厉生任秘书长。党务组主任陈果夫、副主任张道藩,政治组主任蒋作宾、副主任蒋廷黻。

△ 国民党中央设计局成立,蒋介石任总裁,张群任秘书长,甘乃光、顾翊群任副秘书长。

△　军事委员会政治部文化工作委员会在重庆成立。主任委员郭沫若,副主任委员阳翰笙、谢仁钊、李侠公,专门委员沈雁冰等 10 人,兼任委员舒舍予等 10 人。下设国际问题研究组、文艺研究组、敌情研究组等,张铁生、田汉、冯乃超分任组长。

△　朱德、彭德怀致电聂荣臻、贺龙、刘伯承等,称:百团大战第二阶段已历旬日,第一二〇师破击同蒲路,晋察冀军区进击涞源地区,第一二九师进击榆(社)辽(县)地区,基本上都已取得胜利。决定第二阶段作战基本上结束。战役结束后,各兵团均应适当集结主力,进行战后整理,总结百团大战的经验教训。

△　鲁苏战区于学忠部攻入山东高唐,毙伪县长李彩题。

△　八路军第一一五师一部在山东平邑歼灭日伪军 170 余人,俘伪军团长以下官兵 40 余人。

△　韩德勤部第八十九军一部攻占苏北新四军营溪、加力市等驻地,另一部进至距黄桥 30 余里的卢家庄。

△　陈毅发出《为黄桥决战告指战员同志书》,指出新四军退出姜堰,"在尊重民意,顾全大局,促进苏北友军团结抗日,挽救时局危机"。"竟不料反共投降派分子韩德勤违背信义,毫不悔悟,始终不放弃反共、反新四军,破坏抗战的企图"。"他已动员了十几个团兵力向我进攻,使我一片赤诚促进内部和平的苦心失望了"。号召"为压倒反共投降势力而战,为保护苏北民众利益而战,为爱护光荣的新四军而战,为保护黄桥抗日根据地而战"。

△　今井武夫赴日本,向日本陆相报告"桐工作"状况,称:"重庆方面仍有和平特别委员会,今后日方极力扶植汪的中央政府,但保留'桐工作'路线,以为侦察之用。"

△　成都连日米价上涨,是日涨至每石 200 元,成都行营召集成都党、政、军要员会商切实制止办法。

10 月 2 日　国民政府发言人接见国际社记者,表示如果越南决定"抵抗日本之侵略,则中国将毫不犹豫地予以最大的援助"。

△　国民党中央常委会决议:免陈诚中央训练团教育长职,遗缺由王东原充任。

△　国民政府明令襄扬故陆军中将、第四十二军军长冯安邦,令称:冯安邦"抗战以来,于冀、晋、鲁、鄂等省,累建殊勋",近殉职襄阳,殊深轸惜,生平事迹存备宣付国史馆。

△　李明扬电请韩德勤停止对新四军的攻击,电称:"苏北情势日益严重,敌人正大举进攻,肆意扫荡,此时正宜团结抗战。新四军即已退出姜堰,并逐渐后退,表示真诚,现更进一步请求在韩主席领导之下在沿江一带担任重要抗敌任务,恳希迅速饬令所部停止进攻,退至海安、好家集一带,至于其它问题,在整个抗敌合作条件下极愿洽商遵照。"

△　晋南日军以安邑、运城为中心,沿张(店)茅(津渡)、解(州)陌(南)两线南犯,第二战区所部昼夜进击,攻克都龙窟、吉家坡日军据点,追歼两线之残敌。

△　日军一部在渤海刘公岛登陆,留驻该岛的英军水兵撤退。

△　日军侵越,越境华侨纷纷返国,至越、桂边境者为状甚惨,赈济委员会是日拨款 60 万元,并派员前往临时收容,设法输送后方安抚。

△　周佛海会见影佐、日高及犬养,对日本严格控制汪政权表示不满,要求转告日本政府:"为促进和平计,日本不宜拿得太紧,须任国民政府自由发展,且援助之。"

10 月 3 日　外交部发表声明,抗议天津各租界工部局特别委员会将中国电话局管理权移交伪天津市政府,声明上述电话局之移交不发生法律效力,我政府仍保留本案之一切权利。

△　驻英大使郭泰祺奉命向丘吉尔提出重开滇缅路的要求,并要求就改善滇缅路运输状况、扩大运输量、修筑滇缅铁路等问题举行磋商。丘吉尔答称:滇缅路重开已无问题。至于其他问题,英方亦愿与中国协商解决。

△　陈毅电告朱德、彭德怀、叶挺、项英并请转呈国民政府当局,说

明 9 月以来韩德勤部第八十九军围剿苏北新四军,该部为团结抗战计,主动撤出姜堰驻地之详情,要求制止韩部之行动,而顾大局,以利抗战。

△　黄桥战役开始。韩德勤部第八十九军第三十三师(欠一个旅)、第一一七旅、独立第六旅和李明扬、陈泰运部以及五个保安旅,总兵力 25 个团约三万余人向黄桥地区进攻。新四军陈毅部仅三个纵队九个团,约 7000 余人,兵力悬殊,决定集中力量在运动中各个歼灭,并力争速战速决。

△　苏北士绅李履初、吴云山、卢正安等 245 人联名致电蒋介石、何应钦,陈述韩德勤部东调进攻新四军,以至敌寇乘虚于 9 月 20 日袭占樊川、老阁,烧杀甚惨,兴、泰两邑,恐怖非常。请求蒋、何急电韩德勤,迅将所属军旅西调对敌,勿任丧失领土,涂炭生灵。

△　汪伪政府决定改组伪湖北、浙江省政府,改汉口为直辖市,任命何佩瑢为伪湖北省政府主席,汪瑞闿为伪浙江省政府主席,张仁蠡为伪汉口市市长。同日,又任命唐生明为军事委员会委员。

△　日本陆军省发布布告:陆军参谋总长闲院宫去职,遗缺由杉山元继任,大本营之参谋总长亦由杉山元兼任。

10 月 4 日　国民党中央秘书处、国民政府行政院电令各省、市,限 11 月 5 日选出第二届国民参政会参政员候选人。

△　黄克诚命令八路军第五纵队第一支队三个团和第二支队一个团东进、南下,迅速突破韩德勤部盐河、废黄河防线。6 日至 8 日,连克佃湖、东沟、八滩、益林、阜宁、东坎、建阳、湖垛、苏家嘴、凤谷村等城镇,直下盐城。接着,黄克诚亲率两个团进入车桥、平桥一带,第五纵队机关进驻东沟。

△　韩德勤部继续向黄桥进攻。午后,第三十三师孙启人部一度攻入黄桥东门,翁达独立第六旅从高桥南下,进逼黄桥。新四军陈毅部第三纵队顶住了韩德勤部对黄桥的猛攻,当独立第六旅进至黄桥北时,即展开攻势,激战三小时,全歼该部 3000 余人,旅长翁达兵败自杀,团长韩振翼被击毙。

　　△　日军由苏南金坛调集第十五师团及第一一六师团各一部开至皖南，向铜陵、繁昌、南陵地区新四军"扫荡"。是日，日军两个联队5000余人在飞机群掩护下，由南陵西戴家会进至三里店。5日，进陷泾县汀潭，新四军予敌以猛烈攻击，毙敌数百人。7日，日军东转大岭、小岭，并向泾县县城窜犯，守军第五十二师弃城溃逃，泾县城陷敌。新四军军长叶挺率部追至泾县，与敌激战于泾县南关。8日，日军继以飞机三四十架助战。新四军猛攻，敌不支，焚泾县城南门以阻新四军，经北门向南陵退去。9日，新四军克复泾县，旋向南陵进击。

　　△　日军重型轰炸机27架，以26架驱逐机为掩护轰炸成都，由北较场炸至东门城墙以南菜地，投弹近百枚，炸毁西蜀小学及民房160余间，炸死居民百余人，伤220余人。

　　△　英国首相丘吉尔接见驻英大使郭泰祺，表示英国政府决定开放滇缅路。郭要求英国"应仿美国之先例，予中国以财政及经济上之援助"。

　　△　华盛顿全体华侨抗日救国会和檀香山祖国抗战将士慰劳总会分别捐赠八路军一万元和890元，慰劳八路军抗日将士。

　　10月5日　国民政府监察院决定成立战区视察团，第一团巡视江南各战区，第二团巡视江北各战区。

　　△　国民党中央通告各级党部，开除鲍文樾、陈公博、赵毓松、朱履和等17名汉奸之党籍。

　　△　八路军晋察冀军区一部在山西盂县兴道村歼灭日伪军200余人。

　　△　新四军陈毅部第二纵队在第三纵队的配合下围歼一度攻入黄桥镇东的第三十三师，生俘师长孙启人。6日又歼第八十九军军部及第一一七师，军长李守维仓皇逃命，坠入八尺沟河中溺毙，生俘师参谋长张晊，黄桥战役结束。此役共歼灭韩德勤部1.1万余人，俘虏军官600余人、士兵3200余人，缴获长短枪3800余支、轻重机枪169挺。新四军亦伤亡900余人。

　　△　　上海全市 40 余家丝染厂 3000 余名工人罢工,提出增加工资等 19 项条件。法捕房出面调解,几经谈判无结果。10 日,资方被迫答应工人部分条件并签订协约。11 日,全体工人复工。

　　△　　缅甸华侨救灾总会召开理事会,决定开展滇缅公路复运宣传周活动,并致电英国政府,请在滇缅公路协定期满之日,"准予复运"。

　　△　　日本首相近卫就越南问题对记者发表谈话,宣称日军开入越南,实因对中国作战有此必要,一旦对华战事结束,日本对越南关系即恢复和平。

　　10 月 6 日　　日军第三十六师团、独立第一、四混成旅团万余人自正太、同蒲、白晋、平汉等线出动,并以飞机助战,向太北区浊漳河上游地区"扫荡",八路军第一二九师及决死队等部与敌展开激战。

　　△　　日军向八路军第一二九师进行报复"扫荡"。敌第一混成旅团千余人由河北武安进犯阳邑、黄泽关一带。11 日又窜至武安。

　　△　　日军 6700 余人向太行北段地区"扫荡",八路军陈赓部配合地方武装与敌战至 11 日,将敌击溃,毙伤 1500 余人。

　　△　　日机 42 架分二批轰炸重庆,先后在平民住宅区及外使领馆区滥投爆炸弹及燃烧弹多枚,毁民房 300 余间,市民死伤数十人。

　　10 月 7 日　　东北抗联第十二支队在黑龙江肇源县敖木台与日军激战,毙伤日伪军 70 余人。

　　△　　日机 35 架分二批轰炸昆明。

　　10 月 8 日　　第五战区李宗仁部攻入宜昌城,日机施放毒气,李部伤亡颇多,旋退出。

　　△　　国民政府明令褒扬已故军事委员会运输总司令钱宗泽,称钱氏"抗战军兴以后,办理军事运输,苦心擘划,艰辛备尝"。

　　△　　八路军晋察冀军区一部向晋、察边境灵丘、涞源日军据点发动攻击,战至次日,攻克灵、涞间重要据点枪峰岭,守敌大部被歼。

　　△　　浙西余杭日军千余人在飞机 36 架掩护下,进犯临安,次日陷临安。10 日,顾祝同部第七十九师两路合击日军,临安克复。

△ 英国首相丘吉尔及外相哈里法克斯在下院正式宣布,英国政府决定 10 月 18 日起重行开放滇缅路,并称:关于重开滇缅路,美国与英国之意见完全一致,英国政府亦随时将此事行动通知苏联。9 日,郭泰祺对记者称:"英国开放滇缅路的决定,深可满意,但并无可惊异之处。"

△ 美国务院训令美国驻远东各地领署,劝告所有在中国、日本(包括朝鲜)、香港、越南之美侨尽速撤退。

10 月 9 日 蒋介石发表《双十节告全国军民书》,称中国是安定东亚的先锋,没有中国就没有东亚,东亚安危的重任落在我们的肩上,希望全国军民在艰险危难中一致奋发,矢忠矢信,不馁不懈,表现民族伟力,完成我们对民族祖先与对东亚、对世界的尊严使命。

△ 八路军一部在同蒲路西猗氏大关镇设伏,歼灭日军 260 余人,击毁汽车 10 余辆。

△ 广东琼崖游击队一部配合地方武装三路向海南岛文昌县进攻,并派队在琼(山)、文(昌)交界处之大致坡破坏日军交通。10 日,攻克文昌县城,敌残部向清澜港逃窜。

△ 晋东北平型关日伪军 600 余人向大营地区进犯,八路军聂荣臻部与敌展开激战,歼敌 200 余人。

10 月 10 日 国民党中央、国民政府举行国庆纪念联合纪念会,林森致词,称:我们当前的任务,"不但要争取领土主权的完整,并且要发挥我们民族潜在的伟大力量,在东亚做一个安全的重心,对世界的公理正谊与真正永久的和平尽我们应尽的维护责任"。

△ 郭泰祺在英援华委员会中国国庆纪念会上发表演说,指出:重开滇缅路"应该为英国姑息政策之尾声,但英政府及商界人士方面仍有主张讨好日本者,此点不可不严加注意"。

△ 湖南省临时参议会选出赵恒惕、彭国钧为国民参政会参政员。

△ 八路军第五纵队南下部队与北上的新四军苏北指挥部第二纵队在苏北东台县以北白驹、刘庄间的狮子口胜利会师。

△　八路军第一二九师一部袭击冀南曲周日军据点,毙伤日伪军200 余人。

△　新四军苏鲁皖边区游击总指挥部第三纵队联合抗日司令部(又称苏鲁皖边区游击总指挥部直属纵队)在海安县曲塘镇成立,黄逸峰任司令员,共 1000 余人,驻海安、曲塘、白米以北一线,作为新四军与李明扬和陈泰运部之间的缓冲地带。

△　旅缅华侨献飞机五架,支援祖国抗战,计救济特委会二架,商业筹赈会一架,全缅华侨学校学生二架。

△　日本华北方面军总司令多田骏在石家庄召开军事会议,部署对华北实行大规模"扫荡"的计划。同日,日军第四混成旅团、第三十六师团二万人,分由正太、和辽、白晋各线,向晋东南辽县、榆社、武乡间进行"扫荡";日军第二、第十五混成旅及第一一〇师团分十路向平西地区进行"扫荡"。八路军各部主力开始反"扫荡"作战,百团大战进入第三阶段。

10 月 11 日　国民政府召开全国体育会议,历时五日,通过议案 73项,主要有:设立体育卫生博物馆,经费 2000 万元,以马约翰、金宝善为筹备委员;定 9 月 9 日为国民体育节。

△　第三战区顾祝同部克复浙江新登,日军溃走富阳。

△　军令部总结黄桥战役韩德勤部失败的原因:一、意志不集中,精神不团结,李明扬始终阳奉阴违;二、新四军富有作战经验;三、我补给线早被截断,弹药缺乏;四、军心涣散,军力不强,民众力量毫无表现。

△　中共中央作出《关于对苏北名绅进行统战工作的指示》,指出:苏北名绅除韩国钧外,还有扬属领袖米干臣、淮属朱德轩、徐属韩圣谋,他们是江苏民族资产阶级的著名代表,应当考虑争取他们长期合作,并经过他们去争取江、浙民族资产阶级。

△　汪伪上海市长傅宗耀被其家仆砍毙。次日,汪伪政府任命上海市政府秘书长苏锡文代理市长。

10 月 12 日　第九战区薛岳部自 11 日分途向赣东北长江要塞马

当进攻,战至是日晨,克复马当,歼灭日军守备部队一部。旋向马当北日军进击,攻克炮台山及黄山。13 日,进至彭泽城郊,克复城东之木盘山。

△ 八路军总部发布关于反"扫荡"的命令,要求第一二九师应以不少于三个团之兵力逼近并破击正太路,第一二〇师以四个团之兵力破击雁门关南、北之同蒲路,冀中区应以有力部队破击平汉线,平西区应以有力部队向南配合作战。

△ 日机 27 架轰炸成都,于城郊投弹百余枚,法国圣修医院及天主教堂被炸毁,毁民房数十间。

△ 晋东南黎城微子镇、襄垣日军第三十六师团 2000 余人合击上遥镇。13 日向平头、下庄地区"扫荡",八路军第一二九师一部及山西新军决死队一部将敌击溃。

10 月 13 日 蒋介石在重庆出席国民党中央党政训练班第十期毕业典礼并发表演讲,认为"六艺教育就是军事教育,亦即是现代化的教育。尤其是礼、乐、射、御,更是军事教育中最重要的科目,至于书、数,当然亦应注重"。"否则就不能做现代的军人,亦不能做现代的国民"。

△ 第十六集团军夏威部第三十一军围攻桂南龙州日军,23 日,第三十五集团军邓龙光部第六十四军在郁江北岸对日军实施攻击,日军分向越南及钦县方面撤退。

△ 第五战区李宗仁部炮击宜昌日军机场,击毁飞机 14 架,装甲汽车五辆,毙伤驾驶员、机士等 30 余人。

△ 八路军第一一五师一部在鲁南郯城南徐河口歼灭伪军 250 余人,俘敌 150 余人。

△ 日机 30 余架袭击昆明,云南大学被炸,损失在 170 万元以上,其中有历史价值之至公堂全部被炸。

10 月 14 日 蒋介石接见英驻华大使卡尔,略谓:英、美素以殖民地视中国,看不起中国之力量,倘不放弃此项成见界限,不必讨论合作办法。英、美应深切明了中国非殖民地国家及其陆军贡献之重要,倘英、美尚未有此觉悟,则中国不得不独立推进其国策。

　　△　胡适致电蒋介石称:中国"欲得美国切实援助,非空文宣传及演说所能奏效,务面向各政要及各界不断活动"。并强调:"际此紧要关头,亟需具有外交长才者使美……予所以提议植之(施肇基字)即为此耳。"

　　△　陕甘宁边区后方留守处主任萧劲光致电胡宗南、蒋鼎文、卫立煌等并转蒋介石、徐永昌、白崇禧,揭露陕甘宁边区周围已驻国民党军达 20 余万人之众,近更动员民伕,配备军队,筑万里长城,名曰封锁线,西起宁夏,南濒泾水,东迄河滨,要求明令禁止,以利团结抗战。

　　△　日军第四混成旅团实江、铃木、唱交等大队及第三十六师团一部约六七千人,向晋东南东田镇地区"扫荡",八路军第一二九师一部及山西新军决死队与敌展开激战,敌不支,千余人向襄垣、潞城逃窜,大部向洪水地区退去。

　　△　日本中央部致电日本中国派遣军总司令部,指出:政府期望 10 月份和重庆进行直接交涉,若无成功之可能,继续由德国居中调解,以图促进和平;鉴于中国派遣军配合政府的和平意图影响军中工作,请放弃此种谋略,中止和平工作。至此,日本诱降蒋介石的"桐工作"结束。

10 月 15 日　重庆各界举行反轰炸大会,并发表宣言指出:日机滥炸平民,系违背道德原则,阻碍文明进化之暴行。并申明反轰炸必须加强防空实力,争取最大之国际援助。最后推定国际反侵略中国分会等 11 团体成立临时委员会,筹组"大空军建设运动促进会"。

　　△　第四战区一部进袭广西龙州,并攻入西门与敌巷战至晚。

　　△　日军田中部陷苏南溧阳。同日,野田部攻陷皖南郎溪。

10 月 16 日　鲁南八路军一部在鲁南抗敌自卫军配合下,粉碎日伪军"扫荡",至是日收复青驼寺、葛沟、海头等 17 处据点,毙、伤、俘日伪军 800 余人。

　　△　军事委员会副参谋总长白崇禧电令第一七六、第一三八、第一

七二师攻击苏北新四军,其部署为:一、以策应苏北,巩固皖东,肃清异军为目的,以第一三八师配属皖保八团,游击第十纵队、皖东各县地方团队,组织扫荡队,肃清异军。二、扫荡分两期进行,11 月中旬一次,年底一次。三、扫荡完毕即相机进出淮南执行作战任务。

10 月 17 日　蒋介石分别召见英、美驻华大使卡尔、詹森,商谈三国合作问题。蒋对卡尔称:倘中国不能继续抗战,英国所受之影响若何? 英国不援华,于英何益? 卡尔答称:"中国抗战实际为英国而战。英国视中国为第一道防线,英国自应全力相助中国。"在与詹森谈话中,蒋介石切盼二三个月内,能得到美国装制齐备之飞机 500 架,以济眉急。如果美国空军志愿飞行人员来华助战则更佳。詹森答称:"美国定将尽力援华,当将此事电告华盛顿。"

△　第一战区卫立煌部攻克豫北原武城。

△　八路军第一一五师一部在鲁南徂徕山阻击日军,毙伤日军独立第十旅团大队长渡边大佐以下百余人。

△　日机 18 架轰炸重庆,在市区投弹,炸毁仅存之天主堂及民房 10 余幢,死伤市民 10 余人。

△　日军"扫荡"太岳区根据地,历时 13 日,沿途屠杀平民达千人。

△　日驻越南军事首领中山对记者称:滇缅路开放后,日机将对中国境内之一段予以破坏,以减少第三国对重庆的援助。21 日,日机炸毁滇缅路中国境内怒江桥梁一座。

△　美国复兴银行董事长琼斯及中国银行董事长宋子文在美国接见记者,琼斯称:中国可接受美国一亿美元之借款,美国拟再对中国借款若干,仍在考虑中。又称:彼极愿以一切可能之方法援助中国,现正考虑向中国购买各种货物。

10 月 18 日　滇缅公路重新开放,交通部次长曾养甫赴仰光主持通车事宜。是日,滇缅路上数百辆卡车满载货物由缅驶滇,其多数来自美国。同日,香港政府辅政司声明,恢复滇缅路封锁前香港、中国间的贸易关系,前禁运之汽油、铁路器材等,一律解禁。

△　国民党中央宣传部长王世杰发表声明称:滇缅路开放后,日本必将继续实施轰炸,且将变本加厉,吾人必须继续努力,并吁请各国对中国加以及时而有效的援助。

△　蒋介石接见美驻华大使詹森,声称"至今已不患日寇敌军之侵略","所虑者惟中共猖獗"。如能获得美国大批经济、军事援助,"则中共无所施其技矣"。

△　宁夏省主席马鸿逵抵重庆述职,并向记者发表谈话,称宁夏抗战以来,"人民抗战情绪高涨,回胞参加抗战建国工作,尤多贡献,人民不论宗教、职业之异同,感情均甚融洽"。

△　第九战区薛岳部克复赣北奉新。

△　日军陷浙江诸暨。

△　日军在山西晋阳西峪村屠杀村民 386 人,制造"西峪惨案"。

10 月 19 日　军事委员会参谋总长何应钦、副参谋总长白崇禧致电朱德、彭德怀、叶挺、项英,指责八路军、新四军:"(一)不守战区范围,自由行动;(二)不遵编制数量,自由扩充;(三)不服从中央命令",破坏行政系统;(四)不打敌人,专事吞并友军。以上四端,实为所谓摩擦事件发生之根本";命令八路军、新四军各部队"限于电到一个月内,全部开到中央提示案第三问题所规定之作战地境内,并对本问题所示其他各项规定切实遵行,静候中央颁发对于执行提示案其它各问题之命令"。并称:关于周恩来所提"调整游击区域及游击部队办法三种,其第一、第三两种,决难照办,其第二种应俟开到规定境内后,再行酌办"。这是国民党发动第二次反共高潮的信号。

△　国民政府颁布《宁夏省民国二十九年度地方普通总预算书》,核定国币 335.5726 万元;又颁布《河南省民国二十九年度地方普通总预算书》,核定国币 1700.6603 万元。

△　国民政府颁布《重庆陪都建设计划委员会组织条例》,凡 12条,规定该会隶属于行政院,设主任委员一人,副主任委员二人,下置总务、财务、技术三组。

　　△　国民政府明令每月补给陕西省 10 万元,"俾加强'陕北边区'各县之行政力量"。

　　△　蒋介石在重庆出席军事教育会议闭幕典礼,并演讲目前军事教育的要务在于力求"实在",亦即"要使一般学生人人都具备管理一切人、事、物、地、时等知能"。同时要求军校充实学生农业的技能和运用机械的技能。

　　△　军事委员会任命罗奇为第三十七军副军长。

　　△　第三战区顾祝同部克复皖南郎溪、浙江诸暨。同日,第五战区李宗仁部克复皖中潜山。

　　△　重庆各界 3000 人举行鲁迅逝世四周年纪念大会,梁寒操、田汉、胡风、王昆仑、沈钧儒、郭沫若、周恩来、叶剑英、舒舍予等出席。冯玉祥任主席,并发表讲话指出:鲁迅先生的伟大精神第一是"真";第二是"硬";第三是"韧"。"我们就是要学习这三种精神,来争取我们抗战的胜利,来完成我们反帝反封建的任务"。周恩来讲话称:"鲁迅先生是一个伟大的文化战士,也是一个伟大的文化斗士",他一生"律己严","认敌清","交友厚","疾恶如仇",是我们每个人值得效法的。

　　△　南洋华侨筹赈祖国难民总会副主席、菲律宾华侨"木材大王"、华侨银行董事长李清泉在美国逝世。其家属以其遗产一部分 10 万美元捐助祖国,作救济难童之用。11 月,马尼拉的一些侨团及李氏友人为纪念李氏,又筹集 40 万美元捐助祖国,救济难童。

　　△　日本陆军省任命后宫淳为华南军司令。

　　△　据中央社报道:美国官方人士表示,将对日扩大禁运范围,增加对中国之援助,美国已向中国运出飞机 53 架,在最近将予中国以新借款。同时,在缅甸方面有美制卡车数千辆,满载数月来囤积缅甸之货物,不久将运往中国。仰光湾四艘美轮上的货物亦是供给中国的。

　　10 月 20 日　社会部拟定重庆市工运新方案,规定:"今后工人入会、退会,将改强制办法,对于各种重要产业工人得以军事方式管理之。"并派社会部副部长洪兰友兼任重庆市工会督导专员。

△　第三战区司令长官顾祝同主持召集军事会议,研究处理皖南新四军问题。顾称:如果新四军不遵电令,向南或向西流窜,就须增加皖南方面的力量,作堵击的准备。顾祝同指示情报室主任卢旭要密切注意新四军接到北移命令后的行动。

△　周恩来电告叶挺和项英,蒋介石和何应钦逼新四军渡江的决定"决不会取消",因此应抢渡一部;并指出在安徽无为渡江有危险,"宜在无为以东地区渡江"。如蒋、何相逼太甚,新四军只有向南冲出一条生路。

△　平汉、正太、同蒲各线及襄垣、潞城等地日军万余人向清漳河两岸地区"扫荡"。

△　日机 69 架袭击云南昆明、蒙自等地。

10 月中旬　蒋介石密令国民党重庆特务监视周恩来、叶剑英的行动。国民党特务头目徐恩曾、戴笠、康泽等密商逮捕四川省全部共产党员的办法。

△　驻山西五台县日军千余人进行"报复扫荡",在化塔、河西等村杀害村民 130 余人,烧毁粮食 2000 余石。

10 月 21 日　第四战区张发奎部向桂南思乐发动进攻,夜半攻入城区,日军向南宁溃退,思乐克复。

△　陈毅向中共中央军委和新四军军部报告:已下令前线停止进攻兴化韩德勤部,八路军、新四军各部队一律就原地固守,同时派代表与国民党军商定彼此停战言和。请中央和军部速告周恩来、叶剑英,转告蒋介石、顾祝同,一律停止进攻,开诚言和。

△　胶东八路军猛攻文登附近日军据点,昨、今两晚连克王村、高村、石岛等据点 10 余处。

△　日伪军"扫荡"山西和顺县榆树坪,屠杀村民和驻村伤病员 150 余人,烧毁房屋 300 余间。

10 月 22 日　国民政府明令公布《国民大会筹备委员会组织条例》,凡 10 条。31 日,特派叶楚伧、张群、王世杰、魏怀、周钟岳、蒋作宾、陈立夫为国民大会筹备委员会委员,并指定蒋作宾为主任委员,叶楚伦为副主任委员,特派张道藩为秘书长。

△　国民政府代表宋子文、中国中央银行代表李干、中国政府资源委员会代表吴志翔与美国华盛顿进出口银行总经理皮尔生、金库副主任格利芬签订《中美钨砂借款合同》,双方洽商:中国资源委员会同意输运钨砂售给美国金属准备公司(即美国政府之代理机关),总售价达美金3000万元。美国进出口银行同意贷予中国中央银行美金2500万元之借款,将钨砂运销美国所得之"净收益"作为担保。进出口银行借予中央银行之2500万美元,时间在1940年12月31日以前。

△　日军"七三一"部队在石井四郎指挥下,在宁波上空投下鼠疫菌,致鼠疫流行,90余人染病,除二人外全部死亡。

△　华南日军当局宣布:由于香港继续以重要物资接济重庆,日军将在九龙英租界地区登陆,以期最后截断香港至重庆之路线。

10月23日　第四战区张发奎部第六十四军分由邕武、邕宾、邕永三路,向南宁外围高峰坳、天邓村、三塘、四塘、剪刀圩各据点发动攻击,日军以飞机助战,死守据点。张部虽力战竟日,终未突破敌据点,双方相持至28日。

△　东北抗联第二路军第二支队袭击黑龙江虎林、密山交界之日军武装"开拓团",毙敌数十人。

△　日军侵占山西兴县城。数日间,日军在兴县城乡屠杀1300余人,烧毁房屋5700余间。

△　晋东南黎城日军千余人向西山地区"扫荡",八路军第一二九师一部与敌战至次日,将其击溃,毙伤200余人。

10月24日　国民政府任命谷正纲为社会部长。

△　经济部修正公布《放纱收布办法》,凡九条。

△　李明扬至苏北海安与苏北名绅韩国钧协商,决定30日在曲塘召集苏北抗敌和平会议,拟定参加者有江苏省政府、新四军、江苏各保安旅、团及游击军代表与苏北八县代表等。

△　陈公博发表广播讲演劝降,希望"重庆政府加入全面和平运动"。

△　日本驻汪伪政府大使阿部信行离上海返东京,与本国政府商讨"重新检讨南京政府问题"。

10 月 25 日　陈毅致电蒋介石,陈述新四军为团结抗战计,已停止对韩德勤部的军事行动,派人到泰州与韩军谈判,并提出五点意见转告韩德勤:一、我军不再进攻兴化;二、请韩主席向蒋委员长、顾司令长官要求停止对皖南、皖北新四军的包围;三、请韩主席放弃反共方针,划分地区,一致抗日;四、改善政治;五、召开各方合作会议,商决一切。

△　贺龙在《八路军军政杂志》撰文《一二〇师抗战三周年》,总结第一二〇师三年来的斗争经验:一是坚持了游击战争;二是发动群众;三是坚持统一战线,与友党友军和各阶层人士团结一致,对付共同敌人。

△　八路军鲁南军区成立,邝任农任司令员兼政治委员,下辖四个军分区和三个支队。归第一一五师指挥。

△　日机 44 架分两批轰炸重庆,在长江南岸美国大使馆附近及市郊投弹,美舰"杜伊拉号"及太古公司"万象"、"万流"两轮被炸伤,炸毁民房 10 余幢,死伤居民 10 余人,被中国空军击落一架,坠于涪陵。

△　日军对晋西北之静乐、岚县、文水、交城间进行"扫荡",八路军第一二〇师一部与敌战至 11 月 5 日,将敌击溃,毙伤 450 余人。

△　日军参谋总长杉山元来中国视察,并携带《处理中国事变纲要》(草案),征求中国派遣军各方意见。华南方面军司令官后宫淳反对中央的意见,极力主张集中力量打倒蒋政府,提出若给华南方面军增加三四个师团,可以占领昆明,断绝缅甸通道,接着与华北方面军作战配合,可以消灭蒋政权。26 日,中国派遣军政务参谋堀场雄一则提出占领广大富饶地区,留给敌人贫瘠的地方,实行经济封锁,而后对内地进行毫无顾忌的蹂躏作战。对此,杉山元以中央鉴于世界形势的变化,不能埋头对中国进行十年战争,未予置理。

10月26日　国民党中央秘书处致电军事委员会,谓黄桥失利后,苏北20余团大军全部溃散,高级将领李守维、孙启人、翁达等生死不明,陈毅等乘机占领海安、东台、盐城等县,望乘陈毅部立足未稳之际,速派大军收拾苏北残局。

△　四川省临时参议会选举朱之洪、胡子昂、黄肃方、陈敬修为国民参政会参政员。

△　浙东萧山日军于24日向绍兴进犯,是日守军第十六师何干部、第六十七师莫与硕部弃守,绍兴失陷。28日,何、莫两部联合反攻,敌不支,乃向萧山逸去,绍兴失而复得。29日,克复漓渚、河桥等日军据点。

△　日机33架分两批轰炸重庆,投弹29枚,死伤民众20余人,炸毁房屋160余间。同日,日机九架袭昆明,与欧亚航机一架遭遇,中外乘客四人受伤,航机坠毁。

△　桂南日军总部发布撤退南宁的命令:一、钦(州)防(城)方面军队,应由钦宁地方向广东及海南岛方面转进;二、板田兵团(即近卫师团)即开始由南宁撤退,先集中于钦州附近,以备转进;三、中田兵团(即第五师团之一部)应于板田兵团南进之同时,逐次缩小其警备区域,在钦县附近阵地掩护其撤退。

△　汪精卫致电蒋介石劝降,略称:"余深望足下坚决宣布中日议和的主张,使全国人民努力协助政府实现和平及恢复治安工作。"

△　日军参谋总长杉山元向中国派遣军总司令部参谋部发表关于处理"中国事变"问题谈话,称:"目前事变的处理正处于重要的转折点","因为从速实行对中国内地的直接进攻既不可能,期望第三国的策应(外交上或武力上)又自有限度,现在为了这个目的而制订的主动的方案,必须以长期持久战术为主体。"关于解决"中国事变"的办法,有以下三种方案:第一种,根据长期持久战方略,建设"新中国";第二种,根据战线的大调整,主动地永久占领重要地点;第三种,根据现在暂时维持的战线,迅速地进行外交处理。此三种方案,"以建设新国家的方针

作为主干"。关于"建设新国家"的范围,有以下三种方案:第一种,华北或新旧黄河以北;第二种,华北以及京汉线以东、长江以北;第三种,华北以及京汉、粤汉线以东的华中、华南。此三种方案,以第二种为"基本目标",第三种为"争取目标"。关于"在最小范围内建立新国家,其后解决事变的办法",有以下三种方案:第一种,封锁江南和华南沿岸;第二种,切断并占领粤汉沿线;第三种,进攻并蹂躏中国内地。此三种方案,按"长期持久战的指导",应以第二种为"基本目标"。

△　据合众社上海电讯称:德国现正怂恿日本政府向重庆方面建议,除华北外,愿将其他日军占领区及华中、华南若干军事根据地交回中国,并称:"放弃汪精卫政权,而以较宽大之和平条件饵蒋介石,如可能时要英作调停人,否则由德国人任调停人亦可。"为此,日外相松冈要求暂时停止日本与汪精卫政权之谈判,并"作到直接与蒋介石谈判"。

△　日军千余人"扫荡"山西定襄县芳兰村,烧杀抢掠,屠杀村民200 余人,烧毁房屋 2000 余间。该村被烧杀 13 次,被杀害村民达540 人。

10 月 27 日　第一战区经济委员会致函行政院,报告第二战区走私之风盛行,缉私机构太不健全,请求加强组织,增加经费,并选训优秀青年担任缉私工作。

△　平汉铁路工人组成的抗敌破坏队代表抵渝,中国劳动协会、全国邮务总工会、重庆市总工会为他们举行招待大会。代表向重庆工人报告了自卢沟桥事变以来平汉铁路工人对敌斗争的情况:至本年 8 月底,先后破坏敌人交通 305 次,击毙日伪军 4000 余人,俘日伪军 1000余人。

△　日军独立第三、第十六混成旅团 3000 余人"扫荡"晋西北。29日,八路军第一二〇师一部及山西新军第四纵队在平遥回回堡与日军激战,毙敌大队长佐木,俘大队副山田和治。

△　日军在冀中赵县郭家庄屠杀民众 2200 余人,地方政府公务员等 800 余人,制造"郭家庄惨案"。

△ 日机36架分两批轰炸成都,在少城公园及皇城一带投弹百余枚,炸毁民房400余间,死伤数十人。市立民众教育馆、甫澄纪念医院及王铭章纪念铜像基石被炸毁。

△ 美国务卿赫尔发表演说,称美国决继续援助中国和英国,此系美国和平政策之一部分,倘有人反对此举,则无异否认美国行使其不可分离之自卫权。

10月28日 国民党中央常委会通过,由张继、刘文岛、贺耀组等组成中央党务工作考核委员会,张继任主任委员。

△ 国民党中央常委会决议:各省、市临时参议会参议员如被选为参政员,只能自行决定择任一职,不能兼任参议员(包括议长、副议长)或参政员。

△ 第十六集团军夏威部第一八八师向龙州出击,是日晨收复龙州。29日,向凭祥方面追击,日军由邕龙路转邕钦路,经钦县撤退,乘舰出海。夏部乘势先后收复上金、宁明、明江、绥渌等县。31日,收复凭祥。

△ 经济部通令各战区司令长官部、各省、市政府及各战区经济委员会:确立经济壁垒,加紧对敌经济封锁,妥速设法抢购战地物资,并积极发挥经济游击队之力量,对敌人之经济设施彻底予以摧毁。

△ 日本外相松冈派外务省参事官田尻爱一同前驻沪领事船津辰一郎以及西义显赴香港,与钱永铭的代表周作民、张竞立会谈,田尻等提出9月5日的"太田试案"。11月1日钱看到提案,即同周作民亲拟致蒋介石的报告书,派员送往重庆。

10月29日 国民政府颁布《非常时期取缔集会演说办法》,规定:集会召集人及演讲人姓名、职业、住址、开会目的及其地点,预计参加人数与其职业,演讲要旨,应详报当地警察机关;集会及演讲时,应由当地警察机关派员莅视,召集人及讲演人应接受其指导与纠正。此办法先在重庆市施行。

△ 延安各界开会纪念鲁迅逝世四周年,决定成立鲁迅先生研究

委员会,加强发展鲁迅先生基金委员会工作,定 10 月 19 日为"鲁迅节"。

△ 日军近卫第一旅团及第二十二军各直属队自南宁南撤,是日渡过邕江。行前纵火焚烧城内主要建筑物及附近村庄,火势炽烈,三日未息,城垣为墟。第四战区第一五六师王德全部乘势向南宁推进,是日午到达三塘附近,第一五九师陈骥部进至高峰坳,第六十四军邓龙光各部收复四塘、剪刀圩等处,晚进至二塘、心圩之线。

10 月 30 日　南宁收复。第四战区第一五六、第一五九师分由邕武、邕宾两路同时向南宁进击,是日拂晓进入南宁城,并续向南推进。

△ 湖北省临时参议会选出孔廷、沈肇年、李廉、李荐年为国民参政会参政员。

△ 日军第三十六师团冈崎大队自晋东南左会水腰间窜抵武乡东之关家垴、柳树垴一带。八路军第一二九师及山西新军各一部向日军展开猛攻,激战数小时,占领关家垴附近高地数处。次日,日军以飞机配合继续进犯,八路军与敌肉搏四次,将关家垴周围高地完全占领,冈崎大队 400 余人被歼殆尽。八路军新十一旅旅长范子侠负伤,山西新军决一纵队第二十五团政委凌刚之阵亡。

10 月 31 日　苏北抗敌和平会议在海安曲塘召开。因韩德勤临时变计,拒派代表参加,乃改开谈话会。会议由韩国钧、李明扬主持。新四军代表陈毅、管文蔚、朱克靖,八路军代表吴法宪,苏鲁边区游击指挥部总司令陈泰运、黄逸峰、季方;税警总团副司令林叙彝及各保安旅团的代表和八县代表,共 30 余人参加。会议决定解决苏北临时办法及基本改造苏局办法,由李明扬及韩国钧携往韩德勤面谈,再定期开会,地点在海安韩国钧家中。李明扬、韩国钧、陈毅在会上作了讲演。陈毅讲演表示:"新四军对韩主席绝不采取报复手段,而以大局为重,只要承认新四军、八路军在苏北的政治地位,则八路军、新四军愿与各方合作。"

△ 韩国钧、李明扬致电军令部长徐永昌,报告苏北曲塘会议之详情,并将会议各方所提意见交国民政府实施:一、实现在苏军、民、党、政

抗敌合作,国共大团结;二、以三民主义为最高原则,以实现《抗战建国纲领》为目前任务,立即组织民意机关;三、实施廉洁政治,肃清贪污,减轻人民负担,改善人民生活;四、实行严格整军,统一指挥,务必成为抗日爱民的军队;五、立即给人民以言论,出版、结社之民主自由;六、实施对敌经济封锁,调剂金融,增加生产;七、实施抗日教育,肃清麻醉堕落教育与敌人奴化教育。

　　△　蒋介石手拟中国今后应采取的国际战略:中国与日本媾和为"下策";参加英、美战线为"中策";独以日本为敌,而对英美、对德意皆采中立政策,乃为目前惟一之"上策"。"如此对美、对德、对俄皆有进退自知之余地,而且皆可由我自动抉择"。

　　△　国立中正大学在重庆开学。蒋介石致训词,略称:"中正对于教育之主张为文武合一,术德兼备。"全校分三院一班,学生391人,校长为胡先骕。

　　△　国民政府令:派内政部长周钟岳视察昆明被炸灾情,并拨款20万元赈济灾民。

　　△　第二战区阎锡山部克复晋南芮城及晋西孝义县兑九峪、高阳镇等地。

　　10月下旬　顾祝同派第三十二集团军总司令上官云相前往皖南泾县新四军军部,和叶挺、项英等谈判新四军北移等问题。叶等提出如下条件:一、给新四军预发五个月薪饷,并发给开拔费200万元。二、一律换发新式枪支,及子弹100万发。三、留一部武装部队于铜陵、繁昌一带。四、新四军抗属应予慰劳及优待,其所组织抗战团体,应加以保障。五、在江南的新四军只开至苏南为止。上官云相表示有关问题与顾祝同商量后再定。

　　△　周恩来就何应钦、白崇禧"皓电"同冯玉祥交谈。冯主张中共中央立即复电何、白,"软硬兼用,表面让步,实际自干",要提出抗日条件,作积极表示,待电报到后,冯即约孙科见蒋调解,制止"剿共"战争的爆发。

△　财政部公布《全国桐油统购统销办法》，凡 15 条。

△　教育部设立三民主义教学研究会，蒋介石任名誉会长，陈立夫为会长，计分民义、土地、经济建设、地方自治、行政机关等九个研究组。

是月　蒙藏委员会 60 余人联名向国民政府提呈改善边政意见，要点为：健全调查机构，增进工作效能；改善生活待遇。

△　中共中央作出关于皖南新四军北移的行动方案：一、军部移动到新四军第三支队活动的区域繁昌一带，作好在国民党进攻时北渡长江的准备；二、如有可能，移至苏南；三、直接移至皖北。并指出，向南进入黄山山脉游击，无论从政治上、军事上都是最为不利的。

△　日工农学校在延安成立，日共领导人冈野进任校长。该校的宗旨为"扫除俘虏们的日本'圣战'观念"。学习课程有国内外形势、世界地理及政治经济学原理等。

△　伪满洲国实施第一次"国势调查"。据《满洲国现势》公布，1932 年至 1940 年 7 月，日本向伪满洲国开拓移民日系 5.9705 万人，鲜系 9.6518 万人。另有青年义勇队 3.7205 万人，勤劳奉仕队 2.1794 万人。

11　月

11 月 1 日　第三战区顾祝同部克复浙东临浦，并向萧山挺进。8 日，进至萧山城郊。

△　重庆卫戍区扩大辖区，由原九县一市扩大为 14 县一市。

△　陕西省临时参议会选出张凤翙、张守约、李芝亭为国民参政会参政员。

△　资源委员会与四川盐务管理局联合在四川自贡设立自流井电厂，由吴运宪主持，有员工 264 人，抗战胜利后改由王序观主持。

△　资源委员会与江西省政府联合在江西泰和成立江西车船厂，由陈董主持。抗战胜利后结束。

　　△　资源委员会与青海省政府联合在青海西宁成立西宁电厂,由沙荫田主持,有员工 146 人,抗战胜利后改由宁志纯主持,并让予青海省政府。

　　△　八路军第一二九师攻克冀南隆平。

　　△　贵阳《中央日报》在湖南芷江出刊芷江版。

　　△　《武汉日报》宜昌版迁湖北恩施出版。

　　△　美国商务部发表本年九个月内中美贸易情况:华货输美价值7047.2 万美元,较去年同期增加 74%;美货输华价值 6225 万美元,较去年同期增加 80%。

　　11 月 2 日　川康经济建设委员会在成都成立,蒋介石兼任委员长,黄季陆、徐堪、卢作孚、何廉等为委员,是日召开第一次会议,决议通过《整个经济建设计划》等,决定扩大资金组成川康兴业公司,作为推动经济建设业务之机构。

　　△　周恩来同苏驻华大使潘友新谈话。潘友新认为,仅据现有材料尚难判定蒋介石已与日本妥协,并认为"非新四军从江南撤退不使蒋满意和停止'剿共'战争"。周将潘的意见告中共中央。

　　△　毛泽东、朱德、周恩来等致电印度国民大会主席尼赫鲁,对他被印度当局逮捕入狱表示慰问。

　　△　日军 2500 余人进犯山西和顺县寒王镇,八路军第一二九师一部侧击日军,毙伤敌百余人。

　　11 月 3 日　广东、江西、甘宁临时参议会分别选出国民参政会参政员:广东金曾澄、黄筑一、李仙根;江西王又庸、张国焘、王枕心、刘家树;甘宁苏振甲、骆力学。

　　△　新四军一部在安徽巢县北宫村附近歼灭日军 200 余人,击毁汽车一辆。

　　△　鲁东胶县伪自卫军杨扶华率部 2000 余人反正。

　　△　日军自海南涠洲岛撤退,临行纵火屠城,该岛化为焦土。

　　11 月 4 日　白崇禧在总理纪念周报告《敌人为什么撤退南宁》,称敌退南宁足证明其已是"能战不能守,能守不能久",经受不起逐次消耗、长期消耗;重申:"我们必须充分运用'积小胜为大胜,以空间换时间'的原则,打击敌人,消耗敌人,进行全面持久战。"

　　△　蒋介石致电韩德勤,略称:苏北黄桥失利后,官兵全失斗志,军风军纪荡然,且溃兵为匪,民不聊生,异军却被苏北民众誉为救国军,实诚吾人之奇耻,务望严整所部,努力争取民众同情。9 日,韩德勤电告蒋介石:该部在黄桥战役失利后,已无力再战,请求速派大军来援,实施反攻。

　　△　军事委员会任命马法五为第四十军副军长,刘嘉树为第五军副军长。

　　△　贵州省临时参议会选出黄宇人、吴道安、马宗荣为国民参政会参政员。

　　△　毛泽东、朱德、王稼祥致电叶挺、项英、刘少奇等,指出:立即动员一切可能的党政、军、民力量去进行争取友军工作,成为你们今天最中心任务之一。

11 月 5 日　绥境蒙政会第六届大会开幕。参加者有沙王、鄂王、荣祥、奇文美、阿陵及新任蒙政会委员贺耆寿、白音仓等。绥蒙副指导长官朱绥光主持会议。傅作义发表《告伊盟官兵书》,称欲安定伊盟,舍蒙、汉团结而外,别无他途,策勉蒙、汉合作御外侮,团结一致求进步。7 日,大会闭幕。

　　△　军事委员会任命王仲廉为第三十一集团军副总司令,李楚瀛为第八十五军军长,冯圣法为新编第九军军长,陈式正为第九军副军长。

　　△　广西省临时参议会选出叶民伟、阳叔葆、蒋继伊为国民参政会参政员。重庆市临时参议会选出胡仲实、潘昌猷为国民参政会参政员。

　　△　《中央日报》载:监察院战区巡视团第一团赴湘西各县视察,视察事项为精神总动员、公务人员贤否、新县制、兵役、粮食、食盐、伤兵、难民和难童、金融、司法、禁烟等。

△　日本政府颁布《日满华经济建设要纲》，提出："大约在今后十年间把三国（指日、"满"、华三方）结成一环，建立自给自足的经济体制。"并对日、"满"、华三方今后经济发展的不同目标和重点进行了新的调整和规定，提出：在工业方面日本主要"谋求高度的精密机械工业（指飞机、坦克、军舰、枪炮等军工制造业）划时期的振兴，大力发展重、化工业和矿业等基础产业"；"满洲国"则重点发展矿产及发电业，也要发展必要的重、化工加工工业；中国占领区（指关内部分），主要发展矿产、制盐业等工业原材料。日本的轻工业特别是纤维及杂品工业考虑将向中国大陆转移。农业方面，日本要确保国民主食及水产品的发展，"满洲国"则是日、"满"、华的粮食、饲料补给地，是供给世界特殊农产物的主要来源，因此将大力促进其农业和全面增产，并考虑从日本移植大批农业开拓民入满，中国占领区的农业则主要确保国民主食及棉花等特殊农产物的增产。在劳务政策方面，日本将对满洲及中国占领区提供必要的技术人员和技能工人。"满洲国"则须有计划地大批组织华北劳工入满和定居，同时要加强对劳工的监理制度。

△　汪伪政府任命陈公博为伪上海市长，陈耀祖为伪广东省长。

11 月 6 日　毛泽东致电周恩来，指出："剿共"则亡党亡国，投降则日寇必须使中国四分五裂，必使蒋崩溃，请向国民党各方奔走呼号，痛切陈词，以图挽救。

△　日军独立第一混成旅团 1300 余人向冀南武安地区"扫荡"，八路军一部阻击歼敌，毙伤 200 余人，残敌向阳邑一带溃窜。

△　罗斯福第三次连任美国总统。8 日，罗发表对外讲话，表示"全力以赴援助中国、英国"。

11 月 7 日　据《中央日报》载：外交部发言人就日《每日新闻》载德、意、法三国驻渝大使曾向中国政府建议与日本讲和事答记者称：此乃日人造谣惯伎，毫无根据。并指出：抗战以来，德、意大使迄未来渝，于此更见日人造谣之无稽。

△　行政院公布《战时土地权利处理暂行办法》。

△　第五战区李宗仁部克复豫南罗山县,残敌溃走信阳。

△　中共中央发出《关于反对投降挽救时局的指示》,指出:目前日本正在积极引诱中国投降,德使陶德曼有电报致中国当局实行劝和。国内亲日派阴谋家与内战挑拨者,正在积极活动,包围与压迫中国当局发动内战,实行投降。时局危机极端严重,全党必须动员起来,反对投降分裂,挽救时局危机。

△　八路军晋绥军区在兴县李家湾成立,司令员贺龙,政治委员关向应。下设四个军分区,彭绍辉、张宗逊、王尚荣、韩钧分任第二、三、四、八军分区司令员。

△　晋察冀边区政府机关报《抗敌报》更名为《晋察冀日报》,改三日、二日刊为日刊,邓拓任社长兼总编辑。

11 月 8 日　东北抗日联军第三路军第十二支队徐泽民部,联合当地义勇军、爱国士绅,攻克黑龙江肇源县城,将伪军全部缴械,击毙日军警务长以下日伪军九人,俘虏伪警察 116 人。

△　新四军一部夜袭安徽凤阳西北长淮街,歼灭日伪军 200 余人,俘伪军 40 余人。

△　伪苏浙皖绥靖军王有贵部 300 余人于安徽全椒反正。

△　上海法租界当局与汪伪政府订立协定,是日汪伪政府接收租界内之国民政府第一特区法院和江苏高等法院第三分院。9 日,外交部发言人对此提出抗议,宣布:此后租界内自称为中国法院之任何机关,当然非法,其所有裁判及其他行为一律无效。

△　日本内阁会议决定《对华经济紧急对策》,提出"中国经济措施应在我方指导下,不拘泥于历来措施,迅速加强中国各方面经济力量和综合运用,促进当地必要物资的调拨及获得帝国所需物资的进口"。

△　新东亚建设恳谈会在东京举行,汪伪政府派代表赵毓松、何佩瑢、蔡培、傅式说参加。赵毓松在会上宣称:希望际此东亚建设新秩序开始,中日两国密切提携,谋奠定东亚复兴之大计。

11 月 9 日　蒋介石分别约见英、美驻华大使卡尔、詹森,面交《中、英、美三国合作方案》。方案首先提出合作的三原则：一、坚持《九国公约》之"门户开放"与维护中国主权、领土、行政完整原则。二、反对日本之所谓建设"东亚新秩序"或"大东亚新秩序"。三、认定中国之独立自由为远东之和平基础,亦即太平洋整个秩序建立之基础。继之提出"相互协助之具体项目"四点:一、合作宣言发表后,贷款二亿至三亿美元给中国。二、由美国海军每年以信用贷款方式售给中国战斗机 500 架至 1000 架,本年(1940)内运华 200 架至 300 架。此外其他武器的数量种类,另行商定。三、英、美派遣军事与经济、交通代表团来华,组织远东合作机关。代表团团员由中国政府聘为顾问。四、英、美两国或英、美任何一国与日本开战时,中国陆军全部参战,中国全国空军场所,联军亦可使用。

　　△　蒋介石致电英国首相丘吉尔,对其感"中国民族痛苦日深,因而决定恢复滇缅路之一切运输","特布感佩之忱"。

　　△　朱德、彭德怀、叶挺、项英复何应钦、白崇禧 10 月 19 日电,申述八路军、新四军之行动、防地、编制、补给以及关于团结抗战之大计,指出:国内一部分人士正在内外勾煽,欲以所谓中日联合剿共结束抗战局面,以内战代抗战,以投降代独立,以分裂代团结,以黑暗代光明,其事至险,其计至毒,道路相告,动魄惊心,时局危机,诚未有如今日之甚者。对于国共摩擦事件要求派公正大员彻查;对于八路军、新四军编制数额要求酌予增加;对于补给款项要求一并核示;对于陕甘宁边区要求解决悬案和制止封锁,对于团结抗战要求不变国策;对于防地,江南正规部队"遵令北移",江北部队"则暂时拟请免调"。

　　△　八路军第一二九师一部再克晋东南榆社县城。

　　△　日本华北方面军集结 1.2 万余兵力,分路向北岳区进行大"扫荡"。进入易县,烧毁民房 2200 多间;在五台县,摧毁大小村庄 98 个,烧毁民房 2.0067 万间,杀害群众数百人。自是日起,北岳区军民在聂荣臻率领下,开展反"扫荡"作战。

　　11 月 10 日　第五战区李宗仁部反攻湖北沙市,克复沙市东南之窑湾。

△ 新四军一部在江苏常熟歼灭伪军一部,俘伪团长冯玉堂以下百余人。12 日袭击丹阳,歼灭日伪军 180 余人。

△ 何应钦电令卫立煌,限第一战区内之新四军于本月底以前向黄河以北地区撤退。

△ 白崇禧电令第一七六、一三八、一七二师阻击江南新四军北移,"以主力控制于适当之机动位置,乘其渡江立足未定而击灭之"。

△ 晋东南日军连日窜扰黎城、长子,是日第二战区阎锡山部攻击长子外围之敌,攻入岚水村、草坊镇,毙伤敌百余人。

11 月 11 日 叶挺在江西上饶与顾祝同谈判,提出两点意见:一、新四军北移路线及行军事项。为北渡安全计,请准由江苏长江南岸北渡(镇江岸、靖江岸);皖南部队尽先驻苏南溧阳、溧水、宜兴、金坛等县,由此逐步进入敌后,在三四个月内完成北渡;在新四军移驻期间,第三战区一切军事部署保持 10 月份原状。二、军需补给事项。除请发薪饷、米贴费、医疗费等 25 万元外,另请加发抚恤款 10 万元、开拔北渡特别费 50 万元。请补给步枪 500 支,轻机枪 100 挺,枪弹 100 万发、手榴弹二万只。顾祝同表示可经苏南北渡,但不批准驻地,12 月底以前长江以南部队全部渡过长江。关于军费补给事宜,转呈何应钦核准。对于北移安全,顾表示以政治人格担保。并要叶挺对北移的细则问题,就近请示第三十二集团军总司令上官云相办理。

△ 延安《解放》周刊发表社论《目前时局的严重危机》,指出今天存在严重的投降危险和反共内战危险,希望全国抗日的其他党派与无党无派的人士,共同起来反对。社论还向蒋介石郑重声明,中国共产党人是拥护蒋先生及蒋先生领导抗战到底的,恳切要求蒋先生坚决排除包围左右、挑拨内战、阴谋投降的亲日派。

△ 军事委员会任命黄维为第五十四军军长。

△ 国民政府公布:本年 1 月 1 日至 9 月 30 日,全国对外贸易入超为一亿元,进口货共值 3500 万元。

　　△　国民政府派驻墨西哥公使谭绍华为墨新总统就职典礼庆贺专使。

　　△　福建省临时参议会选出石磊、李黎洲、康绍周为国民参政会参政员。

　　11 月 12 日　蒋介石对来渝参加粮食会议的各县、市长发表讲话，总结全国粮食管理局成立以来，对粮食管理虽订有详细办法，但大多数县长阳奉阴违，以致粮食问题仍得不到解决，要求各县、市长"勿再因循敷衍，有亏职守"。

　　△　国民党中央原定是日召开国民大会，因受战事影响，交通不便，延期举行。

　　△　浙江省临时参议会选出陈希豪、褚辅成、方青儒、胡建中为国民参政会参政员。

　　△　八路军第一二九师一部在晋东南辽县、榆社歼灭日伪军 400 余人。

　　△　抗日军政大学第五分校在苏北盐城成立，陈毅任校长兼政治委员，下设四个大队，学员 1800 余人。

　　△　上海《正言报》载称：浙江、安徽沦陷区工业大部被日本占据，现有之棉纱厂 77 处，日本占有 51 处，华人仅有 12 处。

　　11 月 13 日　行政院会议决定，为救济军、民粮食，平均民众负担，拟准备各省自民国三十年起田赋酌征实物，其征率由财政部会同各省、市酌定。

　　△　第十六集团军夏威部、第三十五集团军邓龙光部克复龙州、南宁后，乘胜向钦县方面进击，日军坚守钦县外围抵抗，夏、邓两部以强火力攻击，是日克复钦县，日军残部乘舰撤退。

　　△　毛泽东电告周恩来、叶剑英：东北军第一一二师霍守义部由鲁南进至沭阳压迫黄克诚部，桂军第一三八师莫德宏部越过淮南路向皖东推进，情况甚为紧急。请与何应钦、白崇禧交涉，撤退霍、莫两师，并停止他部行动，否则我军将实行自卫，届时由彼负责。

△　豫东商丘、夏邑、永城、砀山日军会犯霓塚集、中天寺,第一战区卫立煌部与敌激战竟日,毙敌 200 余人,毁敌汽车 10 余辆。

△　汪伪政府在山东威海卫建立海军基地。

△　日本天皇召开御前会议,首相近卫文麿、参谋总长杉山元、外相松冈洋右、陆相东条英机等出席。会议决定《中国事变处理纲要》,其方针为:一、除继续行使武力外,须严加杜绝英、美援蒋行为,并采取调整日苏邦交等一切政、战两略之手段,削弱重庆政权之抗战意志,使之迅速屈服。二、积极改善内外态势,恢复与增强完成长期持久战及建设大东亚新秩序所需之帝国国防力量的机动性。三、为此,尤须利用日、德、意三国同盟。其要领为:一、为促进重庆政权之屈服,应以在承认新中央政权前取得实效为目标。和平条件应以与新中央政府即将订立之基本条约为依据;和平交涉,应以汪、蒋合作为前提,以日、华直接交涉为原则。为易于进行,可使德国居中调停,以及利用对苏调整邦交。对目前进行的南京与重庆的合作工作,从侧面予以援助。二、如至 1940 年底与重庆政府之间仍不能实现和平,则不论形势如何,断然向长期战方略转移,务期重庆政权之屈服。为此:一、适时向长期武力战态势转移。二、对汪新中央政府,着重使之专心协助帝国加强综合战力所必须之各项措施,主要使之努力向我占领地进行政治渗透。三、在中国之建设,以彻底开发并取得国防资源及安定占领区之民心为根本方针。四、尽速改善国内体制。另有附件《日本方面要求的基本条件》,凡五条。

11 月 14 日　据防空部统计,自 1938 年 9 月 28 日至是日,日机袭滇共 34 次,除中国平民死伤外,外侨炸死者计法籍六人,越籍 24 人,美籍一人,德侨二人受伤,东方汇理银行、法教会、美锡安圣堂等均遭炸。

△　军令部拟定《剿灭黄河以南匪军作战计划》,主要内容为:以第三、第五战区主力避免与日军作战,集中力量,分期迫使八路军、新四军撤至黄河以北。其步骤为:第一,以第三战区司令长官顾祝同部兵力于 1941 年 1 月底以前"肃清"江南新四军,然后转用兵力"肃清"苏北新四军。第二,以第五战区司令长官李宗仁所属之李品仙、冯治安、王仲廉

各部及由平汉路以西调来之汤恩伯部,分为鄂中、淮南、襄西、淮北四区,限1941年2月28日前"肃清"黄河以南之八路军、新四军。

　　△　江苏扬州、邵伯日军千余人,向泰县西宜陵、塘头进犯。第三战区顾祝同所部反攻,将敌击溃,克复两地,残敌向仙女庙一带撤退。

　　△　豫北日军千余人自安阳、水冶西犯,第四十军庞炳勋部御敌,激战彻夜,毙敌200余人。

　　△　日军第三十五师团大井川联队、伪治安军第二十四路军李英部6000余人附汽车150余辆,分由豫北之濮阳、滑县、内黄、长垣等地向八路军晋冀豫边区扫荡。八路军一部与敌战至18日,将敌击溃,歼灭600余人,俘虏70余人。

　　△　英国政府为防御日本南进,决定在新加坡设立远东英军总司令部,任空军上将波普翰为总司令,下置马来亚、缅甸、香港三地驻军指挥部。

11月15日　国民政府令:甘肃省政府委员兼主席朱绍良免本兼各职,以谷正伦为甘肃省政府委员兼主席;军事委员会委员长蒋介石请辞四川省政府主席兼职,派张群兼理;军事委员会委员长成都行辕主任贺国光免本职,宪兵司令谷正伦免本职,派张群为成都行辕主任,贺国光为宪兵司令,仍兼重庆卫戍区副总司令。

　　△　国民政府公布《民国二十九年四川省建设公债条例》,定额国币750万元,年息六厘,15年后还清,自公布之日施行。

　　△　苏北临时参议会在海安召开,出席代表388人,江都、高邮、泰县、扬中、丹阳、靖江、如皋、南通、海门、崇明、东台、盐城、兴化等县均派代表参加。会议通过施政纲领,成立参议会,选举韩国钧为苏北参议会名誉议长,黄逸峰为议长,朱克靖、朱履先为副议长。16日,苏北参议会决议成立苏北临时行政委员会,管文蔚为主任,辖泰兴、靖江、如皋、泰县、海门、启东、南通等11县政府。

　　△　第八十九军韩德勤部及江苏省保安团等部二万余人,是日起向皖东、苏北新四军部队发动围攻。30日,陈毅、粟裕、管文蔚等致电

国民政府当局,要求制止此种行为,以解危机,而固国本。

△ 上海全市 70 家绸绫染坊 3000 余名工人罢工,要求改善待遇,资方同意论码加倍计算工酬,12 月 11 日工人复工。

△ 日本兴建的沧(州)石(家庄)铁路通车。

11 月 16 日 国民政府明令宣告:江苏高等法院第三分院及上海第二特区地方法院,暂时停止行使职权,此后上海租界内自称为中国法院之任何伪组织,亦与敌军占领区域内设置之伪法院,同属非法组织,其所有裁判及其他任何行动,一律无效。

△ 国民政府令将云南省分置 13 个行政区,设行政督察专员公署与区保安司令部。

△ 故陆军上将张自忠灵榇移厝重庆北碚新建墓地,是日举行移灵典礼,蒋介石亲临主祭,冯治安及重庆军政高级长官均前往致祭。

△ 国民政府任命赵士卿署国立同济大学校长。

△ 八路军总部通电全国,揭露日军在华北"扫荡",实行杀光、烧光、抢光的"三光"政策,其野蛮暴行惨不忍睹,呼吁各界救济华北同胞。

△ 山东八路军一部向日军展开破袭战,战至 21 日,克复青驼寺、葛沟、徐公店等 46 个日军据点。蒙阴、沂水、临沂之日军田中联队千余人五次向青驼寺增援,均被击溃。

△ 晋南日军 2000 余人分由安邑、运城、闻喜、新绛、稷山、万泉连日分犯稷王山,至是日,第二战区阎锡山部分别将敌击退。

11 月 17 日 新四军、八路军华中总指挥部在江苏海安成立,统一指挥陇海路以南、长江以北之新四军和八路军。叶挺任总指挥,刘少奇任政治委员。在叶挺未到江北以前,由陈毅代理总指挥。23 日,华中总部迁盐城。

△ 军事委员会任命刘广济为第一〇〇军军长。

△ 八路军第四纵队一部在安徽蒙城北与日伪军激战,毙伤日伪军 400 余人,击毁汽车 10 辆,击落日轰炸机一架。

△ 平汉路安阳、鹤壁、水冶等日军千余人西犯,第一战区卫立煌

部与敌战于朱窝桑场,至是日午,卫部攻入鹤壁城区。

△ 黔桂铁路柳州至宜山段通车。

△ 日军华南派遣军司令部在广州市府旧址修建地下防空工程及军火库,强雇广州工人 200 余人作工。工程完毕后,日军将全部工人解往广州市郊秘密杀害。

11 月 18 日 成都行营主任兼理四川省主席张群宣誓就职,并发表《告川民书》,称今后当切实施行川政纲要,解决当前紧要之治安、物资、禁烟、兵役、征工等问题。

△ 教育部令国立西北大学校长胡庶华与国立湖南大学校长皮宗石对调,暂由陈石珍代理西北大学校长职务。

△ 日军一部强渡涡河,攻陷皖北蒙城。19 日,第一战区卫立煌所部反攻,克复蒙城,日军溃走涡北。

△ 外交部次长徐谟会见驻美大使詹森,告之日本散布谣言说,日本正努力同中国达成协议,并准备承认汪政权,"中国政府不理睬日本的宣传";并称:美、英应给中国以"积极的援助",否则中国抗战将受到严重的损害,"只有美国人能力挽狂澜"。

△ 日军 7000 余人分十路对太岳区进行"扫荡",22 日,陷沁源县城,烧毁房屋四万余间,残杀群众近 5000 人。太岳军民经数日反"扫荡",29 日日军被迫撤离沁源,县城遂告收复。

△ 第五战区第一三八师师长莫德宏奉何应钦令制定"进剿新四军作战计划",拟将皖东新四军肃清,恢复政权,巩固皖东。作战于本月 20 日起,以一部向东南方面戒备,主力向津浦路以西地区行动。22 日,莫部集结肥东县护城、杨家店子,向新四军第四支队一部进攻。

11 月 19 日 国民政府下令封锁滇、越交通,所有人、货、邮件概不准出入,入境与过境护照同时停止签发。

△ 行政院会议决定增拨 50 万元,添凿重庆市公共防空洞。

△ 军政部军需局告八路军西安办事处:奉何应钦之命,自是日起停止发给八路军经费,10 月份欠发之 20 万元亦一律停发。29 日,朱

德、彭德怀致电何应钦,质问扣发八路军军费用意何在?! 要求"主持公论,仗意执言,取消此一惨无人道之乱命"。

△ 蒋介石派张季鸾为使者,持张群代笔的致钱永铭书信,是日到达香港。张责成钱永铭告日本方面:日本方面确认以下两项条件:一、无限期延期承认汪精卫傀偏政权;二、原则上承认在华日军全面撤兵,我们就可以谈判。20 日,田尻电告东京,首相近卫表示允诺重庆方面的两项条件。

11 月 20 日 国民政府发言人发表声明,重申中国决继续作战,收复汉口及其他重镇,使日军不能作南进之举动。

△ 赈济委员会以桂南善后救济至为重要,特划广西为第九救济区,委派杜月笙主持,杜是日派广西办事处主任杨扶青携款 20 万元赴邕急赈。

11 月中旬 叶挺到皖南宣城周王村与第三十二集团军总司令上官云相、第二十五军军长张文清、第一〇八师师长戎纪五、第五十二师师长刘秉哲等谈判,具体商定皖南新四军北移路线等事项,无结果。不久,上官云相将行军路线定为由泾县—周王村—黄渡镇—誓节渡至溧阳竹簀桥进入沦陷区。但这只限非战斗人员,至于战斗人员仍坚持要从皖南驻地向北就近进入沦陷区。后来,新四军政治部主任袁国平两次与顾祝同谈判,共同商定北移路线仍从镇江以东渡江。

△ 日本中国派遣军总司令部制定《对华持久战一般方略》,要点为:今后处理"中国事变"将转向"指导长期持久战争,以四年治乱,七年治民,十年治国为一般方略",确保华北及华南、京汉路与粤汉路以东必要地区。同时"力图压缩、削弱敌后方之敌对政权及其机构,情况允许时,相机予以摧毁"。30 日,日军参谋本部作战课答复,认为需要考虑将在华兵力陆续递减,同时应视形势发展之好转,加强对华压力,以结束事变。

△ 德外长里宾特罗甫会见中国驻德大使陈介,告之欧战将于年底结束,届时中国将得不到英、美的援助。现在是中国同日本妥协的

"最后机会"。如果谈判失败,日本将承认汪政权,意、德也将予以承认,我们"希望中国与日本妥协",并保证日本不逾越协议的条件。

11 月 21 日　重庆各界举行首届防空节纪念大会。重庆卫戍区司令兼防空司令刘峙向大会致词,并向防空有功之部队献旗。同日,军事委员会宣布:抗战 40 个月来,中国军民击落及炸毁日机 986 架,计被空军击落者 308 架,炸毁者 236 架;高射炮击落者 164 架;陆军击落 136 架,炸毁者 97 架;日机自行坠毁者 45 架。

△　是日至次日,周恩来就新四军北移问题与国民党代表张冲面谈。23 日,周致函张冲,请转达蒋介石,制止苏北、陕北、皖北、鄂北和山西正在调动并企图发难进攻边区的国民党军队的军事行动。

△　第一战区卫立煌部向皖北涡阳日军发动攻击,激战一昼夜,是晨克复涡阳,残敌渡涡河向板桥方面逃窜。

△　晋东南辽县、武乡、沁县之日军 3000 余人会犯榆社,第二战区阎锡山部分途阻敌,敌不支,旋北犯黎城,被击退。

△　美海军部长诺克斯发表声明:美国不拟撤退在上海之美国海军陆战队。

11 月 22 日　行政院通令各省、市政府严禁重利盘剥,今后借贷利息,无论缴纳现金,或折缴租谷,均应一律按照国民政府所定利率,年利不得超过二分;凡以钞币收谷利者,照订约时之谷价为标准,其利率不得超过 20⅓。

△　国民政府任命张群兼四川全省保安司令。

△　教育部颁布《高中以上学校新生入学训练实施纲要》,规定:高中以上学校于新生入学时,举行训练两周,期满后应举行宣誓仪式,誓词为:"余以至诚爱我中华民国,信仰三民主义,拥护国民政府,服从蒋委员长之领导。"

△　陈嘉庚由闽抵桂,发表《闽省政治现象》一文,对闽省政治极度不满,并电请国民政府当局调查。

△　赣皖边日军步骑兵 3000 余人,自东流向至德进犯,其一股进

扰至德东南之洋湖陂、葛公镇一带；一股千余人进犯洞门口；另一股于
23 日进至尧渡街、乃潭一带。第九战区薛岳部将敌击溃。27 日日军撤
离至德。

11 月 23 日 安徽省临时参议会选出光昇、马景常、陈铁、梅光迪
为国民参政会参政员。

△ 军事委员会任命宋克宾为新编第七军副军长。

△ 周恩来致信张冲：请转蒋介石，制止陕北、苏北、皖北、鄂北和
山西正在调动并企图发难进攻的国民党军队的军事行动。

△ 上海法租界电车公司机务工人要求当局改善待遇遭到拒绝，
是日下午一致罢工，巡捕房派出大批警捕前往弹压。

△ 日军四个师团兵力，协同空军向鄂北襄河两岸发动攻势，东路
之敌由随县、马坪、淅河等地向厉山一带进犯。第五战区李宗仁部分别
迎击，敌不支，南溃金鸡岭、快活岭一带。27 日，敌由随县反扑，李部于
28 日将其一股驱至唐家冲，一股驱至殷家湾。另一路由钟祥向大洪山
西麓长寿店附近地区进犯，迭经李部痛击，伤亡甚众。

△ 鲁南费县、铜石日军及伪军刘桂棠部 1400 余人，进犯费县八
路军驻地，第一一五师教导第二旅一部在小板桥等处反击，激战三日，
歼敌 600 余人。

△ 日军第十三军参谋长樱井省三赴南京晋见西尾寿造，商定进
袭新四军计划如下：一、对散驻京、沪、杭地区之新四军，决迫其向皖南
退却，并设法使其与中央部队自相火并；二、对散驻长江北岸皖、豫边境
之新四军，决动员第十五、第一一六等师团之一部兵力进袭扫荡；三、由
驻沪第十三军司令官藤田进负责指挥。

11 月 24 日 中国航业学会在重庆成立，孔祥熙、张嘉璈等为名誉
理事，魏文翰、王道之等 15 人为理事。

△ 中共中央命令新四军副军长项英，新四军军部必须在本年 12
月底以前北移完毕，限其在 20 天内完成一切北移的准备工作与善后工
作。并命令新四军军长叶挺可先率领一部分部队立即渡江。

　　△　汪伪政府东亚联盟中国同志会在南京成立,周学昌为书记长。汪精卫致训词指出:该会之目标为"政治独立、经济合作、军事同盟、文化沟通"。

11 月 25 日　国民党中央任命陈布雷为国防最高委员会秘书长。

　　△　云南省临时参议会选出赵澍、胡若华、陇体要为国民参政会参政员。

　　△　第二战区经济委员会拟定封锁陕甘宁边区货币的报告,略谓:共产党在延安开设之光华商店,"擅发不兑换'兑换券',强迫人民使用",拟"由陕西省银行视地方需要情形酌量发行辅币券,调剂市面以资抵制",设法防范。

　　△　山西省保安第十四团团长王定国揭露第二战区游击支队杨振邦在芮城残害民众、抢劫民众资财的罪恶,电请阎锡山饬河防部队以武力制止。

　　△　东亚经济恳谈会第二次会议在东京召开。汪伪政府铁道部长傅式说参加,各代表发表业务报告,要点为:以中、日、"满"为轴心,建设东亚新秩序,确立东亚共荣圈。在近卫新体制目标下,于东亚树立综合性经济建设体系。

11 月 26 日　国民政府以浙江省第六区行政督察专员徐箴及鄞县县长俞济民守土抗战有功,是日明令嘉奖。

　　△　张治中离重庆,赴江南九省进行视察,旨在推动各省加速组织三青团。

　　△　胡适、宋子文在华盛顿拜访美国务卿赫尔,洽商增加信用贷款、远东局势之发展及经济援华问题。

　　△　蒋介石密电莫德宏,令其以主力一部对津浦路西新四军江北指挥部寻求"扫荡",以一部于淮南路以南地区对江南新四军准备"堵剿"。

　　△　军令部密令第四十八军,凡非第三战区序列的部队应"相机剿办"。对于"异党暴动妨害秩序及纪律者,以政治力量及军事力量制裁之"。

△　新疆省主席盛世才与苏联政府秘密签订《租借新疆锡矿密约》,主要内容有:一、新疆政府予苏联政府以在新疆境内探寻、考查与开采锡矿及其副产有用矿物之特殊权利。二、苏联政府有权将其由开采锡矿及其副产有用矿物之产地而得之制成品或半制品,由新疆无阻碍地运出,并免缴关税及他项捐税。三、苏联政府设置考察与开采锡矿及其副产物之托拉斯,简称"新锡",其在新疆全境内享有无阻碍的开设分所、事务所及代办所之权,并在保卫房舍、建筑物、工厂、作坊、仓库以及保证转运安全所必须之范围内,有权设立武装守卫。四、新疆政府应协助"新锡"实现本条约所规定之目标,并不得干涉"新锡"之业务。该条约有效期限为 50 年。

△　汪精卫、陈公博、周佛海、梅思平、陈璧君会商决定:一、在汪日条约签字前再致电蒋介石,劝告和平。二、28 日召开中央政治委员会会议,推举汪精卫任国民政府主席。三、29 日召开立法院会议,审议通过《中日国交调整条约》。

△　日本政府更换台湾总督,由长谷川清继任。

11 月 27 日　蒋介石就粮食管理问题向参加粮食会议的 20 余县长发出训示,要点为:调查户口;凡拥粮囤积,规避征购者应予没收,并治以重罪;灵活运用管理原则,凡壮丁从事运输者,即可缓服兵役。

△　行政院派翁文灏、张嘉璈、魏道明、刘峙、卢作孚、刘纪文、潘文华、吴国桢等为陪都建设计划委员会委员。

△　汪精卫电蒋介石劝降,称:中日调整国交谈判已全部完成,"现与友邦约定,只须恢复和平,确立治安,则撤兵期限,仍践前诺,无所改变",唯盼重庆方面勿再误时机,立下决心停战,"俾全国和平早日实现"。

△　日本枢密院会议通过《中日国交调整条约》。同日,日兴亚院总务长官柳川电告阿部信行,令汪精卫在日汪条约签字前就任"国府主席"。

11 月 28 日　第三战区顾祝同部克复浙江仙居县城。

△　晋察冀边区八路军一部在唐河之歧潭庄歼灭日军指挥官以下180余人。29日,攻克王林口日军据点,歼敌40余人。30日,在黑关山附近歼敌120余人。

△　蒋介石致电顾祝同转饬李明扬、韩德勤等,望其"以大局为重,紧密合作,精诚团结,击破共军","恢复苏北一切"。

△　朱德、彭德怀、叶挺、项英为苏北事件及停发军饷事致电蒋介石,要求"制止各路之军事行动,对于挑拨离间、巧言惑众之徒,则加以明察,予以摒斥;对于何部长停发经费之命令,则予以取消;对于办事处机关与人员予以保护,以维团结而利抗战"。

△　陈毅、粟裕、管文蔚、叶飞等率新四军全体指战员致电李明扬、李长江等,呼吁停止对新四军的进攻,并望"电请当局停止汤恩伯、李品仙部东进及莫德宏部之进攻","共图时局之好转"。

△　襄河东、西岸日军会合由当阳、淯溪、荆门之线向北进犯,一股向黄家集北猛进,一股向庙前窜扰,一股图犯杨家寨。李宗仁部以敌兵力分散,四面围歼,战至次日,敌各路均告崩溃,东岸我军迭克尚市店、净明铺、快活岭、金鸡岭、安居、张家集等处,直迫钟祥、随县。西岸我军迭克快活铺、李家垱、曾家湾、盐池庙各地,挺进荆门近郊。鄂北战役结束,此役共歼日军川坂联队长以下二万余人。

△　汪伪中央政治委员会与行政院召开联席会议,决定:一、推举汪精卫为"国民政府"主席;二、修改《国民政府组织法》,删去主席"不负实际责任"和"不得兼任其他官职"二条。同日,伪中政会会议批准《中日国交调整条约》。

△　日本大本营举行联席会议,陆军省认为"钱永铭工作"是重庆阻碍日本承认汪政权的谋略。松冈外相因重庆方面尚无反应,一言不发。会议决定按照预订计划签订日汪"基本条约"。"松冈外交"的"钱永铭工作"宣告结束。

△　美国财政复兴委员会主席琼斯发表谈话,认为中国之处境日趋艰难,表示美国政府将予以更多的援助。

11 月 29 日 汪精卫就任伪国民政府主席,并发表通电,称:中日条约为两国之百年大计,"惟重庆现在尚倡言继续抗战,言念前途,阻碍尚多。吾人惟有以不断之努力,蕲全面和平之早日实现"。

△ 蒋介石在重庆对宪兵干部演讲《宪兵协助粮食管理之要务》,提出派宪兵到各县帮助县府管理粮食的步骤为:劝告自动出售;警告限期出售;没收囤粮,惩罚囤户。

△ 财政部令中央、中国、交通、农民四银行接管中南、中国农工、农业、中国通商、中国实业、浙江兴业、中国垦殖等银行。

△ 国民政府派潘公展为中央图书杂志审查委员会主任委员。

△ 军事委员会任命廖震为第二十九集团军副总司令,王泽浚为第四十四军代军长,佘念慈为第六十七军军长,杜道周为第八十六军副军长。

△ 第五战区李宗仁部于鄂中大洪山西麓之马家集、张家集夹击北犯钟祥日军,战至 30 日午,毙敌逾千,克复长寿店。

△ 顾祝同电令皖南行署黄绍耿,皖南新四军北移时应"一面侦察,一面陆续开拔,务须如限北渡完毕"。交通线准增改为二线:一线为泾县、杨柳铺、孙家铺、姚村、誓节渡、涛城镇、梅渚镇、南渡镇、竹箦桥道;一线为南陵、宣城、毕桥镇、飞鲤桥、郎溪、安兴、上沛埠。并准划竹箦桥、南渡镇、汤家桥、进寺里、安兴、上下芝山、藕塘、上兴埠为该军临时集结地区。

△ 新四军陈毅部及黄克诚部在苏北曹甸向韩德勤部实施反攻,战至 30 日,韩部溃退至射阳。

△ 日伪军围袭山西和顺县平松村,屠杀村民 108 人。

△ 日本天皇特使、驻北平日华北方面军中佐参谋高月保、乘兼悦郎二人在司令部附近地安门东皇城根胡同遭枪击,一死一伤。日伪震惊,30 日悬赏五万元缉拿"凶手"。日军及警特在全城戒严,挨户搜捕,全市恐怖。1941 年 1 月 16 日,日伪抓获国民党军委会北平区行动组长麻景贤等,方解除警戒。

　　△　京沪路列车一列在苏州附近被炸,74人当即炸死,炸伤200余人。

11月30日　国民政府悬赏10万元通缉汪精卫。令称:汪逆兆铭,通敌祸国,久匿南京,依附敌人,组织伪政府,卖国求荣。近更僭称国民政府主席,公然与敌签订丧权辱国条约,狂悖行为,益见彰著,亟应尽法惩治,以正视听。同日,又明令通缉查办陈公博、温宗尧、梁鸿志、王揖唐、赵正平、赵毓松、诸青来、岑德广、陈济成、杨寿楣、林彪、麦奇峰、任援道、刘郁芬、王克敏等77名汉奸。

　　△　第十六集团军夏威部、第三十五集团军邓龙光部收复镇南关,历时一年之久的桂南会战结束。

　　△　军令部次长刘斐与张冲约见周恩来和叶剑英,正式转达蒋介石关于新四军北移的意见,即在国民党"中央提示案"内容不变的情况下,共产党的军队北移可展缓,但到12月底为止,黄河以南之第十八集团军必须移至黄河以北,长江以南新四军必须移至长江以北,至明年1月底,新四军亦须全部移至黄河以北。周、叶表示,江南新四军决定移动,其余有困难。

　　△　华北新闻界10团体呼吁全国同胞反对投降、反对内战,对于甘心认贼作父,匍匐于日寇指挥刀下,共同防共之祸国蟊贼,人人得而诛之。

　　△　新四军陈毅部与江苏保二旅、保五旅在苏北临泽地区发生激战,保二、五旅不支,退至苏亭、院家枯一带防堵,后因射阳被陈部攻入,部署不及,又溃退至泾河、平桥一线。

　　△　汪精卫与日驻南京大使阿部信行在南京签订《日本国与中华民国间关于基本关系的条约》,共九条。要点为:两国政府为维持善邻友好的关系,应互相尊重主权与领土,并于政治、经济、文化等各方面,讲求互相敦睦的措施。两国政府应各在其领域内,铲除共产主义分子及其组织,并对防共有关的情报、宣传等,紧密配合。为此,"驻扎必要的军队于蒙疆及华北的一定地区"。两国"基本于取长补短、互通有无

的原则,并根据平等互惠的原则,应实行两国间紧密的经济合作"。"中
国政府"同意日本政府开发"华北及蒙疆的特定资源,尤其是国防上必
要的资源"。对于"其他地区内国防上必要的特定资源的开发,中华民
国政府对日本国及日本国臣民应提供必要的便利"。两国对于"长江下
游地区的通商贸易,及日本国与华北及蒙疆地区间合理供给物质方面,
尤应紧密合作"。根据"日华新关系的发展,日本国政府应撤销其在中
华民国所有的治外法权,并交还其租界;而中华民国政府为日本国臣民
的居住和营业,应开放其本国领土"。《条约》另有附件《附属议定书》、
《日华两国全权委员会间关于附属议定书》、《附属秘密协约》、《附属秘
密协定》等。

　　△　汪精卫与日驻南京大使阿部信行、伪"满洲国"代表臧士毅在
南京签订《日、满、华共同宣言》,要点为:"三国""在东亚建设以道义为
基础的新秩序的共同理想下,互为善邻,紧密合作,以形成东亚永久和
平之轴心"。三国"互相尊重其主权及领土"。同时,"为了实现三国间
以互惠为基础的一般合作,尤其是善邻友好、共同防共、经济合作,在各
方面采取必要的一切手段"。三国应根据本宣言的宗旨,迅速签订
协定。

　　△　外交部长王宠惠就日汪条约签订发表声明,指出:汪精卫为中
国之罪魁,其伪组织全属非法机关,对于中国及外国完全无效,其签订
之条约亦属非法。倘有任何国家承认伪组织者,我们政府与人民当认
为是最不友谊之行为,不得不与该国断绝通常关系。

　　△　美国国务卿赫尔声明不承认《中日基本关系条约》及南京汪伪
政府。

　　△　英国政府发布公告:继续承认重庆政府为中国惟一合法之
政府。

　　△　日本政府正式承认汪伪政府。

　　△　汪伪政府接管日本在华之勤兴袜衫厂、维新纺织股份有限公
司、南昶铜厂及宏大橡胶厂。

△　美国总统罗斯福宣布给予中国一亿美元贷款,其中5000万美元作为一般之用,另外5000万美元作为平准基金贷款。同时,罗斯福宣布将继续承认依照"宪法程序"产生的重庆国民政府。同日,美国政府通告中国政府:凡美国所能为力者,均已尽力去做;其不能为力之处,皆因美国并未参战;"借款一万万元,为数甚巨,美国政府深盼此款于中国抗战前途有所补助"。

△　美国政府宣布:从1932年以来,美国所予中国各方面的援助,总数已达2.45亿美元。其中除1600万美元外,其余均系在过去两年内借与中国者。

△　蒋介石致电罗斯福、赫尔、摩根索、琼斯等,对美国给予中国一亿美元贷款表示感谢,称其"扶弱抑强,维持正义之精神","已辟太平洋上和平光明之大道"。

是月　浙江省设立三门县,废南田县。

△　中共中央决定将中原局、东南局合并,改称华中局,刘少奇任书记。1941年5月,华中局正式成立。

△　朱德、彭德怀鉴于日军对华北各抗日根据地进行"扫荡",致电蒋介石,恳对"受灾民众予以抚恤",并昭告全国揭露日军之兽行。

△　抗日军政大学第六分校在太行蟠龙镇成立,刘忠任校长,黄欧东任政治委员。

△　《戏剧春秋》(月刊)在桂林创刊,由田汉主编,南方出版社印行。

△　阎锡山派第七集团军总司令赵承绶到山西孝义县白壁关按照阎所指示的"亚洲同盟,共同防共,外交一致,内政自理"的四项原则,与日军驻山西军第一军参谋长楠山、汉奸苏体仁、梁上椿谈判。赵承绶提出:阎锡山要求日方先给他装备30个团,所有兵员、武器、食粮、经费均由日方负责。楠山表示"须待回太原后,再商议决定"。

△　日军关内总兵力为72.8万人。其中华北地区兵力为25万人,华中地区兵力为29.6万人,华南地区兵力为16.6万人,定员之外为1.6万人。

12 月

12 月 1 日　军事委员会通电嘉奖第五战区司令长官李宗仁,祝贺鄂北大捷,略谓:日军向第五战区分路进犯,"贵司令长官指挥若定,诸将士忠勇直前,率摧顽寇,殊为嘉慰"。

△　经济部合作管理局改隶社会部,局长寿勉成。

△　西北建设促进会在西安成立,蒋鼎文、熊斌、朱庆澜、张继、谷正伦、马步芳、马鸿逵为名誉会长,张钫为会长,谷正鼎、韩光琦为副会长。该会宗旨为:以学术之立场,研究西北各种经济社会问题,运用各种力量,改进西北建设。

△　中共中央致电周恩来、叶剑英,告以同国民党谈判的 12 个条件:一、皖南部队北开,但需延期。二、苏、鲁、皖部队不能开动。三、华北八路军无饷无弹,准备南下。四、国民党应停止进攻陕甘宁边区。五、国民党释放罗世文,我方释放孙启人。六、停止在陇海线、咸榆公路捕人扣车。七、张国焘、叶青不应聘为参政员,否则我方将退出参政会。八、桂林办事处不能撤销。九、国民政府应给八路军、新四军发饷,欠饷亦应补发。十、停止石友三部隔离老黄河之行为,并停止其配合敌伪进攻八路军。十一、保证八路军各地办事处之安全。十二、拒绝同何应钦、白崇禧谈判,要求与蒋介石直接解决问题。

△　安徽寿县伪军张希尧率部千余人反正。

△　意大利、罗马尼亚两国政府分别宣布承认汪伪政府。

12 月 2 日　国民党中央党部举行扩大总理纪念周,蒋介石主持并发表题为《严斥敌阀承认伪组织》的讲演,称:"敌阀于前天承认汪逆组织,并发表敌伪签订的伪约,这是敌人于最近和平谣言攻势失败之后,一种倒行逆施,荒谬绝伦的行动。……这种形同废纸的条约,及其对于毫无自由意志甘为日本奴隶的伪组织的承认,根本没有一顾的价值,但在中日两国仇恨史上,则将成为一种重要之资料。而且由于这一张伪约,要使中日两国延长无穷的战祸,并使中日两民族结成百世不解的仇恨,这是近卫内阁最大的罪恶。"

△　军事委员会任命许绍宗为第三十一集团军副总司令。

△　新任兼理四川省主席张群对中央社记者谈治川施政纲领,约有四端:一、平抑物价,解除民生痛苦;二、改善兵役、工役,使其利国而不祸民;三、厉行禁烟剿匪,除大害,祛大毒;四、调整机构,统一事权,节省开支,平衡预算。

△　第四战区副司令长官余汉谋报告日军自越、桂撤退之后之近况,略称:"敌自越、桂撤退,以一部布于粤中山、东莞、石龙、宝安沿海及广州外围,图再作南进准备。"

△　第八战区司令长朱绍良,第三战区司令长官顾祝同,广西省政府主席黄旭初,新疆督办兼新疆省政府主席盛世才等,陕西省政府主席蒋鼎文,重庆卫戍总司令刘峙等,江西省政府主席熊式辉,第二战区司令长官阎锡山,第五战区司令长官李宗仁、副司令长官李品仙,辽宁省政府主席万福麟,吉林省政府主席邹作华,黑龙江省政府主席马占山,河北省政府主席庞炳勋,鲁苏战区司令长官于学忠等,分别于是日及4日、7日、8日、11日、12日、13日、16日、21日通电讨汪。

△　韩德勤致电蒋介石、何应钦,报告该部在苏北东台、盐城地区与新四军作战屡败,请求派大军驰援,派机送款接济,以挽苏北危局。蒋介石批示:一、令汤(恩伯)部迅速行动,以资策应。二、对江南新四军即令北移,否则采取军事行动。

△　中共中原局机关报《江淮日报》在苏北盐城创刊。刘少奇兼任社长,王阑西任副社长兼总编辑。

12月3日　教育部组成教育视导团,视导各省中等教育状况。

△　何应钦向军令部长徐永昌提出"解决"皖南新四军的作战部署:"可令汤恩伯部东进,但仍恐缓不济急,故对在江南之新四军不准由镇江北渡,只准由江南原地北渡,或另予规定路线,以免该部直接参加对韩(德勤)部之攻击。"对于江北新四军,"若竟敢攻击兴化,则第三战

区应将江南新四军立予解决",并请求将上述部署"速签呈委座核示"。徐永昌签呈蒋介石核示后,4 日蒋介石批准照办。

△ 中共陕甘宁边区中央局召开经济自给大会,毛泽东出席并讲话。

△ 日军第三十六师团 2000 余人向太南地区"扫荡",袭占平顺县城。6 日,八路军一部反攻,收复平顺。

12 月 4 日 孔祥熙邀章乃器、顾季高、陈伯庄等 50 人商讨经济问题,对当前之粮食生产、消费、运输问题进行讨论,一致认为目前粮价上涨为"一时心理及运输制度、组织情况等因素所促成"。

△ 冀察战区副司令长官、第六十九军军长石友三勾结日军,恶迹昭彰,且有公开投敌之势,为所部多数官兵不满,石部新六十九军军长高树勋等于 1 日将石在河南濮阳柳下屯扣捕,是日处死。

△ 陈嘉庚等自昆明启程视察滇缅路,8 日离芒市,12 日抵仰光,20 日抵槟榔屿。31 日回到新加坡和轩俱乐部,结束长达 10 个月的归国考察、访问活动。

△ 郭泰祺访问英国外相哈里法克斯,交涉英国援华问题,英表示愿予中国以出口新贷款。

12 月 5 日 八路军总部宣布百团大战结束。此役历时三个月之久,进行大小战斗 1824 次,毙、伤、俘和投诚的日伪军共 4.64 万余人(其中日军 2.1 万多人);攻克日伪军据点 2993 个,缴获步马枪 5437 支,轻重机枪 224 挺,各种炮 53 门,炸毁飞机六架,坦克和装甲汽车 18 辆,破坏铁路 470 余公里,公路 1500 公里,车站、桥梁、隧道、水塔等建筑物 260 余处。八路军亦伤亡 1.7 万余人。

△ 八路军黄克诚部主力及新四军陈毅部第二纵队向苏北安丰、泾河、平桥、曹甸地区韩德勤部发动反攻,击溃韩部保二旅,旅长邓卫久受伤失踪。霍守义师一团及姜师主力由车桥南下增援,向曹甸以西地区新四军进攻。

△ 晋西赵城、霍县日军千余人西犯,长治、壶关日军 1500 余人以

飞机掩护犯平顺,被第二战区一部击溃。

　　△　苏联驻日大使史梅丹宁照会日本外务次长,声明苏联对华政策不变。

　　12月6日　国民党重庆宪兵第六团以派重庆大学教授马寅初赴第三战区考察经济为名,奉命将马从家中绑架,囚于卫戍总部。8日,马回家取物,并至重庆大学告别,师生千余人"群情大哗,宪兵无法制止,乃迅速押解起行"。10日,被囚于贵州息烽集中营。至次年8月,先后转至江西上饶、广西桂林和重庆歌乐山监禁。

　　△　阿部信行由南京抵汉口进行视察。16日由南京返抵东京。

　　12月7日　蒋介石核准军令部于11月14日拟呈的《剿灭黄河以南匪军作战计划》,并密令各部执行。

　　△　军事委员会政治部部长张治中和文化工作委员会主任委员郭沫若等在中国电影制片厂举行晚会,周恩来出席,出席的还有重庆文化界、新闻界350余人。

　　△　晋冀豫边区文化界13个团体发表宣言,抗议日军残酷之"扫荡"暴行,号召同胞"参军参战,报仇雪恨"。

　　△　阿部信行辞驻汪伪政府大使职,日本政府任命本多熊太郎接替。

　　12月8日　何应钦、白崇禧致电朱德、彭德怀、叶挺、项英,要求八路军、新四军"迅即遵令将黄河以南之部队悉数调赴河北"。这个电报即"齐电"。

　　△　周恩来、叶剑英与刘斐就新四军北移问题进行谈判,周、叶表示,新四军北移问题已就地与顾祝同商洽,但因请求补发饷弹等项尚未得具体之解决,且长江交通被敌控制。渡江不易,而江北国民党军队又有围攻之势,以致新四军北移尚难实现,故拟由项英副军长来渝与中央进行交涉北移路线和军饷等问题。

　　△　中越文化工作会在重庆成立,李任仁等为理事。

　　△　八路军冀中军区赵承金、谭冠三支队攻克濮县东北之古云集,歼灭国民党军高树勋部之暂一师2000余人。

△　日伪军 1000 余人向黑龙江宁安县镜泊湖南湖头小湾沟村东北抗联一部进犯,第一路军第三方面军指挥陈翰章部被日军包围,陈部奋起突围,激战二小时,大部牺牲,陈翰章在战斗中阵亡。

12 月 9 日　何应钦在国民党中央纪念周报告鄂北大捷,称此捷"使突入宜昌、沙市之敌依然在我侧面钳制之下,毫无发展余地,不但不能威胁我军,而我军且可随时以有利之态势,进而歼灭敌人"。

△　蒋介石发布《展期限新四军北移手令》:"前令第十八集团军及新四军各部限期开到黄河以北作战,兹再分别地区,宽展时间。凡在长江以南之新四军,全部限本年 12 月 31 日开到长江以北地区,明年 1 月 30 日以前开到黄河以北地区作战。现在黄河以南之第十八集团军所有部队,限本年 12 月 31 日止开到黄河以北地区。"

△　刘斐约见周恩来、叶剑英,告之蒋介石对于项英来渝表示拒绝,并称新四军北移问题已电顾祝同负全责就地解决,同时说明停发军饷系军政部下令。

△　河北么大、葛公日军千余人与唐县、固城日军会合,分三路向八路军驻地进犯,被击溃,毙伤 200 余人。

△　日机七架轰炸广东东兴滩民区,死伤百余人。

△　日本外相松冈对记者谈话称:"将来中日必能实现全面和平,南京政府尚未关闭与重庆和平之门,此问题将由南京政府任意决定。"

12 月 10 日　行政院会议决议拨款 100 万元,救济战地迁川各私立大学及高中员生。

△　成都市各界民众举行讨汪锄奸大会,到会千余人通过致前方将士等电,并电请中央通缉汪逆,誓杀国贼。

△　卫立煌致电朱德、彭德怀,告以石友三被处决案详情,表示两党两军将"益固团结",并请立予"恢复友好,协力对外"。朱、彭复电卫立煌,称卫能"洞烛其奸,明正法纪",消息传来,敌后军民莫不欢欣鼓舞。表示愿与高树勋、孙良诚两先生"切取联络,携手对外"。

△　徐永昌呈蒋介石《剿灭黄河以南匪军作战计划》,并令第三战

区届时彻底"扫荡"新四军,报请蒋介石签呈,略称:新四军北移"展缓期限为 12 月 31 日止,现已届 12 月中旬,如迟迟下达,恐各部队准备不及"。为立于主动地位计,"均有先行下达命令之必要"。此时"仍应即时下令第三战区,妥为准备。如发现江北匪伪竟敢攻击兴化,或届时尚未遵令北移,应即将江南新四军立予解决"。

△　蒋介石密令顾祝同"解决"江南新四军:一、江北新四军"不断进攻韩(德勤)部,为使该军江南部队不致直接参加对韩部之攻击,应不准其由镇江北渡,只准其由江南原地北渡或由该长官另予规定路线";二、江南新四军"应按照前定计划,妥为部署,并准备如发现江北匪伪竟敢进攻兴化或至限期(本年 12 月 31 日止)该军仍不遵令北渡,应立即将其解决,勿再宽容"。

△　英国政府正式宣布,对华贷款 1000 万英镑,其中 500 万英镑为中国之平准基金,另以 500 万英镑为信用借款,"俾中国可向使用英镑之任何区域购买物品"。

12 月上旬　教育部令各省、市教育厅及国立各中学,饬添授关于蒋介石言行之教材,以为训育方面之准的。

△　第三战区司令长官顾祝同在皖南徽州召开秘密军事会议,决定由第三十二集团军总司令上官云相担任对皖南新四军的作战指挥,作战兵力除第三十二集团军所属各部外,增派原属第二十三集团军第五十军、第七十九师和第六十二师等部。

△　刘斐向蒋介石、何应钦提交其与周恩来、叶剑英等谈判的报告,主张"尔后除按既定计划,以武力实际行动以观后果外,口头上之谈判,似无继续必要"。

12 月 11 日　何应钦、白崇禧致电莫德宏,称黄河以南之八路军所有部队限本月 31 日前"开到黄河以北地区,希即遵照所示作战地区共同作战,克尽职守,毋得再误"。

12 月 12 日　新四军陈毅部再次向苏北曹甸韩德勤部第八十九军反攻,是日攻占曹甸西南之碉堡两座。至 16 日,毙第八十九军团、营长以下官兵 200 余人,韩德勤率三团兵力北上支援,被击溃。17 日战斗结束,第八十九军撤退至车桥西北地区及射阳、望直港、睢家村一带。

△　军事委员会任命方天为第十八军军长。

△　汪伪中央政治委员会决定:一、任命褚民谊为国府委员和驻日大使;二、推选周佛海为行政院副院长;三、任命徐良为外交部部长,并列席中央政治委员会会议。

12 月 13 日　山东郓城、巨野、嘉祥、济宁、成武、定陶、曹县等地日伪军 3000 余人附炮 30 余门,坦克、汽车 30 余辆,向鲁苏边八路军防地"扫荡",八路军一部与敌鏖战,毙敌 350 余人,俘敌 60 余人。

△　日机轰炸滇缅公路中国段,炸毁云南仙容机场飞机 22 架。

△　伪共和党首领、湖北省政府主席何佩瑢发表通电和宣言,宣布解散共和党,全体党员加入汪伪国民党。按:共和党是何佩瑢在日本支持下,于 1940 年 5 月在汉口成立的汉奸组织。

△　汪伪新任驻日本大使褚民谊接见伪中央社记者,谈使日使命为:"争取两国之协调,贯彻大东亚主义,树立友邦所倡导的东亚新秩序。"

12 月 14 日　李明扬致电蒋介石,报告出击苏北新四军部队的部署,拟"分散新四军之兵力,策应车桥、曹甸之友军,确保泰(县)防为方针",以一部主力由姜堰经曲塘向海安进攻;一部由姜堰经姜坝向黄桥进攻;一部向安丰、东台进攻,占领海安、黄桥后,各以一部分向拼茶、马塘、掘港方面进攻,推进"清剿"。

△　新四军豫鄂挺进纵队全体将领通电全国,呼吁制止内战,反对妥协投降,坚持团结,抗日到底。

△　日机 20 架袭击昆明,27 架袭击衡阳。

12 月 15 日　据重庆《大公报》载:福建省自本年 8 月 1 日起,在全省 63 县区先后实行田赋改征实物,"进行至为顺利,绝未发生窒碍"。闽东偏僻县区,按改制办法纳赋,反为原有应纳之正副赋及临附加赋全部为少。

△　延安《新中华报》发表社论《反对"日汪条约",开展反汪运动》,指出"日汪条约"内贯穿的就是"善邻友好"、"共同防共"、"经济提携"三原则,其目的就是为着"造成奴隶的中国","建立东亚新秩序"。"日汪条约"全部内容证明,对日投降就是中华民族的死路。因此,中华民族为着取得民族的解放,建立独立自由幸福的新中国,就必须坚持抗战到底,坚决粉碎"日汪条约",展开反对投降的广大运动;坚决反对反共,巩固抗日的民族团结。

△　交通部派沈昌接收云南境内之滇越铁路。

△　汪伪国民党在南京召开六届三中全会,历时三日。会议决定成立党务、政治、军事、教育四委员会,指定徐苏中、陈群、鲍文樾、樊仲云分别为各委员会主任委员;增加缪斌、陈孚木、袁殊、夏奇峰、孔宪铿为中央执行委员。会议发表宣言,称:对《中日基本关系条约》,"当以诚心毅力,期其实践",今后对外当与日本、"满洲国"结成轴心,与德、意增进亲善关系,对内当以确立治安与改善经济生活为最重要的政策。

12 月 16 日　王宠惠在中央纪念周报告《国际形势与我国外交》,称"敌人之鸵鸟政策,只促其本身早日崩溃"。"我之抗战将达到保持我民族生存独立、维护世界正义、废除不平等条约三个目的"。

△　国民政府公布《县参议员及乡镇民代表候选人考试暂行条例》,凡七条。

△　中国工程师学会年会选举凌鸿勋、恽震为正、副会长,陈立夫、曾养甫等为董事。

△　蒋介石电令第二十二集团军准备对由江南北移之新四军实施攻击,电称:八路军"在黄河以南部队限本年 12 月 31 日前移黄河以北作战。如该军不遵限北移,或乘机向鲁、苏军队攻击,国军为贯彻军令,应为预备之处署";各部"应派搜索队,密布谍报网,掩护主力集中,准备尔后之行动"。

12 月 17 日　第五战区李宗仁部猛袭鄂南阳新附近之日军,敌溃败,急由阳新增援,李部迎击,战至次日晨,毙伤敌 400 余人,残敌回窜。

△　军事委员会任命郭勋祺为第三十二集团军副总司令,刘雨卿为第三十三集团军副总司令,刘正富为第五十八军副军长,鲁道源为第六十军副军长,李振为第六十五军副军长,张兴仁为新编第三军代副军长。

△　国民政府令将广西分置 13 个行政区,设行政督察专员与区保安司令部。

△　上官云相电令皖南行署主任黄绍耿等,令俟新四军北移后,"再行肃清工作,以免其借口"。25 日顾祝同致函黄,令新四军移防之后,"应彻底清查,以杜隐伏,对当地嫌疑分子尤须严密监视,恩威并用,促其自新"。

△　汪伪政府行政院会议通过成立中央储备银行案,派周佛海为总裁。同日,周佛海与日本驻南京大使馆参事官日高签订《关于设立中央储备银行之觉书》,规定:一、中央储备银行由日本斡旋向华兴商业银行借款 5000 万元;二、聘请日本顾问及职员;三、中央储备银行保有的外汇,须存入日本银行,由双方组成外汇管理委员会进行管理;四、确认军票与华北联银券的现成事实,并维持其价值。

△　日军千余人围攻海南岛美合抗日根据地,琼崖公学内 100 多名伤员和华侨被惨杀。

12 月 18 日　朱德、彭德怀、叶挺、项英联名致电周恩来、叶剑英并转国民政府军政部次长刘斐,说明新四军皖南部队遵令北移,其后方人员及医院资材将立即开始移动,正规部队正积极进行移动准备;但因敌伪封锁重重,加以补给的饷弹未全部领到,故请转陈蒋介石"展缓移动时间至明春 2 月半,在 2 月 15 日以前德等保证全部离开皖南,现地不留一兵一卒"。老黄河以南,长江以北之部队,由于种种原因,移动困难,其中主要者为求食问题,现华北灾情严重;另请求国民党中央通令霍守义、莫德宏、汤恩伯等部停止调动;请求国民政府继续发饷,勿使间断,以利作战。

△　国民政府明令公布《契税暂行条例》，凡 17 条，并决议甘肃省保安司令朱绍良免兼职，任命谷正伦兼甘肃省保安司令。

△　潘梓年致函国民党中央宣传部，指陈重庆《新华日报》数月来历遭非法扣留、禁阅，且对销售者、阅读者有停止营业，捕逮拘禁之威胁等情，恳请"严令制止，以维法纪"。

△　越南复兴军 300 余人窜入中国境内，第四战区张发奎部在凭祥附近将其全部缴械。

△　日机 36 架袭击昆明；同日，又 19 架袭击广东曲江，被中国空军击落一架，坠于邵章关。

12 月 19 日　于学忠致电蒋介石，申述苏北"辐毂南北，一旦有失，不唯山东之危，亦华北全局之忧"，求派一军之兵力直接应援。24 日，蒋介石复电：应尽全力巩固山东，可无须再抽兵增援苏北。

△　第八十六师制定进攻察绥八路军根据地的军事部署，要点为：为防止八路军"打通外蒙"，拟抽调马占山部、东北推进军进入雁北及准格尔旗，伊东五个游击支队驻扎伊盟，"以阻其北进"。

△　鄂南通山、阳新日军 3000 余人在飞机支援下，自慈口出扰杨芳林，分途进犯德安、瑞昌附近地区。

△　汪伪中央政治委员会决定通过成立全国经济委员会和中央储备银行案，特派汪精卫兼全国经济委员会委员长，周佛海为副委员长；特任李士群为警政部部长，周作人为华北政务委员会委员兼教育总署督办。

△　汪伪政府组成访满修好答礼使节团，徐良为特使，鲍文樾为副使，赴"满洲国"修好答礼。23 日，徐良等抵长春，向"满洲国"皇帝溥仪递交"国书"，并转交汪精卫致溥仪的亲笔信。24 日，徐良等返宁。

12 月 20 日　国民政府令：察哈尔省主席职务由该省民政厅厅长毕泽宇暂行兼代；又公布《各机关人事管理暂行办法》，凡八条。

△　徐永昌为调整西北反共兵力部署电呈蒋介石：拟调第八十五师全部控制洛阳、陕州、灵宝附近，由第三十六军赵锡光部接替第一军

潼关至合阳防线,第一军控制关中;并称:为顾虑八路军主力"向宁夏、兰州、西安突击,我军以六个师并借助工事之利,可以歼灭该军"。

12 月中旬　宋子文鉴于英汇市价跌落,以及汪伪中央银行即将成立,恐国民政府放弃上海外汇黑市,致电蒋介石请求不改变既定政策,称:"近日上海接到渝方谣传,政府将改变方针,此后不维持上海法币等语,故外汇市面着着见缩","似应嘱财部注意,勿令任何方面不负责空谈,影响人心。"

△　新四军政治部主任袁国平往江西上饶与第三战区司令长官部商洽新四军北移渡江问题。经该部参谋处长岳星明答复,北移路线和渡江地段均依过去之计划执行。袁提出粮弹补给数目,要求尽快拨发,以便早日北移。顾祝同批示:粮食如数拨给,弹药不发。

12 月 21 日　周恩来致信国民党谈判代表张冲,告以最近各地反共事件七起,安徽省主席李品仙"与江苏方面友军配合,造成对新四军、八路军在苏北之半包围的形势",等等。要张冲呈报蒋介石予以制止。

△　朱德、彭德怀致电周恩来、叶剑英并转蒋介石、何应钦、白崇禧,告"百团大战自 8 月 20 日起,至 12 月 5 日止,大战继续三个半月",共计大小战斗 1824 次,攻克据点 298 个,攻入县城 11 个,市镇五个。毙伤敌共 2.0636 万人,毙伤伪军 5153 人,毙伤骡马 1952 匹,生俘日军 218 人,俘伪军 1471 人,俘骡马 1051 匹等。八路军阵亡官兵 5390 人,伤官兵 1.179 万人,中毒官兵 2.1182 万人。

△　教育部分别于重庆、成都、昆明、桂林、太和、丽水、永安、洛阳、西安、兰州等处举行民国二十九年度高等考试。

△　宋美龄在华盛顿发表演说,称中国抗战三年得自苏联之物资援助,"实较自英、美方面获得之总和多至数倍","假如中国一朝败北,那是英国的绥靖政策,美国的自私自利,法国的畏虑恐惧所做成的圈套弄死了她"。

△　八路军鲁西军区部队袭击定陶附近日军据点,毙伤日伪军 200 余人。

12 月 22 日　第三十四集团军总司令胡宗南密电蒋介石,称该部在陕北布防之力量薄弱,请将驻灵宝之第三十六军赵锡光部及在晋东南之第二十七军范汉杰部调至关中控制,以应付非常事变。

△　据中央社报道,日本占领深圳历时六个月,中国游击队乘敌一部驻军撤退之机,向广九路深圳以北车站发动进攻,其他部队亦向南头方面袭击。

△　日机分批对广东鲨鱼涌、葵涌进行轰炸,投弹 55 枚,毁民房 10 余间,死伤平民二三十人。23 日日机再犯葵涌,投弹百余枚,炸死平民五六人,基督教堂被炸毁,瑞士牧师夫妇被炸死。

△　日军在上海吴淞蕴藻浜强征民地,限令数万农民迁出,拆毁民房无数,老弱男女流落道途。

12 月 23 日　蒋介石致电第五战区司令长官部,谓:第五战区"无有新四军或第十八集团军部队,如有上项部队或该战区内无案之游击队活动时,即系匪伪冒充潜入,仰自即日起由战区长官指定部队分区剿办,彻底肃清,以遏乱萌"。

△　周恩来同张君劢、梁漱溟、左舜生、陶行知、章伯钧、黄炎培、邹韬奋在沈钧儒寓所会见美国著名作家安娜·路易斯·斯特朗。几天内同斯特朗长谈数次,揭露国民党顽固派正在酝酿投降和内战的阴谋,预言即将发生更大的反共事件和战争。

△　黄炎培、梁漱溟、张君劢、左舜生等在重庆张君劢寓所秘密集会,讨论时局问题,表示"不容自轻责任,必当慷慨而起,联合同心,进而推进两党团结对敌"。商定将 1939 年 10 月在重庆筹建的统一建国同志会,改名为民主政团同盟。25 日,黄等又约冷遹、江恒源等商谈组织政团同盟事,并取得一致意见。

△　钱永铭、宋汉章等自香港致电孔祥熙,请求即日宣布政府"并无停止在沪供给外汇之意,对于法币尤当贯彻既定方针"。25 日,孔祥熙复电,告以"政府对于法币政策并无变更。最近友邦巨额借款成立,基金益加雄厚",并希转告港、沪同人一体知照。

△ 国民党将苏北、鲁南、豫东、皖中成立特区,并设立苏鲁豫皖党政委员会,以汤恩伯任主任。

△ 日本海军宣布扩大对华海岸封锁,自粤省大连澳起,迄北海止,严禁一切船只出入。

△ 山西静乐、宁武、岚县一带日军"扫荡"兴县,是日血洗兴县城,屠杀城乡民众 1300 余人。

12 月 24 日 国民政府公布经国民党中央遴选的第二届国民参政会参政员名单,共 240 人:计各省、市 90 人,蒙古、西藏地方六人,海外侨民六人,其他各方面人士 138 人,其中有中共参政员毛泽东、秦邦宪、陈绍禹、董必武、林伯渠、吴玉章、邓颖超七人。

△ 国共两党代表就两党关系问题在重庆举行谈判。国民党方面代表刘斐、张冲,中共方面代表周恩来、叶剑英。国民党方面指出皖南新四军必须限期北移,不能推迟。中共方面表示:中共的让步是有限度的。"佳电"提出新四军过江,已表示让步了。双方意见对立,谈判无结果。

△ 行政院严令粮食主管机关及宪兵警察队取缔囤积居奇者,奖励民众告密,并拨购粮款 5000 万元以裕米源,拨 2000 万元购买日用品供给市面。

△ 军令部密令第四十八军:一、派有力部队至长江沿岸堵截北移新四军。二、日军见新四军大批集合,由大通派来 400 余人驻扎兴洲寺等处,建筑工事,并于沿江停泊兵舰汽艇多只,令严密戒备。

△ 项英致电中共中央并转毛泽东、朱德、周恩来:皖南新四军正整装待发,又受顽军包围,顾祝同忽令改道,直接从繁昌、铜陵间渡江,但这里既须穿越敌占区,江中又须避敌艇袭击,即使偷渡也有困难。

12 月 25 日 蒋介石在重庆寓所约见周恩来,称与周恩来是"患难朋友"。又称:中共军队开到黄河以北,是为中共着想,那里地域大,待中共去发展,去实现抱负;如果共军非留在江北不可,冲突决难避免,共军必失败。蒋提出新四军在皖北过江,并称:"只要你们说出一条北上的路,我可担保至 1 月底绝不进兵。"周恩来即申明中共之立场。26 日电告毛泽东:"蒋介石的保证是靠不住的,他的局部'剿共'仍在加紧布置中。"

△　云南起义纪念日。国民党中央举行联合纪念会,林森主持,白崇禧报告,指出:"不遵奉总理民族主义,不实行民族革命的便是民族复兴的罪人。"并称:"如果违抗中央命令,不服从最高统帅的指挥,也可以断定他必定是要为全国人民所共弃的。"

△　毛泽东、朱德致电周恩来、叶剑英,请速向蒋介石交涉:一、须分苏南,繁(昌)、铜(陵)两路北移;二、须有两个月时间,若断若续,分批偷渡;三、皖南军队不得包围,不得阻碍交通;四、皖北军队由巢、无、和、含四县撤退,由张云逸派队接防,掩护渡江;五、保证不受李品仙袭击;六、弹药和开拔费从速发下。

△　蒋介石密令第五战区司令长官李宗仁,令其剿办中共河南确山、信阳等四县联合处。

△　上海新闻报社、申报社工人 1000 人罢工,要求增加工资、年奖等。27 日资方大部分接受了工人条件,工人复工。

△　伪满洲国公布,全满总人口为 4323 万余人,其中奉天市(今沈阳市)113.5 万余人;哈尔滨市为 66.1 万余人;"新京"特别市(长春市)为 55.4 万余人。

12 月 26 日　中共中央致电新四军军部,指出:"你们不要对国民党存任何幻想,不要靠国民党帮助你们任何东西,把可能帮助的东西只当作意外之事。你们要有决心有办法冲破最黑暗最不利的环境,达到北移之目的。如有这种决心、办法,则虽受损失,基本骨干仍可保存,发展前途仍是光明的;如果动摇犹豫,自己无办法无决心,则在敌顽夹击下,你们是很危险的。全国没有任何一个地方有你们这样迟疑犹豫无办法无决心的。""似此毫无定见,毫无方向,将来你们要吃大亏的。"

△　汪伪中央政治会议决议:原定 1941 年 1 月 1 日召开国民大会,延期举行。

12 月 27 日　冀鲁豫八路军一部在河南濮阳歼灭日伪军 150 余人。

△　《中英出口信用保证协定》延长有效期半年,并规定:尚未动用之款项,可由中国方面用以购买货物。

△　日军伪蒙疆驻屯军司令官冈部直三郎秘密由张家口飞抵包头,召见日军第二十六师团长黑田重德、骑兵集团长小岛吉藏,策划侵袭绥西事宜。决定:黑田率部二万余人取道后山进犯绥西;小岛率部及伪蒙军李守信部三个师、伪绥西自治联军王英部三个师,共 1.5 万余人,取道前山及黄河南岸向绥西进犯。由三路分进合击,歼灭傅作义部主力于五原地区。

△　日本新任汪伪政府大使本多熊太郎抵南京。28 日,向汪精卫递交国书,表示中日两国相依相扶,确立东亚之永久和平。

12 月 28 日　新四军军分会召开会议,讨论皖南新四军北移路线问题,会议决定,皖南部队全部绕道茂林、三溪、旌德,沿天目山麓经宁国、郎溪到达溧阳,待机北渡;并决定行动的日期为 1941 年 1 月 4 日。

△　据《中央日报》载:马来亚华侨陈锦生抗战以来向国家送输巨款,近来一次捐款 50 万元。蒋介石特电嘉勉。

12 月 29 日　蒋介石发布取缔囤积居奇的手令:“如存有各种粮食及日用重要物品者,统限于民国三十年一月十六日以前尽量出售,供给市场需要;如限期不能售完,尚有余物积存者,应向粮食管理部门及平价购销处登记,继续供销。”“在此期间,不自动出售,又不遵令实报登记者,以囤积居奇论罪,粮食充公没收。”

△　东方文化协会在重庆成立,于右任为会长,覃振任副会长。大会发表宣言,略谓:“东方文化的发展和沟通,在各民族间固有其历史和特色,但其共同之最高目的,诚如孙中山先生所说,‘东方文化是王道,讲王道是主张仁义道德,是由正义公理感化人’,所以东方文化不重功利强权,不是用枪炮来压迫人。”

△　上官云相在安徽宁国县万福村召开军事会议,确定第三十二

集团军"围剿"皖南新四军北移部队的部署:以第五十二、第一〇八师为右翼军,指挥官张文清,展开于南陵、泾县永济桥、丁家渡之线,向戴家汇、三里店、汀潭附近攻击,尔后向繁昌方面进剿;以第四十、第一四四师,新七师之第二旅等为左翼军,指挥官刘雨卿,展开于湾滩、茂林村、苏口、包村、乔木湾、钱家桥、丫山镇之线,向云岭、何家湾、沙土角攻击,尔后与右翼军协力向旧县、荻港、坝埂头江岸追击;以第七十九师于太平、石埭之间,第六十二师于榔桥、三溪之间,阻其南进;以第八十八军、忠义救国军、第六十三师、独立第三十三旅等部于苏皖边郎溪地区,切断新四军皖南与苏南的联系。限定各部于 12 月 31 日前秘密完成作战准备。

△　美国总统罗斯福发表"炉边谈话",宣称:一、中、美、英三国命运有密切关系;二、美国决心负起民主国家兵工厂之职务;三、以大批军需物资援助中国。

12 月 30 日　蒋介石电饬各级党、政、军机关,略谓:查中共目前任务为加紧对我后方进行军事进攻,并开始反抗中央。为应付突然事变之发生,"各级党、政、军机关应联合阵营,注意防范,随时侦报并严防为要"。

△　国共两党代表继续进行谈判,周恩来再次向国民党谈判代表张冲等申明:此次我军移动,只是皖南新四军,其他不动;国民党必须停止在陕北、皖北和苏北的军事行动。

△　据中央社讯:中国空军代表团领队毛邦初与美政府官员会谈,美国同意至少以 400 架新式驱逐机及轰炸机若干架,其中有六架"波音"式"空中堡垒"交与中国政府。

△　延安新华广播电台开始播音。

12 月 31 日　行政院副院长孔祥熙在总理纪念周报告一年来施政经过,并提出民国三十年(1941)经济、财政工作的九大要项:一、加强缉私组织,及非必需品的进口统制;二、调整进口税率,以保护国内生产事业;三、推广统税征收种类,以裕税收;四、实施新所得税法,并确实推进过分利得税;五、继续摊存关、盐两税担保债款,以维债信;六、整理地方财政,以适应新县制之需要;七、筹备县银行,并加强西南、西北金融网;八、充实法币准备,以巩固法币基础;九、提倡节约储蓄,奖励国民捐款。

△ 国民政府令:六年戒烟期满,成效彰著,所有善后工作由行政院饬主管部门执行。同日,蒋介石通电全国:"如有种、运、售、吸鸦片者,皆服上刑",并勉励全国"对于残余毒之铲除,应加紧努力,毋渎前功"。

△ 国民政府明令公布《四川省整理债务公债条例》,凡 11 条,定公债额为 3500 万元,年息四厘,28 年后全数偿清,自公布之日施行。

△ 国民政府以石友三"违抗命令,不服调遣,触犯战时军律,业已伏法",褫夺所有前任陆军中将官位。

△ 中共中央发出《关于粉碎蒋介石进攻的战略部署的指示》,指出:"蒋介石派遣李仙洲、汤恩伯、李品仙向华中、山东进攻……我党我军有举行自卫战斗,打破这一进攻,争取时局好转的任务。"除令江南部队迅速北移,并从华北派遣一部加强华中兵力,"所有华中及山东的党与军队必须紧急动员起来"。军事指挥统一于叶挺、陈毅、刘少奇。

△ 新四军豫鄂挺进纵队司令员李先念通电全国,抗议新二军在鄂北襄河西进攻新四军独立团;曹福林第五十五军在京山进攻新四军第九团;曾宪成部进攻新四军第六团,要求国民政府立即停止任何内战之阴谋。

△ 汪伪政府行政院会议,决定:任命廉隅为驻"满洲国"大使;撤销工商、农矿、交通、铁道四部联席会议,所办事务移交全国经济委员会。

是月 国民政府战时经济会议成立,直隶行政院,由行政院长及军事委员会有关部委负责人组成。下设政务、粮食、物资、运输、金融、贸易、合作、调查、检察、军事 10 个组,并聘请专家组成专门委员会。蒋介石任该会主任。

△ 资源委员会将军政部移交的焦油厂改建为四川北碚焦油厂,

由赵宗燠主持。抗战胜利后结束。

　　△　据经济部调查：自抗战以来，日军在上海摧毁工厂 2300 家，损失资金五亿元。上海以外在部注册的工厂，其中被毁者计 1465 家，损失资金 2.37 亿元。

　　△　东北抗联在日军残酷围攻下损失严重，补给十分困难，仅余千余人左右。根据抗联领导人周保中、李兆麟、冯仲云、崔石泉等同苏联代表会谈达成的协议，抗日联军大部向苏联边界地带转移，并陆续越界入苏，在双城子、亚克斯农庄等地建营整训。

　　△　苏联政府派遣崔可夫等 15 名苏联顾问、专家来华，苏方还向中国运交了 100 架轰炸机，148 架战斗机，300 门大炮，500 辆汽车及其他军火物资。

　　△　日本闲院宫在南京主持召开参谋长会议，驻华日军华中系参谋长岛田、华北系参谋长香月、华南系参谋长田中出席。会议决定："华军自采取攻势后，其质与量均有惊人改进，各区部队不得再存漠视一切之心，对华军轻加估计。"目前，"占领区域布满华军游击队，后方治安无法维持，交通运输尤为困难。为报复计，以后应从侧面向华军后方尽量采用急进步骤，截断其联络，但应审慎而行，以免孤军深入，遭受包围"。

　　△　日军在哈尔滨设立"治安工作指导部"，在肇州、肇东、肇源地区肆意逮捕民众，前后有千余名中国民众被杀害。

　　是年　国民政府本年度国库收入为 10.51529 亿元，支出为52.87775 亿元，赤字 42.36246 亿元，比例占 80％。

　　△　国民政府本年度战时经济事业财产损失总数为国币21501.6305 亿元。

　　△　行政院公布《各省办理日用必需品平价购销业务办法纲要》，凡 11 条。

　　△　国民政府侨务委员会统计，海外侨胞捐赠祖国抗战的款额为国币 1.238 亿余元。

　　△　全国粮食管理局公布《粮食管理纲要》、《粮食治本治标办法》

及《粮食管理紧急实施纲要》。

　　△　中国银行主办之西北雍兴实业公司成立,资本 2000 万元。兴办 18 个工厂,包括纺织、面粉、机器、制药、皮革、印刷、火柴等部门,大部分设于陕、甘两省。

　　△　抗战以来我国合作事业发展甚为迅速,截至年底,全国合作社已达 14.6 万余社,社员总数达 75.82 万余人,县合作金库已成者 360 所。

　　△　中国工业合作协会工作区域推进至 16 省区,设立合作社 1738 所,社员 2.57 万人,认缴股额 122 万元,贷款总额 600.08 万元,每月生产总值 939 万元。其中西北有 524 社、川康 405 社、滇黔 97 社、湘桂 231 社、赣闽粤 481 社。

　　△　据教育部统计:全国高等院校共 113 所,教员 7598 人,职员 5230 人,学生 5.2376 万人,毕业人数 7710 人,年支经费 5829.6680 万元。

1941 年(民国三十年)

1 月

1月1日 国民政府主席林森在重庆发表广播讲演,勖勉全国军民"提高民族精神,坚持抗战到底;完成宪政,实现民权平等;建设经济,改良民生","一致建设三民主义新国家"。同日,蒋介石发表题为《三十年告全国军民书》,强调今年是"历史上最艰辛最重大的时期",要求"在社会要厉行精神总动员,在个人要实践新生活","每个人都应明礼义,知廉耻,负责任,守纪律"。

△ 国民政府公布《民国三十年四川省整理债务公债条例》,定额为国币 3500 万元,年息四厘,每年 6 月 30 日及 12 月 31 日各付息一次,偿还期限为 26 年。

△ 国民政府明令自是日起实施《决算法》,并颁布施行细则。

△ 兼财政部长孔祥熙发表《三十年来我国财政概况》,称过去 30 年来,"虽事变纷乘,头绪万千",但全国财政"由财权分裂趋于财权统一;由中央财政之整理而趋于地方财政之整理;由间接税为中心之税制而趋于直接税为中心之税制;由银两本位经银元本位而趋于法币政策"。

△ 军政部长何应钦发表《元旦献词》,宣布自战事发生以来,日方

伤亡逾 160 万人，消耗战费 160 亿元。

△　行政院会议决议，自今年起各省政府下设社会处，或于民政厅下设社会科，主管地方社会行政。

△　财政部设立川康直接税局，原川康所得税办事处撤销。原川康地区设置的 18 个区分处，一律改为分局。

△　军事委员会任命王乾元为第三十四军代理军长。

△　新四军军部致电毛泽东、朱德等：新四军皖南部队决定全部移苏南，并采取游击作战姿态运动。发生战斗可能性极大，如遇阻击，即用战斗消灭之。至万不得已时分散游击。3 日毛泽东、朱德复电新四军军长叶挺、副军长项英指出："你们全部坚决开苏南，并立即开动，是完全正确的。"

△　八路军晋察冀军区一部收复河北阜平县城，粉碎日军对北岳区的冬季"扫荡"。

△　青海省政府主席马步芳捐献先人遗产值 7000 余万元，兴办教育。

△　汪精卫发表《所望于中华民国三十年》一文，要求日本在新的一年里，允许汪伪政府建立军队，扩充兵力，并设法解决民食，使其有能力与日本协力，分担"复兴东亚"的责任。

1 月 2 日　四川省政府主席兼川康兴业公司董事长张群由蓉抵渝，向蒋介石述职，并告川康兴业公司资本已确定为 7000 万元，由国民政府出资 3000 万元，川省 700 万元，西康 300 万元，另招商股 3000 万元。公司业务以开放矿产、建立工厂为重，并兼顾农利。

△　驻英大使郭泰祺晤英外相艾登，讨论两国太平洋之利益问题。

△　《中苏贸易协定》第二部分签订，规定中国以羊毛换取苏联机器及军用品。

△　第三战区江防流动炮队于安徽黄石碛击沉日中型运输舰一艘，毙敌约 200 人。

△　第二十五军第四十师奉命从苏南开赴皖南，主力部队于是日

到达三溪镇附近。第三十二集团军总司令上官云相令该部构筑工事,加强警戒,向北搜索。同日,第七十九师亦奉令从浙东诸暨调皖南,到达太平集结待命,并向北和西北严密警戒。

△ 皖南新四军部队 9000 余人集中于云岭、北贡里、土塘地区,进行政治动员,组编为三个纵队:第一纵队辖老一团、新一团,由傅秋涛任司令员兼政委;第二纵队辖老三团、新三团,由周桂生任司令员;第三纵队辖第五团、军特务团,由张正坤任司令员。军直属队随第二纵队行动。

△ 日机 12 架轰炸昆明东南郊。4 日又轰炸昆明飞机场、发电厂及滇缅路数处。

△ 巴拿马新宪法成立,规定禁止中国人入境;对华侨商业限制綦严。后华商失业者甚众,纷纷返国。中国驻巴大使几经交涉无效。

1 月 3 日 蒋介石致电新四军军长叶挺,指定新四军北移路线:一、应在无为附近地区集结,尔后沿巢县、定远、怀远、涡河以东睢州之线,北渡黄河,遵照前令进入指定地区;二、所请补给俟达到指定地点即行核发。

△ 鄂东行署主任兼鄂东游击队总指挥程汝怀密电何应钦,汇报袭击豫、鄂、皖、苏边区八路军、新四军计划,"以一部守备大别山根据地,另以有力一部扫荡皖中当面以东地区之障碍,如十八集团军及新四军不遵中央命令","即出淮南路以东地区而廓清之"。

△ 拂晓,从河北行唐县出动的日伪军 300 余人,袭击包围行唐县以北之南龙岗村,并企图围歼该地之八路军冀中部队一部。八路军预有准备,将敌反包围,经三小时激战,共歼灭日军 200 余名,伪军 70 余名,俘日伪军 23 名。

△ 上海徐家汇土山湾法教会所办孤儿院内工厂职工 1000 余人,要求改善待遇实行罢工。

△ 中国银行董事长宋子文与美国财长摩根索在华盛顿会商平准中国外汇办法。

△　美国政府致电中国政府财政部称:以后勿再公布通货发行额及岁入报告书,以免在华盛顿及伦敦发生不良印象。

1月4日　军事委员会发表公报,公布自1937年七七事变以来日军伤亡为179.4402万人。同日,并宣布一年来长江炮兵击毁日舰200余艘。

△　据中央社讯:日军大本营称,中日战争爆发以来,中国军队伤亡350万人,日军伤亡10.1899万人。

△　兵役署负责人对记者称,本年度兵役办法有所变更,征募由每月一次改为三月一次,分在3、6、9、12月举行。

△　晚,新四军军部和皖南部队共9000余人,在叶挺、项英率领下,分三路自驻地泾县云岭遵令北移。第一纵队为左路纵队,第二纵队为中央纵队,第三纵队为右路纵队。部队的行动路线是:先向南经茂林,再向东南经旌德县的榔桥、星潭、三溪镇,再转向东北经宁国、郎溪、广德进入苏南,至溧阳竹簧桥地区,再待机北渡长江。

△　第三十二集团军总司令兼前敌总指挥上官云相,密令新调防皖南的第四十师方日英部集结三溪附近,构筑工事,严密警戒。方多次派便探向茂林及其以北地区搜索,断绝交通,准备围歼北移新四军部队。

1月5日　兼行政院长蒋介石为严行管理粮食及日常必需品,手令各主管机关限10日内登记陪都各商店、行号及民户之积存,其有积存违令不报或不销售者,以囤积居奇论罪,除没收其所积物外,并按军法惩治。

△　蒋介石对驻川部队及补训处长官发表《后方部队整训之要务》的演讲,提出如下要务:一、提高新兵教育,改造士兵心理,发扬当兵的光荣;二、管教新兵要如父兄之对子弟,宽猛兼施,恩威并济;三、改进兵役,必须革除役政积弊;四、部队主官对下级干部应注重平时训练,更应亲躬其事,负责实施,并希望刻苦奋励,加紧努力,充实革命的武力,发扬国家的光荣,达成抗战建国之目的。

△ 国民党中央常务会决议:中央执行委员会之社会部撤销后,其所属妇女运动委员会、文化运动委员会分别划归组织部、宣传部接管。

△ 国民政府令:免赵士卿国立同济大学校长职。

△ 新四军皖南部队抵太平、泾县间茂林地区。

1月6日 拂晓,皖南新四军在泾县茂林东南铜山附近遭顾祝同部第四十师方日英部袭击,方师占据有利地形,新四军处于隘路之中,兵力不便展开,几番突击,均半途退回。黄昏,新四军分三路向丕岭进发。同日,第三十二集团军军部即电令左、右翼军总指挥刘雨卿、张文清等对日军暂取守势,以主力于7日拂晓开始迅速围剿茂林、铜山一带新四军。

△ 黄昏,新四军军部和皖南部队从茂林以南驻地出发,继续转移。第一纵队出球岭,第二纵队出丕岭、薄岭,第三纵队出高岭,各部预定于7日在星潭、椰桥河一带会合。当晚,各纵队在行进途中分别遭到预先埋伏的第三十二集团军第四十师、第五十二师的突然袭击。新四军皖南各纵队被迫实行自卫。

△ 第三战区司令长官顾祝同电令上官云相迅速部署所部进剿皖南新四军,"务期于原京赣铁路以西地区,彻底加以肃清,并严督党政方面配合军事积极工作,俾绝根株"。同日,上官云相又命令所部于7日拂晓以主力开始围剿茂林、铜山一带新四军。

△ 重庆市合作金库开业,暂定资本100万元。

△ 汪伪中央储备银行在南京成立,周佛海兼任总裁。该行于上海设立分行,苏州、杭州、蚌埠设立支行,其实际业务仅限于南京伪组织势力范围之内,华北之伪联合准备银行、伪蒙疆银行仍独立存在。同日,周佛海发表声明,宣称"对于由香港流入上海的旧法币,将加入相当的限制"。

△ 伪满洲国任命吕荣寰为驻汪伪政府大使。

△ 美财长摩根索告记者:中国平准基金谈判即可签字,该协定之细则规定以5000万美元贷予中国,以平准中国法币。

1月7日　第三十二集团军下达总攻命令,令第五十二、第四十师及第七十九师在正南面一部向皖南新四军正面发起攻击;第七十九师及第一四四师主力,星夜前进,对皖南新四军侧背发起攻击。

△　新四军皖南部队第一、第二、第三纵队分别通过球岭、丕岭、高岭,向星潭一线攻击前进。部队在前进中行军序列和部署被打乱。

△　毛泽东、朱德电令叶挺、项英:"你们在茂林不宜久留,只要宣城、宁国一带情况明了后即宜东进,乘顽军布置未就突过其包围线为有利。"这时,北移新四军先头部队在星潭附近又遭拦击。项英在百户坑召集会议讨论部队行动方向。会议对攻下星潭后能否向苏南转移,认识不一致,争论达七小时之久。至晚12时,始决定部队改向西南方向行动,经廉岭和高岭转向太平,待机再向苏南转移。

△　周恩来接到中共中央转来新四军军部在北移途中被围的告急电,立即向张冲提出严重抗议。

△　第二战区阎锡山所部于闻喜东南之六沟峪袭击开会之日伪军,毙敌近百,俘伪警备队长王云清等四人。

△　上海英商电车机务部工人因资方拖延答复工会提出的加薪、年赏等五项要求,举行罢工。8日,车务部也参加罢工。9日,工会为防止汪伪当局出面干涉,动员工人复工。双方举行谈判,资方同意每人发给全年底薪八分之一为年赏,另加15元的年终花红;罢工一天发给半数工资。关于增加工资的要求,交由公司董事会讨论决定。

△　日机袭击广东惠阳、河源。8日,再袭惠阳、惠州,意大利天主教堂及圣约瑟医院被炸,炸死五六百人。惠阳县监狱亦被炸,炸死犯人九人。

△　日众议院东亚联盟促进议员联盟中国视察团一行23人抵南京。8日,汪伪外交部长褚民谊招待视察团,称:如果两国朝野人士真诚觉悟,互相提携,当能共存共荣。

1月8日　全美洲洪门致公党总监督司徒美堂、阮本万等致电蒋介石、毛泽东,提议召集各党派、各界领袖,组织特别委员会调整国共关系,要求及时召集真正代表民意之国民大会,制定国家根本大法,奠定民主基础,巩固抗战大局。3 月 14 日,毛泽东复电表示敬佩,并望海外侨胞一致主张,"以期实现团结抗战之目的"。

△ 第九战区薛岳部连日在湘鄂边通城与日军激战,是日克复黄岸市及通城县城。

△ 八路军第一二○师一部在晋西文水南下曲镇附近,伏击由文水出动之日军,毙伤敌 90 余名。

△ 八路军冀鲁豫军区一部克复河南内黄之西马上、阳邵店、店集等日军据点,俘伪军 300 余人。9 日一部袭入濮阳县城。

△ 八路军第一二九师一部主力及鲁西第二分区部队在山东郓城潘溪渡设伏,全歼日军一个加强中队,俘伪军 30 余人。

△ 顾祝同密电皖南行署主任黄绍耿:对新四军在各地设立之办事处、通讯处、后方留守处、修械处、仓库及一切机关,不论秘密的或公开的一律封闭,并将其武装解除,人员扣留。

△ 顾祝同命令上官云相将皖南新四军部队包围于现地区,"限电到 12 小时内一鼓而聚歼之"。上官云相即下达总攻命令,决于 9 日正午以前于现地区包围聚歼皖南新四军。

△ 皖南北移新四军按副军长项英意见折回茂林,途中遭第七十九师拦阻,不能前进。同时,又遭第四十师、第一四四师两翼夹攻,云岭、茂林被新七师第二旅、第一四四师占领。新四军退路被切断,项英命部队向茂林突围,即晚到高坦时,遭第一四四师猛攻,叶挺指挥新四军将其击退。

△ 汪伪政府全国经济委员会成立,直属行政院。其任务是:一、恢复和平区经济;二、合理调整物资编制;三、拟定中日经济合作方案;四、准备长期经济建设计划。

△ 汪伪驻日大使徐良发表广播讲话《对于外交意见》,声称:中日战争是双方由误会酿成的,目前的紧要问题,是要遵从冤仇宜解不宜结的古训及汪精卫的全面和平主张,停止对日抗战。

△　日本兴亚院华北联络部致函伪华北政务委员会转达该院首脑关于华北反共方针："现在及将来,扰乱华北治安之最大敌人,乃共产党及共产军,故当实施华北政务时,有注重剿共工作之必要","对于共产党及共产军之后方扰乱工作而实施之对策,实有积极推进之必要,为达成此项目的,希望华北政务委员会及各省、县等自动开始积极活动,我方当倾注全力加以协助。"

1 月 9 日　顾祝同密令上官云相及皖南、江南两行署,在围剿皖南新四军中,"党、政、军务须切实联系";地方防止共产党活动及一切善后事宜,"统由上官云相命令指挥"。

△　上官云相致黄绍耿急电,令饬所属各区、县党政负责人即率地方武力,切实严密查拿共产党秘密组织及成员。

△　新四军皖南部队经高坦向茂林方向突围未成。当晚,叶挺决定避开茂林,向东北方向突围,拟沿东流山麓经石井坑、大康王,在丁家渡和泾县间渡过清弋江,由繁昌、铜陵间渡长江。

△　延安《新中华报》报道:驻陕西赤水附近的国民党预三师一部,抢占陕甘宁边区地域,到处烧杀抢劫,民众遭惨杀者甚多。该师并明令凡逮捕边区县级人员者,奖洋 300 元;区级 200 元;乡级 100 元,并在赤水第三、第五区大兴土木,强迫民众修碉堡,摧毁学校 20 余所,民众怨声载道。

△　国民政府以河北省南乐县县长魏汉彬、东明县县长樊树华"守土抗战,著有功绩",明令予以晋级。

△　汪伪政府驻伪满洲国大使廉隅向记者发表谈话,声称:要尽最大努力,使中"满"关系紧密提携,俾形成东亚永久和平之轴心,达到大东亚共荣之目的。

1 月 10 日　国民政府以辛亥武昌首义首领刘公、孙武效忠革命,"备历艰辛,武昌首义共谋发动,得力尤多",是日明令褒扬。

△　蒋介石训令社会部并通令所属:八路军已改为第十八集团军,以后不得沿用八路军名义。

△　第三十二集团军给左右翼军下达分区清剿皖南新四军的命令,限 10 日黄昏前清剿完毕。

△　叶挺领导新四军军部在石井坑收容整理部队,总共尚有 5000 人,并指挥战斗部队在石井坑附近构筑工事,掩护部队的整顿。同日,叶挺致电中共中央,报告皖南部队经过“四日夜之自卫战斗,今已濒绝境”,请求中央与蒋介石交涉,停止对皖南新四军的围攻。

△　晋察冀边区《抗敌报》更名为《晋察冀日报》,由三日刊改为日刊。

△　日第六十九师团、独立第四混成旅团各一部 5000 余人,“扫荡”晋冀豫边区之榆社、辽县、和顺、昔阳地区。14 日,被八路军第一二九师粉碎,毙伤日伪军 600 余人。

△　伪满洲国公布《关于 1941 年治安肃正的指示》,规定“讨伐”的方针为:避免使用大兵力的“讨伐”,改由军管区选派少数部队对固定目标进行连续追击,分割围攻抗日联军,并规定本年度“治安肃正”的重点为北安和三江地区。

1 月上旬　毛泽东会见印度援华医疗队的巴苏华,说明蒋介石制造皖南事变的严重局势。指出:如果国民党企图破坏这一全国的主要政治方向,它必将遭到反击。

△　周恩来分别向顾祝同、蒋介石、何应钦、白崇禧、刘斐提出抗议,严正声明:如不制止对新四军的包围、袭击,“新四军只有突围四出,散于民间,战于敌后”。

1 月 11 日　国民政府公布《律师法》,凡 40 条。

△　重庆《新华日报》举行创刊三周年纪念晚会,周恩来、叶剑英等出席。会间,周恩来突接新四军被包围、袭击的急电,即在会上宣布皖南事变,谴责国民党的反共阴谋,遥祝新四军冲破重围和黑暗。并提醒大家要准备更严重的斗争。同日,周恩来要求国民党谈判代表张冲急报蒋介石,速令包围新四军的国民党部队立即撤围、让路。

△　皖南新四军继续坚守石井坑,并打退国民党军的多次进攻。

部队虽士气很高,但终因众寡悬殊,弹粮不济,无法持久。至晚,第三集团军第五十二师攻占球岭,第一〇八师占领鹿角山,第四十师占领东流山。新四军退守东流山以北高地。

△　叶挺、项英、饶漱石报告中共中央:国民党第四十、第一四四、第七十九、第五十二、第一〇八各师已于今日合围,预计明晨总攻。顾并已下生擒我等之命令。我们方针:缩短防线,加强工事,以少数钳制多数,控制一个团以上兵力,选择弱点,俟机突击,给以大打击后,再做第二步,能突破当更好。现士气尚佳,惟粮弹不济,不能久持。

△　国民政府明令褒扬故陆军第五十四军军长陈烈,并将生平事迹存备宣付国史馆。

△　国民政府明令嘉奖捐款 65 万元,支援祖国抗战之吉隆坡爱国华侨陈永。

△　南昌日军连日南犯莲塘,第九战区薛岳所部反攻,是日先后收复向塘、丁坊及沙潭埠等地。

△　日军 7000 余人"扫荡"鲁西抗日根据地。八路军第一一五师教导第三旅及鲁西第二军分区部队,与地方武装紧密配合,经过一个月的奋战,毙伤日伪军 700 余人。

△　日军袭击江西鄱阳。

△　苏北抗日根据地《江淮杂志》创刊。

1 月 12 日　中共中央致电周恩来、叶剑英,告以新四军在茂林已被国民党军重重包围六天,望向国民党当局提出严重交涉,即日撤围。13 日,周、叶复电中共中央,报告同国民党代表交涉的情况及蒋介石的意见:一、茂林方面不要继续打,已不成问题,已要贺耀组下了命令;二、新四军今后可走苏北,但须执行两点:第一,部队过江后不得打韩德勤。第二,不得继续盘踞,要遵命到黄河以北去。请中共方面即电告前方。

△　宋庆龄、何香凝、柳亚子、彭泽民联名致函蒋介石及国民党中央,谴责国民党军发动皖南事变是背信弃义,是违背孙中山的教导和遗嘱的,要求国民党当局和蒋介石"撤销剿共部署,解决联共方案,发展各

种抗日实力,保持各种抗日党派"。

△ 皖南新四军指战员在叶挺指挥下坚守石井坑,待机突围。黄昏,新四军石井坑周围阵地相继失守。晚上,叶挺决定分散突围。军部向石井坑东北方向大康王一带突围,其余分两路,一路从凤村向冬青树方向突围,一路向茂林方向突围。

△ 东北抗联第十军一部遭日伪军 300 多人的袭击,在突围战斗中,军长汪亚臣、副军长张中喜中弹牺牲。至此,东北联军第十军基本瓦解。

△ 第三战区沿江流动炮队于南京上游江面击毁日输送舰一艘,敌兵千余悉数溺毙,尸体蔽江而下。

△ 盘踞山西盂县日军包围张家垴,用火烧、刀砍、刺刀捅刺等手段,杀害村民 45 人,烧毁房屋 170 余间。

△《中苏贸易协定》(第三部矿产贸易协定)签字。至此,全部贸易协定成立。此项协定货品全部价格共计数亿元,苏联以同价军火、军用品及机械原料等易于中国政府。协定规定各货统限本年底以前全部交易清楚。

1 月 13 日 蒋介石出席四川省政府行政专员及县长会议,宣称"粮食、禁烟、兵役为当前要政",党务、军队及行政工作人员应切实合作,戮力以赴。18 日,蒋在会议闭幕时讲话,命令川省切实施行"新县制",如有奉行不力,清查户口不实之处,该县长应即撤惩;如有巡查不力,经中央派员查出者,省主席及民政厅长一律治罪。

△ 赈济委员会常务委员朱庆澜在西安病逝。18 日,国民政府明令褒扬朱庆澜,并特给治丧费 5000 元,生平事迹存备宣付国史馆。

△ 朱德、彭德怀、叶挺、项英通电全国,抗议国民党军包围皖南新四军,要求国民党"立解皖南大军之包围,开放挺等北上之道路,撤退华中之剿共军,平毁西北之封锁线,停止全国之屠杀,制止黑暗之反动,以挽危局,以全国命"。

△ 新四军军部在突围中又遭国民党军包围,当时尚集中 2000 余

人,几度冲锋,损失很大。下午,国民党军向大康王新四军阵地发起进攻,新四军政治部主任袁国平在战斗中牺牲。

　　△　叶挺和饶漱石商定,派人与国民党军谈判,并派军部参谋二人前往第五十二师师部联系。

　　△　盘踞鄂北随县之日军 2000 余 12 日出扰,陷高庙、均川店,第五战区一部夹击该敌,是日收复均川店,下午敌复增援来犯,被击溃。

　　△　伪满洲国驻汪伪政府大使吕荣寰到南京,随员有丁文蔚及日本顾问田原悦二和伊藤芳男。15 日,吕荣寰向汪精卫递交国书。

　　△　中苏航空公司在苏联阿拉木图举行第三次董事会议,中国出席之董事为吴元超、刘唐领等,会议决定重庆至莫斯科五日到达,邮运合同亦已商妥,由国内寄欧航空邮件由此线运递。

1 月 14 日　叶挺为挽救危局,前往第五十二师师部谈判,被扣押。随后,新四军各阵地被国民党军占领。

　　△　新四军军部和皖南部队最后分散突围,后陆续到达江北和苏南的有 2000 余人。副军长项英和副参谋长周子昆突围后到茂林以南大山中隐蔽,3 月 14 日被叛徒杀害。

　　△　周恩来一面致函蒋介石,要他速令包围新四军的部队立即停止攻击,撤围,让路;一面电责顾祝同。同日,周恩来与叶剑英同苏联驻华武官崔可夫商谈。崔可夫建议皖南新四军主力坚持北上。

　　△　八路军第一二九师新二旅一部连克河南内黄之西野头、东永建等日军据点,俘敌 150 余人。

　　△　八路军大青山骑兵支队一部袭击集宁南圩泉之日军据点,激战三小时,全歼守敌,克复据点,俘伪大队长赵银山以下 40 余人。

　　△　盘踞安徽定远之日军千余以炮火为掩护,东犯河池镇,第三战区游击部队一部迎击至晚,毙敌 200 余人。

　　△　日军以"完成皖南剿共未竟之功"为口号,大举向安徽宣城、江苏金坛附近新四军进攻。汪伪南京绥靖部队亦协助日军进攻新四军。

　　△　日机 18 架由鄂袭川,并在重庆上空扫射。

△ 香港英国当局为限制华人入口,颁布《限制人口入境条例》,是日开始施行。

△ 汪伪行政院会议决定成立感化院及教育部童子军事务委员会,并任命唐惠民为警政部常务次长,关东羲为广州市市长,彭东原为驻日本神户总领事。

△ 美纽约华侨崇正会致电蒋介石、林森,要求领导全国人民抗战到底,表示“侨等誓反对摩擦,拥护统一”。

△ 星洲《南洋商报》发表皖南事变时评,指出:在日本强盗压境下,“团结则生,分裂则亡”。中国人只要不是汉奸汪派都应该团结起来,如果排除异己,互相歧视,鼓吹分裂,陷中国于灭亡的境地,便是民族的罪人。

△ 旅港著名人士张一麐、许地山、端木蕻良、金仲华、范长江等400 余人联合致电林森、蒋介石,要求制止内战,反对枪口对内。

1 月 15 日 何应钦召集会议,讨论对新四军的处置办法,通过撤销新四军番号等决定。

△ 毛泽东就皖南事变后之对策向周恩来、叶剑英发出指示。指出:中央决定发动政治上的全面反攻,军事上准备一切必要力量粉碎其进攻;中间派孙、冯等调和退让论是有害的,只有猛烈坚决的全面反攻,方能打退蒋介石的挑衅与进攻,必须不怕决裂,猛烈反击之,我们佳电(9 日)的温和态度须立即终结。

△ 周恩来接张冲电话:本日 11 时半何应钦同顾祝同通话,顾称自昨晚起前线战斗已停,也无叶挺、项英被擒事。周恩来要求对方保证叶、项安全。

△ 上官云相致电黄绍耿,速饬各县严密搜查皖南新四军零星突围部队,如有发现,速予剿灭。

△ 财政部缉私处成立,戴笠兼任处长。

△ 中国劳动协会在重庆召开第三届年会,选举朱学范、陆京士等为常务理事,通过致日内瓦国际工会联合电,提请扩大制止暴日侵略行

动,共同消灭侵略者,并电伦敦英国总工会,声援英国工人抵抗侵略和促进中英合作。

△　延安鲁迅研究会成立,选举艾思奇等组成干事会,并决定汇集研究成果,出版丛书。

△　缅甸总督府参事考罗率缅甸政府代表团抵重庆,商洽中缅商务、交通、滇边禁烟、滇缅界务及缅甸护照新法等事宜。

1月16日　蒋介石出席四川东南行政专员行政会议,并发表对于川政之重要指示。

△　军事委员会任命刘祁祺为第十七军副军长,张言传为第七十军副军长。

△　国民党中央海外部长吴铁城率中国亲善使节团抵仰光,分访缅甸总督及总理。

△　经济部制定《战时重要经济设施原则》,共二款。第一款共七条,规定:内地生产及制造为国防及民生所必需者,应尽量加强增多增量;燃料事业如煤、焦、油料、酒精等物品应加多出产,以资供应;生产事业所必需之电动力等应加速装设;国营矿业可招收民资者应依国营矿区管理规则,组织公司办理重大工矿事业;利导商业资金办理生产事业,由政府给予保障;维持对友邦货物来往之运输,并促进邻近区域物资之输入。第二款共10条,规定:国防及民生必需之重要物品,由政府支配用途,统制价格;兵工所需之钢、铁、铜、铅、锌、硝、磺等物应加紧生产,并由政府收购供应;民生必需之纱、布等物品,应由政府规定收购及销售办法,并鼓励商人采运,以资调节;煤、焦、油料、酒精等燃料及电力,应由政府就急要用途,尽先支配;政府规定工业制造必需的器材、原料尽先供应;外销物资除与本国及友邦国防所必需者,仍继续统销外,其他得允许并辅导人民自行经营。

△　国民政府设计局正、副秘书长张群、顾翊群辞职照准,遗缺由王世杰、陈伯庄兼任。

△　全国慰劳总会会长陈诚,副会长谷正纲、马超俊、郭沫若,公宴

出钱劳军运动名誉主席及主席团成员,决定此次劝募运动分党政、金融、工商、侨胞、妇女、青年、交通、文化、农工等组进行。

△ "扫荡"鲁西之日军一部出动汽车、坦克百余辆,在飞机掩护下,向朝城苏庄围攻,八路军鲁西守军一部与敌血战竟日,弹尽粮绝,全体官兵壮烈牺牲。

△ 苏联驻华军事总顾问崔可夫在重庆拜会蒋介石,告以下列苏联援华军品已运华,计有 СБ 飞机 100 架、И—6 飞机 75 架、153 驱逐机 75 架、7.6cm 野炮 200 门(炮弹 20 万发)、装甲炮拖 200 套、7.6cm 高射炮 20 门(炮弹三万发)、3.7cm 高射炮 30 门(炮弹三万发)、轻机关枪 800 挺、重机关枪 500 挺、三吨载重汽车 300 辆。

△ 宜昌东日军以飞机 10 架助战,进犯龙泉铺、关庄场,第五战区江防部队予敌堵击,战至次日,将敌击退。

△ 晋西北方山日军一部 1200 余人,分两路向东南退去,沿途烧杀淫掠,山西新军决死二纵队主力于文水西北设伏,战至下午 4 时,毙伤敌大队长、中队长各一名及以下官兵 300 余名。18 日日军另一路在麻峪口、王家社亦遭伏击,死伤 150 余人。

△ 华盛顿华侨抗日救国会、纽约华侨群社等致电林森、蒋介石,恳请对皖南新四军撤围,并"严惩制造摩擦分子,撤销调防令,坚持团结抗战国策,以慰侨望"。

△ 湖南衡阳《开明日报》编辑数人,深夜被国民党特务捕去,被迫停刊。

△ 日大本营陆军部制定《对华长期作战指导计划》,要点为:一、到 1941 年秋,应继续对华施加压力,并发挥综合作战能力,谋求"中国事变得到定局";二、"作战目的是维持治安,肃正占领区为主,不要进行大规模进攻作战。必要时可发动速战速决的奇袭战,但以返回原驻地,不扩大占领区为原则";三、设法加强陆地、海面及空中封锁,同时切断法属印度支那运输线,骚扰滇缅公路,以海军封锁海面,以陆军封锁海港的作战,加强对华经济压力。

1月17日　军事委员会发布通令,称新四军"违抗命令,不遵调遣","扰乱战局,破坏抗日阵线,阴谋不轨",宣布新四军为"叛军",撤销其番号,并将"该军军长叶挺着即革职,交军法审判,依法惩治";"副军长项英着即通令各军严缉归案讯办"。是为"皖南事变"。

△　军事委员会发言人在重庆对报界人士宣称,皖南事变"完全为整饬军纪问题,新编第四军之遭受处分,为其违反军纪,不遵调遣,且袭击前方抗战各部,实行叛变之结果"。

△　蒋介石命汤恩伯、李品仙、李仙洲、王仲廉、韩德勤等为华中各路"剿共"军司令官,以李宗仁为最高总司令,率20万大军进攻江北之新四军,并命令江苏省府主席王敬久动员所部,如江北新四军不服从解散命令及移往黄河以北时,即刻围攻之。

△　新四军将领张云逸、邓子恢、陈毅、张鼎丞、粟裕、戴季英、罗炳辉等通电全国,抗议国民党制造皖南事变,围歼皖南新四军的罪行,呼吁全国同胞仗义执言,"以伸千古之奇冤,而利敌后之抗战"。

△　周恩来在重庆获悉军事委员会宣布新四军为"叛军",取消新四军番号的消息,星夜驰车向国民党谈判代表张冲提出严正抗议,并在打给何应钦的电话中谴责何是"中华民族的千古罪人"!次日,《新华日报》有关皖南事变的文稿被国民党新闻检查机关扣压,周恩来立即为该报题写"为江南死国难者志哀"和"千古奇冤,江南一叶,同室操戈,相煎何急!?"刊登在被扣去的稿件位置上,并领导报社职工突破国民党的封锁,把报纸发行出去。

△　军事委员会任命杨宏光为新编第三军军长。

△　行政院会议通过《田赋改征实物办法暂行通则》;批准全国粮食管理局局长何廉辞职,副局长何北衡另有任用,应予免职,派曹仲植、程远帆为全国粮食管理局正、副局长。

△　八路军晋察冀军区一部猛攻河南内黄县城,激战彻夜,攻入城垣。次日,伏击由东庄集来援之日伪军400余人,其另一部复向内黄西之魏河逃窜,亦被歼。

△ 驻山西五台、代县、繁峙等地日伪军 600 余人,分三路突袭五台铺上村,在铺上村、里西沟、大柏山、小柏沟四村杀害村民 272 人。

△ 上海龙章造纸厂迁建猫儿石开工,日产六吨。

1 月 18 日 宋庆龄、何香凝、陈友仁等为皖南事变联名致电蒋介石,指出"弹压共产党则中国有发生内战之危险",要求"今后必须绝对停止以武力攻击共产党,必须停止弹压共产党行为"。

△ 中共中央发出《关于皖南事变的指示》,说明事变的真相,作出反对国民党进攻的四项决定,并指出:国民党这一政治步骤,表示已在准备着与我党破裂,这是七七抗战以来国民党第一次重大政治变化的表现。我们除向国民党提出严重抗议、无情揭露他们的反动方面外,八路军、新四军在政治上、军事上应充分提高警觉性和作好作战的充分准备。

△ 中共中央发言人对皖南事变发表谈话,驳 17 日国民政府军委会的通令和发言人谈话,并提出严惩阴谋消灭新四军皖南部队之罪魁祸首;释放所有被俘之新四军将士,保障叶挺等之生命安全;抚恤新四军皖南部队死伤将士及其家属;停止数十万大军之剿共战争;平毁西北之反共封锁线;停止在全国逮捕共产党员及爱国人士,释放爱国政治犯;肃清何应钦等一切亲日分子;反对破坏抗战、破坏团结之阴谋;严整抗日阵营,坚持抗日到底等要求。

△ 八路军总部发出《关于茂林事变的政治训令》,指出:江南新四军惨遭不幸,是国民党顽固派的反革命阴谋所陷害,号召全党全军紧急动员起来,进行各方面的充分准备,以应付严重事变的到来。

△ 汪伪政府任命苏成德为首都警察厅长。

1 月 19 日 延安《新中华报》发表《抗议无法无天之罪行》的社论,呼吁全国人民和全世界公正人士与中国共产党团结一致,为惩办阴谋祸首,解救皖南新四军部队,撤退华中剿共军,平毁西北反共封锁线,停止全国大屠杀惨变,挽救中华民族危亡而奋斗。

△ 马尼拉《建国报》就皖南事变发表短评《枪口一致向外》,指出:

国民党的亲日分子盘踞军政要津，迫令新四军离开防地，又加煎迫，直欲扩大事态，造成全面内战，弄到亡国灭种而后甘心，这只会使敌人高兴，表示要大声疾呼："枪口一致向外。"

△　宜昌附近第五战区所部反攻日军，连日克复分乡场、黄家场，是日又克郭家冲、珠宝山、常家岭、黑湾垴等地。

△　鲁苏战区所部克复山东海阳县城，毙伤日军300余人。

△　日机37架两批袭击云南，在个旧县境投弹数枚。

1月20日　中共中央革命军事委员会发布重建新四军军部的命令，任命陈毅为新四军代理军长，张云逸为副军长，刘少奇为政治委员，赖传珠为参谋长，邓子恢为政治部主任，悉心整饬该军，团结内部，协和军民，实行三民主义，遵循《总理遗嘱》，巩固并扩大抗日民族统一战线，为保卫民族国家，坚持抗战到底，防止亲日派袭击而奋斗。

△　18日至是日，中共中央连日发出指示：蒋介石似有与中共破裂决心，我们决定政治上全面揭露蒋的阴谋，惟仍取防御姿态；军事上先取防御战；组织上准备撤销各办事处，干部迅速撤退，恩来、剑英、必武、颖超等重要干部于最短期间离渝，非党干部迅速向南洋国外撤退，《新华日报》应缩小版面，每日出半张，对办事处人员进行革命气节教育，销毁文件、密码、电稿等。

△　毛泽东以中共中央革命军事委员会发言人名义向新华社记者发表谈话，严正提出关于解决皖南事变的12条办法：一、悬崖勒马，停止挑衅；二、取消1月17日的反动命令，并宣布自己是完全错了；三、惩办皖南事变的祸首何应钦、顾祝同、上官云相三人；四、恢复叶挺自由，继续充当新四军军长；五、交还皖南新四军全部人枪；六、抚恤皖南新四军全部伤亡将士；七、撤退华中的"剿共"军；八、平毁西北的封锁线；九、释放全国一切被捕的爱国政治犯；十、废止一党专政，实行民主政治；十一、实行三民主义，服从《总理遗嘱》；十二、逮捕各亲日派首领，交付国法审判。25日，周恩来在重庆将上述12条办法交国民党谈判代表张冲转送蒋介石。

△ 毛泽东致电周恩来、彭德怀、刘少奇,指出中央决定将各办事处逐步撤销,人员陆续撤回,八路军总部不再向蒋介石呈报任何文电。延安军委已于 20 日发表命令、谈话,收到望广泛散播。"目前我们在政治上取猛烈攻势,而在军事上暂时还只能取守势,惟须作攻势的积极准备,以便在四个月或六个月后能够有力地转入攻势。在准备时期边区及晋西北方面不作大的军事调动,以免震动。八路军人员暂时亦不发表反蒋言论"。

△ 中共中央决定:一、以刘少奇为新四军军分会书记;二、以饶漱石代理新四军政治部主任;三、中原局改为华中局。

△ 周恩来和叶剑英联名致函张冲,附由迪化返延人员伍德民等32 人名单一份,托张转交蒋介石下令发给由迪化经兰州、西安、延安转赴前方的通行护照一份。

△ 国民政府特派朱家骅为民国二十九年度高等考试初试典试委员长。

△ 军事委员会任命陈章为第六十三军副军长。

△ 行政院会议议决派蒋复璁为国立中央图书馆馆长。

△ 交通部设立西北公路管理处,管理陕、甘、宁、青四省主干公路行政及改善修养工程,以凌鸿勋兼任处长。

△ 槟榔屿《星滨日报》为皖南事变发表社论《新四军被缴械问题》及短评《我们的期望》,驳斥所谓新四军"叛变"的谬论,指出:"海外两千万侨胞是拥护团结到底,而誓死反对枪口向内,中国人杀中国人的。"

△ 豫南日军在信阳附近集结步兵七个半师团,独立骑兵一个旅团,独立战车三个联队,独立野战重炮兵一个联队,共约步兵 15 万,骑兵 8000 人,炮 550 门,战车 300 辆,并在安阳、新乡、淮阳、信阳等飞机场集结飞机百余架,准备从正阳和信阳出发,向北大举进攻,企图打通平汉路南段,再转向西,攻击洛阳,以期与晋南日军会师潼关。

△ 日军一部由岳阳潜渡湘江,于芦席湾登陆,第九战区所部俟敌陷入包围后,歼其大部。

△　日机四架轰炸广东从化、淡水；14架炸韶关；四架在清远县横石、灈江两地投弹数枚。

1月21日　菲律宾纳卯抗敌会发出代电，要求立即恢复新四军，释放叶挺军长。同日，该会联合中国商会、妇女劳动会、青年会、航空建设协会、教育会等侨团致电蒋介石称：中国抗战"总攻在即，不宜自起分裂，请保存实力，共同对外"。

△　军事委员会任命郭希鹏、王天任为骑兵第三军军长、副军长。

△　贵阳警备司令部检查第十八集团军贵阳交通站，捕去兵员八人，没收一切财物。

△　鲁苏战区总司令于学忠致电军令部长徐永昌，请即派兵东进援助该部袭击苏北新四军。

△　日第七十六届议会复会。首相近卫报告内政、外交实施方针，声称解决"中国事变""仍为今后主要目标"。议会通过加强战时体制案。

1月22日　顾祝同命令各县政府、县党部在最短时间彻底肃清皖南新四军零散人员。

△　日军在信阳附近集结三个兵团：左翼兵团辖第三师团、第四师团第八联队、水野战车队等，由第三师团长丰岛房太郎指挥，在信阳西北小林店附近集中；中央兵团辖第十七师团、第十五师团一部及吉松等战车队等，由第十七师团长平林盛人指挥，在明港附近集中；右翼兵团辖第四十师团主力，由师团长天谷正直郎指挥，在正阳以西附近集中。另豫南日军总指挥第十一军司令官圆部和一郎，亲率抽调各部队约四个联队为总预备队，在信阳附近集中。皖北、豫东之日军为策应豫南作战，向我守军进犯。

△　日机19架由鄂两批袭击重庆，磁器口第二十五兵工厂遭炸，死伤八人。同日，日机21架分批轰炸昆明，死伤多人，内有法侨二人，越侨25人。

△　汪伪军事委员会将苏浙皖绥靖军改称第一方面军，任命任援

道为总司令,徐朴成、徐风藻、龚国梁、熊育衡、程万军、沈席儒、王占林分别担任第一至第七师师长。

　　△　伪江苏省主席高冠吾在苏州桃花坞遇刺毙命。

　　△　斯诺在美国《纽约论坛报》上发表有关中国皖南事变的通讯,指出国共分裂,对日伪有利,"汪精卫傀儡军队最近能够占领中国政府军队与新四军发生战事的地区",就足以证明。

　　1 月 23 日　新四军代军长陈毅、副军长张云逸、政治委员刘少奇等发表就职通电,呼吁全国人民"拒绝内战,一致对敌",表示"当此妖气弥漫,秦桧横行之际,毅等誓遵三民主义,服从《总理遗嘱》,与万恶敌人日本帝国主义及其走狗中国亲日派奋斗到底"。

　　△　国民党中宣部、军委政治部、三青团中央团部联合向各级组织发出关于皖南事变的宣传要点:"(一)此事件纯出于皖南新四军不遵命令,攻击友军,在纪律上自应受相当之制裁,乃纯粹军纪问题,绝不含政治或党派斗争的意义;(二)军纪之执行以行为为根据,此次违抗命令破坏军纪者只新四军,各言论机关如有评述,应以新四军为范围予以评述,对中共及十八集团军可勿涉及。"

　　△　中国银行董事长宋子文在纽约中美协会演说,宣称日军谋图夺取南洋,危害英、美利益,"惟吾三国合力摧败此敌,太平洋始有和平可言"。并称:中国所需者为财力与飞机,"此两者均有赖于美国之协助"。

　　△　晨,湖北襄河两岸之日第十八混成旅团、第三十九师团等部向冯治安、王缵绪两集团军进犯,以牵制第五战区的兵力调动,掩护豫南作战。

　　△　上海纳税人开会讨论增税案,日侨商联合会会长林雄吉反对,提议修正原案,经大会否决,林乃对台上连开三枪,伤工部局总董斯威克等。经日籍副总巡袁木出面调停,事态方息,旋将林雄吉解往长崎法院审理。25 日,日驻上海总领事屈内干城向会议正式道歉,保证日后日籍纳税人遵守秩序。

　　△　星洲《南洋商报》为皖南事变发表时评《重伸华侨无党无派的

立场》,指出,新四军"是一支在敌后苦战三年的抗日部队,没有发现任何通敌的嫌疑,当不能视为'叛军'""如果我们不提防敌寇汪派的政治进攻的阴谋,再度发生大规模的内战,国家前途就不堪设想了,世世代代的子孙将永远不能原谅我们"。

△　美白宫宣布派居里访华,考察中国经济及币制近况。

1月24日　新四军将领陈毅、张云逸、刘少奇、赖传珠、邓子恢、张鼎丞、粟裕、傅秋涛、管文蔚、叶飞、谭震林、罗炳辉、周骏鸣、戴季英、李先念、彭雪枫、张爱萍发出声讨亲日派通电,指出"夺去一叶挺,必有千百叶挺以继其后,覆灭一万新四军战士,必有数百万数千万忠于民族国家之新战士以继其后","一切丧心病狂倒行逆施之徒,虽逞志一时,也难逃于覆没"。

△　蒋介石向全国出钱劳军运动总会颁示训词,要求"高级官吏、富商巨室,应该自动参加,不待劝募"。同日,财政部长孔祥熙发表广播讲话,宣称"出钱劳军是有钱人应尽之责任"。

△　冀中区抗战建国联合会、武装自卫委员会、抗日救国会以及农、工、青、妇、回民、文化界等团体,代表冀中 800 万人民联合致电全国抗战报社,声讨亲日派何应钦,抗议制造皖南惨案。同日冀中新闻界也向全国发出抗议皖南事变的通电。

△　周恩来和董必武、叶剑英联名致电中共中央,报告皖南事变后各民主党派的动向,说他们对国民党大为失望,痛感有加强团结的必要。由章伯钧、左舜生等拟发起成立民主联合会,以团结各党各派、无党无派和国民党左派,与中国共产党合作共同进行民主和反内战运动。他们已与我们交换意见,我等深表赞同。第三党近因当局之压迫,日渐左倾,提出联苏联共为中心,主张与我党更密切合作,还派出章伯钧、邱哲同我们谈判,表示合作诚意。

△　日第三十六师团、独立第四混成旅团各一部 4000 人,开始对太行分区进行"扫荡"。

△　伪浙江省主席汪瑞闿病死。28 日,汪伪行政院任命沈尔乔代

理浙江省主席。

△ 古巴万山厘裕之华侨抗日后援会、中国航空建设协会支会、华侨团体会、国民党分部、南平公所、台山自治所、救国大同盟支部七团体联合致电蒋介石,称:"近闻国内团结破裂,彼此摩擦,莫不痛恨,请迅速和平解决纠纷,永远团结抗战,驱逐日寇,肃清汉奸、贪污害国之徒,务达抗战胜利建国成功之大愿。"

1 月 25 日 日军发动豫南会战。晨,豫南日军在园部和一郎指挥下分三路北进:以天谷师团长指挥的第四十师团为右翼兵团,向陡沟、槐角镇强渡淮河发动攻击;以平林师团长指挥的第十七师团主力附第十五师团一部及吉松等战车部队为中央兵团,向明港发动攻击;以丰岛师团长指挥的第三师团、第四师团之第八联队及水野战车部队为左翼兵团向小林店、固县、宝山发动攻击。同时日空军亦协同地面作战对各阵地及后方猛烈轰炸。正在重庆与何应钦、白崇禧商讨"剿共"计划的第五战区司令长官李宗仁闻讯,临时变"剿共"部署为对敌部署,命汤恩伯、李品仙、李仙洲、何柱国、孙连仲、王仲廉等由"剿共"阵地撤回对敌应战。

△ 皖北、豫东日军为策应豫南会战,分路西犯,一路为第二十一师团之太田联队,由宿州向西进犯;另一路为骑兵第四旅团附平战车联队,由亳州分三路向涡阳、山河集双桥西犯,与骑兵何军之马师,在十字河、倪邱集各附近激战;另一路为第三十五师团之汤口联队,由通许朱仙镇向泛滥区进犯,另一路为小林联队,沿黄河郑州北岸西犯。至 31 日皖北由宿州西进之敌,连陷蒙城、涡阳等地;豫东日军亦同时南陷周家口。

△ 蒋介石接见苏联驻华大使潘友新,就其所询皖南事变问题,声称处置新四军完全为整饬军纪,绝无其他问题,更无损于抗战力量。

△ 蒋介石电示汤恩伯,豫南作战应避免与敌正面决战,而以少数兵力在正面节节抵抗,引其深入,以主力在敌各进路之两翼作主动的侧击;另以有力一部埋伏敌后,待其前进以后,专事切断其交通。

△　第五战区司令长官李宗仁为豫南作战调整部署：孙连仲左集团以一部依托既设阵地阻敌，主力集结泌阳；汤恩伯集团集结象河关附近及汝南以东；莫树杰第八十四军一部监视罗山，主力集结息县附近；黄维纲第五十九军向枣阳以北推进；陈大庆第二十九军向桐柏集结。

△　新四军新的军部在苏北盐城宣告成立，陈毅代军长发表就职演讲，称："皖南事变我们损失了老军部，现在新军部又成立了。皖南事变我们有几千个指战员牺牲，但我们今天还有九万人的强大力量。""我们要明白自己的责任，坚持抗战的大旗，英勇奋斗下去，最后胜利一定是我们的！"

△　周恩来将中共中央解决皖南事变的 12 条办法面交张冲转国民党中央。

△　中共山东地区党、政、军最高领导机关集会，声讨制造皖南事变的罪魁祸首，并通电全国召开追悼新四军江南被难将士大会。

△　八路军驻绥、米、葭、吴、清警备区河防将士及绥德民众为抗议皖南事变，声讨亲日派举行示威大会，并致电新四军代军长陈毅等，表示该警备区 50 万人民及军队，拥护中共中央军委的命令和谈话，愿与新四军团结一致，为打破亲日派内战外和、投降卖国阴谋而奋斗。

△　檀香山中国宪政会致电朱德，声讨皖南惨案的祸首，并告该会已电请蒋介石停止围剿新四军及释放叶挺，望"俯念困难，尽量容忍，期求和平解决，一致对外"。

△　汪伪南京政府为皖南事变召开庆祝大会。汪精卫在大会上演说，称："蒋介石几年来未作一件好事，但此次消灭新四军事件，证明还不失为一好人"，并希望重庆政府"百尺竿头更进一步"。日本同盟社亦大肆赞扬"蒋介石盲目抗战数年，只做了皖南事变一件好事"。

△　日军制造潘家峪惨案。唐山日军司令部调集丰润、遵化、玉田、迁安、卢龙、滦县等地日伪军 3000 余，由驻唐山守备队指挥官佐佐木高桑指挥，偷袭冀东地区抗日根据地中心区潘家峪村，将全村男女老幼集中于一大院内，屠杀村民 1230 余人，全村幸存者无几，烧毁房屋

1000 余间。后日军封锁该村,严禁泄漏惨案真相。

△ 伪满洲国在东北青年学生中开始推行"劳务新体制",强迫学生勤劳奉仕,对青年学生进行奴化教育。

△ 中国航空公司重庆—昆明—腊戍—加尔各答线全线开通。

1 月 26 日 蒋介石以安徽省主席李品仙"除奸杀敌有功",政绩攸彰,予以嘉奖。

△ 豫南战场中路日军陷确山,右翼日军陷正阳,左翼日军陷泌阳。

△ 八路军晋察冀军区司令员聂荣臻等电贺新四军代军长陈毅等就任新职,表示"愿为其后盾"。同日,八路军第一二九师师长刘伯承等通电,请缨南下增援新四军。

△ 日外相松冈在第七十六届议会上答辩时谈汪蒋合流,称:"促使蒋介石反省之主要目的,在促使蒋介石能与汪精卫之南京政府合流。""当日本政府尚未正式承认汪政权之时,汪精卫曾邀请重庆政府要人与彼合流,进而与日本谈判全面的'和平'问题,当时汪精卫并有此种精神,即为顾全中日大局计,设彼有阻碍中日和平谈判处,彼愿出游国外,以促成中日间之绝大好事。日政府亦曾有此明白表示,即虽在我政府正式承认汪政府为中国中央政府后,而日政府实未放弃促使蒋介石反省而与汪政府合流之希望。"陆相东条亦称:"欲使重庆政府反省,必须加以重大之压力。如再加以压力,或可转变蒋介石之想法。"

1 月 27 日 国民政府派驻葡萄牙特命全权公使李锦纶为互换《中国利比里亚国友好条约》批准约本全权代表。

△ 蒋介石在国民党中枢纪念周报告皖南事变,宣称"制裁新四军是为了整饬军纪,加强抗战","与政治及党派无涉"。又称"处置新四军乃忍痛制裁","实为抗战史中一污点,我身为统帅最为伤心"。"凡遵守抗战建国纲领之一切个人、团体和党派,政府绝对尊重其应有之自由与独立之人格,而予以法律之保障"。

△ 毛泽东致电周恩来:同意八路军驻重庆办事处逐步撤退的办

法,在蒋介石宣布全面破裂(取消八路军番号,宣布中共"叛变")以前,办事处仍留少数人不走。蒋介石不取消 1 月 17 日命令并实行 12 条,则不能恢复谈判,这个态度是完全正确的。日、蒋间矛盾尚可利用,日军如大举进攻,必是配合亲日派之行动,目的在威胁蒋介石妥协。

　　△　晋察冀边区各界举行声讨国民党制造皖南事变及追悼新四军死难烈士大会。大会通过拥护中共中央军委的命令和向国民党提出的 12 条办法及慰问新四军电。

　　△　豫南日军攻陷驻马店,其一股西犯竹沟,一股东窜汝南,主力则北上进犯遂平。时第一战区一部主力向上蔡地区机动,另一部向象河关机动。孙连仲所部第六十八军刘汝明部尾击象河关以南之日军;第五十五军曹福林所部由唐河向泌阳前进;第七十七军冯治安所部向南阳前进,欲以两翼侧击日军。

　　△　日外相松冈在国会答辩时称:如果美国继续援助中国,则美日关系即无法改善。28 日,美驻日大使格鲁电美国务院:美日一旦发生纠纷,日本将全面进攻珍珠港。

　　1 月 28 日　国民政府令:免立法院秘书长梁寒操职,任命吴尚鹰继任。

　　△　自去年 9 月 18 日蒋介石手令发动的节约建国储蓄运动,至是日止共得 2.09 亿元,其中数额最多为重庆市,共 3183 万元。

　　△　豫南日军向舞阳、上蔡之线前进中,遭舞阳东南、西南之第十三军张轸部、第六十八军刘汝明部侧背伏击,在象河关及接官店等地发生战斗。伏击上蔡、汝南的第八十五军一部和汝南东南的游击队,在上蔡、汝南伏击日军,日军左右两翼均遭猛袭,伤亡较重。同日,日军陷遂平,一股北上犯西平,主力犯吴城,右翼由正阳北犯之敌陷汝南,与由驻马店东窜之敌会合。

　　△　日机轰炸广西龙州,法国领事馆及教堂被炸毁,领事甘懋履及教士等受伤。

　　△　仰光 18 华侨团体发出吁请祖国各党派坚持团结,反对分裂的

宣言,希望"始终团结,抗战到底,达到最后胜利,肃清贪污,实现民主政治"。

1 月 29 日   豫南战场进犯西平之日军为第八十五军预备第十一师所拒,旋改从两翼抄袭,又被第八十五军第四师及第二十三师从仪封及上蔡两面突击,日军围攻之企图被打破。同日,后翼日军陷上蔡。

△ 卫立煌令一部推进至登封、临汝,策应豫南会战。

△ 中共中央发出《关于目前时局的决定》,指出:蒋介石发动的皖南事变及 1 月 17 日宣布新四军叛变的命令,是全国性突然事变与全面破裂的开始,是西安事变以来中国政治上的巨大变化,是大地主、大资产阶级由合作到破裂的转折点。又指出:我们对于抗日民族统一战线的基本立场并未改变,对于实行三民主义、总理遗嘱与《抗战建国纲领》必须强调。

△ 顾祝同密电蒋介石称,第六十二师刘熙培部、忠义救国军第二纵队第一支队贾维禄及新编第一团谢昆锟攻击浙西新四军不力,伤亡损失严重,各记大过一次。

△ 山东临沂日军一部附炮六七门,西南犯苍山,鲁苏战区所部截击,敌被击溃,退沂水,伤亡 200 余人。

△ 日机 17 架两批袭击昆明,投弹多枚,西南联合大学及职业学校等处被炸。

△ 槟榔屿各帮会与工商团体及文化机关 35 个侨团联名致电蒋介石称:"新四军忠诚抗战,侨胞钦佩,此次事件,无论是军纪,抑或党派摩擦,均属不幸,望秉公善处,我同侨誓死拥护团结,反对枪口对内",同时通电各战区将士,吁请反对内战,并函南洋华侨筹赈总会,请转达蒋介石保障叶挺将军生命,解除通缉项英命令等。

1 月 30 日   蒋介石接见美记者莫理斯称:"建立远东永久和平,须中、苏、美合作",中国需要美国更大的财政援助及军用品之供应";并谓:"美国若以助英国者之半援助中国,则中国可单独对日作战,美国将无被牵入远东旋涡之危险。"

△ 国民政府任命李菱为最高法院院长。

△ 浙西第三战区所部克复长兴。

△ 豫南战场左翼日军攻陷保安砦,一部会合自吴城西犯之敌陷舞阳。

△ 八路军第一二〇师师长贺龙等电贺陈毅就新四军代军长职,并"勒马待命,誓作后盾","共除妖氛"。2月4日,八路军第一二九师将领刘伯承、邓小平等亦电贺陈毅等就职。

△ 伪满洲国决定对满洲重工业株式会社的机构进行改组。2月17日,"满业"吉野副总裁辞职,由高崎达之助继任。1月31日,伪满设立火药工业株式会社,社址在沈阳,资本850万元。

1月31日 国民政府公布:四川省临时参议会议长李伯申已就任四川省政府秘书长,经依法另选向传义为议长,唐昭义为副议长。

△ 军事委员会任命赵锡庆为第五十三军副军长,王育瑛为第五十四军副军长。

△ 外交部长王宠惠接见合众社记者,对美国援华表示感谢,并称:"中国如能获得供给中国所无之军用品,则中抗战决不犹豫。"

△ 资源委员会与美国注册之金属准备公司签订合同,中国出售给美国价值6000万元的钨砂、纯锑、锡等。

△ 豫南战场第三十一集团军以伏牛山为依托,侧击进犯之敌,第十三军击败由保安砦北犯叶县之敌,克复旧县镇。

△ 豫南日军寻求主力决战未成,乃变更部署,以第十五师团一部由遂平经上蔡向右迂回,企图与由汝南北进日军会合以夹击第八十五军。第十七师团主力由遂平、西平分两路向舞阳方面迂回;第三师团主力及第四师团一部亦向舞阳方面前进,企图夹击接官厅、尚店、小史店之第十三军张雪中部。第八十五军及第十三军分别转移。

是月 蒋介石通过张冲找周恩来、叶剑英,希望恢复两党谈判,并允许中共在江南部队集中北移,新四军归入八路军、扩大其编制等为条件。周恩来等答复:不实行12条,无谈判可能。

△　蒋介石同上海英文《大美晚报》记者谈话,要点为:一、中国决不倾向于轴心国家,中国当与民主国家共命运;二、就国共关系言,中国内部必须团结抗战到底,决不分裂;三、抗战后中国实行自由的民主新宪法;四、赞成多党制而不赞成一党制,因为多党制是目前最大多数民主国家所采用的。

△　应英国之邀,国民政府组成印缅马军事考察团,以军事委员会办公厅主任商震为团长,蒋介石侍从室主任林蔚为副团长,率第五军军长杜聿明及陆、海、空人员 10 人,赴印度、缅甸、马来亚进行军事考察。双方拟定了中英合作的防御计划,由中国方面预备 10 个军的兵力随时开往缅甸,策应印度和马来亚。

△　周恩来找张冲交涉释放叶挺。

△　上海各界民众团体致电国、共两党领袖,称:新四军成立以来,转战大江南北,卫国卫民之功绩昭著,"纵有误会,亦不致以政治手腕解决之,何至兵戎相见,而诒同室操戈之讥"。

△　国民政府作出对四川省粮食问题的指示:一、由中国农民银行出资 3000 万元,交川省合作金库,向农村投资,以增农产;二、驻川军队用粮另设机构,各地驻军不得自行征购;三、购湘米七万石运川,以平抑米价;四、粮管人员如有不法情事,由军法处置。

△　何应钦前往滇边各地视察军事防务,为时半月余,并对各军将领面授作战机宜。

2　月

2 月 1 日　豫南战场第五十五军曹福林部、第五十九军黄维纲部、第六十八军刘汝明部向泌阳、唐河等地发起进攻,切断日军后方联络线,克复正阳镇。同日,第十三军亦发起反攻,克复独树镇等处。

△　豫南战场左翼保安砦日军陷方城,右翼日军自上蔡陷项城。

△　蒋介石电令陈大庆第二十九军速向信阳以南挺进,断敌交通,

相机占领信阳。

　　△　军事委员会任命卫立煌兼任第三十九集团军总司令,高树勋、孙良诚为副总司令;任命王懋功为鲁苏战区副总司令;毕泽宇为第六十九军军长,冷欣为第八十九军军长,顾锡九为第八十九军代理副军长。

　　△　军事委员会通告全国,各地公路之稽查警卫事项,自是日起统归军委会运输统制局监察处办理。

　　△　关于日蒋矛盾等问题,毛泽东复电彭德怀,指出:"日蒋矛盾仍是目前的基本矛盾,我们仍须尽量利用之,使时局再拖几个月的可能性仍是有的,国共由 1 月 17 日的开始破裂到将来某时的全部破裂有一个过程,此过程可能短,亦可能长,由日蒋矛盾的变化及我们政策来决定,我们方针是利用这个过程使破裂于我有利。但我军事准备应放在可能短一点上。"目前政治上我已有主动性,军事上亦必须掌握主动性,估计此主动性要待国际条件成熟才能完全到我手中。"我们决不能丧失主动性。这是胜利与失败的重要条件"。"国际条件今年夏秋必有一个变化,明春又会有一个条件"。

　　△　中共中央发出关于日军进攻河南与我党对时局的方针的指示:日军乘蒋介石注全力反共之际,集中五个师团以上,分数路包围汤恩伯、何柱国、李仙洲、李品仙诸军约 15 万人于平汉以东,正与汤恩伯主力激战。此次河南战役是宜昌战役以后最大的战役,不论其军事结果如何,在政治上给蒋介石以很大的打击,因他煽起皖南事变,造成国共间深刻裂痕,敌乃乘虚而入。蒋介石在我们表示强硬立场之后,又遇敌人大举进攻,乃向我们提出廉价的妥协办法,允许华中我军展期北移,及新四军归入八路军增编一军等条件。"蒋在危急时求妥协之心,已可概见。我们必须坚持尖锐斗争立场,不达到我们必要条件决不与之妥协"。

　　△　中共中央发出对华中战略任务的指示:华中战略指导中心应着重于三个基本战略地区,即巩固苏鲁基本根据地,待机向鄂、豫、陕及苏浙皖边、闽浙赣边发展。

△ 晋察冀边区党、政、军民各界万余人,举行反投降、反内战动员大会,要求国民政府严惩制造皖南事变的祸首、亲日派何应钦,会后举行盛大的抗议火炬游行。

△ 八路军第一一五师全体将领致电中共中央及朱德、彭德怀,坚决拥护中共中央的主张,请求驰赴华中或调处适当位置,以保卫陕甘宁边区,击破亲日派之毒辣阴谋,克服投降内战之危险。

△ 重庆《新华日报》因屡遭国民党当局迫害,删扣稿件过多,从是日起改为日出两版一中张,至 1942 年 2 月 1 日恢复出报四版一大张。

△ 中国工业合作协会在浙江兰溪成立浙皖区办事处;并在西北增设宜川、绥德、宁夏等事务所。

△ 广东新会日军一部在大横坝附近强行登陆,经该地第四战区所部突击,击沉日舰七艘,俘敌多人。

△ 日军轰炸河南邓县,炸死民众 21 人,毁房屋百余间。

△ 汪伪东亚联盟中国总会在南京成立,汪精卫任会长,陈公博、温宗尧、陈群、陈璧君、徐良、诸青来、赵毓松等为常务理事,周佛海任秘书长。

△ 日内阁核准下届财政年度对华作战特别军费为 48.8 亿元,并公布自 1937 年七七事变以来,日对华特别军费总额达 223.35 亿元。

2 月 2 日 关于日军进攻态势及中共在政治、军事上的方针问题,毛泽东、朱德、王稼祥致电彭德怀、左权、刘少奇、陈毅、周恩来、董必武等,指出:我们方针是:政治方面,继续攻势,坚持 12 条,在适当的条件下不拒绝妥协。军事方面,八路军原地不动,新四军力争河南,不惜全力以赴。统战方面,注意团结中条山、河南、湖北各友军。

△ 豫南日军向南撤退。第三师团主力由方城向南阳西窜,第十三军张雪中部迎击,克复舞阳、保安砦,旋向方城之敌后尾击;第十七师团主力及第十五师团、第四师团一部由舞阳经象河关向泌阳、唐河南窜,企图与由南阳东窜之敌会合,夹击刘汝明第六十八军、曹福林第五十五军。该敌军窜至象河关附近,被刘汝明部击退;窜至泌阳附近,又

遭陈大庆部第二十九军痛击。

　△　第五战区所部猛攻由上蔡窜入项城之敌,战至是日晚将敌击溃,残敌向西南溃退,项城遂告克复。

　△　云南省主席龙云发表谈话,表示"日寇如扰滇,必不容其得逞"。

　△　山西河津、万泉、猗氏等地日军千余分扰袁家庄、史家堰等地,第二战区阎锡山所部分途截击该敌,至 3 日,敌窜回万泉,伤亡 200 余人。

　△　第十八集团军驻西安办事处之兵站、仓库、汽车队,是日起连续两天被国民党特务、宪兵抢劫,捕去队长、士兵及司机等 13 人。

　△　英国援华总会为皖南事变致电蒋介石,称"本会坚主给新四军以正当之待遇,和平解决一切冲突,俾能克服种种困难,而恢复各党各派间之一致合作"。

　△　中印间开辟直达航空线,由重庆经腊戍、加尔各答至新德里。

　2 月 3 日　豫南战场张雪中第十三军向方城日军猛烈追击,自午迄夜,克复方城。

　△　国民政府公布《非常时期取缔日用重要物品囤积居奇办法》,凡 26 条。

　△　皖北日军陷太和。7 日,第一战区所部反攻,收复太和及界首镇。

　△　第七战区一部潜入广州市中心区,向敌军部袭击,毙伤敌官兵百余名。

　△　日军一部强行在广东西部海岸之北海、电白各处登陆。

　△　重庆《新华日报》社长潘梓年为该报接连被禁阅、禁贩、报贩被殴辱,报纸被没收、烧毁事,致函国民党中央宣传部及重庆卫戍司令部表示严正抗议,要求"明令制止,依法保护,以维法纪"。

　△　国民参政员胡石青在重庆北碚病逝。3 月 11 日,国民政府明令褒扬。

2 月 4 日　豫南日军陷南阳。黄维纲第五十九军转移于南阳西侧燎河西岸防御。同日,张雪中第十三军主力进出于方城,即向唐河及其以东地区追击;曹福林第五十五军向南阳南侧前进。

△　日军华南方面军为占领淡水一带,以切断由香港通向韶州的运输线,在第二分遣支舰队一部的协同下,以川口支队在大亚湾登陆,奔袭占领淡水。这次作战日军完全封锁了大鹏湾及大亚湾。

△　新疆督办盛世才致电陈毅等,称此次皖南事变"诚属抗战中之晴天霹雳,凡属爱国同胞莫不惊诧痛愤",并提出反对投降分裂,制止内战等七条共同奋斗。

△　重庆《新华日报》营业部被国民党特务捣毁,四名报童亦被殴捕。周恩来闻讯即夜邀张冲进行交涉,报童被释放。次日,潘梓年致函国民党中央宣传部,对此非法行为表示严重抗议,要求"彻查、严惩凶犯,并保障该报发行"。

△　第七战区所部收复闽东平潭、南日两岛。

2 月 5 日　第七战区所部游击队在广东中山县附近大赤坎击落日巨型海军飞机一架,机内日海军大将、南洋联合舰队司令大角岑生、少将须贺彦次郎等 10 余人全部毙命,并检获其重要机密文件及图表。

△　豫南战场日军第三师团一部陷唐河。

△　战时公债劝募委员会在重庆成立,蒋介石兼任主任委员,孔祥熙为副主任委员,黄炎培为秘书长,全体国民参政员、各省主席、各省、市参议会议长为委员,定于下月开始劝募民国二十九年军需公债法币 12 亿元、建设公债 1000 万英镑又 5000 万美元。

△　国民参政员陈嘉庚致电第二届国民参政会及全体参政员并转国民党中央,痛陈皖南事变是"自为鹬蚌,势必利落渔人",恳切主张"弭止内争,加强团结"。

△　东方文化协会在重庆召开常务理事会,由会长于右任主持,决定聘请郭沫若、王芸生、朱世明、郭春涛为该会研究、宣传、联络、组织等委员会主任委员。

△ 晨,著名戏剧家洪深忧时愤世在重庆寓所服毒自杀,遗书称:"一切都无办法,政治、事业、家庭、经济如此艰难,不如且归去。"郭沫若闻讯偕医师驰往急救,幸得脱险。

△ 宋子文在纽约对芝加哥通讯社记者称:蒋介石与共产党间的不幸摩擦,将不致美国一般所料,引起内战。

△ 汪伪政府新任驻日大使褚民谊抵东京,对记者称中日两国"犹如家人昆弟","始能共存共荣"。8日,向日皇呈递国书。

2月6日 豫南战场张雪中第十三军克复南阳、源潭、唐河。第八十五军克复遂平。

△ 宝源企业股份有限公司在北碚夏溪口成立,资本 1000 万元,总经理兰文彬。

△ 四川省万源县县长邹明光购办军粮舞弊,是日被处以死刑。

△ 美国政府派高思继任驻华大使。

2月7日 豫南第五战区所部越唐河追击桐柏、泌阳方面日军,敌纷向南溃,遂克复驻马店、汝南。

△ 罗斯福私人代表、美总统府行政主任居里抵重庆。下午谒蒋介石,并面交罗斯福盼国共合作函,内称:"希望双方能消泯歧见,更密切地合作,以有利于对日本作战的共同目标。"并谓:"中共似乎是我们国内所称为社会主义者。我们赞同他们对农民、妇女与对日本的态度。"

△ 中共中央军委颁布《军政委员会条例》,规定在军、师、旅、团及纵队、支队、军区、分区等级成立军政委员会(以前军队与地方党政合组的军政委员会,一律改名为军政党委员),作为每级的集体领导机关。

△ 国民党中央宣传部文化运动委员会在重庆成立,张道藩任主任委员。

△ 豫北博爱伪军梁明星部三个大队官兵 1000 余人反正。

△ 美国加利福尼亚州州长奥尔森等致电蒋介石,称中国阋墙之争"使美国赞助者纷纷离去,吾人深信必须维持统一,始能击败日本侵略者,并维持美国之友谊"。

2 月 8 日　行政院经济会议正式成立,旨在强化战时经济体制,调整物价,稳定金融等。蒋介石兼主席,孔祥熙为副主席,贺耀组为秘书长。下设秘书室、政务组、粮食组、物资组、工资组、运输组、金融组、调查组、检查组、军事组。

　　△　中共中央书记处指示各地在抗议皖南事变及追悼事变殉国烈士大会中,应要求国民政府和蒋介石接受中共提出的解决时局 12 项条件,平反皖南冤案。10 日,中共中央书记处发出通知:"关于抗议皖南事变及追悼皖南死难烈士,前定二月十三日或以后数日内开会,兹决定缓开,待时局明朗后再通知开会。"11 日,中央政治局会议又根据毛泽东的提议,决定大会停开。

　　△　行政院根据蒙藏委员会杜镇远新拟建筑中印(即康印)公路计划书,由蒋廷黻主持召开审查会。16 日,行政院批示蒙藏委员会对该计划"原则决定,一面踏勘,一面交涉"。

　　△　海外部长吴铁城去年 9 月奉命南行,历经菲律宾、荷印、马来亚、缅甸等百余埠,是日返抵重庆。

　　△　四川省警察局明令查封成都生活书店、《新华日报》川西北总分销处书刊部及读书、生活出版社成都分社。

　　△　粤南第七战区所部克复淡水。

　　△　据中央社讯:大批日军最近由日本本土开到台湾、海南岛两地,兵力达三万之多,均携带远征之配备。另有日舰五艘现泊金兰湾外待命,为南进作准备。

2 月 9 日　行政院指令重庆市临时参议会规定 9 月 6 日为重庆陪都建立纪念日。

　　△　第五战区所部克复豫南确山县城。

　　△　第一战区所部克复皖北涡阳县城。

　　△　周恩来将苏联军事顾问崔可夫对国共双方提出的意见电告延安毛泽东。崔的意见是,对国民党:一、斯大林不愿意听到国共两军冲突事;二、要团结抗战;三、武器不好不能取胜的观点不对。斯大林认

为,目前华军作战主要目的不在攻守坚固据点,而在集结 10 倍于敌的力量,歼灭敌之有生力量,以孤立敌据点,华军目前应积极行动,使敌分散。对中共,革命军队愈积极行动,愈能发展;要继续抗战,起模范作用,并加以宣传;苏联接济的军火,中共也可向国民党要求补给。

△　日机 44 架分批轰炸昆明。

△　中国围棋会在重庆成立,陈立夫任理事长。

2 月 10 日　豫南会战结束。自 2 月 7 日起,豫南战场日军陷入我军四面包围中,乃以一部沿唐河、泌阳大道,主力沿桐柏、信阳大道,向信阳退却。我第八十五军向泌阳东南追击,第十三军、第二十九军向信阳追击。是日,日军退回信阳,恢复战前态势,历时 17 日之豫南会战结束。

△　蒋介石接见居里,告以抗战目的第一为抵抗日寇,求取最后胜利;第二为阻止中国成一赤化之共产国家。

△　国民政府公布《民国三十年甘肃省建设公债条例》,凡 11 条,定额 800 万元,年息六厘,还期 30 年。

△　国民政府命令:驻巴西特命全权公使熊崇志免职;驻墨西哥特命全权公使谭绍华调任驻巴西特命全权公使,遗缺以程天固继任。

△　周恩来与黄炎培、周士观、沈钧儒、邹韬奋、章伯钧、张申府、左舜生、张君劢等在重庆玉皇观商量对国民参政会的态度。周恩来说明中共不出席国民参政会的方针。沈钧儒等表示谅解,并且建议中共以 12 条作为出席的条件;还提出准备成立各党派委员会,讨论国共关系和国内政治民主化问题。

△　台湾革命同盟在重庆成立,谢南光任主席。该同盟 1930 年10 月由台湾民族革命总同盟、台湾革命党、青年革命党、国民革命党等团体组成,后被日本强行解散,盟员分散各地,从事秘密工作。该同盟于闽、浙分设南方、北方执行部。

△　第七战区一部袭击广东新会大小梅山之日军,另一部袭击江门北木郎马山,毙伤敌百余名。

2 月 11 日 湖北当阳日军一部 9 日分股向安远附近进犯,第五战区李宗仁所部与敌战至是日晨,将其击溃,残敌南窜,是役毙伤敌 600 余人。

△ 日军陷广东芦苞。12 日第七战区所部反攻,克复芦苞。

△ 日伪军一部包围河北省青龙县大屯村,逐户搜查、杀人,仅五小时内,杀害村民 187 人,烧毁房屋 535 间,抢劫粮食 30 万斤。

△ 在华日本人反战革命同盟会桂林分会发表宣言,号召"全体日本人民武装起来,举起革命反战的火焰,以血肉去争取日本的自由与解放,建立平等的真正的东亚和平"。

△ 桂林国民党军政机关查封桂林生活书店,并拘捕职员四人。新知书店及读书、生活出版社亦被迫停业。15 日,生活书店总经理徐伯昕函请蒋介石"迅予撤销非法查封成都、桂林两地生活书店命令,准予继续营业,以利抗战"。

△ 伪华北省、市长会议决定:一、立即由中日合名会社进行经济统制;二、各省、市在防共委员会下设守备所及反省院,进行思想统制。

2 月 12 日 国民政府任命雷沛鸿为国立广西大学校长。

△ 驻皖北第九十二军军长李仙洲所部第二十一军袭击新四军彭雪枫部,图夺取彭部驻地涡阳、蒙城。

△ 伪绥西自治联军王英所部第三师师长常子义率部反正。

△ 美进出口银行负责人对合众社记者谈话,称美国与中国订立合同,自中国购买 6000 万美元锡、锑、钨等矿产原料,用以偿还最近之 5000 万美元信用贷款,一俟定货交清,美方再付 1000 万美元。

△ 美驻日大使馆及驻上海领事馆发出通告,劝在沪侨民撤退。

△ 日伪军 10 余人闯入上海公共租界上海市商会,欲掠夺该会文案,因工部局巡捕来到未遂。后该会迁香港办公。25 日,该会主席王晓籁电上海商界郑重声明:伪商会一切言论行动无效。

2 月 13 日 国民政府公布《户口普查条例》,凡 25 条。

△ 中国驻土耳其国公使张彭春抵保加利亚京城索菲亚,调查轴

心国家在巴尔干半岛之实力与影响。

　　△　第七战区一部向广东淡水、深圳之线日军发动攻势,是日克复横冈、龙冈。

　　△　苏鲁皖边游击军副总指挥李长江发出"和平通电",并率所部第一、第二、第六、第七、第十纵队共三万余人在苏北泰县投降伪军。汪精卫将该部改编第一集团军,任命李长江为总司令。18日,李在泰县就职,后配合日伪军向兴化、高邮、宝应一带新四军发起进攻。

　　△　汪伪中央政治委员会任命梅思平为浙江省政府主席,缪斌为立法院副院长。

　　△　美国务卿赫尔向驻美大使胡适表示愿意向中国"贡献适当与切实的助力"。

　　2月14日　周恩来会见罗斯福代表居里,居里表示美国赞助中国统一,反对日本,不愿内战扩大,主张政府改革。周向居里提供若干国民党制造摩擦的材料,说明蒋介石如不改变反共政策,势必导致中国内战,使抗战熄火,日本南进。

　　△　毛泽东关于在国共关系僵局中对国民党的策略致电周恩来,指出:各次报告均悉。我们的估计是一致的,蒋介石的反共不会变,高潮可能下降,'剿共'可能停顿。目前国共关系是僵局,于蒋不利,是他自己造成的。利用日蒋矛盾仍是我们策略中心。但熬过目前这一关,就好办了。蒋从来没有现在这样受内外责难之甚,我亦从来没有如现在这样获得如此广大的群众(在内外)。目前国共关系上的僵局时间不会久,敌大举进攻之日,即僵局变化之时。我之攻势(12条)压倒了蒋介石的攻势。我们在军事上守势,政治上攻势,是完全正确的。因为这不会破裂国共关系,只会拉拢国共合作,不会妨蒋抗日,只会逼蒋抗日,我们提出12条的目的,不在蒋承认12条或其中之一部分,他是不会承认的,而在于以此攻势打退他的攻势,用我们的政治进攻之手来缝好由于蒋介石进攻撕破的裂口。目前的僵仅政治上僵(国共关系上僵),军事上蒋我并不僵,因我并未去打他。

△　国民政府令:免国立西北大学校长胡庶华、国立湖南大学校长皮宗石本职。任命胡庶华为国立湖南大学校长。

△　第八战区傅作义所部击溃日伪军千余人的进攻,克复绥远包头南之新民堡。

△　重庆市政府及重庆卫戍司令部奉命疏散市区人口,疏散区定为涪陵、长寿、江津、合川、永川、綦江、璧山、垫江,限三个月疏散完毕。

△　据《中央日报》载:四川省政府拨款 350 万元,经营生产合作事业,以收容抗战军人家属。

△　美国红十字会捐助中国之各种医药用品,分装 50 辆卡车,由滇缅路运至中国内地。

△　日中国派遣军在南京召开方面军和军司令官会议,根据《对华长期作战指导纲要》,制定了以"封锁"、"加强治安"、"空中进攻作战"、"实行截击作战",作为各军作战的指导方针。

2 月 15 日　中共七参政员毛泽东、陈绍禹、秦邦宪、林祖涵、吴玉章、董必武、邓颖超致函国民参政会秘书处,提出关于皖南事变之善后处理办法 12 条,请政府采纳。18 日,周恩来将七参政员公函交参政会秘书长王世杰,并声明在中共所提 12 条"未得政府裁夺"以前,中共参政员"碍难出席"。同日,又将中共七参政员公函抄送国共两党以外的各党派和国民参政员 20 余人。

△　晋冀豫区杨秀峰、薄一波、戎伍胜等 68 人发表通电,要求严惩皖南事变的反共罪犯,铲除亲日分子,团结一致,共同抗日。

△　国民党党政军联席会议决定设立战时青年训导团,隶属社会部,由三青团主办,中央党部政治部、中统局、军统局协助。会议通过该团组织大纲 14 条、训练纲要 10 条。

△　国民党党政工作考核委员会正式成立,并举行第一次会议。蒋介石致词,提出国民党党政工作必须贯彻"计划、执行、考核"三联制,并指出目前考核的重点为新县制与党务。

△　日华北方面军制定"治安强化运动"实施计划,其内容是:"扩

大、加强和训练自治自卫组织";"扩大、加强民众组织";"治安军、警备队……单独或与日协同进行讨伐及示威行军等";"普及宣传东亚新秩序的观念及日、满条约内容。"

△ 中、英等国驻罗马尼亚使馆人员鉴于欧战局势恶化,是日撤离罗境。

2月16日 教育部学术审议委员会会议通过大专学校规则、部聘教授要点及著作、发明、美术作品奖励规则等项。

△ 陪都空袭救护委员会成立,谷正纲任总队长。

△ 闽东日军复陷南日岛。

2月17日 兼四川省政府主席张群以全川各县办理粮食登记限期届满,声称如有故意延玩,不报请登记者,一经查出,决没收充公;匿粮者交军法审判;登记不力人员,亦予从严惩处。

△ 国民政府撤销通缉高宗武令。按:高系汪伪国民党中常委,是年1月脱离汪伪集团,旋赴美国,化名高其昌,挂国民政府国防最高委员会秘密厅参事职。

△ 全国慰劳总会发起的出钱劳军运动在重庆展开,至19日结束,各界献金共399万余元。

△ 毛泽东、朱德等发出关于皖南事变后我军军事方针问题的指示,指出:目前党的政策的中心出发点是利用日蒋矛盾,采取军事守势、政治攻势的政策。

△ 第十八集团军驻重庆办事处工作人员数人,由延返渝途经陕西三原,被当地军政机关扣留车辆,捕去副官、司机五人。

△ 缅甸政府发表缅甸代表团在华之商务谈判公报,双方商定:由缅方采取适应步骤改良公路;统制交通问题,中国方面接受缅方实行的固定运费及分派车辆制度;过境税问题,缅方认为现行按单抽收,并非不合理。双方还讨论了铁路接轨、电报、交通、边界等问题。

△ 美国驻华北陆战队开始撤退。

△ 上海美商花旗、大通银行以远东局势影响,美元下跌,法币上

涨,是日取消支票存户,并限制提存。

2 月 18 日 蒋介石以新生活运动促进总会会长名义,为纪念新生活运动七周年向全国发表广播讲话,以戒除赌博、肃清烟毒、普及节约储蓄及推进卫生体育四者勖勉国人。

△ 周恩来会见张冲,责以近月来政治压迫事件频仍,如逮捕报贩、恐吓读者、扣压邮件、封闭报馆、撕毁广告等。同日,周恩来将中共七参政员致国民参政会提出处理皖南事变的 12 条善后办法的公函送国民参政会秘书长王世杰。声明在中共中央所提 12 条"未得政府裁夺"以前,中共参政员"碍难出席"国民参政会。

△ 第五战区所部克复豫南明港。

△ 新四军发布《讨伐李逆长江命令》,指出李长江"率部投敌,叛国殃民",新四军将士为坚持抗战,保卫苏北,决予讨伐,特任粟裕为讨逆总指挥,叶飞为副总指挥。

△ 皖南新四军第三师第九旅一部攻克泗县东之青阳镇,全歼守敌,俘伪团长以下 500 余人。同日,另一部攻克青阳镇西之马公店。

△ 苏北日军 4000 余人以飞机助战,向兴化进犯,新四军一部分头截击该军,至次日将其击溃。

△ 是日至 28 日,驻大同日军黑田师团包围山西应县下社镇和小石口村,残杀当地群众及外地商人 1650 人,烧毁房屋 850 余间。

△ 汪伪全国经济委员会聘请青木一男为最高经济顾问,犬养健为顾问。

2 月 19 日 国民政府明令废止《禁烟治罪暂行条例》和《禁毒治罪暂行条例》,颁布《禁烟禁毒治罪条例》。

△ 周恩来同国民党代表张冲继续会谈。张冲要求周恩来收回中共七参政员致国民参政会公函所提出的 12 条,以免蒋介石翻脸,并称蒋将约周谈话,均遭周严词拒绝。周恩来指出:现在政治压迫严重,无理已极,实属忍无可忍,见蒋不会有结果。

△ 居里由渝赴成都,张群盛会招待,居里即席表示:"回国后必尽

最大努力,以加强对华援助。"

　　△　第六战区陈诚所部江防守备部队袭击宜昌日军飞机场,毁敌机三架。

　　△　新四军粟裕部开始向李长江部发起总攻,是日攻克泰州东之姜堰、苏陈庄,歼灭丁聚堂、王孝孔部 1300 余人。20 日,攻克泰州城,俘房李部官兵 5000 余人,并争取两个支队反正,李长江率残部数百人西逃。21 日,日军为援助李长江,以 5000 余日伪军向苏中发动"扫荡",粟裕指挥所部退出泰州,投入反"扫荡"。

　　△　新任农本局总经理穆藕初接见记者,告本局业务"今后只专营棉花、棉纱、棉布购销供应等",农贷部分移归中国农民银行,粮食部分移归粮食管理局。

　　2 月 20 日　周恩来致电中共中央,电报说:昨日将七参政员致国民参政会公函送王世杰,声明在中共中央所提 12 条未得政府裁夺以前,中共参政员碍难出席。同时将此公函抄送各小党派及有正义感之参政员 20 余人,王世杰得公函后,立即找张冲谈话,认为此系中共表示破裂。黄炎培、左舜生等访王世杰,亦说时局严重,必须设法解决。张冲从昨晚至今午,接连以电话及公函请我暂行收回此公函两天,以便他从中奔走,请蒋约我谈话,我均严词拒绝。张冲认为 12 条虽已提出一个月,尚非正式公文,今向参政会提出,势必付诸讨论。张仍请求以他名义代电延安,缓期两日提出。

　　△　全国粮食会议在重庆召开,粮食管理局局长卢作孚主持,通过粮食行政、运输、增产等议案 63 件。25 日闭会。

　　△　中国空军一部轰炸广州天河机场,毁日机五架。

　　△　湖北省政府主席陈诚电告蒋介石,新四军李先念部在荆门、钟祥地区日益活跃,而荆门、江陵、潜江三县指挥官王伯高部"剿共不力,隐忧堪虞",请派凌总指挥查明,并派部队专任搜剿。

　　△　国民党广东党团、军警机关会同查封曲江生活书店、岭南书店、光明书店等,并责令《新华南》、《青年知识》两刊停刊。

2 月 21 日　外交部长王宠惠对合众记者称："余可向君保证,苏联政府对于中国政府与中国共产党间之关系,绝未提出要求和抗议",并称苏联援华之物资"依旧充量运入"。

△　蒋介石分别急电第三战区司令长官顾祝同、第二十五集团军总司令陈仪、第九战区司令长官薛岳及江西省政府主席熊式辉,密令其彻底"清剿"闽赣边境抗日游击队。

△　豫南第五战区所部攻克跑马岭日军据点,毙敌 300 余人。22 日攻克长台关,毙敌 200 余人。

△　经济部以上海工商业备受日伪压迫,处境日艰,特发表通告予以慰勉,并劝内移。

△　南洋华侨领袖胡文虎返国抵渝,称此行任务是向蒋介石报告南侨状况,考察祖国建设,以便策动侨胞回国投资,兴办实业,增强抗战力量。

△　国民党贵阳党团、军警联合查封贵阳生活书店、读新书店和自力书店,并拘捕生活书店贵阳分店经理周积涵等全体职员。同日,昆明党团、军警联合查封昆明生活书店、新知书店和读书生活出版社。西安军警查封新华日报社西安分社,拘捕营业员王温溪等数人。

△　日机 51 架袭击云南,被击落一架,坠安宁县境内。

△　滇缅路昆明至腊戍间开办逐日邮政。

△　美国驻天津部队部分撤退。

2 月 22 日　国民党中央设计局在重庆成立,是日召开第一次会议。蒋介石发表讲话,要求以 70％以上的人力、财力和时间,用在经济建设方面,并着眼国防,兼顾民生,制定经济建设的总方案,为国家树立永远的规模。

△　毛泽东将所起草的叶剑英致张冲电,发给周恩来转张冲。请转达蒋介石及国民党中央,并望答复。重申中国共产党对皖南事变和蒋介石 1 月 17 日命令的立场,指出:"本党中央认为十二条办法如不能获得满意解决,各种政治压迫与军事进攻如不停止,则国共关系与时局

危机,必将益形严重,一切空言延宕之方法,将毫无补于实际。"

△　周恩来就黄炎培、褚辅成、左舜生、梁漱溟、张君劢拟提议在国民参政会下设立特别委员会一事向黄说明:一、此委员会附属于参政会绝对不能接受;二、此委员会必须成为各党派联合委员会,既不属于参政会,也不属于政府,成为各党派的一种协议机关;三、最好各党派出一人或二人,国民党不能太多,并不要军人,因此不要何应钦、白崇禧参加。

△　豫北第一战区卫立煌部克复沁阳。

△　日机轰炸滇缅路,个旧锡矿亦遭破坏。

△　汪伪中国广播事业建设协会成立,林柏生任理事长。同日,汪伪中央宣传部与日本驻南京大使馆发表联合声明,宣布日军将广播事业权交给广播事业建设协会,并在经济与技术上对广播事业建设协会予以协助。

2 月 23 日　蒋介石宴请国民参政员,表示同意成立各党派联合委员会,并允诺增加委员的人数,同时要张群、宋美龄做好中间党派的工作。

△　经济部规定粮食、棉、铁、水泥、石油、化工等 14 种商品,不论何国何地,一律准予进口。

△　中共中央指示周恩来转告国民党谈判代表张冲以下各点:一、皖南事变及"1 月 17 日命令"是国民党表示破裂的开始行动,我党七参政员公函,是我党企图挽救此种破裂的行动,因为现时挽救破裂,除请求国民党及参政会实行 12 条外,无其他办法。二、自 1 月 25 日将 12 条交与张冲转达蒋先生后,国民党方面置之不理,故不得不函达参政会要求解决。三、如国民党方面认可 12 条,参政会方面自可暂时不付讨论,而由两党在会外谈判,但在谈判无满意结果前,我们不能出席参政会。四、国民党方面如无破裂决心,必须迅速停止各方面的政治压迫与军事进攻,否则一切欺骗之词,我们不能置信。

△　国民党中央党部在重庆开会追悼抗战后在秘密工作中殉难的

陆玄南、张小通、陈文彬、朱玉清、陈觉吾。据大会筹备处公布,抗战以来各地党务工作者被日伪军杀害者共 185 人。

　　△　第五战区所部秘密潜入武昌,焚毁伪湖北保安队、日军兵站仓库,库存军械、粮饷、被服约值 100 万元,均付之一炬。

　　△　在华日本人民反战同盟冀中支部成立,田中实任支部长,东忠任副支部长兼宣传部长,成员共 16 人。

　　△　汪伪政府财政部令上海租界各银行、钱庄一律不得拒用中央储备券。如有拒绝收受或其他不利于新法币情况,将以扰乱金融论罪。

2 月 24 日　蒋介石在全国粮食会议发表讲演,认为粮食问题不仅是经济问题,而且是政治的、社会的问题,并指出目前粮食问题在于"不患寡而患不均",今后应使粮食不分地区自由流通,盈虚相济。

　　△　中共中央就组织各党派委员会的条件指示周恩来、董必武、邓颖超,其条件为:一、名为各党派委员会;二、在国民参政会之外;三、各党派有平等权利,每党派代表一人;四、为民主的讨论建议机关,非权力机关;五、讨论抗战建国的大政方针,向国家民意机关及政府建议;六、保证各党派独立性,不得干涉各党派内部事务;七、党派委员会应讨论调整各党派间争议问题,但非取得各该党同意不发生效力。并指示他们绝对不能同意蒋介石组织的特别委员会。

　　△　国民政府令改陕西省宁羌县为宁强县。

　　△　中央社讯:安徽省怀远县长李大昶,当敌进犯该县时擅离职守,省府以其违法失职交军法讯办。

　　△　汪伪全国经济委员会会议决议通过《调整物资统制一般原则》及《调整物资统制纲要(草案)》,规定日方将物资编制权全部移交汪伪,与军事上确有特殊关系,另行协议处理,先以苏、浙、皖三省为试办区,渐次遍及全部管辖区。

2 月 25 日　周恩来会见张冲,张冲再三要求周恩来将中共参政员公函收回,以便蒋介石能见周恩来。周恩来说,在新四军事变后,国民党对中共继续政治压迫,军事进攻,我们确无让步的可能。七参政员的公函不能撤回,目前见蒋无意,不会有结果。于是,张冲又提出了三点具体解决意见:一、军事上,第十八集团军的正规军开到黄河以北,游击队全部留在华中,配合友军作战。另外还给一军,补新四军缺,归还叶挺及其他干部,边区及晋察冀政权照前议。二、参政会改请董必武、邓颖超出席,另成立分区调查委员会,讨论党派问题,以蒋介石为主席、周恩来为副主席。三、目前军事进攻已停止,政治压迫总要解决,请蒋介石负责纠正,再不许发生新事件。他请周恩来电告延安请示。周恩来答复说,不拒绝谈判,具体条件可以电告延安,但致参政会公函绝不能撤回,见蒋介石更无必要。张冲最后要求中共参政员考虑出席本届参政会,并望次日早上答复他。

△　救国会负责人邹韬奋愤于国民党查封其经营16年的生活书店及分店50余处,乘夜秘密离渝赴香港,并致函国民政府,决然辞去国民参政员。

△　国民政府以浙江省杭县县长陈纯白"守土抗战,著有功绩","尽忠职守,深堪嘉尚",予以明令晋级嘉奖。

△　鲁苏战区韩德勤所部孙大尉率部500余人投敌。

△　汪伪政府首任驻伪满洲国大使廉隅向溥仪呈递国书。

2月26日　蒋介石接见居里话别,并提出中国在美购买飞机及补充器材办法之"备忘录",请其转交罗斯福。次日,居里离渝返美。居里在渝期间,曾向蒋介石转达美国政府之声明:"美国在国共纠纷未解决前,无法大量援华,中美之间的经济、财政等各种问题不可能有任何进展。"

△　军事委员会任命陈大庆为第二十九军军长,王廷瑛为新编第五军副军长。

△　中共中央关于不出席国民参政会问题给周恩来指示:一、非12条有满意解决并办理完毕确有保证之后,决定不出席参政会;二、张冲所提条件不能接受,七参政员公函不能撤回;三、如彼方有诚意解决问题则应(甲)参政会延期两个月开会;(乙)在两个月内解决12条及一

切悬案;(丙)派飞机送恩来回延安开会,以便讨论彼方意见。

　　△　周恩来约见张冲,并把中共中央 26 日的电报和叶剑英 23 日致张冲的电报给张冲看。张冲看后说,电中所提等于破裂。周恩来当即指出:"责在国民党。我党为挽救破裂,故提出十二条。"随即周恩来与张冲围绕中国共产党所作的答复意见进行商谈。张冲又谈到具体条件问题。周恩来说:"中央要我回去讨论。"张冲说:"你如回去,他们(指国民党)又要说你们破裂了。"周恩来说:"你们不让我回去岂不更表示压迫?"张冲说:"可否你回去讨论,参政员公函也要撤回,董(必武)、邓(颖超)两位可出席参政会?"周恩来说:"万做不到。这样做将成为历史上滑稽剧,不是侮辱我们?"张冲说:"董、邓如不出席,他们不会让你回去的。"周恩来立刻回答:"我本准备在此待捕的。"张冲又说:"即使董(必武)、邓(颖超)只出席一人也好。"周恩来说:"国民党请客吧,被请者为'奸党',还要客来捧场,岂不是侮辱?"并再次坚决地告诉他:"出席是不可能的。"

　　△　八路军晋察冀军区将领聂荣臻、杨成武等发表通电,抗议国民党制造皖南事变,表示愿与一切抗日党派、友军合作,扩大抗日派。

　　△　重庆各界开会欢迎南侨领袖胡文虎、邝炳舜、李星卫,胡文虎即席宣布以 200 万元捐献国家,救济难民、难童、伤兵及抗战殉国者之遗族。

　　△　日机 34 架两批空袭云南,在昆明及郊县投弹,并散发传单。

　　△　日军大本营鉴于大量援华物资由沿海进入中国境内,下达封锁沿海的命令:"中国派遣军总司令官应对浙江省以北的中国沿海、华南方面军司令官应对福建省以南的沿海,自现在起分别以一部兵力,随时进行以封锁为目的的作战。"根据此令,日军从 2 月至 5 月调集七个师团的兵力,在华进行了香港、韶关公路的切断作战、雷州方面的切断作战和汕尾方面的切断作战。

　　2 月 27 日　蒋介石约黄炎培、张君劢、褚辅成、左舜生、沈钧儒、张澜等六位中间党派人士参政员,晤谈关于要求中共参政员出席本届参政会问题。张澜等六人提出四点建议：一、参政会开会，中共参政员必不可少；二、军队国家化，与党派绝缘；三、检讨《抗战建国纲领》及一切决议之实行；四、成立各党派委员会，以讨论并保证以上各项之执行。蒋介石原则表示同意。经商定：希望中共参政员出席本届参政会；中共要求各点由参政会组织特别委员会商讨解决办法。同日黄炎培等见周恩来，转达与蒋介石会谈经过情形及意见，希望中共再作一次让步，出席本届参政会。他们表示，只要中共出席，蒋介石若再失信哄骗，我们大家共进退。周恩来、董必武向他们说明了蒋的政策和共产党的立场，表示不能出席参政会，并提醒他们不要上当受骗。

　　△　蒋介石致电罗斯福，为冻结中国在美私人之存款请予以协助。

　　△　行政院令各省、市政府设立省、市、县战时图书杂志审查处，并颁发《省市图书杂志审查处组织通则》，凡 10 条和《县市图书杂志审查处组织通则》，凡六条。

　　△　周恩来会见在陈纳德航空队任职的巴尼特，向他揭露国民党军队袭击新四军等情况。

　　△　鲁苏战区第一游击区总指挥韩德勤乘日伪军"扫荡"新四军之际，以三个团的兵力进占盐城以西之洪家桥、蒋营、凤谷村等地。

　　2 月 28 日　国民政府颁布《民国三十年建设公债条例》和《民国三十年军需公债条例》，定额国币各 12 亿元，年息六厘，自民国三十二年（1943）起还本，27 年还清。

　　△　国民党中央召集国民党方面参政员开会，提出主席团候选人为蒋介石、张伯苓、张君劢、左舜生、周恩来五人，如中共不出席，改为吴贻芳。

　　△　张冲奉蒋介石之命，敦请董必武、邓颖超出席国民参政会。董、邓表示：国民党方面未能接纳中共提出的 12 条办法之前，拒绝出席。

　　△　中共中央指示周恩来向张冲提出临时办法 12 条，作为中共参政员出席参政会的先决条件，12 条办法是：一、立即停止全国向我军事

进攻;二、立即停止全国的政治压迫,承认中共及各民主党派之合法地位,释放西安、重庆、贵阳及各地之被捕人员;三、启封各地被封书店,解除扣寄各地抗战书报之禁令;四、立即停止对《新华日报》的一切压迫;五、承认陕甘宁边区之合法地位;六、承认敌后之抗日民主政权;七、华北、华中及西北防地均维持现状;八、于第十八集团军之外,再成立一个集团军,共应辖有六个军;九、释放所有皖南被捕干部,拨款抚恤死难家属;十、发还皖南所有被捕人枪;十一、成立各党派联合委员会,每党出席代表一人,国民党代表为主席,中共代表副之;十二、中共代表加入国民参政会主席团。周恩来及时向张冲提出上述 12 条临时解决办法,被国民党拒绝。

△ 八路军第一一五师将领陈光、罗荣桓等发表通电,抗议国民党制造皖南事变,"誓为新四军后盾,以全力克服投降内战危机"。

△ 黄炎培、左舜生、沈钧儒、梁漱溟再见蒋介石,提出可否让中共参政员参加参政会主席团,蒋称:"假使中共参政员如期出席,政府和参政会一定不会歧视。"黄等再访周恩来、董必武、邓颖超,希望中共代表出席本届国民参政会。周等表示:只要国民党不接受中共提出的 12 条,就决不出席。

△ 中共中央书记处指示周恩来:可以加入各党派代表委员会,并决定以周恩来为中共代表参加。该委员会应以讨论各党派关系(首先是国共目前的紧张关系)及国家大事为其任务。该委员会不隶属于参政会。我党参加该委员会,但在 12 条没有满意解决前,仍坚决不出席参政会。

△ 据中央社讯:河南省泌阳县县长袁景阔抗敌殉职,国民政府除发给恤金 3000 元外,并于该县建坊入祠,以彰忠烈。

△ 甘肃省临夏县马步青捐资 140 万元兴学,国民政府是日明令嘉奖。

△ 中共中央革命军事委员会发布委任令,委任新四军所属各师军政负责人:粟裕为第一师师长,刘炎为政治委员,钟期光为政治部主

任;张云逸为第二师师长,罗炳辉为副师长,郑位三为政治委员,郭述申为政治部主任;黄克诚为第三师师长,并暂兼政治委员,吴文玉为政治部主任;彭雪枫为第四师师长,并暂兼政治委员,萧望东为政治部主任;李先念为第五师师长,并暂兼政治委员,任质斌为政治部主任;谭震林为第六师师长,并暂兼政治委员;张鼎丞为第七师师长,曾希圣为政治委员。

△ 第十八集团军驻桂办事处奉国民政府军事委员会命令撤销。

△ 英国援华委员会开会,讨论远东紧张局势下中国所处之重要地位,"切望中国团结抗日,直至获得完全胜利及巩固的独立"。

2月下旬 日军华北方面军召开会议,制定1941年度"肃正建设计划",决定除对晋南地区的国民党军尽量以大的兵力进行作战外,"主要对共军根据地进行歼灭战"。为实现这一计划,将辖区划分为"治安区"、"准治安区"和"未治安区";要求各部巩固和扩大"治安区",压缩"准治安区",有计划地讨伐"未治安区"。

是月 国民政府自民国二十八年9月推行新县制以来,迄是月全国实行者有四川、青海、浙江、广西、河南、云南、湖北、广东、福建、陕西、甘肃、湖南、江西、宁夏、贵州、西康、安徽、江苏、山东19省。

△ 监察院以第二期战时行政计划已将届满,派监察委员分别到各地视察内政、外交、军政、财政、经济、交通、教育、侨务等项要政。

△ 居里在重庆公开讲演,认为"中国应有自下而上的彻底民主,方能战胜日本",并向蒋介石声明:美国在国共纠纷未解决前,无法大量援华,中美间的经济、财政等各问题不可能有何进展。

△ 重庆新华日报社昆明、贵阳、遵义、柳州、南宁、思平、开平、都安、宜山、陆川、庆远、荣昌、内江、南充、北碚、邻水、广安、合川等十余处代销处被国民党党政、军警机关查封。

△ 国民党特务机关制定本年度党派行动工作计划,要点为:一、监视各地高级共产党员,秘密进行侦察与打击;二、如发现共产党之市委、省委、县委或团体中共产党党团等组织,均予取缔。同时,军事委员

会办公厅密令各地对中共改称"奸党",取消"异党"名称。

3　月

3 月 1 日　国民参政会第二届第一次大会在重庆开幕,出席参政员张君劢、黄炎培、孔庚、张澜、褚辅成、沈钧儒、张奚若、梁漱溟等 193 人。中共参政员毛泽东等七人均未出席。国民政府主席林森致训词,勖勉参政员"竭尽所知,贡献政府,宣达政府意旨于全国民众"。蒋介石致词,宣称"吾人今日努力之目标有二:抗战必须争取最后胜利,建国必须达到国防绝对安全"。

△　蒋介石派出张君劢、左舜生、黄炎培等赴第十八集团军重庆办事处,敦请董必武、邓颖超出席国民参政会,董、邓表示:延安无回电,不便自由行动。

△　周恩来同张冲谈判。周根据中共中央 2 月 28 日指示,向张冲提出皖南事变临时解决办法 12 条,并表示"倘能蒙诸采纳,并获有明确保证,则敝党参政员届时必能报到出席"。

△　中共中央电示周恩来、董必武、邓颖超:临时办法无结果、无明确保证,绝对不能出席参政会,必须坚持我们的原则立场。告诉国民党及各爱国党派,为顾全大局起见,同意临时办法在有结果、有明确保证时可以出席,以示我党仁至义尽。

△　晋察冀边区参议会选举结束,选出彭真、聂荣臻、萧克、李运昌、张明远等 35 人为参议员。

△　晋东南高平等地日军 2000 余人分途向四明山、西诗村进犯,第二战区阎锡山所部分途迎敌,迄晚毙伤敌 200 余人。

△　郭沫若等人主办的桂林《救亡日报》被国民党桂林党政机关强制停刊。

△　日政府任命前陆相畑俊六为中国派遣军总司令,原任西尾寿造调任军事参谋官。8 日,畑俊六抵南京就职。

3月2日　　国民参政会第二届第一次大会举行第一次会议。会前举行预备会,选举蒋介石、张伯苓、左舜生、张君劢、吴贻芳五人为大会主席团,主席团推定张伯苓为主席。旋由外交部长王宠惠、经济部长翁文灏报告外交、经济等政情。

△　毛泽东致电周恩来,决不能无条件出席国民参政会。认为蒋介石正发动一切压力迫我屈服,我若出席,则过去有理有利的政治攻势完全崩溃,立场全失,对我一切条件他可完全置之不理,一切文章不能做了,因此决不能无条件出席,但明令保证的条件是决不会答应的,因此须决心不出席。电文指出:我们不出席,完全是理直气壮的,而蒋介石亦无可奈何。因为:一、皖南事变他错了,通国皆知,我们不出席表示抗议,并未错;二、我们已提出让步条件(临时办法),他不答应,其曲在彼;三、如他因此发动更大破裂行动,其曲更在彼,更于彼不利;四、国际形势于彼不利之时;五、国内形势彼方对我们绝无办法,我方毫无所惧。

△　周恩来致函张冲,托张将董必武、邓颖超致国民参政会提出的临时解决办法12条转交蒋介石及国民党中央。公函说,如果国民党接受12条,必武、颖超即可出席本届参政会。

△　军委会政治部长张治中上书蒋介石,陈述对中共问题处理的失策,称:"现在共产党问题解决之棘手,大半由于若干同志不具远大的眼光,甚至缺乏体认此问题之常识,始终为一种错误之冲动所支配",并建议:"为保持抗战之有利形势,应派定人员与共党会谈,以让步求得解决。"蒋介石未予采纳。

△　周恩来、董必武、邓颖超联合致函黄炎培、梁漱溟、左舜生、章伯钧、沈钧儒、张申府、邹韬奋、罗隆基、张澜等16人,说明中共中央为顾全大局,已交原定的12条善后办法改为临时解决办法12条,只要实行这个12条有了明确保证,董必武、邓颖超必能出席参政会。

△　国民参政员、南侨领袖胡文虎离渝赴港。

△　日军一部在广西南部之北海市强行登陆,北海失陷。

△　美联合救济中国难民委员会发起在全国募款500万元,以协

助中国境内救济事宜,定期五个月募毕,赞助者有罗斯福总统夫人、共和党要人威尔基、名作家赛珍珠等。

3 月 3 日　国民参政会二届一次大会举行第二、第三次会议,由教育部长陈立夫、社会部长谷正纲、交通部长张嘉璈、农林部长陈济棠、内政部长周钟岳分别报告各部政情。立法、司法、考试、监察四院以书面陈述。大会决议组织物价问题审查委员会审议物价,通过提案审查委员会及各组召集人名单,并发表通电,拥护蒋介石在开幕式上之指示。

△　国民政府绥蒙副指导长官朱绶光以"争取蒙胞内向"为由,组成绥蒙服务团,任赵曾祺为主任。

△　日军在海空军掩护下,分别在广东阳江、电白等处强行登陆,阳江、电白相继沦陷。同日,日军另一部由台山西南广海登陆,向台山进犯。8 日,被迫撤退。

△　日第三十五师团一部及伪军共 1000 人"扫荡"冀鲁豫边区濮阳东南地区,冀鲁豫军区部队在沙固堆毙伤敌伪 60 余人。

△　日机 30 架袭长沙。同日,又有 54 架两批轰炸江西上饶,九架轰炸浙江衢县、江山县。

△　日机 27 架轰炸江西弋阳,投弹百余枚,炸死炸伤 300 余人。同日,又有 27 架轰炸江西南城,炸死炸伤千余人,炸毁房屋百余间。

△　日华南方面军决定与海军协同组成六个支队,攻占雷州半岛方面各要地,掠取物资,彻底摧毁补给路线。

3 月 4 日　国民参政会二届一次大会举行第四次会议,首由军政部长何应钦报告军事及皖南事变,宣称"军令一经颁布,即属绝对尊严,不容丝毫侵犯"。继由财政部长孔祥熙报告财政金融及施政方针。大会通过慰劳前方将士暨各战区及东四省同胞电。

△　蒋介石向国民参政会国民党党团训话称:一、国共总要分裂,不必惧怕;二、单从军事上,三个月可以消灭共产党,唯政治上尚不许可;三、目前是政治防御。

△　蒋介石为战时公债劝募运动发表《告全国同胞书》,希全国各

界同胞"按各人的经济情形,量力认购公债",共同促成抗战建国的成功。同日,蒋介石、孔祥熙设宴招待国民参政员及全国劝募委员会全体委员,蒋介石即席表示购买公债一万元,美金公债 1000 元,英镑公债 500 镑。黄炎培报告称,胡文虎先生已认购公债 50 万元。

△ 美联邦社会保安局长麦克纳特在华盛顿演说,称:日本如在远东获胜,美国所需之大批橡胶、钨、锡等则俱受威胁,如果中国继续抗战,美国之利益即可得以保障。因此,吾人自有援助中国与加强中国之义务。

3月5日 国民参政会二届一次大会举行第五次会议,各组审查委员会开始审查提案。本届大会共有提案 149 项。是日议决通过厉行优待从征军人家属、废止兵役纳金缓役办法、请中央严厉监督并限制地方发行公债钞票等案 23 项。

△ 蒋介石设晚宴招待国民参政员,致词称中国力能自立,最艰危的去年业已过去。

△ 沈钧儒在国民参政会上提出《保障文化出版事业案》,指出:近年以来违法封闭书店,检扣书报等事层见迭出,甚至扣捕人员,没收财产,不仅违背国家根本大法,抑且逾越普通法律范围。提案要求通令全国重申保障文化出版机关,维护合法商业,不得非法查封书店或拘捕人员,如仍有不经法定手续滥施封闭、拘捕者,应予惩处;并要求令饬各地开释在押人员,启封已闭书店,发还没收财产。

△ 伪绥西自治联军第二师邬青云部 2000 人反正。

△ 日军陷广东台山县城。

△ 日机分批空袭湖南,一架在长沙市区、九架在城北投弹,八架在常德投弹。

△ 日本对满事务局发表公告,1940 年度日本对"满"投资总额为 10.1 亿余日元。

3月6日 国民参政会二届一次大会举行第六次会议,经济部长翁文灏、全国粮食管理局长卢作孚报告平抑物价及管理粮食之政策,继讨论通过王云五等参政员提出的请大会促中共参政员出席大会临时动议案,并决议:一、参政会"不能对任何参政员接受出席条件","或要求政府接受其出席条件";二、切盼中共参政员出席大会。同日,国民参政会秘书处致电中共七参政员,盼早日出席大会。

　　△ 蒋介石在国民参政会二届一次大会上对中共参政员不出席大会事,说明政府之意见与方针,称:中共先后两次提出的 12 条办法,与七七事变前"日本军阀对国民政府与当地驻军所提出的条件,在方式与名称上并无二致";比日本提出的"三原则""更令人悲痛伤心"。希中共服从军令,遵守《抗战建国纲领》,对抗命乱纪必加制裁。继称:今后"决不忍再见所谓'铲共'的军事,更不忍以后再闻有此种'剿共'之不祥名词留于中国历史之中"。同日,大会根据何应钦 4 日之报告,通过《严厉整肃军纪决议案》。

　　△ 蒋介石设午宴招待美国华侨参政员邝炳舜等,邝炳舜代表旅美华侨统一义捐救国总会向蒋介石呈献慰劳祖国将士国币 10 万元,医院解剖仪器 10 副,价值国币 15 万元,均请蒋介石分发。

　　△ 立法院长孙科告合众社记者:在过去数月中,"苏联物资援华较前更为积极。中国最近一次所订购之军事用品,其数量已较中国以前从美国获得者为多"。又称:如欲消灭日本海军,或使其中立化,"则有赖于美国参战";"中国决意继续作战"。

　　△ 军事委员会任命梁培璜为第六集团军副总司令,彭毓斌为第七集团军副总司令,楚溪春为第八集团军副总司令,刘奉滨为第十三集团军副总司令。

　　△ 行政院令各省、市政府称:今后各省、市财力充裕,应竭力发展中小学,专科以上学校之设置,须有充裕之经费,充实之设备,优良之教授,及健全之组织,并由教育部统筹办理。

　　△ 周恩来致电毛泽东:居里要求中国与苏联疏远,但与中共维持关系,不要破裂到内战。居里来华的任务是调查经济状况,确定可否投资;调查政治是否民主和军事实力;要在中国建立空军根据地;要求战

后割让海南岛。国民党原则同意以贷款交换。

△　宜昌日军欲取长阳、三斗坪两要点,切断川鄂交通,第十三师团新增三个联队,附骑兵、炮兵各一部,炮击西岸第二十六军萧之楚部防地,步兵在空军配合下向萧军阵地进攻,萧军后撤,以主力向敌之两外翼转进。

△　日军对山东沂蒙山区开始"扫荡"。八路军山东纵队进行反击,于3月17日至25日摧毁了敌人在临(沂)、费(县)以北地区设的三道封锁线,取得反"扫荡"的胜利。

3月7日　国民参政会二届一次大会举行第七次会议,议决通过改善役政及慰勉海外侨胞等案,并推定大会宣言起草委员会,决定国民参政会川康建设期成会及各办事处继续设置。

△　行政院拨款100万元,救济迁川之复旦、金陵、朝阳、南开等51所私立大、中学校。

△　中国地质学会举行理事会,推选翁文灏为理事长。

△　日本在北平设立华北垦业公司,策划掠夺中国劳动力和粮食、棉花等战略物资。

3月8日　国民参政会二届一次大会举行第八次会议,决议通过厉行法治以奠国基,改善灾民救济事业,政府应注意法律教育等50余项议案。

△　中共参政员毛泽东等函复国民参政会秘书处并转全体参政员,重申不能出席会议之理由,指出:"中共参政员为政府所聘请,而最近政府对于中共则几视同仇敌,于其所领导的军队则歼灭之;于其党员则捕杀之;于其报纸则扣禁之,尤以皖南事变及1月17日命令,实为抗战以来之重变,其对于国内团结实有创巨痛深之影响",并指出在中共提出善后办法12条后,"迟延期月,未获一复,而政治压迫、军事攻击反变本加厉……似此情形,若不改变,泽东等虽欲赴会,不独于情难堪,于理无据,抑且于势有所不能"。

△　第七战区所部克复广东电白、水燕,另一部克复阳江。

△　桂南第四战区张发奎所部 7 日向高坎头日军发动攻击,战至是日续克高德及合浦县城。9 日克复北海市。

△　中国空军新式巨型轰炸机一队轰炸海南岛榆林港日舰。

△　经济部资源委员会、西康省政府为合力开发西康资源,特设立西康经济研究所,由周太玄任所长,所址设成都。

3 月 9 日　国民参政会二届一次大会举行第九、第十次会议,通过政府交议的民国三十年度施政方针及军事、财政、经济、交通、农林、教育各部报告之审查意见和物价、教育等问题议案。推定褚辅成、孔庚、喜饶嘉措、陈博生、黄炎培、林虎、李中襄、邓飞黄、许孝炎、范予遂、江一平、冷遹、杭立武、王启江、童冠贤、李璜、李仙根、刘哲、傅斯年、沈钧儒、梁漱溟、董必武、梁实秋、张澜、高惜冰 25 人为驻会委员会委员。最后通过大会宣言。

△　国民参政会二届一次大会通过参政员张守约等提出的《统一军令、政令,以利抗战》议案,要点为:一、第十八集团军及其所属部队,应遵照政府规定编制,绝对服从军令,切实对敌作战。二、全国军队应在最高统帅指挥下层层节制,不得借故玩视命令及有越级行为。三、部队应严守规定之作战区域,不得自由行动。四、陕甘宁边区及晋察冀边区等非法组织,应立即取消,以完成统一。五、军人非依法令不得干预政治,违者以军法从事。

△　重庆《中央日报》发表社论《七参政员事件》,指出:即使七参政员始终不出席参政会,"只要中共不脱离抗战阵线,事件不至扩大,而剿共事实亦不至发生,这是我们可以安心的"。

△　宜昌西犯日军连日发动攻势,攻至韩家坝、红石坡、王胡子冲、平善坝附近之线。翌日,援军赶到,萧之楚第二十六军开始反攻,以主力南北夹击,又以两军断其后路。11 日,敌伤亡惨重,开始溃退,萧军克复大桥边等地。13 日,日军分别退回宜昌岸边原阵地据守。

△　日机 12 架分批袭滇,在安宁县城郊投弹 10 余枚。同日,日机四架轰炸江西鄱阳。

△ 国民政府上海造币厂大、中宗铜模、铜块悉被日本人劫走,价值约 4000 万元。

△ 陕北文化界主办之《陕北文化》创刊。

3月10日 国民参政会二届一次大会举行休会式。此次参政会共举行会议 10 余次,通过决议案 150 余项。蒋介石致休会词,强调"贯彻军令,整肃军纪";呼吁国民参政员"与政府当局亲爱精诚,和衷共济","完成本会所负之历史使命"。大会主席张伯苓宣读大会宣言。

△ 重庆《新华日报》出版增刊,全文刊登《毛泽东等七参政员致参政会秘书处删电》、《周恩来致张冲公函》、《周、董、邓致各党派领导人士书》、《国民参政会秘书处致中共七参政员急电》、《中共七参政员复国民参政会秘书处齐电》和《最近军事政治压迫事件》等关于中共七参政员不出席本届参政会真相的全部文献。

△ 第七战区所部克复广东台山、海康县城。

△ 第九战区薛岳所部克复赣北武宁县城。

△ 罗斯福发表演说,宣布美已以军火援助反轴心国家,中国亦可获得援助。

△ 据中央社讯:英国援华总会开办新中国研究班第一期,学员 300 人,研究内容为中国地理、历史、文化、外交;争取独立与抗战建国;中国将来在世界之地位。

3月上旬 交通部开放渝康、渝兰、渝桂无线电话。

△ 行政院鉴于迁川各私立大中学校教员、学生生活艰苦,特饬拨发国币 100 万元,专充救济费用。

3月11日 国民政府以前湖北省政府委员兼教育厅长周天放"精研教育","劳绩卓著",是日特予明令褒扬。

△ 罗斯福签署《军火租借法案》,并咨请国会拨款 70 亿元,以加强援助民主国家。19 日,国会通过此案。

△ 居里返抵华盛顿,并向罗斯福递交蒋介石之亲笔信函及有关报告。是日罗斯福对记者称:居里携回之报告,"对于援华前途有重大

影响，美拟依照《军火租借法案》规定援助中国"。14 日又表示"援华计划圆满进行中"。

△　伪华北政务委员会发布《关于实施强化治安的训令》，并制定《强化治安运动之实施及宣传计划》。

△　日本将在江、浙地区接管的苏纶纺纱厂、大隆制造机器公司、丽新纺织印染股份有限公司、丽华机器染织股份有限公司、镇江贻成新记股份有限公司、江南水泥公司移交给汪伪工商部上海办事处。

3 月 12 日　蒋介石为纪念国民精神总动员两周年，发表广播讲演，宣称"社会纪律化，就是要达到社会军事化"；"国防科学化，就是要达到国家生产化"；"国民生活现代化，就是要使国民生活艺术化"。

△　全国农林行政会议在重庆召开，18 日闭会，通过农林部三年施政计划纲领、调整农林行政机构等提案百余件；定 2 月 5 日为农民节。

△　第二战区阎锡山所部克复晋东南陵川县城。

△　中山学社举行年会，到会孙科、陈立夫、梁寒操等百余人。会议致电中共七参政员，宣称抗战建国"必须在一个主义、一个政党、一个领袖之下，协力以赴，始能有成"，敦促中共悔过推诚，与中国国民党共赴抗战建国之大业。

△　国民党中央《中央周刊》改由陶百川主编，叶青、郑学稼、陈西滢、梁实秋等为编辑委员。

△　中英合作发展公司在伦敦举行会议，决定该公司改名为中英发展公司，会上各英国董事保证赞助援华。

△　日中型运输舰一艘载士兵 500 余人，于长江东流江面触雷，旋即沉没，敌兵几全数溺毙。

3 月 13 日　滇缅公路督办曾养甫呈函蒋介石，报告与英大使馆贺尔弼滋专家约谈建筑滇缅铁路问题，略谓：据贺尔弼滋表示，英国政府已决定拨款 200 万镑即日兴工，修筑缅境腊戌至边界一段，希望中国同时并进，早日筑通；我国修筑滇缅铁路国外材料用款约需美金 1500 万元,拟请向美国商借。

　　△　第九战区一部克复鄂南通城。

　　△　第三战区一部克复安徽无为。

　　△　第三战区江防流动炮队在安徽安庆东南新河口江面击沉日舰一艘。

　　△　是日至 15 日,中央研究院第二届评议会举行年会,院长朱家骅报告一年来工作及研究计划,通过设置数学研究所等决议案。

　　△　汪伪中央政治委员会会议通过《妨害新法币治罪条例》,凡八条,并决定将南京、上海、汉口三市改为行政院特别直辖市。

　　△　据重庆《大公报》载:赣北伪军第一清乡副司令许通率部 700余人反正,第九战区业予收编。

　　3 月 14 日　日军发动上高会战。日第十一军为打击第九战区薛岳部赣西方面主力,兵分三路向上高地区发动进攻。其北路为第三十三师团,由樱井指挥,自安义向奉新、棠浦进攻;其中路为第三十四师团,由大贺指挥,自南昌以西的万寿宫附近,沿锦江北岸向高安、上高进攻;其南路为第二十独立旅团,自锦江、赣江合流处的夏口南渡锦江,向灰埠方向进犯。

　　△　蒋介石约周恩来会谈,宋美龄也在座。蒋表示现在情形缓和了,可以谈谈,并要周恩来打电报给延安,问中共中央最近的意见。周恩来提出新四军事件和 2 月份各种压迫事件,要求按中共所提 12 条解决。蒋对新四军事件,置而不答,对压迫事件,则把责任推给下边。周恩来又提到防地、扩军问题时,蒋对防地不答,但也未再提开往河北一事,只说,只要听命令,一切都好办。军队多点,饷要多点,好说。最后蒋介石约周恩来下星期再见,宋美龄还说要请吃饭。15 日,周恩来将会见蒋介石的情况电告毛泽东。指出,蒋在我们的政治攻势下,为敷衍局面,表面上采取和缓的姿态而实际上仍在加紧布置,以便各个击破。并请示可否利用目前的可能先解决捕人、发饷等小问题,还是等大问题解决时一起解决。毛泽东次日电复:"(一)可以先解决新华、捕人、发护

照、发饷等小问题,惟对大问题绝不放松。(二)蒋之表示,不完全是哄,有部分让步以谋妥协之意,因国内外情势不容许他不让步。"

△　蒋介石手令重庆卫成总司令部,即日开始疏散重庆市民,拨款100 万元,分配无力疏散民众。该部是日开会,决定从 15 日起,全市及江北总动员,开展扩大疏散宣传,并组织访问队、劝导队,沿家劝导。

△　毛泽东电复全美洲洪门总干部监督司徒美堂等,表示对美洲侨胞关怀祖国,呼吁团结,敬佩无已;并请司徒美堂对中共提出的"善后办法"及"临时办法"予以赞助。

△　香港各界 400 余人为皖南事变联合致电林森、蒋介石,指出"国人鉴于十年阋墙之争,友邦有暂缓援华之议,危机四伏,间不容缓",要求"明令凡属抗战部队,俱应加以保护",毅然制止内战。

△　日机 31 架轰炸成都,中国空军出动飞机 30 架与敌在崇庆、双流上空激战,击落日机六架。中国空军第五大队长黄新瑞、副大队长岑泽鎏等四人殉国。

3 月 15 日　上高战场日军第三十三师团自安义沿潦河进攻第九战区第七十军李觉部防地;其另一股由左家、宋埠进抵赤田张、儒里温村,遭第九战区预九师一部迎击;终因敌大量增兵,奉新陷落。日军复强渡潦河,午夜突入东坪、棺材山地区。同日,日军独立第二十旅团突破锦江南岸,进至奉新,直向猪头山进攻;日军第三十四师团突破祥符观阵地,向高安地区进犯。

△　第七战区所部克复广东广海。

△　国民参政会第二届川康建设期成会组成,会长蒋介石。会员有张伯苓、张澜、周道刚、吴玉章等 34 人。

△　中国新闻学会在重庆成立,推选萧同兹、陈博生、彭革陈、曹谷冰等 19 人为理事,潘公展、张季鸾、王芸生、董显光、程沧波等 11 人为监事,潘公展任主席。大会通过宣言及议案多项。

△　第三战区司令长官顾祝同密电蒋介石称:中国工业合作协会浙皖区办事处在皖南泾县茂林村设立泾太事务所,主任蒋传源确系共

党重要分子。另泾县、太平两县所设各种工业合作社 10 余所,均为共党分子所主持。请速饬中国工业合作协会将皖南事务所及其以下各机构一律予以彻底改组,免滋隐患。

△ 山东国民党抗敌同志会致电国民党中央及蒋介石,呼吁奉行三民主义及三大政策,"加强国内团结,坚持抗战主张"。

△ 罗斯福在白宫发表演说,称:"千千万万的普通中国人民,在抗拒中国被敌人宰割中显示出同样伟大坚强的意志。中国通过蒋介石委员长要求我们提供帮助,美国已经答复,中国毫无疑问地将得到我们的帮助。"18 日,蒋介石电谢罗斯福重申援华,并"保证中国继续作战至胜利"。

3 月 16 日 日第三十三师团突破第七十军李觉部阵地后西犯。一部在尧峰岭附近渡过锦江。第十九集团军总司令罗卓英令第七十四军王耀武部迅速占领第二线阵地,与敌决战。王耀武奉命后,令第五十一师李天霞部向高安独城推进;令李天霞师另一部主力向泰和圩待命;令第五十七师余程万部、第五十八师廖龄奇部占领石头街、泗溪、官桥、棠浦阵地,并以各一部占领杨公圩、村前街阵地,拒敌前进。

3 月 17 日 上高会战战场第十九集团军总司令罗卓英得悉日军已分股进至南山河、村前街及高安城北火垅上附近后,令第七十军作离心退却,陷敌分离后对敌反击,并由抚河东岸抽调第四十九军第二十六师王克俊部兼程西进,集中樟树镇,以侧击敌人。

△ 关于日苏订立条约对国共关系的影响问题,毛泽东致电周恩来,指出:蒋急于转圜,蒋亦甚惧日苏亲善,似有求助于我之意,日本则利用国共恶化,有求苏助日制蒋意。"如日、苏只订经济条约不订政治条约,蒋有答应我临时办法各条可能,如日、苏订立政治条约,则国共、中共关系均可能一时恶化"。

3 月 18 日 蒋介石接见合众社记者,宣称中国如能获得美国充足之物质援助,"即能单独与日本相周旋",亦可解除太平洋之国际紧张,甚至使欧洲早获和平。

△　行政院、内政部、县政计划委员会以新县制虽已令四川、云南等 19 省、市分区分期施行,但未能实际推进,特组织新县制视察团,以资促进,首由四川开始,再转各省。

△　上高会战战场日第三十三师团攻占赣西上官,后又开始后撤。第三十四师团攻占高安,并向官桥、泗溪进犯,另一部向樟树、泉港进攻,均遭到第九战区所部第七十军、第四十九军奋力抵抗。同日,日独立混成第二十旅团占领灰埠,沿锦江南进,改编为赣江支队。

△　中共中央发出关于目前时局的党内指示,指出"这次斗争表现了国民党地位的降低和共产党地位的提高,形成了国共力量的对比发生某种变化的关键";同时提醒"国民党在其统治区域内对我党和进步派的压迫政策和反共宣传,绝不会放松,我党必须提高警惕性"。

△　夜,湖北沙市大火,至晨未息,日军重要军火、粮秣仓库多被焚毁。

3 月 19 日　中国民主政团同盟在重庆成立。统一建国同志会成员左舜生等人在重庆上清寺特园开会,决定将统一建国同志会改名为中国民主政团同盟。大会通过《中国民主政团同盟政纲》、《敬告政府与国人》和《中国民主政团同盟简章》。会议推举黄炎培、张澜、左舜生、张君劢、梁漱溟、章伯钧、罗隆基、李璜、江问渔、冷遹、杨赓陶、丘哲、林可玑 13 人为执行委员,黄炎培、左舜生、张君劢、梁漱溟、章伯钧为常务委员。推黄炎培为常务委员会主席,左舜生为总书记,章伯钧为组织部长,罗隆基为宣传部长。不久,由张澜继任主席。《中国民主政团同盟政纲》凡 12 条,主要有:贯彻抗日主张,争取国家之独立自由,恢复领土主权的完整;实践民主精神,结束党治,厉行法制,迈进于宪政之途程;反对一切暴力斗争与破坏行动;加紧经济建设;尊重思想学术之自由;政府一切机关实行选贤与能之原则,反对一党垄断等。

△　军事委员会任命孙良诚为冀察战区副总司令。

△　上高会战战场日军赣江支队先头部队一部偷渡赣江,企图进犯樟树镇,在新市街遭中国守军王克俊师痛击,被歼过半,残敌仓皇落

水,退守江心沙滩。泉港敌人派部增援,轮船又被击沉,敌人尸体顺江东下,余敌向曲江镇方向退却。同日,日军赣江支队主力企图攻下清江,截断中国守军赣江两岸联络。王克俊师一部由樟树迅速渡过赣江,在张家山、崇祯观、蜀家垵附近猛击敌军,敌退守曲水桥以北,续向曲江方面转移。

△ 第九战区司令长官薛岳以第七十军李觉部初期作战不力,令第十九集团军总司令罗卓英饬其"努力达成新任务,将功补过;倘仍畏缩不前,贻误战机,定按律论处"。同时又令罗卓英严令第二十六师、第七十、第七十四军将深入扰乱之敌,歼灭于高安间锦江南北地区。

△ 顾祝同密电何应钦,报告其部袭击江南新四军的反共办法:一、忠义军全部开入第一、二两游击区,分成四个挺进纵队分途清剿,并设法截断扬中交通线,该军仍旧归上官(云相)兼总指挥;二、苏嘉沪挺进纵队归陶总指挥指挥;三、有关党、政、军机关加紧联系防止共党活动,并堵截散匪窜扰;四、闽浙赣边区绥靖指挥官积极清剿,依限肃清;五、迅即充实改组战地各县党部下级机构并由军政方面协助之。

△ 驻英大使郭泰祺在英费边社讲演,称军委会撤销新四军番号"乃军纪问题,不关政治及党派","深信中国共产党必能团结以御侮",并称:中国决与友邦"合作抗拒暴力,直至最后胜利"。

△ 邹韬奋主编之《全民抗战》被迫停刊。该刊共出版157期。

△ 上海英商公共汽车公司工人要求改善待遇,举行罢工。同日下午,工部局工业处出面调解,劳资双方各派代表进行谈判。结果,双方同意从4月份提高米贴,并于每月19日发给。当晚工人复工。同日,上海法商水电公司机务部工人,因资方四次拒绝改善待遇要求,举行罢工。20日,车务部工人全体响应,一律停工。23日,资方向工人保证:增加津贴;罢工期间工资照发;释放罢工被捕工人。26日,工人复工。

△ 日陆相东条英机抵北平。20日,与日华北方面军司令官多田会谈后,飞往张家口、大同、太原。24日由青岛返日。

3 月 20 日 薛岳致电罗卓英,令第五十七、第五十八两师务遵照计划确保原阵地,积极向当面之敌猛烈攻击,确保上高、宜丰战略要地,其余各部队遵照既定计划,速向高安、上高间锦江南北岸地区彻底围歼向我扰乱之敌。

△ 日第三十四师团以大炮 10 余门、飞机 30 余架集中轰击泗水两岸守军第七十四军阵地,并乘机分由挡口、港西罗强渡,被第五十八师廖龄奇部阻击,激战至夜,塘坎附近阵地被突破,廖部主力于 21 日夜转移于白茅山、樟树镇、荷舍之线,与第五十七师共同确保上高。

△ 第八战区傅作义所部克复绥西新城。

△ 日第十五师团一部由苏南溧阳上兴埠东犯,在溧西青龙山附近与第三战区顾祝同所部激战。22 日陷溧阳,并南犯戴埠;23 日顾部向敌后袭击,日军乃回向张渚、溧阳逃窜。25 日,我军克复张渚、溧阳。

△ 日第二十二师团一部附骑兵 100 余,野炮四门由浙江长兴西犯泗安,与第三战区顾祝同部在泗安东山地激战。22 日,陷泗安。23 日,顾部反攻,收复泗安,残敌北窜合溪。

△ 叙昆铁路昆明至曲靖段通车。

△ 据中央社讯:前鄂豫边区游击纵队指挥官兼枣阳县长郭雪萍贪污被控,畏罪潜逃,1 月 12 日在蓉捕获,已在河南漯河枪决。

△ 伪华北政务委员会委员长王揖唐发表广播讲话,宣布从 3 月 30 日起至 4 月 3 日止,在华北进行"治安强化运动"。

△ 伪满洲国建立经济顾问制。"满铁"总裁、日本人大村卓一兼任伪满洲国经济顾问。

3 月中旬 日军犯广东台山、开平、新会等县,灾民盈千万,赈济委员会特拨款 100 万元赈济,并派员会同粤省府施赈。第四战区司令长官余汉谋、省府主席李汉魂亦派员携款慰问台山等县抗日军民。

△ 国民党江苏省保安第三路总指挥杨仲华率部投敌。6 月,汪伪中央政治委员会任命杨为军事委员会委员、苏皖边区绥靖司令。

3 月 21 日 蒋介石召孔祥熙、卢作孚、陈伯庄、顾翊群讨论经济问题,蒋称:"米粮如不出售,则限制供给食盐。人民获得食盐,遂不得不尽量抛售其食粮。"并称:对粮商"可采取引岸制,由政府发给商家执照,规定其向某特定之产粮区购运","如有囤积不售者,予以取缔"。

△ 国民参政会驻会委员会拟定本会规则12条,规定该会的任务为:听取政府各种报告;促进业经成立决议案之实施,并随时考核其实施之状况;在不违反大会议案之范围内,得随时执行本会建议权暨调查权。在实施工作任务中,分军事国防、外交、财政经济、内政及教育文化四组进行。

△ 薛岳、罗卓英联名发出电令,变更战斗部署:锦江南岸采取攻势,北岸采取守势,以确保上高为主。同日,第七十四军军长王耀武即令所部第五十一师向猪头山、鸡公岭当面之敌攻击;第五十七师仍守索子山、云头山、原山庙阵地;第五十八师改守红家垅、荷舍之线。

△ 据重庆《大公报》讯:中央设计局受命编制战时党政三年计划及战后五年建设计划,备提中央讨论决定。

△ 日伪宪兵武装冲击上海中央、农民银行,打死行员四人,六人受伤,掳去多人。24日,日伪宪兵继续武装冲击上海中央、农民、交通三银行及其分行、支行,死伤行员60余人。中央、农民两银行宣布暂停营业。

3月22日 上高会战战场日军第三十四师团在数十架飞机掩护下,向上高地区守军第七十四军王耀武部阵地猛攻,中国军队"拼死力拒,虽然血肉纷飞,伤亡惨重,仍不稍退"。一日间全线敌我伤亡均在4000人以上。为增强第一线兵力,当日第十九集团军司令部特务营奉命开赴第七十四军阵地参战。

△ 日军一部陷苏南溧阳县城。25日,第三战区顾祝同所部反攻,克复溧阳。

△ 八路军第一一五师教导第二旅在山东纵队配合下,进行青口(苏北赣榆东南)战役。经四天战斗,攻克青口外围八个日伪据点,并一度攻入青口镇,歼日伪千余人,打通了滨海区从海上与华中及胶东等地

的联系。

△ 汪精卫接见记者,发表题为《今后施政方针》的谈话,强调履行条约,而促进全面和平的实现是今后努力之所在。

△ 汪伪警政部软禁国民政府在上海的中国银行职员 128 人,并宣布国民党如在上海停止暗杀活动,即可恢复被捕者的自由。

3 月 23 日 上高会战战场日军第三十四师团主力约 6000 余再次进犯聂家、下陂桥、徐楼一线中国守军主阵地。日军师团长大贺坐镇毕家指挥,意在必得上高。中国守军第七十四军所部第五十七、第五十八两师集中迫击炮轰击,日军受创严重。敌复以飞机 10 余架低空轰击我方阵地,掩护其步兵猛冲。我守军奋力抗击,往返冲杀,下陂桥失而复得三次。入夜,日军倾全力再攻,我军死伤枕藉,仍死力固守。24 日晨,一度被日军占领的聂家、白茅山又为我军克复。

△ 为切断中国汕尾港重要补给基地,日华南方面军以独立混成第十九旅团和近卫师团各一部与第二分遣舰队一部协同行动,在汕尾一带登陆,边"扫荡"边夺取物资,并在潮阳及汕尾一带驻军,以彻底切断该方面的补给路线。

△ 据重庆《中央日报》讯:国民政府决定与美、英商定三国共筑滇缅铁路,中国方面在美发行该路建设公债 1000 万美元,并派滇缅铁路工程局局长杜镇远赴美,与美方及有关厂商商洽技术事宜。

3 月 24 日 中国国民党五届八中全会在重庆开幕,到中央执行委员、监察委员、候补监察委员 159 人。蒋介石致训词,训勉"提高党的精神,担负抗战建国责任"。旋开预备会,推举王法勤、丁惟汾、居正、于右任、孙科、冯玉祥、戴季陶、邹鲁、孔祥熙、陈果夫、李文范 11 人为主席团,吴铁城为秘书长。

△ 国民政府为增强滇缅路运输效能,设立运输工程监察委员会,俞飞鹏任主席。

△ 日师团长大贺亲自督阵,并纠集池田残部 3000 余人,以求在上高会战中作最后一逞。日军出动飞机百余架,反复狂炸第五十七师

下陂桥阵地和第五十八师白茅山阵地,投弹 1700 余枚,守军阵地大部被毁,人马伤亡惨重。第七十四军预备队先后与敌肉搏七次,毙敌 2000 余。同日,第七十军李觉部南下至杨公圩、官桥一线,第七十二军王陵基部进至水口附近,与由锦江南岸北上的第四十九军刘多荃部对日军后侧形成包围之势。

　　△　日师团长大贺以日军被中国各军合围,急电汉口日军司令部求援。午,日军派出增援部队约 2000 余人,自九江沿湘赣公路南驰;第三十三师团一部亦自奉新再犯伍桥河、村前街,分向棠浦、官桥急进,以图救援被围之敌。被围之敌得此增援,于 25 日晨开始向中国左翼包围部队正面之坑口冷、介子坡、南茶罗一线猛扑,企图突围,双方血战,伤亡均重。

　　△　日军一部在广东汕尾、鲘门登陆,午后陷海丰县城,续向海丰东北公平进犯。

　　△　粤东日军一部陷潮阳县城。

　　△　日机 10 架袭赣,分在乐平、上高等地投弹。

　　△　汪伪中央政治委员会会议决定:一、成立文物保管委员会,派徐良为委员长;二、特任杨揆一为参谋本部部长,萧叔萱为军事训练部部长,鲍文樾为军政部部长;三、成立清乡委员会,特派汪精卫兼任委员长,陈公博、周佛海兼任副委员长,李士群兼任秘书长。

　　△　美参议院通过援助民主国家 70 亿美元拨款案。25 日,罗斯福签署此案。

　　3 月 25 日　国民党五届八中全会举行第一、二次大会,分别由居正、朱家骅、王世杰、何应钦、王宠惠、孔祥熙、翁文灏、陈济棠、张嘉璈报告党务、组织、宣传、军事、外交、财政、经济、农林、交通。

　　△　周恩来、邓颖超应邀出席宋美龄举行之宴会,蒋介石、贺耀组、张冲同席。周恩来同蒋介石交谈了组织各党派委员会等问题,要求停止军事进攻和制止政治压迫。事后致电中共中央说:"今天见面时蒋只是表面上轻微缓和,实际上要看他是否真正做些缓和的事。"

△　上高会战战场日军救援军第二一五联队迫近棠浦、官桥，预九师张言传部陷于前后受敌之危境，乃东撤至土地庙附近，欲与第十九师唐伯寅部联系。旋日军又猛攻唐部凉山垴、桐子坑阵地，张、唐两部又分向凤凰圩、庄坊附近北撤，日救援军因此进入官桥，与被围日军会合。

△　全国粮食管理局制定重庆市食米统购统销办法，按合法利润统一规定价格：批发上等 157 元，中等 152 元，下等 147 元；零售上等 165 元，中等 160 元，下等 155 元，自是日起实施。

△　陪都防空总司令刘峙对记者称：自 4 月中旬起，本市实行强迫人口疏散，凡无居住证者均在疏散之列，人口近 20 万，疏散地点在沿长江与嘉陵江两岸交通方便而有余粮的乡村。

△　国民政府命令于四川省松潘县黄胜关外增设兴中、麦桑二设治局。

△　前九一八事变国联调查团团长李顿爵士撰文，承认过去袒护日本侵华之错误，呼吁世界民主国家援华。

3 月 26 日　国民党五届八中全会举行第三次大会，组织宣言起草委员会，嗣由谷正纲、陈立夫、周钟岳报告社会、教育、内政。熊式辉报告江西党务、政治情形。

△　是日雨雾濛濛，日机无法实施轰炸，我上高战场守军乘机展开攻击。第五十七师余程万部由东港推进至泗溪、良口之线，压迫敌之左翼；第五十八师廖龄奇部主力收复云头山、上下漆家一线，复克罗坑，包围敌之右翼；新十五师进击南坑、罗南坑。午夜，第一〇七师宋英仲部又克复胥家陵、亘离楼、谢西等地。日军被包围在南北直径不满五公里之圈内。

△　薛岳以上高会战中第十九师、预九师作战不力，且于围歼成功之际，忽向北撤，致敌逃逸而失歼灭之机，饬该两师经村前街、伍桥河向大城、奉新线追击败退之敌。

△　行政院会议决议通过并公布《田赋改征实物暂行通则》，凡七条。规定田赋改征或加征实物后所增加人民的负担不得超过物价增加

数的 60％；各省征得之粮食应尽先充足军粮，其处理办法应经全国粮食管理局核准；征收实物之种类，应兼顾地方出产及政府需要；田赋改征或加征实物后，省、县收入之划分，应不违背现行法；同时，所有未经中央核准之省、县地方税捐，应一律取消。要求各省改征或加征田赋，均应依本通则拟具实施办法，呈行政院核准后，方得施行。

△　国民政府任命胡先骕为国立中正大学校长。

△　瑞华（玻璃）企业股份有限公司在重庆成立，董事长李文彬，总经理蒋相臣，资本 100 万元。

△　粤东日军一部由碣石湾登陆，进陷陆丰县城。31 日，第七战区所部反攻，克复陆丰，歼敌百余名。

△　侵华日军总司令畑俊六闻上高会战战场日军战事失利，是日飞高安前线视察。

△　据中央社讯：日军在河南沦陷区肆行毒化，日趋严重。敌每占一地，即推销海洛英、吗啡等毒品，迫我民众吸食，受毒者不计其数。豫北、豫南、豫东各县遍种鸦片。

△　美国联合救济中国难民委员会拟募捐 500 万美元赠予我国。是日，共和党要人威尔基、名女作家赛珍珠等名流在宴会上讲演，呼吁援华。驻美国大使胡适致词，力言美国应停止以供给品运日，并宣布中国政府以蓝采玉勋章赠予赛珍珠女士。

3 月 27 日　国民党五届八中全会举行第四次大会，由康泽报告三青团工作，继由陕西、四川、湖北、浙江、河南等省报告该省党政情形。

△　拂晓，上高会战战场第七十四军第五十七师渡泗水克复泗溪。午，第五十八师克复傲古山、炉下、河塅一线。日军后退不及，乃集中炮火猛轰，飞机狂炸，并使用多量毒瓦斯弹。第七十四军第一线官兵中毒者甚多，仍奋勇猛进。午后攻占大贺指挥所毕家，然后乘胜追击，破坑口冷、港西罗日军阵地，距官桥仅四里。午夜，罗卓英下达攻击令，饬各部于 28 日午以官桥、南茶罗为目标，猛烈进攻，歼灭残敌。

△　薛岳电勉罗卓英"再接再厉，乘胜歼灭溃败之敌，以竟全功"。

同日,又以王耀武第七十四军作战努力,奖赏将士二万元。

　　△　上高会战战场日军倾全力从我守军薄弱环节离谢楼附近突围。第一〇七师、新十五师仓促应战,伤亡较大,乃向后撤。日机 10 余架低空助战,敌骑兵 500 余复由江家洲附近冲至西坑里新十五师指挥所,遂陷于混战状态。旋日军千余经此突入水口圩,南袭第一〇七师左翼,第一〇七师预备队据守东狗垴、江家垅、况家线堵击,激战至晚,敌势稍挫。

　　△　中共中央通过两项决定:一、中原局由刘少奇、饶漱石、曾山、陈毅四人组成;二、新四军军分会由刘少奇、陈毅、邓子恢、赖传珠、饶漱石五人组成。

　　△　周恩来将叶挺经黄琪翔转来的信所谈皖南事变的情况转报中共中央书记处。信中说,事变中新四军被俘人数不到 4000 人,伤亡约 2000 人,其余均突围。

　　△　上海服装、煤球工人及英美电报公司工人举行罢工,要求改善生活待遇,降低米价。

　　△　晋南日军一部 2000 余人自汾城、新绛、稷山向吕梁山各口进犯,遭第二战区阎锡山所部阻击,纷向河津、稷山溃窜。

　　△　美红十字会在重庆捐建平民住宅,是日举行落成典礼。

3 月 28 日　国民党五届八中全会举行第五次大会,朱家骅作特种问题报告,章嘉、麦斯武德、罗桑坚赞分别报告边疆情形。

　　△　上高会战战场第七十四军所部进迫官桥。第五十八师进至长岭亘、蛮眉高地一线,与日军后卫发生激战,日军为掩护其主力东遁,拼死顽抗。战至中午,第五十一师李天霞部先头部队赶到,于上罗家、山源李、方头垴一线袭击日军右侧;第五十七师余程万部一部亦进抵龙形山,包围官桥街南,日军不支,退守官桥市内。第五十八师廖龄奇部乘胜冲锋,与敌巷战,至晚,克复官桥,歼敌 600 余人。日军第三十四师团少将指挥官岩永毙命。

　　△　中央社记者为赣北上高等役获胜,特晋谒军政部长何应钦,何

称：上高会战影响之大，"全国军队将因此次战果而加强其自信心"，"可谓为开战以来最有精彩之作战"。

△　军事委员会发言人总结上高会战获胜原因有三：一、剪除敌军两翼，致敌中路形成孤军深入状态；二、阻滞敌人主力，敌无法进展，乃形成包围之势；三、指挥统一。

△　河南省固始县吴宗源拒任伪职，湖南省平江县艾余氏受逼敌寇，保贞守义，国民政府是日令行政院明令褒扬。

△　军事委员会任命刘召棠为第十九军代理军长，梁春溥为第二十三军军长，于镇河为第三十三军军长，施北衡为第七十五军军长，柳际明为第七十五军副军长，孙福麟为第八十三军代理军长，张兴仁为新编第三军副军长。

3 月 29 日　国民党五届八中全会举行第六次大会。大会主席团发起为革命先烈邹容、张培爵建立纪念碑。继由广东、广西、湖南等省报告省政及党务。

△　上高会战战场罗卓英奉薛岳电令，饬第四十九军军长刘多荃即督率王铁汉第一〇五师、王克俊第二十六师、陈良基新十四师为右追击军，沿湘赣公路，经高安、大城道向牛行追击。第七十军军长李觉率张言传预九师、唐伯寅第十九师、宋英仲第一〇七师为左追击军，沿伍桥河、奉新道向安义追击，并限于 31 日前完成任务。

△　上高会战战场踞龙图圩、杨公圩之日军 2000 余人，以飞机十余架助战，拼命突围，第一〇五师、第二十六师堵击于东，预九师、第十九师堵击于西、北，三面围攻，敌伤亡惨重。

△　第九战区薛岳所部于粤汉铁路之溪站（岳阳西北）附近，炸毁日军南行火车一列，随车护路之敌全部被歼灭。

△　日军 3000 余人分由山西平遥、祁县、洪善镇合击八路军第一二〇师驻平遥回回镇之部队，被决死第二纵队击退。

△　南洋侨胞筹赈会在新加坡召开第一届会员大会，到会南洋 46 单位，156 人，会期三天，选举陈嘉庚、庄西言为正、副主席。大会发表

宣言,呼吁侨胞捐款,支援祖国抗战。

　　△　厦门抗日爱国分子趁日伪庆祝汪伪政府组成周年纪念之机,分头纵火烧毁日商三井洋行大阪轮船公司仓库、台湾海南洋行堆栈等,敌囤大批军火、棉花、棉纱等均付之一炬,价值达千万元,并焚毙日人四名,伪警三名,台人一名。

　　3 月 30 日　上高会战战场第一〇五师、第二十六师攻克龙图圩、杨公圩,残敌分股向东、北溃逃,北逃 600 余甫达村前街附近,被预九师主力痛击,大部被歼。旋各路追击军向高安、奉新追击。

　　△　重庆大学进步师生为营救被国民党当局秘密逮捕的该校商学院院长马寅初,是日举行马寅初六十寿辰庆祝会,并在校内外募捐修建"寅初亭"。重庆各界知名人士沈钧儒、邹韬奋、潘梓年、张西曼等出席了祝寿会,周恩来、董必武、邓颖超联名赠送对联:"桃李增华,坐帐无鹤;琴书作伴,支床有龟。"

　　△　国民党平绥路特别党部报告,第十八集团军在绥远大青山仅有 400 余人,"实力单薄",要求派军收复。是日,蒋介石令军令部立即核办。

　　△　汪伪政府在南京举行成立一周年纪念会和阅兵式。汪精卫在会上讲话,宣称实现全面和平的惟一办法,就是"根据和平反共建国的方针,聚其全力,来确立治安,改善社会人民经济生活。只要局部和平能做得好,全面和平自然到来"。

　　△　日军命令安徽庐江盛桥自治会开办"慰安所",诱骗魏家坝青年妇女充当"慰安妇",专供日军淫侮。

　　△　美国务院宣布:美国 2 月份运华之军火,价值 631 万美元。

　　3 月 31 日　国民党五届八中全会举行第七、八次大会,首由重庆市、贵州、云南、绥远、安徽、西康等省报告党务及省政,继由兼任战区司令长官各委员报告各战区军事概况。

　　△　国民党五届八中全会举行总理纪念周,蒋介石发表演讲,要求在实施全会决议和审查议案时应注意做到:第一,要确立战时经济体

制;第二,要彻底实行新县制,切实完成地方自治;第三,要实行"耕者有其田"的主张。

△　晨,上高会战战场第九战区第二挺进总队主力由高安东北冲入城内,日军不支四处溃逃。陷敌半月之久的高安遂告克复。

△　日方盛传中国军队开入越南老街。军事委员会发言人是日发表谈话,斥敌谣传,并称此为"敌将出兵老街之先声"。

△　全国慰劳总会在重庆开办之出钱劳军运动,至是日共募捐400万元。

是月　刘文辉、邓初民、马哲民、李相符等在成都成立唯民社,刘文辉任社长。其宗旨为:"全民团结,坚持抗战;反对独裁,实行民主。"后在成渝地区出版《唯民周刊》、《大学月刊》、《华西晚报》等,并开办了文治出版社。

△　皖南事变后,国民党书报审查机关先后查封国统区《学习生活》、《新闻记者》、《国民公报》等数十种报刊及全民通讯社等。在桂林之国际新闻社被撤销营业证,工作人员被迫离桂去港。

△　周恩来三次接待两年前随国际援华医疗队来华的罗马尼亚共产党员杨固医生等。周恩来建议他们继续留在国民党军队中做救护医疗工作。

△　据《益世报》讯:日驻北平大使馆公布:北平、青岛、天津、济南、太原等九城市一年来日侨增加一倍,每日增加221人,日侨职业大部分经营赌场、妓院、吗啡馆、娱乐场等,并称"皇军"所至之处,"用女人与毒品消灭中国人之抗日意识"。

△　延安国际通讯社成立,萧三任主任。

4　月

4月1日　国民党五届八中全会第九、十次大会讨论党务、政治审查委员会提出之提案及对于政治报告之决议案,并通过议案79件,主要有:《恢复省县党部选举制度案》、《增进各级党部与政府之联系并充实本党基础案》、《加强政府机关内党的组织及活动案》、《加强人民团体内党的组织及活动案》、《严令党政军民各机关法团负责人必须忠诚遵循一切法令、一切议案,积极推进各种政务,以奠定国家建设之政治基础案》以及《改进财政系统统筹整理分配案》等。

△　蒋介石在国民党五届八中全会国民月会发表《党员对于国民精神总动员之责任》的讲演,认为国民精神之彻底改造,必须推而广之,首求国民精神之充实,次求国民精神之集中,而更求国民精神之革命化。

△　国民政府代表宋子文、中国中央银行代表李干与美国财政部长摩根索在华盛顿签署《中美平准基金协定》,规定:美国依中央银行的请求,委由纽约联邦准备银行向中国银行与中央银行购买法币,总数不超过 5000 万美元,用于平稳法币与美元的兑换价格。

△　上高会战战场第四十九军第一〇五师王铁汉部收复祥符观;第七十军预九师张言传师主力逼近奉新西郊,与日军对峙。午后,王铁汉师又克复万寿宫。

△　日机九架轰炸湖南常德、桃源、辰溪。

△　日外务省宣布:至是日华北、华中、华南日侨总数为 56.6 万余人,较战前 8.6 万余人,增加 5.9 倍。

△　上海公共租界工部局总裁费利浦发表声明,宣布工部局因形势不定,决定本届董事会不举行改选,由各关系方面成立协定,分配董事席位,其中中国二席。此决定“一俟中国政府及各关系领事表示同意后即施行”。

△　美国中国救济事业联合会决定:自是日起至 7 月 31 日,在美国发动“筹募援华救济费 500 万美元扩大运动”。并定 5 月 18 日至 25 日在美国各大城市发动“中国宣传周”。

△　旅美华侨邝炳舜接见记者,表示对于在美发行滇缅铁路建设公债 1000 万美元事,愿竭力协助。并称此事美政府交通、财政两部在

商洽中,另将派员赴各地劝销。

4月2日 国民党五届八中全会举行第十一次大会,通过《党务三年计划之方针》、《各省田赋暂归中央接管》、《确立战时经济体系》、《扩大生产实行统制经济》、《三年建设计划大纲》等案,并通过人事调整各案:中央执行委员会秘书长叶楚伧辞职,推吴铁城继任;推刘维炽为中央海外部长;周启刚专任侨务委员会副委员长;国防最高委员会秘书长张群另有任用,推王宠惠继任;调原驻英大使郭泰祺任外交部长。中央执行委员会委员柳亚子"诋毁国策,违反党纪",开除党籍。国民政府增设贸易部、粮食部。下午闭会。

△ 国民党五届八中全会发表宣言,以驱逐敌寇出境,拥护建军、统一军政军令,促成宪政,建立战时经济四点昭告国人,共同努力。

△ 第九战区第四十九军第一〇五师王铁汉部与援军第七十军第一〇七师宋英仲部合力克复新奉。午后,王铁汉部又收复万寿宫。至是日军退回原阵地,上高会战结束,共歼日军 1.5 万余人,俘日军 100余人。

△ 蒋介石密令第八战区司令长官朱绍良限期收复绥远大青山,驱除以大青山为根据地连接库伦(今蒙古人民共和国乌兰巴托)交通的八路军大青山支队。

△ 第九十三军刘戡所部连日进犯晋冀豫边区太岳区屯留县之张店、七家、八家、秦家庄等地。八路军第一二九师一部是日将其击退,歼灭 120 余人。

△ 上海制鞋业工人部分罢工,要求增加津贴。因资主拒绝,至 5日发展为全市 500 余家鞋店 5000 余名工人的全体罢工。后经劳资双方数次谈判,一律加薪三成,13 日复工。

△ 全国合作会议在重庆开幕,社会部长谷正纲主席。会议任务为:一、使合作单位取得联系;二、使合作事业有系统发展;三、研究指导及改进合作事业之办法;四、共商合作事业、人事及金融事务机构之困难,以便改进。9 日闭幕,通过各项提案 44 件。

4 月 3 日　国民政府根据南洋闽籍华侨联名控诉闽省主席陈仪,促请政府免职事,是日决定组织闽政视察团,成员为教育部次长顾毓琇、监察院监委梅公任及闽籍参政员萨孟武、王世颖、胡兆祥五人。

△　第三战区所部进袭安徽寿县日军据点,城中伪军 500 余人乘机冲出反正。

△　国民政府为追念吴佩孚,在四川南川县建成蓬莱阁一座,是日举行揭幕典礼,孔祥熙派员前往主持。

4 月 4 日　孔祥熙提议各地军政长官转令各县政府、各部队,对各地圣庙应妥为保存,并须拟具圣庙保管及修复办法。行政院会议是日通过此案,通饬各地军队机关不得占用圣庙,令内政部拟具圣庙保护及修复办法。

△　军事委员会任命彭杰如为新编第七军军长。

△　中国滑翔总会在重庆成立,蒋介石兼任会长,陈立夫、张治中、周至柔任副会长。

△　粤东第七战区所部克复海丰县之汕尾、梅垅、鲘门等地。

△　日军 1000 余人对北岳区五台、盂县地区进行"扫荡",经五天激战,八路军晋察冀军区一部共毙伤日军大队长藏重以下官兵 400 余人,粉碎了日军的"扫荡"。

△　占领山西辽县的日伪军偷袭和顺县羊蹄洼村,惨杀八路军军政人员、学生、村民 100 多人,其中 30 名学生被日军用刀砍杀。

△　罗斯福与居里在白宫谈中国局势,认为中国政府组织、人事变更是政权的加强,并"致力于实行民治政体,达到民治目标",并表示将采取积极援华步骤。

4 月 5 日　中国共产党就国民党五届八中全会宣言及蒋介石的演说发表评论。评论指出,蒋介石虽公开承认其统治危机,但并不想到造成危机之真正症结为没有民主;宣言不仅未纠正袭击新四军之罪行,反强调"军令军纪",实为大错误;中国共产党希望国民党要真正有所改进,接受中国共产党所提 12 条善后办法,并认真执行之。评论指出,没有根本政策的改变,头疼医头,脚疼医脚的办法是无济于事的。

　　△　第六战区陈诚所部出击宜昌南岸日军,歼敌 200 余人。同日,另一部袭击荆州、沙市一带,毁日军汽车 18 辆。

　　△　中共中央同意中原局建议,陇海路以北的党与军队之领导,仍归还北方局与八路军总部,陇海路以南则归中原局与新四军军部,华中局仍称中原局。

　　△　晋冀豫边区临时参议会筹备会成立,以杨秀峰为主任,开始筹备召开晋冀豫区临时参议会,正式成立晋冀豫边区政府。

　　△　新四军第五师组编完竣,是日师长兼政委李先念率全体将领通电就职。全师下辖第十三、第十四、第十五旅及两个游击纵队。

　　△　汪伪中央政治委员会举行会议,汪精卫报告该会第一届当然委员、延聘及指定委员任期已满,重新延聘王克敏、齐燮元、朱琛、殷同、高冠吾、赵正平、缪斌、诸青来、赵毓松、赵尊岳、岑德广为委员。指定周佛海、褚民谊、陈璧君、梅思平、陈群、林柏生、刘郁芬、任援道、焦莹、陈君慧、陈耀祖、李圣五、叶蓬、丁默邨、傅式说、杨揆一、鲍文樾、萧叔萱、李士群为委员。汪精卫、陈公博、温宗尧、梁鸿志、王揖唐为当然委员,朱履龢、顾忠琛、江亢虎、徐良为列席委员。

　　△　上海日伪军冲击上海报界,是日绑架《申报》协理王尧卿及《正言报》工人 9 人。6 日,又绑架《申报》庶务科主任黄炎卿。

　　△　胡适偕宋子文暨美财政部长摩根索谒罗斯福,会商美国对华军火租借问题。

　　4 月 6 日　蒋介石致电薛岳,以上高会战各部将士“奋发忠勇,围歼顽敌,获巨大战果”,着发国币 15 万元,以资奖励。

　　△　何应钦在重庆国际广播电台对美、英广播中国战况,宣称:中国抗战四年,实力日强,今前线有 500 万以上士兵,后方有 1000 万后备战斗员,沦陷区有 60 万以上正规军,80 万游击队与敌搏斗,每日约毙敌 2000 人,战线自南至北,长 9000 余里。表示在敌军未退出我国土,及敌国不视我为独立自主国而尊重其权益时,“不屈服,不妥协,也绝不

考虑和平"。

△　辽宁省政府主席万福麟奉命改组后,在重庆组织省政研究会,是日举行第一次会议,决议抚慰本省民众,救济后方失业、失学青年等。

△　第七战区所部克复粤南坪山。

△　伪满洲国与北平伪政权签订《赴满苦力募集协定》,规定:河北应对伪满所需的劳动力予以全面协助;还规定伪满不得在河北开发地区和经济建设地区招募"苦力"。

4 月 7 日　是日至 28 日,国民党中央组织部在重庆召集全国各省、市妇女运动干部人员工作讨论会,朱家骅主席并致词。会议宗旨为检查妇女工作,健全妇女组织,统一妇女意志,奖励人口增殖等。会议通过各项议决案 29 件,主要有加强妇女运动领导、推行新生活运动、普及妇女教育等。

△　苏北新四军陈毅部袭击泰县李家、彭庄伪军,歼敌 200 余人,俘 300 余人。9 日,日军 500 余人自泰兴出动扫荡泰、黄公路,至黄桥镇被陈毅所部截击,毙敌百余。11 日,日军千余向新四军进犯,被击溃。

△　日机八架轰炸安徽桐城,投弹 60 余枚,毁房屋数十间,死伤四人。

4 月 8 日　毛泽东致电周恩来,指出:"蒋有派两个师绕道绥西进驻榆林向我压迫讯,其中一师系新编第三十四师马志超部已到宁夏,蒋派陈长捷为晋陕绥边区'剿匪'总司令,日内率直属队经陕、甘、宁夏,似赴榆林。蒋之目的在夺取盐池,压迫绥德。请严重向蒋交涉。"

△　重庆市政机关及卫戍总部召开重庆市人口疏散会议,讨论《渝市区户口疏散计划实施纲要》,据调查,重庆市现有 43 万人,防空洞能容纳 30 万人,13 万人须加以疏散,决定疏散工作自本月 20 日开始,30 天内完成,逾期不愿疏散或无力疏散者,由警察局会同宪兵及稽查处指定地点,勒令出境,封闭其住所。10 日,三青团重庆市团部、重庆市赈济会及卫戍总部联合组成八个指导队,15 日分赴各疏散区执行任务。

　　△　管理中英庚款委员会成立十周年,董事朱家骅报告十年来投资生产建设事业及办理教育文化事业概况。11 日,国民政府发布命令:该会董事陈其采、刘瑞恒、宋子良、马锡尔、戴乐山任期届满,均着继任。

　　△　第七战区所部克复粤中潜江县城。

　　△　宁夏海固回民发动第三次起义,参加者有回、汉民众二万余人,消灭驻该地国民党军一个团和一个营,缴获枪支千余支。旋被国民党派军镇压,起义领袖之一马思义率部分群众投奔延安,后被扩编为八路军回民骑兵旅。

　　△　日机 27 架袭击昆明,多处投弹,英驻滇领事馆及英教会等处被炸,市内三处起火,民房烧毁多栋。

　　△　美国与日本进行秘密谈判,美国务卿赫尔提出“日美谅解方案”试案。其中关于中国问题作了如下规定:由美国总统出面劝说中国同日本媾和,条件是:“一、中国独立。二、根据中日间成立之协定,日本军队自中国领土撤退。三、不并吞中国。四、不要求赔款。五、恢复门户开放方针。六、‘蒋政府’与‘汪政府’合并。七、日本自行限制向中国大量或集团移民。八、承认满洲国。”

　　△　日大本营报导部长马渊发表谈话称:日本当前最大的问题是如何解决《中国事变》,否则不能实现南进政策。日本对中国作战,亦即对英、美作战,英、美在远东势力一日不铲除,则“中国事变”即一日无法解决。

　　4 月 9 日　国民政府任命谭绍华兼驻哥伦比亚及驻委内瑞拉特命全权大使,沈觐鼎兼驻哥斯达黎加、萨尔瓦多、洪都拉斯特命全权大使。

　　△　薛岳电令罗卓英:上高会战已告结束,参战各部损耗甚重,除第七十四军应仍令继续整训外,其他各部亦应抽调整训,恢复战力。同日,罗卓英令前线各军“凭坚固守,调整部署,进行补训”。

　　△　日军劫夺吴淞口美商德士古火油公司汽油 1400 吨。

　　△　巴拿马新宪法限制华侨居留及入境,情形严重,旅巴华侨被迫

返国过港者达数百人。旅美华侨、国大代表郑华秋是日电蒋介石提请交涉。

4 月 10 日 国民政府特任郭泰祺为外交部部长。

△ 国民政府追赠故空军驱逐司令兼第四大队队长高志航为空军上将。

△ 何应钦在西安召集各高级将领,会商对陕北防务。

△ 重庆《新华日报》社长潘梓年致函国民党中央宣传部,要求当局制止殴打、拘捕该报人员,没收撕毁报纸,逮捕迫害读者的事件,切实执行"严加保护"的命令。

△ 襄河东岸日军三路北犯大洪山,一路 2000 余人犯长寿店,第五战区一部与敌激战后,敌续窜丰乐河,一路至周家集,一路至王家岭、邵家店。

△ 上海闸北区水木业工人要求增加工资举行罢工。12 日,公共租界及法租界两区 1000 余名水木业工人亦加入罢工,迫使租界当局出面调解。最后达成协议,增加木工工资一元,水工九角。22 日工人复工。

4 月上旬 滇缅铁路云南省段开始动工,英国宣布资助修筑缅境段。

4 月 11 日 财政部成立国家专卖事业委员会,孔祥熙兼主任委员,陈光甫、王正廷为副主任委员,俞鸿钧等 25 人为委员,徐堪等 15 人为兼任委员。该会设秘书处及盐、糖、烟、酒、茶叶、火柴六组分别担任设计事宜。

△ 毛泽东、朱德、王稼祥、叶剑英致电廖承志及各战略单位:据悉,何应钦此次来西安是主持西北"剿共"军事会议,已于 10 日在临潼开会,讨论中心问题为进攻陕甘宁边区之部署,进攻边区总指挥已决定为胡宗南,在一个月后开始进攻。

△ 军事委员会发表上高会战总检讨,认为此次会战前后完成两次包围计划,日军闪电战术遭到失败,此役毙伤敌官兵约 1.5 万人,我

国军队伤亡比日军略重。

　△　八路军冀鲁豫军区一部歼灭盘踞河南内黄豪城集伪军 200 余人。

　△　日机九架轰炸浙江丽水,向城区投弹 60 枚,炸死 10 余人,毁民房 20 余间。同日,又有六架袭击湖南衡阳,投弹 10 余枚。

　△　苏驻华大使潘友新告外交部长王宠惠,苏日谈判决不牺牲友邦利益,苏对松冈洋右接待乃例行接待。

　△　近卫接见记者发表谈话,称:如果重庆国民政府放弃抗日政策,则日本政府不惜与之提携,但根本方针仍为协助“国民政府”。并称今后迈进之目标为使“汪蒋合流”。

4 月 12 日　周恩来质问蒋介石进攻边区的公函交张冲转送。张冲转告蒋的答复:绝无其事。

　△　日第三十五师团、独立混成一旅团及伪军万余,附汽车百余辆,对河南濮阳、内黄地区的沙区根据地进行毁灭性“扫荡”。八路军第二纵队采取以分散对集中、以集中对分散的战术进行反“扫荡”作战,毙伤日伪军 700 余人。20 日,日军全部撤退。

　△　驻英大使郭泰祺回国履新,是日在伦敦发表告别广播演说,宣称:在战后大时代中,“当以 A、B、C(即美、英、中)三国为沟通东西方文化之主要国家”。

　△　上海公共租界纳税华人会主席虞洽卿由港抵渝,向国民党中枢报告三年来在沪办理难民救济工作,并乘便考察内地建设情况。

　△　成都袍哥总会头目陈俊珊发起组织国民互助社,是日发起人开会,国民党四川省党部亦派人参加。

　△　鲁苏战区第八十九军副参谋长兼第一一七师长潘午丞、鲁苏联军西北集团军总指挥刘湘图在苏北投敌后,是日抵南京,发表投敌通电,并受到汪精卫接见。

4 月 13 日　吴玉章、林伯渠、张曙时在延安致电柳亚子,对国民党开除柳亚子党籍,极表愤慨,并望本革命初衷,不屈不挠,继续奋斗。

△ 教育部音乐教育委员会在重庆举行全体委员会议,陈果夫主席。会议确定三四八振动数为黄钟之标准音;指定各国立师范学院一律增设音乐系;规定 4 月 5 日黄帝诞辰日为音乐节。

△ 粤南第七战区所部克复海丰县城。15 日,克复汕尾。

△ 《中央日报》讯:福建省垣米价高涨,影响民生,赈济委员会拨款 10 万元办理急赈,50 万元购进江西食粮,办理平粜。

△ 苏日在莫斯科签订《中立友好协定》,凡五条,规定双方"互相尊重对方领土完整与神圣不可侵犯性";"缔约国之一方成为一个或数个第三国敌对行为之对象时,则缔约国之他方,在冲突期间,即应始终遵守中立"。有效期五年。同日,双方又发表《宣言》,声称互相尊重所谓"满洲国"及"蒙古人民共和国"之领土完整与神圣不可侵犯性。

△ 苏联外长莫洛托夫约见中国驻苏大使邵力子,表示:苏日条约之签订,"苏联将毫无变更地继续援助中国"。

4 月 14 日 外交部长王宠惠就苏日《中立友好协定》发表声明,称:东北四省及外蒙为中国领土之一部分;中国政府和人民对于第三国间所为妨害中国领土与行政完整之任何约定,决不能承认;苏日两国公布之共同宣言,对于中国绝对无效。

△ 毛泽东就苏日中立条约和蒋介石准备进攻延安等问题致电周恩来,指出:"日苏条约使苏联彻底解除被攻威胁,对国际对中国发言权增高,使英、美利用三国同盟为反苏工具之幻想最后破产,对制止中国投降与反共危险有积极作用。""对蒋进攻延安阴谋准备公开揭破,但还拟看一看,如蒋知难而退,则饶他一次,以免引起紧张局面。"

△ 广东琼崖日军一部由文昌长坡窜至昌村附近,遭该地游击队伏击,伤亡颇重。旋日军将昌尾附近村庄田园纵火焚毁,计毙乡民 800余人。

△ 粤东潮阳日军在梅山登陆。

4 月 15 日 国民党战地党政会议在重庆召开,由程潜主席,陈立夫讲话,强调战地党政一元化。会期五日,通过议案 88 件。19 日,蒋介石亲临训话,指出今后任务"重在安定金融,发展经济,健全战地社会组织"。

　　△　国民政府通令各省政府,对于粮食管理不得征收款项;并规定政府经营粮食业务,不得以营利为目的。

　　△　行政院会议决议:设立贵阳市政府;通过《四川省三十年度地方行政计划及总概算》及《管理水利事业暂行办法》。

　　△　胡适偕宋子文同谒罗斯福,力陈远东形势之严重与中国望援之迫切,希望罗斯福能于最近期发表援华具体方案。下午,罗斯福在白宫向报界谈话,声言:今晨与中国大使及宋子文先生曾商及援华详细办法,中国所需军火之详单,已依照《军火租借法案》组织之机构,予以分析和考虑,已核准以若干现存军火转让中国。此外,政府将命令制造商定造新军火,供给中国。

　　△　中共中央南方局召开会议,总结抗战四年来国统区党的工作。周恩来说,目前西南党的任务仍是使党真正成为秘密的巩固的党。

　　△　第七战区所部收复闽东福清县城。

　　△　苏北新四军一部伏击由仪征北开之日军50余人,将其全部歼灭。

4月16日　中共中央就《苏日中立条约》发表声明,认为"苏日条约没有限制苏联援助中国进行独立的正义的对日抗战","在苏日条约之后,中国必须坚持抗战、团结、进步三大方针"。

　　△　中共中央军委决定朱德、彭德怀、左权、罗瑞卿、滕代远、陆定一六人组成军委华北分会,以朱德、彭德怀分任分会正、副主席。

　　△　中国警察学术研究社在重庆召开首次年会,定9月1日为警察节,推陈诚为社长。

　　△　杭州日第二十二师团主力,第十五师团及第十一混成旅团之一部,分三路进攻诸暨,其一路自杭州乘舰在绍兴北之三江城登陆,续向南犯。

4月17日　重庆国民政府所属上海中央银行、中国银行、交通银行、中国农民银行宣布停止营业。18 日,周佛海就此发表谈话,称:无意强迫四行撤退,四行人员是否安全,责任在重庆政府。

　　△　迁川工厂联合会在重庆举行第四届大会,商讨"增加生产力量"。该会有会员工厂 178 家,共计 44 类企业。

　　△　周恩来、董必武到黄炎培寓所,向黄炎培、左舜生、章伯钧说明苏日签约是苏联一贯的政策,与对华毫无关系,中共的态度决不因此而变更。

　　△　新四军第二师一部在地方武装配合下,在苏北仪征、扬州、天长地区的反"扫荡"作战中,是日取得谢家集、金牛山战斗的胜利,歼灭日伪军 270 余人。

　　△　由杭州渡江之日军一部由萧山南犯,20 日至枫桥镇,与日军另一部会合陷诸暨。同日,其右路日军由富阳渡江经大源向诸暨前进。23 日至诸暨。

　　△　苏北黄桥、泰兴之日伪军千余人向古溪进犯,并一度陷至扶,新四军陈毅部反攻,将其击溃,逃窜沿途又遭新四军截击,伤亡极重。

　　△　日军陷绍兴县城,续向西南进犯。19 日,陷枫桥镇。

　　△　上海公共租界工部局因进行改组,是日召开外籍纳税人会,决议设立临时董事会代替原董事会。原董事会中国方面董事为虞洽卿、奚玉书、陈霆锐、袁履登、郭顺五人,而临时董事会中国方面董事减为四人,其中三人为汪伪分子。19 日,外交部长王宠惠发表声明:"临时董事会之设置及地皮章程任何条款之变更,均未经中国政府予以同意。"对华董人选,其他方面所提名单决不承认。22 日,工部局因中国政府反对,宣布一切行政仍暂由原董事会负责。

　　△　罗斯福批准第一批价值 4500 万美元之援华军用器材。18 日,罗斯福对记者称:美国根据《租借法案》,已经批准扩大援华计划。

　　4 月 18 日　何应钦在洛阳召开军事会议,研究晋南中条山三角地带作战方案。第五战区、第一、二战区李宗仁、冯钦哉、孙蔚如、赵寿山、何柱国等参加会议。20 日,继续开会,何应钦指示:为确保中条山,首先应相机各以一部由北向南,由东向西,与中条山阵地右翼各部合力攻取高平、晋城、阳城、沁水间地区。其次,与晋西军及第二、第八战区协力,包围晋南三角地带之敌而歼灭之。

△　新四军陈毅所部进攻苏北泰县东南阳村,歼灭守敌 200 余人,俘伪军 80 余名。

△　日机三架袭击长沙。19 日,又有七架袭击零陵。

△　日军一部自浙东沿海坎门登陆,第三战区所部将其击退。

△　中华教育文化基金会在香港召开第十七届年会,通过本年度补助案 21 项,选举孙科、颜惠庆、司徒雷登、任鸿隽等任董事。

4 月 19 日　军事委员会鉴于日苏签订"中立协定",战局变化,制定今后战争指导方针,略为:"保守要地,力图持久,奠定内部,争取外援,尤须振刷军政,自力更生,伺机南进,再转攻势",并确定了"加强中条山及洛、潼工事,积极训练","确保现有游击根据地,整饬敌后游击队,牵制消耗敌人"等指导要领。

△　蒋介石在全国战地党政会议上发表讲演,指出党政委员会的责任,在集中战地党政力量,协助军事进展。目前的工作对象,主要在于健全组织,发展经济,推进建设,来完成抗战建国的使命。

△　国民政府在重庆建"国民大会堂",经费 220 万元尚感不足,是日追加为 270 万元。8 月建筑甫成,即被日机炸毁。

△　重庆《大公报》发表特讯,认为关于苏日条约,苏联政府"业已向我方正式说明,谓此约完全与中国无关,而苏对华政策,并无变更";并称:"就两国一般直接关系而论,实际上确亦无所变动,西北商务亦正在畅通。"

△　冀鲁豫八路军及抗日民众历八日激战,粉碎日伪军对沙区根据地之"扫荡",毙、伤、俘敌 600 余人。日伪军在"扫荡"中烧毁 140 余村,杀害群众 3400 余人。

△　日军在浙东沿海岸分三路登陆。第一路第五师团之一部,于晨在沙园城登陆,陷瑞安后又陷温州、平阳。第二路为海军陆战队,于

晨在海门登陆后,陷黄岩。第三路为第五师团之主力,于晨由甬江奇袭镇海,陷镇海。

△ 闽日第四十八师团主力、第十八师团一部及海军陆战队,在空、海军协力下,于拂晓前分由松下、漳港、长门、大澳、小澳、百胜、东岱等处登陆,连陷闽江北岸之连江、南岸之长乐。

4 月 20 日 国民政府以重庆雾季将过,日机必来空袭滥炸,是日饬重庆市府严厉执行疏散,凡发疏散证者五日内自动疏散,逾期者即强制执行,封闭其住宅。

△ 延安经济界学者评国民党五届八中全会决定的"专卖"制度,认为此制度将很多重要日用品由政府专卖,"对民族资产阶级、全国农民、小资产阶级,甚至中、小地主,都是绝大打击。经济窒息之危机,势必日益加甚。经济如此,财政状态自无改善之望。由此将发生两方面结果:一方面,全国财富大量集中在几十个投机巨头手里;另一方面,全国人民的生活陷入贫困化,各业生产陷于停滞,因此,必然造成抗战财政、经济之更大危机"。

△ 宜昌对岸磨鸡山激战,第六战区陈诚所部歼敌 100 余,残敌回窜黄土坡、董家冲。

△ 新四军苏中军区成立,粟裕兼任司令员,刘炎兼政委,下辖第一、第二、第三、第四分区和"联抗"。

△ 闽日军再陷福清。25 日,第七战区所部一度攻克福清。

△ 浙东日军陷台州。25 日,第三战区所部反攻,收复台州。

△ 浙东日军第五师团一部攻陷宁波。

4 月 21 日 重庆战时公债劝募委员会主席黄炎培,在该会大队干事劝募成绩检讨报告会上宣布:劝募战时公债历时五旬,共计劝募公债1.008 亿余元。

△ 重庆《新华日报》讯:日军陷粤南陆丰县城,烧杀掳淫,惨无人道。刑逼民众母子、翁媳、姑侄相对奸淫,如有不从,枪杀随之。并诱驱群孩以手榴弹相互炸杀取乐。当中国军队反攻迫近城垣时,民众争相

冒死与敌搏斗,数小时内光复陆丰城。

　　△　第七战区一部于福建长门梅洋阻击自连江西犯之日军,旋敌五六千人增援,在飞机、大炮掩护下,是日晚陷闽侯县城,次日,守军撤至城郊。

　　△　是日至次日,日机遍扰福建各地,先后轰炸水口、闽清等地。

4月22日　第一战区卫立煌所部于豫北武陟东南伏击日军一部,毙伤100余人,击毁汽车四辆。

　　△　日军陷福州。

　　△　日军自宁波续向西北进犯,是日陷慈溪县城。

　　△　据中央社讯:日军连日在闽、浙沿海登陆,战区灾民亟待救济,赈济委员会拨款22万元予以赈济。

　　△　日机三架轰炸长沙,投弹多枚,死伤平民90余人,炸毁房屋60余栋。

4月23日　中共中央军委发出关于有区别地对待各类国民党军队的指示,指出,我们对国民党军队的总方针是:联合同情者,争取中立者,削弱顽固者,消灭隐藏的汉奸队伍,以求得争取多数军队,坚持抗战到底。

　　△　八路军晋察冀军区发出《粉碎敌寇治安强化运动和打破敌分割封锁政策的指示》,指出:为了更有力地打击敌人分割、封锁、"蚕食",迫使敌人困守据点,决定除地方武装积极地采取游击动作以外,应经常抽出主力一部,有计划有组织地对小股出犯和掩护挖沟修路的敌人,给以歼灭性打击。

　　△　晚,第三战区所部分头冲入萧山、武康两城,巷战竟夜,毁敌机关及仓库数处。

　　△　日舰数艘至杭州湾以炮火掩护强行登陆,晚陷余姚县城。

　　△　日机18架两批袭击湖南益阳、长沙、常德。同日,又有九架袭击浙江金华,被击落一架,坠兰溪北。

　　△　据中央社讯:江西各地迭遭日机轰炸,难民待赈甚急,蒋介石

饬赈济委员会拨款 10 万元予以赈济。

△ 上海商务印书馆工人，因物价飞涨，四次函电香港公司当局，要求加薪，均未获得答复，乃于是日举行罢工。经上海公共租界工部局几次调解，均无结果。5 月初，资方通知解雇工人 500 余人。被解雇职工绝食抗议。6 月 8 日，印刷厂和发行所职工组织"商务印书馆同人临时委员会"，提出六项条件。工部局再次调解，双方于 6 月 19 日签订协议，补足工人薪水，为时两个月的罢工结束。

4 月 24 日 兼四川省主席张群以重庆粮米恐慌，除派员赴各县督查米源外，是日又订厉行粮食管理五项办法，对粮商、粮运、粮户存粮登记、粮食市场、限卖余粮等均有严格规定。

△ 叶剑英、吴玉章、陈绍禹与国民党驻延安联络参谋陈宏谟谈判，叶等提出国民政府如仍不发给第十八集团军经费，"拟将即速发起国际国内捐款运动，以维生存"。25 日，陈密电军令部长徐永昌，请求蒋介石、何应钦拟具对策。

△ 新任外交部长郭泰祺自英返国途中抵纽约，对记者宣称：中、英两国争取自由如此勇毅，其旨在保卫中国三民主义，英国《大宪章》和美国《独立宣言》三大经典不遭毁灭。

△ 坚守上海闸北公共租界金城、中南、盐业、大陆四行仓库的孤军营第五二四团团长谢晋元，在给士兵训话后，被其部下之不肖士兵郝鼎诚、张文清、龙耀亮等用匕首、铁镐猛击殒命。

4 月 25 日 《中英平准基金协定》签字，中方代表为宋子文，英方代表为英财政部代表费立浦。规定：英国除于 1939 年所拨付之防止中国货币跌落之 500 万英镑外，另拨 500 万英镑。

△ 蒋介石通令全国悼念谢晋元，发特恤国币五万元，并请由政府明令褒扬，所遗子女由国家抚养。

△ 谢晋元遗体大殓仪式在孤军营礼堂举行，凭吊者约 3000 人，林森、蒋介石、何应钦、孔祥熙、朱家骅、顾祝同等题词致哀。

△ 军事委员会政治部第三厅厅长何浩若辞职获准，遗缺由该部

设计委员会主任委员黄少谷兼任。

△　第三战区所部克复浙东临海、黄岩县城,一度攻入永嘉县城,旋失。

4月26日　毛泽东复电周恩来,指示会见蒋介石时,可表示我党愿同国民党继续团结抗日,惟望国民党改变对内政策,并对八路军发饷,合理解决新四军问题。

△　第七战区所部克复闽东长乐县城。

△　日机九架轰炸昆明,在西南郊投弹多枚,毁民房多栋。

4月27日　中共中央为陕甘宁边区第二届参议会选举发出《关于发布陕甘宁边区施政纲领的指示》,凡21条。

△　南侨筹赈总会主席陈嘉庚为资助改修滇缅路西段,于募得之赈款中提出200万元捐献国民政府,作修筑购料之费用。

△　上海市10万民众瞻仰谢晋元遗容,次日盖棺。

△　日军陷福州后烧杀抢掠,旅港闽侨极为愤慨,是日香港闽侨联合会召集在港各福建商团开会,决定筹组旅港闽侨救济联合会,并电请国民政府速派大军守卫闽疆,收复失地,呼吁海外闽侨一致进行筹款,救济难民。

△　美国前驻法大使蒲立德在华盛顿向全国民众播讲,谓"中国之战线,以战略意义而言,实为吾人之西线",呼吁政府"保证军火、飞机能确实交付中国"。宋子文、胡适、郭泰祺出席听讲。

4月28日　行政院批准财政部设立整理田赋筹备委员会。

△　第三战区所部分途袭击浙西余杭、富阳,一部袭入余杭县城,毁敌伪军事机关及仓库多所。

△　中国、中央、交通、农民四行之上海分行,自上月被日伪袭击后停业,是日正式复业,租界当局允予切实保护。

4月29日　新任外交部长郭泰祺偕驻美大使胡适访谒罗斯福、华莱士及赫尔等美国最高官员,事后郭对记者称:访谒总统之结果,获得美国增加援华之保证,本人大受鼓励。

△ 中国银行董事长宋子文在华盛顿宣布成立中国国防用品公司,旨在依据美国之军火租借计划,负责中国政府与美国当局间之联络事宜,由宋子文任理事长,美国国家资源局主任委员第拉诺等任理事。

△ 罗斯福之子杰姆士·罗斯福抵重庆,在机场对记者称其此次来华预备在军事方面有所考察,绝非外间传有何顾问使命。下午晋谒蒋介石,面交罗斯福亲笔函件。

△ 国民党驻延安联络参谋陈宏谟等与朱德、叶剑英、萧金明等会谈。朱、叶等称国共关系要好转,国民党方面目前至少应有下列办法:一、停止逮捕共产党人员及反共军事和交通封锁;二、继续发给第十八集团军各月份经费及弹药补充;三、新四军余部尚有八九万人,应即整编,至移防一节,如政治上确实保障,自可商谈,否则,于情于理,碍难遵命。30 日,陈密电军令部,请核议意见报何应钦。

△ 军事委员会任命杨彬为第七十一军副军长。

△ 第三战区所部反攻浙江永嘉县城,占据附近高地数处,俘日军中队长一名,毙敌百余名。

△ 日机轰炸昆明,投弹百余枚,炸毁屋数百栋。同日,日机七架袭击湖南祁阳。

4 月 30 日 蒋介石手令孔祥熙:四川田赋征收改收实物后,速筹备仓库与运输等实施办法,并照粮户田亩册每亩必须售出平价米一市石,其在十亩以上之户应照累进率计售,务筹划粮食公卖制度定期实施;立即筹备军用票,并以全国田赋收入为基金。

△ 驻纽约总领事于焌吉代表中国政府以采玉勋章授予捐款援华抗战的美国作家费丝等六人。

△ 日机五架轰炸浙江金华,在市区投弹 40 余枚,并以机枪猛烈扫射。

△ 日外务省机关报《广知时报》发表所谓"世界和平计划",宣称"太平洋上各岛屿应由日本建立共荣圈"。

是月 国民政府为实行对滇缅公路统一管理,特设特种运输管理委员会,由何应钦兼任主任委员,交通部、财政部、经济部、贸易委员会等机关均派代表参加。

　　△　国防最高委员会鉴于重庆物价高涨,政府机关公务员薪饷低微,难以养家,奉蒋介石指令,拟对公务员及其家属施行计口授粮。

　　△　阎锡山派其骑兵军军长兼第七集团军总司令赵承绶赴太原,与日军商定:一、山西各将领住宅由赵承绶向日军收回;二、日军在中条山发动战事取胜后,阎即可向太原前进。

　　△　伪华北政务委员会组织华北反共委员会,王揖唐任委员长,下设九局18科。同时,伪新民会规定每月11日为灭共日,每星期一为防共日。

　　△　绥察行政办事处改组为绥察行政公署,杨植霖任主任,辖绥西、绥中、绥南、绥东四个专员公署。

　　△　日关东军司令官梅津美治郎命防役给水部队第二部部长太田登大佐带第二批"远征队"百余人,在湖南常德上空抛撒带有疫菌的跳蚤,在浙江新登县上空投下鼠疫菌。12月又在浙江诸暨等县大量抛撒带有鼠疫菌的物品,致使上述地区鼠疫蔓延,大批人员死亡。

　　△　日军陷福州后,在市区南街、中亭街、观音井等处设立"慰安所"。

5　月

　　5月1日　军事委员会发言人对中央社记者称:日军进犯闽、浙沿海之举,"是无法结束侵华战争,而在军事上是一种极度苦闷行为"。

　　△　财政部组织视察室视察各税务、盐务、缉私机关、各官营事业机关、代理国库银行事务机关、各公私金融机关及各省市财政状况等,并分全国为川康、滇黔桂、湘鄂、闽粤、浙赣皖苏、冀鲁豫、晋陕、甘宁青新八区进行视察。

　　△　新任外交部长郭泰祺在纽约发表演说,主张中、美、英三国组

成 A、B、C 集团,此集团"非仅于精神上构成联合阵线,且应集中彼此的经济与自然资源"。

△　行政院经济会议以重庆市粮食供应紧张,抢购严重,人心恐慌,制定《渝市粮食紧急措施办法》,决定"疏导来源,由粮食部门派员分赴各县督察";"统制消费,发粮食购买证,防止人口内流,粮食外流"。

△　重庆市临时参议会第四次大会在重庆开会。会期 13 天,孔祥熙出席讲话,称:物价提高,并非通货膨胀,"政府拥有现金 40 亿,如现金准备定为五成,则可发行 80 亿,但现在法币发行额尚未达到此数"。9 日,该会拟具重庆市粮食供应办法四项,送政府采纳,其要点:一、储存粮食 40 万石;二、奖励商人购粮运输;三、切实考核平价米之分配;四、吃两餐,限吃糙米并搀杂粮,禁止粮食酿酒。会上通过平抑米潮、调整捐税、公私防空洞在紧急警报后,不得拒绝行人入内等重要议案多件。

△　《陕甘宁边区施政纲领》公布,凡 21 条,对政治、经济、文化的各项政策均有规定。

△　八路军冀东第十二、第十三团各一部,在玉田渠梁河伏击战中,击毙日军南木铁雄大队长以下日伪军 150 余名,伤 200 余名。

△　戴笠、杜月笙在上海邀各帮会首领成立人民行动委员会。

△　旅美华侨工业合作推动委员会成立,推李国钦、林语堂、杨天孚、司徒美堂等 11 人为委员。

△　上海公共租界工部局接受日伪董事,是日召开首次临时董事会。5 日,上海租界纳税华人王晓籁等自香港通电声明绝不承认。

△　日华北方面军司令官多田骏和伪华北政务委员会治安总署督办兼绥靖总司令齐燮元分别发表布告,称:日军为履行基本关系条约,实现共同防共,将冀东一部分地区让与治安军驻扎。

△　汪伪中央政治委员会会议决定:一、择期在东京举行"日本同志援助中国革命追念大会",为侵华死亡的日军建立纪念碑,并为此项活动拨款中储券四万元,日金五万元。二、任命汤良礼为外交部政务次

长,推陈中孚为国府委员。

5月2日　国民政府令行政院筹设贸易部、粮食部,原隶属财政部之贸易委员会、全国粮食管理局应予撤销。

△　毛泽东致电周恩来,要他就陈长捷至西安事质国民党,指出:"如陈至榆及向榆林增兵势必引起重大纠纷,如保持榆林现状,我可保证不向榆林、宁夏、内蒙作任何行动,否则引起纠纷责在彼方。"

△　蒋介石在全国政工会议上发表演讲,宣示部队政训工作之要点:一、明了敌我实际情况,熟察时势需要;二、保持军队精神与物质之补充,尤以补充精神为主要职责;三、坚定抗战必胜之信心,增强部队主官之信仰;四、完成无线电通讯设备,实行每日通讯;五、训练官兵能打进敌伪匪军之中,确收瓦解分化与利用之效。

△　军令部判断晋南日军有由沁阳、济源及横岭关、皋落镇公路进攻垣曲之企图,命令第一战区以一部向高平、博爱,另一部向闻喜、侯马、夏县采取攻势,以击破敌之攻势。同时命令第二战区晋西部队对同蒲路,第五战区汜东部队对陇海路当面之敌分别进行牵制。

△　国民政府以山东乐昌县县长张天佐、蒙阴县县长郑小隐"抗战守土,克尽厥职",是日明令嘉奖,并予晋级。

△　第三战区顾祝同所部对浙东沿海登陆之日海军陆战队反攻,克温州,3日克瑞安、平阳,从沙园城登陆之残敌落舰北去。同日对海门登陆之日军反攻,克黄岩,3日收复海门。

△　鲁苏战区所部攻克鲁西菏泽之要地高庄集,毙伪治安局长以下百余人,俘日伪军 120 名。

△　汤恩伯指挥皖北骑兵第八师马彪部向涡河以北新四军阵地发起突然袭击,新四军一部及抗大分校学员伤亡数十人,被俘百余人。

△　日机 27 架袭击重庆,在市区投弹 200 余枚,死伤居民 50 余人,毁房屋百栋,英、法使馆亦被炸。

△　英驻华大使卡尔由昆抵渝。

5月3日　第一战区司令长官部发布关于中条山作战的方针:为

打破敌进攻企图,应制敌要先,积极实施游击,以粉碎敌之攻击准备及兵力集中。并规定各部队的作战任务:第二十七军范汉杰部应以一部向新乡、博爱一带游击,主力向陵川以南移动,并对晋城方面积极游击,可能时则力求打破日军对白(圭)晋(城)公路之封锁。第二十四集团军庞炳勋部以有力一部向安阳、淇县及壶关一带游击。第九军裴昌会部应以有力部队出温县东之敌后,进行游击。第十四集团军刘茂恩部应以有力一部对高平及翼城、沁水方面实施游击。第八十军孔令恂部及河北民军乔明礼部应以主力进出同蒲路以西,积极实施游击。第三十六集团军李家钰部应酌以一部加强中条山西段,积极游击。

△　国民政府明令褒扬前广东省长李耀汉,并给恤金 2000 元。

△　郭泰祺在纽约对全美发表广播讲演,吁请美国政府"停止以军需、大炮、飞机供给日本",应以物资援华,抵抗暴日。

△　日机 63 架轰炸重庆,在市区投弹 200 余枚,炸毁房屋 50 余栋,炸死五人,伤 11 人。

△　日政府举行第三次统帅联络会议,讨论美日谅解方案修正案,明确表示日本对于德、意、日三国条约上之义务,插入"由美日两国调停英德战争",删除了"日本保证不武力南进"等句,并主张暂时不发表中日战事的和平条件。会后,外相松冈洋右训令驻美大使野村以自己意见试向美国提议缔结简单明了的日美中立条约。

5 月 4 日　蒋介石致电卫立煌、阎锡山、朱绍良,以晋南、豫北日军增加甚多,似有渡犯企图,令各战区应速征集民夫,积极加强各该方面阵地及河防工事,各军、师长亦须亲至前方视察。

△　军事委员会政治部长张治中向重庆文化界 400 余人发表演说,指斥皖南事变后离开重庆的人为背叛抗战队伍,吁请全国文化领导者应在抗战建国旗帜下,一致团结,希望离重庆去海外的人士重返重庆。

△　军事委员会任命陈继淹为第五十九军副军长。

△　八路军总部发动民众七万余人,组织冀南破击战,至 9 日破日

军据点八处,破路 190 余里,破封锁沟墙 127 里,毙、伤、俘日伪军 320 余人。

　　△　日军向冀中滹沱河安平西部地区展开报复"扫荡",与八路军迭有激战,7 日被粉碎。日军此次"扫荡"烧毁房屋 1588 间,焚毁粮食 51.3 万余斤。

　　△　在华日人反战同盟晋察冀支部成立,盟员宣誓决联合在华日人及士兵共同打倒日本帝国主义。

5 月 5 日　新加坡华侨领袖胡文虎领导国内外实业界集资 1000 万元,创设华侨企业公司,经营农、工、矿各科实业。是日在重庆举行创立会,通过章程,并选胡文虎为董事长,胡文豹、胡好、杜月笙、钱新之等为董事,李祖坤为总经理,胡好为协理。

　　△　建国银行在重庆开业,由上海及华侨金融巨子创办,旨在集中游资,开发生产。

　　△　鄂北应山、马坪、随县一带日军第三师团主力分股向岩子河、白马寺、高城之线进犯,与第二十二集团军孙震部激战于白庙一带。

　　△　第三战区钱塘江北岸部队反攻富阳县城,一度攻入城垣,毁敌仓库、营房数处,俘日军 10 名。

　　△　日机九架袭击广东肇庆,向市区投弹,毁商户 10 余。同日又袭击四会县境。

　　△　英香港当局宣布免除华人入港签证手续。

　　△　莫斯科至重庆之航空线复航。中苏航空董事会在阿拉木图开会商定:莫斯科至阿拉木图一段由苏联飞机负责;阿拉木图至哈密一段由中苏两国飞机共同负责;哈密至重庆一段由中国飞机负责。

5 月 6 日　军事委员会任命何柱国为第十五集团军总司令,李仙洲为副总司令;高树勋兼任新编第八军军长;李绳武为新编第十二军副军长;温怀光代理骑兵第一军军长;徐梁为骑兵第二军军长。

　　△　四川省府以广元县幅员广大,推行政令不便,是日省务会议决定增设旺苍县。

△　宋庆龄在香港筹款救伤济难,发起一碗饭运动,是日成立特种委员会。

△　八路军总司令朱德、副总司令彭德怀致电蒋介石称:自汪伪登场后,华北敌占区各地表现如下:一、各地一律改换青天白日满地红国旗,旗之上角织有五角星,上书"和平反共"四字;二、各地新民会有改组为伪国民党党部说,到处开庆祝伪政府成立大会,宣传反共、国共分裂,伪称:"汪蒋合作,共同反共";三、积极建立伪军,所有伪军改着灰布军装,并宣传打八路军,不打中央军;四、愿帮助中央军剿共,以肆其挑拨离间之诡计。敌华北扫荡计划即编伪军、积极修筑铁路、公路,建立支据点,组织抢粮队,抢掠民食。

△　鄂北日军第三师团一部窜达天河口附近,经孙震所部堵截,遂南窜刘家河。翌日,复以一部西窜占太山庙,大部南窜江家河,企图经楼子湾攻孙军侧背,被孙军阻击于高城、江家河、莺子山,西窜之敌亦被阻击于太山庙附近。

△　日机28架分批袭扰陕境,并在西安、咸阳、临潼、大荔、澄城、朝邑等地狂炸,西安死伤平民20余人。

△　是日零时,以黑龙江绥化县为中心发生地震,波及齐齐哈尔、哈尔滨等地。绥化死亡124人,房屋损坏1028处。

5月7日　日军发动中条山战役。日军调集六个师团又二个独立混成旅共10余万兵力,在日航空兵的支援下,分东、北、西三方面向晋南中条山进犯。第一、第二战区所部七个军共16个师守卫中条山地区,以第八十、第三、第十七军守卫中条山西部,以第四十三、第九十八、第十五军守卫中条山北侧,以第九军守卫中条山东侧。

△　第三战区所部攻入浙东石浦,克复象山县城。

△　日机25架分批袭击湖南沅陵、辰溪,投弹数十枚。同日,28架轰炸云南蒙自、建水;32架分两批袭击重庆,在市区投弹100余枚,毁房屋100余间,死伤民众13人。

△　在华日本人反战同盟晋察冀支部成立,宫本哲治任支部长。

5月8日　国民政府明令褒扬故第八十八师团长谢晋元,并追赠谢晋元为陆军少将,令称:谢晋元率孤军八百守护四行仓库,"环境驱迫,异常艰困,卒能坚定不移,始终如一,洵足保持革命军人之人格,为长期抗战之矜式",交军事委员会从优议恤。

△　垣曲陷敌。中条山战场日军第四十一师团及独立混成第九旅团,分别从翼城、侯马、绛县采取中间突破法,向中条山北侧的第四十三军阵地猛攻,守军与日军激战终日,至黄昏,日军攻陷垣曲。

△　中条山战场另一路日军第三十六、第三十七师团及独立混成第十六旅团在晋南张店镇附近突破第八十军、第三军、第十七军阵地,分别从闻喜、解县(今运城南之解州)及茅津渡附近向东发起进攻。

△　中条山战场第九军退守王屋镇以东封门口山区,一部于封门山以南大岭头阻击日军,以掩护黄河关阳渡口。

△　行政院发表川康兴业公司筹备委员会名单:主任张群,委员徐堪、卢作孚、黄季陆等19人。

△　中共中央政治局会议,讨论时局问题。毛泽东在会上说:"中日民族间的矛盾依然是基本的,国内阶级间的矛盾依然处在从属的地位","我党在整个抗日时期,对于国内各上层中层还在抗日的人们,不管是大地主大资产阶级和中间阶级,都只有一个完整的包括联合和斗争两方面的(两面性的)民族统一战线的政策。"

△　为配合中条山守军作战,八路军第一二九师命令各部对同蒲路平遥以南、白晋铁路长治以南、平汉铁路石家庄以南诸段进行破击。

△　为策应鄂北作战,荆门、当阳、钟祥日军向仙居、远安以南阵地进犯。9日攻至仙居、安远附近,被第五战区一部击退。

△　日机34架分批袭扰粤境,在翁源、清远、英德等地投弹18枚。同日,又有18架轰炸昆明,在北郊投弹百余枚。

5月9日　国民政府特任顾维钧为驻英国特命全权大使,特任魏道明为驻法国特命全权大使。原驻英大使郭泰祺另有任用,应免本职。

△　蒋介石出席陆军大学第十八期开学典礼,并发表演讲,阐述

"武德"的重要意义在于五个字,即:"智"、"信"、"仁"、"勇"、"严"。而其中最重要者为"仁",是为武德之本。

△　毛泽东、朱德等致电八路军、新四军各负责人,提出我军在日军进攻中的方针。指出:按当地情况许可,拔取敌伪某些深入我区的据点,在接近豫、陕地区,应有相当部队配合友军作战,并极力发展统战工作。

△　周恩来会见张冲,就蒋介石要求华北八路军配合对进犯中条山的敌人作战的问题,说明配合作战"当然如此,不成问题"。同时转达中共中央的意见:一、速解决新四军问题;二、速发军饷;三、停止反共;四、派机送周恩来回延安开会。

△　中条山战场日军自垣曲分别向东、西两面扩张。董封东、西线之第九十八军守军抗击扩张之日军,并在董封东南之雪山围歼日军一部。

△　鄂北日军第三师团分三股向西南地窜犯,第五战区孙震所部跟踪追击,10 日克复资山、唐县镇;12 日攻占清潭,敌残部向环潭溃窜。

△　广州日军第十八师团主力、第三十八师团一部及海军陆战队由证果向博罗进犯,11 日陷博罗;稔山日军为策应博罗作战,向平山北犯,11 日晚陷平山;博罗、平山之敌会合犯惠阳,12 日陷惠阳。18 日,第七战区余汉谋所属莫、容两部向敌反攻,19 日克横沥、卒山,21 日克惠阳、22 日克博罗,恢复原势态。

△　日机 80 架分三批轰炸重庆,投弹 300 余枚,炸毁房屋 200 余栋,死伤 100 余人。重庆救护委员会主任委员刘峙、服务总队长谷正纲等分赴灾区抚慰灾胞。

△　英驻华大使卡尔在重庆接见中外记者,郑重宣布英国将封锁滇缅路纯系谣言,强调英对华政策不变。

5 月 10 日　蒋介石暨于右任、居正、孔祥熙、何应钦、白崇禧、冯玉祥、王宠惠等 40 余人宴别即将调任驻澳大使之美国驻华大使詹森,蒋介石致词,宣称中美两大柱石应该共同努力奋斗,以完成维护世界和平之使命,并盛赞美国积极协助中国之抗战,接济中国武器与经济,实为中国抗战之后盾。

　　△　重庆各界 700 余人开会追悼谢晋元,蒋介石派贺耀组代表致祭。

　　△　周恩来在张冲寓所同刘为章谈话。刘指责八路军在西北集结重兵,而面对日军向中条山的进攻不预打击,不配合友军行动。周恩来当即反驳:我军在华北及各地配合友军打击敌人,从未停止过。所获战绩,妇孺皆知,并为国际人士所称颂,何能叫不打击敌人? 至于与日妥协、移兵西北、打通国际等等,纯属谣言。反之,半年来,尤其是近四个月来,反共成为高潮,辱我党为奸党、我军为匪军,到处打人、骂人、杀人,在西北更是彰明较著。当晚,刘向蒋介石报告了会见情况。谈话后周恩来将情况电告中共中央。当日周恩来接毛泽东复电:已由总部拟具配合中央军作战计划,惟新四军、饷弹、反共三大问题,请蒋速予解决。

　　△　中条山战场日军对封门口守军第九军之一部所属阵地实行强烈毒攻,守军中毒较多,官兵与敌苦战竟日。

　　△　日机 54 架分两批轰炸重庆,在市区投弹 200 余枚,毁房屋百余间,死伤 10 余人。

　　△　是日至 17 日,日机 16 架五次轰炸河南渑池县城和火车站,投弹 140 余枚,死 23 人,伤 30 余人。

　　5 月 11 日　蒋介石邀周恩来谈话,对周恩来表示:"能配合行动就好,只要有成绩,我决不会亏待你们,饷弹自然发给,捉的人我会命令他们放了,根本问题也可以谈好。"并一再要求周恩来请示延安,答复配合中条山作战问题。周恩来告诉他:中共中央已电八路军总部拟具配合作战计划,并要蒋介石通知卫立煌、阎锡山,直接同八路军总部联系。蒋表示应允。谈话后周恩来将情况报中共中央。14 日,毛泽东致电周恩来:"已迭电前方配合作战",朱总已电卫立煌等表示团结对敌。"武汉失守后,两年半来,日本政策是主要对共,放松对国,以利诱降,故两年半来,国民党对日打得很少,它也和日本一样,主要对共,放松对日,发动两次自毁藩篱的反共高潮给日本看,希望日本不再进攻,这个政策是根本错误了。"

△　自 7 日起至是日,日机数百架逐日出动,对中条山地区我守军阵地之交通线、渡河场、通讯线路皆进行破坏。守军阵地无时不遭其轰炸与威胁,阵地摧毁,人马伤亡,补给断绝。

△　中条山战场第十四集团军总司令刘茂恩电告蒋介石,该部补给线被敌截断,大军已绝食三日,四周皆有强敌,官兵枵腹血战,状至可悯,请求急筹办法予以救援。13 日蒋介石复电称:范汉杰军主力刻正分向晋(城)博(爱)及道清西段攻击,刘戡军主力已抵沁水东、西地区,希速与之切取联络。

△　中条山战场日独立混成第十六旅团先攻占五福涧,后与日第三十五师团在邵源会师。至此,控制黄河北岸各渡口。

△　汪精卫宣布成立清乡委员会,并公布委员名单:委员长汪精卫,副委员长陈公博、周佛海,秘书长李士群。汪称清乡之目的是确立治安,改善经济。清乡的方针是以政治力量与军事力量相辅而行。清乡的步骤是分期分区进行。16 日,汪伪政府公布《清乡委员会组织大纲》。

5 月 12 日　国民政府公布《非常时期违反粮食管理治罪暂行条例》,凡 16 条,规定:战时非经营粮食业之商人屯粮谋利者,或粮商不遵粮食主管机关规定出售者,或粮户及农户余粮不按粮食主管机关出售者,均以囤积居奇论罪。凡囤积谷 5000 市石以上、小麦 3000 市石以上者,处以死刑或无期徒刑;凡囤积谷 3000 市石以上 5000 市石未满,小麦 1800 市石以上 3000 市石未满者,处以无期徒刑或 10 年以上有期徒刑,以下者递减有差。

△　第一战区司令长官卫立煌以中条山区各军腹背受敌,补给中断,电令各军以一部留置中条山继续抵抗,以主力突围,转向敌后攻击。

△　中条山战场由垣曲东犯的日军占领邵原、封门口一线,与从东

面突入的日军会合;由垣曲西犯的日军进占黄河北岸各渡口。同日,日军得到增援后,攻占董封一线。

　　△　日军陷广东惠阳县城,13日陷花县。14日,第七战区所部反攻,旋克复。

　　△　日机15架轰炸昆明,云南大学损失严重。17日,云南省府主席龙云拨款四万元,救济修复云南大学。

　　△　日驻美大使野村向美国正式提出日美谈判的建议,主要内容有:德、意、日三国公约系防卫性的;中国拒绝谈判时美国应停止援华;"满洲国独立";日本在华有驻兵权;美国对日本在南太平洋的开发应予合作等。

　　5月13日　国民政府发布训令,重申严禁官吏利用权位私营商业,操纵物价,一经查获,加重惩处。

　　△　周恩来列举事实向中外记者驳斥国民党参政员许孝炎散布的"十八集团军不配合对敌作战"的谣言。14日,又致函张冲呈报蒋介石和刘为章。

　　△　中条山地区我军各部分头突围,第九十八军武士敏部、第十五军武庭麟部退往东北山区;第三军唐淮源部、第十七军高桂滋部突围至汾水西北火焰山区,突围中唐淮源被日军包围,自戕殉职。其余各部大部被围困在中条山中。

　　△　据中央社讯:江西广丰县耆绅徐浩、季桃华捐款130万元,蒋介石赠与"毁家纾难"匾额各一方,以示嘉许。

　　△　中共中央决定将西北工作委员会与陕甘宁边区中央局合并成立西北中央局,以高岗为书记。

　　△　八路军第一二九师一部配合中条山作战,在白晋路东观镇与子洪口设伏,歼灭日军中队长以下50余名,毁汽车八辆。

　　△　英外相艾登在下院演说声称,英国政府"决尽力之所能及援助中国,以维护其国家之独立"。英中之间的关系"为充分合作之关系"。

　　△　外交部发表公告,经中国政府与澳大利亚政府商洽后,决定互

换外交使节。

　　△　美国举行"中国周"，为中国难民募捐。

　　△　日外相松冈致电美国务卿赫尔，郑重声明日美会谈前提有二：一、美国不参加欧洲战争；二、美应迅速劝告蒋介石开始对日和平交涉。赫尔对日使野村表示：日美并非是某种基础上进行协议，而是非正式的自由谈话，希望坦白表示意见，并对日方所提之修正案中删除"保证不武力南进"深表疑惑。并说据他观察，目前美国国内情势，日美会谈之进行决非容易。

　　5 月 14 日　日军封锁黄河各渡口后，是日开始向山区反复"扫荡"。中条山地区守军向黄河南岸突围，一部分突围后转向吕梁山区。第九十八军武士敏部向北突围，到达沁河以东地区。

　　△　毛泽东就与国民党配合作战问题致电彭德怀："目前国民党非常恐慌，望我援助甚切。判断在日寇此次打击下，国民党不能不向我讨好，国共地位将发生根本变化，我党在抗战中将日益占据领导地位。因此我们的基本方针是团结对敌，是配合作战，但决不为国民党激将法所冲动，而是周密考虑情况，给以有计划的配合。""我意主要配合区域应是晋东南与冀南，其他作为次要配合区域（即按寻常状态作战）。"

　　△　鄂北日第三师团以数千兵力窜至兴隆集、槐树岗、随阳店一带，15 日合力猛攻枣阳，16 日陷枣阳。17 日，第五战区孙震部反攻，克复枣阳，日军突围，向白沙河左岸溃退。

　　△　美大使詹森离渝抵港，新任大使高思抵沪。

　　△　匈牙利宣布承认伪满洲国。

　　5 月 15 日　全国慰劳总会在重庆举行各界出钱劳军大会，副会长谷正纲报告，宣称此次出钱劳军共获国币 368 万余元，各省、市共获 78 万余元，总计为 446 万余元。此次捐款用途已定为：一、拨款 200 万元组织四大慰劳团，于"七七"纪念日出发，分赴各地慰劳抗战将士；二、继续举办各地伤兵招待所；三、在重庆及出钱劳军各地各设抗战将士子弟学校一所。

　△　周恩来将崔可夫的意见电告中共中央。崔可夫建议:速将八路军配合作战的行动计划报蒋介石;打击日军后即广为宣传,并要蒋速发饷弹。

　△　美米苏里大学新闻学院授予重庆《大公报》1940 年度"全世界最优秀报纸"荣誉奖章及奖状,由中央社驻美记者卢祺新接受。是日,国民党中央宣传部举行庆祝大会,王世杰致词表示对《大公报》"必尊重其自由与独立"。

　△　八路军第一二〇师大青山支队一部在陶林附近歼灭伪东亚同盟军一部,俘获人马各 40 余,缴获枪 50 余支。

5 月 16 日　国民政府颁发国民党五届八中全会决议案实施督导办法八条,并推定督导委员八人:党务组为邓家彦、邹鲁;政治经济组为陈果夫、白崇禧、蒋作宾、张厉生;军事教育组为丁惟汾、冯玉祥。

　△　军政部长何应钦令城塞局在兰州设立仓库,储备苏联援华物资。

　△　四川省政府主席张群以川中有无故阻拦食米运销营私舞弊情事,特严令禁止,"如有故违,即处死刑,军政官员如有违法,亦执法以绳"。

　△　周恩来向美国通讯社声明:外传所谓"八路军不抗日,打中央军"之说,全系日寇造谣中伤。

　△　延安《新中华报》与《今日新闻》合并,改出《解放日报》,为中共中央机关报,秦邦宪任社长。

　△　日机 63 架分三批袭击重庆,在市区投弹 200 余枚,炸毁房屋百余间,死二人,伤五人。同日,又轰炸湘桂铁路沿线各地,湖南祁阳车站几成灰烬。

　△　据中央社讯:山东莒县伪军莫正民部千余不堪日军压迫,全部反正;又临朐县伪军一部 200 余亦向鲁苏战区所部投诚。

5 月 17 日　国民政府令准行政院设立全国水利委员会,并颁布《管理水利事业暂行办法》,凡 10 条。

△ 救国会主办的《大众生活》在香港复刊,邹韬奋仍任主编,千家驹、金仲华、茅盾、夏衍、乔木、胡绳等为编委。复刊词称:现在摆在全国人民面前的紧迫问题,就是根本消灭分裂的危机,巩固团结统一,建立民主政治,而使抗战达到最后胜利。

△ 天津地毯业 40 余工厂约 1500 余人,联合举行大罢工,要求提高待遇。21 日,罢工工人在伪政权及日军的镇压下被迫复工。

△ 中英文化基金委员会、中英文化协会欢宴英大使卡尔。《大公报》王芸生提议为艾登外相继续援华声明干杯。卡尔大使问:君尚疑英乎?王称:不再疑,相信英不再负中国。卡尔说:我们订一君子协定,中不疑英,英不负中。

5 月 18 日 美国举行第一次全国性援华运动"中国周",14 州州长及重要城市市长 200 余人发表宣言,吁请美国人民赞助中国救济事业联合会主办之 500 万元募款,以救济中国及谋中国经济之恢复。

△ 据《中央日报》载:山西太原、清源等地日军一部约 600 余,向清源西屠东村进犯,经第二战区一部在该村附近迎击,将敌击溃,毙伤 200 余名,俘获 30 余人。

△ 西藏文化促进会成立,主席罗桑坚赞报告意义。

△ 日机 37 架轰炸陕西西安、渭南等地,在西安投弹多枚,数处起火,死伤民众 10 余人。

5 月 19 日 据重庆《中央日报》载:南洋华侨领袖陈嘉庚去年返福建原籍视察后,迭向国民党中央建言省政利弊,民情苦乐。日方闻知,以伪福建省主席相诱,陈嘉庚为此发表谈话称:此系敌方宣传之惯技,企图在华侨中播种分裂及摩擦的种子,表示决心支持国民政府,坚持团结,对日作战到底。

△ 何应钦就第二十二军军长高双成所拟进犯盐池袭击三边的反共计划复电表示,所拟调整该军部署甚妥,希请示朱绍良长官施行。

△ 湖南省蓝山县雷尚哲热心教育,慷慨捐资约 11.5 万元兴学,是日国民政府明令嘉奖。

△ 川、黔间惟一之水道乌江今日开辟航线,涪陵至彭水段试航成功。

5月20日 行政院增设粮食部,国民政府是日明令特任徐堪为粮食部部长。

△ 浙东第三战区顾祝同所部克复诸暨。

△ 中共中央决定将东南局与中原局合并组成华中局,刘少奇任书记。同日,中共中央革命军事委员会华中分会成立,刘少奇兼任书记。

△ 绥境蒙政委员会第二届全体委员大会在伊盟扎萨克旗开幕,沙王、鄂王、荣祥等出席,国民政府所派副指导长官朱绶光出席并致词,勖勉各委员应具责任心,依照八中全会边疆施政纲领努力不懈,达到自治目的。22日会议闭幕,通过议案多项。

△ 上海《正言报》因刊登谢晋元及孤军营的消息,被工部局停刊两周,是日复刊。

△ 日机60余架分批袭击成都、宜宾、梁山,其中21架侵入成都上空,被成都防空部队击落一架,坠于华阳县境内。

△ 汪伪政府行政院会议任命伪上海特别市长陈公博兼上海特别市保安司令;任命伪广东省主席陈耀祖兼伪广东省保安司令。

5月中旬 八路军为配合中条山战役,向晋东南日军展开攻击。正太、白晋交通被切断;同蒲路北段之崞县、原平间铁路被破坏数段,并向忻县以北日军各据点攻击,毙敌200余。其他平绥、平汉路沿线亦遭破击。日军为防游击队袭击,大量增援垣曲、济源、阳城、晋城及晋南其他城市。

△ 周恩来先后会晤美国作家海明威夫妇和鲁斯夫妇。他们对中共的抗战态度和民主、经济、外交等政策表示关切。

5月21日 国民政府公布《滇缅路基金公债条例》,凡10条,定额为美金1000万元,年息五厘,自民国三十三年起开始还本,分25年还清。

　　△　行政院会议通过《抗战期间现役军人子女无力求学者救济办法》。

　　△　重庆卫戍区总司令部再次发布布告,强令市民疏散:一、凭居住证进入防空洞,无居住证者,得阻止其入洞;二、凡无居住证者,得拒绝购买粮米;三、不听劝导疏散,得封闭其住所;四、扩大疏散区之小本借贷,予被疏散人员自谋生计之便利。

　　△　重庆《大公报》发表社论《为晋南战事作一种呼吁》,称:"现当晋境敌军求逞之际,近在咫尺的十八集团军岂能坐视敌军猖獗而不抗?岂能坐视国军苦战而不援?"当晚,周恩来致函《大公报》张季鸾、王芸生,指出《大公报》对八路军的指责全非事实,声明"我们一向主张团结抗战,而且永远实践团结抗战……只要和日寇打仗,十八集团军永远不会放弃配合友军作战的任务,并且会给敌人以致命打击的",并要求将此信公诸读者。《大公报》在 23 日将此信全文发表后,轰动了重庆。

　　△　第三战区顾祝同所部克复浙江余姚。同日,第七战区张发奎所部克复粤东惠阳。

　　△　日机 27 架自鄂袭川,在梁山上空投弹多枚。同日,又有 12 架轰炸安徽桐城,投弹 50 余枚,毁民房 40 余间。

　　△　美国政府核定借予中国政府修筑滇缅铁路建筑材料价款美金 1500 万元,又运费美金 300 万元。

　　5 月 22 日　第七战区张发奎所部克复广东博罗。

　　△　美新任驻华大使高思飞抵重庆。

　　△　日轰炸机 25 架、驱逐机 13 架先后经陕袭甘,苏联空军志愿队及中国空军在兰州上空迎击,击落日机一架。

　　△　汪伪政府清乡委员会成立,并召开第一次委员会会议,通过该会各处组织规程草案及工作费用支配预算等。该会设立驻苏州办事处,李士群任处长,唐生明任副处长。

　　△　日外务省通过《关于强化国民政府(按:指汪伪政权,下同)的紧急施策》案:一、为强化汪精卫国民政府,积极考虑第三国特别是德、

意等盟国对国民政府的承认；二、日实施对重庆和平工作时，要适时和国民政府联络；三、强化国民政府的实力。

5月23日 国民政府任命罗发仁、赵巨旭、赵佩为立法院立法委员。

△ 国民参政会川康建设期成会在成都举行常务会议，议定四项方案，建议国民政府实施：一、田赋征收实物或征收军粮宜一次征毕；二、兵役宜求公平及改善；三、新县制中乡镇长与小学校长不宜合一；四、各县临参会于7月前成立。

△ 行政院副院长孔祥熙接见苏联驻华大使潘友新，商谈两国物物交换协定及其实施细则。

△ 重庆《大公报》发表周恩来致张季鸾、王芸生的信，同时发表社评《读周恩来先生的信》以为答复。社评提出"国家中心论"，称"正当此时，苏日中立条约成立了，中共向来最信仰苏联，所以人们要知道中共今后的政策是否受苏日妥协何等影响……中共今后是否仍在民族自卫的阵线"，要求中共必须拥护国家中心的国民政府，并要求毛泽东来重庆与蒋介石"彻底讨论几天"。

△ 留港参政员张一麐、颜惠庆、李星衢、胡文虎、王云五等致电周恩来并转朱德、毛泽东，以日军大举进犯中条山，关系抗战前途甚大，关系国共合作尤大，敦促八路军在中央指定之区域内全力与敌作战。

△ 青海省政府主席马步芳捐资3.2万元，甘肃临夏县马步康捐资一万元兴边疆教育，国民政府是日明令奖嘉。

△ 上海全市250余家南北货号3000名职工举行联合罢工，要求资方每月发给津贴米五斗。资方派代表出面调解，同意增加工人米贴。全体工人于24日复工。

△ 据《中央日报》讯：近来日军滋扰闽、浙，并狂炸后方都市，赈济委员会特加拨50万元办理浙江赈务，并拨成都五万元、洛阳10万元，救济受空袭灾民。

△ 日伪军5000余人从安徽来安、滁县、六合、盱眙等地出发，扫

荡淮南津浦路东抗日根据地。新四军第二师第四、第五旅和地方抗日武装奋起反"扫荡"，历 10 日结束。在盱眙车棚毙日伪军 100 余名；在来安地区毙伤日伪军 300 余名；在马坝、木店地毙日军司令铃木以下日伪军 50 余名。

　　△　山东平原县第三区伪军自卫团团长谢化武，杀死敌队长齐藤助三、翻译武占鳌及敌兵小仓等 10 名，率 120 余人反正。

　　5 月 24 日　行政院召集粮食会议，制定《征收实物纲领》。

　　△　军事委员会任命韩锡侯为第一军军长，余锦源为第一军副军长，丁德隆为第五十七军军长。26 日，任命王泽浚为第四十四军军长。

　　△　八路军晋察冀军区第四军分区部队，猛袭河北平山县城东南之西进村日军据点，毙伤日伪军 100 余名，俘日军 20 余人。

　　5 月 25 日　毛泽东为中共中央写的对党内指示《揭破远东慕尼黑的阴谋》，强调必须揭穿日、美、蒋之间酝酿着的东方慕尼黑新阴谋，指出日寇和国民党顽固派对中国共产党的所谓"八路军不愿和国民党中央军配合作战"、"另立中央政府"等污蔑，其目的都在使抗战失败，以利投降。

　　△　行政院发布命令：各机关之从业人员，如欲以私人资格兴办学校，应一律依照修正私立学校规程，筹措基金，组织校董会，经依法向各级主管教育行政机关核准，方得进行办理。

　　△　第三战区顾祝同所部克复浙江上虞。

　　△　美政府批准第二批对华军贷武器，价值 5000 万美元。

　　△　日军在越南海防市强行搬走栈内价值 1000 万美元的美国援华物资。是日法方向日方提出抗议。

　　5 月 26 日　郭泰祺在旧金山致书美国务卿赫尔，希望在中国抗战胜利后，撤废美国在华特权。27 日，赫尔复函称：美国对贵国之福利与进步素抱关切，贵国希望修正国际间之原则，我国业已逐渐进行。并表示愿意于和平后与中国协议而废除之。31 日，美国政府公布郭泰祺、赫尔的交换函件。

　　△　毛泽东同朱德致电卫立煌,指出:"目前惟有国共团结并在蒋委员长领导之下实行亲苏外交,坚持抗日到底,方能挽救危亡,美国是靠不住的,日、美、华妥协阴谋必须拒绝。""我们所希望于国民党的只是(甲)坚持抗日;(乙)民主政治;(丙)改善国共关系这样三点而已。关于改善国共关系又分三点,(甲)对新四军问题予以解决;(乙)对八路军饷弹予以发给;(丙)对反共言论与反共行动予以停止。除此以外,并无其他要求。"电报还称:"赞同卫长官与胡宗南先生会见,时间约定后,我们即派南汉宸来洛,共商团结对敌大计。"

　　△　中共中央发出《关于隐蔽和撤退国民党统治区党的力量的指示》,要求南方局、东南局、中原局采取必要的办法,严格督促所属各地党组织坚决执行长期埋伏,积蓄力量,等待时机的方针,坚决执行党关于隐蔽、撤退干部的一系列指示,认真的敏捷的把党的骨干力量撤退和隐蔽起来。

　　△　美新任驻华大使高思向林森呈递国书,28日晋见蒋介石,并递交罗斯福私函一件。

　　5月27日　行政院会议议决以四川为《非常时期违反粮食管理治罪暂行条例》实施区域之一,由蒋介石亲自主持。

　　△　行政院会议决定,原财政部次长徐堪已改任粮食部长,遗缺以俞鸿钧继任。

　　△　八路军晋察冀军区冀中第八军分区部队袭击献县境内之陈庄日军据点,毙俘日伪军200余名。

　　△　日军第五十九师团第五十三旅团长上坂胜指挥第一大队日军500余人,包围河北定县北疃村,残杀村民800余人。

　　△　日机39架三批袭击兰州,在东郊投弹、扫射,被中国高射炮击落一架;同日又轰炸陕西咸阳。

　　△　美总统罗斯福发表广播讲演,宣称战争的烽火业已逼近西半球,美国必须及时起而遏止,否则坐待其来,无异自杀,并称中国与英国已全力与之搏战,吾人须加紧援助。海上自由须绝对保持。同日,下令

美国已进入全面紧急状态中,全国上下应准备随时保卫国家。

△ 美国《基督教箴言报》发表评论,认为英、美援华与苏联援华一个根本的不同处是:所有英、美对华贷款的抵押品是以比市价平均减低四分之一成交的,而苏联除了赠送以外,收回的那些茶砖及矿产是以市价高出三分之一至二分之一的高价成交的。此外还有一点根本的差异:苏联的贷款是全部用以折算军火的,而军火价目又是按低于市价八折以下核算的;而英、美的信用借款,主要是放在平衡贸易上,不仅奢侈品大量入超,而且贷款都有它的政治目的。

△ 据中央社讯:日军与汪伪组织强迫河南省境各沦陷区农民种植鸦片,公卖毒品,实行毒化,内政部特电河南省政府严切防范。

5 月 28 日 铨叙部以物价奇昂,生计艰难,又兼以新设机关薪津优厚,公务员见异思迁,不能安心服务,而影响政务事务者殊巨,特制定限制办法三项:一、各机关不得任用其他机关现任人员;二、现任人员未经辞职照准擅离职守者以交代不清论,应即停用;三、原长官可声请任用机关停用,或声请铨叙部转饬停止使用。

△ 蒋介石派第十四集团军副总司令李默庵陪同英国武官戴尼斯少将等前往广西、湖南、江西视察。

△ 周恩来通知郭沫若称:国民党已开始清查共产党员及左翼文化人姓名住址,准备一网打尽,请关照各同志注意。郭闻讯即分别通知在渝左翼文化人侯外庐、邓初民、张申府、王亚平、方殷、葛一虹、应云卫及乡居之夏衍、郑伯奇、阳翰笙等赴北碚开会,商讨对策。

△ 国民党中央执行委员、中央常务委员兼国民政府委员、兼中央抚恤委员会主任委员王法勤在成都病逝,享年 72 岁。7 月 3 日,国民政府颁发褒扬令,着给治丧费 5000 元,生平事迹存备宣付国史馆。

△ 教育部长陈立夫针对中央大学、西南联大等校四年级学生反对教育部改订之毕业考试制度,在重庆接见中央社记者,阐释该制度之意义,强调本年务须普遍实行,"不参加此项考试者,应以未完成毕业考试论,其有滋事或煽动风潮者,并应依法严办"。

5月29日　中国民主革命同盟在重庆成立，王昆仑、王炳南、刘仲容、许宝驹、许宝骙、阳翰笙、闵刚侯、吴茂荪、侯外庐、屈武、阎宝航、高崇民等出席。会议推举王昆仑、许宝驹为主要负责人。

△　邹韬奋、茅盾、范长江、于毅夫、金仲华、沈志远、沈兹九、韩幽桐等在香港联名发表《我们对国事的态度和主张》，指出新四军事件发生以后，全国"政治上的逆流更有急转直下之势"，提出主张：第一，坚持抗战国策，求其更须彻底，肃清抗战阵营中的妥协分子；第二，团结更须诚意，必须取缔一切助长分裂的宣传与行动，谋求抗日各党派间精诚团结；第三，民主政治须即实施。

△　日军调集第二十七师团、独立混成第十五旅团主力和伪军一部共四万余人，向冀东根据地围攻，东起三屯营，北沿长城喜峰口、马兰峪、兴隆等地，南至北宁线的唐山、东坨子头，形成包围圈。八路军冀东军分区部队经过艰苦作战，毙伤日伪军800余人，军分区机关及所属部队大部突出重围，转移至丰润、滦县、迁安和平北地区。

5月30日　蒋介石手令"中央党部内各区分部每周应切实举行小组会议，自秘书长、部长起，每一职员均须出席，并自6月份起按期举行"。

△　阎锡山致电蒋介石，检讨中条山会战失败之原因在于所部一般干部能力、士兵技能稍差，装备器材不充实，今后拟充实装备，补足器材，施行短期严格训练；增强官兵应有之技能及奇袭、突击等战法；养成自动负责、彻行命令之精神。

△　延安《解放日报》发表社论《为远东慕尼黑质问国民党》，指出："美国已向日本提议，叫他取消1938年1月间近卫宣言中所称'不以蒋介石为谈判对手'一项声明，假如日本遵办了，你们究作如何打算呢？这是已经轰动了全世界的问题，何以你们还一声不响呢？全国人民在等待你们的答复呵！"

△　八路军总部第一二九师指示第三八六旅第十七团护送总部炮兵团去延安，在山西省清源县大凹村战斗中，毙伤日军100余人，俘虏

11 人。

△　日机 16 架由湘入桂，在桂林西南郊投弹四次，市南门外亦遭轰炸。

△　河南部分日军机场空军人员厌战，是日驾驶员德小五郎驾机坠毁，停留该机场的 50 余架飞机大部被炸毁，飞行员及卫兵死伤 20 余人。

5 月 31 日　美国务卿赫尔与中国特使郭泰祺发表换文。赫尔称："一俟中国境内和平恢复后，美国愿与中国政府协商取消美国在华治外法权。"

△　何应钦接见美合众社记者称：中国已将其命运与英、美之命运联系，无论欧洲情况如何，中国将坚持其政策不变；又称，过去美对华援助尚可满意，此后希获得重炮、飞机、军火原料等。还说，"如美国与日本作战，则在战争存续中，中国愿意任美国尽量使用中国所有之航空场及其他一切航空设备"。

△　国民政府代表商震与缅甸首席参议克罗讨论滇缅公路问题。克罗提出：滇缅路滇境路面太坏，使汽车损坏增多；仰光港口内堆存中国货物颇多，希望保山有相当设备供缅印司机适当膳宿；缅车开至保山之后皆空车而返，希望中国对这些问题引起注意。

△　国民政府派程沧波为南洋《星岛日报》总编辑，潘公弼为新加坡《星洲日报》总编辑。

△　《星岛日报》记者金仲华等四人是日联名发表《告读者书》，表示因工作受种种限制，提出辞职。香港《大公报》晚刊亦因故停刊。

△　中苏文化协会在重庆举行文化界联合晚会，苏联驻华大使潘友新及重庆文化界沈钧儒等 800 余人出席，中央宣传部长梁寒操致词，称苏日中立协定无碍于中苏邦交。

△　八路军第一二九师新一旅于河南安阳、汤阴间破击铁路，炸毁铁桥一座，攻克日军安南村据点，毙日军 80 余名。

△　上海邮政局发生空前巨劫案。日本人野村及中国人梁振光将

由香港中国邮局运至上海的 250 万元劫去,公共租界巡捕房追寻至日军军事机关后,遂得破案。

△　美华盛顿高级权威人士宣称:美国陆军现已准许陆军飞行队之专家驾驶员及机械员辞职,以便彼等来华投效,其国籍与官阶均予保留。第一批驾驶员及机械员已在赴华途中,一个月或六周内可抵重庆。

是月　上海各界响应重庆发起的出钱劳军运动,至是月前后由中国农民银行汇至重庆的捐款达 41 万余元。

△　周恩来、董必武会见朱蕴山,告以蒋介石还在加紧反共投降活动,国内局势仍然严重,希望他为挽救国内危局、推动抗日出力。朱遂即离渝去桂林等地推动广西及西南地方势力团结抗日,防止蒋介石向日本投降,贯彻联共抗日政策。同时,周恩来致函蒋介石驳斥"十八集团军不配合对敌作战"的谣言,质问蒋此举是何居心。当蒋派刘为章解释说"只希望十八集团军有战报,无其他用意"时,周恩来立即将刚收到的八件战报交刘转蒋介石,要中央社发表。

△　晋察冀边区青年救国会及边区学联,决议发动边区全体学生及青年,积极援助大后方学生,并号召边区一切抗日同胞响应,其具体办法是:一、发起援助大后方同学募捐运动;二、发起与大后方学生寄信运动,报导敌后青年学生、民众生活实况;三、电请当局改进国民教育,改善学生生活,保障学生青年的民主自由;四、编印关于大后方学生生活的读物等。

6　月

6月1日　何应钦接见合众社重庆特派员,宣称国共间不致公开分裂,因共产党不敢公然反对政府,并称:中条山一带仍有剧战,卫立煌已获第十八集团军驻洛阳代表之保证,共军将扰日方之交通线,并将参加中条山之战事。何还向记者表白,称其在 1933 年至 1935 年间,"在华北本有极好的亲日机会,日本当时欲与中国签订反共公约,曾以优厚之条件诱余,谓中国参加华北反共防线,日本将取消中国之一切日本租界,取消庚子条约之规定,余拒绝考虑此项条件。因日本欲以反共为干涉中国内政,并使中国攻击友邦"。

△ 重庆《新华日报》记者为中央社报道八路军"尚未据报与敌军正式接触"之事访问周恩来,周发表声明称:八路军有战报,有战果,敢于接受敌人挑战,并告同胞"勿为敌人流言所动,更勿为敌人挑拨所中"。全国军民应团结成一个铁拳,好击碎敌人的进攻,击碎敌人的挑拨性流言。周恩来还指出《中央日报》《大公报》有关八路军在晋南、晋北和大洪山等地与日军作战的战报。

△ 八路军冀东军分区司令部和第十三团在玉田县南杨家套、杨家板桥一带与日军交战,毙伤日军 200 余名,毁汽车四辆。八路军旋转移至蓟县南部十棵树、六道封、大小扈家庄一带,又遭日军 3000 余名包围,激战竟日,毙伤 300 余名。

△ 黑龙江省政府在重庆成立,马占山宣誓就任省主席。

△ 南昌附近日军千余西窜,陷西山、万寿宫。第九战区薛岳所部反击,至晚,克复西山、万寿宫。

△ 汪伪中央宣传部在南京召开宣传会议,讨论今后宣传方针,宣传部长林柏生讲话称要强化和平基础,开展和平领域,实施强化治安,实现对日全面和平。汪精卫手订《宣传工作人员信条》,凡 12 条,强调认识所谓"和平反共建国主张为当前救国救民的唯一南针"。

△ 上海日总领事馆警察部统计,截至是日居留华中日侨共为13.8 万余人,较去年增加 2.7327 万人,其中多系浪人及毒品贩卖者。

6 月 2 日 日机 27 架轰炸重庆,投弹 200 余枚,毁房屋百余栋,死伤民众数十人,外侨房屋、英大使馆、法国领事馆及教堂均遭炸,损失达数十万元。

△ 绥西第八战区一部猛攻安北县台梁之敌,包头、固阳日军来援,乃避去。4 日,日军乘 20 余辆汽车回窜安北,在绥包滩东店附近遭伏击,一部被歼,残敌窜逃。5 日,击败台梁之敌,续在浇兔儿沟对战。

7日,敌增援反扑,遭我迎击。

　　△　日军一部在粤东海丰、梅陇沿海强行登陆,被第七战区所部击退。

　　△　八路军第一二九师新四旅于河南濮阳东南白岗集地区反击第六十九军新六师高树勋部,歼其一个营。

6月3日　重庆各界举行林则徐虎门焚毒一百零二周年纪念大会,蒋介石出席并颁发训词称:"务使庄严禹城永无毒苗恶卉之存在。"

　　△　国民政府特任吴尚鹰为立法院秘书长,任命蒋复璁为国立中央图书馆馆长。

　　△　行政院会议通过《教育部设置部聘教授办法》,凡10条。

　　△　第六十五师在晋南垣曲同善镇以东山地与日军五六千连日展开血战。第九十八军在屯高公路两侧连日与日军激战,是日续向安泽东良马镇附近及高平以北地区之日军猛攻。

　　△　河北省第九区行政督察专员兼区保安司令张国基去年11月率属驻防吴桥县梁集,突破日伪军围攻,父子同遭杀害,行政院是日明令褒扬,并特给恤金5000元。

　　△　中英、中美两平准基金委员会决定设于重庆,委员人选:中国为陈光甫、席德懋、贝淞荪;英国为罗杰士;美国为福克斯,在香港设立办事处,该会任务为稳定汇率,维持法币价值与安定金融。

6月4日　国民政府特任张知本为司法院秘书长;调立法院立法委员程中行为监察院秘书长,任命曾彦为立法院立法委员。

　　△　鲁苏战区一部袭击苏北淮安日伪军,是日攻入新城、夹城,摧毁日伪机关,俘伪军五名。

　　△　绥西退水渠日军在机炮掩护下,企图强渡,第八战区所部俟其半渡突予猛击,毙敌百余,残敌回窜,仍隔河对战。旋日军以20余辆汽车载兵由台梁回窜安北,在脑包滩、东店附近遭伏击,死伤惨重。

　　△　冀察战区第六十九军军长兼察哈尔省主席毕泽宇率特务团及骑兵一连约1200余人投降日军。20日,高树勋电孔祥熙称:毕投敌原

因"以其思想不正,重用石逆(即石友三)余孽,群小包围,倒行逆施所致"。另外,毕曾侵吞公款 190 余万元,事泄不得已乃走此极端。

　　△　上海英商自来水公司 200 余名工人罢工,反对资方停发米贴,并提出六项条件,经工部局调解,资方答应工人要求,18 日工人复工。

　　6 月 5 日　日机轰炸重庆,制造较场口大隧道窒息案。晚,日机 20 余架三批轰炸重庆,历五小时,较场口隧道防空洞发生窒息惨案,死伤千余人。是日,该洞仅可容 4300 余人,却拥进 6500 余众,人、物拥塞,秩序混乱,践踏凌藉,妇孺啼号,少壮呼叫,凄惨欲绝。警报既除,洞内死尸堆积如山。当晚以 26 辆卡车运尸,竟日不绝,消毒除尸,臭气熏天,经旬不消。

　　△　《中英 500 万镑出口信用借款协定》在伦敦签字,规定英国贷予中国 500 万英镑,供中国在英镑区域内购买货物。

　　△　国民政府明令规定四川、湖南、江西、贵州、广西五省为《非常时期违反粮食管理治罪暂行条例》实施区域。

　　△　军事委员会任命荣光兴为第五十五军军长。

　　△　周恩来致电毛泽东、朱德等,说应同卫立煌搞好关系,这是分化顽方、争取中间势力和发展进步势力政策的中心。

　　△　第三战区顾祝同所部克复浙江象山。

　　△　八路军冀东军分区一部在丰润县新军屯附近的于前庄遭日军"扫荡"部队 2000 余人围攻,经激烈战斗,毙伤日军 300 余人。

　　△　重庆新闻界曹谷冰、谢爽秋提议新闻界团体赴晋南视察,以了解第十八集团军在晋南的战绩。同日,《新民报》提出一面慰劳,一面视察,各界民主职业团体亦可派代表参加。翌日,重庆《新华日报》发表时评表示赞同。

　　6 月 6 日　蒋介石视察"六五大隧道窒息案"现场,指示重庆市市长吴国桢今后采取凭证入洞办法,避免死伤。

　　△　重庆市临时参议会驻会委员会举行会议,由市长吴国桢报告"六五大隧道窒息案"死伤状况,议长康心如提出临时紧急动议:一、请

市府迅速查明肇事原因及真相,报告本会;二、查明肇事责任者,请市府严加惩办;三、请政府密切注意,勿使此类事件发生;四、请政府从优办理善后及死伤者抚恤。通过后,全体与会者前往肇事处视察,并慰问死伤者家属。

　　△　第六十九军新六师高树勋部等以万余犯晋冀豫边区濮阳以南温店、陈庄地区,被八路军第一二九师击溃,毙伤高部600余人,俘副旅长以下170余人。

　　△　伪湖北保安队千余人不堪日军压迫,在团长陈树民等率领下,于天门县永隆河反正,被编入第五战区。

　　6月7日　蒋介石为重庆"六五大隧道窒息案"下令惩办主管防空人员,令称:"查本月5日晚间敌机袭渝,市内某隧道发生窒息惨案,以致避难民众死伤多人,实深震悼。所有负责当局实难辞其玩忽之咎。防空司令刘峙及兼副司令胡后翰、重庆市长吴国桢,着即革职留任,仍责成各该员一面赶办救济抚恤事宜,一面迅即负责改善防护设备,以观后效。"同日,又令重庆市抚济机关对空袭被灾难民加倍发放急赈,死亡者120元,重伤80元,轻伤40元。

　　△　蒋介石电令军令部长徐永昌查实第一四二师、骑八师在皖怀远河溜集围击新四军第四师战绩。12日再电令李宗仁迅速查报。15日,骑八师马彪电蒋介石报告在河溜集三次围击新四军第四师战役俘获、损械情况。

　　△　日机32架两批袭击重庆,投弹百余枚,《新民报》社经理处、远东新闻社均被炸毁,死伤13人,毁房屋百余间。同日又袭击安徽贵池、湖南常德。

　　△　中国日食观测委员会会议决定,于9月21日分别在甘肃、陕西、福建、江西等处测摄日食。

　　6月8日　蒋介石以群情要求彻查"六五大隧道窒息案"肇事原因,以明责任,令组织隧道惨案审查委员会,指派中央党部秘书长吴铁城、国民参政会主席团张伯苓、重庆市参议会议长康心如、党政工作考核委员会秘书长张厉生、行政院代理秘书长蒋廷黻、司法行政部部长谢冠生、监察院秘书长程中行七人为委员,吴铁城、张伯苓、康心如为主席团。又令组织防空洞管理委员会,派谷正纲为主任委员,刘峙、贺国光、吴国桢等七人为委员;组织防空洞工程技术改进委员会,派陈立夫为主任委员,曾养甫、徐恩曾、孙越崎等八人为委员。

△　中共中央、中央军委指示彭德怀、左权等:在当前中央军在中条山溃败,日军仍将继续进攻的形势下,我们对蒋介石的方针着重在拉,而卫立煌在拉蒋抗日问题上有更大作用,目前卫立煌处境甚为困难,我们须极力同他拉好,予以种种援助。

△　周恩来为《新华日报》撰写代论《论日寇两面政策》,指出:敌人对我除军事进攻之外,还使用政治进攻的法宝,企图以诱降和分化来动摇我们的抗战意志,瓦解我们的抗战力量,以便利其征服中国,这就是敌人侵华的两面政策。要击破敌人这种两面政策,我们一方面要加强我们的军事力量,协同我们的军事动作,以粉碎敌人的进攻和封锁;另一方面坚持我们独立自主的抗战力量,加紧全国的团结,以粉碎敌人的诱降、分化和远东慕尼黑阴谋。

△　财政部会同教育部筹设中国文化银行,资本定额 1000 万元,教育部投资 200 万元。

△　苏嘉路日军车一列触雷,炸毁车箱五节,死伤甚重。9 日苏州附近日汽艇一艘被击沉,日官兵几全部溺毙。

6 月 9 日　国民党中央党部举行总理纪念周,蒋介石出席并讲话,说明重庆大隧道发生窒息一案为最严重之不幸事件,实由党、政、军同志忽忽职务所致,并称已对防空主要负责人明令处罚,要求对于重庆和后方各地现有之防空设备,加以彻底的研究检查,拟定具体改进的办法切实执行。

△　毛泽东、朱德关于晋南配合作战问题致电卫立煌,内称:"目前大局,非国共两党、贵我两军密切合作不足以图存。敌于晋南得手后,有进图郑、洛、西安可能,八路军决在委座及吾兄领导下与友军配合作

战,坚决破坏敌之进攻,为保卫郑、洛、西安而战。惟配合有直接、间接两种,直接配合则效速,间接配合则效迟。敝军担任平汉、平津、津浦、北宁、平绥、正太、白晋北段及同蒲北段中段之破袭,从远后方、近后方牵制敌人,此间接配合也。八路军以有力一部进入中条山及汾南三角地区,担任同蒲南段、白晋南段及道清路之破袭及黄河北岸之控制,从侧面打击与牵制敌人,以利贵军主力在黄河南岸、西岸之力堵,此直接配合也。""德等愚见,认为非有此一方面之部署,则牵制敌人难期速效,盖敌之重兵已集济源、运城地域,仅作远道配合,究属远水难救近火,此次中条战役其证明也。""今之建议,亦纯属进言性质,如以为可,则令行之,如以为不可,则弃置之。"如批准上述建议,"敝军到达中条及三角地区时,须请求允准发动民众组织抗日游击队,盖德等认为唯有此策为最有效。此次中条失利之原因固多,而无民众组织以障蔽敌之耳目,明快我之耳目,实为主因,并非兵不精将不勇或指挥不善之咎也"。

　　△　中共中央军委发出反"蚕食"斗争的指示,指出:击破敌人"蚕食"之中心环节,在于有一套正确的政策,主要应从政治上着手,而不能只是军事进攻为主。在被分割控制的地区,应善于隐蔽自己,保存自己。

　　△　绥西安北、固阳之日军分三路出击,被第八战区一部阻击。10日晨,日军复增援四五十辆汽车,进犯阿路胡洞及佘太召等地,被击溃,残敌向固阳窜去。

　　6月10日　行政院举行会议,重庆市长吴国桢列席报告"六五大隧道窒息案"情形及善后处理经过。副院长孔祥熙提议,由重庆市政府及防空司令部分别查明救济得力人员、团体及部队,由卫生署查明得力医护人员,报院核奖。

　　△　国民政府以原金陵女子大学副校长、美籍女教士华群在1937年12月日军犯南京时"不辞艰险,出任救济工作,避难妇孺赖以保全者甚多",是日予以明令褒扬。

　　△　中国国民外交协会、国际反侵略大会中国分会、国联同志会、

中苏文化协会等 11 团体联名致函美国总统罗斯福,呼吁对日禁运汽油,以制止日军之轰炸暴行。

△　晋南风陵渡北赵村附近日军附炮三门,经小里镇东犯,11 日,被第二战区一部阻击于芮城西永乐镇、右仁村一带。12 日,窜抵芮城附近,与由陌南镇西犯之敌会合。经第一〇四师围击,大部分途回窜。

△　广东东莞日长濑大队 400 余人及伪军 200 人奔袭大岭山。广东人民抗日游击队第三大队组织各乡自卫队占领百花洞周围高地,将日军一部包围于百花洞村内,战至 12 日,日军从广州出动步、骑兵 1000 余人增援,第三大队主动撤出战斗。此役歼灭日伪军 50 余人,击毙日军长濑大队长。侵粤日军惊呼:“这是进军华南以来最丢脸的一仗。”

△　中国驻墨西哥公使程天固向墨总统呈递国书。

△　汪伪政府在南京召开清乡地区行政会议,伪江苏省府主席高冠吾及警政、内政部次长等出席。会议决定在清乡地区实行各县联防,组织义勇警察,并调整各县警察队。

6 月上旬　在周恩来领导下作国际情报工作的阎宝航,获悉法西斯德国即将进攻苏联,立即电告中共中央。中共中央迅即电告斯大林。

△　香港各界发起“人权运动”,周鲸文主编的《时代批评》杂志出刊《人权运动》专号,要求释放张学良等。

△　日军在晋西北四处强拉壮丁,计在阳曲、文水已拉二三千人,宁武 500 余人,神池 300 余人,偏关 200 余人,集中在太原的已达三万余人。民众恐怖异常,麦熟无人收割,纷纷逃亡。

6 月 11 日　英外交次长白特勒在下院开会时宣称:英国愿于战后放弃在华特权,并解决领事裁判权、租界等问题。

△　日机 72 架分三批袭击重庆,在市区投弹,死亡市民数人。

6 月 12 日　日军一部犯晋南芮城,并与 10 日由陌南镇西犯之敌会合,第二战区阎锡山所部在永乐镇阻敌,毙敌百余人。

△　伊克昭盟郡王旗扎萨克图布陞吉尔格勒晋谒林森、蒋介石,并

分访国民政府各要员,事后发表书面谈话,详叙该旗抗战以来之教育、禁政、赈济等项。14 日,在重庆发表广播演讲,呼吁团结抗战,防范日寇分化阴谋。

6 月 13 日　军事委员会任命黄琪翔为第六战区副司令长官。

△　晋南平陆上张村日军一部窜扰平陆县城及东北之常乐镇,被第二战区第四十七军一部击溃,毙伤敌百余名。

△　日军一部犯晋南芮城,并与 10 日由陌南镇西犯之敌会合,第二战区阎锡山所部在永乐镇阻敌,毙敌百余名。

6 月 14 日　新任粮食部长徐堪招待新闻界,称该部成立后的粮政方针为:一、田赋征实;二、定价订购,俾法币减发。又称,今后粮政之实施,不外增加生产、节制消费,在节制消费方面,今后则将禁止酿酒,配食杂粮。

△　张治中致函何应钦,指出浙东战场军政人员“腐败溺职,一击即溃”,“战区官吏上下走私,相习成风,防范既懈,绍兴城被敌便衣队占领,皆由于此。不顾国家之危亡,惟图个人之富贵,此则可痛哭流涕者也”。

△　日机 34 架分两批袭击重庆,在市区、郊区投弹,毁房屋百余间,“安全区”南岸亦被炸,美国大使馆武官办公厅被炸毁。美国红十字会募款筹建的平民住宅亦中弹,毁房多间。

△　汪精卫离上海去日本,随行的有周佛海、林柏生、陈君慧、周隆庠等。行前,汪精卫发表演说,称“欲建设东亚新秩序,必须加强信赖日本,只有这样,才对得起祖宗和后代子孙”。同日,汪伪中央宣传部发表公报称:汪精卫此行的目的,“除答谢友邦自国民政府还都以来对我之友好诚意,更谋两国亲善关系之增进外,并就两国间各种协力问题,与友邦当局交换意见”。

6 月 15 日　周恩来为《新华日报》撰写的代论《民族至上与国家至上》发表,22 日续刊。文章阐述中国共产党在民族和国家问题上的立场、主张和观点。

　　△　日机 27 架袭击重庆,在市区投弹百余枚,毁房屋 120 余间,死市民九人,伤 20 余人,美大使馆几全被炸毁。

　　△　美驻日大使格鲁赴日外务省,为日机袭击重庆殃及美国在渝财产事向日外相松冈提出抗议。同日,英驻日大使克莱琪亦访日外次大桥,提交日机轰炸重庆英国大使馆之抗议书。

　　△　据中央社讯:江西省广丰耆绅徐浩、李桃华倾其全部财产,共计 130 万元,捐献政府,支援抗战。

　　6 月 16 日　第三届全国财政会议在重庆开幕,根据国民党五届八中全会决议改革财政收支系统、田赋暂归中央接管、平衡粮价、奠定专卖制度基础、实行消费品专卖等案,讨论具体实施办法。

　　△　蒋介石出席第三次全国财政会议及全川绥靖会议开幕典礼,并发表讲话,指出抗战时期建国工作必须完成的基本政策:一、实行新县制与推进地方自治;二、平衡国家收支,平均国民负担;三、实行总理土地政策与粮食政策。

　　△　四川省在重庆举行清乡会议,会期三天,会议通过改划川省清乡区,限期完成清乡工作、整肃军纪、惩办渎职官吏及土劣贪污、严禁收编土匪、边区协剿、厉行保甲等议案 40 余件。18 日闭幕。

　　△　湖北潜江周家矶日军一股窜扰莲花寺、新杨家坊等地,遭阻击,在莲花寺与第五战区李宗仁所部激战竟日。翌日,日军焚莲花寺后,退潜江城。23 日,窜直路河、何老新街口进犯,遭夹击,循原路回窜。另一部日军由莲花寺犯熊口。

　　△　汪精卫等一行抵日本神户,17 日抵东京,18 日觐见天皇,并对记者发表谈话,称:此行目的是要和日本政府讨论关于两国间各种合作的根本问题,表示深信日本朝野人士一定会执行《中日国交调整条约》和中、日、"满"共同宣言。

　　6 月 17 日　监察院河南、山东监察区监察使李嗣璁提出对第一战区司令长官蒋鼎文弹劾案,弹劾蒋克扣给养,扣发弹药,勒索贿赂,经商牟利,废弛防务,贻误戎机,以致敌人来犯,异常惶乱,战事发生仅一月,失地 40 县。战败后对撤退官兵又不予收容,到处搔扰,秩序紊乱,战区物资亦损失严重。

　　△　中英、中美平准基金委员会开始工作。18 日会议决定中国委员赴后方各重要城市,考察研究一般经济情形;英美方委员赴沪、港作其他方面的考察研究。

　　△　驻巴西公使谭绍华向巴西政府呈递国书。

　　△　日军向汪伪政府工商部驻沪办事处第四次移交劫管之上海仁德纺织股份有限公司、芜湖中一纱厂、上海鼎鑫纱厂股份有限公司等五厂,至此四次共移交 49 厂。

　　6 月 18 日　国民政府明令免立法院立法委员吴尚鹰本职,命袁世斌继任。

　　△　中美平准基金委员会主任委员陈光甫、委员福克斯在重庆接见中国、交通、中南、大陆、浙江、中国国货、重庆、川盐、美丰、金城等银行代表 20 余人,商谈平准基金运用问题。

　　△　中英滇缅划界条约在重庆换文。文件规定滇缅边境界线,历年争持之班洪区域,猛角与猛董西部之猛卡、拱弄、拱勇、蛮回各乡,以及永广、猛梭、西盟等区划归中国,炉房归中国,其矿产由中英合营。

　　△　晋南日军窜扰芮城西南曹家村、南张村,被第二战区阎锡山部第一○四师阻击。翌日,阎部第一二四师便衣队将永济城日军粮弹库纵火焚烧,同时郊外阎军袭城,猛攻城东张留庄车站。

　　△　国民党平绥路特别党部密电国民党中央秘书处,报告中共派南汉宸至榆林争取晋绥陕边区总司令邓宝珊部共同抗日,谓:南表示两点:一、请马占山、邓宝珊、高双成诸人出面斡旋和平,此点已为邓、高所拒绝;二、榆林与共产党接壤地界维持局部和平,此点邓、高彼此委蛇,亦无结果。

　　△　日机 10 架轰炸西安,投弹数十枚,毁房屋 300 余间,死伤民众 40 余人。

　　△　汪伪清乡委员会秘书长李士群与日军第十三军参谋长签订

《关于苏州地区清乡工作之日华协定》。

△ 东北抗日联军第三路军第九支队一部在黑龙江海伦县陈家店以北与日伪军发生激战。23 日,该部第三支队王明贵部夜袭瑗珲县罕达气金矿,俘守敌数十名。29 日,王部又袭击嫩江县伪警察队,俘敌 20 名。

6 月 19 日 国民政府令免陕西省政府委员兼主席蒋鼎文本兼各职;任命熊斌为陕西省政府委员兼主席。

△ 第一战区第十游击支队一部袭击豫北安阳西水冶镇日军,毙伤敌百余,并将附近敌交通破坏。

△ 山东地方武装部队刘景良率该部一团及海军陆战队约 3000 余人,向利津以东八路军山东纵队一部进攻,20 日,更率部南渡黄河继续猛攻山东纵队。山东纵队被迫还击,刘部多数官部不愿摩擦,纷纷反正,投至山东纵队。

△ 日首相近卫设宴招待汪精卫。汪在宴会上讲话,哀叹全面和平不仅尚未实现,并且局面愈临不易。他保证克服任何困难,完成全面和平使命,并声称他来日本就是要与日本政府讨论建设东亚新秩序的具体办法。

6 月 20 日 第三届全国财政会议举行大会,平准基金会美方代表福克斯及川康绥靖主任邓锡侯、潘文华等出席。福克斯表示该会将协助中国贸易,制止投机,维持币制,呼吁"中国各党派相忍为国"。

△ 国民参政会驻会委员会召开会议,就重庆"六五大隧道窒息惨案"提请政府公布真相,并依法迅速处理。

△ 晋南日军出扰平陆附近村镇,被第二战区阎锡山所部击退,毙敌小队长宫本以下 30 余人。

△ 山西大学师生为反对迁校陕西韩城及争取国立发生学潮。学生自治会是日发出宣言,并派代表向社会各界接洽呼吁。

△ 日陆相东条英机和参谋总长杉山元设宴招待汪精卫一行。东条讲话表示,日本对汪政权愿倾全力协助,要汪充分谅解各种情势及日

本真意,信赖日本政府,一心向强化实力之途迈进。汪讲话表示,不问国际情势如何变化,他都要履行与日本签订的基本条约,根据中日、"满"共同宣言的基本精神,与日本一道从速建设新秩序,以图共存共荣。

6月中旬 行政院经济会议专门委员会聘请朱偰、厉得寅、祝世康等10余经济专家为委员,专门研究战时经济,提供具体解决方案,以备政府采纳。

△ 江苏涟水县耆绅罗鸿慈年逾七旬,被日伪劫持,迫令就任伪县长遭拒,受尽凌辱,终不屈节,绝食殉难。

6月21日 第三届全国财政会议通过接受田赋征实案。该案规定:一、自民国三十年下半年起,各省田赋一律征收实物;二、田赋征收实物,以民国三十年度田赋正附税总额每元折征稻谷二市斗(产麦区得征等价小麦,产杂粮区得征等价杂粮)为标准,其赋额较重之省份,得请由财政部酌量减轻;三、征收实物,采用经征经收划分制度。

△ 重庆市空袭救护委员会奉命改组,原主任委员刘峙辞职,改派赈济委员会代委员长许世英、社会部长谷正纲为正、副委员长。

△ 第二战区阎锡山所部暂编第四十八师之一部向晋南赵城汾河西岸日军袭击,击毁敌碉堡二座,歼敌百余人。

△ 江苏吴兴伪军王尧才痛恨日伪军蹂躏同胞,率部400余人反正。

△ 汪精卫、周佛海与日首相近卫会谈,外相松冈亦在座。会后,汪精卫对记者发表谈话,声称不论国际形势如何变化,中、日、"满"都应坚守东亚轴心,巩固东亚轴心,共同建设东亚新秩序。

6月22日 法西斯德国撕毁《苏德互不侵犯条约》,向苏联发动突然进攻,苏德战争爆发。同日,斯大林授权莫洛托夫发表广播演说,号召苏联人民进行反侵略的卫国战争。

△ 冀东迁安县爪村据点之伪"治安军"一个连,在杀死连长后,携机枪二挺、步枪53支反正。

6 月 23 日　中共中央作出《关于反法西斯的国际统一战线的决定》,指出,目前共产党人在全世界的任务是动员各国人民组织国际统一战线,为着反对法西斯而斗争,为着保卫苏联、保卫中国、保卫一切民族的自由和独立而斗争。《决定》指出中国共产党在中国的任务是:一、坚持抗日民族统一战线,坚持国共合作,驱逐日本帝国主义出国,即用此以援助苏联。二、对于大资产阶级中的反动分子的任何反苏反共的活动,必须坚决反抗。三、在外交上,同英、美及其他国家一切反对德、意、日法西斯统治者的人们联合起来,反对共同的敌人。

　　△　蒋介石在重庆约见苏联总顾问崔可夫,对苏联进行抵抗德国之战争表示关切。

　　△　华侨生产建设协会在香港成立,选举钱新之、杜月笙、陈光甫等 11 人为理事。

　　△　日机 52 架次由鄂分五批袭川。午后,宜昌南岸第一师炮兵部队乘其返回降落后,猛烈炮击宜昌机场,场内 19 架日机击中 13 架,余六架在漫天烟火中仓皇飞遁。敌我发生激烈炮战。同日,日机 66 架次由鄂袭陕、甘等地,在兰州市上空被击落二架。

　　△　日机 27 架自山西运城机场飞往青海西宁,在市区投弹 260 余枚,炸死民众 43 人,重伤 28 人,毁民房 520 间。

　　△　汪精卫与日首相近卫发表《中日协力共同声明》,宣称为了迅速解决"中国事变",向共存共荣、东亚复兴的目标前进,日本政府将进一步予以援助,使之能发挥独立自由之权能,以努力于分担建设东亚新秩序之责任。

　　△　美国联合救济中国难民委员会董事长白莱恩向董事会报告称:一月来,美人援华捐款已逾 100 万余美元。同日,美国红十字会宣布:不久将以价值 100 万美元的医药用品运往中国。

　　△　上海《大美晚报》经理李骏英在法租界外滩被汉奸狙击殉难。7 月 31 日,国民政府予以明令褒扬。

6 月 24 日　第三次全国财政会议闭幕,蒋介石到会致训词。大会发表宣言,提出"树立国家财政系统"、"树立自治财政系统"、"改进税政税制"、"实行粮食政策与土地政策"等。

　　△　行政院举行会议,各部、会长官到会,由王宠惠报告苏德战争及国际局势。

　　△　军事委员会任命张弥川为新编第八军副军长。26 日,任命刘广济为第一〇〇军军长。

　　△　晋南张茅大道八政村日军一部附炮三门,西犯平陆西南张峪镇第二战区防地,第二战区一部与敌激战二日,27 日,敌不支,逃往解县。

　　△　日机自 15 日起至是日连续轰炸安徽潜山、庐江、太湖等县城,共投弹 47 枚,毁房屋 150 余间,死伤民众 10 余人。

　　△　汪精卫、近卫分别发表广播讲话。近卫表示希望重庆国民政府反省觉悟,放弃抗日容共政策,接受日汪条约,实现全面和平。汪精卫希望日本在可能的范围内,在政治上、经济上给以更大的帮助,以便使中国民众对和平运动产生信任。

　　△　美总统罗斯福宣布援助苏联,并宣称:美人自愿赴中国、英国服务者,乃合法行动,不违背《中立法》。

　　6 月 25 日　鲁苏战区所部配合地方武装袭击鲁西成武附近之日伪军,毙敌百余名,俘伪军 25 名。

　　△　晋冀豫边区长清第十区队在反"清剿"斗争中,毙日军独立第六混成旅团长土屋马兵少将,荣获八路军总部嘉奖。

　　△　汪精卫、林柏生、褚民谊、徐良离东京到大阪。汪精卫在大阪对记者发表谈话称:通过与日本政府的会谈,关于中日两国的根本问题,已达到极满意的结论,他将努力实现共同声明的精神。

　　△　日大本营、日政府召开联席会议,决定"关于推行南方政策的事项",确定"推进对法属印度支那及泰国的政策",决定在"法属印度支那之特定地区,设置并使用航空基地及港湾设施,并在法属印度支那南部驻屯所需部队"。并决定如果法国政府或法属印度支那当局不答应

要求,即以武力解决。

6 月 26 日　中国国民党驻菲律宾支部委员吴起顺遗嘱将其节丧费 10 万元,捐建伤兵医院,惠济军人,国民政府是日予明令褒扬。

△　战时公债劝募委员会在重庆举行第一期陪都劝募成绩报告会,宣布今年 3 月至今募得总数为 1.2 亿余元,较原定额 6000 万元超过一倍。

△　平准基金委员会美方委员福克斯、候补委员戴乐赴沪,分别会见汇丰、麦加利花旗银行经理及中央、中国、交通各银行负责人,详细探询上海金融与币制状况。28 日继续商讨金融方案。

△　汪伪清乡委员会苏州办事处成立,将在丹阳、常州、无锡、吴县、昆山、太仓、吴江、常熟、镇江九县地区进行清乡,以建立"和平模范区域"。

6 月 27 日　郭泰祺由英经美返国抵重庆,28 日晋谒蒋介石,29 日晋谒林森。

△　为粉碎日伪"治安强化运动",晋冀豫边区邢台县调集独立营及民兵数百人,分六路出动,搜捕各村汉奸及特务分子,摧毁各村秘密维持会及敌特组织,捕获维持会汉奸、敌特分子 70 余名。

△　上海特一法院宣判谢晋元被害案,凶犯郝俊星等四人判处死刑。

△　粤南第四战区一部夜袭江门一带日军,克复江门外围之大江山、凤山、鸡山、马山等据点。翌日,一度冲入江门市内,毁仓库数座。

△　汪精卫自日本回到南京,发表谈话称:这次与近卫发表的共同宣言,声明日本增强国民政府在政治、经济、军事、文化上的力量,以图早日解决事变,促成全面和平的决心,表示他将竭全力,"以期共同宣言之实践"。

6 月 28 日　毛泽东将抗日民族统一战线的策略电告刘少奇,指出:在抗日过程中,不论是在全国范围内还是在抗日根据地内,除汉奸外,对大地主、大资本家是一打一拉的政策,拉其抗日,打其反共反民主，但目前拉还是主要的，打是辅助的，打是达到拉之目的。

△　周恩来为《新华日报》撰写代论《论苏德战争及反法西斯的斗争》，指出：伟大的中华民族应运用站在东方反日本法西斯前线的地位，结成更广大的反法西斯国际统一战线，肃清一切反苏反共及对日妥协的思想，以打倒东方法西斯日本帝国主义。

△　美国公布：罗斯福推荐拉铁摩尔为蒋介石的政治顾问。

6 月 29 日　上海《申报》载：新绥汽车公司捐献飞机一中队（共九架）支援抗战，以每架按 15 万元计算，共献 135 万元。

△　日机 63 架分两批轰炸重庆，死伤约百余人。英使馆被炸毁，英籍馆员四人炸伤，中文参事包克本及秘书艾伦夫妇等多人受伤。30 日，英驻日大使克莱琪访问日外次大桥提出抗议。

6 月 30 日　河南安阳伪军王自全部 3000 余人全部反正，并捣毁伪新民会，杀死日军及汉奸多人。

△　日机 48 架分两批轰炸重庆，炸毁房屋百余间，死伤 10 余人，被我空军击落四架。

△　在华日人反战同盟山东支部成立，会长大西正，并发表《工作纲领》、《宣言》及《告日本士兵书》等。

△　汪精卫密电伪华北政务委员会委员长王克敏，称：此次访日，关于加强国民政府（按：指汪伪政府）的具体办法已获得日本方面同意，并已由日本借款三亿元。明日起德、意等八国即正式承认国民政府（按：指汪伪政府），盼同心协办，以贯彻和平反共建国的重大使命。

是月　绥远省托克托县伪骑兵保安大队任殿邦率部 400 余人，击溃河口镇日军反正。

△　行政院会议决议筹设国立贵阳师范学院，改私立成达师范学校为国立。

7 月

7月1日　国民政府行政院公布并实施《战时各省田赋征收实物暂行通则》,凡 16 条,规定:一、各省田赋征收实物,依 1941 年度省县正附税总额,每元折征稻谷 2 市斗(产小麦区、产杂粮区得征等价小麦、杂粮)为标准。其赋额较重的省份,得请财政部酌量减轻;二、征收之实物以稻谷为主,其不产稻谷的地方,以其收获之小麦、杂粮等缴纳;三、征收实物的单位概以市石计算,其尾数以合为止;四、征得之稻、麦、杂粮由主管粮食机关统筹支配;五、各省征收实物,采用经征、经收划分制度。经征事项由经征机关负责;经收事项由粮食机关办理;六、征收实物应于稻、麦收获后两个月内征齐。逾期不缴纳者应予以滞纳处分。业户如有短匿粮额情事,经查属实后,即按其短匿粮额科二倍之处罚;七、如省田赋征收实物后,其积谷一项仍照旧征收。其他一切以土地为对象所摊筹派募之款项,悉予额免。

　　△　全国公路由交通部移转于军事委员会运输统制局接管,以何应钦兼督办,俞飞鹏、张嘉璈为会办。

　　△　德、意宣布承认汪伪国民政府。同日,外交部向中外记者宣读与德、意绝交宣言,并电令驻德大使及驻意代办撤退回国。

　　△　军事委员会任命周体仁为第三军军长,李世龙为副军长。

　　△　财政部会同交通部发行民国三十年滇缅铁路金公债 1000 万美元,年息五厘。自 1944 年起开始还本,分 25 年还清。

　　△　香港"一碗饭运动"委员会成立,宋庆龄讲话,指出:香港的一碗饭运动含有一种深长的意义,因为"这是巩固经济阵线,是生产救国,是帮助人们去帮助自己,是最妥当的一种救济事业"。

　　△　日伪对晋绥边区开始实行第二期"治安强化运动"。派伪警备队搜捕八路军及抗日工作人员,实行并村政策和保甲连坐法,强迫群众在各村修筑碉堡和护村沟。

　　△　伪满洲国设立四平省,辖双辽、梨树、昌图、开原、西丰、东丰、海龙、长岭等县。省会设四平市。至此,日伪将东北沦陷区划为 19 个省和一个特别市。

　　7 月 2 日　外交部长郭泰祺就德国、意大利承认汪伪政府发表宣言,指出:"南京伪组织乃为日本军阀一手造成",德、意"乃竟加以承认,实为加于中国之重大侮辱,且不惜自弃其所享中国政府与人民之一切友谊",特正式宣告中国与德、意二国断绝外交关系。

　　△　美副国务卿威尔斯宣布:美国政府仍继续承认并支持合法之重庆中国国民政府,绝不承认南京伪政府。

　　△　毛泽东致电在重庆的中共中央代表董必武,要求他们立即开始与国民党方面就缓和两党关系进行商谈,并具体指出谈话内容应为:一、要求国民党联络参谋返回延安;二、询问释放在皖南事变中被捕的新四军军长叶挺的可能性;三、询问日苏间如发生战争国民党将采取何种方针;四、表明中共中央要求在目前及战后加强两党合作,建立三民主义国家的坚定态度,询问国民党方面的意见;五、要求见蒋。

　　△　重庆大隧道窒息案审查委员会经近月调查,是日发表《大隧道窒息案审查报告书》,计死亡 992 人,重伤 151 人,儿童死亡 146 人。肇祸原因乃在工程之草率,管理之欠妥善。同日,军事委员会发表有关责任人员处分命令:一、免兼重庆防空司令刘峙兼职。二、任命重庆卫戍司令贺国光兼任重庆防空司令。三、撤销重庆防空司令部工程处副处长谢元模职务。

　　△　新任驻英大使顾维钧抵达伦敦。10 日,顾维钧向英王呈递国书。

　　△　据《大公报》载:中美、中英平准基金委员会中西委员分头出发,考察后方及沿海经济财政实况,以为改善财政金融之准备。

　　△　英宣布任马尔璧少将为驻华英军司令,以继格拉塞特之职。

　　△　日御前会议通过《适应世界形势的帝国国策要纲》,决定采取北守南进的政策,宣称:"不管世界形势如何演变,帝国将坚持以建设大

东亚共荣圈的方针",依然向处理"中国事变"的目标迈进。同时为确定自存自卫的基础,跨出南进的步伐,"不辞对英美一战"。"如果苏德战争进展对帝国极为有利时,则行使武力解决北方问题"。南进也是为了"促进蒋介石政权的屈服,进一步从南方区域施加压力","随着形势的发展,在适当的时候对重庆政权行使交战权"。

△　匈牙利、保加利亚、西班牙、克洛地亚、斯洛伐克等国政府发表声明,宣布承认汪伪国民政府。

7 月 3 日　国民政府任命叶秋原、陈紫枫为立法院立法委员。

△　中共中央发表《关于反法西斯国际统一战线的决定》,指出:目前共产党人在全世界的任务是动员各国人民组织国际统一战线,为着反对法西斯而斗争。中国共产党在全中国的任务是坚持抗日民族统一战线,坚持国共合作,驱逐法西斯日本强盗出中国。

△　美财长摩根索与中国银行总裁宋子文商定:原定 6 月 30 日期满之中美平准基金协定,有效期延长一年,是日正式签字。

△　法国政府发言人宣布:法国对于现在重庆之中华民国国民政府所抱态度并不变更。

△　上海美商电话公司所属电气部职工 700 余人,因要求增加工资实行罢工。14 日,电话部约 1000 名工人集合在该公司管理处怠工援助,遭到探捕阻拦,被捕 10 人。后经工部局调解,释放被捕工人,16 日复工。

7 月 4 日　英大使卡尔照会中国政府,正式表示俟远东之和平恢复时,英国政府愿与中国政府商讨取消在华领事裁判权,交还租界,并根据平等互惠原则修改条约。

△　国民政府以香港《工商日报》社经募救国捐款达 50 万元,成绩卓著,予以明令嘉奖,并颁给金质奖章一枚。

△　日军一部强行在闽南诏安登陆,被第七战区一部阻击未遂。

△　日机 24 架袭击重庆,在市区投弹,被毁房屋数十间,死伤 30 余人,江北木船被炸毁 20 余只。

7月5日　军令部以八路军一部和山西决死队一部越过洪屯路以南活动，与武士敏部发生摩擦，电令朱德即予查明制止，并即令撤回原防，俾互相协助，一致对外。

△　据《中央日报》讯：中国政府命令驻德、意领事馆人员与使馆人员一同撤退，并选择适当路线回国。中国在德、意之侨胞如有撤退必要，先撤至土耳其境内。

△　日机 21 架袭击重庆，在市区和郊外投弹百余枚，毁房屋数十间，死伤民众 20 余人。

7月6日　军事委员会发言人谈话称：抗战四年来在华日军伤亡为 199.4269 万人，俘虏 2.4082 万人，缴获战车 1.2322 万辆，大炮 1838 门，轻重机枪 7888 挺，步枪 16.5588 万支，弹药 1226.0466 万箱，被击落、炸毁与被迫降落的飞机共为 2054 架，日空军飞行员死亡及被俘者共为 2650 人。

△　中国航空建设委员会为发起一元献机运动，发表《告全国同胞书》，号召全国同胞"手擎一元钱，向攻势空军建设的途上大进军"，"用血与铁的反攻来完成我们民族解放的历史使命"。

7月7日　蒋介石为七七抗战四周年发表《告全国军民书》，宣称"四年奋斗已开拓民族光明大道"，提出要精诚团结，提高战斗力量；发扬民族精神，树立复兴基础；把握建国重点，完成革命大业，并重申今年将是我们历史上最艰辛最重大的时期，要求今后要"以十倍艰苦积极的精神，来完成我们抗战建国的革命使命"。同日，又发表《告友邦人士书》。

△　何应钦发表《第四年抗战经过》，认为在抗战的第一期，国军几乎没有对敌人攻击，敌人使用兵力小而成功大，击退了我们许多军队，占据了我们许多地方；抗战第二期重要的战斗有南昌、随枣、湘北、粤北、桂南、南昌、豫南、中条山九次，敌人使用的兵力大，而所收的成功小。文中仍诬指"新四军违抗命令，不遵调遣，蓄意破坏抗战局面，破坏抗日战线，故下令解散"。

　　△　中共中央发布《为抗战四周年纪念发表宣言》,指出伟大中华民族的神圣抗日战争,不独为了挽救自己祖国的危亡,亦且有助于国际反侵略的奋斗。提出拥护国际反法西斯阵线,促进中、苏、英、美及其他一切反对法西斯的国家民族一致联合,反对德、意、日法西斯同盟;加强反对汪逆傀儡政府的斗争,肃清汪逆余党,巩固抗日阵营;加强各党抗日派的合作,调整国共关系;改革政治机构,罢免贪官污吏等 10 条内政外交的基本方针,并重申:"本党坚持抗日民族统一战线政策始终不变,愿与中国国民党及一切爱国党派,一切爱国人民团结到底,为抗战建国的共同目标而奋斗。"

　　△　八路军总部公布抗战四年来战绩:毙伤日军 17.9702 万人,毙伤伪军 6.0486 万人,俘虏日军官兵 140 人,俘虏伪军官兵 4.0308 万人。

　　△　延安各界万余人纪念七七抗战四周年,朱德、叶剑英及国民政府军委会联络参谋周励武出席并讲话。大会通过致前方将士及全国人民,致八路军、新四军,致抗日阵亡死难将士家属,致苏联人民及斯大林等电。

　　△　朱德发表《八路军新四军抗战第四周年》一文,指出:中华民族的神圣抗战能够坚持四年的主要原因,是由于在国内有了一个抗日民族统一战线,有了一个国共合作,在国外联合了苏联,并且联合了一切援助中国抗战的国家。四年抗战的坚持,是克服了无数困难,经过了艰苦奋斗换来的。我伟大中华民族神圣的抗日自卫战争,其本身就是反法西斯战争。

　　△　周恩来为《新华日报》撰写的题为《七七四周年》的社论发表。文章说,四年抗战证明我们中华民族是永远征服不了的民族,是永不可侮的力量,四万万五千万人的团结是我们争取抗战胜利的最大保障。

　　△　新加坡华侨领袖陈嘉庚发起纪念抗战四周年签名运动,各界签名者达 15 万人,强调抗战民主,团结一致,不能自起分裂。

　　△　根据中共北方局和八路军总部命令,鲁西行政主任公署和晋

冀豫行政主任公署合并为冀鲁豫行政主任公署,晁哲甫为行署主任。冀鲁豫军区、鲁西军区合并为冀鲁豫军区。杨得志为八路军第二纵队司令员,苏振华为政治委员。

　△　晋冀豫边区临时参议会在辽县开幕。大会决定将晋冀豫边区临时参议会改为晋冀鲁豫边区临时参议会,选举申伯纯为议长。

　△　日机35架分三批袭击重庆,外籍驻渝记者住宅多处中弹被毁,死伤民众六人。

　△　日伪在华北开始推行第二次"治安强化运动",为期两个月,以"实行剿共,巩固治安"为重点。其间,将华北所有保安警防队集中编制,华北各伪宣传机关成立"华北宣传联盟",并在河北伪省府成立"强化治安运动河北本部",各县设立"灭共委员会",下设"强化治安运动奖惩委员会"。

　△　汪精卫为七七事变四周年发表通电,宣称:"深信今后和平领域必能逐步发展,以及于全面,共存共荣的东亚新秩序,定可成功。"

　△　英援华委员会在伦敦纪念中国抗战四周年,并欢迎中国新任驻英大使顾维钧。顾发表演说,强调中、英、苏应步调一致,构成坚强之反侵略阵线。

　7月8日　日机52架分两批袭击重庆,英大使馆及卡尔大使私寓中弹被毁。10日,郭泰祺特前往访问卡尔并致慰问。

　△　日伪在华北成立办理劳工输出事宜的"协社",以大量征发劳工运往日本。

　7月9日　英外相艾登就中英关系问题发表谈话,宣称:英国承认现在重庆之中国国民政府为合法之中国国民政府,表示英国政府当继续竭力之所能给以援助中国,维护其独立。

　△　《大公报》载:国民政府拨款5000万元救济战区贫苦学生生活,另拨100万元、240万元救济迁川私立大、中学校学生和上海省、市私立大、中学校学生。

　△　中华书局创办人、国民参政员陆费逵在九龙逝世。11月22

日,国民政府明令褒扬陆费逵。

　　△　广西省政府奉命查封桂林三户图书社及《新华日报》桂林营业所。

　　7 月 10 日　国民政府公布《财政部各省市直接税局组织条例》,凡 21 条。

　　△　四川省献粮会自去年秋季发动捐献草粮运动以来,截至是日已捐献稻谷 9.438 万石,杂粮 1786 石,代金 196 万余元。

　　△　日机在重庆复兴关、海棠溪、相国寺等处投掷炸弹,死伤民众 80 余人,毁房屋 105 间。

　　7 月 11 日　郭沫若、茅盾、老舍等 240 人致书苏联科学院,响应该院向全世界文化界发出的"反对文化与科学最凶恶的敌人——法西斯强盗"的号召。

　　△　上海英文《字林西报》撰文介绍《陕甘宁边区施政纲领》,文称:中国共产党"遵守作战政策,团结各阶级各党派以抗侵略,而外间传相反之谣言,不攻自破"。12 日,上海《申报》、《新闻报》皆加以转译。

　　△　据中央社讯:山东高密伪军王书斋部人枪百余反正。又高唐伪国民抗敌自卫团团长张兆坤率部人枪 40 余反正。

　　7 月 12 日　外交部长郭泰祺复照英国大使馆,对英国政府关于俟远东恢复和平后废除在华领事裁判权,交还租界,表示感谢。

　　△　《中央日报》载:中国驻英购料委员会主席王景春致函英国报界,指出:抗战四年来英、美两大友邦以充足的石油供给日本,使其用以屠杀中国人民,这是对日本推行姑息政策之结果,呼吁英、美两国再勿以石油输日。

　　△　中共中央书记处发出关于战争性质问题的指示。指出:"在目前条件下,不管是帝国主义国家或是资产阶级,凡属反对法西斯德、意、日援助苏联与中国者,都是好的,有利的,正义的;凡属援助德、意、日反对苏联与中国者,都是坏的,有害的,非正义的。"

　　△　新四军一部在苏北盐城上空击落日机一架,机师及乘客各一

名毙命。据检获文件证明：该乘客系日大藏省派遣来华之要员，其任务专为调查苏北天然资源，以作日军有计划掠夺苏北之用。

7 月 13 日 美国红十字会宣布：该会将以价值百万元之药品运华，以应急需；该会已运往中国之药品，共达 350 万美元。

7 月 14 日 国民政府发表中英两国关于撤销不平等条约之换文。中方文称："本月 4 日贵大使照会以英国政府拟俟远东和平恢复时，与中国政府商讨取消领事裁判权，交还租界，并根据互惠平等原则修改条约等由，业经阅悉，中国政府对于英国政府此种友谊，表示深为欣慰。"

△ 中共中央政治局发出通知，指出法西斯德国进攻苏联和苏联保卫祖国的反德战争，是目前世界政治转变的枢纽，国际形势已发生根本的变化。

△ 八路军晋察冀军区发表抗战第四年战绩：1940 年 6 月至 1941 年 5 月，计大小战斗 2802 次，毙、伤、俘日伪军官兵 2.4742 万人。

△ 八路军冀热辽挺进军一部用计将驻白马关日军 128 人诱至热河省丰、滦、密地带，除八人逃窜外，其余全部被歼灭。

△ 苏皖边新四军一部袭击盘踞宝应西北之伪苏北国际军暂编第一集团军曹子固团，激战四小时，歼灭其大部，缴获长短枪 30 余支，轻机枪二挺，生俘伪团长以下 130 余人。

△ 澳大利亚派艾格斯顿为驻华大使。

7 月 15 日 国民政府以行政院秘书长魏道明出任驻法大使，特派行政院政务处长蒋廷黻代理行政院秘书长。

△ 行政院例会修正通过《改善公务员生活细则》；批准国立中山大学校长罗家伦辞职，遗缺由顾孟馀继任。

△ 军令部以李宗仁与陈诚互争鄂东游击队指挥权，呈报何应钦处理。19 日，何批示："本案内情复杂，尚待研究处理办法，第一步分电双方各饬所属避免冲突，静候中央处理。"直至 12 月 6 日经蒋介石着最高幕僚会议核议提出调解办法，并以蒋介石名义分电李、陈方得解决。

△ 中苏文化协会举行座谈会，座谈"苏德战争与中国外交"问题，

到会 300 余人,并有数位苏联友人列席。会上认为苏德战争为世界性的,是社会主义国家、民主国家及弱小民族联合反法西斯之战争,我国应趁日寇举棋未定之时,加紧反攻,使之侵略阵线最弱之一环崩溃。

△　日新任华北方面军最高指挥官冈村宁次大将到达北平华北军司令部接任视事。16 日,原任日军华北派遣军最高指挥官多田骏离北平返日。

△　日伪因宁沪沿线中国游击队活跃,到处撤毁路轨,埋设地雷,以致炸车事件屡有发生,决定自今起在该路两旁从昆山至南京之间,架设大批铁丝网架,通以电流,借以防止破坏。

7 月 16 日　英国政府正式声明,承认重庆国民政府为中国合法之政府,并重申援华政策不变。

△　日机六架轰炸湖北老河口,投弹 40 余枚,炸死群众 123 人,炸毁房屋百余间。

△　日本近卫内阁第二次提出总辞职。

7 月 17 日　国民外交协会再电美国务卿赫尔、内长伊克斯,呼吁立即采取断然行动禁油输日,以制暴日。

△　据中央社讯:缅甸华侨曾允明将自己珍藏之孙中山遗墨及先烈手札 335 件捐赠给国民党中央党史史料编纂委员会。国民党中常会决议颁给特别奖状,以资鼓励。

△　日军以大小兵舰 30 余艘,驶达镇海洋面向镇海炮台炮击,一部日军于镇海以东地区登陆,分两路向镇海进犯,晚,陷镇海,续攻宁波。18 日,第三战区守军发起反攻,克复镇海炮台及老窜山等据点,22 日收复镇海,残敌登舰逃逸。

△　苏北如皋日伪军 4000 余人,分五路向如皋以西地区"扫荡",企图打通如皋、泰县公路,以分割新四军苏北根据地,新四军一部与敌激战三昼夜,将敌"扫荡"粉碎。

7 月 18 日　日机 27 架袭击重庆,在市区李家花园、英使馆住宅一带投弹数十枚,炸毁房屋 20 余栋。

△　第二战区阎锡山所部第一〇四师一部在晋南芮城东北地区歼灭进犯日军 200 余名,并缴获军用品一部。

△　近卫奉昭和天皇裕仁之命三度组成新阁,阁僚 14 人,半数为军人。

△　芬兰正式承认伪满洲国,以驻日公使伊托曼兼驻伪满洲国公使。

7 月 19 日　外交部发言人在重庆招待中外记者时宣称:英、美对日全面禁运,此实为制止日本进一步行动之最迫切而最有效之方法。

△　周恩来以第十八集团军驻渝代表身份发表《关于第十八集团军行动真相的谈话》,驳斥中央社诬陷第十八集团军"擅自行动"的"军息",指出:本日各报公布的消息不仅朱德总司令不及呈报,本人在重庆昨今两日亦未奉到军委会任何命令,所云真实程度如何,当可想见。

△　罗斯福推荐给蒋介石之政治顾问拉铁摩尔飞抵重庆,20 日晋谒蒋介石,并面交罗斯福及美财长摩根索函件。

△　雁北日军一部分三路"扫荡"晋西北第五分区根据地之山阴、朔县地区。同日,晋西北八路军第一二〇师一部乘敌"扫荡"之机,攻入五寨、朔县县城,摧毁伪政权。

△　近卫致电汪精卫称:日本政府将坚持既定国策,不会动摇与国民政府(按:指汪伪政府)的关系。汪精卫复电称:"鄙人获与阁下提携反共","决当悉力从事。"

7 月 20 日　蒋介石在重庆接见航空委员会顾问陈纳德,商谈美国空军志愿兵援华事宜。

△　蒋介石电贺斯大林任苏联国防人民委员会委员长,铁木辛哥为副委员长。

△　周恩来为《新华日报》撰写代论《团结起来打敌人》,指出:不管日寇内阁现作如何改组,也不管其侵略计划是先北进后南进,还是南北并进,但其灭华之方针,决不会有任何变更,而且还有可能先实行西进。我们应该从敌人先西进作准备,才是万全之策。

　　△　在华日本人民反战同盟在重庆纪念成立一周年,并发表宣言,呼吁日本人民奋起,打倒远东各民族共同的敌人——日本军事法西斯主义。

　　△　日机三架袭击江苏阜宁凤谷村驻军第五十七军第一一二师师部,炸死 21 人,炸伤 20 余人。

　　△　日军一部在粤东海门对岸强行登陆。

　　△　美华盛顿行政官员称:美国正图使蒋介石之中央军与共产党军趋于和平,俾美国助华之军备不致用于中国内战;又称:新任蒋介石之政治顾问拉铁摩尔赴华,其重要使命之一,即为使中国国内和平。

　　7 月中旬　美国政府当局不断将石油输日,日本用以屠杀中国人民,美各界人士对此大为抨击,要求今后应多输至中、英两国,以为抵抗侵略之用。

　　7 月 21 日　晋南第二战区所部克复永济、芮城、虞乡及解县。

　　△　第五战区所部克复鄂东广济。

　　△　蒋介石密令第八战区副司令长官朱绍良,拟派新二十六师分驻伊盟乌审旗,以防止共党活动,并饬乌旗奇玉山司令协助。

　　△　河南温县伪豫北绥靖军第二旅特务团长侯志良率部 1000 余人反正。

　　△　法国政府接受日本军事控制越南的要求。22 日,越南官方通讯社称,此为日、越关系已至最后关头,吁请人民准备应付之步骤。

　　7 月 22 日　行政院决定成立全国水利委员会,任命薛笃弼为主任委员,各有关部、会长官为委员,将原有之黄河、长江、珠江、导淮各水利机关均归并于该委员会。

　　△　《新华日报》刊登第十八集团军驻渝代表关于第十八集团军行动真相的第二次谈话。谈话列举大量事实,对中央社连续三天发表的所谓第十八集团军“擅自行动”的消息,严加驳斥。

　　△　华北日军最高指挥官冈村宁次从北平出发,飞往张家口、大同、包头等地视察第一线之部队。

7月23日　据《中央日报》载:全国节约建国储蓄委员会自去年7月23日成立至今,共劝储总额超出四亿元。

　　△　八路军第一二九师新八旅第二十二团一部袭入河北肥乡县城,毙伤日军30余人,俘伪军114人,缴获步枪100余支,战马80余匹。

　　△　日军一部"扫荡"北岳区平山地区,在温塘镇西北的孤山"驴山"中,制造惨案,屠杀800余人。

　　△　黄河水利委员会委员长孔祥榕在西安病逝。

　　△　据《大公报》载:缅华侨救灾总会为加强祖国战时运输,特发起侨胞献车运动,已获缅币30余万盾,购得最新式卡车150辆,不日即献给政府。

　　△　美前共和党总统候选人威尔基在洛杉矶发表演说,呼吁救济中国难民,并称此为"美国保持自由之前哨"。

7月24日　行政院鉴于近月来物价高涨,中小学教职员所得薪给难以维持生计,多呈不安现象,是日特令各省提高中小学教职员待遇。

　　△　第二战区阎锡山所部第四十三军一部进犯晋冀鲁豫边区安泽县境,25日杀害八路军第一二九师第二一二旅派往联络之参谋张子盛。冀鲁豫军区遂起而讨伐,歼其1000余人。

　　△　据中央社讯:陪都突袭救济委员会决定对"六五隧道窒息案"死伤难胞家属加倍发给赈恤费,并对于死伤难胞家属中鳏寡孤独,无人抚养者特规定特别救济办法及捐款分配原则。

　　△　日中国派遣军新任总参谋长后宫淳由上海飞抵南京。

　　△　罗斯福因国内外强烈反对美油输日发表声明称:"美国过去之准许日本在美购得油类,系一种姑息手段,以防止世界战争延及南洋。美国苟不出售油类与日本,则日本在一年前即已对荷属东印度采取行动。"

7月25日　外交部长郭泰祺为日本攫取越南南部之海、陆、空根据地,扩大对越南之侵略发表严正宣言,指出:日本此举不仅继续威胁中国西南边境,而且危及西太平洋其他国家之权益与领土,表示我国必尽责反抗日之侵略,并促请各国共同注意。

△ 驻美大使胡适访美副国务卿威尔斯讨论远东局势,胡指出:"日本将利用霸占越南根据地进攻中国西南边境、缅甸及滇缅路,希望美国及其他友邦采取最强硬之经济压力,制裁日本。"并称:中国现正竭力增强可能遭受日本攻击之各种防务。

△ 中、英、美分别发表声明,谴责日军侵犯越南主权。

△ 冀鲁豫军区发起讨伐山东地方游杂部队齐子修部的战役,八路军第一二九师一部在茌平小马庄歼齐部两个团大部共 1000 余人。

7 月 26 日 外交部发言人在重庆招待中外记者,宣称:越南全境既已成为日军之占领地域,中国为自卫计,自当采取必要措置以应付此种局势。并称:罗斯福总统已宣布封存日本资金,此实为美国之贤明政策。

△ 驻英大使顾维钧与英外相艾登进行秘密会谈,商谈日占越南后对于中国、缅甸、马来亚及荷印之影响,以及如何采取最强有力之办法以防患于未然。

△ 国民政府任命徐谟为驻澳大利亚首任特命全权大使。

△ 国民政府明令改组陕西省政府:原陕西省府委员兼建设厅长孙绍宗,原省府委员兼民政厅长王德溥,委员张炯辞职照准;委员杜斌丞、周伯敏另候任用,应予免职。任命凌勉之、辜仁发、寇遐、刘楚材、马凌甫、李元鼎为陕西省府委员,凌勉之兼建设厅厅长,彭昭贤兼民政厅厅长,并免去彭昭贤原省政府秘书长职务。

△ 美总统罗斯福下令封存日本在美资金,并循中国政府要求,封存中国在美资金,以免日本夺取。同日,英国亦封存日本在英资金,并宣布废弃英日商约。

△ 美任命麦克阿瑟为远东总司令。

7 月 27 日 据《中央日报》讯:国民政府以战时兵险业务关系补偿国家战时损失,保障后方生产安全,经由财政部拨发专款 2000 万元交中央信托局,专为办理战时运输兵险及战时陆地兵险业务之基金。

△　周恩来出席重庆文化界人士的聚餐会。会上,赞扬日本作家绿川英子是日本人民忠实的好儿女,真正的爱国主义者。

△　日机 80 架分三批自鄂袭击成都,投弹数百枚,《新华日报》成都分销处经理申同和罹难。

△　日军一部在山东日照东北登陆。

△　英国应中国政府之请求,封存中国在英资金。

△　德、意最后一批外交官撤离中国,德、意大使馆正式封闭。在其撤离前,何应钦、朱家骅等设宴欢送德代办及海通社驻渝社长等多人。

△　罗马尼亚驻日公使兼驻南京汪伪政府代理公使巴布列斯哥抵南京,30 日向汪精卫递交“国书”。

7 月 28 日　蒋介石以成都等地屡遭日机袭击,灾情严重,特电四川省主席张群查讯详情,并拨款 10 万元交张转发,以资救恤。

△　财政部当局为英、美封存中国资金事向中央社记者发表谈话,称:“友邦封存我资金意义极为重大,从此我可彻底管理外汇,停止游资非法活动,财政经济基础亦因而更加巩固。”

△　军事委员会任命程树芬为第七军副军长;任命莫德宏为第四十八军副军长。

△　日机 90 架分批袭川,分别在重庆、成都、自贡、泸州等地投弹,被我军在璧山击落二架,多架受伤。

7 月 29 日　日机 90 余架分四批飞川袭扰,一批往自流井投弹,三批袭击重庆,市区警报达九小时。敌机在新市区一带投弹,苏联大使馆部分被炸,英国大使馆又遭震炸,市民伤亡共 20 余人。

△　行政院会议通过粮食部制定的《省粮食局组织大纲》,并任命刘航琛为四川省粮政局长。

△　第四战区一部与在粤南西营登陆之日军激战,在赤坎将日军击退。

　　△　新四军黄克诚部与日军在苏北东沟、益林激战终日。韩德勤第八十九军突以六个团之众猛攻黄部益林阵地,配合日军向新四军"扫荡"。30 日,韩部另一部在刘家镇袭击新四军后方供给机关,同时袭击陈家集伤兵医院,惨杀新四军伤病员 100 余人。

　　△　日机六架轰炸安徽旌德县城,投弹 12 枚,炸死 43 人,炸伤74 人。

　　△　日本将东北及沦陷区之英、美资金全部封存,以报复英、美之封存日本资金。

　　△　汪伪教育部中小学训育实施委员会制定《中学训育方针及实施办法大纲草案》,规定:对学生要进行反共睦邻思想和和平建国国策教育。

　　7 月 30 日　日机 130 架轰炸重庆。美"图图拉号"炮舰、南岸美大使馆、美孚石油公司遭炸,拉铁摩尔住宅亦遭震毁。美驻日大使格鲁奉命向日外务省提出抗议,美国会议员要求立即报复。

　　△　据《中央日报》讯:日军为警戒苏联,原拟抽调在华军队 40 万人,但因事实之困难,仅抽调 10 万人,分批运赴榆关转往东北。

　　7 月 31 日　军事委员会任命贺维珍为第三十一军军长,黎行恕为副军长。

　　△　日军 1500 余人对大青山根据地武川东北之五塔背、银矿山地区进行"扫荡",烧毁银矿山周围之 30 多个村庄。8 月 7 日日军撤退。

　　△　日机九架袭击鄂北老河口,投弹 20 余枚,伤亡民众 10 余人。

　　△　上海伪组织准备于 8 月 1 日举行德、意承认汪伪政府汽车游行和提灯会。主持者于是日晚在南市老北门被爱国者枪杀,流弹伤伪宪兵一名,游行亦告解体。8 月 1 日,西区兆丰公园附近奸伪准备结队游行,突有爱国青年一人,胸缚炸弹,猛撞主席台,炸弹立刻爆炸,奸伪死伤甚众,该青年亦以身殉难。

　　△　日本强迫泰国建立军事合作,并加入其"东亚共荣圈"。8 月 1日,泰国宣布承认伪"满洲国"。报界称:此举乃表示泰国决心脱离英、

美阵营,参加日本建设"东亚新秩序"之计划。

　　△　美副国务卿威尔斯声称:日本业已正式向美国承认日机空袭重庆美国"图图拉"炮舰被炸案,并向美国政府道歉,赔偿损失,保证不再攻击美国在华资产,因此宣布此案已告结束。

　　是月　国民政府公布《粮食管理纲要》,规定粮食的价格应限于某种伸缩范围之内,其低价应以生产成本为准,其高价应在合理利润之下,而不使囤积者争先储存。

　　△　国民政府制定《管理粮食治本治标办法》,分为治本办法和治标办法。治本办法共八条,规定:各县粮食管理委员会应速算明白市场需要之最低粮额,向县中地亩较多的粮户及农户分别纳定售出,但仍为各户保留足以自给之相当粮额,收租愈多者应售出愈多,勿使富有者保留过多,无力者负担过重;县政府会同征收局速查明农户、粮户之地亩,并办完约定售量;凡经规定限期出售的粮食,逾期不售者,均应半价征购,其规避藏匿者应予没收或按应有粮价科以罚金;凡购粮囤积超过自用范围或粮商囤积未售者,限期全部陈报出售,逾限不售应予没收;凡反抗粮食管理者以扰害治安论罪,并由军法审判。治标办法共五条,规定:办竣军粮,与人民了清一切手续;劝令藏粮在 300 市石以上的粮户售出一部分,由县粮管会支配销售市场或零售;各县凡发给抗战军人家属优待谷一律自 12 月 1 日起改为发给现款,此项现款由省府确定原则,令各县筹集。

　　△　晋察冀边区冀中行署在日伪军事"扫荡"的炮火下,发动安平、武强等县 28 区 7000 军民坚持 46 天,完成修建滹沱河堤防工程。

　　△　国民党中央图书杂志审查委员会印发《取缔书刊一览》,计查禁书刊 961 种。

　　△　胡文虎等华侨为联合英、美,防止日本在南洋的经济活动,出资 5000 万元设立南洋企业公司,总公司设新加坡,分公司设西贡、曼谷、马尼拉、仰光、香港等地。该公司与英国战时经济部取得密切联系,以防日商在泰国、越南、荷印、马来亚等地获得橡胶、锡及其他军需资

源,同时将这些资源供给英、美。

△ 旅芝加哥华侨千余人积极赞助祖国工业合作运动,至是月共捐款达 100 万美元。

8 月

8 月 1 日 蒋介石发布命令,将陈纳德指挥下的美国志愿空军正式组成中国武装部队(即飞虎队),由陈纳德任总指挥。

△ 国民政府正式接管中德合组之欧亚航空公司,董事长为何墨林。

△ 全国各省为筹备实施田赋改征实物,分别成立田赋管理处。

△ 胡适在华盛顿对中央社记者称:罗斯福总统之禁油新命令,"实为一极有效之武器,对于民主国家为自由而战之全部目标,将有重大裨益"。

△ 第七战区所部克复粤东潮阳。

△ 晋冀鲁豫边区八路军第一二九师为粉碎日伪第二次治安强化运动,发动对日伪闪击宣传的政治攻势,共出动武装宣传队 95 个,携带传单、报纸等宣传品 50 余万份,深入敌占区散发。

△ 新四军第三师一部收复苏北阜宁、东沟、益林等市镇,迫使"扫荡"的日伪军退胡垛。同日,该军另一部攻克日伪据点郑潭口,全歼伪支队长孙礼涛以下官兵 800 余人。

△ 友森、松本、海田等 21 名日本人在延安发表声明,参加八路军,誓为打倒日本法西斯而奋斗到底。

△ 汪伪首都宪兵司令部成立,申振纲任司令。同日,上海市保安司令部成立,陈公博兼保安司令。

△ 上海英联船厂 3250 余名工人因物价高涨,向资方提出增加工资三至五成等要求,因资方拖延不复,是日全体工人实行罢工。经过谈判,资方被迫答应增加工资二成,3 日工人复工。

　　△　罗斯福颁布特别命令:除英国及其他抵抗侵略国家外,严禁马达燃料油及飞机用油出口,并宣布封存国内生丝存货。

　　8月2日　外交部长郭泰祺在重庆举行中外记者招待会,对越、泰屈服日本及日军南进表示关切,主张英、美加强对日采取经济制裁,对昨日罗斯福宣布禁油输日表示钦佩。

　　△　驻河北安国、定县日伪军700余人在松尾大队长率领下,向安国县马阜才一带进犯,八路军冀中军区一部奋起迎击,毙敌192人,伤37人。八路军亦伤亡130余人。

　　△　"扫荡"苏北盐城、阜宁地区的日伪军开始向南总退却,转移至苏中区"扫荡"。新四军第一师连续收复姜堰、黄桥等地。同日,陈毅指示新四军第一、第二师应作好苏中地区反"扫荡"工作的具体布置。

　　△　在华日军机关报《新申报》刊称:"越南问题解决后,日本之政治闪电将转向泰国",并称:"日本及'中国'现准备对支持旧秩序者血战","摧毁一切建立新秩序途中之障碍。"

　　△　韩国光复军第五支队队长罗月焕奉韩国临时政府命来重庆述职,并报告该部前方工作情形。按:罗在中国北战场组织韩侨参加对日作战,并深入敌后从事破坏工作,二年以来成绩卓著。

　　8月3日　八路军第一二〇师一部在山西忻县东南之杨家塔击落日机一架,驾驶员等三人毙命。

　　△　伪华北防共委员会在北平成立,王揖唐任委员长,下设各级防共委员会。

　　△　上海虹口日商经营之东亚烟厂第一、第二厂工人2600余人要求改善待遇,遭厂方拒绝,实行怠工。

　　△　美大使馆留北平外交人员以日军在北平东站拒绝运输美籍人员行李,干涉邮务,监视青岛之美籍工厂等反美活动,向日大使馆提出抗议。

　　8月4日　郭泰祺在重庆中枢纪念周报告近来国际形势,指出:"日本是侵略集团链锁中最弱的一环","只要民主国家坚持并加强对它的经济封锁,它就会走向崩溃之途","民主集团的胜利一定会从远东开始,毫无疑义。"

△　中共中央作出关于敌伪军、伪组织的工作决定,指出:对敌军展开瓦解工作,加深敌兵厌战怠战情绪与思家思乡情绪,以促进其觉悟。对于所有敌人俘虏,一经解除武装,无论官兵、特务、宪兵等,一律不准杀害。对伪军、伪组织的工作,强调对不同的伪军采取不同的政策,总的原则是争取同情分子,控制两面派,打击坚决作恶分子。

△　上海法商水电公司机务部、车务部工人举行罢工,要求中外职工加薪享受同等待遇。5 日,资方强迫工人开出 20 多辆电车。6 日,逮捕 10 多名工人,并扣留了谈判代表。经多方交涉,法捕房释放了谈判代表,资方同意加薪 30% 左右,并释放被捕工人。工人乃于 8 月 7 日复工。

△　著名作家、香港大学教授许地山在香港病逝。11 月 9 日,新加坡中国商会举行许地山追悼会,各界代表 300 余人前往致祭。

△　日机九架沿长江西犯,在巴东更番一带投弹 40 余枚,毁民房数十间,死伤民众 10 余人。

△　东亚记者大会在广州举行,日本、汪伪政府和伪满洲国等方面的新闻记者参加。汪精卫出席开幕式并讲话,要新闻界加强拥护《中日条约》和中、日、"满"三国共同宣言的宣传,努力实现共存共荣的东亚新秩序。

8 月 5 日　行政院例会通过任命高阳为国立广西大学校长,原任校长雷沛鸿免职。

△　八路军山东纵队一部攻克长山城。

△　驻北平东部地区伪军三个中队 200 余人在第二中队长何贵有率领下,向八路军一部投诚。

△　日伪军为搜捕八路军回民支队长马本斋之母,包围其家乡河北河间县辛庄扑空,乃集中全村男女老幼威逼,马母见村民受难,挺身而出,被解往河间县城,敌迫其写信劝马本斋投降,马母严词拒绝,后绝

食而死。

△ 日军 200 余人于夜间包围河北曲阳县西野北村，6 日拂晓强迫村民召集开会，日军以机枪扫射，当场死百余人，伤四五十人，对重伤者再用刺刀挑死，对逃入室内者用火烧死。

△ 美保安部长麦克拉特谈远东局势，认为远东地区应由 A、B、C、D（即美、英、中、荷）四国组成联合阵线，方可阻止日本之侵略。

△ 泰国宣布承认伪满洲国。27 日，丹麦亦宣布承认伪满洲国。

8 月 6 日 八路军第一二九师根据八路军总部指示，以第三八六旅第十六团及决死第一纵队第五十九团组成南进支队，由周希汉、聂真率领南下岳南地区，开辟抗日根据地。

△ 日机袭击湖南长沙、湘乡、湘潭、宁乡、浏阳等地；同日袭击湖北、陕西宝鸡、凤翔，安徽立煌（今名金寨县）等地，在立煌县城投弹五枚，毁民房 10 余间，死伤民众数人。

△ 汪精卫在广州发表广播演说，声称：中日提携，共兴东亚，是中国的惟一出路。

△ 美政府下令解封中、日、德、意人民在美国的资金。

8 月 7 日 美财长摩根索宣布，根据《租借法案》，美国售予中国政府灰色棉布 1000 万码，以供制造军服之用。同日，美国医药援华会宣称：将以美金 22.8712 万元供中国医药救济之需，其中一部分将用于建筑救护站，以救护重庆空袭中受伤之民众。

△ 东亚记者大会结束，决定筹备成立东亚新闻协会。汪伪中央宣传部长、通讯社长林柏生在闭幕会上声称东亚各国"联合则存，相争则亡"，表示要克服一切困难，实现共存共荣的东亚新秩序。

△ 日方宣布是日起满洲与关东洲生产之玉米、大豆、铝、木炭、花生油等 18 项物品免税输入日本。

8 月 8 日 新四军第五师第三十七团、第三十九团各一部在地方武装和群众的配合下，袭击湖北孝感县城，全歼孝感日军宣抚班，毙伤日伪军 40 多人，俘日军八人，并烧毁伪县府及汽车站内 10 余辆汽车。

　　△　据中央社讯：中国工业合作协会成立三年来，除在全国各大城市设立办事处及事务所，负责指导各地工业合作事业外，现受该会直接领导的工业合作社计 1700 余个，社员 3.5 万余人，贷款总额 1500 万元，每月生产总值 2000 余万元。

　　△　日机 100 余架轰炸重庆，"143"、"180"两防空洞被炸，死 162 人，伤 87 人。事后，蒋介石拨抚恤金 10 万元，并奖勉冒险工作的防护团队。

　　8 月 9 日　据《中央日报》讯：国民政府以馥记营造厂经理陶桂林承办国民大会堂建筑工程，将应得酬金 16 万元全部捐献国家，支援抗战，予以明令嘉奖，并颁给金质奖章一枚。

　　△　八路军第一二九师太岳决死第一纵队配合民兵攻克山西安泽县城。

　　△　日机 63 架分三批袭击重庆，在市区投弹多枚，毁民房数十间，炸死民众 10 余人。

　　△　日大本营陆军部制定《帝国陆军作战纲要》，决定不管德苏战争如何演变，在 1941 年度放弃解决北方的企图，专心集中注意南方。为此，作出如下部署：一、以在"满洲国"和朝鲜的 16 个师团严格执行对苏联的警戒。二、对中国继续执行既定的作战方针。三、对于南方，以 11 月底为期限，促进对英、美作战的准备。

　　△　日外相丰田对意大利史蒂芬通讯社独家发表谈话，宣称：日本现正与轴心国家合作，在欧、亚两洲打破各国对日本之包围政策，并称：日本之南进政策完全为和平性质，并非针对任何国家，惟若在日本利益范围内发生任何事件，日本自不能漠视。

　　△　上海汪伪《中华日报》馆机器房被爱国者投硫磺弹三枚，燃烧达三小时，房屋机器全部焚毁，并炸伤工头及职员各一人。报纸因此改出半张。

　　△　奉命视察中国及远东各地的美外交界闻人吴德洛，在新加坡对中央社记者发表谈话，呼吁美国政府援华，并称：中国抗战必胜，且将

成为吾人建立世界新组织最好之与国。

8 月 10 日　日机 100 余架乘夜袭击重庆,死伤 20 余人,外国记者招待所、监理会会堂、英大使住宅及安息会等处均中弹遭炸。同日,日机 26 架袭击昆明,投弹百余枚,毁房屋百余间,死伤 10 余人。

　　△　河北遵化伪警察大队 300 余人,被强迫开平北地区进攻八路军,其第二中队队长何有率部 160 余名反正,投奔八路军。

　　△　日军接管东北部分铁路,以运输东北境内 40 万日军之给养,并限令外侨于 18 日离境。

8 月 11 日　国民党中央委员兼组织部代副部长、军委会顾问、事务处处长张冲在重庆病逝。翌日大殓,蒋介石派贺耀组主持葬礼。13 日,毛泽东、朱德等中共领导人电唁张冲家属。10 月 9 日,国民政府特予明令褒扬。

　　△　日机百余架袭川,先后在重庆、宜宾、成都、自贡、涪陵等地投弹。九架驱逐机袭成都时,驻成都空军部队起飞迎战,高射炮配合射击,日机数架受伤仓皇逃窜,一架坠毁广安太平场。

　　△　八路军总部命令第一二九师以第三八六旅、决死第一纵队(后改为决一旅)及第二一二旅组成太岳纵队,以陈赓为司令员,薄一波为政委。

8 月 12 日　国民政府设立外汇管理委员会,特派孔祥熙兼任委员长,派俞鸿钧等 12 人为委员,并指定俞鸿钧、陈辉德、陈行、贝祖贻、席德懋为常务委员。

　　△　应国民外交协会之请,蒋介石的政治顾问拉铁摩尔在重庆作来华后之首次讲演。拉氏将中美两国之异同作了比较,认为中国不但要打败日本,而且在胜利后必能建立平等自由之民主国家,此将为东亚数千年来历史极伟大之现象,并称:"中美两国将来永不能分手,必合作到底。"

　　△　第二战区阎锡山部克复晋西孝义县城。

　　△　苏北新四军第三师一部收复盐城。

8 月 13 日　蒋介石为"八一三"四周年纪念发表《告全国国民书》，宣称：现在世界局势"侵略暴力与反侵略力量之分野已日益分明"；"太平洋上的形势亦益紧张，此即为日寇愈益接近其崩溃末日之征兆"，"我中国为直接受日寇侵略之当事国家，耻辱未雪，责任特重"。

　　△　航空委员会为纪念第二届"空军节"，公布四年来空军战果，共击落日机 1500 余架，毙日空军 1200 人，俘 69 人。

　　△　中华民族解放行动委员会（即第三党）南方部在香港发表对时局宣言，提出立即召集各党派、各人民职业团体、国内外各代表举行紧急会议，集中全国意见，共商国是等 14 项主张。

　　△　日机一周来不分昼夜对重庆实行"疲劳轰炸"，市内饮水与灯光皆断，人民断炊失眠。是日，日机 86 架又轰炸重庆，在蒋介石曾家岩住处三度投弹，均未命中。

　　△　日机 25 架袭击西安，在市区狂炸，死伤市民 10 余人。同日，日机 27 架又袭击昆明，在市中心区投重磅炸弹多枚，英国教会寺院、民教馆及女青年会等均被炸毁。

　　△　驻广东饶平县海山伪军黄大伟部连长朱贵安、萧景山不堪日伪军压迫，率部 40 余人反正。

　　△　日华北派遣军总司令冈村宁次，为报复八路军的百团大战，调集日军第十七、第二十一、第二十六、第三十二、第一一〇等师团精锐部队和第二、第三、第四、第八、第九、第十等混成旅团，以及一部分伪军共 10 余万兵力，发动所谓"百万大战"，向晋察冀边区北岳区进攻。是日，集中平汉路北段宛平迄高碑店日军万余，分 13 路出动，开始向平西作大规模扫荡，沿途封锁交通，企图将晋察冀边区北岳区八路军主力合围于长城两侧而歼灭之。晋察冀军区开展反扫荡作战，将主力转移敌后，由游击队、民兵阻击困扰，致使日军经过半月到达中心区时，一无所得。

　　△　陈公博发表广播讲话，题为《和平的目的是分担东亚的大任》，要求中国人民停止抗日，参加和平运动，并希望日本以实力协助中国实现自由、独立和自强。

　　△　荷属东印度巴达维亚华侨举行空军节纪念大会,并捐献 100 万元,支援祖国建设新空军。

8 月 14 日　国民政府明令修正《惩治偷漏关税暂行条例》施行期间,着再予延展一年。

　　△　毛泽东同朱德、王稼祥、叶剑英致电王世英,指出王靖国即将东进中条山,显然是制造晋绥军与八路军摩擦的阴谋。指示王世英去见阎锡山,请阎保证王靖国东进后不反对八路军,保持八路军与晋绥军的良好关系。

　　△　日机 27 架袭击昆明,在市区投弹数百枚,西南联大、清华大学办事处等均中弹。同日又袭击湖北恩施,投弹 10 余枚,死伤三四人。

　　△　南昌以南日军一部由上谌店等地出犯,第九战区一部夹击该敌,毙伤敌 200 余名。

　　△　前广东省新会县县长李勉成因私收钨砂,图运出口,并勒索群众财物等,被判处死刑,是日执行枪决。

　　△　罗斯福、丘吉尔于 8 月 9 日至 12 日在大西洋美国巡洋舰上举行会议(又称大西洋会议),是日发表共同宣言(即《大西洋宪章》),提出"两国不求领土或其他方面之扩张"等八项原则,并提议在莫斯科举行美、英、苏三国会议。

　　△　英国政府下令禁止一切货物输日。

8 月 15 日　军事委员会发言人就日机本周来迭炸中国大后方城市,尤以轰炸重庆最为频繁发表谈话,认为日军此举之目的欲使我屈服,实属幻想,只不过锻炼了吾人体魄之敏捷化,加强了吾人之敌忾心,我方一切工作仍照常进行,未受丝毫影响。

　　△　蒋介石以日机连日轰炸重庆,空防人员奋勇出力,特拨款 30 余万元,交由防空司令部转发犒赏。

　　△　据中央社讯:罗斯福、丘吉尔发表共同宣言后,中国官方人士均表示欢迎,认为此宣言对于加强一切反侵略国家之合作,尤有绝大贡献;对于完成解除侵略国家武装之目的,乃为一种不可缺少之措施。

△　中共中央军委总政治部发出关于对日军兵士宣传问题的指示,指出:德国进攻苏联,孤立了日本帝国主义,使日本国内国外形势更加恶化,应向日本兵士宣传:一、日本国势孤立,在中国的战争迅速结束无希望,胜利更不可能;二、如日本打苏联,日本一定会失败,日本士兵的前途只有死亡;三、日本士兵的出路是要求回乡,不与中国人民、苏联人民相屠杀,不作军阀的炮灰。

△　八路军第一二九师一部攻克河北广宗县城,歼敌 80 余人。

△　日机轰炸云南下关,福建南平、建瓯,四川万县等地,驻万县空军击落日机一架,敌领队长横田以下四人毙命。

8 月 16 日　日机 17 架袭击湖北老河口,在市区投弹百余枚,死伤平民 30 余人,毁房屋多间。

△　汪伪中央政治委员会举行会议,决定特任梅思平为实业部长,丁默邨为交通部长,李圣五为教育部长,赵毓松为司法行政部长,诸青来为水利委员会委员长,傅式说、李士群、陈君慧、赵尊岳为行政院政务委员,周佛海兼任社会运动指导委员会委员长,李士群为军事委员会统计部长,邓祖禹为中央警官学校校长,赵正平兼国立上海大学校长。撤销军事委员会委员长驻粤办公处和广东省保安司令部,成立广州绥靖主任公署,特派陈耀祖为广州绥靖主任。

△　刺客六人因对汪伪政府借改组削弱周(佛海)系势力不满,乘夜袭击汪精卫寓所,击毙卫队四人。

8 月 17 日　外交部为美、英《大西洋宪章》发表声明,称:"中国确信世界侵略势力之最后消灭,其捷径厥为加强远东之包围,首先击破日本。"

△　中共中央就新四军行动方针问题电告陈毅、刘少奇:新四军领导机关在最困难时移至皖东是可以的必要的,但不能大举向西发展,目前中、苏、英、美国共两党均亟需联合对付法西斯,桂系李济深、白崇禧也与何应钦有区别,故不宜大举西向。

△　行政院与军委会合组之青康考察团由重庆出发,团长王应榆,

团员有各部门技术人员 20 余人。

　△　日机连日袭击福建,是日先五架袭建瓯,美天主教堂中三弹,毁房屋 10 余间,又五架袭三元、南平,投弹 10 余枚,毁民房 10 间,死伤 10 余人。

8 月 18 日　国民政府发言人蒋廷黻招待中外记者,谈国内外局势,称美、英《大西洋宪章》为战后世界改造之基本纲领;并称战后世界的改造,中国继续有所新贡献。

　△　蒋介石以日机轰炸重庆,两处防空洞被炸有伤亡,特拨款 10 万元,交由陪都空袭救护委员会从优办理伤亡,抚恤家属。

　△　国民政府令免国立广西大学校长雷沛鸿职,明令褒扬故陆军中将梅焯敏。

　△　居正在重庆中枢纪念周报告筹组慰劳团经过,谓准备工作已经完成,将配合军事动态,择期分赴各战区慰劳抗日将士。

　△　延安《解放日报》评《大西洋宪章》,指出该宣言"是反对穷兵黩武的纳粹侵略的战斗纲领,是一切爱好自由民主的民族所应加以赞扬的"。同时批评宣言中美国对日政策"仍未关闭姑息政策之门"。

　△　八路军第一二九师南下支队一部克复山东堂邑之吕集、杨庄、曹村、燕店、马厂、豆村等日伪军据点,共歼灭日伪军 700 余人。

　△　上海华懋饭店、华懋公寓、成都饭店、汉弥尔登公寓等 400 余职工因物价高涨,要求加薪,而资方勾结法捕房逮捕 20 名职工,工人乃实行联合罢工,并向各方请愿,呼吁援助。31 日,法捕房巡警至华懋饭店,以煽动工潮为名,又逮捕职工 20 余名,全体职工继续罢工抗议。9 月 3 日,工部局派员调解,资方答应工人的增薪要求。4 日,工人复工,全体被捕工人亦获释。

　△　澳大利亚首任驻华公使艾格斯顿在悉尼中国商会发表演说,称中国乃世界上最伟大之长期战争支持者,澳洲具有种种信念,相信中国必能力撑危局,获得最后胜利。

　△　上海汇丰银行依据中、英、美平准基金委员会之训令,开始运

用平准基金办理外汇,是日宣布法币新汇率,并宣布惟有美金及英镑区域运货入中国销售之商人,方能以新率购买外汇。

△ 日外相丰田告美大使,盼两国首脑早日会晤,并称俟中国问题交涉解决,即自越南撤军。

△ 丹麦承认汪伪政府及伪满洲国。20 日,外交部宣布与丹麦断绝外交关系。

8 月 19 日 行政院会议通过各省编制民国三十一年(1942)度岁出概算要点 10 项。同日通过重庆大学校长叶元龙辞职,由梁颖文继任。

△ 胡适访美国务卿赫尔,递交中国政府赞同罗、邱宣言的照会,并交换关于远东问题之各项意见。

△ 中共中央发表《关于最近国际事件的声明》,指出:罗、邱宣言及提议召开莫斯科三国会议,是具有世界历史意义的重大事件;同时指出宣言未提及日本,其中第四条暗示可与日本通商及供给原料,第七条表示愿与日本妥协的一面;号召中国各党派"应该善处此种千载难逢的时机,团结一致,向好的进步的方向努力"。

△ 延安《解放日报》发表社论《重为大后方青年呼吁》,指出:目前大后方的学生仍受到生活上和政治上两方面的压迫,影响到许多著名的教授,如李达、千家驹为广西大学解聘,吕振羽为复旦大学解聘,沈志远、韩幽桐在国立西北大学被迫去职,邓初民、马哲民、黄松龄先后在朝阳大学被迫去职,甚至名经济学家马寅初教授,去年 12 月 6 日在重大为宪兵捕去。

△ 日机袭击四川忠县,被我空军击落一架,坠于奉节附近,驾驶员七人殒命。返航经万县时,又被我高射炮击落一架,驾驶员松本等七人全部毙命。

△ 川康兴业公司召开首次筹备会议,主任委员张群、副主任委员黄季陆均参加并主持会议,宣布公司官股 4000 万元已拨定,商股募集办法亦已商定。

　　△　汪伪政府行政院召开会议,改组伪浙江省政府,任命傅式说为省府主席;改组粮食管理委员会,特派梅思平任主任委员。

　　8月20日　军事委员会任命潘文华为第五十六军军长。21日,任命詹忠言为第一〇〇军副军长。

　　△　日军用车一列在嘉兴附近触雷爆炸,毁机车及车辆二辆,毙伤日军200余名。

　　△　苏商时代出版社《时代》中文杂志在上海创刊。

　　8月21日　行政院公布《非常时期工会管制暂行办法》,凡15条,规定:限令具有工会会员资格之工人依法入会,并随时考查,违者依法处分;工会理、监事不称职者,得调整或变更其职务;依法派遣曾经训练合格人员充任工会书记,必要时得派遣指导员督导工会之会务;分期调集工会理、监事或会员实施思想、生活、业务等训练。

　　△　河南省南阳县人民宋子灵、宋杏甫、宋明卿等于日伪军犯境时集合志士,奋勇守土,死难及伤残近百人,遂将敌人击退。是日国民政府予以明令褒扬。

　　△　据《大公报》讯:中国、中央、交通、农民四行向广西、云南、甘肃、陕西、广东等省贷款1000万元,用于各该省发展农田水利。

　　△　上海码头工300余名要求增加工资宣布罢工。捕房派探捕一队前往镇压,工人以铁棍、石块抵抗,探捕开枪,双方均有所伤,工人死一人,被捕数人,罢工工人增至1200余名。同日,上海450家印刷公司万名工人要求加薪举行罢工。

　　△　日第十一军命令所部第三、第四、第六、第四十师团和早渊、荒木、江藤、平野等四个支队,以及工兵、炮兵、战车、海军、空军等约10万人,向岳阳以南地区秘密集结,准备发动第二次长沙会战。

　　△　日大藏省宣布:自明日起发行新的"中国事件公债",定额为六亿日元。

　　8月22日　军事委员会公布一周来日机轰炸川中各地被中国方面击落的情况:共击落敌机三架,部队长横田等15人殒命。

△　日机 135 架分批袭川,81 架在重庆市郊平民住宅区及文化区投弹,毁民房百余栋及学校教室、宿舍、膳厅数十栋,安息会中弹被毁,商务日报馆被震毁。

△　国民政府明令褒扬赈济委员会委员查秉钧,并发给治丧费 3000 元。

△　日情报局发言人石井招待记者时称:满洲国与外蒙在诺蒙坎地区之界线 300 公里已经和平划定,现正在讨论分清模糊界线。双方全权代表今日起在哈尔滨会晤,以便交换公文。

△　罗斯福向日驻美大使野村提出说帖,警告日本不得侵略泰国,并不许由越南进攻中国云南。

8 月 23 日　日机 100 余架分上、下午袭川,有两批共 54 架在重庆市上空投弹,毁民房、商店百余栋,死伤数十人。另批 50 余架在乐山、合川、梁山等地投弹。

△　新四军第五师一部攻克鄂中孝感。

8 月 24 日　财政部发言人发表谈话,称:为奖励资金内移,凡国内中外人士之外汇资金,可由中央银行解封,并规定外币汇票由中央银行照市价收购;正当用途仍照市价供给外汇;旅华美侨携款照市价换法币。

△　军事委员会任命李觉为第二十五集团军副总司令;任命陈孔达为第七十军军长;任命康翔为新编第五军副军长。

△　中共中央发出对晋西南工作的指示,指出:阎锡山基本上还是中间势力,他在国共两党斗争中起着缓冲的作用,他的存在对于我们是有利的。因此,我们对阎的方针,仍然是继续争取他,求得维持关系,在一定条件下对他的存在给以某些支持,而不是削弱他的力量。

△　冀南八路军第一二九师第八旅第二十
袭入广平县城,全歼守敌,俘伪县长及伪
余支。

　△　上海公共汽车公司全体华工数千名举行罢工,全市公共汽车停驶。

　△　丘吉尔发表广播演说,称日本多年来名曰解决"中国事件",实则彼等更伸张其贪婪之手至于南洋,此种行动必须制止。25日郭泰祺发表谈话,对丘警告日本在远东更进一步侵略甚表欢迎。

8月25日　军事委员会任命王敬久为第十集团军总司令。

　△　第三战区所部克复浙西余杭。

　△　日机36架分六批袭击陕西临潼、渭南、潼关等地。同日又袭击宝鸡、兰州。

8月26日　国民政府任命冯钦哉为察哈尔省政府主席,派张含英为黄河水利委员会委员长。

　△　外交部宣布:中国政府承认由贝奈斯总统在伦敦组成之捷克政府,并派驻荷兰公使金问泗兼代捷克公使馆馆务,同意捷克政府派明诺夫斯基为驻华公使。

　△　郭泰祺对合众社记者称:在美日谈判中,美国决不至出卖中国,中国已成为世界外交舞台中之活跃分子,对现时国际局势发展有重大贡献,太平洋问题非中国合作不能解决。

　△　日华北方面军司令官冈村宁次命令第十二军和第三十五师团向黄河南岸推进,策应长沙作战。

　△　第三战区所部克复苏南高淳。

　△　第四战区所部克复闽东福清。

　△　罗斯福宣布,美将派遣军事代表团来华,以实现《军火租借法案》之目的,该团由马格鲁德为团长,在陆军部长史汀生指导下执行任务。28日,中国政府发言人称:此项决定表示美国加强中美合作及使援华政策达到充分满意结果之诚挚愿望。

8月27日　《大公报》载:四联总处本年度向农业贷款已近达五亿元,为扩大农贷以来之最高纪录,放款区达17省区,其中四川省约占总三分之一,次为甘肃、陕西、湖南,达3000万元。

△ 中美文化协会举行孔子诞辰二千四百九十二周年纪念会,会长孔祥熙及郭泰祺、美大使高思、蒋介石的政治顾问拉铁摩尔及吴铁城、张伯苓、翁文灏、孔德成等 200 余人到会,孔祥熙主祭,高思、拉铁摩尔讲演。

△ 晋冀鲁豫边区冀南军区第二分区游击队及民兵 100 余攻克隆平县城。

△ 驻广东安定日军袭扰富文市,焚毁法教堂一座,杀死教士 20 余人,法籍神父亦同时遇难。

8 月 28 日 国民政府明令改组福建省政府:原省府委员兼主席陈仪另有任用,应免本兼各职,任刘建绪为省府委员兼主席。原省府委员兼秘书长陈景烈辞职,应免本兼各职,任张开琎为省府秘书长。29 日任命张开琎为省府委员。

△ 中国政府访缅代表团由团长蒋梦麟、副团长曾养甫率领团员 10 余人由渝飞抵仰光,其目的为促进中缅友好关系,解释中国在反侵略战争中之立场。

△ 外交部情报司以本月 4 日驻越法军百余人,向广东岗中附近之上义袭击,毁房伤人甚多,上义、陵思一带道路亦遭破坏,并继续向模囷增兵,企图进扰岗中,向法方提出严重抗议,并声明保留要求赔偿损失之权。

△ 周佛海与日本派遣军副总参谋长土桥拟定《长江下游地带物资统制暂行调整要纲》。

△ 韩国临时政府主席、独立党领袖金九在重庆招待记者,纪念亡国三十一周年,并报告复国运动近况,外长赵素昂向美、英提出承认韩国临时政府等六项要求。《益世报》董事于斌致答词。

8 月 29 日 外交部宣布,中国政府与加拿大政府互派使节。

△ 第三战区一部在淮南路双堆集车站埋设炸药,日军列车一列驶过触雷爆炸,炸毁机车及车厢四辆,死伤官兵 200 余人。

△ 朝鲜民族联盟及朝鲜义勇队在重庆联合举行朝鲜亡国三十一

周年纪念会,并发表《敬告中国同胞书》。韩国临时政府亦于今日发表宣言。

8月30日　蒋介石在重庆南郊黄山官邸召开军事会议,日机猛炸黄山,死卫士二人,伤四人。同日,日机200余架分10批袭川,在云阳、达县、万县及重庆市内投弹,重庆国民政府大礼堂全部被炸毁。

△　日机分二批袭击重庆《益世报》、《商务日报》及《新民报》馆及南市区帝家岩等处,炸死市民53人。

8月31日　八路军第一二九师在冀南组织的邢(台)沙(河)永(年)战役开始。是日晚克复南河、沙河两县城及磁县之彭城镇。至9月3日,战役结束,共歼敌340余人,争取伪军300余人反正,攻克县城二座,据点八处,碉堡53座。

△　日机轰炸重庆,《益世报》编辑部及印刷厂全部炸毁。同日又轰炸四川成都、梁山、西昌,湖北樊城,陕西咸阳、乾县、宝鸡,甘肃兰州、武威、临洮等地。在兰州被中国空军击落一架,驾驶员六人殉命。

△　行政院康昌旅行团一行30余人在团长王家桢率领下,行程3300余公里,往返56日,最终点至西昌。是日返抵重庆。王对记者称:"此行主要任务系考察乐西公路沿线一切状况,并促其经济开发。"

△　中共中央机关刊物《解放》(半月刊)出刊至第一百三十四期,是日停刊。

△　日军在上海法租界华美公寓拘捕爱国青年14名,公共租界同时亦有两名爱国青年被捕。

是月　山东省主席沈鸿烈调离山东,由第五十一军(原东北军)军长牟中珩继任。

△　行政院公布《中央接管各省市田赋实施办法》,凡六条,决定中央于本年内成立各省、市、县田赋管理处,接管田赋及土地陈报,其经常事业费用由中央负担。已办土地陈报尚未完竣县份,暂保留其原组织。在各省收支未经划归中央统筹以前,其经费仍由地方负担。规定:自省、市、县田赋管理处成立之日起,所有省、市、县田赋收入概归中央。

其原列省、市、县预算内田赋收入及其增筹之款,除已征起者外,余由国库拨付。各省、市、县民田及其他各种土地(如公学、屯营卫田等)之亩额、赋额,应由如该省、市财政厅、局分别查明造册,专案移交。

△　中共中央决定将陕北公学、中国女子大学、泽东青年干部学校合并成立延安大学,吴玉章任校长。

△　第二十三集团军唐式遵部制定"清剿"皖南新四军的计划:第一期三个月,从8月1日至10月底;第二期三个月,从11月1日起,并划铜陵、南陵、繁昌、泾县四县为绥靖区,设绥靖指挥部,专负清剿之责。

△　华北日军在石家庄设立石门俘虏训练所,对中国的战俘进行"职业训练",之后将其交给伪满洲国的国策会社,至本年末累计收容1.2477万人。

△　日本关东军将设在哈尔滨平房的防疫给水部队改为"满洲第七三一部队";将牡丹江支队改为"满洲第六四三部队";林口支队改为"满洲第一六二支队";孙吴支队改为"满洲第六三七部队";海拉尔支队改为"满洲第五四三部队"。

9　月

9月1日　国民党第五届执委会第一八三次常会决议:为改善及充实党办出版事业,分设中央出版事业管理委员会及中宣部出版事业处。管理委员会专管党办出版事业(指正中书局、中国文化服务社等)之扩充及出版机构调整、统制事宜;出版事业管委会管理战地书刊之供应,分别在重庆、衡阳、上饶、西安、香港五处设立印刷所。

△　毛泽东同国民政府军事委员会驻延安联络参谋陈宏谟、郭亚生、周励武谈话四小时。陈等表示蒋介石、何应钦、张治中、吴铁城在国共关系上均愿转圜,要求朱德到重庆去一次。毛泽东告诉他们:一、国民党方面释放叶挺,共产党方面即派董必武一人出席参政会,否则仍不能出席。二、共产党决不推翻国民政府,决不越现有疆界,国民党承认

共产党在敌后有发展权利,承认现有防地,承认边区;至于在敌后的国共两军,双方下令互不攻击。三、恢复新四军,发给欠饷,停止逮捕。四、何应钦停止反共,共产党即停止反何,并可重新来往,但何若再反共,共产党必再反何。此外,毛泽东还谈到周恩来回延安开会事。最后约定,视国民党方面同周恩来在重庆进一步商谈的情况,再定可能解决的具体事项。

△　毛泽东关于国共关系问题致电周恩来,告知同陈宏谟谈话内容,并说:"如彼方找你时,请先谈释放叶挺与必武出席这一初步的交换条件,及你回延开会事。"

△　财政部明令公布修正《非常时期进口物品办法》、《取缔禁止进口物品商销办法》及《应结外汇出口货物结汇报运办法》。

△　财政部、粮食部发行粮食库券,定额谷 173.3636 万市石,麦 206.6667 万市石,利率为年息五厘。自 1943 年起分五年平均偿还,1947 年全部还清。

△　财政部外汇管理委员会在重庆正式成立,孔祥熙任委员长。该会工作与平准基金委员会取得联系,共谋管理外汇政策之实施。

△　粮食部明令公布《四川省购粮付款办法》,凡七条,规定购粮付款以三成付给法币,七成付给粮食库券。

△　贵州省政府决定将长寨、广顺两县合并为长顺县。

△　川康兴业公司筹备会秘书处在重庆开始办公,该公司筹备主任由张群兼任,副主任为黄季陆,股款共 7000 万元,其中官股 4000 万元,商股 3000 万元。该公司任务为改进农工矿业及产品之运销。

△　中国化学学会第九届年会在成都召开,张群兼该会名誉会长,蒋介石为该会颁寄训词。陈裕光主席并报告该会成立经过,曾昭抡致开会词,会上宣读 66 篇科学论文,讨论有关化学建设提案 10 余件,并决定发起 10 万基金募集运动,发行化学建设专刊等。

△　茅盾主编的文艺性综合半月刊《笔谈》在香港创刊。

△　晋冀鲁豫边区政府正式成立并开始办公,主席杨秀峰。下设

秘书处、民政厅、财政厅、教育厅、建设厅和公安总局。同日,又成立总交通局。

△ 《晋冀鲁豫边区政府施政纲领》正式公布实施,凡 15 条 65 款,要点为:本着抗战第一的民族精神保卫边区,坚持华北抗战;本着团结建国方针,密切团结一切抗日党派与阶层,坚决反对分裂投降;加强边区政治、军事、经济、文化各种建设。

△ 冀南八路军一部攻克清河县城。

△ 日军对绥蒙地区推行所谓"施政跃进运动",企图以军事、政治、经济、文化相结合的"总力战"摧毁抗日力量和抗日根据地。大青山地区军民展开反"施政跃进运动"的斗争。

△ 汪伪国民党中央委员会举行所谓和平运动先烈纪念会,汪精卫在会上讲话,鼓吹进行反共清乡。

9 月 2 日 行政院会议通过中国出席第二十六届国际劳工大会代表人选:政府代表李平衡,劳工代表朱学范,资方代表寿景伟。9 月 26 日以国民政府令公布之。

△ 军事委员会任命练惕生为第六十二军副军长。

△ 驻英大使顾维钧在伦敦华侨协会发表演说,宣称:"中国除借抗战以阻碍日本实现南进北进之政策外,并准备于日本逼迫民主国家至最后阶段之时,负起保护民主主义之更重大任务。"

△ 日军撤出福州,并出动飞机 80 余架轮番轰炸以掩护其撤退。4 日后,又撤退马尾、连江、福清、海口、长乐及沿海地区。8 日,福州市民举行盛大祝捷大会,千万民众齐集台江,欢声雷动。逃避四乡义民相率返城,骨肉重聚,恍如隔世,悲喜交加,热泪横流。

△ 为增强中国空军,美、加飞行员 200 人经荷印飞渝。

△ 美军事代表团团员奥斯兰少校由港飞渝,被派研究滇缅铁路工程。

△ 江苏无锡日伪召开"清乡"会议,苏南游击队一壮士化装潜入,投掷手榴弹二枚,伤毙日伪军 10 余人。

△　日军对山西平定县路北三区东部发动大"扫荡",在 14 个村庄杀害群众 320 人,烧毁房窑 4000 余间。

9 月 3 日　驻美代表宋子文电蒋介石,告以日本近卫致函美国总统,希望劝中国停战。

△　英大使通知中国政府外交部,经缅甸运华之美国租借物资,本日起免征一切转口税,由英政府给予缅甸政府每吨 10 卢比之补助金。4 日,郭泰祺函英大使致谢。

△　粮食部与中央信托局联合筹组中国粮食工业公司,由江汉罗负责筹备,资本 400 万元,分设面粉厂、胚芽米厂、干粮厂、机械修造厂。

△　日政府与大本营联席会议通过对美国的新提案,要点为:一、日本虽以法属印度支那为基地,但不以武力进攻附近地区;对于北方亦然,决不发动武力进攻;二、美国对欧战的态度,应依据防卫观念行事,当美国参加欧战时,日本将按照自己对三国条约的解释,采取行动;三、日本努力恢复日、中间各方面的正常关系,为期其实现,准备遵照日华协定尽速从中国撤兵;四、恢复同日本通商关系,撤销冻结日本资产的决定。

9 月 4 日　上海中央、中国、交通、农民四银行办事处致函财政部,要求运用英、美平准基金开放港、沪商汇。30 日,财政部颁布取消商汇牌价令,自 10 月 1 日起统按中央银行牌价供给外汇。

△　国民党中央组织部长朱家骅结束陕、甘、宁、青、豫五省党务视察工作返渝,15 日,在国民党中枢联合纪念周上报告视察经过。

△　中国访缅代表团离仰光,经腊戍、昆明返渝。该团在缅甸曾四次会晤缅总理及各阁员,就中、缅各项问题充分交换意见。

△　蒋介石派俞飞鹏兼任运输总局局长。

△　日机袭陕,轰炸咸阳、潼关、华阴、渭南、韩城、朝邑、三原、泾阳等地。在泾阳上空被击伤二架,敌抛下机枪三挺、子弹数百发后,惊惶逃逸。

△　延安自然科学研究会召开第一届年会,继续推选吴玉章为会

长,通过成立化学、医学、数学等学会,出版科学杂志,设立科学教育训练班,帮助改进农业技术,创立延安气象站等提案。

　△　美国务卿赫尔接见中国大使胡适,保证"美国继续实行援助中国之政策,绝不间断","美、日官方在华府进行探讨性谈话,中国不必顾虑"。胡辞出对记者称:"余相信美继续对中国表示同情,美远东政策将仍不变。"

　△　美医生助华会派遣之女医师柯恩抵达香港,将转赴贵阳医所服务,此为美国女医师来华服务之第一人。

　△　汪精卫下令成立物资统制委员会,指定实业部长梅思平任主任委员。

9 月 5 日　中国外汇平准基金委员会美籍委员福克斯抵香港,对合众社记者称:对该委员会稳定中国法币之效果深感满意,并暗示上海之外汇黑市即将迅速消灭。8 日,上海外国银行 14 家表示与财政部合作,停止经营外汇黑市。

　△　冀南八路军一部在沙河御路村南北山地与日军激战四小时,敌不支退据工事顽抗,日机八架助战,在八路军阵地投降落伞部队,被全歼。

　△　重庆大学发生学潮,殴逐新任校长梁颖文。是日,教育部下令将该校解散,严惩主使者及滋事学生,并派员监理该校。同日,教育部长陈立夫就此发表谈话,宣称教部决心对于风气不良之学校悉将予以彻底之整顿,更不容许学生反对师长、破坏教纪之学潮。

　△　加拿大军需部长贺威宣布:加将以军需品供给中国。

　△　国民政府令:外交部常务次长曾镕甫免职,特派为行政院驻缅代表。

　△　国民政府以中国航空建设协会直属仰光支会经募飞机捐款几达 200 万元,特明令嘉奖并颁给金质奖章一枚。

9 月 6 日　第二战区第七十师官兵在山西绛县东北之丁家洼与日军激战,师长石作衡殉国。

△ 《大公报》总主笔、国民参政员张季鸾在重庆病逝。8日,周恩来等电唁张季鸾逝世。18日,毛泽东、王明等电唁张季鸾逝世。26日,国民政府以张季鸾从事新闻事业历30年,淬厉奋发,宣扬正谊;连任第一、二届国民参政员中,于国计民生,多所贡献,特予明令褒扬。

△ 《大公报》内部改组,以董事兼总经理胡政之为董监事联合办事处主委。

△ 越南华侨领袖陈肇基及越南《民报》社长王之五抵渝,向记者谈:在越华侨共50余万,其土生子女已入越南籍者约100万,越南人与华侨有血缘关系者几占全越人口二分之一,日军侵入越南后,法越政府仰敌人鼻息,解散华侨爱国组织,逮捕爱国分子,禁止捐款汇回祖国,控制越南进口贸易,整个越南已在日军控制下,华侨被迫多思回国。

△ 汪精卫偕林柏生、周隆庠等前往苏州清乡地区视察,在苏州对清乡工作人员训话,要他们对和平反共建国运动树立信仰,把清乡地区作为"和平反共建国的实验场所"。

△ 日御前会议决定《帝国国策施行要点》,对南方的政策作出如下决定:一、帝国为了完成自存自卫,在不辞对美(英、荷)作战的决心下,拟以10月下旬为目标,完成战争准备。二、帝国在进行前项的同时,对美、英尽量采取各种外交手段,努力贯彻帝国的要求。三、通过前项外交交涉,到10月上旬仍未达到我方要求时,立即下决心对美(英、荷)开战。

9月7日 日第六师团主力在空军配合下,由湘北桃林、忠坊出发,自东、西、北三面围攻大云山,企图围歼第九战区驻军第四军欧震部和第五十八军孙渡部。日军攻势猛烈,先后攻占洋田、甘田、詹家桥、孟城、南冲、茅田等地,8日到达长安桥。两日激战,双方伤亡约3000人,大云山区大部为日军占据。

9月8日 行政院秘书长蒋廷黻招待中外记者发表谈话称:今年行政院有一重大改革,即统一各省财政,概归中央直接征收,各县税收划归县,经过县参议会通过,可自由增减。

△　教育部为发展幼儿教育,遵照国民党八中全会注重女子教育之决议,创办国立女子师范学校,并派江学珠为校长,着手筹办设立。

△　四川省主席张群在省府纪念周报告重庆大学学潮事件,称:重大为刘湘创办,也是四川省惟一大学,近年来学风日下,行动越轨,政府为整饬学风,不得不采取断然措施,予以解散,并指派梁颖文、相菊潭、吴泽湘为监理委员,负责管理。

△　国民政府明令褒扬前黄河水利委员会委员长孔祥榕。

9 月 9 日　蒋介石在重庆对合众社记者谈话,盼望美国勿与日本妥协,在正义和平未获保证前中国决心继续喋血抗战,并期望美国及其他友邦在中国抗战中,对暴日实行经济制裁。

△　军事委员会任命郑洞国为第八军军长。

△　国民党党、政、军长官及高级职员 500 余人在重庆举行纪念孙中山第一次起义四十六周年,由林森主持,吴敬恒报告起义经过及纪念意义,表示只要我们本孙中山总理的革命精神,持久不屈,抗战建国大业必成无疑。

△　毛泽东、朱德等关于配合国民党作战、争取时局好转问题发出指示,指出:敌攻湘北,又犯郑(州)、洛(阳),国民党正集中力量抗敌,我八路军、新四军各部应向各重要交通线予以可能的袭击,配合国民党之作战,其目的都为争取时局好转。

△　陕甘宁边区政府委员会决定成立边区第二届参议会筹备委员会,委任边区民政厅长刘景范为主任委员。同日通令各县级、区级选举均于 10 月 10 日前办理完竣。边区第二届参议会定于 11 月 5 日召开。

9 月 10 日　蒋介石特拨恤金 10 万元,分发重庆神仙洞及菜园坝防空洞惨案家属。

△　中共中央召开政治局扩大会议,这是在全党开展整风的准备会议。会议决定在全党发动思想革命,反对主观主义和宗派主义,毛泽东在会上作反对主观主义和宗派主义问题的报告。9 月 26 日,中共中央决定成立学习研究会,毛泽东任组长,王稼祥任副组长。同时决定成

立各地高级学习组,组织高级干部学习。会议于 10 月 22 日结束。

　　△　日机屡炸重庆,致美、英、苏等国驻渝使馆全部或局部被炸毁,国民政府是日决定由银行界投资重建大厦,以备各使节办公。

　　△　中苏文化协会香港分会正式成立,聘宋庆龄、李石曾为名誉会长,许世英、何香凝、张一麐、陈友仁等为名誉理事。推颜惠庆为会长,甘介侯、王云五等 25 人为理事。

　　△　江西南浔路日军车一列因路轨被破坏出轨,死伤百余人。12 日,自牛行北开之日军车一列触雷爆炸,毁车头、车厢六节,死伤 200 余人。

　　△　缅甸政府为加强中缅商业关系,经中国政府允诺,是日特准粮食、纱布、五金、机器、汽油、化学原料及文化用品等 16 件商品进口,并通令运输机关遵行。

　　9 月上旬　闽省主席刘建绪及内政部次长雷殷、战区政治部主任邓文仪抵福州视察,抚慰军民,指示善后,并成立闽海善后委员会,刘兼任主任委员,决定以整理保甲、精神消毒为中心工作,拟定收复县份善后方案,以三月为期,完成光复地区整肃事宜。

　　9 月 11 日　阎锡山派代表赵承绶、温怀光、刘迪吉等在山西汾阳城内与日华北派遣军参谋长田边盛武、山西派遣军参谋长楠山秀吉等签订《日本军与晋绥军基本协定》和《停战协定》。《基本协定》规定:将阎锡山的部队纳入汪伪中央政府管辖之内,与汪伪政府合作,缔结条约,并要阎先任汪伪政府副主席及军事委员长,将来适当时机任伪华北政务委员会委员长及伪华北国防军总司令。此外还提出待阎锡山"实业充实时,即行统一国家,实现东亚和平"。协定规定了阎、日合作的三个阶段,第一步,阎进驻隰县;第二步,阎进驻太谷;第三步,阎进驻北平。《停战协定》规定:"晋绥军与日本军自即日起停止一切敌对之战斗行动",并在交换必要之情报及宣传方面进行合作。此外,日本军协助晋绥军训练军队、征集粮秣。

　　△　日机轰炸陕西朝邑、蒲城、湖北老河口、山西汾城等地,在山西

汾城祖师庙上空被击落一架。

　　△　东北抗日联军第三路军一部袭击黑龙江木兰县大柜村伪警察分所,16 日,又袭击甘南县宝山镇伪警察署,处决伪署长,俘伪警察 20 余人。

　　△　豫北沁水北岸伪暂二十二师谭松廷部将北山庄日军全歼后宣布反正,并续向沁阳进攻。12 日,伪原武县特别区长张文海率部百余反正。

　　△　冀中日军一部捣毁献县张庄、云台等地天主教堂,捕去神父、学生、修女数百人,抢去财物数十大车。日军强奸修女,逼其嫁于汉奸,并毒打神父强迫叛教,致不少教民流离失所。事后,该县抗日民主政权及军民联合发起慰问被难教胞运动,并制定抚恤办法。

　　△　汪伪政府任命李圣五为驻德大使,张国元为伪国民政府委员,并特任尹作乾为伪军事委员会委员。

　　△　据上海《申报》讯:美国以价值 1500 万美元之租借供应品及原料运华,以供中国建造铁路等用。

　　9 月 12 日　宋子文代表蒋介石在华盛顿欢宴即将来华之美国军事代表团团长马格鲁德少将及全体团员,宋子文称:“余深信未来之时代,必能目睹中美以极协调之方式企求和平,以共同保证太平洋区域之和平发展。”

　　△　豫北伪绥靖军总司令刘昌义等击毙日军顾问真野大佐、池峰少佐以下 50 余名官兵,并俘顾问村板、河口二人后,率部三万余人反正,旋进攻当地日军,一部克复温县,一部将大司马之敌击溃,两役共毙伤日军 600 余人。12 日,沁阳日军反扑,刘部转移至城市与敌激战。

　　△　湖北沙市伪鄂西绥靖军直属第一大队长罗俊率部 500 余,携步枪 300 余反正。13 日,该部第二大队长刘飞亦率部官兵 200 余反正。

　　△　晋察冀八路军一部夜袭河北阜平东南之王快日军,毙伤日伪军 200 余人。

△　前新疆省督办兼省政府主席金树仁在兰州病逝。

△　日机 21 架分三批袭击西安,在市区投弹百余枚,炸毁民房百余间,死伤 30 余人。

△　"扫荡"北岳区的日军在平山县制造梨山惨案和温塘区惨案,残杀群众 670 余人,不少户被杀绝。

9 月 13 日　国民党五届九中全会议案研究委员会提出关于议题的征询要项:一、党务改进问题;二、政治修明问题;三、经济管制问题;四、民众疾苦救济问题;五、中共违反军令政令统一问题。要求各级党部博访各方意见,拟成提案,以备采择。

△　欧亚航空公司总经理李景枞抵港,对记者称:中德绝交后,欧亚航空公司奉命收归自办,德籍人员已全部解雇,现该公司机务、电讯、飞行等职全由国人充任。

△　图扎萨克在蒙藏委员会调查员钟吕恩护送下由渝抵榆林,谒邓宝珊、朱绶光。图扎萨克在途中曾按蒙古王公仪式祭黄帝陵,并称:中央决定修理伊金霍洛之成吉思汗陵寝。

△　中共中央和中央军委作出关于加强山东军政领导和统一作战指挥的指示,决定以山东分局为统一山东党、政、军、民的领导机关。山东分局暂由朱瑞、罗荣桓、黎玉、陈光组成,朱瑞为书记。山东纵队归第一一五师首长指挥,配合作战。决定将山东纵队及第一一五师的两个军政委员会合组为山东军政委员会,由罗荣桓为书记。

△　郑州黄河堤经黄河水利委员会主持施工修建,用款 300 万元,已大部完工。河南省建设厅长张广舆是日代表经济部及省府赴郑州验收。

△　日政府联席会议决定《日华和平基本条件》,主要内容有:友好善邻;尊重主权及领土;日华共同防共;经济合作;蒋政权与汪政府合并;承认"满洲国"等九条。

9 月 14 日　中、英、美三国经济会议在香港开会。

△　第七战区司令长官余汉谋密电蒋介石称:已在广东设立"临时特

别监狱"及"感训院",同日又向军事委员会报送《广东感训院组织规程》。

△ 美国著名作家、诗人、小说家及编辑 29 人捐输版税 500 万美元,支援中国抗战。

9 月 15 日 外交部长郭泰祺在重庆招待中外记者,就美日谈判发表谈话,称:美日间试探性谈话传说颇多,"吾人坚信不但美国无意牺牲中国以成立任何谅解,而且于任何有关中国局势或中国权益之谈判,事先必与中国充分协议"。

△ 军事委员会密令各处,为防止共产党文化界活动分子多方诱惑后方从事艺术宣传工作人员赴港,并以香港为其文化工作之根据地,须严格审核文化界人士赴港证明。

△ 日第十一军在岳阳设立战斗指挥所,由阿南惟畿任总司令官,作为发动第二次长沙会战的指挥机关。

△ 第五战区一部克复鄂南通山。

△ 湖南临湘以北驻军击落日机一架,驾驶员四名全部毙命。

△ 罗斯福向美国会报告扩大援华计划,称过去美国已向中国供应滇缅铁路及滇缅公路之器材设备,除军用品之外又向中国输以医药品,近又决派遣军事代表团赴华,训练中国空军。

△ 美大使高思奉国务卿赫尔电令,向中国政府转达美、日试行谈判时凡涉及中国问题者,必先与中国协商。

9 月 16 日 四川田赋征实及随赋购粮开始。是日蒋介石以此项工作攸关军需民食,特电令张群切实督责各级主管人员加紧征购,务期于三个月征购足额(1200 万石)。

△ 外交部派代表团赴缅甸,以曾镕甫为首席代表,涂允檀、李铁铮、李炳瑞为代表,商讨中缅货运、护照及移民等问题。

△ 国民政府特任许崇灏为考试院秘书长。

△ 汪伪中央陆军军官学校成立,汪精卫任校长兼校务委员会主席。

9 月 17 日 日军发动第二次长沙会战。日第三、第四、第三十九及第四十师团,并附军舰 20 余艘,飞机 200 余架,总兵力约 12 万人,由第十一军司令阿南惟畿指挥,沿第一次进攻长沙的路线,向长沙发动进攻。拂晓,日军主力分四路强渡新墙河,向南岸中国驻军发动攻击。第四军欧震部以一部正面抵抗日军,主力会合第五十八军孙渡部、第二十军杨汉域部在杨林街、步仙桥、洪源洞之线占领侧面阵地,准备侧击及尾击日军。

△　鲁西八路军一部攻克馆陶、临清。

△　八路军太行军区决定在武(安)北、沙河、邢(台)东、邢(台)西四县增设第六军分区。

9 月 18 日　蒋介石为纪念"九一八"发表《告全国同胞书》,称:"誓万死,排万难,要恢复我们东北的失地",但希望英、美及太平洋国家加紧对日包围,并表示:中日战争之解决,须与欧洲之战事同时解决,决无单独解决之理。

△　重庆各界举行"九一八"十周年纪念大会,到会二万余人,由刘峙主席,吴敬恒等发表演说,会后举行火炬游行。旅渝东北同乡在重庆举行"九一八"纪念会,由李杜将军主席,到会 300 余人,并发表收复失地宣言。

△　周恩来在重庆《新华日报》发表《九一八十年》一文,指出:我们应该强调自力更生,准备反攻,反对俯仰依人,反对悲观失望。我们誓愿与东北同胞"肩并肩的抗战下去,一直打到东北原野,一直打到鸭绿江边,把东北人民从敌伪铁蹄下解放出来,把东北领土归还到中国的版图"。

△　国民政府令派顾维钧为伦敦购料委员会委员长;原任郭泰祺免职。

△　国民政府明令褒扬老同盟会员张知竞,并发给治丧费5000 元。

△　粮食部拟定六项办法,惩治田赋征实舞弊案件。

△　中国民主政团同盟机关报《光明报》在香港创刊出版,梁漱溟

为社长,萨空了为经理,俞颂华为总编辑。该报规定出版公约五项,表示"吾人以政治上实现民主为基本,而先以言论之民主精神自勉"。

△　中华民族解放行动委员会发表《对时局宣言》,提出 14 条意见,主要为:立刻召集各党派、各团体及地方代表举行紧急会议,确立民主的领导抗战方针;释放一切政治犯,承认各党派的合法存在,并解决党派间的摩擦;扫除一切阴谋妥协分子;对于全国抗战部队应一律平等待遇及爱惜;加强中苏、中美、中英关系等。

△　八路军冀东军区一部袭击河北省兴隆县茅山伪警察署和花市矿警队,击毙伪署人员和日本人矿警队长,并有百余名伪矿警反正。

△　第二次长沙会战战场之日军一部进攻新墙河南岸,第四军欧震所部诱敌于步仙桥、双石洞、洪源洞、向家洞之线,协同第二十军杨汉域部、第五十八军孙渡部对敌侧击、尾击。

△　第二次长沙会战战场之日军平野支队在海军的护卫下,在湘江口两侧的青山强行登陆,中国守军第一九七师万倚吾部奋力阻击,终因四面环水,联络断绝而失利。日军登陆成功后,以此为据点,策应主力正面攻击。

△　日军在坦克掩护下,进犯湖南湘阴青山岛。敌在青山岛肆虐 18 天,杀死民众 524 人、守军官兵 300 多人,其中有 24 户被杀绝,烧毁房屋 281 间。

△　日中央统帅部开始进行南方作战准备,除将满洲的第五十一师团编入第二十三军战斗序列外,命令约 60 个以通信、运输为主的马来亚作战部队和约 40 个菲律宾作战部队向华南、印度支那及台湾运动。

△　美共和党要人威尔基在纽约联合救济中国难民协会演说,认为美国将大量军需品运日实为一严重之错误,并称中国在此种情形下,仍对美国保持友谊,实堪感谢,呼吁政府对日禁运,加紧援华。

9 月 19 日　第二次长沙会战战场第九战区长官部急令第九十九军傅仲芳部、第三十七军陈沛部主力在汨罗江南岸设防;第四军欧震部、第二十军杨汉域部、第五十八军孙渡部对渡过新墙河南犯之敌攻击前进,迟滞其进军速度。

△　第二次长沙会战战场日军各师团均抵达汨罗江北岸各要点,开始强渡,其中第六师团一部在长乐街渡过汨罗江,先后占领颜家铺、浯口。

△　驻美大使胡适在美国保险业同业年会席上发表演说,称美国之对日禁运"已开始在日本国民生活及军事两方面发生重要之影响",希望美国勿放弃对日禁运。

△　据《中央日报》讯:行刺孤军团长谢晋元之案经上海第一特区法院审理完结,被告人郝精诚、张国纯、尤耀亮判处死刑,其余被告五人被分别判处无期徒刑和九年有期徒刑。

△　中缅双方代表团在仰光开始移民谈判,曾镕甫与缅总理宇素均发表愿诚挚合作之演说。22日成立《中缅移民协定》,规定中国人可移居缅甸。

9月20日　蒋介石为进行第二次长沙会战电令各战区司令长官:"国军决确保长沙,并乘机打击消耗敌人,第九战区努力固守湘江两岸及汨罗江南,保持主力于外翼,求敌侧背反包围而歼灭之,第三、第五、第六战区自23日起,乘虚对敌发动全面游击,予敌全面打击,并积极攻击荆宜及襄花、京钟、汉宜、荆当各路之敌,相机收复宜昌。"

△　军事委员会为进行第二次长沙会战向第九、第三、第五、第六战区下达命令:为使第九战区作战容易,第三、五、六战区应各以有力一部出击,策应第九战区作战,并规定了各战区的具体任务:第三战区向当面日军发动游击,以一部佯攻南昌;第五战区向日军发动全面游击,相机袭击据点;第六战区向荆门、宜昌敌人积极袭扰,相机收复宜昌。

△　日第三十六、第四十一师团等部共二万余人分九路"扫荡"太岳南部地区,八路军第一二九师南进支队以小部队与敌周旋,主力部队主动转移,相机击敌。29日,日军合击沁水县东西两峪地区,第八十九军一部被日军包围,军长武士敏亲率步兵向东南突围,不幸以身殉国。

10 月 3 日，日军在八路军的打击下，开始撤退。此役共毙伤日伪军 200 余人。

　　△　第二次长沙会战战场日军由黄棠、浯口、长乐街、伍公市、新市、路公桥、归义等处分别强渡汨罗江而南。午夜，第三十七军陈沛所部第一〇四师、九十五师乘夜全线阻击。21 日，日军全部强渡成功，后以一部向瓮江以东移动，主力即向福临铺、栗桥、三姐桥之线猛攻。

　　△　同蒲路东侧日第四十一师团及白晋线两侧日军第三十六师团配合伪"大汉义军"共二万余人，并有飞机 10 余架轮流助战，分 14 路"扫荡"太岳区抗日根据地。决死队一部袭敌后路，歼敌 600 余人。

　　△　教育部通令全国各级学校整顿学风，要求师生当懔时代之艰危，期副国家之厚望，立明礼义知廉耻之教，树负责任守纪律之风，俾政令借以推行，纲纪赖以维系。

　　△　上海《中美日报》被迫停刊。27 日，该报编辑张若谷在法租界被日宪兵会同捕房人员逮捕，解往虹口。

　　△　日上海总领事以公共租界内最近屡次发生日人被刺案件，照会公共租界工部局要求改组工部局行政系统。

　　9 月 21 日　蒋介石以渝市物价飞涨，手令主管当局重订合理价格，严禁商人擅行抬高。23 日行政院经济会议根据手令开会讨论，决定通函有关部、会就其主管部分之物价拟具平抑办法送该会审议。

　　△　日军快速部队一部到达平江西北 30 余里之张家陂，旋由浯口渡河继续南犯。第九战区司令长官薛岳命令第四、第五十八、第二十军自平江以北向日军后方攻击；第二十六、第七十二、第七十四军自浏阳方面向日军侧背攻击；以第三十七、第十军、暂第二军、第七十九军自长沙以东迎击日军之正面。

　　△　中共中央邀请在延安的日本、朝鲜等东方民族友人座谈。朱德在会上发言指出：日本法西斯威胁着东方各弱小民族，东方各民族要联合起来反对日本法西斯，提议在延安的各东方民族友人首先团结起来，组织一个东方民族反法西斯同盟。与会的 20 个国际国内团体代表

及其他中外人士共50余人一致表示赞同,并同意作为发起人。

△　贵阳《朝报》因刊登《独裁者的收入》一文,被国民党新闻检查机关查封,新闻检查员张芝田被撤职,主任谢绍雄记大过处分,副主任金刚鸣免职。

△　汪精卫由南京至杭州,其随从伪兵与驻杭之电影工作队发生冲突,枪声大作,城内秩序大乱,汪精卫惊骇异常。结果双方死伤百余人,民众死伤亦众。

9月22日　军事委员会命令第六战区司令长官陈诚,敌人有攻占长沙之企图,第六战区立即攻克宜昌。

△　国民政府明令通缉汉奸张本政、许家泰、于永江、阎经九、梁毅廷等。

△　第二次长沙会战战场日军第三、第四师团渡过汨罗江后,是日在飞机掩护下,攻击第三十七军陈沛部的主阵地下武昌、狮形山、兴隆山。战至24日,日军突破第三十七军防线,进至新开市、麻峰嘴,第三十七军被迫向上杉市、麻林、新桥之线转进。

△　第十军方先觉部奉命前来增援第三十七军、第二十六军,是日到达明月山、栗桥、福临铺、高仓塅、金井一线。日军乘方部立足未稳之际,向其发动进攻,双方展开激战。至26日,方部第一九〇师师长朱岳重伤,副师长赖侍湘阵亡,全师向福临铺突围;预备第十师亦被日军击破,全师溃退。

△　第二次长沙会战战场日第六、第四十师团对汨罗江南岸守军第二十六军萧之楚部发动围攻。萧部虽奋力反击,无奈日军火力强盛,始终未能摆脱被围打的境地。25日夜,日军一部攻下何家坪、五台洞,逼近第二十六军司令部。薛岳令其向更鼓台、石湾方向突围。

△　第二次长沙会战战场日军自张家陂、浯口南渡后,源源增加,并以第六师团向东,一部向南分途突进。晚,第六师团一部沿公路到达三角塘,迫近平江。其时坐镇平江之第二十七集团军总司令杨森,一面发动万余民众将城区储藏之粮弹物资全部抢运至山地,一

面亲率战斗指挥所进驻县南甲山,并派特务营向敌扰袭。敌不明虚实,未敢来犯。午,敌南进主力陷瓮江,并以迂回战术攻喻家关、风源洞、白源洞阵地。

△ 湖南湘阴驻军于城郊击落日机一架,坠落青山以北湖面。

△ 军事委员会任命唐云山为第二十五军军长;任命高卓东为第八十七军军长;任命安俊才为骑兵第二军副军长。

△ 国民党中央宣传部长王世杰在招待中外记者时宣称:美国政府不但积极协助中国,而且计划进一步加强中国反侵略战争的力量。

△ 延安大学举行开学典礼,校长吴玉章宣布教育方针,徐特立作政治与技术并重的演讲,指出:旧的政治第一的口号应当废除,今后政治与技术都要把握。

△ 日外相将对华和平九条件通知美驻日大使:一、中日亲善;二、尊重主权与领土完整;三、中日共同防共;四、撤退在华日军;五、中日经济合作;六、重庆与南京政权合并;七、不割让土地;八、无赔款;九、中国承认"满洲国"。

9 月 23 日 军事委员会军事专家对中央社记者谈近日湘北会战,称:日军进攻湘北为我意料之中,我军前用磁铁战术将敌盘踞之"面"吸引,使之成为狭长之线,然后予以反击、侧击、截击或夹击,使之成为若干之点,再各个聚歼之,并称最近即有被我完全歼灭之可能。

△ 全国慰劳总会拨款 10 万元慰劳湘北将士,电请湘省动员委员会派员携款赴前线策励三军,并电薛岳长官及士兵预祝胜利。

△ 第二次长沙会战战场日军第六师团主力继续攻击喻家关、风源洞阵地,复以一股向右翼迂回,第二十六军为争取外翼,奋力将侧翼向右延伸至横洞,并对正面敌人以痛击。第十军第十师与敌在金井市争夺,三进三出,歼敌甚众。

△ 苏北新四军一部在盐城生俘日伪军队长以下 300 余人,毙敌70 余名。

9 月 24 日 第二次长沙会战战场第三十七军及第九十九军第九

十二师以日军第三师团主力突破右翼,情势变化,遂转移于官懋口、双江口、神鼎山之线,旋遭另一部日军攻击,又转移至福临铺。

△　面对汨罗江南岸的失利,薛岳是日将第九战区司令长官部撤出长沙,移往湘潭。

△　八路军第一二九师新七旅第十九、第二十团在冀南南宫垂阳、段芦头地区反"扫荡"作战中,毙伤日伪军 120 余人,俘日伪军 220 余人。

△　孙中山实业计划研究会在重庆召开讨论会,会长陈立夫主持,会上就数月来所研究之全部基本数字,包括铁路、公路、商船、民航、电讯、水利、衣、食、住、行等 14 种数字详加讨论补充,并将提交 10 月在贵阳举行的中国工程师学会年会上讨论。

9 月 25 日　第二次长沙会战战场第二十军杨汉域部获悉日第三师团与兵站联络线被截断,粮弹断绝,遂攻占长乐街北之赤马江、三里牌,击毁汽车 20 余辆,并将由长乐街出击之坦克队击溃;第五十八军孙渡部在大荆街附近亦重创日军,击毁汽车 10 余辆。

△　国民政府任命连声海、朱学范为立法院立法委员。

△　四川省主席张群对中央社记者谈川康兴业公司称:该公司总资本为 7000 万元,由国库拨官股 3000 万元,川、康两省合拨 1000 万元。其业务方针为:一切须以战时必需且以现在最缺乏者为限;对已办各种事业决竭力扶助;在各经济地区分别设立公司,提倡生产。

△　日伪军以 3500 余人分兵六路围攻晋察冀军区易县狼牙山区,企图消灭该军区第一军分区第一团。该团以第七连第六班扼守险要,掩护主力转移。日军先以数千发炮弹猛轰,继以数度猛扑,该班最后尚有班长马宝玉,副班长葛振林,战士胡福才、胡德林、宋学义五人,他们英勇不屈,打完最后一粒子弹,扔出了最后一颗手榴弹,完成掩护主力转移任务后,一同跳下悬崖。三名战士壮烈牺牲,仅葛振林、宋学义挂在半崖树枝上,带伤脱险归来。

△　日参谋本部召集中国派遣军参谋对《南方作战后的对华作战

《方案》征求意见,该方案提出:作战目的是摧毁美、英、荷在东亚的主要根据地,占领及确保南方要地;在中国确立长期战态势,迫使蒋政权屈服,同时消灭英、美等敌方在中国的各种势力;对苏联则严加警惕,防止发生战争。

△　中国驻河内总领事馆被日军 30 人翻墙而入,捆绑工役,破门搜查,劫去收音机、打字机、铁箱、书报等物,并拘捕工役二人。同日,驻越日军擅捕中国侨民约百名。中国外交部向法维琪当局提出交涉。26日,日军又在海防、河内捕中国侨民 50 余人。

9 月 26 日　蒋介石为第二次长沙会战各战区攻击时间电令第六、第五、第三、第九战区司令长官陈诚、李宗仁、顾祝同、薛岳:一、第三战区于俭(28)日始攻击;二、第五战区于感(27)日开始攻击;三、第六战区于卅日开始攻击。

△　第二次长沙会战战场在日军的猛烈攻势下,我守军呈溃散之势,"不战而走者不在少数",薛岳闻报,是日命令各军、师组织督战队,于重要路口收容离队士兵,使其归队或重新编组,"如有不服从收容者,就地枪决"。

△　第七十四军王耀武部与奔袭长沙的日军第三师团不期而遇。第七十四各师乘日军立足未稳之际,以攻为守,向日军发动进攻。27日,增援日军由北而南压来,有的绕至第七十四军侧背,致该军伤亡惨重,遂乘夜向南撤退。

△　日第四师团及早渊支队在枫林港附近击退第九战区一部,并沿白沙河河谷向长沙挺进。早渊支队渡过捞刀河后立即趁夜色攻占南岸阵地。

△　中央社讯:国民政府对于民营工矿业之协助贷款总数达二亿元,现沿海内迁之工厂已近 400 家,器材约七万吨,工人约近万人已在后方复工,颇有人才集中、资本集中之趋势。

△　八路军晋察冀军区一部收复河北阜平。

9 月 27 日　蒋介石派拉铁摩尔飞港与在港之宋庆龄、孙科等会见,传达重庆方面之时局对策,拟借国际情势之变化,解决国民党内部团结问题。

△ 日早渊支队受第九十八师王甲本部阻击,双方在三窑堂、白茅铺激战。日军在飞机配合支援下,突破第九十八师阵地,南渡浏阳河,攻击长沙。浏阳河岸仅有少数中国守军,日军在炮击对岸后,未经战斗即渡过浏阳河。下午,早渊支队一部自长沙城东北角冲入,守住新开至武城门,掩护其他部队入城。晚,早渊支队全部进入长沙。

△ 平汉路日军列车一列由北驶南,行至河南淇县高村车站被炸毁,死伤日军百余。

△ 东北抗日联军第三路军一部在大兴安岭山区骆驼山与日军激战,次日在石场沟两次伏击追敌,歼灭日军30余人。

△ 广东省府会议决定成立广东企业股份有限公司,总经理陆宗骐,关伯平为协理,张导民等为董事。该公司股本定额为4000万元,官商各半,业务先从商工业入手,定10月正式成立。

9月28日 日军认为第二次长沙会战期间对第九战区主力第七十四、第三十七、第十七、第二十六和第十军予以重大打击,达到了作战目的,且日军连日作战,弹粮消耗很大,决定停止大规模进攻,并逐步撤退。

△ 《中央日报》载:美国红十字会首批援华药品、布匹、器材等1200吨已陆续运抵昆明,第二批1000吨亦起运,年内可全部抵达。该会中国救济事业部主任韦思礼定10月返国述职,并与美朝野商讨加紧援华办法及订购中国请求援助之卫生材料。

△ 日机18架轰炸河南新郑,投弹100余枚,炸死平民百余人。

△ 据重庆《新华日报》载:上海市学生举行讨汪大会,并发表《致上海各大学校长教授书》,请各师长"躬持忠节,辟易奸邪,秉爱国爱民优育青年之素志,砥砺廉隅,为后学倡"。

△ 应中国政府邀请,英国政府派遣财政代表团来华,借以增进两国间经济财政问题之合作,并参加香港金融会议。该团由英格兰银行

董事倪米亚率领,同行者有缅甸财政顾问巴克士德、英财政专员柯尔朗等。

△　据内政部报称:日伪在蒙疆地区推行毒化政策,大种鸦片。仅绥远之包头、归绥、萨拉齐、托克托、清水五县就种植鸦片有数十万亩之多。日方在和厚市设收购烟土总清查处,各县城镇设经理处,所收烟土大部运往平、津,制造海洛英或交特设机关高价出售。内政部已电请外交部转达国联揭发,促起各友邦注意。

9 月 29 日　第九战区司令长官薛岳在长沙向中外记者报告长沙战局,称:长沙现完全在我手中,来犯之敌已被我重重包围,数日之内定可杀其片甲不留,敌所发表之占领长沙、株洲等消息完全为无稽之谈。

△　行政院秘书长蒋廷黻在招待中外记者席上发表谈话,称:本年度我财政上之大改革及地方自治之推进,现已到县政府阶段。县政府为自治单位,为供给县政府推进自治之必需经费,行政院将增加田赋之收入及省政府补助县政府之款项。

△　第七战区一部收复粤北清远。

9 月 30 日　长沙城郊之日军经第七十九军之第九十八师、暂六师在捞刀河南及城东郊内外夹击,势疲力竭,其求援之传讯鸽复被第九十八师所获,后援断绝。薛岳命令第七十四军王耀武部追击,并令第十一、第十二两挺进支队,在杨林街、长乐街及新墙、新市断其归路。

△　以王应榆为团长的康青考察团由雅安抵康定。王谈康省交通问题亟须解决,此行任务注重交通、经济两方面之技术问题,对边区文化、教育亦甚关切,除以蒋介石、孔祥熙名义捐赠万元给康省教育、文化机关外,对沿途各县学校均有捐赠,总计约四万元。

△　立法委员夏晋麟在美国创办中国新闻社,夏任社长兼董事长,驻美大使参事刘锴、纽约总领事于焌吉、中国学会会长孟治及林语堂为董事。该社将与中央通讯社美国分社联络,主要传播中国新闻。

△　四川省政府会议决议拨款 10 万元修复重庆大学校舍。校长梁颖文辞职获准。教育部重组重大整理委员会主持该校校务。

　　△　鲁南临沂日伪军 600 余人,附大炮四门袭击临沂西山前村。全村村民在敌人猛烈炮火下,坚守围墙与敌激战,打退敌人三次冲锋。该乡乡长张子纯父子亲临前线指挥作战,壮烈牺牲。旋敌人施放毒气,村民大部中毒,敌乘机攻入圩内,烧杀淫掠。10 月 1 日,地方武装民众自卫团来援,将敌击溃。

　　△　在华日本人反战同盟延安分会、华北朝鲜青年联合会、越南革命同志会、台湾独立先锋社等团体代表向陕甘宁边区及各抗日根据地内东方各民族兄弟发出宣言,发起召集东方各民族代表大会。

　　△　汪伪政府行政院会议决定改组粮食管理委员会,特任梅思平为委员长。

　　是月　中共中央发出《关于伪军工作问题的指示》,其总方针是"孤立日寇,使日寇不能扩大伪军与巩固伪军,对已组成的伪军,加紧争取工作,以备将来必要时实行反正。同时,对不同伪军采取不同政策,总的原则是争取同情者,控制两面派,坚决打击作恶分子",并提出对起义伪军"不缴械、不编散、帮助其抗日"的"三保证"。

　　△　毛泽东接见陇东分区士绅参观团。在谈到陕甘宁边区人民的负担较重时,毛泽东说:我们老百姓应该将眼光放大些,今天中国抗战正处于困难阶段,边区建设也处在困难阶段,只要大家协力渡过这一时期,大家生活便可改善,负担也可减轻了。

　　△　国民政府制定《田赋征实通则》,凡 11 条。规定:一、现任公务人员欠赋限期清完,逾限未清者应予撤职处分并传案追缴。二、富绅大户欠赋限期清完,逾限未清者应予传案追缴。三、公共团体欠赋限期清完,逾限未清者应将该团体首领或经管人传案追缴。四、行政机关欠赋限期清完,逾限未清者应由经征机关查明欠赋数额,函请发放经费机关,在其应领经费内扣除。五、各县(市)经征人员如有扶同隐匿或据报不实,查出一律从严议处。六、凡有恃势抗完,业经传追无效而其欠粮总额已达三年应完赋额以上者,除传追外得移请司法机关查封、拍卖其欠赋财产,如有余款仍应发还。

△　安徽省主席李品仙创办安徽企业公司,资本总额 1000 万元。

△　日军将晋东北平定自郝家庄至黄土岭之公路以北 10 个村庄划为"无人区",并集结武装百余人,强迫民众组成拆房队、放火队、破坏队、运输队等逐村进行"毁灭",10 村庄被焚毁尽净,民众纷纷参加抗日游击队。

△　热河日宪兵司令部提出"国境地带无人区化"的政策,把长城内外的热河、河北大片土地划为"无人区"。并将在东边道"围剿"东北抗日联军的 10 多个"讨伐"大队调至热河,以青龙、兴隆、滦平为重点,"讨伐"八路军,镇压中国人民的抗日斗争。

△　美洲、欧洲与亚洲作家所创办的《自由世界》月刊在纽约创刊,并在重庆发刊中文版。

10 　月

10 月 1 日　长沙附近日军各师团开始退却。第九十八师王甲本部在捞刀河岸伏击早渊支队,日军措手不及,两名大队长被狙击而死,士兵伤亡甚众。第九十九军也一路袭击后撤的日军第三、第六师团,在路口番附近歼灭日军 700 余人。第二十七集团军所辖部队亦阻击北撤日军主力,歼敌、俘获颇多。

△　重庆市举行国民政府以重庆为陪都一周年大会。大会发出《敬告陪都各界同胞书》,吁请:一、铲除一切投机取巧、侥幸依赖、得过且过、醉生梦死的不健全思想和生活;二、贡献所有人力、物力、财力、智力,加紧建设新陪都;三、踊跃当兵,建设国防军队;四、绝对服从政府法令。

△　阎锡山派赵承绶等由孝义到太原,与日方代表楠山秀吉研究履行《汾阳协定》的细则(或称《日阎合作条款》)。主要内容为:一、为双方部队避免冲突,分别在太原、汾阳、临汾、运城等地设立办事处,以资联络;二、阎以桐油、水银、生漆、桃仁等换取日方纸张、西药、布匹等;三、阎日双方驻当地军队,经办事处互相交换八路军活动情报;四、由伪

省长苏体仁负责,令山西所属各县征募兵员;五、武器由日方分期筹划,为阎军急用,先拨给步枪 1000 支;六、粮食由伪省长苏体仁拨给,并先拨给 500 万石,事后运到孝义 5000 石;七、经费 2000 万元,由日方负责拨给;八、新装备的军队,营以上各级均设置日方教官。

　　△　财政部公告取消中央、交通两银行之商汇牌价,规定今后悉依外汇管理委员会规定办理。2 日,外汇管理委员会公布《政府机关请购外汇须知》及《事业机关请购外汇须知》,一般民营工厂、商店及私人所需外汇,须向平准基金委员会申请,由该会核准后,通知指定银行结汇。

　　△　晋冀鲁豫边区政府成立冀鲁豫、冀南、太行三行署,并委任晁哲甫为冀鲁豫行署主任;宋任穷为冀南行署主任;牛佩琮为太行行署主任。

　　△　兴华冶金公司成立,由虞洽卿主持,资本 200 万元,由国民政府经济部承担 40 万元,并派技术人员协助。

　　△　中国天文学会第十七届年会在兰州召开,会期三天,选出高鲁、张钰哲为正、副会长。

　　△　长江中上游水上游击部队炸沉敌军两艘巡江汽艇,一艘在黄棚附近触雷,一艘在前江口新州附近触雷。

　　△　汪精卫发布《中日军事提携之使命》的命令,令军队要加紧反共清乡,并称中日军事合作的目的,"就切近而言,清除匪共,确立治安,由局部和平展拓至全面和平。就远大而言,结成东亚轴心,防遏共祸及一切帝国主义之侵略"。

　　△　日大本营决定将关东军司令部改升为关东军总司令部,梅津美治郎任总司令官。

　　10 月 2 日　军事委员会得悉长沙日军撤退的消息后,是日命令薛岳:立即开始追击,相机收复岳阳;牵制敌人向北转移,使第五、第六战区作战有利。薛岳奉命发布作战命令:夏楚中第七十九军以主力向新市长乐街追击;韩全朴第七十二军速经平江西北山地向杨林街截击;孙渡第五十八军速经浯口由长乐街、关王桥截击;欧震第四军、杨汉域第二十军及傅仲芳第九十九军两个师分别在金井、麻峰嘴、青山市、马鞍铺自东向西截击;萧之楚第二十六军、王耀武第七十四军、邹洪暂三军清扫浏阳、捞刀两河岸战场;王劲修亲率第四、五、八挺进纵队于咸宁、蒲圻间截击;第六、第七挺进纵队于新墙、杨林街及忠林街间截击。并申令各部编组便衣队注重超越、侧击、伏击,务使溃败之敌不得回巢。

△ 蒋介石召开军事会议,决定收复长沙后对日寇之战略。

△ 河南日军为牵制豫中部队,掩护长沙北撤,派机轰炸郑州后,以五万兵力配合化学兵种,由武源、开封、中牟分三路向郑州进犯。

△ 全国慰劳总会以湘北长沙大捷发起慰劳湘北将士。重庆各界纷电薛岳祝捷,川省拨款 500 万劳军。

△ 平北八路军一部挺进张家口、多伦以北,攻克大圐圙。10 日,又攻克石窑子,该地蒙古族同胞获得解放,与八路军联合杀敌。

△ 日机 27 架轰炸河南禹县,投弹百余枚,炸毁民房、商店 2000 余间,炸死、炸伤 200 余人。

△ 汪伪中央政治委员会会议特任徐良为驻日大使,褚民谊为外交部长。27 日褚民谊由东京返抵南京就职。

△ 日军在越南擅行搜查中国驻河内总领事馆,并拘捕馆役及华侨。法国驻华大使馆参事博德是日奉法政府之命,向外交部面达法政府对于日军暴行之歉意,并声述法方已分别在东京及河内向日政府、军方提出严重抗议,要求释放被捕人员及防止同样情事发生。同日,法政府电令越南总督,切实保护中国领事馆及馆员与侨民。

△ 美助理国务卿格拉弟及罗斯福特派远东经济调查专员抵昆明,对记者称其任务为调查远东经济并与中国当局会商矿产加速供美问题。3 日抵渝,与中国方面订有若干矿产合同,并商妥交货办法。6 日离渝飞港。

△ 美举行援华广播大会,提出募款 500 万元救济中国难民,麦克纳克、威尔基、李普曼、爱迪生及我国大使胡适均出席大会并讲话。胡适最后表示谢意,谴责日本为"千夫所指,无疾而死",祝贺湘北胜利。

　　△　韩国议政院议长金起元在重庆茶会招待新闻界,宣布本月 15 日召开定期会议,望舆论界督促各友邦政府早日承认韩国,予以援助,使韩国恢复独立。

　　10 月 3 日　第六战区所部奉陈诚命令,是日各军完成对宜昌的包围。6 日,担任主攻任务的第九师乘日军防守间隙渗入宜昌东北,并发起攻势。

　　△　进攻郑州之日军进至郑州东南、祭城及广武县上河王一线。孙桐萱第三集团军和孙蔚如第四集团军奋勇还击,双方伤亡均重。

　　△　军事委员会任命刘希程为第九十三军副军长。

　　△　国民参政会驻会委员会开会,何应钦报告视察滇边防务情形及湘北会战详情。

　　△　赈济委员会再次拨款 50 万元交第九战区司令长官薛岳,主持办理湘北赈济。

　　△　菲律宾华侨以湘北大捷汇款 20 万元,慰劳前线将士。同日,广东各界组成慰劳代表团,并筹 16 万元慰劳湘北将士;贵州企业公司捐献一万元,旅美华侨汇款 10 万元,犒赏湘北前线将士。

　　△　晋冀鲁豫边区太岳军区以长子、高平等七县地区组建第四军分区,"扫荡"岳南根据地之日军开始撤退。八路军第一二九师南进支队及第二一二旅,在此次反"扫荡"中毙日伪军 300 余人。

　　△　国民政府派赴缅甸交涉中缅护照、移民等问题之代表团工作暂告一段落,除首席代表曾镕甫仍滞留仰光外,其他代表涂允檀、李铁铮、李炳瑞三人是日返渝,4 日向外交部面陈交涉经过。

　　△　中国人事行政学会在重庆成立,推戴季陶为名誉会长,陈果夫、易培基、吴铁城为名誉副会长,并选出明仲祺等 20 人为理事。

　　10 月 4 日　国民政府组织英、美武官及中外记者参观湘北战绩,一行 12 人乘专机飞桂林,6 日抵衡阳赴长沙前线参观。

　　△　日军攻陷郑州。5 日陷温县,6 日陷荥阳,10 日续陷须水、三官庙等地。

△　延安黄埔军校同学会成立,选出徐向前、萧克、林彪等 15 人为理事,并通过会章及致蒋介石电。

10 月 5 日　湘北日军残敌一部由营田、湘阴乘船北逸,一部由汨罗河向新墙河逃窜,第九战区薛岳部乘胜追击,日军渡过汨罗河。第二次长沙会战结束,日军死伤约八万人。

△　日军第三十六、四十一师团及伪军一部共三万余人,对晋冀鲁豫边区岳北根据地实行“铁壁合围”大“扫荡”。岳北根据地军民奋勇反击,至 18 日粉碎日伪军“扫荡”,毙伤日伪军 916 人,俘伪军 13 人。

△　湖北随县伪军李宜莲部杨子威队率领人枪 400 余反正。

10 月 6 日　孙蔚如第四集团军连日在郑州、广武等地与日军激战。日军后续部队陆续参战,攻占韩垌、张定邦、孙庄、南王村、岭军峪、大胡村。

△　美国军事代表团团长马格鲁德在香港接见中央社记者,称该团来华之目的,在求取最有效之方式,以实现美国根据军火租借法所给予中国之援助,并称军火租借法本身为美国新的巨大国策。

△　日机四架轰炸宜昌,第六战区所部击伤一架,坠落狮子坪附近,驾驶员二人,一死一俘。

10 月 7 日　全国党政工作考核委员会组织四个地方党政考察团分赴各省区进行考核:川康区团长为吴挹峰、滇黔区团长为罗家伦、甘宁青区团长为吴忠信、陕豫区团长为方觉慧,考察期为三个月。川康区是日启程,其他各区亦相继成行。

△　中共中央书记处关于出席参政会问题致电周恩来,指出:如果国民党答应我们解决新四军事件最低限度条件,我们在重庆的参议员可以出席,反之,则不出席。对其他党派出席参政会,我们不必阻止。

△　四川省政府为彻底整顿重庆大学,特组织整理委员会,并派定张洪沅为主任委员。是日张偕委员何廉、冯简、段调元到校视事。

10 月 8 日　第九战区追击日军部队渡过新墙河,即以第四、第二

十、第五十八、第七十二军等主力,分别向羊楼司、临湘、岳阳各地日军进攻。

△　日军攻占郑州附近汉王城、霸王城和张沟。孙蔚如部与敌激战两日,歼敌一部并将其驱至霸王城以东。

△　延安《解放日报》就长沙告捷、郑州失守发表社论《兴奋和警惕》,指出长沙的胜利,使我们兴奋,但我们决不能因此自满;郑州撤守,敌人有向西向南窜扰的可能,我们决不能因此而丧志,应以十百倍的努力加强全民族的团结,不仅回击敌人的军事进攻,而且要粉碎它的政治阴谋。

△　国民政府派谢嘉为出席第二十六届国际劳工大会中国政府代表顾问,黄宗勋为雇主方面代表顾问。

△　国际反侵略运动大会中国分会在重庆举行理事会,李石曾、马超俊、郭沫若、王昆仑、洪兰友等出席。会议讨论筹设国际研究所,召集常年大会与召集世界各国联合举行预祝民主胜利大会等案。

△　美陆军部米亚上校在众院支付委员会报告称:美拟依照租借法新拨款案,以价值1.33亿元之飞机供给中国。又陆军部次长柏德逊在会上称:陆军部拟要求拨款购买机器及设备,俾于中国内地设立兵工厂。

10月9日　国民政府令:兼福建省保安司令陈仪另有任用,应免兼职;任命刘建绪兼福建省保安司令。

△　日军第十一军各部队陆续撤回新墙河北岸,转为守势。第九战区追击部队随即赶到,双方再次对峙于新墙河。

△　鲁南八路军一部克复蒙阴。

△　冀鲁豫边区日本、朝鲜及台湾籍人士发起组织觉醒同盟冀鲁豫边区支部,宣言拥护东方民族反法西斯大会,协助八路军打倒日本法西斯军阀,求得中日人民的共同解放。

△　美军事代表团团长马格鲁德率团员八人抵渝,对记者谈称:该团总办公处设重庆,在中国各地工作,以根据美军火租借法求得援华之

最有效方式,美国租借物资经行路线(仰光、重庆间)亦为该团活动范围。

△　古巴总统定是日为救济中国日,为援华决定举行"一碗饭"运动。10日,李迪俊公使在古巴出席主持"一碗饭"运动开幕式。

10月10日　蒋介石为"双十节"纪念发表《告全国军民书》,称:"国父昔日有中国革命三十年可以成功之遗言,吾人于此,自愧未能克尽天职,适如所期,然深信我国民革命全功之基础,实已奠立于今兹,固无所置疑者也。"全国军民在胜利在望之时,"诚宜特别警惕,各竭所能,各尽其职,兢兢业业,以竟全功"。

△　重庆各界开会庆祝国庆。下午,外交部举行盛大茶会招待中外人士;晚,林森主席对全国发表广播讲话,宣称"拿出更大的决心,更大的勇气,为抗战建国,克服最后的难关,完成神圣的使命"。

△　《新华日报》全文发表中共中央《关于纪念今年双十节的决定》,《决定》指出:"我们共产党人和全国一切真诚的革命志士,都是辛亥革命的最忠诚的继承者,对于辛亥革命未竟事业,我们共产党人誓与全国一切真诚的革命志士一道,誓与全国人民一道,继续奋斗,不达目的,誓不休止。"

△　第九师张琼部、新编第三十三师张世希部、第七十六师王凌云部向宜昌发动猛攻。至是日克复宜昌近郊之胡家大坡、大娘子冈、慈云寺等重要据点,并以炮火轰击宜昌城。第九师组成的三个突击营攻克东山寺、土城等据点,冲入宜昌。激战中,日军施放毒气,并配以飞机轰炸,第九师突击营伤亡惨重,被日军压迫出宜昌城。

△　中国民主政团同盟在香港正式公布成立,参加者有中华民族解放行动委员会、中华职业教育社、乡村建设派、中国青年党、中国国家社会党,推张澜担任主席。同日,同盟机关报《光明报》发表《中国民主政团同盟成立宣言》和《中国民主政团同盟对时局主张纲领》,提出贯彻抗日,加强团结,争取国家独立,结束党治,实行宪政,实践民主,保障自由,实现军队国家化、政治民主化等主张。

△　国民党五届九中全会议案研究委员会政治组宋述樵草拟《整饬纪纲修明政治方案》。该会同时提出关于力行蒋介石命令,整饬机构,考核人事,以提高行政效率议案;关于加强新县制之推行,以完成地方自治议案;关于改进党务方案(草案);关于实施国民党小组管理,加强控制其党员的议案等。

△　朱德、叶剑英致电八路军驻第二战区长官部办事处处长王世英指出:八路军为策应友军在郑州作战,已向敌后各重要交通线进行有效的破袭,请阎锡山命令敌后有关部队与我军进击部队多取联系,共同对敌。

△　国民政府公布核定教育部国语推行委员会编定之《中华新韵》。

△　中、英、美金融会议在香港举行,中国代表为陈光甫、贝淞荪、席德懋;英方代表为倪米亚、巴克斯德;美方代表为福克斯、郝伯德、格拉弟。讨论内容为:一、增加英美对华援助;二、巩固法币,粉碎敌伪经济阴谋;三、有效地实施封存资金命令;四、计划发展中国经济资源。

△　财政部公布:全国节约建国储蓄运动开展一年,储蓄总数已达5.6亿元,其中重庆市成绩最优,广东次之。

△　据《中央日报》载:旅美巨商李国钦捐款50万元,托孔祥熙转呈蒋介石颁发,以其中30万元犒赏湘北将士,20万元救济被难同胞。

△　中华职业教育社机关刊物《国讯》在香港出版。

△　汪精卫发表《三十年国庆致词》,鼓吹反共清乡是保障和平的方法,是由局部和平到全面和平的最有效方法。

10月11日　军事委员会任命顾锡九为第八十九军代军长,12日任命史克勤为第四十九军副军长。

△　八路军冀南军区对日军发动秋季破击战,是日攻克武城县城,至13日结束,共歼日伪军310人。

10月12日　会犯郑州之左路日军窜达张庄街,中路日军陷郑州后分两股,西犯须水镇一股被击退,南陷十八河一股亦被豫中队伍攻克,跟踪追至郑州。翌日晨,一度攻入郑州市。右路日军被阻于荥泽西南。

　　△　日军在山西境内沦陷区组织所谓"灭共青年团",规定凡年龄在 17 至 35 岁以下的青年,每村至少有 20 人受训。中阳县属大城垣、锈沟等村青年因拒绝受训而被残暴凌虐致死者甚多。

　　△　日首相近卫召开四相会议,陆相东条英机反对自华撤兵。

　　10 月 13 日　第三集团军孙桐萱部反攻郑州。因日军使用毒气,被迫退出。此后孙部多次袭击城内日军,烧毁仓库、营房多处。

　　△　日机在宜昌投掷毒瓦斯弹,城区中国守军多中毒受伤,蒋介石是日下令守军暂退出城外,与日军野战。

　　10 月 14 日　蒋介石之政治顾问拉铁摩尔飞抵昆明,考察一般政情,15 日参观各项建设及外县运输情形。11 月 1 日返渝,对记者称:"云南当局已准备保卫云南,以防日军由南方侵入",并称他拟于六个月内完成其顾问任务后返美。

　　△　战地党政委员会组织战地党政工作视察团,计分三团,每团10 余人。一团团长由党政工作考察团陕豫区团长方觉慧兼,负责视察豫鄂战区;二团团长黄维国,视察浙赣湘战区;三团团长廖和清,视察苏鲁战区。是日,各团由渝出发。

　　△　中国妇女慰劳自卫抗战将士总会主任委员宋美龄亲率该会委员张蔼真、唐国桢、吴漱真等由渝启程赴湘北劳军,并拨款 50 万元犒赏将士。该会在长沙勘察修建湖南荣誉军人新村地址,于 25 日返渝。

　　10 月 15 日　朱德、彭德怀致电蒋介石、阎锡山、卫立煌称:为配合郑州作战,已令各部向当面敌人的交通据点进行攻击。

　　△　日军将劫自中国之军舰三艘移交汪伪政府。至此,日移交汪伪之军舰已达九艘。

　　△　伪满洲国与外蒙在哈尔滨签订"边界"议定书,勘定其界线长达 300 公里。

　　10 月 16 日　第三次南岳军事会议开幕,蒋介石主持会议并致开会词,会议主要内容是检讨第二次长沙会战的失误。蒋介石的训词要旨为:一、希望各将领了解抗战必胜之根本要诀——乃在保持我们民族正气,发扬我们历史的精神;二、以曾国藩为例,说明高级将领成功立业之道;三、依照战斗方略与工事构筑要旨,说明此次长沙会战之缺点与今后应有之改进;四、今后各战区兵力配备与使用之要旨;五、目前我军战术方面应注意之要点;六、今后部队业务应注意之事项。会议 21 日结束。

　　△　中国政府与利比里亚政府在中国驻葡公使馆交换友好条约批准书。

　　△　《光明报》发表社论《中国民主政团同盟的成立宣言》,着重说明四点:一、中国民主政团同盟是一联合体,不是单一组织,不是一个政党,而是许多党派的联合;二、因为它本身不是一个政党,所以不要看作国内两大党之外,政治上又增多一竞争的单位。它只是为了当前时势需要,而作此联合行动;三、这一联合,由来已久,早在民国二十八年 11月已组织了的"统一同志建国会"是为前身;四、大家都没有武力作其政治要求之后盾,是联合内的构成员(各党派和个人)之共同点。

　　△　国民参政会参政员罗文幹在粤北乐昌县病逝。

　　△　中、英、美、荷四国代表在马尼拉举行会议,讨论太平洋战争爆发时如何调整四国海、空防御问题。

　　△　英财政代表团倪米亚一行及美财政部代表柯克朗由香港飞抵重庆,次日由英大使卡尔陪同拜会孔祥熙、郭泰祺等。倪米亚对中央社记者表示:英、美将以全力援华,以解决经济上各种问题。

　　△　日近卫内阁因对国策方针意见不一致,是日宣布总辞职。此为近卫内阁第三次倒阁。17 日,日皇裕仁命东条英机出组新阁。

　　△　日美谈判。日方提出条件为:一、美日合作开发中国经济;二、美日恢复通商,日本不南进;三、如美不包围日本,日本可退出越南。美方提出异议,谈判无结果。

　　10 月 17 日　国民参政会驻会委员会举行会议,由财政部长孔祥熙报告国家最近财政收支、田赋征实及外汇管理情况,外交部亦提出最近国际形势之书面报告。

△　马当要塞第九战区流动炮兵部队击沉日军运输舰二艘。

△　荆沙日军 6000 余为打通荆岳水路,分由岑河口、砖桥、窑湾三路南犯。22 日陷郝穴、蛇桥、白马寺等地。23 日晚,第六战区一部反击,克复郝穴等地,恢复原态势。

△　据中央社讯:日军南渡汨罗河后,在长沙东北之麻峰咀设有转运站,并有日军 200 余守护,站内存有大宗枪支弹药及米谷等,曾任乡长之梁振球率团军一夕之间将该站日军全部消灭,并焚毁弹药仓库及装甲汽车 10 辆。

10 月 18 日　"扫荡"晋冀鲁豫边区岳北之日军撤退,岳北根据地军民在反"扫荡"中共毙伤日伪军 916 人,俘伪军 13 人。

△　韩国临时政府外交部长赵素昂在重庆招待新闻界,请中国政府即承认韩临时政府。

△　日东条英机组成新内阁。东条任首相并兼陆相及内相,东乡茂德任外相,岛田繁太郎任海相,贺屋兴宣任藏相,岸信介任工商相。20 日,东条英机发表广播讲话,声称新内阁继续坚持政府关于处理"中国事变"和实现"大东亚共荣圈"的既定国策;为此目的,将改革行政机构,绝对实行政军一体。

10 月 19 日　重庆《新华日报》发表周恩来所写的代论《太平洋的新危机》,指出:"近卫下台,东条上台,都说明日本法西斯军人再也不能忍耐目前沉闷拖延的局面,而必须自己出马,采取冒险的行动了。""这次日本军人内阁的出现,是日寇大冒险行动的信号"。"我们认为日阁的改组,应该警醒我们,使一切反侵略反法西斯的国家,更加团结,更加联合行动起来,而不应该让东西法西斯国家联成一片,将侵略烽火烧遍世界,贻祸无穷。"号召全世界正义人士,"群起扑灭人类公敌——东西法西斯蒂"。

△　据《大公报》讯:蒋介石拨款五万元在中央军校建筑四行孤军团长谢晋元纪念碑。

　　△　运输统制局西南运输处改组为中缅运输总局,俞飞鹏任局长,陈体诚及美国公路运输专家威尔斯任副局长。

　　△　日海相岛田繁太郎发表广播演讲,声称日海军已完成一切准备,不仅拟解决"中国事变",且拟应付当前局势之任何变化。

　　10 月 20 日　蒋介石主持第三次南岳军事会议总理纪念周,并发表训词,指出长沙会战中失误之一是由于高级将领指挥部队太大,而能力有所不胜,更由于自身不研究、不学习,对部下不训练、不考核所致,同时策勉所部将领以曾国藩为例,自觉自动,自强自立,完成抗战建国大业。

　　△　行政院秘书长蒋廷黻在重庆招待中外记者并发表谈话,认为日内阁改组,其侵略政策决不会变更,并指出东条内阁的组成具有两个意义:一、加强日本内部之统一;二、对英、美表示法西斯内阁之姿态。

　　△　财政部政务次长俞鸿钧在重庆招待新闻记者谈称:英国财政经济代表团倪米亚爵士及美国财政专家柯克朗抵渝后,曾与我财政当局晤谈多次,对有关问题彼此意见均能一致。平准基金委员会在港与该团各代表所讨论事项,已经政府获准。当局深信此次会谈结果,有关各国对敌经济作战,当可取得更密切之合作,将加强外汇政策之实施。

　　△　中国银行拟在西南、西北地区大规模建设纺纱厂,由该行西北区经理束士方统筹办理。是日飞港购办机器。

　　△　澳大利亚首任驻华公使艾格斯顿抵重庆,28 日向国民政府主席林森呈递国书。

　　10 月中旬　八路军晋察冀军区粉碎日军发动的所谓"十万大战",经两个多月作战,毙、伤、俘日伪军 8000 余人,破路 800 多里,击毁敌列车三列。冈村宁次自供失败,称"肃清八路军非短期所能奏效"。

　　10 月 21 日　蒋介石在第三次南岳军事会议发表训词,指出目前中国军队战术改进之事项:一、应注意巷战之准备与实习;二、应研究敌人骑兵与伞兵之战术并讲求对策;三、各级指挥部应位置于总预备队所在地;四、副通讯与补助通讯之讲求;五、各部队应设置预备通讯所;六、迅速谍报人员与工兵部队应特别训练;七、应注重搜索部队之组织与运用。八、对敌人截取我军服装符号之防止。

　　△　郑州荥泽方面日军 400 余,附炮 10 余门,战车七辆,由黄河铁桥以南分三股攻陷广武。23 日,第一战区卫立煌所部反攻,收复广武。

　　△　中国工程师学会第十届年会暨成立三十五周年纪念大会在贵阳举行,会期五天。由会长凌鸿勋主席,交通部长张嘉璈、教育部长陈立夫及罗家伦等出席并讲话。会议通过中国工程师信条八条,推选翁文灏为会长,茅以升为副会长。

　　△　美财政专家柯克朗由渝飞港。23 日,财政部次长顾翊群、平准基金委员会美方委员福克斯、英方委员郝伯庄亦联袂飞港,参加在港举行的中、英、美三国金融会议。

　　△　汪伪政府行政院任命周化人为广东省政府委员兼广州市市长,汤良礼为宣传部政务次长,周隆庠为外交部政务次长,萨福畴为海军部常务次长。

　　10 月 22 日　中英信用借款委员会在伦敦成立,由顾维钧主席,财政部代表郭秉文与英国代表马可文当选为执行委员。委员会并通过有关执行中英信用借款协定及委员会会务进行之若干议案。

　　△　据中央社讯:台湾革命同盟会南方执行部在福州设立办事处,联络留居福州、泉州沿海一带台籍革命分子,从事复土运动。

　　△　日政府决定发行“中国事件”公债票四亿元,其中一亿元由大藏省负责,三亿元由日本银行负责。

　　△　东条批准日内阁参议九人辞职,并声称“将由有远见且能与政府就高度国防充分合作之人士中选任新参议”;政府之目的,“即在圆满结束中国事件与建立东亚共荣圈”。

　　10 月 23 日　蒋介石指派康泽为主任,负责筹备设立“战时青年训导团”。

　　△　国民党中央委员刘守中病逝。

　　10 月 24 日　中共中央南方局召开会议,总结大后方工作的教训,指出：大后方党的任务是建立秘密的党，保存力量，不能搞武装斗争。

△　教育部颁布《小学训育标准》。

△　加拿大政府外交部宣布：将与中国互换全权公使。

10月25日　新四军第一师第二旅一部袭击驻冈门日伪军，俘伪军营长以下66名，获步枪60支。

△　贵州省安南县改称晴隆县。

△　郑州日军5000余进犯王庄、十八里河、马庄、黄冈寺之线，第二战区一部阻击，将其击溃。26日，残敌退回郑州。

10月26日　原山东省主席沈鸿烈来渝述职，是日作题为《抗战期间的山东》的报告，称山东全省共107县，完全沦于日伪宰割者只有三县，完全在我手中者四县，其余百县中日伪仅据县城，而乡镇依然为我之势力，并称全省目前有30县推行新县制。

△　山西汾离公路之日军1500余向晋西北第四分区出动，占领碛口、咀头、孟门等黄河渡口，作出进犯陕甘宁边区之姿态，以配合其晋西南之行动。八路军第一二〇师独一旅第七一五团正调往陕甘宁边区三边地区执行任务，乃派第二团接替第七一五团之河防任务，并击退日军进犯。

△　东方各民族代表大会在延安举行。参加会议的有国内和东方18个民族的代表130余人。会议决定成立东方各民族反法西斯大同盟，选举朱德、林伯渠等37人为执委，朱德为主席。会上日本工农学校35名学员集体宣誓参加八路军。

10月27日　财政部整理田赋筹备委员会在重庆举行首次会议，讨论战时田赋管理人员任用程序及田赋征实、田赋整理、征收制度等问题。孔祥熙谈整顿田赋要点，强调管赋人员之训练。

△　朱德致电军令部长徐永昌，报告八路军配合湘北、郑州战役作战，向敌后各交通干线展开破击的情况，其中以冀、鲁、豫、苏、皖各线尤为激烈，先后重创津浦、平汉沿线之日伪军。晋察冀军区粉碎日军六万余人之长期"扫荡"；太岳区相继击溃日军三万余人之进攻；冀中吕正操

部不断向霸县及津浦路上之唐官屯进袭；萧克部逼近天津市郊，摧毁敌碉堡、仓库等，使敌大为惊恐。

　　△　日机数架袭击晋西及陕北各地，并投弹多枚，被我军击伤一架，坠于山西吉县西北，机师三人被俘。

　　△　国际劳工大会在纽约开幕，参加者有 34 国代表。中国劳工代表朱学范出席，并当选为理事。

　　△　延安《解放日报》就中国民主政团同盟成立发表社论《中国民主运动的生力军》，称赞它"是抗战期间我国民主运动中的一个新的推动。民主运动得此推行，将有更大的发展，开辟更好的前途"。还强调指出："目前推行民主政治，关键在于结束一党治国"，希望民主政团同盟纲领，对此亦特别加以注意。

10 月 29 日　行政院县政计划委员会副主任委员李宗黄招待记者，宣布全部县政计划（包括新县制之计划）大体完成，定于本月 31 日结束。

　　△　毛泽东电告周恩来：国民政府军委会决定调何文鼎师进驻安边，则定边、盐池将不保，经济来源将断绝，我们决定用武力自卫，请向军委会交涉停止调动，否则引起冲突责在彼方。11 月 1 日，毛泽东再电周恩来：何文鼎如不停止南下，我们决心消灭之，请告蒋介石、刘斐立即制止。如何师不停止南下，我们必须向边区增兵。

　　△　日军第三十六师团、独立混成第四旅团 5000 余人对太行区发动大"扫荡"，企图歼灭八路军首脑机关，摧毁八路军的军工建设。31日，日第三十六师团 3000 余人，由潞城、襄垣等地出动，连夜袭击黎城、赤岸、西井等地。11 月 3 日，日独立混成第四旅团 2000 余人，分别由辽县、武乡出动，奔袭大有、贾溪、宋家庄等地。八路军太行军区加强游击集团，组成县、区、村指挥部，开展反"扫荡"作战。

　　△　据中央社讯：本年度全国全面劝募动员自 3 月初发动以来，已有粤、桂、湘、赣、闽、皖、鄂、康、豫、陕、甘、宁、晋、绥、黔等省陆续发动，共计劝募总额可达五亿元。

10 月 30 日　行政院成立审核委员会,专门负责审核中央各部、会及各省、市之工作报告与工作计划,委员七人,主任委员由行政院秘书长蒋廷黻担任。该会定 11 月 1 日开始工作。

△　据《申报》载:立法院长孙科在香港向复旦大学毕业生发表演讲,宣称"民主党联合会主张废止一党专政实属错误",并以英、美、德、意为例,说明政府莫不在政党手中,国与党不可分离,认为"废止一党专政,将政府置于若干弱小政党手中,等于改组政府,殊不合法"。

△　美为协助中国扑灭滇缅铁路沿线疟疾病患,派抗疟团来华,该团团长哈斯、副团长雷脱等一行 15 人,循滇缅路抵昆明,与中国卫生署长金宝善及滇缅路当局商讨抗疟实施办法。该团总办事处设腊戌。

△　延安召开东方各民族反法西斯代表大会。毛泽东出席并讲话,指出大会的主要目的就是团结,促进各民族团结,共同打倒法西斯。

△　英大使馆通告重申撤侨警告,望中国沦陷区内英侨妇孺早日离去。

10 月 31 日　第一战区孙桐萱部克复郑州,并向中牟、京水方向进击。

△　中美文化协会在重庆宴美军事代表团马格鲁德及全体团员。马格鲁德在宴会上表示:美国将运用租借法尽量援助中国。

△　第五战区所属部队在豫南信阳北击落日机一架,敌空军队长今井雄司等均毙命。

是月　宋庆龄在纽约《亚细亚》杂志上发表《中国需要更多的民主》一文,指出:加强民主是维护和巩固统一战线的关键,缺乏民主使妥协派和求和派能够在暗中活动,准备投降,"是中国军队发生军事冲突的主要原因","是对共同抗日战线的一个最大的威胁,并且给那些想破坏它的人以绝好的机关"。呼吁:"为了抗战,为了抗战所不缺少的统一战线,海外的我国同胞们和外国朋友们应该支持我们的要求——加强民主。"

△　中央银行发行藏文法币 1000 万元,由中央银行打箭炉分行发

行,在西藏和西康流通。

△　日伪军在热河丰宁、滦平、宽城等地大肆镇压抗日运动。在丰宁、滦平逮捕达 1500 余人,处死 200 多人,处刑 1000 余人。在宽城的十几个村庄逮捕 300 多人,杀害无辜群众 80 多人。

△　日军"七三一部队"用飞机向浙江衢县投掷染有鼠疫的跳蚤、麦粒和粟子,致 21 人死亡,3000 余人危及生命。

11　月

11 月 1 日　国民政府修正公布《民国三十年四川省整理债务公债条例》,凡 11 条,定额为国币 3500 万元,于是日起按票面十足发行,用以清偿民国二十七年 5 月 31 日以前债务。

△　滇、黔、桂、闽、康等省开始田赋征实。

△　豫南信阳日军一部北犯,4 日向项城、上蔡进犯,被第五战区一部击败,当晚,我军克复汝南。

△　苏北海安日军山下等 200 余人,乘夜在前江苏省长韩国钧寓所架设铁丝网,严行监视,并强令韩赴海安出任伪职。韩坚不肯行,严词拒绝。双方相持达旦,敌乃挟韩之长、次两孙而去,押于泰州。

△　是日至 12 月 25 日,日伪军在华北实行第三次"治安强化运动",其重点是配合对华北各根据地的"扫荡"、"蚕食",彻底进行经济封锁和物资掠夺,在敌占区内实行对食盐、火柴、石油、布匹等生活必需品的"配给制",以经济手段配合政治措施,加强对人民的控制。

△　日军第三师团为策应第三十五师团从郑州撤退,发起信(阳)北作战,2 日陷正阳,3 日占汝南并"扫荡"周围地区,8 日退回信阳。

△　据《中央日报》载:台湾总督长谷川发表谈话称:在目下世界形势中,日本实行"南进"政策实属绝对必要。为达此目的,台湾军事任务之重要性亦将增加,全岛必须完全武装化,使成为一固定之"航空母舰"。

　　△　纽约华侨筹饷总会致电林森、蒋介石称：湘、粤胜利，全侨欢跃，共筹国币35万元，犒赏长沙将士15万元，广东将士10万元，及中央伤兵医药费10万元。

　　11月2日　蒋介石以日军集结越南，将进攻云南，切断滇缅公路，是日电请罗斯福总统利用影响，使英国与中国通力合作。

　　△　第三战区顾祝同部克复安徽怀远。

　　△　晋西军渡、碛石日军炮轰陕甘宁边区河防阵地，并在飞机掩护下以橡皮舟、筏子下水西渡，被八路军击退。

　　△　伪华北政务委员会将北平男、女两师范学院合并成立北平师范大学，任黎世衡为校长。

　　△　日军大本营、政府联席会议决定《帝国国策实施要点》，规定要在12月初大举进攻东南亚各国，"决心对美、英、荷开战"。5日御前会议通过。

　　△　日军第十七、第二十一、第三十二师团全部，独立第五、第六、第十旅团及伪军共二万余人，在战车联队、飞机大队掩护下，对山东沂蒙山区进行大规模"扫荡"，历时52天。八路军和地方民兵配合，展开反"扫荡"作战，歼灭日伪军2000余人。

　　11月3日　军令部制定《确保缅甸路作战计划》，其要旨为：以确保昆明、巩固滇缅国际通路为目的。先以第一、第九集团军凭依滇南山险及既设阵地与敌决战；如滇南决战不利，应以第一、第九集团军各一部在敌后游击，主力转移于南盘江阵地打击敌人，尔后以主力部队截断敌后，尾敌攻击。第四战区应凭借既设工事，掩护桂西、桂南，策应昆明行营作战。

　　△　晋东南八路军收复河北涉县县城。

　　△　重庆《新华日报》讯：内政部据某战区所送日俘少尉谷川口供，内称：日本施行毒化政策，东北已成鸦片世界，热河全省遍植罂粟。一、鸦片生产供给全为"国营"专卖制度，限定热河为培植鸦片地区，并设有"烟政局"管理贩卖供应事宜，允许开设烟馆；二、热河全省遍地种植，致

使粮食极为缺乏;三、鸦片之制造,由烟政局统一管辖。

11 月 4 日　中国妇女慰劳自卫抗战将士总会主任委员宋美龄,以豫北克复郑州,将士忠勇赴命,不辞艰苦,特拨款 10 万元,犒劳该区参战将士。

△　豫南信阳日军一部陷确山,继续西犯瓦冈等地。第五战区驻驻马店一部向南出击确山之敌,敌不支,向新安店逃窜。5 日克复正阳、新安店,残敌渡河南溃。

△　日机在湖南常德、桃源等地投播鼠疫杆菌。

△　日军分三路扫荡江苏建湖五区淳化乡,用割肉、开膛、活埋等手段杀害群众 60 多人,焚毁房屋 705 间。

△　日军将劫管之上海中华第一针织厂无限公司、恒兴泰榨油有限公司交汪伪工商部驻沪办事处接管,同日决定将 1937 年劫管之第三国财产权利交与汪伪组织接管。

11 月 5 日　蒋介石在重庆举行各战区司令长官紧急会议,商讨保卫滇缅路计划及原料入口、与各国军事合作等问题。会后,商震及内政部长周钟岳飞昆明协助龙云计划保卫滇缅公路问题。

△　蒋介石在重庆招待外国记者称:"现在是我们联合奋斗的一极重要时机","最后胜利的机会,有赖于我们全世界被侵略各国的合作程度而定。"

△　国际劳工会议通过决议,呼吁所有自由国家以其所能生产之军火,供给中、英、苏及其同盟国,以获取战事之胜利。

△　日召开御前会议,决定《帝国国策实施要领》,决心对美、英、荷开战,进攻时间定为 12 月初;如 12 月 1 日零时前对美谈判取得成功,即中止发动武力;加强同德、意两国的合作;在发动武装进攻之前,同泰国建立密切的军事关系。同日,御前会议又批准通过《帝国陆军作战计划》,规定南方作战的目的在于"摧毁美、英、荷在远东的主要根据地,占领并确保南方要地";须占领的地区为菲律宾、关岛、香港、缅甸、爪哇、苏门答腊、帝汶等。

△　日政府派特使来栖三郎（前日驻德大使）赴美，协助驻美大使野村进行美日谈判。

11月6日　行政院经济会议召集有关部、会长官举行联席会议，讨论物价问题及平抑对策。

△　陕甘宁边区第二届参议会第一次会议在延安举行，出席议员193名，候补议员16名。毛泽东致开幕词，林伯渠作《陕甘宁边区政府三年来的工作》报告。大会通过《五一施政纲领》为边区政府施政纲领，通过各类提案380件。会议根据"三三制"原则，选举高岗为参议会议长，林伯渠为边区政府主席，李鼎铭为副主席，雷经天为边区高等法院院长。18日，通过精兵简政决议。21日闭幕。

△　毛泽东与应邀出席陕甘宁边区参议会开幕会的国民党联络参谋陈宏谟、周励武、郭亚生谈何文鼎部进攻边区及共产党参政员出席参政会二事。毛泽东表示：一、何来必打；二、放人、发饷二事做一，我方即出席参政会，否则我方请假，不作别的表示，以示不与国民党为难。陈宏谟等要求陕甘宁边区部队不要打响，他们担保何文鼎不来进攻，并认为共产党对参政会的上述态度是公允的。毛泽东还向他们说："你们不要以为只有共产党困难，可以欺负，须知国民党还有极大困难在后头，我向你们保证，只要国民党抗日，不论国民党有何等危险困难，共产党决不趁火打劫，仍与你们合作的。"

△　重庆《新华日报》就物价飞涨发表社论《急速制止物价再涨》，提出六条办法：妥善处理通货问题；取缔囤积居奇；改善经济机构与管理方针；取消一切不必要的经费，减少政府支出；适当措理运输问题，积极发展工业生产；对下级公务员与教师生活应加以保障，对贫苦佃农应减轻其负担，对贫苦工人应改善其生活。

△　香港当局为协助国民政府推行币制政策，协助平准基金委员会及财政部取缔法币外汇黑市，特公布《国防金融条例》，规定：凡有关中国法币之外汇交易，以法币计价之货物交易，收藏法币或以之作收受偿付之交易，以及输出输入法币者，均须经香港政府许可取得执照，否

则即构成犯罪。

△ 国民政府公布《非常时期奖励资金内移兴办实业办法》，凡14条。规定：国币汇入内地投资者；将存款移存内地、供投资支用者；以外币、外汇或黄金交存指定之银行，供内地投资使用者；以外币、有价证券交由指定银行变价，或输入机器及必要物资作价或变价，以使内地投资者，均属资金内移。对于上述资金内移者，得由主管部、会予以协助便利及保护；政府办理的工矿、交通、农林、畜牧等事业，除依法应归国营者外，特许资金内移者经营或合办。对于资金内移者投资的事业，在企业发生变化等原因招致亏损，政府酌予补偿；企业因周转需要现金时，政府予以借款。

△ "扫荡"晋冀鲁豫边区太行中心区之日军，被八路军第一二九师击退，南路退黎城，北路窜回武乡、辽县。

△ 日机六架袭击浙江兰溪，投弹34枚，死六人，伤九人，毁民房90余间。

△ 日大本营给中国派遣军下达命令，要求中国派遣军总司令官以第二十三军指挥的第三十八师团为基干部队，协同海军准备攻占香港，11月底完成作战准备。

△ 国际劳工大会闭幕。罗斯福在大会上发表演说，重申美国全力支持中、英、苏三国之决心。

11月7日 蒋介石在重庆私邸招待外籍记者，并发表谈话，说明反侵略国家的联合阵线，必须把握时机，争取主动，以打击敌人的新攻势。

△ 毛泽东在延安发表广播演讲，指出："目前全世界人类的任务是团结起来反对法西斯，而中国人民的任务是团结起来反对日本的进攻。"

△ 中共中央军委发出《关于抗日根据地建设的指示》，指出：抗日根据地的斗争进入新的激烈的阶段，我之斗争方针应当是熬时间的长期斗争，坚持分散的游击战争，采取一切方式与敌周旋，保存实力，以待

时机；要求每个根据地的军事机构应包括主力军、地方军、人民武装三部分，要加强兵工生产等。

　　△　新四军淮北苏皖边军区成立，赖毅任司令员，刘子久任政治委员。

　　△　陕甘宁边区银行正式开业，行长朱理治。

　　△　据《中央日报》载：加拿大华侨第八次代表大会捐款 10 万元，旅美斐市那华侨救国会捐款一万元，米哇地埠华侨救济委员会捐款二万元，慰劳湘北抗战将士。

11 月 8 日　国民政府公布《改订财政收支系统实施纲要》，分国家财政与自治财政两种。

　　△　美财政部专家柯克朗抵渝。柯于中英美金融会议后，在港、渝、沪之间频繁活动，上海汇市因金融会议引起的波动略见平定，然黑市交易迄未完全取消，此次来渝系与中国政府作最后会谈。11 日飞港返美。

　　△　据中央社讯：国立中央图书馆奉令印行四库全书珍本初集，分送英国四部，美国七部，苏联三部。

11 月 9 日　国民党重庆市党部等举行张冲追悼会。吴铁城主祭，蒋介石亲临致词，并赠挽联："赴义至勇，秉节有方。"周恩来出席讲话，并赠挽联："安危谁与共？风雨忆同舟！"同日，重庆《新华日报》出版纪念专刊，发表毛泽东、朱德、董必武等的挽词及周恩来撰写的《悼张淮南先生》一文。

　　△　日军第三十六师团及独立混成第四旅团共 5000 余人分途袭击晋东南黎城之黄崖洞、水腰地区八路军兵工厂，受到八路军总部特务团及兵工厂员工阻击，经八昼夜激战，共歼敌 800 余人。16 日特务团转移，兵工厂被敌破坏。

　　△　日军第三十二师团及部分伪军共 1800 余人"扫荡"晋冀鲁豫边区冠县、堂邑以南莘县以北地区，并修筑冠（县）堂（邑）公路，增设据点；另有日军 1200 余人"扫荡"冀南新河、南宫、巨鹿之间地区。

△ 广东新会伪军第三十六师旅长白拱宸、团长林华等率部 300 余人反正。

△ 我国首次向美国赠送熊猫典礼在重庆举行,宋美龄、宋蔼龄亲自主持。

△ 日军部代言人平井宣称:日海军攻华已准备妥当,要求与越南缔盟,并增兵至 50 万。

△ 汪伪国民党在南京召开六届四中全会,商讨远东紧张情势下加强"日华合作"问题。

11 月 10 日 行政院秘书长蒋廷黻招待记者并发表谈话,称:日军一面在越南增兵,一面又派来栖赴美谈判,其目的一为维持美日之间的和平;二为建设"东亚共荣圈";并称:日本对美之和平攻势,亦想取得太平洋沿岸各国之控制权。所谓"东亚共荣圈",实为"共苦圈"、"共死圈"。

△ 八路军晋察冀军区主力部队、地方军及县区游击队全部出动,在北岳区展开全面交通破击战。第二军分区重点破坏沿晋、冀边界修筑的公路;第一、第三、第四军分区重点破坏涞(源)易(县)线和由易县南下经满城、完县、唐县、曲阳、行唐、灵寿、平山到娘子关的公路和封锁沟墙。到 12 月 10 日结束,共毙伤日伪军 1400 余人,平沟破路约 400 公里。

△ 驻美大使胡适访罗斯福,交换远东时局的消息,并面交蒋介石的亲笔函件。胡建议美国以更多的飞机援助中国。11 日,胡适再访罗斯福,罗表示保证美国决不背弃中国以取好日本。

△ 西北青年救国联合会、延安青年联合会、晋察冀边区青年抗日救国会、陕甘宁边区青年救国联合会等 10 余青年团体,发起于明年 1 月 5 日至 10 日在延安召开中国青年反法西斯运动大会,并邀请全国各地各界青年团体派遣代表前来参加,共商推动中国青年反法西斯运动的方针。

11 月上旬 周恩来就何文鼎师南下两次质问刘为章,刘答说纯系调防,并转达蒋介石的话:"担保不进攻。"周恩来责以来安边是挑衅,声明边区要自卫,并要求释放叶挺、发饷。

11 月 11 日　白崇禧巡视桂南,是日检阅防守桂边军队,发表训话称:日军进攻昆明时,或将由越南重入桂省,广西军民应与云南军民协力合作,防守边界。

△　上海新加坡路日商公大第四纱厂发生火灾,所存棉花、羊毛全部焚毁,损失甚重。

11 月 12 日　重庆市各界举行庆祝孙中山诞辰代表大会,发表《告民众书》,提出当前最急切的几件事:第一,动员人力、物力一切力量,充实国防建设;第二,加紧努力文化建设,以促进物质建设;第三,树立中心信仰,纠正错杂纷歧的思想。

△　蒋介石会见周恩来,希望中共自动出席参政会,说过些时候可以给叶挺自由,但现在不能放。

△　中共中央政治局召开会议,讨论陕甘宁边区财政经济问题。毛泽东发言,提议组织计划起草委员会;并提出实行半统筹统支,统筹的主要项目是粮食、草料、被服、食盐、药材、纸张六项,从 1942 年 1 月起实行。

△　驻英大使顾维钧在伦敦牛津联合会发表演说称:为获得世界永久之和平,有赖于各国之合作,远东必须与西方同样获得胜利,推翻日本军事独裁,使全世界自军事独裁制中解放,否则即无法实现世界永久性之改善。

△　日机八架袭闽,两架失事。一架指挥机坠落德化境,一架坠毁龙溪山中。

11 月 13 日　蒋介石向英、美两国呼吁,"如日本进攻滇缅路,请予中国以军事援助"。英、美表示决定保持滇缅路,"竭尽所能以援华"。同日,云南省主席龙云宣称:"若敌攻滇,誓与周旋。"

△　国民政府明令褒扬著名学者许地山、小麦育种专家沈骊英、绅者王清穆。

　　△　国民参政会川康建设期成会川北区负责人张澜向记者谈川北粮食征购情况，称：川北本非产米区域，且遭干旱，夏收作物一无收获，建议：一、小粮户免购，应以累进法取自大户；二、灾区免购减征。

　　△　中共中央和西北中央局设宴招待陕甘宁边区参议员，毛泽东出席。

　　△　美财政部修正《管理中国在美基金条例》，规定：此后对华汇款中之一切美金外汇，仅能汇交中国政府或平准基金委员会；凡从事中美间进出口贸易者，须向该委员会证明其已设法将该款项汇交中国政府，未经该委员会批准之物物交易，咸在拒禁之列。

　　△　山西高平伪协护队大队长崔凤朝率部 300 余反正。

　　△　日机 40 架先后侵入广西柳州、平乐、桂林及湖南零陵投弹，其中两架于归途中坠落。

　　11 月 14 日　财政部次长顾翊群对中央社记者发表谈话，认为美财政部之《修正管理中国在美基金条例》实为美国协助中国资金循正当途径流入中国之又一新的努力，并将加强中国之作战及经济力量。顾氏预料英国、荷印及菲律宾亦将采取同样步骤。

　　△　周恩来致电毛泽东：如张群、王世杰"担保放叶"，我们可否出席国民参政会，或另取他法，或不理。毛泽东当即将中共七参政员因事请假致国民参政会秘书长王世杰函电告周恩来转递，并嘱："即刻准备对付蒋介石从各方面给予我们的压力。"

　　△　教育部颁布《中等学校导师制纲要》及《导师服务规程》，凡五章 18 条。

　　△　第一战区卫立煌部攻入河南中牟。

　　△　苏北黄桥日加藤大队长率 50 余人，配合伪军千余"扫荡"如皋以西、黄桥以东的高明庄地区，被新四军一部包围，战至子夜，将日伪军全部歼灭，加藤亦被击毙。

　　△　日机 89 架分 13 批袭击闽境各地，在南平市区投弹五枚，死三人，伤 20 人。同日，又有日机八架在浙江金华城郊投弹 32 枚，伤五人，

死六人。

△　上海鸿章纱厂2000余名工人要求增加工资五成和生活津贴六成,因资方不允,举行罢工。公共租界派员调解,工人接受劝告,于22日先行复工,静待解决。24日,资方在谈判中无诚意,全体工人再度罢工,资方被迫答应要求,28日工人复工。

△　伪满洲国国务总理张景惠发表时局谈话,表示伪满不管日本发生何种事态,始终与日本一心一意,援助日本,万一日本与美国开战,伪满必尽力协助"友邦"。

△　罗斯福正式声明,美国撤退驻北平、天津、上海之海军陆战队970人,并严令在上海之美国侨民作最后一次之撤退。

11月15日　驻美大使胡适在美图伦大学发表演说,称:过去52个月来,中国如有大量武器,则战绩当必更佳,并分析了支持中国长期抗战的五种条件:一、以空间争取时间;二、人口;三、历史的统一;四、国内建设;五、美国之援助。

△　周恩来接国民参政会开会通知后同董必武会见张群、王世杰。张、王反复说明由他们负责在参政会后努力设法释放叶挺,坚持要中共参政员出席。周恩来、董必武答应将意见转达延安,同时说明坚持请假的理由。

△　军事委员会任命丁友松为第八十军副军长;任命米文和为第六十九军代理军长。

△　陕甘宁边区二届二次参议会致电国民党中央,指出:顽敌方强,南北增兵,西进之阴谋毕露。如何加强团结,促进民主,集中更大力量,准备与敌抗战到底,"正赖贵党与各党派以及全国人民之合作,共同奋斗,始克有济"。

△　八路军太岳军区一部及地方武装200余人,在晋东南潞城之神头村附近毙敌30余人,毁汽车三辆。

△　湖南省府以湘北战灾甚重,再拨款50万元赈济灾民。

△　日大本营、政府联席会议讨论通过《促进结束对美、英、荷、蒋

的战争的内部方案》,决定:"迅速摧毁美、英、荷在远东的根据地","同时以积极的措施促进蒋政权投降,与德、意合作","然后促使英国屈服,并使美国丧失其继续战争的意志";"极力防止对方增加参战国,努力拉拢第三国。"

△ 美芝加哥华侨领袖谭赞在香港演说称:自抗战以来,芝加哥3000 侨胞或按月捐款或依薪水之百分率摊派,先后共已捐助美金 140 万元。

△ 日特使来栖抵华盛顿,携有解决太平洋和平问题的五项程序:一、中国政府承认"满洲国";二、日军撤离中国,但仍在上海、汉口、广州、天津及青岛或烟台驻军;三、日本允诺放弃向南扩张,但经济上的扩张除外;四、日本继续在经济上控制华北五省;五、日本将摒弃侵略西伯利亚之意向。

△ 教育部为奖励专科以上学校清寒优秀学生,增设"林(森)主席奖学金",共 400 名。

11 月 16 日 中国民主政团同盟第一次以组织名义在重庆举行茶会,招待参政员 50 余人,宣布中国民主政团同盟已正式成立,并就有关民主政治问题交换意见。

△ 毛泽东致电周恩来,告以周励武、郭亚生本日从西安来电,说蒋鼎文、朱绍良已呈准蒋介石,何文鼎师缓调。电报指出:"三个联络参谋确做了许多有利团结的工作,周、郭到渝时望接待之。"八路军"已切断何师到安边通路,这是彼方决定何师缓调的主因"。

△ 军事委员会任命曹日晖为第九十军副军长。

△ 重庆、延安、香港等文化界集会庆祝郭沫若 50 寿辰。重庆《新华日报》、香港《星岛》、《华商》、《光明》等报为郭沫若出祝寿特刊。重庆文化界为纪念郭沫若创作二十五周年筹设"沫若奖学金",额定为三万至四万元,并将设立沫若研究所,出版文艺丛书 12 种。延安演出郭沫若《凤凰涅槃》大合唱。

△ 日军 3000 余人开始对绥远大青山根据地武川以东、陶林以西

及银矿山地区进行"扫荡",烧毁村庄 100 多个,至 12 月 5 日结束。

　　△　中国农民银行土地金融处处长黄通对《大公报》记者称:政府当局已拨付 1000 万元,即将开办土地金融业务。该处已决定先自四川、湖南、广西、陕西四省开始,各选土地成问题之三县开始举办,由当地政府协助。

　　△　安徽省企业公司开始正式营业,资本 1000 万元,官股六成,商股四成,于皖南屯溪(今黄山市)设办事处,经营业务为:一、工、农、矿生产事业;二、经营特许之公用事业;三、购销有关民生之必需品;四、改良和运销本省特产;五、受公私机关之委托购运地方物资;六、经营有关本省经济建设之必须事业。

　　11 月 17 日　国民参政会二届二次大会在重庆开幕。出席国民参政员 160 人,列席者国民党中央委员及政府各部、局负责人,中外记者等 300 余人。蒋介石主持会议并致开幕词,强调今天远东大势和世界全局上最重要的一着是"解决日本事件",今冬明春就是最好的机会。参政员张一麐代表全体参政员致答词,强调"团结则存,涣散则亡",希望"以参政会为民主政治的过渡,从速颁布宪法"。

　　△　郭泰祺在重庆招待外国记者称:此次国民参政会各党派代表均有出席,证明中国团结日见增强;来栖访美,如日本不放弃在东亚及太平洋之侵略政策,即无谈判之共同基础;中国欢迎美国修正《中立法案》;滇缅路如受威胁,英、美两国甚为关切,中国政府已采取措施,以防万一;目前有缔结 A、B、C、D 同盟趋向,侵略者既已同恶相济,缔结同盟,反侵略国家岂反不应团结一致,认为日本为轴心中最弱一环,应当首先解决日本,再集中全力应付欧洲。

　　△　中共中央政治局召开会议,讨论陕甘宁边区财政经济计划草案。毛泽东发言,提出财政经济方针须实行两大原则:精兵简政,调整人员;扩大收支,发展事业。这次会议确定了精兵简政的方针。

　　△　美日谈判在白宫举行。据国际社讯:美方提出的条件为:一、撤退在华所有军队;二、日本对欧战严守中立;三、撤退在越南之军队。

1941 年 11 月

美方提出,如日本愿接受以上条件,愿与日本恢复正常通商关系,并愿作调人,使中日战争获一公平解决。

△ 东条英机在日贵族院发表演说,称日美谈判之目的有三:一、取消第三国阻碍"中国事件"处理计划之企图;二、取消敌意之行动,例如他国之对日经济封锁行动,并恢复国际间之经济关系;三、极力阻止欧战蔓延及于远东。同日,外相东乡在议会上作外交报告,宣称:"苟有威胁帝国生存或危及帝国声威之情势发生时,则日本必须以坚决之态度应付之。"

11 月 18 日 国民参政会二届二次大会举行第二、第三次会议,分别由财政部次长俞鸿钧、交通部长张嘉璈、经济部长翁文灏报告财政、交通、经济等政情,参政员对于各报告提出询问案 20 余件。同日,国民党中央召集国民参政会中国民党参政员举行谈话会,检讨各地党政情况及中央法令实施状况。

△ 国民政府令外交部欧洲司司长刘师舜免职,特任刘为驻加拿大特命全权大使。

△ 军事委员会任命王育瑛为第八十七军副军长。20 日,任命刘希程为第九十八军军长。

△ 美芝加哥华侨领袖、国民参政员谭赞抵渝,出席国民参政会。谭此次携有芝加哥侨胞春节献金国币 50 万元,"七七"献金 16 万元,及谭氏本人捐款 15 万元等,呈交蒋介石分配作慰劳、赈灾及保育儿童之用。

△ 中国青年反法西斯大会筹备会在延安成立,冯文彬为筹委会主任,胡耀邦等为委员。

△ 日藏相贺屋在临时议会上发表演说称:自中日战争发生以来,国库支出约 480 亿元,内有军费 260 亿元。对华战争后推销公债 241 亿元。1940 年的赋税较战前(1936 年)增加四倍,并称当前局势下国家财政管理以"军费第一"为政策。

11 月 19 日 国民参政会二届二次大会举行第四、第五次会议,分别由内政部长周钟岳、粮食部长徐堪、教育部长陈立夫、农林部次长林翼中报告社会、粮食、教育、农林等政情。会议通过电慰蒋介石、前方将士、东北四省同胞及海外侨胞等电文。并通过提案审查委员会国防、外交国际、内政、财政经济、教育文化各组召集人名单。

△　驻美大使胡适访美国务卿赫尔,就远东局势交换意见。20日,胡将与赫尔谈话内容电告蒋介石,蒋以美国仍有牺牲中国,对日妥协之意,即令外交部复电坚决反对,并自拟长电警告美国政府。

△　粮食部拟定三年施政计划。部长徐堪是日手订八项要点:一、厉行积谷制度,三年必有一年余粮,防备灾害;二、统筹粮政,作合理之分配;三、改善加工及运输条件,以盈济虚,调节供应;四、管制粮商,以减除对市场之扰乱;五、节约粮食,提倡食杂粮,以广储备;六、建立粮情报告网,以为施政之准备;七、建立粮政机构;八、与有关机关努力增产,求农产之自给自足,并促土地政策之早日实现。

△　经济部根据行政院和国防最高委员会的指示,以经济游击队"兵力不少,成效未见,弊端百出",予以取消,并严令第一线正规军与沦陷区游击队等合力兼办。

△　八路军第一二九师第三八五、第三八六旅及新一旅各一部在山西黎城北三十亩、曹庄与长畛背地区设伏,毙伤日军300余人。

△　上海公共租界工部局开会讨论驻沪美海军陆战队撤退后接收问题。日本训令上海日方接受工部局决定,由工部局巡捕接管美军防区。

11月20日　由参政员张君劢领衔,其他各党派参政员向二届二次国民参政会提交署名提案,促请政府尽早召开国民大会,制定宪法,以期早日实行宪法。

△　军事委员会发言人向报界人士发表谈话,宣称:现集中于越南南部,包括泰国边境之日军约近10万人。

△　全国节约建国储蓄竞赛本年度预定目标为六亿元,是日提前完成。

△　美日谈判继续进行。日方向美方提出新方案：一、A、B、C、D阵线必须松弛，美国须减少对中国之援助；二、美国必须对日本在东亚建设"新秩序"之程序取消作政治压力，而日方表示愿意接受下列数点：一、愿意不与德国有直接之合作；二、愿意停止对荷印及西伯利亚作军事威胁；三、愿意尽早结束中国战事。美国要求日本实行下列数点：一、与轴心国断绝联盟；二、撤退中国驻军；三、停止一切侵略；四、同意在亚洲市场与一切其他各国有同样之经济机会。

11 月 21 日　国民参政会二届二次大会开始审查各项提案。上届驻会委员会对上届大会决议案实施情形均作详尽检讨，并报告于大会，对尚未彻底实施各案则列举事实，希望国民政府予以参酌施行。

△　中共中央作出关于抗日根据地内国民党员加入共产党的决定，指出：国民党大体可分为反共分子、中间分子与进步分子三类。过去的反共分子与中间分子中，也有由于经验和思想的进步，转而信仰共产主义者。因此，不加区别一概接收入党，是错误的；一律拒绝入党也是错误的。对要求加入共产党的国民党员，必须考察他们在思想转变上，是否确实经过了一定的进步过程。国民党员已经加入共产党后，应与一般共产党员有同样的权利义务，得到同样的信任。

△　国民政府令派尹明德为中英会划滇缅路南段界线委员会中国委员。

△　八路军第一二九师第三八六旅一部克复晋东南黎城县城。

△　驻华美军将上海防区一部移交公共租界工部局。

11 月 22 日　国民参政会二届二次大会继续审查提案。下午举行第六次会议，通过《组织滇缅路视察团案》及参政员张之江等提出的《关于整顿征兵练兵办法，以固国防基础》等 11 项议案。晚间，蒋介石设宴招待全体参政员。

△　行政院经济会议为实施人力总动员，特拟定《战时国民劳动服役条例》，凡 17 条，自是日起施行。

△　经济部通知各省营贸易机构进行调整，依法将原有贸易机构

改组为公司组织。

　　△　中、英、澳、荷驻美使节在华盛顿与美国务卿赫尔协商太平洋问题,同意支持赫尔所提出的解决远东问题的原则:一、日本退出轴心国;二、日本放弃侵略及扩张之野心;三、从中国、越南撤军;四、太平洋上各国商务机会均等。日方要求为:一、放弃对日经济封锁;二、减少援华;三、降低对日新秩序之压迫。

　　△　日宪兵在越南西贡非法拘捕华侨 70 余人,经设法营救后,至 23 日尚有 30 余人拘于宪兵司令部内。外交部对日军此种暴行向越督提出严重抗议,并要求制止此后同样事件之发生。

　　△　菲总统奎松在马尼拉中国总商会宴会上发表演说,保证予华侨以公正之待遇,并尊重及保护华侨之权益。

11 月 23 日　国民参政会二届二次大会上午继续召开提案审查会,对于滇缅公路运输极为重视,决定由专家组织滇缅公路视察团。

　　△　据中央社讯:中、英、澳、荷四国会谈对日提出警告,其要点为:一、各国决心维护其在远东之权利;二、支持美国之领导地位;三、倘若日本不能采取更为协调之态度,则各国继续对日实行经济制裁。

　　△　西贡美领事馆被炸。翌日,日同盟社造谣诬为华人所唆使。25 日,外交部发言人予以驳斥。

11 月 24 日　国民参政会二届二次大会举行第七次会议,讨论通过《改善各级公务人员待遇案》等 20 余件。

　　△　蒋介石出席陪都卫戍会议并发表讲话,指出禁烟、禁娼、禁赌与清除匪盗四项工作是目前卫戍之要务。

　　△　国民党中央宣传部长王世杰招待中外记者称:A、B、C、D 国家之意见完全一致,彼此之间并能充分的相互信赖,并称:日本并无放弃任何侵略之真意,徒欲凭借外交与军事之联合攻势,以求反侵略国家疏松其经济封锁而已。

　　△　行政院经济会议派出成都经济检查队,在成都及其附近郫县、新都等地破获囤积案 17 件,是日,该队会同官署、军警查封囤积米谷物

资并逮捕人犯。

△　云南省主席龙云训勉僚属,敌若攻滇,誓与周旋到底;滇缅路为支持抗战大动脉,必须力保畅通,以供国用。为保乡卫国而战,虽战死亦无限光荣。

△　美海军部宣布:撤退在中国长江舰队之一部。

△　英国战时内阁驻远东代表特夫古柏宣称:滇缅路绝不致再行关闭,以断绝中国军需来源。

11 月 25 日　国民参政会二届二次大会举行第八、第九次会议,选举驻会委员会,继续讨论通过了主席团所提《促进民治案》及政府交议的《三十一年度政府对内对外重要方针案》和其他提案。

△　行政院会议通过《省参议会组织暂行条例》及《省参议员选举条例》,通过改复旦大学为国立等案。

△　军事委员会任命宋希濂为第十一集团军总司令,张轸为副总司令,吕瑞英为第六集团军副总司令,梁培璜为第六十一军军长。

△　八路军第一二九师新七旅一部袭入河北威县城,毙伤日军联队长以下 50 余人,俘伪军及伪县府人员 100 余人。

△　德、意、日、西班牙与伪满洲国签订协定,延长《国际防共协定》有效期,并邀请汪伪政府参加。同日,褚民谊照会德国驻南京大使馆,宣布汪伪政府即日起加入《国际防共协定》。26 日,伪满国务总理张景惠发表声明,表示要"彻底扑灭共产主义"。

△　越南当局就日军在河内非法逮捕华侨事向日本政府提出严重抗议,认为日方违反《法日协定》,侵犯法国国土及越南主权。

11 月 26 日　国民参政会二届二次大会举行第十次会议,由大会秘书处宣布驻会委员会选举结果,当选者为孔庚、褚辅成、李中襄、黄炎培、杭立武、高惜冰、邓飞黄、范予遂、董必武、陈博生、沈钧儒、许孝炎、冷遹、江一平、李璜、陶玄、林虎、童冠贤、刘哲、许德珩、张澜、李仙根、麦斯武德、王启江、梁实秋 25 人。会议在通过《收复失地及抗战目的案》等案后举行闭幕式。

　　△　军事委员会任命张凌云为第五十九军副军长；任命陈继淹为第七十七军副军长。

　　△　宋子文偕驻美大使胡适谒罗斯福总统，谈中美关系问题。

　　△　晋西北临时参议会筹委会成立，推举续范亭为主任。

　　△　第七战区所部在广东吴川县境内击落日机二架，一架坠毁，一架受伤被迫降落，机师被俘。

　　△　汪精卫发表谈话，声称愿意与德、意、日国家一起，坚守东亚轴心和世界反共轴心精神，与日本在忧患之中共同奋斗，努力以求中日条约之实践。

　　△　美国务卿赫尔向日本驻美大使野村等递交《美日关于远东政治经济问题协议草案》。《草案》提出：日本政府从中国及印度支那撤退所有陆、海、空军及警察武力；美国政府与日本政府无论在军事上、政治上、经济上都不支持重庆以外之任何中国政府及政权；两国政府放弃在华所有治外法权，包括有关公共租界及专管租界的各种权益，以及1901年《辛丑条约》中的权利。

　　11月27日　行政院因国民参政会二届二次大会上关于物价提案甚多，并揭发了许多不法情形，是日由蒋介石亲自主持召开行政院经济会议，切实讨论严格执行平价办法及囤积居奇禁令，并公布原订之工作实施大纲，内容包括划分职权、调查物价、实施管理、调整业务等四部分，尤其要求严禁各银行买卖商品或利用商号名义从事此种活动。公务员如有此种行为，更将从严惩处。

　　△　美海军陆战队第二营及司令部360人乘"麦迪森号"邮船离沪返美，同轮离沪者尚有美侨100人。

　　△　罗斯福接见日使野村，明确表示美国的远东政策决不退却。

　　△　香港举行防卫大演习。

　　11月28日　全国水利委员会主任委员薛笃弼对记者发表全国水利建设概况：全国已完成农田水利工程可灌田99.8万亩；正施工者完工后可灌103.8万亩；正勘测设计者可灌314.3万亩。全国共有40个

水利测量队。除原设站外,复于川、康、黔、豫设水文总站五处,水文站
32 处,水位站 102 处。

　　△　日步、骑、炮兵联合部队 3000 多人,分三路"扫荡"新四军第十
六旅旅部和苏南党、政、军领导机关驻地溧阳县塘马村。为掩护旅部和
地方领导机关 1000 多人转移,旅长罗忠毅、政委廖海涛率部与敌奋战,
不幸阵亡。该部经反复冲杀,终于突出日伪军重围。

　　△　日新委任铃木中将为伪新民会副会长,是日到北平,接替安藤
中将。安藤已调任日本翼赞会副总裁。

　　△　美驻华海军陆战队第二批 400 人撤离。驻华美军除领事馆及
扬子江舰队炮舰上留有少数官兵外,几全数撤退。

　　△　美政府发言人发表谈话,宣称倘日本侵略泰国,威胁滇缅路,
则美国将实行"陆上护送",以确保军需品之援华。

　　11 月 29 日　孙科由港飞渝,离港前对记者发表谈话称:美国应放
弃对日姑息政策,并希望美国勿在东北方面对日有任何让步,否则将造
成极严重之局势。"东北问题乃远东和平问题之枢纽,东北一日为日本
占据,则中苏两国之安全即一日遭受威胁"。

　　△　美驻华大使高思访外交部长郭泰祺,交换关于华盛顿谈话之
最近发展情报。

　　△　日首相东条英机发表演说,重申"善邻"、"防共"、"经济提携"
等原则,并以此抨击英、美的远东政策。

　　11 月 30 日　军令部以第六十八军刘汝明部军官多吸鸦片,并携
带烟土高价出卖,及以军价购米市价出卖,烧杀扰民等,电令第五战区
司令长官李宗仁查处。

　　△　军事委员会任命刘多荃为第十集团军副总司令;任命钟彬为
第十军军长。

　　△　中华自然科学社在重庆大学举行第十四届年会。蒋介石颁发
训词,勉科学家在抗建大业中多做贡献。年会由胡焕庸、张洪沅、杜长
明任主席团,到社员及机关代表百余人。教育部长陈立夫、中央研究院

院长朱家骅均出席讲话。

△　汪精卫就汪日《基本关系条约》签订一周年致电东条英机,并对日本发表广播讲话和声明,声明称:"条约"确立了中日两国共存共荣的百年大计,开辟了两国关系的新纪元。今后"国民政府"无论在外交上、军事上、文化上、经济上都将本着同忧患共安乐的精神,与日本安乐相共,还要用种种办法以促渝方觉悟,实现全面和平。

△　日机轰炸滇缅路,毁卡车 50 余辆。同日又袭击陕西宝鸡、武功、盩厔(今名周至)等地。

△　周恩来就英国要求同中共在琼崖合作问题,致电毛泽东提出两点建议:一、对英条件要高;二、在港设机关电台"以秘密为好"。毛复电同意,嘱廖承志照办。

是月　中英政府商定中缅划界明年元月开始,由中英双方合组委员,共同勘测滇缅路北段未定界。中方派尹德明为委员。

△　河南省中和渠工程竣工,全长 180 余里,灌溉受益面积约达24 万余亩,为该省最大之灌溉工程。

12　月

12 月 1 日　行政院秘书长蒋廷黻发表谈话,表示美国如与日本作战,中国亦将对日宣战。无论在任何情况下,中国决不与日本单独媾和。

△　宋美龄应美联合救济中国难民协会之请对美广播,表示"我们跟全世界的民主国家是存亡相共的","我们毅然担任民主国家的第一条阵线与强暴敌人相周旋"。

△　粮食部长徐堪对中央社记者谈话称:全国征购粮食均按程序开始办理,征购总数为 6000 万石,其中四川省征购总数为 1200 万石。

△　中共中央、中央军委发出关于向日军进行反战宣传的指示,指出:各地抓紧目前的时机,在前线在敌占区用一切文字和口号的办法,

用在华日本爱国反战同盟或各种名义,向日本国内人民、在华日人和日本士兵展开一个大规模的反战宣传,说明无论西进、南进、北进都是危害日本的。

△　中共中央发出关于"精兵简政"的指示,要求切实整顿各级组织机构,精简机关,充实连队,加强基层,提高效能,节省人力物力。

△　第七战区一部在广东惠阳境内击落日机一架,机内五人全部毙命。

△　香港军事当局称:香港驻军现已"局部的"派驻香港岛上及大陆之作战阵地,华籍居民数百人业已准备撤退,留港日侨约百人现均赶速离境前往广州。同日,香港市政使宣布紧急疏散令。

△　日举行御前会议,天皇作出对美、英、荷开战的决定。2 日,陆、海两统帅长再次上奏天皇,决定作战开始日为 12 月 8 日。

△　中央社讯:美方报纸以显著地位登载,日军苟侵滇或再轰炸滇缅路,则美国空军人员即将驾驶美机保护该路。

△　韩国临时政府发表宣言,令在中国国境以内所有光复军于中国抗战期内暂归中国统帅管辖,受其节制。

12 月 2 日　国际反侵略运动中国分会第三届常年大会及预祝民主国家胜利大会在重庆召开,因正、副会长宋子文、邵力子均在国外,会议由秘书长吴铁城主席,到会 2000 余人,周恩来、董必武、邓颖超等亦参加大会。蒋介石颁发训词,大会电国际劳工会,吁请世界劳工加紧援华。是日,并请潘公展、李石曾、马超俊、侯西反、吴铁城、尹葆宇等分别用沪语、国语、粤语、闽语、英语对国内外广播,作反侵略宣传。

△　据《大公报》讯:国民党中央为博采各方意见,特通告各地各级工作人员征求实地工作意见:一、关于政治修明问题,包括行政三联制之实施、役政之改善、田赋征实弊端之防止、走私之防治等;二、经济管制问题,如物价之稳定、统制之改善、游资之运用等;三、民众疾苦之救济等,以为施政参考。

△　国民政府改组察哈尔省政府,免省府委员兼民政厅厅长毕泽

宇本兼各职,命白宝瑾兼任;免察哈尔省政府委员王清翰、霍振铎、臧元骏、裴鸣宇本职;命王荣灿、戴曾锡、石友益、陈祥生、吕国桢继任。

△　社会部决定该部明年在川、滇、赣、湘、鄂、粤、桂、浙、黔、陕、甘11省政府下增设社会处,其他各省于民政厅内设社会科。

△　郭沫若应中国国际广播电台之请,发表对日广播演讲,呼吁日本人民振奋自救"民族切腹"之厄运。

△　日大本营向中国派遣军下达攻占香港的命令,其要点为:一、帝国决定对美国、英国及荷兰开战;二、中国派遣军总司令应以第二十三军司令官指挥之第三十八师团为基干部队,与海军协同攻占香港,实施军事统治。

△　罗斯福召集战时内阁会议,讨论远东局势。同日,又命副国务卿威尔斯接见来栖、野村,询问日本最近增兵越南之目的,并促日方即早答复美方上月26日所提基本原则之文牒。

12月3日　蒋介石主持召开行政院经济会议,讨论平价工作,决定限制设立银行、商号,并宣布该会成都经济检查队于上月破获囤积案17起,其中以银行、商号为最多。囤积物品有米、菜油、木材、布匹等,决定严厉制裁。

△　据中央社讯:纽约华侨抗日筹饷总会电呈国民党中央,捐助劳军捐款国币25万元及伤兵医药费10万元,蒋介石以该会敌忾同仇,输款劳军,爱国殊深,特传谕嘉勉。

△　日大本营下达南洋开战后中国派遣军任务的命令,规定开战后中国派遣军的任务是:一、确保从西苏尼特王府、百灵庙、安北、黄河、黄泛区、庐州、芜湖至杭州一线以东地区及宁波附近的稳定;特别要首先迅速恢复蒙疆地区、山西省北部、河北与山东两省各要地及上海、南京、杭州地带的治安;二、确保从岳州到长江下游的交通,依靠武汉三镇及九江,摧毁敌人的抗战企图。其作战地区大概定为安庆、信阳、宜昌、岳州、南昌之间;三、占据广州附近、汕头附近及海南岛北部的各要地。广州附近的作战地区大概定为从惠州、从化、清远、北江及三水至西江

下游之间。

△　美国务卿赫尔发表谈话,重申美国在远东的基本政策,谴责日本在远东建立军事专制政治的企图,并暗示美日之裂痕无法补救。

12 月 4 日　八路军第一二九师师长刘伯承就晋冀鲁豫边区反"扫荡"作战问题对新华社记者发表谈话,指出,晋冀鲁豫边区反"扫荡"作战获胜的原因,一是采取广泛的群众游击战、消耗战;二是军民密切配合,发挥全面的对敌斗争,使敌人疲于奔命,无法立足;三是普遍埋设地雷,予敌杀伤和威胁极大。

△　美国政府宣称:美国在租借法规定下所予中国之援助,已达极大之比例。美国所造卡车 1.4 万辆不久即将行驶滇缅路。军用飞机之零件,在美造成即将运重庆。

△　香港当局为应付非常局势,决定取消警察假期,并实行粮食统制。

12 月 5 日　第三次全国内政会议在重庆开幕,内政部长周钟岳指出目前应注意:一、新县政之实施;二、地方警卫力量之充实与调整;三、土地政策之实施;四、民族意识之提高;五、禁烟善后工作等。

△　周恩来接刘为章来函。函称何文鼎新二十六师仍驻原地未动,要求延安撤兵,恢复原来态势。周恩来将刘信电转毛泽东后,毛泽东嘱周恩来答复刘:只要何师不再南下,我军当即退回原防。

△　胶东八路军一部向烟台、黄县一带的日伪军发动大规模进攻,于是晚攻入烟台市。

△　晋东北山阴县日军 10 名携械投奔晋察冀边区八路军,是日抵该军总部,受到热烈欢迎。

△　日机袭击湖南衡阳,陕西西安、南郑,湖北郧西。在郧西市区投弹 20 余枚,死伤数人,毁房屋 10 余间。

12 月 6 日　蒋介石令拉铁摩尔电告罗斯福,中国决不放弃东北,否则世界战争将循环不已,表示欲求长期和平,唯有助中国独立不被他国侵略。

△　中国航空协会秘书长陈庆云宣布：全国"一元航空献金运动"结束，将可募集 6000 万元，以供购机作中国空军之用。海外华侨踊跃捐助，计巴达维亚华侨捐款 100 万元，香港中国居民亦募集港币 100 万元，广州湾华商二人合捐飞机一架。国内湘省捐款 2000 万元，陕西 500 万元，贵州 350 万元，重庆 150 万元，浙西捐机三架，陕南五架。

△　军事委员会特别会议决议，将最近逮捕之囤积牟利者 20 人交军事法庭审判。同日，成都市商会暨各同业公会电呈行政院，要求严厉惩治囤积居奇人犯。

12 月 7 日　八路军第一二九师新一旅一个连于神头伏击战中毙日军中队长以下 50 余人，毁汽车四辆。

△　冀东八路军一部袭击丰润县蒙家庄，俘日伪军百余名，缴获轻机枪 10 余挺。

△　上海小花园、大新街及法租界等处百余家鞋店 4000 余名职工，要求增加工资及生活津贴未有结果，全体罢工。结果资方答应按照原工资增加 50％，其余问题俟职工全体复工后，再签订协约。职工于 8 日复工。

△　香港当局为应付紧急状态，加强戒备，发布通告：一、所有志愿兵一律实行军法三个月；二、召集志愿兵入伍，以待后命。

12 月 8 日　太平洋战争爆发。下午 1 时 20 分（夏威夷当地时间为 12 月 7 日上午 7 时 55 分），日军由六艘航空母舰（舰载飞机 382 架）、二艘战列舰、三艘巡洋舰、11 艘驱逐舰、三艘潜水舰组成的特遣舰队和以 27 艘潜水舰为主力的先遣舰队，向美国在太平洋上最大的海军基地珍珠港发动突然袭击。日军偷袭珍珠港，共炸沉、炸伤美军各种舰船 40 余艘，其中包括八艘战列舰，三艘巡洋舰和三艘驱逐舰，击毁、击伤飞机 230 多架，美军伤亡 4500 余人，给美国太平洋舰队以毁灭性打击。

△　国民党中央常务委员会举行特别会议，讨论太平洋战争爆发后应采取之政策，蒋介石主持会议，指出："太平洋战争爆发后，我们中

国的地位特别重要。我国军事力量虽不能说有左右战局之势,但被侵略各友邦今后对日态度能否一致,我国实可操决定性之影响。"提议:一、太平洋反侵略各国应即成立正式同盟,由美国领导,并推举同盟国联军总司令部;二、要求英、美、苏与我国一致实行对德、意、日宣战;三、联盟各国应相互约定:在太平洋战争胜利结束以前,不对日本单独媾和。

△　下午,蒋介石召见美国驻华大使高思和苏联驻华大使潘友新,并提交书面建议,强调指出协调作战的必要性,敦促中、英、美、苏、荷、澳等国结成军事同盟,在美国领导下指挥作战;并表示中国决不避任何牺牲,竭全力与英、美、苏及其他友邦对侵略者共同作战。是日晚,蒋又召见英、美两国驻华武官,提议要迅速组织一个中、美、英、荷四国联合作战机构,以协调共同作战的行动,避免被各个击败。

△　外交部长郭泰祺接见中外记者,宣布中国政府决将对日、德、意宣战,并称:中国不顾一切更大牺牲,准备用其全部力量及资源,与友邦合作,击败日本及其他轴心国家。

△　中共中央致电在重庆的周恩来和在香港的廖承志、潘汉年等,指出:太平洋战争爆发后,我们对英、美的政策,应当是建立广泛的真诚的反日反德统一战线,不应作不真诚与狭隘的表示。因此,应当努力做到:一、同意瑞典人来延安,贝特兰亦可直来延安;二、在广东、海南、越南及南洋各地,我们可与英、美合作组织游击战争,由英、美供给武器,我们派人帮助组织;三、设法在新加坡、仰光、菲律宾、印度或澳洲成立秘密的中共代表机关。

△　日政府向全国发表由日皇裕仁核准之对美、英宣战宣言,宣称日本为"摧毁美、英之暴政,恢复东亚和平,以享受国家生存及共荣之福,帝国之兴亡以及东亚之盛衰,悉系于今日之战"。

△　美参众两院联席会议通过对日宣战决议,罗斯福以海陆空军大元帅资格下令各地应战。同日,丘吉尔在英下院宣布对日宣战。加拿大、澳大利亚、荷兰、法国、新西兰等国也对日宣战。

△　汪伪中央政治委员会举行临时会议,决定支持日本发动太平洋战争,并授权汪精卫发表声明。汪精卫声明称:根据《中日基本关系条约》,为实现建设东亚新秩序之共同目的,国民政府决定与日本同甘共苦,临此难局。

△　伪满洲国发表《日美英开战满洲帝国政府声明》,表示"盟邦之胜败即我国之胜败,盟邦之兴废即我国之兴废,我国官民宜辨清我国与盟邦为命运共同体,举总力协助盟邦之圣战,务期实现东亚诸民族共同理想"。

△　凌晨4时许,日本海军陆战队及宪兵冲入上海公共租界,并占领外滩之英国汇丰银行,其他外商银行亦由日军驻守。同时劫收中国、交通两银行,封闭中央、农民两银行。同日,日军占领天津英租界,英、美侨民被俘。

△　日军事当局派兵占领鼓浪屿,鼓浪屿所有美、英等国籍民全部被俘。14日,日军事当局宣布改组工部局董事会,派台湾银行行长加藤正午为董事长。

△　日伪军1000余人分三路向苏北南通丰利进扰,同时伪军千余人由丰利侧击。新四军一部转入敌后夹击,毙伪团长一名、营长三名及以下官兵200余名,俘伪团长以下200余名,俘日军分队长四名。10日,新四军另一部克复丰利。

△　日军3000余人分九路合击鲁南费县以西天宝山地区。八路军第一一五师师直部队与鲁南军区安全转移。山东纵队第一旅一部坚守苏家崮,毙伤日伪军200余人后,全部壮烈牺牲。

△　重庆防空部公布:在此以前,日机袭渝数百次,共炸死9218人,伤1.3908万人,分别占全省轰炸中死伤人数的41%和53%。

△　日机23架袭击陕西眉县、合阳、朝邑,在西安市区投弹30余枚,毁民房80余间。9日又袭击潼关、华阴、咸阳。

12月9日　国民政府发布布告,明确宣布:"兹特正式对日宣战,昭告中外,所有一切条约、协定、合同有涉及中日间之关系者,一律废止。"同日，又宣告对德国、意大利两国处于战争地位，"所有一切条约、协定、合同有涉及中德或中意间之关系者，一律废止"。

　　△　蒋介石为太平洋战争爆发致电西安行营主任蒋鼎文、桂林行营主任李济深及各战区司令长官、副司令长官，告以在太平洋战争爆发，国民政府对日正式宣战之际，我前方将领对于训练、经理、卫生、政工以及作战精神与爱护物力等重要业务，皆应彻底检讨缺点，及时改正，以充实我实际抗战之力量。并申勉下列要点：一、特别注重时间，宝贵光阴，立即增加训练时间，充实作战实力。二、严格整饬军纪，杜绝贪情恶风。三、核实部队名额，根绝浮滥流弊。

　　△　中共中央发表《中国共产党为太平洋战争的宣言》，指出：太平洋战争是日本法西斯为了侵略美国、英国及其他各国而发动的非正义的掠夺战争。中国政府和中国人民坚决站在反法西斯国家方面，动员自己一切力量，为最后打倒日本法西斯而斗争。提出中国与英、美及其他抗日诸友邦缔结军事同盟，实行配合作战，同时建立太平洋一切抗日民族的统一战线，坚持抗日战争至完全的胜利。同日，又发出《关于太平洋反日统一战线的指示》，指出：这个统一战线应当包括反日的一切民族、政府、党派、阶层及日本国内反战人民，日本殖民地朝鲜、台湾、越南的人民在内。

　　△　罗斯福致电告蒋介石，美国已对日宣战，并申述加强美中友谊与共同奋斗，征服暴日，直至取得彻底胜利。10 日，蒋介石复电罗斯福，表示对美国的援助与友谊永志不忘，并愿贡献其所能，与友邦美国共同奋斗到底。

　　△　罗斯福发表演讲，谴责日本背信弃义，进攻美国，并宣称：战争为长期、艰苦的战争，美国决不中途停止，决心作战到底。

　　△　丘吉尔致电蒋介石，称：英国与美国业被日本攻击，愿中英加强友谊，同对一敌，共同奋斗。10 日，蒋介石复电丘吉尔，表示中英两国人民并肩作战，誓必扫除共同之仇敌。

　　△　国民政府以热河省政府委员兼主席缪澂流另有任用，免本兼

各职,命刘多荃继任。

△　财政部公布《修正非常时期管理银行暂行办法》,规定"取缔银行经营商业与囤货,限制抵押放款";"未经财政部特准,一概不得设立银行"。

△　中共中央发出关于保护友党、友军、友区党、政、军人员家属、财产的指示,规定以下政策:一、一视同仁,对其眷属财产,妥为保护;二、对有声望的军政长官之家属,应酌量吸收他们参加民意或行政机关;三、对其家属除依法缴纳赋税外,不得滥行征发,妄事勒索。即使在反共高潮中,也要依法保障他们的人权、政权与财权,努力进行争取工作。

△　周恩来致电廖承志,指出菲律宾"将不保",新加坡"或可守一时"。估计香港工作人员的退路只有广州湾、东江和马来亚。提出对部分人,能留港或将来可去马来亚和上海的,尽量留下;能去琼崖、东江游击队则更好;不能留也不能南去或打游击的,转入内地。要求尽速争取与英参谋部谈判合作事宜。

△　香港中国航空公司美籍及华籍驾驶员在炸弹威胁下之机场载客离港,计被抢救出者有 275 人,有平准基金委员会中方委员陈光甫、美方委员福克斯、英方委员霍柏枢以及宋庆龄、宋蔼龄等。

△　据《大公报》载:美国军事代表团马格鲁德表示:他暂时不回美国,准备与中国参谋本部作最密切的联系,以实践对于中国军事上的种种计划与建议。

△　日机 21 架分四批轰炸湖南常德城郊及德山等处,投轻重炸弹及烧夷弹多枚,六处起火,毁民房多栋,居民死伤 10 余人。

△　旅渝韩国独立党人以韩国临时政府名义发表声明,表示愿领导 3000 万韩人与中、英、美、荷、加、澳等国共同抗日。

△　伪满洲国对美、英宣战。

12 月 10 日　蒋介石为太平洋战争爆发发表《告全国军民书》,号召与英、美、苏等友邦并肩作战,"内以恢复领土主权,完成我抗战最初之目的;外以昌明国际正义,求得我中华民族振古未有之光荣"。

　　△　是日至 11 日,蒋介石在重庆两次邀集英、美驻华大使及武官,商讨中、美、英、荷、澳五国联合对日作战计划。会间,蒋介石请美国驻华军事代表团团长马格鲁德向罗斯福转达四点意见:一、同盟国举行首脑会议,商讨全球反法西斯作战战略和共同宣言;二、同盟国间设立联合军事参谋机构,协调全球作战计划;三、成立亚太地区五国联合作战指挥机构;四、中英组织联军共同防守缅甸。

　　△　中共中央发出关于对国社党的策略的指示。指出我们对于国社党应严加警惕,不应与他们签订任何政治文件,但不在报纸上公开反对国社党。

　　△　驻英大使顾维钧就太平洋战事向英国报界发表声明,宣称中国乃首先抵抗侵略之国家,且将与英、美两友邦继续合作抗战。

　　△　中英文化协会、中美文化协会、中苏文化协会、中国国民外交协会、国际反侵略运动中国分会、中缅文化协会、中国回教救国协会、中国国际联盟同志会、中法比瑞文化协会、中国劳动协会等国际文化团体共同发表反侵略宣言,欢迎所有反侵略国家加入共同阵线,并肩作战到底,决不单独言和。

　　△　华北朝鲜青年联合会晋察冀支会及朝鲜青年义勇队在晋察冀边区成立。12 日,朝鲜义勇队华北队孙仪峰、朴东、王宪等在冀西元氏胡家庄战斗中壮烈牺牲。

　　△　伪华北政务委员会委员长王揖唐致电汪精卫,建议在英、美对日宣战后,要确立全国精神总动员、全国物资总动员、全国一致加强防共力量等三原则。

　　△　日大本营、政府联席会议决定,把太平洋战争,包括中日战争在内,称为"大东亚战争"。

　　12 月上旬　周恩来同刘为章、贺耀组谈话,交换对阎锡山的看法。周恩来认为,如日、美妥协或日攻西安,阎锡山有可能投敌。刘表示同意。安边问题,刘担保何文鼎师决不开动。周恩来要求释放叶挺,贺答应查明后办。

△　太平洋战争爆发后，北平日军包围东交民巷美国使馆，解除美军武装，并将北平的英国兵营占领。许多医院的"敌国籍"医生和职员一律更换，由日本人代替。燕京大学被查封，师生多人被捕入狱。

12月11日　蒋介石为太平洋战争爆发发表《告海外侨胞书》，务望海外侨胞"奋其义勇，协助友邦，贡献一切人力物力，为消灭共同敌人，达成最后胜利而作英勇坚毅之奋斗"。

△　蒋介石对太平洋战局发表谈话，称："英、美、荷在太平洋上早已成立共同作战计划，而始终不通知中国，是其视中国为无足轻重，徒利用我以消耗日本之实力。"又称："今日日本闪电击英、美，我国对之，更无足为欤也！我国抗战，以后如能自强不息，则危险已过大半，往者美国限制日本不许南进、北进，独不反对其西进，而今则日本全力侵华之危机已不复存在。"

△　蒋介石致电罗斯福、丘吉尔、斯大林，建议美、英、苏三国首脑，在反轴心国各国组织某种联合军事会议，并请美国驻重庆军事代表团团长给罗斯福转告如下意见：一、请华盛顿提出五国联合军事行动的具体计划，并以华盛顿为联军政治与军事的中心；二、在苏联尚未对日宣战以前，请华盛顿提出香港、菲律宾、新加坡、缅甸、荷印区域间的联合军事行动的具体计划；三、五国初步谈判的地点应为重庆，其永久讨论地点待讨论决定之；四、由华盛顿提出五国军事互相协定的方案。对于蒋的提议，罗斯福表示赞同，12日复电蒋介石，称："依余之判断，最要的举措在采取立时的步骤，以准备抵御敌人的共同行动。因此，我谨建议贵国于12月17日以前，在重庆召集一次联合军事会议，藉以交换情报，并考虑在东南亚最有效的陆海军行动，以击败日本及其同盟国。"

△　新四军彭雪枫师一部配合皖东北地方武装，袭击苏北宿迁东南洋河镇日军，全歼守敌，俘中队长以下120余名。

△　美国对德国、意大利宣战。同日，德国、意大利对美国宣战。

△　丘吉尔在英下院报告称：蒋介石"已向余保证了英、美可尽量

利用中国之资源,今后中国之抗战,亦即吾人之抗战",并称:"吾人宁可全部沦亡,而不受他人征服。"

△ 德、意、日三国缔结《新互助协定》(亦即《共同作战条约》),规定若非三国相互完全谅解,三国决不单独对英、美休战或媾和。

△ 伪蒙疆自治政府宣布对英、美宣战。

12 月 12 日 国民参政会二届二次大会驻会委员会举行会议,听取外交部长郭泰祺的外交报告,并通过对日、德宣战及反侵略国家合作互助案,一致主张中、英、美、荷必须患难相共,获取最后之胜利。

△ 国民党中央宣传部长王世杰在重庆发表声明,希望反侵略国家订立军事同盟,并成立统一指挥机构;并称:中国政府与中国领袖对于此点已在严重考虑。

△ 东方民族反法西斯大同盟执委会在延安开会,讨论太平洋战争爆发后的工作,并发表宣言,号召东方各民族团结起来,一致反对日本法西斯,并拟用各种民族语言向南洋广播。会议推选朱德为"东盟"主席。

△ 台湾革命同盟会在重庆发表宣言,号召同胞一致抗日。

△ 香港当局宣布放弃九龙半岛,决守香港。同日,日军占领九龙半岛。

△ 斯大林致电蒋介石,指出:以苏俄现负担抗德之主要任务,不宜分散力量于远东地区,表示不能即刻对日宣战。

12 月 13 日 重庆《大公报》发表社评,提出太平洋战争爆发后关于财经问题的几点建议:一、管理物资与禁止出口,以免上海法币外流;二、紧缩预算,逐渐实行实物薪饷制;三、彻底管理银行,国家银行也在内,停止增设县银行。

△ 据中央社讯:国民党中央监察委员恩克巴图,候补监察委员溥侗叛党附逆,参加汪伪四中全会,中央常务委员会决议永远开除其党籍,并函国民政府通缉。

△ 中共中央书记处致电周恩来,指出:英大使等既要我们派人去

新加坡,正宜利用此机会派人去,请你考虑派必武或其他适当人去的问题。

　　△　美远东军总司令部公布麦克阿瑟总司令致蒋介石之电文,表示愿以武装同志最诚挚之热情密切联系,以达到共同目的。

　　△　中共领导的东江抗日游击纵队为配合英军进行香港保卫战,是日沿东江向西,对广九线、深圳一带日军侧击;15日续向广九布吉方面集结之日军袭击。20日进抵横冈,并向西南方向攻击。

　　△　香港《大公报》、《华商报》晚刊因九龙失陷而暂告停刊。

　　△　在华日人反战同盟延安支部召开盟员大会,反对日本法西斯在太平洋上发动的新的侵略战争。通过反对日本侵略者侵略太平洋的宣言。

　　△　日军司令部下令停止轰炸香港,同时派军使向港督提出"投降要求",遭到港督的拒绝。英军表示决心为保卫香港流尽最后一滴血。

12月14日　重庆国际文化团体联合举行扩大反侵略大会,美、英、苏驻华大使及国民党中枢党政要员出席大会,宋庆龄、吴铁城、孙科任总主席,参加者10万人。大会悬挂蒋介石书巨幅标语:"友邦之敌人即吾人之敌人,友邦之成败即吾人之成败。"

　　△　据《大公报》讯:国民政府为了适应世界战局要求,最近将加紧统筹一切非战时所需,实行新的经济措施:一、四联方面将对民国三十一年度之农业金融放款予以紧缩;二、受世界大战影响者如贸易委员会等机关决予调整;三、战时新政所必需推行者,亦有设立新机构之考虑。

　　△　周恩来在重庆《新华日报》撰文《太平洋战争与世界战局》,指出世界反法西斯战争的长期性、不平衡性、全面性、一致性、阶段性、主从性六个特点,阐述太平洋战争与世界战局的关系。号召反侵略国家联成一体,休戚相关,共同战胜法西斯。

　　△　蒋介石校长亲自主持中央政治学校公务人员训练部高等科、普通科毕业典礼及大学部、专修部人事人员训练班开学典礼,并即席训话,阐述政治与行政之关系,用人、用权之道,希望学生应立志作政治

家,作中国历史上的人物。

12 月 15 日　中国国民党五届九中全会在重庆开幕,到执委 150 余人,推居正、于右任、孙科、冯玉祥、戴季陶、邹鲁、孔祥熙、陈果夫、李文范、叶楚伧、顾孟馀组成主席团。蒋介石致开幕词,指出太平洋战争爆发"此诚我中国转危为安,转败为胜之重要时机"。吾人为了完成抗战建国之大业,目前应注意做到三点:一、切实努力于训练人民,行使四权,确立民权始基;二、对于党外之人才,凡忠于国家者,服膺三民主义者,必须尽力吸收,多方延揽;三、动员全国所有之人力、物力与地力,使其效果得以充分发挥。

△　中国政府与伊拉克政府商定同意互派使节。外交部拟于近期内派员赴伊,筹备设馆事宜。

△　据中央社讯:东北民军司令赵凯日前由苏联来渝,向蒋介石报告六年来在东北抗战的实况,并请示今后工作方针。据赵称:太平洋战争爆发后,东北民军更增加了打击暴日的决心,俟奉指示后即返东北,不久将在东北另辟一新战场。

△　上海申新九厂 3000 余名工人罢工,要求发米。资方勾结日军宪兵拘捕罢工工人。经过反复交涉,资方答应要求,被捕工人获释。18日,全体工人复工。

△　晋察冀八路军一部攻克河北涞源县城。

△　据中央社讯:日军占领上海公共租界广播机关,又迫使美商英文《大陆报》、英商《字林西报》等报纸自动停刊。华文《正言报》、《福州日报》、《中美日报》、《申报》、《大美晚报》等均亦停刊。

△　日机袭击九龙,中国航空公司及欧亚航空公司停在九龙机场之巨型机多架被毁。

△　日机 10 架袭击广西桂林、柳州和南宁,在南宁投弹,死伤平民 30 余人,毁房屋 10 余座。

△　日政府为筹军费,发行临时公债,勒令台湾承销 250 万元。

12 月 16 日　国民党五届九中全会继续开会,听取组织、宣传、海外、内政、外交、三青团及国防最高委员会的报告,并发表各组提案审查委员会委员名单:党务组召集人为邓家彦、陈立夫、朱家骅;政治组召集人为王宠惠、张群、黄旭初;军事组召集人为何应钦、程潜、商震;经济组召集人为王伯群、贺耀组、徐堪;教育组召集人为王正廷、陈继承、张道藩。

　　△　国民党中央宣传部长王世杰招待中外记者,讲述太平洋战争与中国等问题,表示中国决加强与反侵略国家的联合与统一。

　　△　国民政府成立给勋委员会,委员由五院副院长,内政、外交、铨叙三部长,侨务委员会主任委员及党政考核委员会政务组长等15人组成。规定国府以后颁发之勋章为采玉章、中山章、卿云章、景星章四种。

　　△　罗斯福向蒋介石建议,于12月17日在重庆召集联合军事会议,讨论东亚战局最有效之陆海军行动,以击败日寇。同日,蒋介石向各盟国提议统一指挥,实行军事联盟。

　　△　英政府任命驻华大使馆武官丹尼斯为英国驻华军事代表团团长,其职权与美军事代表团长马格鲁德相同。

　　△　第四集团军一部北渡黄河,一夜间炸毁沁河大桥及平汉、道清铁路数段,歼敌千余,克据点30余处,策反伪军万余反正。

　　△　晚,豫北武陟等地伪兴亚巡抚军依藤(即左剑龙)部第一二三旅之大部在刘子英率领下,伪游击队全部在王占胜率领下共万余人,不堪日军压迫,在武陟、木栾店等驻地同时宣布反正,并向日军攻击。翌日晨,攻克武陟县城及木栾店等据点30余处,毙伤敌1000余人,俘敌指挥官神户西泽、平则等以下10余名,炸毁新乡以南道清西段铁路数十段,各该地段公路桥梁、电线悉予破坏。18日晚,伪兴亚巡抚军第四旅旅长王子莲全部在原武以西盐店庄一带宣布反正,并向日军突击。19日,驻姚旗营一带伪军及伪兴亚巡抚军第二旅第四团范士勋部宣布反正,俘敌指挥官三名,击毁汽船20艘。

　　△　冀西、冀南日军对晋冀鲁豫边区进行经济封锁,成立经济封锁委员会,封锁重心为粮食、食盐、棉布等各种生活必需品。

△　太平洋战争爆发后,晋西北日军被迫从苛岚、五寨、神池、岚县、偏关五县自动撤退。该五县伪警备队全部反正。

12 月 17 日　蒋介石在重庆召开有中、美、英、苏四国军事代表参加的联合军事会议,商定在重庆设立中、美、英、苏、荷五国联合作战机构,由美国总代表主持,以协调共同保卫新加坡、香港、缅甸、荷属东印度的具体计划,以及对越南、泰国的军事外交方针。蒋介石希望盟国集中主要兵力于东亚,在明年(1942)内击败日本。

△　中共中央发出《关于太平洋战争爆发后敌后抗日根据地工作的指示》,指出:太平洋战争将是长期的。我敌后抗日根据地的总方针仍是长期坚持游击战争,准备将来的反攻。同时应当加强对敌的政治攻势。

△　国民党五届九中全会继续开会。上午由财政、经济、教育、交通各部报告工作。下午,各审查委员会分别审查议案。

△　王世杰、张群在国民参政会秘书处举行午宴,周恩来、董必武及张澜、黄炎培、张君劢、王造时、左舜生等出席,并商谈参政会决议案四条实施办法。19 日,继续商谈。

△　国民政府公布并实施《非常时期工矿业奖励条例》,凡 22 条。

△　军事委员会任命赵世铃为第四十三军代军长;任命王铁汉为第四十九军军长。

△　菲律宾内湖省华侨捐款 10 万元,购献飞机,国民政府是日予以明令嘉奖,并准颁给金质奖章。

△　台湾南部发生大地震,死伤 354 人,毁房屋 2000 多所,铁路断绝,水管破裂。

12 月 18 日　国民党五届九中全会继续开会。上午听取何应钦军事报告。下午各组继续审查提案。大会决议组织议案整理委员会,由吴铁城负责召集;组织宣言起草委员会,由孙科、叶楚伧、郭泰祺负责召集。

△　深夜,日第三十八师团在香港登陆。中共东江游击纵队配合

英军进行香港保卫战,先后营救陷港国际友人及同胞数千人,其中有国民党驻香港代表陈策、第四战区司令长官余汉谋的夫人及其他国民党要员、英国官员、香港大学教授、新闻记者等。

△　驻英大使顾维钧在伦敦接见《明星晚报》记者称:中国可以派兵保卫缅甸及吾人盟友在远东之任何属地。又称:中国公民业已参加香港保卫战,中国政府已下令海外华侨积极协助当地政府参加保卫工作。

△　第七战区一部一度攻入广东深圳,捣毁仓库,焚烧车站。20日,九龙、广州日军增援反扑,被第七战区另一部击溃,并攻克龙冈。

△　冀南八路军第一二九师一部攻克巨鹿县城。

△　晋冀鲁豫边区太行、冀南等地开展冬季平汉铁路沿线破击战役,23日结束,共摧毁封锁沟218里,攻克碉堡52座,毙、伤、俘日伪军880余人。

△　中英滇缅路划界立桩工作即将开始。中国政府派外交部专员尹明德为划界委员,外交部驻云南特派员办事处秘书李国清为顾问,是日由渝启程赴滇。

△　日机六架袭击福州,一架失事坠落,五架意图救援,降落沙州,当地军民分途围捕,五名驾驶员自杀身亡。

△　汪伪中央政治委员会举行会议,决定改组江苏、安徽两省政府,特任李士群为江苏省政府主席,高冠吾为安徽省政府主席。

12月19日　国民党五届九中全会继续开会。上午听取粮食部长徐堪施政报告,并讨论战时土地政策纲领,决议组织特种委员会审查。下午由蒋介石主持会议并讲话,提出调整政治机构之要点:一、政治机构不宜多事纷更,而要求其充实;二、应延揽全国人才,俾共同参与政治;三、人事、会计、考核与设计各种机构,须力加充实,发挥功效;四、充实机构必先健全人事,要做到人尽其才,事尽其功;五、要认识中央与地方之关系,破除地方观念;六、法令规章应力求简单明确,合乎时与地的需要;七、高级官长要养成法治的精神,树立建国的规范。

　　△　　国民参政会驻会委员会举行临时会议,由何应钦作中、英、美、苏军事合作的报告,并解答询问。

　　△　　财政部发表公告,鉴于该部上海总税务司公署被日军占领,总税务司梅乐和已不能行使职权,特在重庆设立总税务司公署,并派腾越关税务司周骊继任总税务司。

　　△　　上海日军宪兵部会同工部局分别到商务印书馆、中华书局、世界书局、大东书局、开明书店等出版企业,检查他们认为有宣传抗日或共产嫌疑的图书,并宣布下列图书予以没收:一、重庆发行的教科书;二、英、美出版的关于反日反满等图书;三、其他涉及反日及宣传共产等图书,仅商务印书馆一次没收图书即达 462 万册。

　　△　　日军占领北平东交民巷使馆区。

12 月 20 日　　国民党五届九中全会继续开会。分别由广西、浙江、山东、云南、安徽、江苏、西康等省党部主任委员作党政报告,并通过《增进行政效能,厉行法治制度,以修明政治案》、《确定本党今后党务推进之方针》等案。

　　△　　中央社讯:国民政府为严密管理物资,决定成立物资管理局筹备处,并派何浩若负责筹备。经济部、农本局、平价购销处、行政院液体燃料管理委员会等机关之业务均划归该筹备处统一计划实施。

　　△　　日机 10 架图袭昆明,中国空军及美飞虎队立即升空迎击,击落敌机四架。23 日,昆明各界举行盛大慰劳空军大会。

　　△　　桂林各界举行反侵略运动大会,到会群众 10 万余人,李济深及在华日本人反侵略同盟代表、朝鲜革命党人代表相继演说,会后游行示威。同日,西安亦举行反侵略大会,英、美、苏等国代表参加并讲话,一致主张加强团结,迅速成立军事同盟与统一指挥。

　　△　　在华反法西斯主义日本人代表青山和夫、绿川英子、池田幸子、鹿地亘等发表宣言,表示日本人民愿与中、苏、美、英各国政府和人民共同奋斗,消灭共同敌人日本暴阀。

　　△　　第二战区阎锡山部克复晋东南陵川。

　　△　美国海军部任命金氏为全美舰队总司令,陆军上将麦克阿瑟为远东同盟军总司令。

　　12 月中旬　日军进驻上海公共租界后,各工厂停工,商业活动亦停止,除日本银行外,金融界均停止营业。公共租界董事会议长利得尔(英人)、委员麦克马莲(美人)、波洛克(英人)、谢晋(荷兰人)等均辞职。

　　12 月 21 日　英驻印度军总司令魏菲尔及美陆军航空司令勃勒特抵渝,当晚晋谒蒋介石商讨有关民主国家间共同作战行动及远东战略等问题。翌日,举行军事会议,中国军政部长、英、美军事代表团团长及中国统帅部高级军官皆参加,讨论结果取得完全一致。24 日,魏菲尔、勃勒特同机赴仰光,各返原防。

　　△　周恩来与黄炎培、张君劢、左舜生、章伯钧、张澜,在特园商谈关于国民政府设国事协议机关的意见。

　　△　日军第十五军为占领缅甸,切断英、美援助国民政府的路线,制定作战要领,其作战方针为:尽速开进毛淡棉附近萨尔温江一线,完成作战后,以主力沿毛淡棉——勃固——仰光地区,一举占领仰光,同时命南机关的谋略工作与本作战紧密配合。

　　△　日机袭击长沙、桂林,被我空军击落一架。

　　△　国民党三民主义教研会与该会会员进行通讯联系,指出该会的目的与责任,称:"值兹抗战时期,邪说横行,各级学校学生思想难免庞杂,异党分子专事煽惑,今后如何能使青年服膺主义,并进而领导青年作思想之斗争。"

　　△　重庆《大公报》载:朝鲜民族革命党、朝鲜民族解放斗争同盟、韩国独立党统一同志会致函中、英、美、苏四国元首,表示朝鲜民众愿与反侵略国家并肩作战,消灭日寇。

　　12 月 22 日　国民党五届九中全会继续开会。由考试院院长戴季陶作施政报告,并通过《授予总裁大权,以期迅速完成抗战胜利,建国成功任务案》,以及军事、经济、教育等 52 件议案。

　　△　国民党五届九中全会举行扩大纪念周,蒋介石讲《政治的道

理》,称:《大学》、《中庸》等均为中国政治哲学宝典,而《中庸》的《哀公问政》一章尤为政治之原理。

　　△　中国国民党马来亚总支部发表《战时工作纲领》七项,激励侨胞尽力协助本地政府抵抗轴心国之侵略。同日新加坡总领事高凌百发表《告侨胞书》,号召侨胞建筑防空洞,实行节约,遵守秩序,协助当地政府而期于早日获得最后胜利。

　　△　重庆《大公报》发表王芸生所撰社评《拥护修明政治案》,批评国民党政治现状和政治机构、人事制度,并揭露郭泰祺用公款 65 万元购置公馆等内幕。

　　△　伪满洲国召开战时紧急经济方策协议会,制定《战时紧急经济方策纲要》,提出实施有效的经济统制,以适应日本战时的紧急需要。

　　△　罗斯福、丘吉尔在华盛顿会谈,重申"先欧后亚"的方针,并议定联合国家宣言草案,加盟者共 26 国,中国被列为四强之一。

12 月 23 日　国民党五届九中全会闭幕。全会通过重要议案如下:一、设置地政署,直隶行政院;二、推选叶楚伧、顾孟馀继任中央常务委员;三、推钮永建为国民政府委员,朱家骅为考试院副院长,刘尚清为监察院副院长;四、蒋介石报告提出外交部长郭泰祺调任国防最高委员会外交专门委员会主任委员,以宋子文为外交部长;农林部长陈济棠辞职,以沈鸿烈继任;以贾景德为铨叙部长,原任部长李培基调任考试院秘书长;以陈仪为行政院秘书长。全会通过《宣言》,提出当前要政为:一、厉行基层建设;二、加强经济管制;三、实施土地政策;四、加强精神动员。27 日,发表各项任免令。

　　△　蒋介石设宴招待国民党五届九中全会中央委员,并发表讲演,阐述干部同志革命建国之要道,希望大家发扬中国固有的政治哲学,恢复中国固有的政治道德,同时要注重青年同志的领导与培植,来发挥本党的力量,完成建国的使命。

　　△　中、英、美联合军事会议在重庆举行。中国方面出席的代表有何应钦、商震等,英国有驻印军总司令魏菲尔将军与邓尼恩少将,美国

有勃里特少将与马格鲁德少将。会议由蒋介石亲自主持,达成五项协
议:一、在重庆设立由何应钦主持的中、美、英联合参谋会议;二、在缅甸
设立中英联军统帅部;三、建立中国远征军;四、美国向中国境内及入缅
作战军队提供武器装备等;五、美国派遣空军入缅作战。

　　△　日军第四十师团主力自鄂南岳阳地区向湘北新墙河岸推进,
突破第九战区守军第一三四师一部在河北岸的前沿阵地。第三次长沙
会战开始。

　　△　蒋介石致电新加坡英总督汤姆斯,请利用马来亚华方之一切
人力物力。

　　△　军事委员会任命陶广为第三十二集团军副总司令。

　　△　行政院秘书长蒋廷黻招待外国记者称:中国朝野集中于一个
问题,即如何加强对侵略者之打击,九中全会讨论中心议决案,皆与此
有关。

　　△　《中央日报》讯:太平洋战争爆发后,南洋各地华侨陷于困境,
政府为了救济侨胞,特决定成立紧急救济侨胞联合委员会,并由赈济委
员会委员长许世英、海外部长刘维炽、侨务委员会委员长陈树人、外交
部长郭泰祺等议定紧急救济侨胞办法,送行政院核准施行。

　　△　第三战区一部克复苏南溧阳,另一部克复皖南郎溪。

　　△　汪伪中央宣传部长林柏生对重庆发表广播讲话,向蒋介石劝
降,宣称双方应联合一致,打倒英、美势力,齐向和平反共建国的大路勇
猛前进,复兴中国,解放东亚。

　　12月24日　蒋介石对英驻华大使卡尔表示,希望英国对华贷款
一亿英镑。

　　△　延安《解放日报》发表社论《太平洋战争爆发以后的国内军事
形势》,指出:"我们不应憧憬于不战而胜,幻想速胜的到来,而应更积极
为实行各战场的出击,以负起配合友邦作战,争取太平洋抗日胜利的艰
巨任务。"

　　△　日军第六师团乘夜向新墙河地区之第九战区第一三三师阵地

发起攻击,从新墙附近强渡新墙河。守军第一三三师主力向东南侧山区的十步桥、观德冲一线阵地撤退,少量部队坚守阵地,逐次消耗敌人。

△ 中国航空公司新辟中印航线,从重庆经腊戌至加尔各答,是日正式开航。

△ 荷兰新任驻华公使范明汉抵渝。

△ 汪精卫令伪政府各部、会及伪上海市政府、广东省政府加强与日本合作,对上海租界及香港国民党军政人员及其他专门人才应"广为延揽,尽量使用"。

△ 日大本营、政府联席会议决定《促使重庆屈服的工作方案》,决定运用形势的变化,特别是利用作战的成果,乘机促使重庆政权屈服。为此,首先对重庆设立谍报机关,侦查重庆方面的动向。其次,当重庆方面发生动摇时,及时把谍报工作的重点转移到诱降工作上去。

△ 日第七十九届议会开幕,东条宣称:"重庆政府倘改变态度,则其提任何和解战争之提议,日本政府俱愿意接受。"

△ 日机连日轰炸仰光,中国存仰光待运物资是日开始向加尔各答疏运。

12 月 25 日 据中央社讯:国民党五届九中全会通过《加强精神总动员实施纲领》,其基本要求为:一、全国人力、物力充分发挥,合理使用;二、士兵之粮秣械弹供应无缺;三、土地之使用竭尽其利;四、一切人力物力之补充继续不匮;五、全国人民之生活能维持健康之水准。

△ 孔祥熙以太平洋战争爆发,通知平准基金委员会将上海平准基金全数转移至后方应用。

△ 进攻长沙之日军一部向第一三三、第一三四师阵地发动攻击,双方发生激战。26 日,日第六、第四十师团主力沿汨罗江向我守军第三十七、第九十九军阵地发动攻击,守军逐次抵抗。

△ 日军为策应长沙作战,向赣北武宁、奉新、高安等地发动攻击。31 日又轰炸广东韶关。

△ 英正式宣布放弃香港,香港总督杨慕琦向日军投降。同日,在

香港协助英军作战的中国军队陈策等军官率英军 72 人自香港突围抵粤。

　　△　马来亚侨胞各界代表在陈嘉庚领导下,为动员侨胞人力物力共抗暴敌,在新加坡集议讨论组织义勇警察队和宣传动员事宜。星岛总督汤姆斯于是日午接见侨胞代表百余人,即席发表演说,称:今日之战,非仅保卫马来亚,且为保卫中国及远东和平,应捐弃嫌隙,同心同德,共济时艰,决心与华侨合作。陈嘉庚代表侨胞表示马来亚华侨愿以全力支持英政府。

　　12 月 26 日　党政工作考核委员会根据蒋介石关于党政机关推行分级考核制的训示,是日召开会议,拟订《考核实施细则》。

　　△　进攻长沙之日军第三师团主力到达汨罗江岸,在空军、炮兵的掩护下,分别向河夹塘、归义进攻,与我国守军第九十九军在汨罗江北发生激战。27 日中午,日军渡过汨罗江,第九十九军主力后撤至牌楼峰、栗桥一线。

　　△　汤恩伯致电何应钦,报告鲁西驻军孙良诚、高树勋、朱世勤等部因指挥系统不同,对地方一切措施各持私见,明争暗斗,影响该地区党政重建,要求将孙、高、朱等部统划归鲁西边区指挥,以利党、政、军互相配合,齐头并进。28 日何应钦批示:"暂不变更。"

　　△　教育部边疆教育委员会二届二次会议在重庆召开。陈立夫主席并讲话,提出要设法解决师资缺乏、教科书少等问题。会议通过加强国民教育、社会教育及教材编撰等 52 项提案。27 日会议结束。

　　△　海关总税务司署由上海移至重庆办公,英人周骧代梅乐和为总税务司。

　　△　八路军冀东军区一部强攻遵化城东双城子据点,毙、俘伪治安军 200 余人。

　　△　汪精卫令各省、市政府为日军占领香港举行庆祝会,并派陈璧君、褚民谊、林柏生、陈君慧、赵尊岳等去香港、九龙等处,对滞留在当地的国民党重要人员进行招降活动。

12 月 27 日 国民政府特任宋子文为外交部长,未到任以前,由蒋中正兼任;特任沈鸿烈为农林部长,贾景德为铨叙部长,陈仪为行政院秘书长。

△ 中国国联同志会举行国际问题讲座,请拉铁摩尔主讲《中国、美国与日本》,称:美国向以民主国领袖自夸,然过去仍不免有一面援华抗战,一面助日侵略之讥,迨太平洋战争爆发,美国与反侵略国家并肩作战,此种矛盾始告消除。今后美国必与其他民主国共安危,协力消灭日本帝国主义。中、美两大民主国家不仅在战时合作,即战后必将继续协同建设。

△ 教育部以儿童教育为国民基本教育,特制定《儿童教育计划与办法》,规定自民国三十一年(1942)度起实施军事管理,并加授有关军事及国民总动员之课程等。

△ 美军志愿空军队在仰光与日军发生空战,击落日机 12 架。

△ 北平郊区昌(平)宛(平)民兵进行总动员大破击,摧毁日伪组织据点 19 处,破坏桥梁、铁路、电线杆多处,日伪各据点联络中断。

△ 新加坡华侨反侵略总动员委员会在陈嘉庚领导下,在新加坡召开成立大会,370 多个侨团 1000 多名代表参加会议,选举了有 65 人组成的总会,由陈嘉庚任主席,下设总务处、宣传处、义勇警察队、劳动队等机构。

△ 伪满洲国公布《治安维持法》及其施行令,规定对所谓变革国体为目的的团体的组织者、参与者、指导者处以死刑或无期徒刑;对从事可能有损建国神庙及帝室尊严事情为目的的团体的组织者、谋划者、指导者,处以死刑、无期或六年以上之徒刑。

12 月 28 日 毛泽东为中共中央书记处、中央军委起草关于太平洋战争爆发后战略方针的指示。指出:明年的中心任务在于积蓄力量,恢复元气,巩固内部,巩固党、政、军、民。对敌伪以政治攻势为主,以游击战争为辅。对国民党以疏通团结为主,以防制其反共为辅。

△ 绥远伊盟准噶尔旗札萨克兼军管区司令奇文英致电国民政

府,表示拥护政府对日宣战国策,誓率全旗蒙古旗兵及 10 余万蒙汉人民负弩前驱,歼灭倭寇。

　　△　进攻长沙之日军第六、第四十师团分别在新市、磨石滩等处渡过汨罗江,在汨罗江两岸遭到中国守军第三十七军的顽强阻击,加之连日雨雪,河水上涨,渡河不易,日军伤亡较多。29 日,渡河日军从正面压迫第三十七军,双方相持至 30 日,第三十七军被迫向东侧山地转移。

　　△　第九战区薛岳部克复江西奉新。

　　△　晋冀鲁豫边区各界举行追悼武士敏将军及中条山阵亡将士大会。大会号召各级政府广泛宣传武士敏将军的抗日功绩,褒奖武将军崇高的爱国抗日行为,发扬武将军的坚持团结合作、共同抗日的精神。

　　△　南洋归国旅渝侨胞互助会筹备处开会,会商救济南洋战地侨胞问题,决议:恳请中央迅速抢汇华侨资金、救济侨胞眷属、救济被迫归侨、救济侨生等。

　　12 月 29 日　蒋介石兼理外交部长职,并对外交部全体职员训话,强调革命精神,厉行新生活运动。

　　△　日军下达“以主力向长沙方面追击”的作战命令,要求第三师团攻击长沙,第六师团一部攻长沙,主力攻击长沙以东的㮾黎市,第四十师团向金井挺进,保护主力的侧后翼。

　　△　日机轰炸长沙近郊,并有一部窜至新开市。

　　△　八路军冀鲁豫军区一部在河南濮阳西北之顺河集反“扫荡”战斗中,毙伤日伪军 170 余人。

　　△　中国政府与多米尼加在中国驻古巴公使馆举行缔结友好条约互换批准书仪式,条约自是日起生效。

　　△　中国驻英大使顾维钧在利物浦发表演说,宣称中国业已加入英国在欧洲方面之战事,故中国自将分担英国之苦乐,并称中英人民坚强共同之努力,必能成功。

　　△　汪精卫对华侨发表广播讲话,要求各地华侨与日本合作,分担建设大东亚的责任。同日,又接见记者发表谈话称:在日军取得太平洋

战争胜利和占领香港的形势下,国民政府(指汪伪政府)最迫切的任务,就是要唤醒西南人民和海外侨胞,不要为抗日白白牺牲。

12 月 30 日 蒋介石电令中国驻美、英大使,要求两国分别给予中国五亿美元、一亿英镑的贷款。同日,蒋介石约见美驻华大使高思,要求美国对华提供五亿美元财政援助,"支持中国抗日的意志"。

△ 罗斯福致电蒋介石,提议组织中国战区以"完成我等共同抗敌力量之联系与合作",并提出由蒋"指挥现在或将来在中国、安南(越南)及泰国境内的联合国家部队"。罗斯福还提议:在蒋介石指挥下,由中、美、英三国政府代表组织一个联合计划作战参谋部,尽可能邀请苏联参加;同时希望在中国战区统帅、印度英军司令及西南太平洋司令三个总部之间,保持密切联系,互派联络官员。

△ 罗斯福约在美访问的英国首相丘吉尔、中国代表宋子文和苏联驻美大使李维诺夫共同商定《联合国家宣言》,并率先签字。31 日,澳大利亚、比利时、加拿大等 22 国亦签字。

△ 外交部次长傅秉常对外籍记者发表谈话称:同盟国军事会议已在重庆成立,并宣布:由外交部起草的《处理敌国人民财产条例》及《敌产处理条例》已经立法院通过,不日即将公布。同时将设立特种机关,管理敌侨财产。

△ 行政院会议通过《物资管理局组织规程》,凡 16 条。规定该局统辖农本局、平价购销处、燃料管理处等。

△ 由国民精神总动员会等四单位联合在重庆都邮街广场建筑的"精神堡垒"竣工,该堡垒高七丈七尺(约 25.67 米),象征七七抗战。

△ 全国慰劳总会组织前线将士慰问团,总团长为居正,下分五团,居正兼第四团团长,第一、二、三、五团分别由王用宾、程天放、刘文岛、洪兰友担任团长。除携带慰劳金 3000 万元外,尚有荣誉纪念章、慰劳书等。翌日,重庆举行出发典礼。

12 月 31 日 国民政府以"日寇南侵,弥天烽火,念我侨民,同遭祸变",着由行政院分饬主管部、会及有关各省政府迅速妥筹救济。

　　△　罗斯福致电蒋介石,建议组织中国战区,以提高中国的地位,提出:"为立即完成我等共同抗敌力量之联系与合作起见,今正在南太平洋战区成立一最高统帅部,指挥全部美、英、荷军队。此项联合国在中国战区之共同活动亦需有同样统帅部,事属当然。余今征得英、荷政府之同意,建立麾下负指挥现在或将来在中国境内活动的联合国家军队之责。余等并建议:该战区包括联合国家军队可以达到之安南及泰国国境。余并相信:欲使此统帅部发生效力,应立即由中、美、英三国政府代表组织一个联合计划作战参谋部。倘麾下认为可能而苏联表示同意时,苏联代表亦应参加。此参谋部应在麾下指挥下服务。"罗斯福还表示,他将"命印度军司令及南太平洋战区司令与麾下取得最密切之联系"。

　　△　国防最高委员会修正公布《取缔党政军各机关公务人员宴会办法》,凡 10 条,自明年元旦起实行。

　　△　据中央社讯:国民政府为贯彻国民党五届九中全会通过的《持久推行节约建国储蓄运动案》,特拟定推行办法七条,要者为:发动全国党团员、学生努力推行,并列为中心宣传工作之一;由行政院通令定为各省、市、县重要行政之一,迅速推及民间,并列入行政考绩;由外交部与各友邦交涉,在南洋、美洲、澳洲等地华侨中公开劝储。

　　△　日军第三师团渡过汨罗江后,奉令迅速由近路向长沙追击。是日其主力移师至长沙附近的㮅黎市和东山附近,准备攻击长沙。

　　△　第三战区顾祝同部克复浙江余杭。

　　△　汪伪中央政治委员会会议通过《新国民运动实施纲要》,提出团体要组织化,行动要纪律化。会议还决定任命蔡培为粮食管理委员会委员长,陈君慧为侨务委员会委员长,周学昌为南京市长。

　　是月　中共中央发出关于保护敌占区英、美人士的指示,指出英、美、日战争爆发,我党与英、美反法西斯统一战线及对英、美外交开展之可能与必要日益增加,因此对敌占区英、美及其系统下的人士,不问其是否顽固,应多方设法欢迎并保护其到我区,并经过我区退走。

△ 中国国民党五届九中全会确定解决中共的基本方式:在军事上,八路军完全国军化,按 1940 年 7 月《中央揭示案》办,新四军余部重新建制,划归就近战区指挥,所有地方武装一律取消。在政治上,取消陕甘宁、晋察冀、苏鲁豫等边区政府;中共取消"割据式"政府,交回"部落式"部队,政府则承认中共党员的合法存在及其活动。

△ 周恩来致电廖承志、潘汉年、刘少文并中共中央书记处,提出:将困留在港的爱国人士接至澳门转广州湾然后集中桂林;即刻派人告梅龚彬、胡西民,并转告在柳州的左洪涛,要他们接待;政治活动人物可留桂林,文化界的可先到桂林新华日报社,戈宝权等来重庆;对戏剧界朋友可要夏衍组织一旅行剧团,转赴西南各地,暂不来重庆;派人帮助宋庆龄、何香凝及柳亚子、邹韬奋、梁漱溟等离港。

△ 中共中央南方局召开会议,总结两面年来的工作。周恩来在会议最后发言指出:为了贯彻中央规定的长期埋伏、积蓄力量、等待时机的方针,必须把西南的党建设成为更加坚强更能战斗的党。于 1 月结束。

△ 山西日军在五台山组织伪五台佛教维持会,强占山上庙宇,干涉庙政,霸占庙产。各庙供奉之金罗汉悉被运往东京展览,庙中松柏大部被砍伐,庙房亦被恣意拆毁,以作修建碉堡之用。

△ 华北日军司令部决定今后伪钞发行统一由伪中国联合准备银行办理。过去发行之"满洲中央银行"、"河北省银行"、"冀东银行"、"河北官钱局"等钞票,一律停止流通。

是年 战债劝募委员会公布本年度各省、市战债劝募情况:重庆 1.2 亿元;广东 0.32 亿元;云南 0.45 亿元;贵州 0.1 亿元;湖南 0.3 亿元;江西 0.3 亿元,浙江 0.3 亿元;安徽 0.01 亿元;西康 0.1 亿元;河南 0.03 亿元;陕西 0.15 亿元;甘肃 0.027 亿元;青海 0.01 亿元;宁夏 0.015 亿元;绥远 20 万元;上海 0.61 亿元。

△ 本年度中央岁出入总预算及追加数各为 10732583783.64 元。

△ 本 年 度 国 库 收 入 总 额 为 108.8554137583 亿元;支出 103.8771756981 亿元。

1942 年(民国三十一年)

1 月

1月1日　国民党中央党部、国民政府举行"开国纪念"庆典,并遥拜国父陵墓。国府主席林森,国民党总裁蒋介石,监察院长于右任,考试院长戴传贤,立法院长孙科,司法院长居正暨中央委员,政府各院、部、会长官均出席。林森致词称:"我们在抗战之始,即曾表明我们的目的,不仅是为了保存我们一国领土和主权的完整,而且是为了维护世界的正义与和平。"并指出:"我们相信制止侵略,是一切文明国应尽的义务,惟有侵略消灭以后,我们才能够'持和平主义,与我友邦益增亲睦,使中国见重于国际社会,且将使世界渐趋于大同'。这是我们立国的原则,四年半以来我们单独地对暴日抗战,就是为了实行这个立国的原则。今天我们同各友邦向侵略集团并肩作战,还是为了实行这个立国的原则。"

　　△　蒋介石以国民政府军事委员会委员长名义,对全国国民及海外侨胞广播,指出:"抗战以来,我每次对全国播讲,屡次提到敌人的必败之道,到了上月八日,他在太平洋上对英美无端的挑起了战祸以后,日本的失败更是最后的决定了。"并谓抗战已入新阶段,勖勉国人加强动员,贯彻胜利。

　　△　重庆《中央日报》发表社论《迎接黎明来临的新年》,指出:"我们在过去四年半抗战中,已经尽了最大的任务,受了最重的牺牲,可是,自从中日战争变成世界战争的一个战场之后,我们的环境更加艰苦,我们的责任更加重大,我们的牺牲更要深巨,我们的努力更要强韧。"并提出今年的四项努力目标:第一,我们要了解昨年 12 月 9 日我国对日、德、意的宣战布告,与蒋委员长于同月 10 日告全国军民书的真义;第二,我们深刻认识了我们的使命和任务之后,必须研究如何才能达到这使命和任务;第三,我们于认识了我们的责任与如何完成这责任的方法之后,必须更进一步而研究如何力行这方法的问题;第四,我们必须坚强必胜的信念。

　　△　延安《解放日报》发表社论《元旦献词》,指出:1942 年将是侵略阵营与反侵略阵营空前激战的一年,法西斯侵略者将遭受严重的挫败,反侵略阵线的雄伟力量将日益发挥作用,这将有利于中国反法西斯战争的胜利。中国应配合民主集团,积极努力,在反侵略战争中奠定民主政治的新中国的基础。

　　△　八路军总司令朱德、副总司令彭德怀、野战政治部主任罗瑞卿、副主任陆定一致书全体指战员,在总结过去一年成绩、经验,分析当时形势之后,提出 1942 年的中心任务:一、加紧训练,准备战略反攻;二、厉行节约,发扬艰苦奋斗的光荣传统;三、严正部队纪律,积极参加根据地建设;四、积极开展对敌伪军工作,切实执行俘虏政策。号召八路军全体指战员以坚毅的意志去迎接 1942 年光荣而艰巨的任务。

　　△　八路军副总司令彭德怀、副总参谋长左权、野战政治部主任罗瑞卿从前方发出《致中共中央贺电》,表示在新的一年里,八路军全体指战员愿继续忍受艰难困苦,坚持敌后抗战,为配合全国大规模战略反攻而斗争。

　　△　行政院副院长孔祥熙在中央和国际广播电台播讲,号召加强总动员,积极节约和扩大生产。

　　△　粮食部长徐堪向中央社记者谈本年粮政方针:一、完成土地陈

报，改善一次征粮办法，政府掌握更多的粮食；二、扩充储运事宜，厉行地方建仓积谷；三、对于军粮、公粮必使完全无缺；四、加强粮户、粮商及市场交易之管理，控制大户余粮以调节市场稳定粮价；五、充实各县粮政机关及业务机关，组织训练各级干部人员；六、川省施行督导考核制度，推行各省。

△ 中、美、英、苏、荷等 26 个国家在华盛顿签订《对法西斯轴心国共同行动宣言》（即《二十六国公约》，后称为《联合国家宣言》）。《宣言》宣布，各签字国政府对罗斯福、丘吉尔于 1941 年 8 月 14 日签订的《大西洋宪章》的基本原则予以赞同。规定：签字国保证使用全部军事和经济资源，共同对抗德、意、日法西斯的侵略；各国保证不同敌国单独缔结军事协定或和约。至此，国际反法西斯统一战线正式形成。截至 1945 年 5 月1 日，陆续在宣言上签字的还有法国、墨西哥、菲律宾等 21 国。

△ 蒋介石为缅甸英国当局强扣我到仰光各轮所载美国《租借法案》器材及物资事，向英国提出抗议，并电告出访美国的外交部长宋子文向英、美负责者严重交涉。6 日，英国首相丘吉尔令缅督将所扣中国军械等物资一律放行。

△ 国民政府公布本年度行政计划，要点为：一、在国防最高委员会下设参事机关；二、在行政院下设地政处；三、增收实物并强制征收谷物；四、改善兵役法。

△ 国民政府公布《敌国人民处理条例》及《敌产处理条例》。

△ 财政部决定实行食盐专卖。5 月 16 日，立法院例会通过该项专卖条例。

△ 财政部贸易委员会主任陈光甫辞职，邹琳继任。

△ 迁川工厂联合会在重庆举行产品展览会，101 个工厂参加，主要展出生活日用品、各种机器和钢铁产品等。14 日闭幕。参观者逾几万人。

△ 陪都建设计划委员会举行之第一届陪都建设展览会，在重庆市中央图书馆揭幕，陈列品千余件，分置五室。其中以统计图表为多，

模型次之，另有矿产样品、厂房彩画及照片等。于重庆市现况及将来发展计划，均以图片或统计数字展示，使观众获得具体之印象。

△　私立复旦大学奉令改为国立，全校师生及来宾 1000 余人，在重庆北碚校舍集会庆祝。

△　驻美大使胡适在美国政治学会及美国行政学会联合大会上发表演说，略谓：远东问题之解决办法，必须能满足中国独立、统一之合理要求，必须能巩固太平洋上之国际秩序。

△　陕甘宁边区政府公布《边区政府保障人权财权条例》。

△　延安军事学院举行成立大会，朱德、叶剑英分任正、副院长。

△　廖承志、连贯冒险由香港偷渡到九龙，与东江游击队政委林平研究营救在港、九人士的工作部署。经三个多月的努力，共抢救出 700 余人，其中有何香凝、柳亚子、邹韬奋、茅盾、梁漱溟、邓文钊、沈志远、张友渔、胡绳、羊枣、千家驹、胡风等人。

△　赣北第九战区一部克复祥符观。同日，浙西第三战区一部攻入武康、余杭。

△　下午，我国空军在粤汉线湖南境内三门车站击落日军重轰炸机一架，飞行员二名毙命，另二名被俘。

△　晨，日军开始进攻长沙。第四十师团占据金井并掩护侧背；第三师团向长沙东南郊发动袭击。守军第十军李玉堂部预备第十师抵抗，激战一昼夜，日军突入白沙岭阵地。夜，第二十七、第三十、第十九各集团军杨森、王陵基、罗卓英部及第九十九军傅仲芳部主力，奉令向长沙包围，索敌攻击。

△　华北日军又开始强化治安，训练"自卫团"，编"东方灭共队"、"灭共少先队"等，每到一地烧杀抢掠一空。赞皇县城有 120 余商户被迫停业，开业的只剩 20 余户。

△　汪伪政府颁布《新国民运动纲要》，要求沦陷区人民"把爱中国爱东亚的心打成一片"，培植适应于"大东亚战争"所需要的"国民新精神"。

△　汪伪政府上海市长陈公博发表《告上海市民书》，要求上海市民改变对日本的心理，与日本合作，"务使全面和平得以早日实现"。

△　吕宋岛上的美军部队撤至巴丹省和科雷希多岛（位于马尼拉湾入口处），分别坚守至 4 月 9 日和 5 月 6 日。

1 月 2 日　军事委员会公布，中国军队已开入缅甸，协同盟军履行防守任务。

△　国民政府成立工作竞赛推行委员会，隶属国防最高委员会国民精神总动员会。谷正纲、李中襄分任正、副主任。

△　蒋介石电复美总统罗斯福，允就任中国战区盟军最高统帅。

△　教育部颁发《学生服兵役及限制入学资格办法》，规定：年满 18 岁、毕业尚未超过一年的学生，可以报考升学，如已超过一年则不准报考。

△　四川省临时参议会第一届第五次大会在成都举行，省主席张群对大会提出三点愿望：一、努力宣导全川同胞完成自救并救世界人类之两重使命；二、指正政府施政中的缺点及今后计划；三、对政治、经济、社会、教育战时化原则的实施提出建议。会议审议通过省府 1942 年度施政计划及预算，并通过提案 180 件，最后选陈斯孝、曾用修、石体元、余富庠、陈紫舆等 11 人为驻会委员，于 16 日闭会。

△　凌晨，日军继续向长沙黄土岭各处猛攻。我军阵地数度被突破，经逆袭恢复。预备第十师一部将困守在民房内的日军焚毙百余人。16 时，日军向守军第一九〇师阵地攻击，被击退。是日，第四军欧震部奉令进占跳马涧东西线；第七十九军夏楚中部抵浏阳河右岸；第二十六军萧之楚部到达万家桥、洞阳市一带；第二十军杨汉域部及第五十八军孙渡部到长江源附近；第七十八军夏守勋部在金井、脱甲桥一带与日军增援之第四十师团激战；第九十九军向捞刀河前进。第九战区围歼日军的态势已形成，遂通令各军限 4 日夜进至第二次到达线。

△　山西平遥县伪警备队 200 余人向八路军投诚。

△　日军第四十八师团一部占领菲律宾的马尼拉。

1月3日　同盟国宣布,推蒋介石任盟军中国战区(包括泰、越及将来可能为盟军控制区域)最高统帅。5日,蒋介石就任中国战区陆空联合总司令。

△　八路军冀东部队在遵化南毙日军 150 余人,缴机枪三挺,步枪 120 余支。

△　八路军山东纵队一部在临蒙公路及环蒙公路一带展开反"扫荡",至月底攻克垛庄等 24 处据点,歼敌近千人,打破敌人的环蒙封锁线,使沂山区与蒙山区打通联系。

△　新四军一部攻克苏北海门王阳镇,并收复久隆镇等地,伪旅长徐宝富率部 200 余人投诚。

△　日军第六师团主力向长沙守军第一九○师杜家山、陈家山阵地攻击,日机九架轮番轰炸,陈家山工事全毁。城南乌龟冲、太乙寺附近日军第三师团与预备第十师激战,守军阵地失而复得四次。午,日机轰炸,并空投粮弹。城北陈家山附近日军攻击南华女校被击退。城东南老龙街一带整日激战。晚,第十军军长李玉堂接薛岳电令:除第七十三军第七十七师仍执行原任务外,其余于 3 日黄昏进入长沙。

△　伪闽粤边区绥靖第一支队第一大队长刘达平、大队附王剑俞,率领全体官兵由汕头开抵闽省诏安,是日宣布反正。

△　太原、古交伪军 300 余人偷袭古交区小娄峰村,中共清太徐中心县委书记萧靖等 60 余人负伤,30 人被俘,32 人牺牲。

△　美、英两国首脑罗斯福、丘吉尔经过协商,决定于是日设立美、英、荷、澳四国联合司令部,任命英军上将阿齐博尔德·韦维尔为总司令、美空军中将乔治·布雷特为副总司令、英空军中将理查德·皮尔斯为空军司令、荷兰中将海因·特尔普尔滕为陆军司令、美海军上将托马斯·哈特为海军司令。联合司令部设在爪哇岛万隆。在西南太平洋地区的四国军队,名义上都受总司令指挥,但因四国联军缺乏共同的作战原则,未能形成联合打击力量,所以至 2 月 25 日联合司令部即宣告解散。

1 月 4 日　蒋介石电在华盛顿的宋子文,要求罗斯福派遣一位可资信赖的高级将领来华担任中国战区统帅部参谋长。19 日,美陆军部长史汀生推荐史迪威担任此职。23 日,美军总参谋长马歇尔通知史汀生表示同意。

△　中国青年反法西斯大会在延安开幕,朱德出席并讲话。重庆、新疆各界青年和新疆青年反帝会全体会员致电祝贺。大会选出胡耀邦等 19 人为中国青年反法西斯临时委员会委员。6 日闭幕。

△　陕甘宁边区政府交际处开会,总结去年接待过往延安之友党、友军及来延参观人士工作。会议宣布,在过去一年里,交际处接待人员达 2900 余人次,其中过往友军 1672 人次,来边区参观的 1195 人次,还有一些投奔边区参加革命的青年。

△　凌晨,日军向长沙城郊全线猛攻,激战至 8 时,城南修械所阵地失而复得五次。城北日军自拂晓开始攻击湘春路及南华女校阵地,攻势受挫。斯时,长沙外围守军向日军进行合围与攻击,第四军攻占林子冲等地;第七十九军到达浏阳河东岸;第七十八军迫近春华山;第三十七军攻占金井,并向日军第四十师团攻击;第二十、第五十八军到达伍家埠、汉家山一带;第九十九军到达龙头,各兵团继续向前推进,进行合围。下午,日军开始撤退。第三师团由长沙东南郊向东瓜山撤退,第六师团由长沙东北郊向梨黎市撤退。第九战区司令官薛岳令各部队发起追击。

△　日军第十五军(辖第三十三和第三十五师团,约 3.5 万人)向缅甸发起进攻。是日,日军第五十五师团步兵第一二〇联队,从泰国北碧方面进入缅甸,于 19 日占领缅甸港口城市土瓦。

1 月 5 日　蒋介石调蒋鼎文为第一战区司令长官,卫立煌为军事委员会委员长西安行营主任。

△　蒋介石在国民政府扩大纪念周上指出:今年要实行全国总动员与增强行政三联制及党政考核工作,继续注意禁烟与缉私,党务方面要健全各地基层组织。

△　国民政府令:江苏高等法院第二分院及上海第一特区地方法院自1941年12月8日起已不能行使职权,今后上海公共租界内任何非法组织之法院所作裁判及其他行动一律无效(该法院系根据1930年2月17日中国与上海公共租界有关各国签订之协定设置)。

△　贵州省临时参议会召开第六次大会,通过督促政府澄清吏治、改善粮政、平抑物价、调剂食盐等议案。20日闭会。

△　陕甘宁边区政府公布《陕甘宁边区行政督察专员公署组织暂行条例》、《陕甘宁边区县政府组织暂行条例》、《陕甘宁边区各县区公署组织暂行条例》、《陕甘宁边区各乡市政府组织暂行条例》。

△　陕甘宁边区政府举行第六次政务会议,讨论通过《陕甘宁边区政务会议暂行规程》、《陕甘宁边区政府合署办公暂行办法》及《陕甘宁边区政府秘书处处务暂行规程》等规程、办法。会议还决定下列事项:一、边区政府成立文化工作委员会,负责对边区各文化团体的管理。二、批准延安华侨救国会成立华侨实业公司,帮助其开设华侨工厂。三、成立禁烟督察处,专司全边区禁烟工作。四、目前在林伯渠主席和李鼎铭副主席外出巡视期间,由秘书长周文代行政务管理。

△　八路军第一一五师师长林彪赴苏联养病痊愈回国,是日抵兰州,即返延安。

△　驻重庆各同盟国大使馆武官及中外记者组织“湘北视察团”,由国际宣传处魏景蒙、军令部钮先铭率领,一行15人赴湘北视察,13日返渝。

△　延安《解放日报》载:日伪《华北评论》公布日本在华北抓捕壮丁运往东北的数目,1937年为32.3689万人,1938年为50.1656万人,1939年为95.4882万人,1940年为140万人。四年总计为318.0227万人(编入伪军的尚未计算在内)。

1月6日　国民政府火柴专卖负责人刘鸿生对记者称:火柴专卖将先在川、康、滇、黔四省实行,随后推及全国。

△　“反侵略国家联合宣传委员会”在渝成立,由国民党中央宣传

部及美、英、荷各国驻渝使馆派代表组成,其任务在增进同盟国间宣传工作之联系。次日,在华盛顿和伦敦成立了类似的组织。

△　教育部长陈立夫在电台发表《母教之重要》的讲演,略谓:母教是国民教育的基础,下一代民族命运以今日的母教来决定。全国妇女同胞应担当起母教的重大责任。

△　昆明掀起倒孔(祥熙)风潮。月初,重庆派飞机一架抵香港营救社会名流学者脱险,但仅载回孔祥熙二女儿、女仆及洋狗七只并家具无数。昆明《朝报》将此事报道后,引起学生愤慨。是日,同济、中法、西南联大等校数千人,高呼"打倒发国难财的孔祥熙"等口号,举行示威游行。7 日,西南联大各宿舍出《呐喊》、《呼声》、《正义》等壁报,提出修明政治、打倒孔祥熙等主张。

△　西安、昆明间无线电正式通话。

△　重庆国际电台与印度新德里直接通报。

△　新四军谭震林师一部进袭苏北泰兴苏桥,将守敌全歼,计毙日伪军营长以下 100 余人,俘伪连长三人,排长五人,士兵 40 余人,缴机枪五挺,步枪 100 余支。

△　进犯长沙之日军第三、第六师团分别由长桥、牌楼铺突围北退,沿途遭中国军队截击。

△　冀东日伪治安军一营袭击遵化西南毫子,被八路军截击,伪营长以下官兵 400 余人被俘、毙,缴机枪五挺,步枪 350 余支。八路军伤亡 19 人。

△　汪伪中央准备银行成立一周年。该行发行的伪币,截至 1 月 3 日计达 2.4604 亿元,辅币达 2608 万元。

△　日本和伪满洲国同时公布《满洲开拓第二期五年计划》,计划向东北移进日本"开拓民"22 万户,青年义勇队 13 万人。

△　美总统罗斯福向国会提交武器生产计划,要点为:1942 年生产飞机六万架,坦克 4.5 万辆,建造船舶总吨位 800 万吨;1943 年生产飞机 12.5 万架,坦克 7.5 万辆,建造船舶总吨位 1100 万吨。为此,要

求国会拨款 590 亿美元。

1月7日 国民政府令免兼驻哥伦比亚和委内瑞拉特命全权公使谭绍华职务,任命驻古巴特命全权公使李迪俊兼任。

△ 国民党中央秘书长吴铁城在中央广播电台播讲《本党今年的党务方针》,要点为:一、充实本党干部;二、吸收社会贤才;三、救济民众疾苦;四、加强国家动员;五、计划今年吸收新党员至少 50 万,三青团员 25 万。

△ 陕甘宁边区政府主席林伯渠结束对甘泉县的视察后抵达鄜县视察。8 日召集该县县参议员、党外民主人士及党政军机关、学校、团体负责人座谈,对县参议会常驻会的工作作指示,征询各界对边区政府的意见。

△ 国民参政员、岭南大学校长钟荣光在香港沦陷后因其妻遭日军殴打,挺身骂寇,于去年 12 月 24 日被日军打成重伤,是日在香港不治去世。4 月 13 日,国民政府明令褒扬。

△ 长沙战场第二十六军跟踪日军向捞刀河以北追击;第七十九军追抵捞刀河北岸滨塮附近;第四、第七十三军过捞刀河北追击,河南已无日军。

△ 八路军第一二九师师长刘伯承在师直属队及新编第一旅、第三八五旅干部动员大会上作《如何贯彻党中央精兵简政政策》的报告,指出要实行"精兵主义",要提高部队的质量,积极准备反攻。我们当前的具体工作是:实行整编、紧缩领导机关、充实战斗连队。15 日,第一二九师颁发《关于实施精兵建设的命令》。

△ 延安《解放日报》讯:日军强迫山西太谷县种植鸦片 6000 亩,每年征烟税 200 万元。伪县长以下吸毒者占伪政权人员的 80%。

△ 上海公共租界工部局董事会决定冈崎胜男(日人)为会长,袁履登(华人)为副会长。

△ 武汉英、美 500 余侨民被日军事机关拘捕。美国在武汉的花旗银行亦被封闭,其他教堂、洋行等被没收。10 日,美驻北平、青岛水

兵 204 人,被日军囚禁于天津新兵营。

1 月 8 日 国民参政会驻会委员会举行第三次会议,经济部长翁文灏作报告,其要点为:一、关于经济重要设施;二、物资局之组织;三、滇缅路内运商货办法;四、工业设施情况;五、矿产品出口情况。

△ 国民政府首任驻加拿大特命全权公使刘师舜赴任。

△ 荷兰新任驻华公使白鲁格向林森主席呈递国书。

△ 毛泽东复电周恩来,认为他对国民党五届九中全会的分析甚好,并将分发各方面。并指出:"我们方针是巩固自己,沉机观变。""今年内德、意会向下,日本还会向上,英、美会削弱,国民党会分化。"

△ 军政部长何应钦赴云南、广西、西康地区视察防务。

△ 中国空军为配合第三次长沙会战,由第二大队长金雯率领九架飞机,轰炸湘北长乐街、新市、语市口一带退却之敌。中国飞机与日军驱逐机八架遭遇,击落其一架、伤二架,中国空军被击落二架,飞行员三人阵亡。

△ 八路军第一二九师骑兵团一部一举攻克冀中安平县城,毙、俘日伪军 50 人,俘伪职人员百余人,救出监狱被关押的犯人百余人,将伪政权完全摧毁。

△ 新四军一部配合地方游击队强袭苏北兴化,将伪军第二十八师一个营全部消灭,俘伪连长以下 150 人,缴步枪 80 余支。晚,继续袭击临泽,俘伪队长以下官兵 50 人,缴步枪 40 余支。

△ 长沙战场日军由捞刀河北岸退至栗桥、春华山以南,沿途遭第七十三、二十、五十八、三十七各军截击。第四、二十六、七十八各军将日军包围于栗桥、影珠山以南,展开激战。

△ 第十一集团军总司令宋希濂到西南联大威胁学生不要扩大事端。晚,西南联大学生自治会倒孔运动委员会邀集校内"明社"等 23 个团体组成倒孔运动后援会,并提议:一、请教授、参政员迅速将倒孔运动情况报告驻会参政员;二、倒孔目的是将孔祥熙撤职,没收财产。是日,昆明市学生联合会也发表倒孔通电。

　　△　日军将晋南临汾集市包围，捕去民众 500 人运往东北充当苦力。

　　△　上海申新九厂 7000 余名工人罢工，要求改善待遇，增加工资，停工遣散工人需发遣散费。资方不接受工人要求，反而利用日本宪兵竹田部队的武力，强行遣散全厂工人。

　　△　汪伪中央政治委员会第七十七次会议，任命郑大章为军政部政务次长，李讴一为"首都"警备司令兼警卫师师长，苏成德为副司令。

　　1 月 9 日　国民政府令免山东省政府委员兼主席沈鸿烈本兼各职；任命牟中珩为山东省政府委员兼主席。免河南省政府委员兼主席卫立煌本兼各职；任命李培基为河南省政府委员兼主席。

　　△　国民政府公布《宣誓条例》，凡 10 条，规定：凡文官自委任职以上，军官自尉官以上，自治职员自保甲长以上，教职员自小学校教职员以上，须宣誓后始得任事，如因特殊情形先行任事者，须于两月内补行宣誓。

　　△　毛泽东接见出席在延安召开的中国青年反法西斯大会的绥德分区代表团，同 20 名代表一一握手，询问他们学习和生活的近况。在两小时的座谈中，回答他们提出的 20 多个问题，其中包括太平洋战争没有苏联参加能不能胜利等。谈话结束后，毛泽东手擎灯烛送代表出会客室。

　　△　华侨领袖侯西反、郭兆麟代表新加坡南洋筹赈总会，向前方将士捐赠阿司匹林药片 350 万颗，是日在军委会会议厅举行捐赠仪式，由军委会办公厅主任商震代表接受。

　　△　红十字会国际救济委员会经滇缅路运医药品 30 吨，是日运抵昆明。

　　△　新四军一部在江苏泰县西设伏，袭击向宜陵前进的日伪军，毙伤日伪军百余人，俘 70 余人。

　　△　长沙战场日军主力借独立混成第九旅团的策应，由福临铺北逃，至 10 日陆续从拦截线突围。日军第四十师团由古华山突围北窜，

遭第九十九、第三十七军截击。

△ 日军独立混成第一旅团和伪军共 4000 余人,合击冀南大名城西仕望集、德政地区。八路军冀南军区第一军分区直属队及第二十六团奋战后突出重围。

△ 日本新任驻汪伪政府大使重光葵在沪对记者称:"大东亚战争实质上已进入世界战争,因此日华关系应重新调整,余即以此志愿而来。"12 日抵南京上任,并向汪精卫递交国书。

1 月 10 日 蒋介石以兼理国民政府外交部长的身份,首次接见各国驻华使节。

△ 长沙战场第七十三、第四、第二十六军于青山市一带截击日军第六师团,日军在 10 余架飞机支援下苦战突围,向麻峰咀方向退却,11 日遭到第七十三军追击。

1 月上旬 月初,国民党中宣部、社会部、中央政治学校、中国文化服务社及中央信托局合办的文化建设印刷公司在渝开工,资本 90 万元,董事长为许情初。

△ 行政院通令严禁公务人员利用职位兼营商业。军委会亦通令军人不得兼营商业。

△ 中国实业银行在渝成立分行。

1 月 11 日 四川省政府决定:松潘关外增设兴中、麦桑两设治局;乡峡乡村建设实验区改为北碚管理局;涪陵分置武隆设治局;广元分置旺苍县;平武第三区及昭化县之一部分置青川县。至此,川省有 136 县、二市、三设治局、一管理局。

△ 赣北第九战区一部克复马回岭、虬津。

△ 八路军第一一五师教导旅一部,袭击泰安县草家庄日军据点,战至 13 日,毙伤日伪军 500 余人。

△ 日军占领马来亚吉隆坡。同日,日军开始进攻荷属印度,在石油岛打拉根和西里伯斯岛(今苏拉威西岛)最北端的万鸦老登陆。

1 月 12 日 经济部全国度量衡局会议决议:一、大小数采用三位制；二、大数采用个、十、百、千、十千(万)、百千、兆、十兆、百兆(亿)(万万)、千兆、十千兆、百千兆、兆兆；三、小数暂不命名，小数点以下仅读数字。

△　财政部贸易委员会所属复兴、富华两公司合并改组，仍称复兴公司。聘席德懋为总经理，余绍光为协理。该公司经营桐油、猪鬃、羊毛等外销物资的统购统销，平价收进，高价卖出，获利自厚。

△　四川省出口桐油、茶叶、猪鬃，因太平洋战争发生，海运受阻，经行政院经济会议核定：一面维持出口统制，一面放松内销限制，桐油准许商民采购、存储、转运；原征之茶叶平衡税停征，准运销全国；取消对猪鬃存储时间及数量之限制；并协助各厂将桐油提炼为汽油、柴油。

△　广西桂林第六次临时参议会开幕，省主席黄旭初致词，主要讨论经济建设等问题，会期两周。

△　中共中央书记处发出《关于建立各根据地秘密交通的指示》，要求延安到各根据地建立两条主要秘密交通干线：一条由晋西北之交城、文水到晋西南转山东、苏北到华中；一条由原平到冀察晋转冀中、平西及冀。指示希望在两个月内将各区间之秘密交通线建立起来，并能使用。

△　陕甘宁边区政府举行第七次政务会议，议决主要事项如下：一、讨论通过《自卫军工作计划大纲》。二、为加强对动员工作的统一领导，确定今后边区党、政、军、民的一切动员工作一律经民政厅动员委员会。三、秘书处收集材料编写名为《五一施政纲领》的通俗读物，发至区乡，以便学习。四、讨论通过民政厅、建设厅、高等法院、保安处等单位的负责人选。

△　八路军第一二九师一部攻入冀南馆陶，毙日军60余人，摧毁碉堡6座，伪警备队150余人投诚。是役共缴长短枪百余支，电线千余斤及其他军用品。

△　进犯长沙之日军退过汨罗江北岸，第二十、五十八、七十三、四、三十七、七十八各军跟踪追至汨罗江南岸。

△　宋子文与美国财政部长摩根索谈判美国对华贷款问题。美方坚持将贷款方式改为向中国军队直接提供军饷,图谋以美援直接控制中国军队。

1 月 13 日　行政院例会决议通过《敌国人民登记办法》、《敌国人民收容所管理章程》、《敌国人民移居办法》、《战时火柴专卖暂行条例》及《国民政府特许火柴专卖公司章程草案》、《战时烟类专卖暂行条例草案》;并任命吴南轩为国立复旦大学校长。

△　赈济委员会代委员长许世英自重庆赴桂,并转赴曲江、南雄、永安、长沙等处,与有关当局接洽侨胞救济事宜。政府并拨 1000 万元作救济费。

△　陕豫鄂皖党政考察团一行五人由团长方觉慧率领,是日由陕出发赴各地考察。2 月 5 日返渝。

△　延安《解放日报》发表社论《教育上的革命》,指出中共中央关于延安干部学校的决定,是反对主观主义在学校教育上的具体运用,是中国教育上的一个革命。我们党负担着复杂而艰巨的任务,需要培养出大批的有专门技能的干部。因此全党同志应对各种专门性质的学校,给以一切必需的帮助。决定的基本精神,不仅适用于延安的学校,而且适用于一切抗日根据地干部的学习。

△　八路军总部命令太行、太岳两区所属部队努力生产,克服困难。规定旅以上机关每人生产收入为 100 元,团以下机关部队每人生产收入为 60 元。

△　晋察冀边区政府公布《志愿义务兵役制实施暂行办法》,规定凡本边区男子年龄在 18 岁以上 35 岁以下者,均有服兵役之义务,其志愿服兵役者应报名登记听候征召入伍;志愿服兵役者称为志愿入伍人。兵役期限定为三年。

△　冀东军分区第十三团在遵化县果河沿岸战斗中全歼伪治安军第二集团军第四团,毙伤敌 100 多人,俘副团长以下 800 多人。

△　旧金山旅美华侨统一募捐救国总会致电蒋介石,并汇款 10 万

元慰劳抗日将士。

1月14日　国民政府令第五军入缅支援英缅军作战。从此时起，由第五、六、六十六军共 10 余万人组成的中国远征军第一路，筹划入缅甸同日军作战。

　△　军事委员会政治部和文化工作委员会举行座谈会，讨论"1942年战局展望"。

　△　周恩来和冯玉祥等视察渝鑫钢铁厂，周恩来为该厂题词："没有重工业，便没有民族工业的基础，更谈不上国防工业，渝鑫钢铁厂的生产已为民族工业打下了初步基础！"

　△　陕甘宁边区政府发布命令，为根绝烟毒，特决定设立陕甘宁边区禁烟督察处，任命财政厅副厅长霍维德兼任处长，并随令颁发《陕甘宁边区禁烟督察处组织规程》及《陕甘宁边区查获鸦片毒品暂行办法》。

　△　陕甘宁边区政府公布《陕甘宁边区贩卖纸烟惩治办法》，旨在禁止纸烟的输入及贩卖活动，规定从本月 15 日起停止进口纸烟，从 3月 1 日起各商店停止出售纸烟，违者予以罚款。

　△　据重庆《大公报》讯：重庆工商界人士温少鹤、李奎安、周懋植、萧万成等，发起成立中国工商服务社股份有限公司，设股 20 万，主要经营购销或承销工业品原料和工业制成品，并为工厂和公司推行业务。

　△　在华日人反战同盟华北代表大会第三次筹委会在延安举行，通过纲领草案，主张团结中日人民共同反对日本侵略者；唤醒日本士兵，打倒战争政府，建立和平自由的人民政府，并决议在 4 月举行代表大会。

　△　长沙外围日军在飞机掩护下，由汨罗江北岸继续向新墙河退却。

　△　英首相丘吉尔和美总统罗斯福及两国参谋长参加的"阿卡迪亚会议"结束。其基本战略决断是：首先集中各盟国的力量于欧洲战场，以全力对付德国；尔后在太平洋发动进攻。成立"联合参谋长委员会"（设在华盛顿）。该委员会至 1945 年解散前，一直负责制定英、美基

本作战计划。

1 月 15 日　长沙战场日军退过新墙河,至 16 日恢复原态势,第三次长沙会战结束。是役日军投入 12 万余兵力,伤亡 5.6944 万人,我军俘松野荣吉中将以下官兵 139 人,缴获步枪 138 支、轻机枪 115 挺、山炮 11 门、无线电台九架。第九战区官兵伤亡 2.9217 万人。

△　重庆文化界举行国民月会,国民党中宣部副部长潘公展、洪兰友,中央文化运动委员会主任委员张道藩、政治部第三厅厅长黄少谷、文化工作委员会主任委员郭沫若、重庆市党部主任委员陈访先及各界代表千余人出席。大会强调文化界加强精神总动员。

△　英国陆军委员会致电蒋介石,对中国军队策应香港作战表示感谢,并向在香港死难的中国同胞表示悼念。军委会复电重申抗战决心。

△　蒋介石政治顾问拉铁摩尔博士返美,中宣部副部长董显光等到机场送行,一月后又返渝。

△　八路军第一二九师发布《关于实施精兵建设的命令》,规定:一、调整编制减缩机关,减少人员马匹,认真充实战斗连队。二、有计划地抽调一批有相当能力的本地干部,到地方武装与各级武委会中去,以加强地方武装建设,开展群众游击战争。三、抽调一批干部入学深造。四、经营生产事业,以安置老弱战士、荣誉军人,从事学艺生产、半工半读。

△　是日至 18 日,八路军第一一五师在鲁南蒙阴一带攻克杨家庄等四据点,俘伪队长马殿武等以下伪军 300 余人,缴获步枪 40 余支、子弹 5000 余发、土枪 500 余支。

△　旅美华侨救国会致电蒋介石,祝贺长沙大捷,并汇款三万美元慰劳抗日将士。

△　汪伪国民党中央政治委员会举行第七十八次会议,通过将苏北行政长官公署改为苏淮特别区行政长官公署。

1 月 16 日　宪兵司令部成立十周年纪念会在重庆举行,何应钦、白崇禧等 1000 余人出席。蒋介石在训词中称:"宪兵之任务,在各兵种中居纠导地位,要绥靖地方,擿奸发伏,协助推行禁烟和粮食等要政。"

　　△　国民政府开始实行食糖专卖,分川康区、两广区、闽赣区进行。川康区专卖局是日在重庆成立。

　　△　赈济委员会代委员长许世英抵韶关晤战区司令余汉谋及粤省主席李汉魂,商洽救济难侨实施办法,决定由粤省垫拨 300 万元抢救由港逃出的难胞。23 日许抵广东永安,决定拨款 100 万元筹办工厂和农场以安置归侨,另拨 100 万元急赈湘北难民。

　　△　行政院康青视察团携款 3.7 万余元,代表蒋介石、孔祥熙慰劳当地驻军,并分赠文化慈善机关,于是日视察完毕返渝。

　　△　吴忠信率领的甘宁青党政考察团,于去年 10 月 12 日出发赴西北考察数十县,历时两个月,是日返渝。

　　△　重庆《大公报》讯:战债劝募委员会决定实行购债兴学,由各级学校校长、教师领导学生向亲属和社会有关人士劝募,所购之数捐赠学校充作基金。此决定先在四川试行。

　　△　重庆《大公报》讯:西南太平洋区总司令韦维尔上将、美国陆军参谋总长马歇尔上将,分别致电蒋介石对长沙之捷表示祝贺。

　　△　中共中央发出关于成立陕甘宁及晋西北联防军政治部的决定,指出由于延安与华北、华中的联系更加困难,陕甘宁及晋西北两个边区更加重要,特决定成立联防军政治部,直接管辖上述两个边区的部队的政治工作。委任总政治部副主任谭政兼任联防军副政委及联防军政治部主任。留守兵团政治部撤销,并入联防军政治部。另以军委总政治部一部搬至杨家岭附近,组织很精小的总政治部,统管全军政治工作。

　　△　八路军第一二九师政治部与中共太北区党委,在冀南漳河联合召开太行区文化界座谈会。有 20 个团体 400 多名代表出席,沦陷区文化界名流 18 人亦来参加。邓小平、李雪峰、杨献珍等出席会议并讲话。邓小平希望文化工作为当前政治斗争服务,团结一切新老知识分

子到抗日文化战线上来,深入农村,为广大群众服务。

　　△　八路军第一二九师收复晋西北岢岚县。

　　△　旧金山旅美华侨统一义捐救国会及其分会电蒋介石向中国银行捐汇 50 万元,作为抗日将士缝制棉衣之用,是日,蒋复电奖勉。

　　△　英国政府宣布调驻华大使卡尔赴苏,另派薛穆爵士继任。2 月 2 日,蒋介石设宴为卡尔饯行。

　　△　日军第十六军开始由泰国向缅甸发动进攻。

　　1 月 17 日　国民政府令:一、国民政府委员刘守中早年致力革命,功劳卓著,应予明令褒扬,并将生平事迹存宣付史馆。二、侨务委员会委员方之桢于 2 日在渝病故,应予明令褒扬,发给治丧费 5000 元。

　　△　延安《解放日报》讯:著名爱国华侨陈嘉庚与侯西反、郭兆麟等在重庆创办中国药产提炼股份有限公司,为国内最大的提炼药厂,可出药品 91 种。

　　△　天主教文化协进会举行茶会,该会理事长于斌致词谓:中国天主教徒有 400 万,若能团结起来反抗侵略战争,贡献必巨。

　　△　八路军第一二九师一部与群众 2000 余人,将正定、无极间公路破坏七里,平毁新乐平汉路沟 10 余里,栾城封锁沟七里,另一部八路军进袭定县南,毙敌 30 余人,缴机枪一挺,炸毁兵车一列。

　　1 月 18 日　教育部通令将有关注音汉字、各法令中之"汉字"一词,一律改称为"国字",与国文、国语并称;从速修订全国方言注音符号总表;今后颁布法令规章和文告,一律用注音国字印刷或书写;各级师范及国民教育师资训练班均设国语教程。

　　△　中华儿童教育社第九届年会在重庆举行,讨论国民教育的教材、师资、机构以及儿童教育设施等问题。推马容谈等 12 人为理事。

　　△　中华教育基金非常时期委员会成立,翁文灏为主席,周诒春为名誉秘书,孙科、蒋梦麟为执行委员,杨亚德为副会计兼执行委员。6 月初召开会议,通过下年度教育经费预算 300 余万元。

　　△　台湾独立革命党领袖、台湾义勇队队长李友邦赴渝途中抵桂,

对记者谈称,台湾义勇队成立三年,现有队员 200 余人,分布在西南各省工作。本人此次赴渝任务,欲谒见当局长官,请设法编成台湾部队,俾加入同盟军队对日作战;并谓台湾本为中国领土,580 万台湾同胞渴望早日重归祖国。

　　△　陕甘宁边区政府教育厅发起组织的边区新教育学会成立,推举徐特立、吴玉章等七人为理事。该会任务是:一、研究教育理论;二、帮助实施地方教育;三、广泛宣传教育工作的意义;四、团结边区内外的教育工作者,建立教育界的统一战线。

　　△　据延安《解放日报》讯:日军在华北沦陷区对商业开始实行严厉统制,规定:天津市凡资本在四万元以下的商业,每天营业收支均须详细登记,按日报告,以备随时抽查。如有隐瞒不报或出入数目不符者,除没收全部财产外,并处以极刑。在四万元以上的商业,一律派日籍"顾问"来店"理财",资财出入,非经"顾问"允许,不得擅自动用。

　　△　日机 30 架分三批侵扰桂林,在南宁投弹多枚。

　　△　汪伪军事委员会政治训练部召开政工会议,汪精卫在会上讲话声称:为实现和平反共建国,肃清共产主义及英、美侵略主义势力,必须建立强有力的军事力量。

　　△　日、德、意三国在柏林签订《军事协定》,达成全球作战方案。日本分担从东经 70 度以东到美洲西岸地区作战,德国、意大利分担从东经 70 度以西到美洲东岸地区作战,妄图瓜分整个世界。

　　1 月 19 日　中国远征军第六军甘丽初部入缅,沿滇缅路南进。

　　△　日军突破泰、缅国境,占领土瓦城。

　　△　《新华日报》华北版刊登冀中区民兵五年成绩统计:参战人数 143.4869 万人,毙、伤、俘敌伪军 6000 余人,缴获步枪 400 余支、机枪六挺、掷弹筒 30 个、割取敌人电线 40 万斤、电杆 5.1452 万根、破坏岗楼 50 座、铁木桥 144 座、铁路 528 里、公路三万余里、大道 18 万里、火车头 92 个、列车 5099 辆、铁甲车八辆、汽车 396 辆。我方伤亡:干部

600 人,民兵 1000 余人。

　　△　陕甘宁边区政府举行第八次政务会议,讨论延安市政府本年度工作计划大纲。

　　△　延安《解放日报》讯:日军自"七七"抗战后,即实行文化掠夺,开始成立"华中图书文献接收委员会",后改名为"华中建设资料整备委员会"。该会仅在南京、上海、杭州等地即掠夺图书 90 余万册,地质矿物标本近五万件,鸟类标本 4000 余只。

　　△　日大本营陆甲第三号命令:成立香港占领区总督部,任命矶谷廉介中将为总督,总督接受中国派遣军总司令官畑俊六指导。

　　△　日政府召开元老重臣会议,讨论当前时局,历届首相米内光政、冈田启介、广田弘毅、近卫文麿等出席。

　　1 月 20 日　行政院例会通过决议:一、《国外战区侨胞紧急救济办法》;二、粮食部《关于调查大户存粮办法纲要》;三、广东省《关于韶关市政筹备处组织规程》及《韶关市警察局组织规程》。

　　△　云南曲靖县田润泉捐资 24 万余元兴学,是日国民政府明令褒奖。

　　△　中国妇女战乱救济会主席宋美龄电复美国空军志愿队,对捐献儿童保育费 5222 卢比(印币)表示感谢。

　　△　中国国民外交协会在渝举行茶会,欢迎从香港脱险的皇家海军司令楚泰格、皇家空军大队长澳格福特、皇家重炮队长麦克比兰等英国军官。

　　△　朱德、彭德怀、罗瑞卿等以第十八集团军总司令部、野战政治部名义发布命令:凡从敌军中逃来我军阵地的日本官兵、军属及侨民,应以国际友人对待,尊重其民族生活习惯,给予生活上的保障;愿意参加我军工作者,与我抗日军享受同等的荣誉与权利;对敌军中之随军记者、知识分子、艺术家、技术人员等,更应格外优待礼遇,予彼等以自由发展其才能之便利。

　　△　周恩来致电毛泽东:根据长沙战争胜利、英美在南太平洋战争

失利后,估计蒋的两面政策还会继续,国内困难将更严重,但不至崩溃。今后在大后方的首要任务是:分地区地促进民主进步;积极地准备民主人才和党的干部。

△　中共中央、中央军委发出《关于平西工作及领导问题》的指示,指出:一、解决平西问题的关键是实行精兵简政,使党、政、军、民脱离生产的人数,不超过平西区人口的3%,以减轻人民负担及财政粮食的困难。二、应将第十分区划归冀中区,平西划归北岳区管理,平西区党委及挺进军番号取消,另在冀热边成立一短小精干的区党委和地方性军区,以管理平北、冀东工作。三、萧克调任晋察冀军区副司令员,张明远调任冀中区党委常委,马辉之调任北岳区党委常委。

△　中共中央军委指示山东军政委员会:一、山东纵队所属部队划为地方军,山东纵队改为山东兵团。胶东、鲁中、鲁南战略区均成立军区。鲁南编一主力旅,拨归第一一五师指挥。二、八路军第一一五师统一指挥山东纵队(包括军区)。

△　中共中央华中局在苏北阜宁县单家港召开第一次扩大会议,刘少奇在会上作《目前形势,我党我军在华中三年工作的基本总结及今后任务》的报告,陈毅作《论军事建设》的报告,饶漱石作《关于党与群众工作》的报告,曾山作《关于政权建设》的报告,黄克诚作《目前军事建设中的部队政治工作》的报告。会议一致通过刘少奇的报告,并把它作为会议的基本决议。会议至3月5日闭幕。

△　冀东军分区第十二团及地方游击队在李运昌、曾克林率领下,强袭迁安县杨店子伪治安军据点,由凌晨3时起,与守敌1300余人展开游击战17个小时,该敌在日军增援和飞机掩护下逃往迁安城,杨店子据点被拔除。此役为后来开辟滦河东部地区打开了通道。共毙伤伪治安军第二十团官兵800余人(内毙日军顾问一名),缴机枪五挺、步枪200余支。

△　晚,八路军第一一五师一部猛攻胶东海阳西邢村镇,攻克敌据点。另一部攻入烟台,毙伤敌军数百人。

△　太平洋战争发生后,中国与澳洲之关系益形密切,交通部为促进中澳间电讯之迅速便利,特电商澳洲无线电公司同意,成立成都与悉尼间直达电路,现已试验完成,是日正式开放通报。

△　伪满洲国兴农部拟定《康德九年(1942)度农产品增殖方案》,计划谷物(高粱、包米、谷子)生产量为 1227 万吨,水稻 99 万吨。

1 月中旬　陈诚就释放叶挺事会晤周恩来,提出联合几个前方将领保叶挺。周恩来说,叶挺决不会写悔过书,我们也反对写。

△　八路军总部指示第一二九师派部队南下,创建岳北中条山抗日根据地,开展游击战争,以解放该地人民。是月中旬,第一二九师师部决定派王新亭、聂真率已进入岳南地区的太岳军区南进支队继续南下开进中条山地区。

1 月 21 日　毛泽东、朱德致电彭德怀、左权、聂荣臻、贺龙、关向应,指示他们切实侦察日军动向并速报,还指出:日本在满洲放出北进空气,如新加坡不守,日军与希特勒配合进攻苏联的危险是存在的。

△　交通部为积极修筑宝鸡至天水段铁路,特设宝天铁路工程局,派凌鸿勋为局长兼总工程师。27 日,宝天铁路工程局在天水成立。

△　中国空军飞越南侦察,击毁日军运输机二架。22 日,中国轰炸机 27 架、驱逐机 15 架,美志愿队驱逐机 15 架,飞越南河内轰炸日军机场。

△　国民党中央秘书处致函教育部称:浙江大学发生倒孔运动,学生集众游行,张贴标语,发表宣言,除会同军政机关作有效制止外,应与该校党部团体切取联络,勿使事态扩大。30 日,教育部复函称,此案发生后当即电饬该校设法制止,严办首要,并另派本部督学钟道赞前往该校处理。

△　"日本觉醒联盟"太行支部及"华北朝鲜青年联盟"负责人发表关于太平洋战争的谈话,呼吁东方各民族以全力为日本法西斯的灭亡而斗争。

△　日首相东条英机在日本议会上叫嚷建立以日本为盟主的"大

东亚新秩序"，声称大东亚战争的关键，一方面在于确保大东亚战略据点，另一方面在于把重要资源地区收归日本管理和控制之下。

　△　宋子文致函摩根索，转告蒋介石的意见，认为美方贷款办法的弊端是：一、"此法可使中国军队与国家政府及社会经济形成对立或脱离关系"，使我国经济、政治与法币"加速崩溃"；二、"我国今日军事与经济不能分离"，"必使经济与法币之信用提高与稳定，而后军事自能日起有功"；表示不能接受美方提案，要求美方无条件提供贷款。

1月22日　蒋介石电在美国访问的宋子文，对美国推荐史迪威任中国战区盟军参谋长表示欢迎。

　△　蒋介石电令各地严禁各校学生及一般民众集会游行。

　△　刘哲、许崇灏、乐景涛增补为国民政府委员。

　△　四川省政府发动全川各乡镇中心学校全体师生，劝募战时公债2500万元。省主席张群是日发表告全省同胞书，勉踊跃输将，共成伟举。

　△　重庆《大公报》讯：重庆市"一元献机运动委员会"公布：自一元献机运动以来，共收到捐款50余万元。

　△　18架中国轰炸机从昆明以北沾益机场起飞，轰炸河内日军机场。

　△　东方各民族反法西斯同盟主席朱德致电尼赫鲁，主张中、印两国在反法西斯斗争中联合。

　△　汪伪政府与伪满洲国政府签订物资交流基本协定。

　△　日伪在热河省兴隆县蓝旗营子村、半壁山、双庙村及承德县羊草沟地区进行大逮捕，中共承兴工作团及其影响下的群众组织遭破坏，被逮捕者423人。其中150人于本月31日、2月11日两次被立案解送判刑，余者先后获释。

1月23日　国民参政会驻会委员第四届会议在重庆举行，外交部次长傅秉常报告国际形势，主要讲述欧洲战争、太平洋战争和泛美会议情况。

△　财政部制订《田赋征实工作竞赛办法》。该法将各省田赋征收数额制成竞赛表,依征赋数额多少排列,四川、贵州最优,陕西、河南居末。

△　延安《解放日报》讯:虞洽卿、王晓籁、缪云台等创办三北贸易股份有限公司,资本 500 万元,总公司设昆明,马轶群任总经理,在重庆、泸州、毕节、贵阳、畹町、仰光设办事处。

△　冀南军区司令部公布 1941 年战绩:计大小战斗 2928 次,毙伤日伪军 12.1881 万人,俘房日伪军军官 387 人、士兵 7663 人,伪军投诚 1403 人。

△　冀中军区军民 10 万余人发起破袭战,填平正定、无极公路南北之封锁沟、护路沟 80 余里,破毁公路 20 余里。

△　英缅军总司令胡敦要求中国派军入缅协助英军作战。2 月 3 日、16 日,英缅军又先后两次提出同样要求。

1 月 24 日　中共中央政治局会议研究教育宣传问题,毛泽东关于中央宣传部的工作指出:中宣部要利用一切宣传工具,熟悉宣传干部,这是宣传指导的中心问题。干部教育,主要是指导与编印课本。延安高级学习组约 300 人,认真地教育这 300 个高级干部,是政治局与中宣部的责任。国民教育,应研究和指导根据地的国民教育,包括 4000 万人,还要研究全国的国民教育。会议根据毛泽东的意见,通过相应的决议。其中关于中宣部工作的决议,指出中宣部三大工作任务中,宣传指导为第一位,应付以极大的注意力;干部教育为第二位;国民教育为第三位。

△　中国远征军第六军前锋(一团)已到达缅甸孟养。

△　冀中第九军分区部队攻克博野县大营敌据点,毙敌 80 余人,俘 170 余人。

△　中国工程标准协进会在重庆成立,凌鸿勋、吴承洛为正、副会长。

△　陕甘宁边区政府教育厅发出命令,要求各级政府进一步改善

小学教师的生活,提高他们的待遇。

△　美海军四艘驱逐舰和数艘潜艇,在荷印巴厘巴板附近海域,对日军16艘运输船及为其护航的一艘轻型巡洋舰和九艘驱逐舰发起攻击,一举击沉四艘运输舰和一艘护航舰只,死伤1000余人。美军一艘驱逐舰受创。这是太平洋战争爆发以来的首次大海战。

△　日本中国派遣军后宫总参谋长应召赶赴东京,杉山参谋总长对后宫提下列要求:一、对香港实行军政管理,成立香港占领区总督部。使香港与占领中国的其他地区截然分开,在行政方面实施统制、监督。有关防卫、兵站、交通、政务等方面,应接受中国派遣军总司令官的指导。二、香港占领区总督的任务正在研究中,与香港总督进行联系,以充分沟通思想。

1月25日　中国空军美志愿队自太平洋战争爆发至是日,在缅甸和昆明等地共击落日机190架,志愿队损失飞机五架。

△　重庆《大公报》讯:军政部规定本年度国民兵组训办法八条,饬各军区司令部施行。规定以乡镇或保为召集单位,年龄从19岁至35岁,每年训练五期,每期两个月,训练时间为180小时。

△　新四军东江游击总队收复广东淡水。

1月26日　教育部在重庆召开国民教育、中等教育、社会教育、教育视导会议,着重检讨过去工作情况及商定今后实施计划。教育部长陈立夫致词说:国民教育的目的在扫除文盲,故首应注意量的发展,同时不可忽视师资之培养,以求质的提高。今后高等教育由教育部负责办理,高级中学以省办为原则,初中以县办为原则。今后学校训导应注意礼乐的训练,社会教育即礼乐之教。通过《筹集国民教育经费案》、《统筹中等学校教科书案》、《实施师范学校新颁课程案》、《推行国语教育案》等50余件,2月3日闭幕。

△　重庆《大公报》讯:前虎门要塞司令陈策在香港陷落后率部突围脱险,国民政府颁给"干城"甲种一等奖章一枚。

△　教育部颁发《国立职业学校教职员支薪标准》,规定各校自本

年 1 月起按以下标准施行:校长 280 至 400 元,主任 240 至 320 元,厂主任、院长、导师 220 至 280 元,专任教员职业科 200 至 280 元,普通科 140 至 220 元。教员中除资历特优者外,不得照高标准支薪。

　　△　毛泽东起草《中宣部宣传要点》,内容是反对党内的主观主义和宗派主义。"希望全党全军的各级领导机关与各级领导同志对于这个问题加以注意,进行宣传,进行工作"。

　　△　八路军总部向全军公布《精兵办法》,规定战斗部队团以上直属队人员与战斗人员之比应为 1∶7;团以下直属队人员与战斗人员应为 1∶5。

　　1 月 27 日　　行政院例会通过下列法案及任免事项:一、《敌产清理办法草案》;二、广东省政府委员罗翼群辞职,由方少云继任;三、侨务委员会常务委员王志远免职,任命该会委员吕渭生兼任;四、安徽省政府委员兼皖南行署主任黄绍耿免职,由该省政府委员张宗良兼任;五、任命宋秀峰为察哈尔省政府秘书长;六、派席尚谦为山西省第九区行政督察专员兼区保安司令。

　　△　财政部命令裁撤四联总处金银收兑处,以后金银收兑事项完全归中央银行办理,金银收兑价格改按国际市场价格。

　　△　陕甘宁边区政府任命财政厅副厅长霍维德兼任粮食局局长,常黎夫为副局长;曹承宗为边区税务局局长,李予昂为副局长。

　　△　缅甸总督特派参议员马杜格由缅飞抵重庆,商讨有关中、缅问题。

　　1 月 28 日　　行政院会议决议:代理四川省粮政局局长刘航琛免职,任命康宝志继任。

　　△　全国慰劳总会前线慰劳团共组成五个团,总团长为居正,第一、二团长王用宾,第三团团长刘文岛,第四团团长于斌,第五团团长洪兰友,携慰劳金 300 万元,第一、二、三团 15 日出发,第四、五团是日出发,分赴前线慰劳将士。

　　△　全国劝储总会发表第二届节约建国储蓄竞赛成绩,计共达

7.254 亿元,重庆市 1.3046 亿元为最优。

　　△　长沙各界为庆祝第三次长沙会战大捷,自是日起庆贺三天。

　　△　中共中央政治局通过《关于抗日根据地土地政策的决定》,确定减租减息三条基本原则:一、承认农民是抗日和生产的基本力量,扶助农民,实行减租减息;二、承认大多数地主是要求抗日的,一部分开明士绅是赞成民主改革的,故应交租交息;三、承认富农是农村中的资产阶级,是现时比较进步的,因此目前不是削弱而是鼓励。这些原则是共产党抗日民族统一战线及其土地政策的出发点。毛泽东在政治局通过决定时指出:这一决定是第一次公开承认资本主义生产并给予奖励。现在解决土地问题必须保存一部分封建性,不使地主跑到敌人方面去。实行这个政策,是破坏敌人统一战线的最好办法。

　　△　陕甘宁边区政府发出命令,重申延安光华商店代价券与边币具有同样价值。

　　△　日大本营发布第 1088 号指示:一、香港占领地区总督继续执行中国派遣军总司令官在香港占领地区总督管区内实行的军政业务。二、在有关防卫及交通事项中,香港占领地区总督应接受中国派遣军总司令官的指导。三、中国派遣军总司令官为了对华实施谋略和搜集情报等工作的需要,得在总督管区内设置必要的机关。四、总督委托派遣军总司令官经营其管区内的广九铁路。五、以上两项规定的有关细节,可由总督与派遣军总司令官相互协商。同日,又发布第 592 号命令,规定香港总督的任务是:一、总督应担任香港占领地区总督管区(旧英领及租借地)的防卫及军政工作;二、总督有关防卫及交通等必要事项,应接受中国派遣军总司令官的指导;三、香港俘虏收容所由第二十三军的战斗序列中除去,纳入香港占领地区总督属下;四、香港占领区总督属下,指挥及监督下的部队的兵站业务,由中国派遣军总司令官负责;五、参谋总长根据需要应将其属下的船舶部队的一部,纳入香港占领地区总督的指挥之下;六、有关细节由参谋总长指示。

　　1 月 29 日　外交部长宋子文接美陆军部长史汀生来函,称史迪威来华任务是：一、监督美国援华物资的拨配与使用；二、指挥在华美军及蒋介石拨交的华军；三、参加在华召开的国际作战会议，并担任蒋介石的参谋长；四、控制在中国境内的滇缅公路。

△ 重庆《大公报》讯：经济部省营公司监理委员会发表省营工业概况：一、冶炼厂，分布在江西、湖南、广西、云南、山西，计 81 家；二、机械厂，分布在江西、福建、贵州、山西、陕西等省，共 10 家；三、电机厂，分布在浙江、贵州，共三家；四、化学厂，分布在安徽、湖北、广东、云南、贵州、山东、山西等省，共 31 家；五、纺织厂，分布在江西、湖北、福建、广西、云南、贵州、山东、山西，共 24 家；六、其他工厂 66 家。总计各省工厂 141 家。

△ 四川省征购粮食 1.2 亿市石，已全部办理竣事，现正由储运局开始接收。

△ 重庆文化界在中苏文化协会举行纪念钱亦石逝世四周年大会。周恩来、董必武、潘梓年、吴克坚、章汉夫及各方面人士孔庚、沈钧儒、郭沫若、陶行知、邓初民、张西曼、侯外庐、翦伯赞、阳翰笙、潘念之等百余人出席。沈钧儒、郭沫若、董必武、邓初民等先后在会上致词。同日，重庆《新华日报》发表董必武撰写的《反侵略声中纪念钱亦石》一文。

△ 皖北宿县伪和平救国军暂编第十五师参谋长张维相率部 2000 余人宣布反正。

△ 东条英机在众议院预算大会上声称：日将继续进行反对重庆国民政府的战争，但同时期待国民政府"反省"。日众议院并讨论通过：一、《华北、华中株式会社法》中改正法律案；二、关于开发在华占领区的经济原则。

1 月 30 日 国民政府主席林森致电祝贺美国总统罗斯福六十寿辰。宋子文在美代表蒋介石拜会罗斯福总统，并交换中国战区情报。

△ 第七战区一部克复粤东博罗。

△ 第六军第四十九师彭璧生部应英方要求开往缅甸景东，受英方指挥官各脱指挥。

△　八路军第一二九师令王新亭、聂真率领第三八六旅直属队一部及第十七、十八、五十七团南下中条山地区,开辟抗日根据地。

△　宋子文会见美国总统罗斯福,面谈对华提供无条件贷款的紧迫性。经罗斯福同意,美方放弃支付中国军饷的方案。

△　日纺织业联合会提出榨取中国沦陷区及南洋各地棉花办法:一、本年度在中国沦陷区产棉花 300 万至 400 万担,五年后增加到 1000 万担;二、第一个五年计划在越南、泰国、菲律宾种植棉花 500 万町步(面积),收获 300 万担;三、设立南洋纤维资源开发会社作为综合统制机构,以便榨取南洋各地棉花。

1 月 31 日　财政部发言人称:沦陷区四行(中国、中央、交通、农民)一律停业,抗战胜利后再行清理。

△　中共中央北方局发出《关于平北工作的指示》,指出,目前平北工作的方针是巩固与发展并重,发展方向应以崇礼、宝昌、沽源地区为主,同时注意向东发展,以求与冀东区相连接。在政策上应特别注重巩固与扩大统一战线,避免过早的阶级分化;在政权中应参加一部分优秀的中共党员,以提高政权威信;并要求建立正规的财政制度,统一主力与地方军的供给。

△　日军万余人开始对晋西北进行"扫荡"。八路军第一二〇师、山西新军及地方游击队与日伪军进行大小战斗 180 余次,歼日伪军 570 余人,至 3 月底粉碎了敌人的"扫荡"。

△　马来半岛整个沦陷,英军退至新加坡。日军进抵柔佛新山,隔海峡围攻狮城。

△　缅甸英军退出缅甸第二大港口城市毛淡棉,撤守萨尔温江对岸地区。同日,日军占领毛淡棉。

1 月下旬　中共广东省委书记张文彬抵达东江地区,在阳台山根据地召开会议,决定成立广东军政委员会,由林平任书记。军政委员会第一次会议决定建立广东人民抗日游击总队部,由梁鸿钧任总队长,林平任政治委员,同时开始整编部队。

是月 中央政治学校附设的边疆学校及大理分校,经教育部决定分别改为国立边疆学校、国立大理师范学校,派汪懋祖、钟志鹏分任两校校长。

△ 救国会正式加入中国民主政团同盟。该盟遂成为救国会、中华民族解放行动委员会、中华职教社、乡村建设派、青年党、国社党在内的三党三派的政治联盟。

△ 中共中央北方局作出关于普遍建立武工队的决定,其主要任务是:一、开展对日伪的宣传战;二、在地方党的统一领导下开展敌占区的群众工作,发展秘密武装;三、开展对日伪军和伪组织的下层工作;四、打击敌人,铲除汉奸;五、掩护交通与进行经济战。

△ 陕甘宁边区政府特在志丹县城修建烈士纪念碑,以纪念刘志丹、谢子长等革命先烈。

△ 南京汪伪警备第四旅 7000 人反正,投奔新四军。

△ 伪满洲国军队进入冀东地区参加伪华北治安军的第三次"强化治安运动"。伪军第二二三、八八一、八八二、一七四、八〇四部队,分别在蓟县、迁安县、遵化县、密云县"扫荡"抗日武装。冀东军分区第十二、十三团及第八总队等部,英勇抗击伪军。

2 月

2月1日 经济部物资局成立,下设农本局、燃料管理处和平价购销处。从 6 月份开始办理煤、油、布等定量分售业务。财政部拨平价基金 4.5 亿元,用以控制生产。

△ 财政部公布《战时食糖专卖暂行条例施行细则》。

△ 川康兴业公司创立会在重庆举行,官、商股代表 130 余人出席。四川省主席张群报告筹备经过。蒋介石、孔祥熙等训话。该公司以"经营协助川康各项事业,促进川康经济建设委员会计划之实现"为宗旨,资本 7000 万元,其中官股 4000 万元,商股 3000 万元。董事长张

群,总经理陈介生,总稽核何北衡。官股理事顾翊群、卢作孚等 14 人,商股董事钱永铭、刘航琛等 12 人,另各有官、商股监察六人。3 日,董事会与监察人员就职,并举行第一次联席会议。3 月 3 日正式开业。

　　△　中国农业协进社第四届年会在渝举行。经济部长翁文灏、次长钱天鹤等 200 余人出席。翁文灏致词说:"中国自古以农立国","今后更应亟谋农业方面之改进,达成以农立国,以上为建国宏旨"。

　　△　教育部在浙江设立东南联合大学,将上海所有公、私立大学并入该校。

　　△　湖南邵阳成立蔡松坡(蔡锷)遗著编印委员会,岳森为主任委员。

　　△　中共中央党校在延安中央大礼堂举行开学典礼,中共中央负责同志、来宾及全体学员共千余人出席。校长邓发报告中央党校筹备经过、教育计划及学习方法。毛泽东作《整顿党的作风》的报告,接着学员代表张鼎丞致答词。毛泽东的《整顿党的作风》报告,提出整顿三风(学风、党风、文风)的任务,标志着以延安为中心的全党整风运动开始。

　　△　中国第五军和第六军于是日及 16 日相继开始向缅甸进发,但因全靠步行,补给无着,结果第五军骑兵团和第二○○师迟至 3 月 8 日才赶到仰光北的东瓜,第六军于 3 月 7 日方行抵南曲依、兰河、孟板、孟唐附近。

　　△　台湾义勇队队长李友邦由金华来渝述职,是日对记者称:今日台湾之地位,与东北四省无异,他要求台湾民众起来斗争。

　　△　日军独立混成第四旅团在山西和顺以西地区"扫荡"。7 日至 20 日,该旅团主力"扫荡"宜城附近。21 日以后,该旅团又对榆社以北地区进行"扫荡"。

　　△　日本强迫移入华北的所谓"日本居留民",截至是日已有 13.4834 万户,38.3857 万人,多集中在平、津两市。

　　2 月 2 日　国民政府公布《中央各机关服务人员因公损失财物补偿暂行办法》,凡八条。

△ 重庆市商会召开春季会员大会,各机关及同业公会代表 130 余人出席,周懋植主席。会议通过下列决议:一、捐款一万元慰劳湘北三次大捷的将士;二、向蒋介石及前方将士致敬;三、请求政府授权各公会代表举办商业登记;四、请求政府原则上采用信用贷款制度,而辅以连带保证办法,即今后由国家银行直接贷款,贷款商号须先经各该业公会审核贷款数量,负责保证等案。

△ 陕甘宁边区政府召开第十次政务会议,讨论边区政府机关整风学习问题,决定成立学习指导委员会,推定林伯渠、李鼎铭、柳湜、周兴、周文五人为学习指导委员会委员,林伯渠为主任;并责成教育厅拟出专署以下各级干部学习计划。会议还讨论《陕甘宁边区政府组织条例》修正案。

△ 晋察冀军区发出精兵简政命令,主要内容是精简主力,紧缩机关,充实连队,加强地方武装。武装部队编为主力军、地方军、自卫队(不脱产)三级,主力军又分甲、乙两种团,地方军分为地区队、县游击队、区游击队三种。取消冀热察挺进军番号,在平西、平北、冀东分别成立第十一、十二、十三军分区,北岳区部队划分为主力军与地方军建制。

△ 新四军第五师第十三旅第三十七、第三十八团各一部,乘黑夜对占领胡家台日伪军发动猛烈进攻,经过白刃格斗和火攻,歼灭大部分日伪军。其中,歼日军将近 200 人。4 日拂晓,残敌逃窜。

△ 美国总统罗斯福向国会提出对华贷款五亿美元。4、5 两日,众、参两院分别通过贷款案。21 日,中美双方正式签订借款合同,规定最后偿还期延到战后。

△ 英国外相艾登通知中国驻英大使顾维钧:英国决定给中国 5000 万英镑借款;另以租借形式拨给中国军火和军用设备。

△ 史迪威将军奉调任中国战区参谋长。15 日,美国统帅部又决定史兼任驻中国战区美军司令。史于 3 月 4 日来华就职。

△ 英军司令托马斯·赫顿爵士飞往腊戍,同即赴印度访问的蒋介石会晤,敦促蒋加快派遣军队入缅。

2月3日　同盟国发表公告,宣布蒋介石就任中国战区(包括泰、越)盟军最高统帅,并任命史迪威中将为中国战区参谋长。

△　外交部就中国参加南太平洋战事会议问题致电驻美大使胡适,并转达蒋介石命令:"我国凡可参加者,皆应参加。"

△　毛泽东、朱德复电彭德怀,指出:陕甘宁边区财政经济问题今年可以解决,并在去年打下了基础。今年更有计划地组织了人民的、部队的及机关学校的劳动,生产运动可能向上发展,在不受灾的条件下不需外援。八路军前方拟支援边区的布匹、火柴等,可不必送来。银行较去年为好,边币已稳定,二元二角合一元法币,此间不能禁止法币。

△　粤东激战,博罗再沦陷。

△　日军第四十一师团7000余人开始对太岳抗日根据地进行"扫荡"。敌从安泽、霍县、灵石、介休等地出动,奔袭驻唐城、郭道地区的八路军太岳军区领导机关。由于八路军不断地适时转移,敌一再扑空,遂转入"清剿"。在太岳北部地区军民严重打击下,敌于20日结束"扫荡",以一部转向沁水地区,主力南下至临汾、屯留公路,开始对太岳南部地区"扫荡"。21日,日军分19路南北夹击唐村、孔滩、东峪地区,企图消灭第三八六旅主力,该旅主力及时跳出敌之合击圈,并于东峪以北关爷岭歼敌200余人,至25日敌结束"扫荡"。

△　日独立混成第三旅团三个大队5000余人,是日由晋西北三岔、五寨、西马坊等地出发奔袭保德东南石佛河、范家塔地区八路军暂一师第三十六团、第二分区机关及独立第二旅主力。4日,日军独立混成第十六旅团村川、佐佐木、杉山三个大队4000余人,奔袭兴县八路军晋西北党政机关及第一二〇师主力。

△　日军第三十六师团主力和独立混成第四、第一、第八旅团及伪军各一部共1.2万余人,分别由长沼、襄垣、武乡、辽县、和顺等地出动,采用"铁环合围,捕捉奇袭"等战法,开始奔袭太行山北部的桐峪、洪水、王家峪中共北方局和八路军总部驻地。八路军即以主力一部在民兵配合下,袭扰和阻击敌人,领导机关及主力大部转移。敌奔袭扑空后即

"辗转抉剔",实行"三光"政策。日军曾三次合击八路军总部所在地麻田、桐峪等地,均遭八路军与地方武装的广泛袭击,迫敌于 20 日撤回黎城地区。此次反"扫荡"太行区军民共毙、伤、俘日伪军 400 余人。

△　日军"扫荡"沂山区一带的第五十一军及吴化文等部。八路军第一一五师和地方武装为配合与策应第五十一军作战,粉碎敌人各个击破的阴谋,在沂蒙区、滨海区等地展开攻袭战,连克日伪据点六处,毙伤敌伪军千人。

2 月 4 日　蒋介石偕宋美龄,与王宠惠、张道藩、董显光及前英大使卡尔(已离华驻苏)由重庆飞印度访问,当晚抵腊戌。

△　童子军全国理事会举行记者招待会,宣布纪念童子军创始之三十周年及第十五届童子军节纪念办法。

△　潞城之日军进攻黎城东阳关,奔袭八路军总部,总部特务团在麻田战斗中毙敌军百余人。次日,总部特务团又在武乡洪水白草坪战斗中毙敌 100 余人。

△　山西辽县日军在桐峪镇杀害群众 120 余人,其中百余人在村东河滩被集体屠杀,10 余家绝户。

2 月 5 日　蒋介石偕宋美龄及随行人员,由腊戌飞抵印度之加尔各答。

△　教育部在渝召开国民体育委员会及各省、市体育行政人员讨论会,通过设置与充实体育行政人员等 10 项措施,由郝更生等 23 人组成国民体育运动委员会。6 日闭幕。

△　农林部规定是日为农民节。重庆市农会特转令各区农会分别举行庆祝大会。

△　冀东第十三团在遵化县贾庄子伏击日军,毙中佐大队长田口休助以下官兵 70 余人。至此冀东打伪治安军战役胜利结束。此役 53 天中,主要作战 23 次,共歼灭与瓦解伪治安军七个团,毙、伤、俘日伪军 5000 余人,缴获长短枪 3000 余支,轻重机枪 68 挺,各种炮八门,逼退丰润、玉田、遵化、滦县、迁安等县敌据点 20 余处,冀东人民抗日武装由

1941 年初的 4665 人,发展到 7455 人。此役的胜利,彻底粉碎敌以伪治安军代替日军防守冀东的计划,不仅恢复了基本区,而且给后来开辟滦东和北宁路南的工作创造了有利条件。

△　新四军黄克诚师一部在苏北阜宁一带击溃日伪军两部,消灭一部。粟裕师一部进攻泰县东南日伪据点,将敌全歼。粟裕师另一部配合谭震林师一部进攻五通河(靖江北)日伪据点,全歼守敌。活跃在淮南的张鼎丞师伏击陆家桥至永康镇的日运输队,缴获大量军用品。

△　伪满洲国经济部公布《关于日币第八次投资公债(第二次)发行规程》,决定发行日币公债 3000 万元。

2 月 6 日　国民参政会举行第五次驻会委员会议,由侨务委员会委员长陈树人报告侨胞在港、澳、越、缅及南洋各地抗日情况;研究侨务工作及救济侨胞事宜,最后通过致侨胞慰问电及救济款 1000 万元。

△　国民政府制定《非常时期国民劳动管制纲领》,凡 11 条。

△　西康《国民日报》创设藏文版,由前班禅大师秘书计宇结任主编,西康、西藏以及印度、尼泊尔国家青年数人分任编辑。

△　中共中央作出关于如何执行土地政策决定的指示,指出:1 月 28 日中央政治局所通过的关于抗日根据地土地政策的决定及其三个附件,是综合五年来各地经验而得的结论,它的基本精神是先要能够把广大农民群众发动起来,在群众真正发动起来后,又要让地主能够生存下去。在经济上,共产党的政策是以奖励资本主义生产为主,但同时保存地主的若干权利;在政治上实行"三三制",使地主和资产阶级觉得还有前途。

△　陕甘宁边区政府发布命令,划延安、甘泉、鄜县、志丹、靖边、华池、曲子七县为移民开垦区,并颁发《陕甘宁边区优待移民实施办法》。

△　八路军第一二九师在山西武乡蟠龙间伏击日伪军,毙敌 100 余人,毁汽车三辆。

△　粤境惠阳沦陷。次日,第七战区一部收复惠阳、博罗。

△　日军独立混成第十六旅团侵占兴县城、李家湾及罗峪口,并封

锁裴家口、黑峪口等黄河渡口,随后分兵"清剿"。八路军晋绥军区主力在日伪的交通线上寻机袭击敌人,并发动群众实行坚壁清野政策,使入侵敌军难以久驻。日军的春季"扫荡"无法达到目的,被迫于 3 月初退回原据点。在反"扫荡"中,八路军共作战 183 次,歼日伪军 570 余人。

△ 日军在北平逮捕燕京大学教授心理学家陆志韦、神学院长曹君、哲学教授张东荪、历史教授洪维廉、美籍教授威尔逊等 12 人。校务长司徒雷登亦被拘于前美国海军兵营。

△ 美国空军志愿队在仰光上空击落日机 20 架。

△ 据美国陆军部宣布:美英联合参谋长委员会在华盛顿成立,其成员包括美国三军参谋长和英国驻华盛顿的海陆军官员。该委员会对美国总统和英国首相负责,其任务是制定和指导美英联盟大战略。

△ 成都、新德里国际电台开始直接通报。

△ 新西兰政府捐赠国民政府新币 5000 镑,为红十字会医药救济基金。

△ 日外相东乡在贵族院预算总会称:对汪精卫政府的强化与协助,按既定方针进行,并提出控制长江下游物资不使流入重庆及"游匪"地区。

2 月 7 日 国家总动员文化界宣传周在渝举行开幕典礼。冯玉祥、陈立夫、谷正纲等 500 余人出席,由中央文化运动委员会副主任委员潘公展致词,略谓:总动员目的在于鼓励士气,文化界未尽职责,追往思来,当知有所奋勉。宣传周日程:8 日为文艺日,9 日为电影戏剧日,10 日为音乐日,11 日为美术日,12 日为新闻出版日,13 日为国际文化日,14 日为宗教日。每日均有讲演、展览和座谈会等内容。于 15 日结束。

△ 重庆《大公报》讯:全国劝储总会举办第三届竞赛,在中央、省市及县市以下三级进行。储款目标每年为 30 亿元,优胜者发给奖状或奖章。

△ 第十八集团军副总司令彭德怀和副总参谋长左权向第一二九

师发出关于太北反"扫荡"的指示,指出:这次太行山北部反"扫荡"须坚持相当时日。因此,应以一部休整,保持机动,并派部队由得力干部指挥,轮番破击日军交通,袭扰与伏击敌人的小部队。并布署第三八六旅第七七二团、新一旅和太岳地区部队积极打击敌人后方,破击敌人交通。

△ 新四军代军长陈毅撰写《苏南反清乡斗争的总结》一文,全面总结1941年下半年苏南军民的反"清乡"斗争,指出通过反"清乡"斗争,也取得了经验,使我们认识到"清乡"与一般"扫荡"不同,它带有长期性、战略性,只要正确执行中国共产党的政策,在组织部署上周密准备,在战略战术上争取主动,依靠广大人民群众和全民武装,正确贯彻统战政策,就一定能够战胜敌人的"清乡"。

△ 为加强陕甘宁边区的保卫工作,安定社会秩序,边区政府公布《陕甘宁边区检查行旅办法》,规定对于出入边区境内之车辆、驮兽、行人、物品等执行检查,并规定检查的组织、范围及查处办法。

△ 英国军事代表团团长丹尼斯奉命声明,欢迎中国远征军入缅作战。

2月8日 蒋介石偕宋美龄及随行人员由加尔各答乘火车赴新德里。

△ 中国教育学会、中华儿童教育社、中华职业教育社、中国社会教育社、中国卫生教育社、中国测验学会、中华图书馆协会、中华体育学会等13个单位,在渝举行第二届教育学术团体联合年会,主要研讨今后三年教育建设,提出学生要刻苦学习,减少教育的阶级性,注重国防教育等。9日,通过提案19件,即闭幕。

△ 中共中央宣传部和中央出版局联合召开宣传工作会议,中共中央领导人毛泽东、任弼时、王稼祥、凯丰等,及党内外高级干部与从事文化工作、研究工作、编辑工作的干部800余人出席。毛泽东作《反对党八股》的演讲。会上还分发题为《宣传指南》的小册子。毛泽东对《宣传指南》一书作详细的解说,并要求人人加以熟读。

△ 中共中央南方局妇委编辑的《妇女之路》在停刊一年之后于今日复刊。复刊词中提出该刊的任务是：一、提供中国妇女大众在反法西斯斗争中应走的解放之路的意见；二、研究探讨妇女工作理论；三、反映妇女大众的生活与呼声；四、介绍世界反法西斯国家妇女运动的动态；五、为国际国内妇女的团结而努力。

△ 设在温州的中共地下浙江省委机关被国民党军统特务机关破坏，省委书记刘英等 10 余名干部被捕。刘英于 5 月 18 日在永康就义。

△ 是日至 15 日，日第三十六师团与由平汉线西进的第一一〇师团合击河北涉县、山西黎城以北，桐峪镇东南地区。第十八集团军的部分设施被摧毁。

△ 伪东亚同盟军总司令白凤翔在绥远省五原被日军毒毙，所部于 18 日全部反正。

△ 英国海军宣布：将泊驻长沙之"鹰"、"塘鹅"、"泥鸟"、"图图拉"四艘炮舰赠予我国。3 月 17 日，海军司令陈绍宽代表蒋介石办理接受。

2 月 9 日 蒋介石偕宋美龄及随行人员抵新德里，受到热烈欢迎。

△ 蒋介石将中国军队在缅甸配置情况电告史迪威，说明中国军队应守东瓜，英军守曼德勒，如果英军力量单薄，中方还可调第六十六军的一部分兵力保卫曼德勒；中国亦可调第五军到缅甸南。蒋强调缅甸境内的军令必须统一，中国军队不宜分散。

△ 军委会参谋总长何应钦在国民党中央联合纪念周，报告一年来军政重要设施，略谓：从 1939 年开始整训，至去年下半年止，经整训之部队已达全国军队的五分之二，并将地方兵役机构三级制改为两级制。

△ 重庆《大公报》讯：经济部省营公司监理委员会发表各省矿业监理情况，称：其重要矿业如石油、钨、锑、锡、汞由该部资源委员会直接管理。省营矿业有云南锡矿公司、滇北矿物公司、宜明煤矿公司；桂省平桂矿务局；湘省江华矿务局；黔省贵州煤矿公司；赣省天河煤矿；甘省

永登煤矿;川省四川矿业公司。以上矿业由资委会加入资本并主持管理,与各省合作经营,商人亦可入股。

△ 陕甘宁边区政府举行第十一次政务会议,讨论通过下列决议事项:一、为夺取农业丰收,今年要掀起一个扎扎实实的春耕运动,于最近在延安市召开动员大会。二、成立边区政府文化工作委员会,以统一文化团体的管理,委员由林伯渠、李鼎铭、吴玉章、徐特立、丁玲、贺连城、萧军、萧三、艾思奇、罗烽、欧阳山、柳湜、周扬、李卓然、何思敬、周文等 27 人组成,吴玉章为主任,罗烽为秘书长。

△ 八路军第一二九师抗敌救亡决死先锋队第三纵队在山西武乡大有镇设伏,毙日军 40 余名,决死第三纵队兼太行军区第三分区司令员郭国言牺牲。

△ 晚,八路军第一二九师一部攻入冀中文安县,全歼伪军,并将监狱中被关的共产党员及抗日军民释放。另两路同时猛攻新镇、大城县,将新镇合作社、汽车公司及东关大桥分别捣毁,两地共毙伤日伪军 60 余名。

△ 新四军张鼎丞师攻克安徽黄泥港日伪军据点,全歼守敌,俘日军 20 余名。13 日,该师又进击安徽皋官集,歼灭一部,毙伤日伪军 30 余名,缴长短枪百余支。

△ 伪满洲国政府民生部公布《劳动者紧急就劳规则》,规定重要产业部门和军事工程,可使用强制摊派的劳工,为日伪大肆抓捕劳工提供依据。

2 月 10 日 蒋介石与印度总督林里资哥及印度军总司令哈特莱就印度政治问题,军事实力,及如何团结印度民众共同对抗侵略问题,先后交换意见。旋又会见前印度国大党主席尼赫鲁,谈印度问题。

△ 国民政府颁布《非常时期人民团体组织法》,凡 30 条,规定人民团体之组织应由发起人向主管官署申请许可,批准后主管官署应即派员指导;人民团体之发起人要将筹备经过、会员名册、职员简历、组织章程等报主管官署立案。

△ 国民政府任命李培基兼河南省保安司令,牟中珩兼山东省保安司令。

△ 美国红十字会捐给中国红十字会美金 10 万元,另赠中国妇女指导委员会及战时儿童保育会美金五万元。

2 月上旬 英驻华大使馆为英驻华大使卡尔,离任赴苏就任新职举行告别酒会,周恩来应邀出席。卡尔将英军缴获的德军军刀一把赠给周恩来。月初,周恩来为卡尔设宴饯别,将叶挺军长带到重庆的一把日军军刀赠给卡尔大使。

△ 沂水日伪 2000 多人沿沂蒙公路分三路向西侵犯八路军抗日根据地;八路军对进犯之敌连续进行袭击,粉碎敌伪进攻,保卫了沂山山区抗日根据地。

2 月 11 日 蒋介石会见尼赫鲁及现任印度国大党主席阿柴德,听取其陈述印度国民对于太平洋战争之态度;并劝以宜用政治方法,完成其志愿。

△ 财政部贸易委员会决定将桐油、茶叶、猪鬃,一面维持出口统制,一面放松内销限制。桐油准许商人在国内采购存储,不加限制;茶叶停征平衡费,放松原定存储数量;猪鬃将原定存储数量及时间限制取消。

△ 国民政府任命谌小岑为立法院立法委员。

△ 中华全国体育协进会召开今年第一次董事会,董事王正廷、朱家骅等出席,决议增聘戴季陶、陈立夫、谷正纲、张治中、黄仁霖为名誉董事。

△ 华北记者战地服务团团员、山东及青岛新闻记者蒋化棠、张相时、张相秋、姜子正、苟云书、张子胘、王育民八人在山东参加抗战宣传工作时壮烈殉职,国民政府明令褒扬,并给抚恤费二万元。另颁给战地服务团团长何冰如荣誉奖状。

△ 中共中央宣传部下达关于进行反主观主义、反教条主义、反宗派主义、反党八股的指示,强调要贯彻遵义会议以来党的正确路线,纠

正主观主义、宗派主义、党八股的错误。

△　中共中央北方局和八路军总部于是日至 25 日连续发出反"扫荡"作战的指示,指出:日军将对我各根据地进行更加残酷的"扫荡",华北仍为敌"扫荡"的重点地区,必须对干部和群众进行教育,克服轻敌或消极等情绪;对作战指导、组织群众等方面均作了具体部署。

△　毛泽东在中共中央政治局讨论《解放日报》问题时指出:报纸要以自己国家的事为中心,这正是表现一种党性。《解放日报》应把主要注意力放在中国抗战、我党活动和根据地建设上面,要反映群众的活动,充实下层消息。提议根本改变《解放日报》现在的办报方针,使它成为贯彻我党政策与反映群众活动的党报。

△　八路军第一二九师新一旅一部在晋东南黎城马齿滩阻击日军,毙敌百余人。

△　新四军第二师军政委员会作出《关于贯彻中共中央精兵简政指示的决定》,要求主力部队按五分之三,地方部队按五分之二的原则进行缩减。根据这一原则,第四旅撤销第十二团,第五旅撤销第十五团,第六旅第十八团划归路西联防司令部建制。缩编后每团 2000 人,主力保持 1.8 万人。地方部队路东为 1.2 万人。

△　四川内江县商会主席李协邦以救济院名义,囤积 1500 余石黄谷及白糖等日用品。是日宪兵队将李拘捕,所囤物资查封。

△　汪伪政府在上海举行"新国民运动万众签誓日",伪市长陈公博首先签誓,同时向每人颁发《新国民运动纲要》一册。

△　全印学生联合会是日宣布,定 15 日为"中国日"。14 日,该会将一面锦旗赠给宋美龄转送中国学生团体。

2 月 12 日　蒋介石在新德里会见尼泊尔国王子巴哈度,伊奉其父卓达王之命前来致敬,并贡献卓达王亲猎之虎皮一张,又以印币五万卢比为救护中国战时难胞之用,蒋欣然接受。

△　印度国大党领袖尼赫鲁拜访蒋介石,讨论如何使英国给予印度国民以实权等问题。

　　△　国民党中央党史史料编纂委员会及国民党中央文化运动委员会联合举办的革命史迹展览在重庆展出,内容有兴中会、同盟会、国民党时期等 10 大类。编纂委员会主任张继称:该会动员了 546 个单位,751 位工作人员,收集史料计 11.4 万多件。

　　△　第五战区皖西部队克复涡阳。

　　△　前东北抗日联军第三军军长赵尚志率五人小部队袭击萝北梧桐河伪警察分驻所途中,被混入队内日伪特务刘德山自背后开枪击成重伤,赵尚志忍痛回身击毙刘德山后被俘。赵尚志在敌人审讯中,坚贞不屈,壮烈殉国。

　　△　日驻承德宪兵队实行“大检查”,仅有 50 余户的南双庙村,被抓村民 110 人,就地杀害五人,其余押往承德监狱,杀害和折磨致死 72 人。14 日,日军又在上板城一带抓捕群众 47 人,全部杀害于承德水泉沟。

　　△　汪伪江苏省封锁管理处召开第一次封锁会议,讨论第三期清乡工作方针和修建封锁工事所需材料(竹篱)征集办法,决定构筑 300 公里竹篱封锁线,所需竹竿 430 万支由各县向民间征集;并通过实施连坐法案。

　　△　美总统罗斯福签署贷给中国五亿美元法案。

　　2 月 13 日　蒋介石视察印度、阿富汗边境之开伯尔山隘要塞,并出席阿富里提等族之欢迎会。

　　△　经济部物资局长何浩若向新闻界宣布:接行政院命令,棉纱统筹并平价供应 14 日起开始实施。纱价提高为 6900 元,由农本局统购统销,按原价直接售与用户;同时登记存纱,由政府定价收购,并采川花易纱换布办法。

　　△　为完成今年在陕甘宁边区扩大耕地 60 万亩、增加细粮 20 万石的计划任务,边区政府发出命令,号召边区人民掀起春耕热潮,要求各级政府把领导春耕运动作为当前的一项中心任务。并附发《三十一年春耕运动工作办法》、《春耕运动宣传要点》等文件。

△　八路军第一二九师太行军区第三分区"抗敌救亡决死先锋队"第九团第二连追击退窜蟠龙之敌,毙伤日伪军40余名,击落日机一架。

△　八路军第一二九师新一旅第二团一部在晋东南黎城设伏,毙伤日伪军百余名。

△　日第七十九届战时议会通过设立"大东亚建设审议会"。东条任总裁,以榨取南洋煤油、矿产物、农产品为方针。议会还通过军事追加案180亿元,一般和特别会计预算案88.3亿元。

2月14日　蒋介石赴拉合尔,即返新德里,接阅甘地函。同日,蒋介石与印度政府商定,两国互派常驻代表,后国民政府派叶公超驻新德里,骆傅华驻加尔各答。3月2日,印度政府宣布在加尔各答设立"对华事务司",库克担任司长。

△　英国援华委员会、救济中国难民筹款委员会等在伦敦举行对华致敬民众大会,欢迎中国成为英盟国。英外相艾登、前首相劳合·乔治、尼赫鲁、戴高乐,以及希腊、挪威、南斯拉夫、荷兰等国总理和民众1500余人出席,中国驻英大使顾维钧致答词。

△　日大本营和政府联席会议制定《华侨对策纲要》,对东南亚各国的华侨施加压力,企图使他们背叛祖国,为日侵华效劳。

△　伪满铁道警护总队发布《铁道地内等进入取缔规则》,规定无故进入"国"有及"满铁"所有或属其经营之机关、仓库、工厂、车站或埠头境内者,处以拘留或罚款。

2月15日　国民政府公布《战时食糖专卖暂行条例》,自是日起,在四川、西康两省区域内施行。

△　中国滑翔总会在重庆北碚举行中国第一个滑翔机场落成典礼,由滑翔总会常务理事陈立夫主持。北碚民众捐献之"北碚号"滑翔机一架,中国电影制片厂捐献之"中国电影号"滑翔机10架,亦同时举行命名典礼。

△　新加坡英军珀西瓦尔中将率所部七万余人向日本第二十五集团军司令山下奉文投降,日军占领新加坡。

2 月 16 日　蒋介石偕宋美龄及随行人员由新德里赴加尔各答。

△　国民党中常会例会通过《剧本出版及演出审查监督办法》,规定:一、所有戏剧剧本出版或演出审查在重庆统归中央图书杂志审查委员会办理,各地方由地方图书杂志审查处办理。二、未经依法向主管机关立案之剧团一律不准公演,更不得假借任何机关名义演出。三、凡剧院公演戏剧未经社会部或省、市、县社会行政机关核准,均由各该地方政府分别予以停演或罚金处分。

△　粤省民政厅长兼救侨会常委何彤在省府纪念周称:港、澳归国难侨已达 50 万人,准备设立侨村,办小工厂、垦殖场等安置就业;对中学生一次救济 100 元,专科以上学生 200 元,另按月贷款以维持生活;对无劳动能力的老幼送救济院。

△　国民政府令:新闻工作者秦力山,早年参加革命,创立学会报社,功劳卓著,志事未竟,又亡身异域,特予明令褒扬。

△　广东各界为救济归侨举办的献金大会,是日在韶关开幕。省主席李汉魂、省党部书记长袁晴晖、旅美华侨领袖司徒美堂等千余人出席,当日捐得 51 万余元。

△　全国慰劳总会前线将士慰劳团总团长居正,自上月 28 日率领第五分团前往云南一带劳军,是日返渝。3 月 1 日又赴长沙慰问。

△　重庆《新华日报》发起签名慰问战斗在反法西斯前线的苏联红军。从即日起到 23 日苏联红军建军纪念日,平均每日签名者在 3000 人左右。23 日,《新华日报》发表毛泽东为该报撰写的代论《庆祝苏联红军二十四周年》和周恩来的纪念文章《在列宁、斯大林旗帜之下,苏联红军胜利前进!》。

△　八路军晋西北军区部队收复保德。

△　由汾阳、文水各据点日军组成的轻装突击队,在交城县南沟村(今属文水)一带袭击晋西北第八分区司令部。第八分区副司令刘德明在率部反击中英勇牺牲。

△　日军在广东通明、雷州两港登陆,占海康,我军退守客路。

△ 缅甸仰光情况危急,英方再次请求中国派军入缅,协助英军作战。军委会命令在滇缅路上的远征军向畹町、腊戍集中后陆续入缅,并由英方派车接运。第六、第五军均受英军胡敦总司令指挥。

2月17日 蒋介石偕宋美龄及随行人员抵加尔各答,再次会见尼赫鲁,并进行交谈。蒋氏指出,印度革命党利用今日世界大战的机会,参加民主战线作战,对印度将会有利。同日,会见印度回教同盟领袖真纳。

△ 印度总督林里资哥发表声明,为感戴蒋介石之访印,并对中国军民表示敬佩起见,特定3月8日为"中国日"。

△ 英王赠蒋介石爵位。

△ 周恩来致电毛泽东,估计日本占领新加坡,完成第一步南进计划后三种可能的动向:攻印、攻苏、单独解决中国。分析这三种可能对日的利弊和蒋介石的态度。认为蒋明显地望日攻苏以趁机压我向北,并布置准备工作。毛泽东电复:"与我们估计略同",应准备对付蒋的压力。

△ 冀东军分区第十三团一部在遵化县野瓠山同日军、伪满军交战,军分区副司令员兼第十三团团长包森被敌冷枪击中牺牲。

△ 日军沿广东雷安公路陷客路,北向月城窜扰。

△ 行政院会议通过,以四川省立重庆大学整理完毕,准予明令复校,并任命张洪元为校长。

△ 四川营业税局发表统计:1941年实收税款9502.1440万元。

△ 上海国立暨南大学决定全部迁闽,继续开课。

2月18日 蒋介石偕宋美龄在加尔各答白拉尔公园与甘地会晤,谈话历时五小时。蒋氏"希望印度国民大会改变主张,作参战的决定";并谓:"我相信印度参战,对本身有益而无损,且与推倒英国在印度统治权之目的并行不悖,殊途而同归。"

△ 中印两国订立协定,中国在印境设立物资储运网,以雷多(今译利多)为内运出发点。

△　中共中央军委颁布《八路军新四军供给工作条例》,凡九章 58条。《条例》规定:供给工作的指导思想,是既要保持艰苦作风、实行经济公开制度,又要在条件许可范围内尽可能改善部队的生活。供给工作的一般原则,是以统筹统支为主,自给自足为辅。各抗日根据地要统一领导,独立工作;要以长期打算,注意节省,特别是注意开源;一切开支,以保证军队生活和需要开支为准,反对贪污浪费,避免平均主义;必须遵守党和政府的经济政策。《条例》还对供给机关的组织与工作任务,作了具体的规定。

△　第十八集团军副总司令彭德怀、副总参谋长左权向第十八集团军各兵团发出太平洋战争爆发后敌"扫荡"特点的通报,指出:日军为了破坏八路军持久作战的能力,除不放弃不断进行军事压迫外,还企图彻底摧毁抗日根据地的一切建设,一切社会财富,包括人力、物力、财力,使八路军失去生存的条件,达到消灭八路军的目的。敌在作战指导上,还可能在"清剿"到一定阶段时,采用分组多支队,用梳篦队形,紧缩漏洞地带,横冲直闯,寻找八路军主力决战。

△　毛泽东撰写庆祝苏联红军二十四周年纪念文章。文章指出:"当此全世界划分为法西斯和反法西斯两大阵线并进行着最后决战的时候,红军便是人类绝大多数的主要希望所寄。""红军的历史说明了一个无可置辩的真理:只有与人民紧密相联系的武力才是不可战胜的力量。宣扬和学习这个真理,依照这个真理来加强反法西斯的战斗,使反法西斯的胜利快一些到来,这便是全中国人民和全世界人民在庆祝红军二十四周年中的任务。"

△　是日至 9 月 10 日,中共中央政治局委员、书记处书记张闻天(化名张晋西)率领延安农村调查团到晋绥边区进行农村调查。调查团先后在神府县贺家川、兴县任家湾等地进行调查,并由张闻天写成《陕甘宁边区神府县直属八个自然村的调查》和《兴县二区十四个村的土地问题研究》两个调查研究报告。张闻天等对当地群众的生产、生活、阶级关系、思想动态等情况进行十分详细的调查,并提出关于如何发展农

村经济的意见。

△　苏州地区第三期清乡开始。清乡地区为昆山、吴县、无锡三县铁路以南全部地区及江阴、武进两县的部分地区。日军沿江阴、武进、无锡、吴县、昆山、太仓一线修筑长达 300 公里的封锁线。

△　日政府声明将广州、天津英租界的行政权移交汪伪政府管理，规定：一、将租界改为特别行政区。二、特区行政机构设置，要经当地日军兵团长同意。三、日军所接收的权益，除依日军之意移交管理者外，仍由日军管理。四、聘请日籍职员参加行政管理。五、治安警卫由日、汪军警合作，中国警察机关应聘请日本人为职员。

△　纽约华侨救国会宣布：至农历春节共募集美金 7000 元，又纽约三民主义青年团亦募得国币 2000 元，以救济香港沦陷后归国华侨。

2 月 19 日　是日为新生活运动八周年纪念日，蒋介石发表《告全国同胞书》，称新生活运动"实际就是明耻教战的运动，要使民族道德复活"，要国民从明礼、尚义、崇廉、知耻做起。

△　社会部设劳工局，负责实施国民劳动管制。

△　外交部长宋子文在华盛顿拜会罗斯福总统，商谈军火供应问题。

△　全国慰劳总会前线慰劳团第五团洪兰友等一行，是日，抵缅甸腊戍慰问入缅远征军。

△　何香凝、柳亚子、茅盾、范长江、夏衍等知名人士离港抵粤，是日延安文化与新闻界致电慰问。

△　延安《解放日报》发表社论《大后方的土地问题》，指出农民是抗日与生产的基本力量。土地问题是中国现时最基本与最严重的社会问题。在大后方，土地问题已成为一个重大的社会问题而引起各方面及政府当局的注意，但至今尚未触及问题的真正症结。最近中共中央所通过的关于抗日根据地土地政策的决定可以作为大后方如何解决战时农民土地问题的借镜，使问题能得到切实和合理的解决。

△　汪伪中央政治委员会举行第八十二次会议，决定每月 8 日为

"保卫东亚纪念日",每逢该日要在各报及各种集会上宣传保卫东亚的意义,除电影外,停止各种娱乐、宴会等项活动。

2 月 20 日　蒋介石与印度政府达成经滇缅路从印度运输援华物资的决定,并发表联合声明。同日,蒋介石告尼赫鲁,盼中、印共同奋斗。

△　国民政府公布国防最高委员会与立法机关的调整办法:一、国防最高委员会决定的立法原则,立法院如有意见,应尽速向国防最高委员会陈述;二、法律案如无特殊情况,仍应交立法院审议;三、国防最高委员会公布的法令,应令知立法院及其他院、会查照办理。

△　国民参政会举行第六次驻会委员会,主要听取外交和粮政报告。

△　毛泽东致电周恩来,指出:"我们已定思想、政治、政策、军事、党务五项为政治局业务中心,而以掌握思想为第一项。掌握思想之实施为干部教育,已将党校改组,中央同志实行教课。""高级学习组各地均已举办,此是极重要的关键。""财政经济今年亦有办法,边区现实行半统筹统支半自给自足制度,已走上轨道,不怕封锁了。""总之目前是以整顿内部训练干部为基本中心,抓紧此点以准备应付时局的变化。"同日,毛泽东还将此电发给刘少奇、彭德怀。

△　延安《解放日报》公布抗日根据地减租减息成绩:晋察冀边区北岳区第一、二、三、五专区截至 1940 年 6 月,总计减息 32.06 万元,减租 1.229 万石,有 1480 余顷土地减了租。租率,减后一般都在总收获量的 37.5‰以下;晋冀鲁豫边区的太行区,榆社、辽县、襄垣、偏城、邢东、邢西、平南、赞皇、磁县、沙河、涉县等 11 县,共减租 1.773 万余石,平均每户佃农减租两石以上,减租额多者 44%,少者 22%。

△　八路军太岳区南进支队直属队和第十七、十八、五十七团,积极发展地方武装,打击敌伪,建立政权,开始恢复晋豫区抗日根据地。

△　八路军第一二九师第三八五旅一部在冀南涉县悬钟设伏,毙伤日军百余名。

△　燕京大学英籍教授林迈可等一行四人,由平西抵晋察冀第一分区,第一分区司令员杨成武召开大会欢迎。

△　日军命令伪华北政务委员会开筑从天津至石家庄连贯河北平原的运河,造价3000万元,预计15年完成。

△　日政府宣布香港为日本占领地,正式设立占领地总督部。任命矶谷廉介为香港总督,平野茂为副总督。

2月21日　蒋介石结束对印度的访问,是日发表《告印度人民书》,吁请印度人民参加反法西斯阵线,敦促英国政府"不待人民有任何之要求,而能从速赋予印度国民政治上之实权"。当晚,蒋介石一行自加尔各答飞抵昆明。

△　教育部颁发《省市国民体育委员会组织通则》,凡九条。规定各省、市民政、财政、社会、卫生等机关代表与教育厅、科及督学、专家等组成国民体育委员会,负责执行中央有关国民体育的法令、省市计划、经费、比赛等事项。

△　毛泽东、王稼祥关于中共六届四中全会以来的中央路线问题复电周恩来,指出:"政治局在去年10月间曾详尽检讨了过去路线问题,一致认为四中全会至'九一八'中央路线基本上是正确的,但有好几个严重原则错误。'九一八'至遵义会议(共三年又四个月)中央路线是错误的。遵义会议以后中央路线是正确的。结论已写好,尚待七大前周及少奇、德怀回来方能讨论决定,交七大通过,在内部发表(对外不发表)。现在高级学习组中可以讨论过去问题,但不牵涉人的问题。研究宗旨是惩前毖后,治病救人。请加注意。"

△　日伪军分19路开始"扫荡"太岳南部地区,南北夹击唐村、孔滩、东峪等地,企图消灭八路军第三八六旅主力。第三八六旅主力及时跳出合击圈,第十六团在东峪以北之关爷岭歼敌200余人。25日,敌被迫结束对岳南地区之"扫荡"。

△　日大本营与政府联席会议,提出以日本、满洲、中国及西南太平洋地区为"资源圈",澳洲、印度等地为"补给圈",并制定在15年内的

资源掠夺计划。

2 月 22 日　国防最高委员会决议:国民参政会第二届参政员任期于本月底届满后举行改选,并修改原有组织条例。第二届参政会之职权于下届参政员全部选定公布之日终止。

△　中美文化协会举行三周年纪念会,会长孔祥熙讲话,对美国给予中国的多方援助表示感谢。为促进中美文化交流,特成立广播委员会,由曾虚白、彭乐善负责筹办。每周举行一次中美文化讲座,并决定在成都、昆明、贵阳等城市成立中美文化分会。

△　延安《解放日报》讯:社会部设立中国社会服务事业协进会,许世英、黄仁霖为正、副会长。黄炎培、杜月笙、潘公展、洪兰友、康泽、康心如、刘伯闵等为理事。

△　中共中央军委和总政治部发出《关于军队干部教育的指示》,规定军事、政治和技术专门人材等各类干部学习的基本内容,应是军事、政治、文化和业务的学习;学习的基本原则是干什么就以学什么为主,要特别注重理论联系实际;初中文化程度以下的干部以学习文化为主。另对军事、政治、文化和业务学习的具体内容、各占时间比例、轮训制度、教育方法和课程设置等,都作了具体的规定。

2 月 23 日　是日为苏联红军建军二十四周年,蒋介石致电斯大林表示祝贺。毛泽东、朱德分别在延安《解放日报》发表纪念文章。苏联驻中国大使馆副武官罗申上校在渝举行茶会招待中外各界。

△　《中英共同防御滇缅路协定》签字。据此中国远征军第五军和第六军进驻缅甸。

△　察哈尔省政府主席冯钦哉、委员兼民政厅长白宝瑾、兼财政厅长姚大海、委员石友益、陈祥生、戴锡曾、王荣灿等在洛阳宣誓就职。

△　四川省第三次全省兵役行政会议开幕,省主席张群致词指出:兵役中借势磕索,买人顶替,虐待壮丁,贿纵强拉,流弊繁多,无可讳饰。此次兵役机构改组由三级制(军、师、团管区)变为两级制(撤销团管区),由征训合一变为征、训、用合一。军管区负责人在会上公布:全川

共有甲、乙组壮丁 388.5008 万名,其中 260 余万名正在待整训。会议通过关于征募及组训国民兵团等议案,27 日闭会。

△ 中国护士学会第一次全国代表大会在成都举行,主要研讨抗战期间战地护士工作,决议在总会及各地分会成立护士总动员委员会;要求教育部与卫生署会同该会组织战时护士动员委员会,切实办理战时全国护士工作,28 日闭会。

△ 陕甘宁边区政府举行第十二次政务会议,讨论通过《边区高等法院三十一年度工作计划大纲》,并作出两项决议:一、成立保健委员会;二、改组动员委员会。

△ 冀中文新县大队长储国恩率领战士 17 人,化装成民工混入姜庄子敌据点,消灭 25 名日本兵,缴获火炮一门、轻机枪二挺、长短枪 20 余支。朱德总司令为此予以通令嘉奖。

2 月 24 日 行政院例会决议:一、免去曹浩森军政部政务次长职务;二、免去熊式辉江西省政府委员兼主席职务;三、任命曹浩森为江西省政府委员兼主席;四、批准将大夏大学改为国立贵州大学。

△ 国民政府驻英大使顾维钧代表中国出席伦敦太平洋作战会议,27 日发表演说,谓同盟国应集中力量,阻止日寇继续进攻。

△ 国民政府外汇管理委员会致函财政部,提出:外商在中国设立银行业务,必须申请财政部批准,遵守中国现行法令,取缔在国境以内通行外币。

△ 军事委员会驻昆明参谋团接该团驻英军代表侯腾自腊戍报告,转述英军总司令胡敦对中英联军具体作战部署。

△ 外交部宣布中国与波兰即复交,波兰取消承认伪满洲国。

△ 彭德怀、左权向中共中央军委建议:如果日军向阎锡山部继续压迫,则八路军欢迎阎锡山部转移到晋西北、太岳或太行抗日根据地。并将此建议通知第一二九、第一二○师及晋察冀军区首长。

2 月 25 日 蒋介石赴昆明指挥远征军入缅作战,下令第五、第六两军均归第五军军长杜聿明指挥,而杜聿明应受英缅军总司令胡敦的节制。

△　中国童子军创建三十周年纪念会在渝举行。全国童子军总会理事长陈立夫主持大会,副会长戴传贤宣读颁奖令,颁予童子军创始人严家麟"中国童子军创始人"荣誉称谓章一枚,荣誉服一套,荣誉奖章一枚。3 月 5 日在渝举行童子军大检阅及滑翔机捐献典礼。

△　物资局长何浩若发表谈话称:目前布匹价格波动急剧,本月初阴丹布每匹售价 660 元,春节后涨至 866 元,现竟涨至 900 元,决定一面召集布商议价限价,一面饬平价购销处以平价布售给公务员,每人一丈五尺。

△　中共北方局和华北军分会向华北各战略区党委、各部队发出关于反"扫荡"的指示,指出自 2 月以来,整个华北已处于敌人的残酷"扫荡"之中,形势十分严重。为粉碎敌人的残酷"扫荡",坚持华北抗战,必须采取以下主要措施:一、改正大机关主义作风,力求轻装上阵。二、立即组织最得力的力量加强民兵工作。三、密切军队和地方的关系。四、加强群众工作。

△　延安《解放日报》报道:太平洋战争爆发后,华北各敌占区的伪币,因金价高涨而跌价,物价随之飞涨。天津 1941 年 11 月份物价高涨指数为 21.6％,12 月份更往上飞,市场已陷入混乱状态。豫北新乡及冀西赞皇等地人民,已开始拒用伪钞,一般商人均囤积现货,抛出伪钞。又因敌人对市场及商人之严格统制,西洋货因战事爆发而绝迹,因此敌占区各地商业萧条已成普遍现象。

△　鲁南各地伪军在八路军的政治攻势下,掀起抗日反正热潮,至此已有伪军 900 余人举义抗日,受到根据地人民的热情接待。

△　日本华北方面军召开所属各兵团参谋长会议,下达《1942 年度治安肃正建设计划大纲》,规定继续以"剿共"为主,实行积极的不间断的作战"讨伐",先对冀东、冀中地区,然后对太行山北部地区进行"扫荡",以求巩固占领区,使之担负起大东亚战争兵站基地的使命。会议于 26 日结束。

△　日政府议会通过在台湾实行特别"志愿兵"制度预算,经日皇

批准。志愿兵先受训六个月,正式入伍,每年招收两次,各 500 名,4 月 1 日起施行。

2 月 26 日　军委会参谋团驻腊戍代表侯腾由腊戍飞抵昆明,向蒋介石报告缅甸情况及胡敦对中国入缅军的部署意见。27 日,蒋介石下达入缅作战命令,其要点为:一、第五、第六军应全部入缅,协同英军作战;二、中英两军之作战地区,协定为恩戛村、敏乌里、巴尼托特、密雅内特相联之线,线以东属中国军;三、第二○○师于 3 月 1 日开始输送。

△　英国新任驻华大使薛穆抵渝,3 月 7 日向林森递交国书。

△　新任驻加拿大公使刘师舜向加总督呈递国书。

△　行政院组成敌产处理委员会,张平群任主任委员。

△　中华职业教育社二十五周年纪念,同时庆贺建夏实业公司成立。杨卫玉报告称:职教学生已达二万人,为社会所重视。建夏公司主持人黄炎培称:本公司资金为 125 万元,以公司之生产哺育职教。黄提出职教原则是:"职业即教育,教育即职业。"

△　日军第三十六师团等部由晋东南黎城地区出动,对太行山南部平顺地区"扫荡"。八路军利用险要地形不断给敌以打击。敌军遭打击后,于 3 月 2 日由平顺地区撤退。八路军及时集结新编第一旅和第一二九师第三八五旅各一部,设伏于平顺以南地区,歼敌 100 余人,并挺进至长治、潞城、壶关间之敌占区,袭击敌据点,摧毁伪组织、伪政权。

△　日政府举行第二次元老会议,首相东条、海相岛田、外相东乡及前首相近卫文麿等出席,讨论占领新加坡后的战局问题。

2 月 27 日　蒋介石在昆明会见英军联络参谋马丁,商谈中国远征军进驻缅甸同古办法。

△　昆明市各界妇女千余人集会,欢迎宋美龄访问印度归来。宋动员各界妇女献款,以救济抗属及香港、新加坡失陷后的归国妇女侨胞,当场认献 25 万元。

△　延安中央研究院教育研究室召开陶行知教育思想讨论会,中共中央宣传部副部长李维汉在总结发言中指出:陶行知在政治上经历

了两个历史时期,五四运动以前是资产阶级教育家;"五四"以后逐渐走上了新民主主义的道路。在教育上是沿着杜威主义——生活教育——新民主主义政治——新民主主义教育的道路发展的。

△ 爪哇海大海战。英、美海军在多尔曼海军少将指挥下,力图以五艘巡洋舰和九艘驱逐舰阻止从望加锡海峡驶出、准备在爪哇登陆的日本舰队,失利。英、美舰队的两艘巡洋舰和三艘驱逐舰被击沉,其余舰只在与占优势的日军作战后逃走。这样,日军便打开了在爪哇登陆的通路,并于3月1日在苏腊巴亚西部登陆。

2月28日 蒋介石在昆明宴请美国空军志愿队全体队员,慰劳该志愿队在空战中的卓越贡献。

△ 中共中央政治局通过《关于在职干部教育的决定》与《关于党校组织及教育方针的新决定》,并确定"今后党校直属中央书记处,其政治指导由毛泽东同志负责,组织指导由任弼时同志负责。其日常工作由邓发、彭真、林彪三同志组织管理委员会管理之"。毛泽东在政治局会议上指出:政治局五大业务中以思想为第一位,要抓住思想首先要以干部教育为主。现在有些干部"习非胜是",把不正确的东西也习以为是。纠正干部的毛病,要精细,不能粗暴。但必须造成一个风气,要造成一河大水,马克思列宁主义的革命的水,实行思想革命,用马克思列宁主义的水,彻底改革各部门的工作。党校课程要改造。现在党校教中国古代史及西方史,离现实太远。应首先进行反对主观主义与宗派主义的教育,总课题为党的路线,研究季米特洛夫论干部政策与干部教育政策、列宁《共产主义运动中的"左派"幼稚病》和《六大以来》。他还指出:中央关于增强党性的决定主要是解决个人与党的关系、局部与全体的关系,现在反对宗派主义是党性决定的发展。

是月 周恩来在重庆会见西康省主席刘文辉,向刘分析国内政治形势,指出必须坚持抗战,坚持民主,反对独裁的道理,并表示在反对蒋介石法西斯统治的斗争中,共产党愿意同国民党民主派合作,尤其希望西南地方的民主力量能同共产党密切合作。经周恩来等人的工作,刘文辉加强了同共产党的联系。在刘的要求下,南方局于同年 6 月派王少春夫妇到雅安同刘文辉建立联系,并在刘的总部设立秘密电台同延安直接通报。

　　△　中共晋豫区党委在阳城成立,聂真为书记兼组织部长,李哲人为宣传部长。区党委下辖四个地委。

　　△　淮南津浦路东联防司令部改称淮南军区,杨梅生任司令员,刘顺元任政治委员,归新四军第二师建制。

　　△　新四军第五师通过侏儒山战斗开辟川汉沔(汉川、汉阳、沔阳)地区。

　　△　阎锡山部骑一军第一师师长赵瑞、第二师师长杨诚率部在晋西投降日军。赵瑞、杨诚被分别委任为山西防共军第一、第二师师长。

　　△　日军一万余人对第十八集团军总部驻地辽县麻田地区进行铁壁合围,第十八集团军副参谋长左权指挥第十八集团军总部警卫连抗击日军,掩护总部和群众转移。并指示警卫连连长,要开展麻雀战,打击日军,决不能让日军糟害老百姓。

　　△　2 月至 4 月,日军多次调集几百人至几千人兵力,对冀中平原根据地进行分区“扫荡”和逐步“蚕食”,在敌占区强化伪政权,推行保甲制度。在游击区,增设点碉,修建公路,挖建封锁沟墙。至 4 月底,日军在冀中平原建点碉 1125 个,修公路 4370 里,封锁沟墙 3530 里,逐步“蚕食”了第六、七、九分区的西部及第八分区子牙河以东地区,占领、控制了第十分区全部地区。八路军能活动的根据地基本区只剩下沿滹沱河两岸从西到东的中间狭长地带,约 3000 多个村庄,280 万人口,面积1.9 万平方公里。与 1940 年比,一年多时间内,根据地缩小了三分之二。

　　△　日军从月初起对晋察冀、冀中、冀东、大青山、太岳、冀鲁豫、冀南等地进行春季大“扫荡”。由于华北八路军军民作战英勇,敌人预期三个月的“扫荡”,在一个月零三天中即被粉碎,敌人于 3 月初退回原据点。在这次反“扫荡”中,晋西北根据地军民毙敌村川大佐以下 4000

人，晋东南军民毙敌 3500 人。

3 月

3 月 1 日 蒋介石由昆明乘飞机至缅北腊戍，同时下令以林蔚为首的中国参谋团指导入缅作战事宜。

△ 川康区营业税自是日起划归财政部直接税处接收。

△ 延安《解放日报》发表社论《打击敌人在敌后》，分析日军今年"扫荡"的特点：一、在整个华北全面开始；二、大量使用伪治安团；三、无人区和并村办法普遍推行于太岳区和偏僻地区。敌后斗争将随着整个战争形势的发展而更加残酷，敌后军民必须从精神上和实力上，准备与敌人作持久而艰苦的斗争。

△ 八路军冀鲁豫军区召开第二次军事研究会，确定增强边沿区游击支队，对敌展开反蚕食、反封锁斗争。

△ 晋察冀军区司令部颁布《志愿义务兵役条令》，规定从本年开始实行义务兵役制，服役期限为三年。

△ 晋察冀边区各界召开群众大会，欢迎从平、津敌占区脱险来到边区的国际友人——原燕京大学英籍教授班威廉、林迈克，美国花旗银行经理赫鲁，以及南斯拉夫、荷兰、法国和奥地利籍的几位专家、商人。他们都是在太平洋战争爆发之后，通过中共北平市地下党的关系，秘密从北平经平西到达晋察冀边区的。

△ 伪满洲国举行"建国"十周年纪念，伪满"皇帝"溥仪发表《建国十周年诏书》，要求国民"献身大东亚圣战，奉翼亲邦之天业"。从此，伪满称日本为"亲邦"。

3 月 2 日 蒋介石视察缅甸，在腊戍会见西南太平洋地区盟军总司令韦维尔、缅甸总督史密斯、美驻华空军"飞虎队"指挥陈纳德，商谈缅甸军事形势及中国远征军入缅作战事宜。次日，英国政府宣布，韦维尔调任驻印度英军总司令。

△　蒋介石手令:本年度地价税增至三亿元。

△　外交部长宋子文于上月 26 日抵加拿大参观访问,是日返华盛顿。

△　毛泽东在中共中央白区工作总结委员会上,谈党的创立至第六次代表大会以来的简单经过,指出:中国有两个教条,一是旧教条,一是洋教条,都是思想上的奴隶。五四运动打破了旧教条的奴役,是一个重大的启蒙运动。大革命失败后,我们党犯了洋教条的毛病,现在开展反主观主义、宗派主义和党八股的整风运动,同样是一个重大的启蒙运动,许多干部中毒很深,需要做启蒙工作。

△　陕甘宁边区政府召开第十三次政务会议,讨论通过《陕甘宁边区禁烟督察处服务规则》,并批准两项决议:一、进一步调整边区政府秘书处组织机构;二、改进会议制度,今后边区政府政务会议专讨论大政方针等重要问题。

△　中国通商银行在渝举行开幕典礼,并开始营业,杜月笙为董事长。

△　山东纵队第五旅一部袭击烟台市郊石湖、洼子口日伪军据点,毙伤敌 130 余人。

△　日军第三十二、第五十五师团、骑兵第四旅团各一部及伪军共 5000 余人,对菏泽地区巨南根据地(第八军分区)进行“扫荡”。第八分区机关、巨南工委、五县联办、成武县政府和独立营,在成武县苇子园村一带遭敌合击,冲出敌包围圈转移到巨菏公路以北地区。日伪军在章缝集、营里集等地安设据点,巨南变为游击区。

3 月 3 日　蒋介石在腊戌接见缅甸总督史密斯,对缅甸防务交换意见,又会晤韦维尔将军,商讨战略。下午,召集入缅作战部队高级军官训话,详示远征军入缅作战部署与注意事项,及我军之作战指导。

△　国民政府任命熊式辉为军事委员会委员。10 日,熊率徐培根、金链等人组成的中国军事代表团赴华盛顿,参加同盟国联合军事会议。

△ 重庆《大公报》讯:旅渝广东同乡会、福建同乡会、南侨互助会、华侨协会、广东建设研究会、福建建设协会、泰国华侨互助社等七团体,为扩大救济华侨,曾开多次联席会议,决议:一、选张伯启、庄明理、宋渊源、周士观、梁大鹏、冯灿利、曾特为常务理事。二、定名为陪都团体救济归侨联合会。三、要求政府增拨救济款。四、向各戏院接洽定期随票附加一元,作救济款。五、定期举行救侨运动宣传周。

△ 中华慈幼协会举行干事会议,决议:一、筹建重庆儿童疗养院;二、筹建重庆抗战军人子女教养院第二院。

△ 延安《解放日报》报道:军委会以"役政为县政中心","国民兵团为役政基础机构",特确定将国民兵团隶属县政府,将《县各级组织纲要》中所规定的壮丁队修正为国民兵队,分别电令各省军管司令部转饬遵照施行。

△ 中共中央向山东纵队和第一一五师下达指示,对山东的军队团结、军事指挥、政策执行等问题提出严肃批评。是日指示刘少奇来延安路过山东时,协同山东分局检查工作,解决领导干部之间的团结问题,并决定朱瑞来延安参加"七大",山东分局书记由罗荣桓担任。

△ 台湾革命同盟会在重庆举行执监委联席会议,李友邦、宋焦农等 20 余人出席,研究如何加强台湾各革命团体的联系与台湾岛内外革命工作的统一。该会曾致函国防最高委员会、国民党中央党部及国民参政会,要求增加台湾参政员名额。

△ "扫荡"太行南部的日伪军从长治、壶关撤退,太行区反"扫荡"胜利结束。八路军军民共毙伤日伪军 2000 余名。

△ 日军千余人在坦克和装甲车的支援下,包围冀鲁豫边区八路军一个排扼守的马城村。该排战士激战半天,摧毁敌人坦克数辆,杀伤大批敌人,最后弹尽无援,全部壮烈殉国。

3 月 4 日 蒋介石与"飞虎队"指挥官陈纳德在腊戌商谈空中侦察,与在缅甸使用空军计划。商谈结束后,蒋即由腊戌飞返昆明。

△ 美军中将史迪威抵达重庆,就任中国战区美军司令兼中国战

区参谋长。

　　△　行政院举行记者招待会,物资局长何浩若宣布物资管制情况,略谓:一、统筹棉纱今后由农本局出售,取缔中间商;二、布匹议价;三、公务人员每年可购一丈五尺布。

　　△　四川省银行再度增加资本,由 2500 万元增至 5000 万元。

　　△　沱江制糖酒精公司正式成立,资本 1000 万元,刘航琛任董事长,厂址设资中。

　　△　毛泽东、朱德、王稼祥写信慰问八路军留守兵团、陕甘宁边区保安部队。信中说:四年以来,你们留守边区是有很大成绩的。现在春天来临,这是我们走上新的一年的开始。我们要准备反攻,在今后两三年内要打败日本帝国主义,还要加倍努力开展生产运动等。"完成这些任务,必须要依靠我们全体更加百倍的团结和发扬忍苦耐劳、永不疲倦的战斗意志"。

　　△　新四军一部挺进南京近郊陇鸽镇,歼灭伪军百余名,俘伪团长以下 60 余名。缴机枪二挺,步枪百余支。

　　△　新四军一部在苏南攻克金坛县直溪桥,守备日伪军全部被歼,俘伪军 20 余名,缴长短枪百余支。

　　△　日大本营陆军部发布实施缅甸中部作战命令。7 日,南方军司令官寺内寿一令第十五军司令官饭田祥二郎准备消灭曼德勒方面的中国远征军,并命令该军捕捉战机,在 5 月底以前将中国军队击灭。追击之目标,断然深入中缅国境,占领仁安羌附近之油田地带及勃生,应以一部迅速占领若干机场。15 日,第十五军根据南方军命令,制订具体作战计划。

　　3 月 5 日　蒋介石由昆明飞返重庆。

　　△　是日为蔡元培逝世两周年,由中央研究院发起,北大同学会主持,在渝举行纪念会,吴敬恒讲述蔡的生平及学术思想演变过程。

　　△　延安《解放日报》发表题为《确定自力更生的经济政策》社论,指出自力更生的经济政策是解救目前经济困难所必须采取的政策,只

有自力更生,才能打破日本侵略者的诱降阴谋。

△　陕甘宁边区政府文化工作委员会成立,由吴玉章负责。该会以适应边区文化运动的需要,开展新民主主义文化为宗旨;提出开展学术与创作自由;普及与提高同时并进;与全国文化界携手建设新文化,争取抗战的最后胜利。

△　八路军总部指挥晋西部队粉碎日军"扫荡",共进行大小战斗252 次,毙伤日伪 1673 人,俘 42 人。同日,第一二九师第三八六旅第七七二团袭击晋东南沁县车站,毙敌 130 人,毁机车七台,火车两列。

3 月 6 日　蒋介石接见史迪威。史迪威转达罗斯福总统对欧、亚战场同等看待及美国加强对华空援的意见,并报告其来华使命,共六项:一、指挥在中、缅、印之美军;二、监督及管理一切美国对华援助;三、代表美国政府出席军事会议;四、管理、维持并改进滇缅公路;五、指挥美国在中、缅、印境内的空军活动;(六)中国战区参谋长。

△　国民参政会举行第八次驻会委员会,秘书长王世杰代读外交部的书面报告;交通部长张嘉璈报告国际国内交通运输、中印公路之勘测及兴建。

△　中国入缅军先遣第五军第二〇〇师由师长戴安澜率领开抵仰光。

△　陕甘宁边区政府给边区各县参议会议长及各县县长发出指示信,要求各县二届(新区县为一届)二次参议会按条例规定按期召开,并于三四月份内开完。指示信特别强调,为保证"三三制"的推行,各县政权机关中共产党员超过三分之一的,应自动提出辞职,由无党派候补议员充任或聘请有名望的党外人士。

△　中共中央职工委员会书记张浩(林育英)在延安病逝。9 日,张浩追悼会在延安举行,毛泽东、朱德等出席。毛泽东送挽词:"忠心为国,虽死犹荣。"

△　美驻华海军武官奉美总统命令,将"图图拉号"炮舰移交我国。外交部致电驻美大使胡适向美总统致谢。

△　英驻华大使馆向中央图书馆赠新书 1000 余册。中央图书馆将《四库全书》影印本分别赠给英国、加拿大、印度、缅甸图书馆。

△　日政府通过《华中通货暂行处理要纲》,规定:一、对国民党法币进行压迫,使其价值低落。二、立即废止中储券与旧法币的等价交换,限制旧法币存款,并向中储券存款转变。三、废除对旧法币的牌价基础。四、实行贸易和汇兑管理,剥夺旧法币为贸易通货的职能。强化中央储备银行,使其发挥中央银行的职能。五、使中央储备银行成为日本军费及其他必要资金的调剂银行。

△　日伪军"扫荡"丰润县杨家屯等 15 个村,抓捕村民 5000 余人,将其中 1500 名青壮年押往伪"满洲国"充当劳工。

3 月 7 日　英新任驻华大使薛穆爵士向林森呈递国书。下午,蒋介石接见薛穆。

△　周恩来致函郭沫若,对郭所写《屈原研究》一文的第三部分《屈原思想》提出意见。对郭沫若拿"德政"和"刑政"来作当时社会变革的两大思潮问题,认为不论是"德政"还是"刑政"都是奴隶制走向封建制的一种过渡时代的改革想法和做法,也正是当时时代的产物。"拿屈原作为一个伟大的思想家而兼艺术家,我同意,说他是革命的思想家,容有商榷余地"。

△　豫北许县皂角树一带伪第二十一师所属特务营黄玉青部 500 余人,携步枪 450 余支、轻机枪一挺反正,并击毁汽车二辆,毙敌 10 名。

△　日大本营、政府联席会议决定对重庆政策"依照 1941 年 12 月 24 日决定的《促使重庆屈服的工作案》施行"。对苏政策"依照 1941 年 11 月 15 日决定的《促进结束对美、英、荷、蒋的战争内部方案》及 1942 年 1 月 10 日决定的《在形势发展中的当前政策案》施行"。并制定《今后应采取的战争指导大纲》。

△　日军第十五军(司令饭田中将)占领仰光,英军向缅中退却。

3 月 8 日　中国远征军先遣第二〇〇师附骑兵团及工兵团的一部,作为先头部队到达缅甸同古(亦称东瓜)。9 日,接收英军防务。11

日,骑兵团附工兵一部、步兵一个连推进到皮尤河南 12 公里处担任警戒,由骑兵团副团长黄行宪指挥。

　　△　重庆《大公报》讯:蒋介石亲自制订的工作竞赛内容是日公布:一、征粮购粮比赛;二、全国户籍调查;三、各省税收比较;四、土地清丈及陈报。并在交通、生产、机关团体、文化等部门都开展竞赛。

　　△　重庆各界妇女举行"三八"节纪念大会。中央组织部妇女运动委员会举行妇女问题广播讲座。宋美龄向世界发表广播讲话。

　　△　邓颖超为《新华日报》撰写纪念"三八"妇女节代论《动员太平洋上各国妇女积极参加各民族的抗日统一战线》。

　　△　中缅文化协会主办的"缅甸日"及援缅大会在重庆举行,国民党中央党部秘书长吴铁城主持大会。大会对入缅作战的中国军队及缅甸侨胞表示慰问。

　　△　印度举行"中国日",全印举行群众大会,募集捐款资助中国抗日。

　　△　汪伪政府为纪念太平洋战争爆发,在南京开工修建"保卫东亚纪念塔",宣布每月 8 日为"保卫东亚纪念日"。是日停止一切娱乐活动与宴会。

　　△　英美联合参谋会议决定两大原则:太平洋全部地域(包括中国在内)都应在美国指导下作战,大西洋地域由盟国共同担负责任。丘吉尔表示接受,并指出任何大规模的作战都必须先由华盛顿的英美联合参谋会议讨论。

　　△　英政府任命亚历山大上将为英缅军总司令,胡敦改任参谋长。

　　△　驻爪哇的荷兰军队(司令波尔中将)投降,5 月 1 日,整个荷属东印度落入日军之手。

　　3 月 9 日　蒋介石向罗斯福总统提出紧急建议:仰光陷落后,"缅甸作战不能不重定计划,尤其中、英两国必须指挥统一方能收效。英军在缅兵力只有残余两个师,而我中国派往缅甸各军皆归史迪威指挥,其兵力总数超过英军四倍以上,则英军亦应归史君指挥方为合理"。

△　四川省主席张群及省保安处长刘兆藜联名电令理番、靖化、懋功等县县长及区保安司令:特别保安团队第二指挥部指挥官谢撑宇率保安第二、第四两团开赴该区,办理禁止及肃清匪患。

△　中印协议分工抢修通过缅北入滇之公路,用印方工人,并用象队、板车、木船为交通工具,15 日开工。

△　日军独立混成第十二旅团一部及伪军共 5000 余人,分三路对苏中抗日根据地南通地区进行"扫荡"。其中由东台出动的一路于三仓镇被新四军第一师一部包围,战至 10 日晨被歼大半。另两路日伪军由岔河和马塘出动合击丰利。第一师以一部兵力沿途阻击,另以优势兵力袭敌侧后,歼其一部,迫日伪军于 12 日撤退。此役共歼日伪军 800余名,并乘胜收复南坎、双甸等镇。

△　汪伪中央储备银行规定:一、开户存款一律以中储券存入,如以旧法币开户存款,则另开户头,提取存款时,仍以旧法币付给。二、凡往和平区各地汇款者,一律接收中储券。三、兑换中储券以 300 元为限。四、凡缴纳税款,除以中储券付款外,可以中央储备银行的票据作中储券现款之用。即日起实行。

3 月 10 日　蒋介石再次会见史迪威,并委派他担任中国入缅部队的指挥官,同时再三说明第五、第六两军是中国的精锐部队,这次入缅助战,只能胜不能败;如果日军乘中国军队调往缅甸时从越南来袭云南,中国入缅的部队或须调回,史一一允诺。次日,史从重庆飞缅甸。

△　行政院例会决议:河南大学改为国立;任命赖琏为西北大学校长,原任皮宗石辞职。

△　中央银行发行新辅币,计分廿分及半圆两种,是日开始通行全国。

△　粮食部长徐堪在中央训练团党政训练班讲《粮政问题》,谓从民国三十年秋收起,各省征收实物,以四川成绩为最佳。四川征收实物与定价征购共为 1200 万市担,数字比各省都大。自去年 9 月 16 日开征,到去年底止,多数县份均已完成,预定的 1200 万市担,早已超过,现

达到 1300 万市担以上。

　　△　中山大学人类学教授杨成志赴东江考察,在丰顺等处发掘石器古物 15 箱,此项发现对研究原始社会人类文化贡献极大。

　　△　江苏赣榆伪军不堪日军压迫,分三批共千余名向八路军投诚。25 日,又有伪军一连在连长率领下全部反正。

　　△　日军第三十八、第三十二师团及第四混成旅团各一部共 5000 余人,"扫荡"冀鲁豫区中心区域濮阳、内黄地区,实行"三光"政策,大肆破坏,并在根据地基本区施放鼠疫细菌。

　　△　美海军航空母舰编队的舰载机 104 架对莱城和萨拉莫阿实施袭击,击沉日运输船四艘,重伤九艘,击伤巡洋舰二艘、驱逐舰一艘,击毁日机 10 架。

　　3 月 11 日　蒋介石宴请国民参政会驻会委员,征求对下届参政会的意见,左舜生、邓飞黄、董必武、陈博生、沈钧儒、黄炎培、李中襄、许孝炎等出席。

　　△　蒋介石命令第五、第六军统受中国战区参谋长史迪威指挥,并指示:"对史迪威参谋长之命令,应绝对遵守。"

　　△　毛泽东在中共中央政治局讨论改造《解放日报》草案会议上发言说:我党现有 80 万党员,50 万军队,但党报是弄得不好的。我们自去年 8 月起已开始改造党的工作,但党报尚未实现彻底的改造。今年中央要抓住党校、党报、中宣部这三个重要部门的工作。党报是集体的宣传者与组织者,对党内党外影响极大,是最尖锐的武器。要达到改造党的目的,必须首先改造党报的工作。

　　△　八路军第一一五师一部配合山东蒙阴地方游击队,夜袭曹范、小寨两日伪据点,俘伪军 75 名,缴长短枪百余支,电线 1500 余斤,炸毁炮楼 30 余座。

　　△　缅甸政府派福格德为首任驻华代表。

　　△　印度医务署长周立将军抵渝,与外交部商洽医药合作问题。

　　△　日军 2000 余在浙江东象山港登陆。同日,日军在山东方面进

犯菏泽、曹县一带边境。

△　驻山西省灵寿县日军以开会为名,将东城南村 800 多名男女老幼集中起来,然后赶至封锁沟内全部枪杀。

△　汪伪中央政治委员会任命江亢虎为考试院院长,王揖唐为国务委员及中央政治委员会委员,罗君强为司法行政部长,陈济成为边疆委员会委员长,赵毓松为铨叙部长。

△　伪满洲国派遣张景惠为所谓"谢恩大使",率 16 人赴日本,带去大米 40 万吨,食盐 100 万担为礼物,对日本朝野"致谢",并表示尽力支援"圣战"。4 月 4 日返抵"新京"(今长春)。

3 月 12 日　中国远征军第一路司令长官司令部正式成立,并发表告英、缅、印各邦人士暨侨胞书,指出:"中国军队入缅的目的,全在协助友邦,伸张正义,维护人道,争取民主国家最后胜利,建立世界和平。"

△　国民政府举行国民精神总动员三周年纪念会,蒋介石发表广播讲话,号召发扬民族精神、发展国防科学、推广工作竞赛、厉行节约储蓄。

△　延安各界为孙中山逝世十七周年举行纪念会,号召学习孙中山的革命精神,加强团结,争取抗战最后胜利。

△　美陆军参谋长马歇尔致电蒋介石,纪念孙中山逝世十七周年。美联合救济中国难民委员会名誉主席威尔基向中国人民发表广播讲话,纪念孙中山先生。蒋介石复电马歇尔,表示愿与美国携手重建世界和平而努力。

△　毛泽东、朱德复电彭德怀,就阎锡山部梁培璜第六十一军配合日军"扫荡"八路军太岳区,摧毁抗日根据地的严重事件,指示彭德怀:"六十一军横行,势必还击,但目前不宜组织大规模的战事,致招决裂,而应组织若干突击队坚决打击其个别出犯部队,以警戒其行动,以后再观其态度,决定对策。"次日,又致电八路军驻山西办事处处长王世英:请向阎锡山交涉,要求阎令第六十一军撤回原防区,制止杀人掠地行动,以固团结。

△　周恩来、董必武与中国民主政团同盟负责人黄炎培、章伯钧、左舜生、罗隆基、林可玑、张云川就苏德战局、日苏关系、太平洋战局的发展趋势以及国民党当局的心理等问题交换意见。

△　中共晋西区党委和第一二○师政治部发出《关于对敌斗争的指示》，要求开展政治、经济、军事、文化全面的对敌斗争，统一党、政、军、民的全部力量，实行一元化的方针。在组织措施上，成立党、政、军、民的专门组织——对敌斗争委员会，成立各级敌工科。

△　八路军第一二九师新十旅旅长兼太行军区第六分区司令员范子侠，于冀南沙河高庄反"扫荡"战斗中牺牲。

3 月 13 日　国民政府决定从是日至 19 日举行工作竞赛宣传周，提出口号是：倡导工作竞赛力行精神动员、推行农矿生产竞赛增加战时物资。

△　军政部举行军用器材展览。展品有军需器材、军粮、军医药、兵工器材、军用物资等。蒋介石亲临指导。17 日闭幕。

△　陕甘宁边区政府公布《陕甘宁边区民众团体组织纲要及登记办法》，规定：凡边区民众在不违反抗战建国最高原则下，都可以组织各种团体，给人民以充分自由。

△　八路军第一二○师师长贺龙抵延安，对新华社记者讲述该军在晋西北粉碎日军"春季扫荡"的经过，略谓：日军集中两万兵力于 2 月 5 日开始"扫荡"，八路军采取分散活动，以袭击和伏击的方式打击敌人，还组织基干队、自卫队、少先队等群众武装，军民合作，使反"扫荡"取得胜利。

△　延安《解放日报》讯：日军在太行北地区之"扫荡"极为残酷，仅桐峪镇一地被杀老幼即有百人，暴尸街头 10 余日。石门村被杀者百余人，鸡犬不留。蟠龙一地被日军抢夺粮食千余石。

△　美纽约举行群众大会，庆祝"中印日"。驻美大使胡适发表演讲，略谓："二千多年来，中国始终只有一个政府，一个法律系统，一个文官制度。中国人民素有统一之习惯，是以国家每遇危难，中国人民可藉

此排除万难,确信最后胜利必属于我。""中国抗战成功最重要之因素为中国人民坚韧之美德,确信正义必可伸张,最后胜利必可实现。"著名作家林语堂、赛珍珠亦到会演讲。

3月14日　中航 DC—2 式飞机由昆明飞重庆途中失事焚毁。英国军事代表团团长兰斯尔特·邓尼斯陆军少将、美国军事代表团乔治中校、可拉尔中尉等 17 人遇难。蒋介石特电英国首相丘吉尔致悼。18日,在昆明举行安葬仪式。29 日,重庆各界 300 余人集会追悼邓尼斯等死难者。

△　毛泽东致电周恩来,指示应把党报变为容许一切反法西斯的人说话的地方,《解放日报》已在讨论,使之增强党性和反映群众的意见,《新华日报》也宜有所改进。18 日,周恩来复电毛泽东,报告《新华日报》改进的情况,并说目前正使这份报纸不仅成为反法西斯的论坛,也要成为民主的论坛。

△　晋冀鲁豫边区政府将行政干校与太行抗战学院正式合并,仍名太行抗战学院,杨秀峰、王振箕分别担任正、副院长。

△　根据中共中央军委决定,第十八集团军工程学校在陕西安塞里成立,王弼任校长,丁秋生任政委。该校于 4 月 6 日正式开课,以文化和航空理论知识为主要学习内容。同年 10 月,该校撤销。

△　冀中第七军分区第二十二团,在共产党内线关系配合下,攻克晋县敌重要据点侯城,全歼日军一小队、伪军一中队,俘日军六人、伪军30 余人,缴获轻机枪一挺、掷弹筒二个、长短枪 60 余支。

△　英美联合参谋长委员会作出军事部署,决定:盟军在太平洋战区保持防御态势,同时美军继续向英国集结,以便在欧洲开辟与轴心国作战的第二战场。

3月15日　蒋介石调西安行营主任卫立煌任中国远征军第一路司令长官;遗缺派朱绍良兼任。

△　军委会参谋团驻腊戌代表侯腾报告在缅英军情况:英缅第一师、英印军第十七师、英澳军第六十三旅、英装甲车第七旅均在普罗美

方面;英缅军第一师第十三旅在景东、毛奇方面;英空军飞机共 45 架,在马格威尔。

　　△　中国药物自给研究会召开第一届年会,卫生署长金宝善提出:一、今后用药减少 100 种左右,四分之三要自给。二、减少进口药,尽量研制代用品。

　　△　生活教育社在重庆举行十五周年纪念会,该社理事长陶行知报告生活教育的意义与特点。同日,延安新教育会正、副理事长徐特立、范文澜写信给该社创始人陶行知表示慰问。17 日,生活教育社延安分社与新教育学会在延安联合举行纪念会。

　　△　据延安《解放日报》讯:延安华侨救国联合会、西北华侨实业公司、延安东方各民族反法西斯同盟,捐款 3250 元,请周恩来转救济委员会救济归国难侨。

　　△　中共晋察冀分局发出《关于冀东工作及冀东地委组成问题的指示》,指出:为适应今后游击环境,冀东主力部队应编为四个丙种团(小团),并在二三个县之间组织一个地区队,作为小团以外的地方主力部队。每县设基干地区队直属分区指挥。冀东目前应相机向东南发展,开拓新区域,开展小部队的游击战争,以分散敌之兵力。

　　△　美国陆军部根据 3 月 8 日英美联合参谋会议决定指示史迪威:英国韦维尔是印度最高统帅,英美联合参谋会议已授权给韦维尔指挥缅甸战事,任何在印、缅的军队自应受其节制。

　　3 月 16 日　国民政府修正公布《国民参政会组织条例》。此次修正案要点,系将参政员名额 240 名重行分配,各省、市选出参政员名额原为 90 名,现增加为 164 名;蒙、藏名额原为六名,增加为八名;海外华侨名额原为六名,增加为八名;各文化、经济名额原为 138 名,减为 60 名。各省、市参政员,不以具有各该省、市籍贯者为限。

　　△　立法院全体会议通过《国家总动员法案》。

　　△　国民政府驻土耳其公使张彭春代表中国政府在巴格达签订中伊(伊拉克)友好条约。20 日,蒋介石致电伊拉克首相纽里安赛德

表示祝贺。

　　△　中国地质学会成立二十周年纪念及第十八届年会在渝举行。理事长翁文灏致开幕词,略谓:学会自成立以来会员由 71 人发展至今已有 589 人。地质工作者对古生物的分类、古代植物化石,以及中生代、新生代、脊椎动物化石林的采集与研究,均有重大贡献。特别是湖南的原始鱼、云南的禄丰龙、北京周口店猿人化石是最有意义的科学发现。大会授予李四光、南进宗等纪念奖。最后选朱家骅、黄汲清为正、副理事长。是日,同时在渝举行地质展览,由中央和四川地质调查所所长尹赞勋、李春昱主持,18 日结束。

　　△　至是日止,中国远征军部署如下:第五军直属骑兵团在彪关附近,归第二〇〇师师长戴安澜将军指挥,掩护英缅第一师主力撤退,并担任东吁(同古)前方的警戒;第二〇〇师在黎达誓、东吁间地区,主力在东吁构筑工事;军直属工兵团及战车防御炮营在东吁;军部及直属部队在杂泽,其直属第一、第二补充团在瓢背;新编第二十二师及第九十六师,于 23 日后在曼德勒东北地区集结。第六军暂编第五十五师第一团在垒固、保勒地区;第四十九师在孟畔地区;第九十三师在景东地区;刘观隆支队在孟勇、芒林、大其力等地,沿泰、越边国境线布防;军部及直属部队在雷列姆。

　　△　平西武委会召开临时代表大会,总结一年来工作,议决成立平西人民武装部,蔡委心任专区人武部部长。

　　3 月 17 日　重庆文化界举行"印度日",宋美龄、王宠惠、吴铁城等在国际广播电台对印广播。下午,教育部举行促进中印文化合作座谈会,陈立夫、孙科、于右任等出席。

　　△　八路军总部公布太行山区年关反"扫荡"战果:共进行大小战斗 319 次,毙伤日伪 3917 名,俘日伪 52 名,击落日机一架,毁汽车 42 辆,炸火车两列,破公路 135 里、铁路 25 里,收回电线 6000 余斤。

　　△　八路军第一二九师师长刘伯承对武装工作队初次出动发表讲话,后来以第一二九师命令的形式下发部队。讲话对政治、组织、战斗

等项工作作了明确要求,令武工队深入敌占区开展斗争。

△ 罗斯福总统任命麦克阿瑟为西南太平洋地区盟军总司令,蒋介石致电表示祝贺。

△ 美魏斯里学院"费贝他卡巴"姐妹会聘请宋美龄为名誉会员,以表示钦敬宋美龄自该院毕业后在文化方面之贡献。

△ 汪伪行政院决定派褚民谊赴天津,陈春圃赴广州,分别接收英租界行政权。

3 月 18 日 财政部次长顾翊群在记者招待会上宣布财政措施:一、运用英、美贷款增强经济基础,稳定物价与战时生活。二、在全国各县设立税务局,征收国税,由中央直接管辖。三、举办田赋征实,在 21 省成立田赋管理处。四、在 451 县拟办土地陈报,需经费 6900 余万元,用人约 4.5 万人。五、举办消费品专卖。六、加强税收管理。七、废除海关转口税,改办战时消费税。八、推行节约和建国储蓄运动。九、加强银行管理,制定《修正非常时期管理银行暂行办法》,派查帐人员分赴重庆 80 余家银钱行号检查帐册,外地银行由中、中、交、农联合办事处派代表分赴各地检查。十、训练财务人员。

△ 陕甘宁边区政府举行第十五次政务会议,讨论通过《民政厅三十一年度工作计划大纲》,确定本年民政工作的重点是:一、继续抓好民主政治的建设,充实各级政权的"三三制",健全参议会制度;二、进一步贯彻精兵简政方针,必要时在全边区实行第二次精简。

△ 史迪威从缅甸飞重庆,19 日会见蒋介石,建议使用西汤河域的中国军队发动攻势,目的在把仰光的日军截断。蒋指示:中国第五、第六军是中国精锐部队,不允受挫,惟目下应取守势。20 日,史再次见蒋,蒋再次重申上述意见。史表示愿尽力去做。21 日,史飞缅。

△ 英缅第一师经中国远征军前哨阵地向北转移,日军第五十五师团第一一二联队一部跟踪追击,到皮尤河南 12 公里处,远征军掩护英军安全撤退。19 日晨,日军继续追击,进入远征军埋伏阵地,日军汽车数辆开到桥北端时全桥陷落,汽车尽覆,后援不济,大部被歼。

△ 是日至 22 日,中国远征军第二〇〇师与日军在缅北彪关河两岸进行遭遇战 10 多次,击毙日军尉官三名、士兵 500 余人,缴获了一批重要文件和军用地图,彪关河前哨战初战告捷。

△ 晨,日机八架分两批侵入湖南零陵一带。同日,日机 40 余架分三次轰炸同古,全城终日大火,毁成一片瓦砾。

△ 国民党中央组织部副部长、上海统一委员会常务委员兼书记吴开先,在上海被日军宪兵司令部绑架。

3 月 19 日 毛泽东在中共中央政治局讨论《中共中央关于共产党员与党外人员关系的决定(草案)》扩大会议上指出:我党在过去三个时期中,大革命时期更生动活泼,十年内战时期犯了教条主义,党内党外都是一切打倒,造成自己孤立,直到现在坏的传统仍然存在。我党必须实行公开的自我批评,不怕家丑外扬,隐瞒是不能教育党员的。今后凡重要问题,都要召集大的会议,征求同志们的意见。中央要听同志们的意见,党要听党外人士的意见。党员只是百分之一,我们要听百分之九十九人士的意见。共产党的作用,就是要集中人民的意见,作出决议,并坚持下去。我党没有人民,便等于鱼没有水,便没有生存的必要条件。我们没有排斥党外人士的权利,只有与党外人士合作的义务。必须规定许多办法来实现党与非党人士合作,实行"三三制"也是具体的办法。

△ 刘少奇奉调中共中央工作,是日离开中共中央华中局及新四军军部。中共中央华中局书记由饶漱石代理,华中军分会书记由陈毅代理。

3 月 20 日 国民参政会举行第九次会议,主要听取外交和教育报告。

△ 土耳其新任驻华代办戴伯伦抵渝,27 日晋见蒋介石。

△ 中国粮食协进会在渝成立,关吉玉、吴景超、萧同兹、陈铭德等33 人当选理事。

△ 台湾各革命团体及台湾革命同盟会第二届临时代表会在渝举行。会议讨论加强台湾岛革命工作、请求成立光复军、废除南北方执行

部,改设各地方分会等提案 50 余件。选李建华等 15 人为中央执行委员,翁炳耀等为监察委员,宋蕉农、李友邦、谢南光为常务委员。

△ 晋察冀边区政府二次修正公布《晋察冀边区减租减息单行条例》、《减租减息单行条例施行细则》,同时宣布旧条例同时作废。

△ 八路军冀中军区司令部发出关于开展地道斗争的指示,指出地道斗争对于坚持平原根据地具有的意义和作用,要求形成户户相通、村村相联的四通八达的地道网。

△ 驻守在江苏海门一带的伪斧头党领袖丁友宜因与伪军第九师发生冲突,率全部人枪 300 余向新四军投诚。

△ 日军驻刘公岛的海军陆战队借口丢失枪支,包围文登县营南陈家村,焚烧民房,抢掠财物。翌日晨,从威海、青岛又开来大批日军,惨杀村民 230 多人,全村 1015 间房屋仅存七间,全村变成一片废墟。制造了"营南陈家村惨案"。

△ 晨,日军向远征军第五军骑兵团掩护阵地攻击,该团还击,日军败退。16 时,日军增兵猛攻,该团伤亡过重,向北转移;第二〇〇师又以步兵一营增援,将日军阻于巧背以南。21 日拂晓,日军继续向骑兵团攻击,午后该部向鄂克春方向转移。

3 月中旬 国民党桂系顽固派军队第一七六、第一七八旅与安徽省第十一、第十二纵队,配合第五战区第二游击纵队及鄂东游击总指挥程汝怀部保安第二旅共九个团兵力,向浠水、蕲春边境的新四军第十四旅进攻。第十四旅以一部兵力与地方武装坚持原地斗争,以旅主力向顽军的后方和麻城龟峰山程汝怀指挥部进击。4 月下旬,第十四旅将国民党各路顽军击退。

3 月 21 日 周恩来致电林彪,赞扬林在新疆、兰州、西安进行的统战活动"影响极好"。并告诉他大后方顽固派目前已决心肃清地方党,监视、孤立八路军办事处、新华日报馆;他们对边区和游击区则采取封锁和破坏的办法。电文判断:外松内紧为目前蒋的中心政策。

△ 驻美大使胡适接受美国俄亥俄州立大学法学博士荣誉学位。

△ 美国空运队成立。从泛美航空公司调拨 25 架运输机担任中、缅、印之间的空运工作。

△ 史迪威由渝飞抵腊戍,带蒋介石手令三件,要点为:一、派一个师至东敦枝以南,作为卑谬方面英军的总预备队,作反攻增援之用;二、同古必须固守;三、对史迪威的命令应绝对遵守。是日 22 时,史下达具体作战命令。

△ 是日至次日,日军出动飞机 350 架,袭击英军在缅甸空军基地。英机全毁 28 架,重创 29 架。至此,英制空权全部丧失。

△ 汪伪中央储备银行电告各分行、支行、办事处,规定自 3 月 23 日起,停止中储券与法币的等价兑换。兑换比率为法币 100 元兑换中储券 77 元。每日兑换额上海不限,南京、苏州各为 30 万元,杭州、蚌埠各为 15 万元,无锡、芜湖各为 10 万元,其余各地为五万元。

3 月 22 日 陕甘宁边区参议会、边区政府、八路军后方留守处、中共中央西北局联合举行晚会,欢迎从晋西北返延的贺龙师长、从绥德和米脂视察归来的边府副主席李鼎铭及由苏联治病归来的林彪师长等,毛泽东、朱德等出席欢迎大会。

△ 陕甘宁边区建设厅就统一边区度量衡发布命令,规定从 5 月 1 日起正式实行尺用二尺正裁尺、斗用 30 斤斗、秤用 16 两制秤。

△ 国民外交协会、东方文化协会、中国反侵略分会举办韩国问题讲演会。孙科讲韩国独立问题,韩国临时政府外交部长赵素昂讲韩国革命与三民主义。

△ 日军对晋西南发动进攻,阎锡山向八路军告急。28 日,八路军副总司令彭德怀复电,重申中国共产党和八路军愿与之携手抗战之决心。

△ 日军华北方面军第十二军及伪军各一部共一万余人,由济南、青岛、烟台、威海等地出动,对胶东根据地进行残酷"扫荡"。胶东军民奋起抗击,经过一个多月的连续战斗,歼敌 3000 余人,粉碎了日伪军的"扫荡"。

△ 日军在缅甸战场再向鄂克温阵地进攻未逞,一部企图迂回被击退,全日炮战激烈。

3 月 23 日 陕甘宁边区政府公布《陕甘宁边区违警罚金暂行条例》,关于主罚的种类分为拘留、罚金、训诫等三种。

△ 毛泽东在延安高级技术干部季会上讲话,强调技术建设的重要性,对不统一、不合理的现象必须立即纠正。指出季会所提出的建议,是与目前中共中央号召的反主观主义、反宗派主义、反党八股的精神是一致的,并赞扬了专家们敢做敢讲的精神。

△ 日军在鲁西开始由清丰、南乐、内黄、大名等地集中兵力 4000 余名"扫荡"冠县、朝城以西,清丰、南乐以东地区。此次"扫荡"日军采取星夜奔袭拂晓合围战术,并以快速部队向八路军追击。

△ 晨,侵缅日军猛攻鄂克温阵地。午,日兵力增至近一个旅团,并有骑、炮、战等部队配合及飞机 20 余架支援下,实行正面攻击。远征军以步、骑配合反击,击毁敌战车、装甲车各二辆,汽车七辆。晚,日复以步、骑混合部队向阵地攻击,彻夜对战。

3 月 24 日 行政院例会通过下列各案:一、《盐专卖暂行条例草案》。二、《公库支票流通办法草案》。三、《发行美金节约建国储蓄办法》,并修改《外币定期储蓄存款办法》。四、《各省田赋征实余粮调剂粮食办法大纲》。(五)《非常时期工业技工管理规则草案》。

△ 财政部长孔祥熙在新闻发布会上宣布本年度将发行同盟胜利美金公债一亿元,以五亿美元为准备金。每百元法币可购买美金六元,到还本时,可从纽约提取美金,也可按时价出售。同时决定发行本年度美金节约建国储蓄券一亿元,每百元法币可购五元美金,期限分一、二、三年。

△ 教育部拨款 70 万元救济迁川各大、中学教师。

△ 四川新县制之实施,已达第二阶段,着重于组训民众及农业生产建设,一切规划已由省政府及新县制辅导委员会订定。省府为使工作顺利推进,特以彭县、华阳为示范县,并直接受辅导会之指导,除谋改

良该两县之农业技术外,他如普查户口,以及筑路造产等项,均将逐步实施,俟其成绩显著,即推及全川。

△　重庆《大公报》发表《改进中学教育》的社论,指出中学教育质量低劣,以1941年广西中学统一招生考试情况为例,桂林地区史地科高中试卷915份,得65分的仅一人,得30至40分的不过百人,别字连篇。英文、数学两科,更不成样子。桂林地区报考915人,录取40人。其他各省也有同样情形。社论分析中学教育退步的原因有:教学方法欠佳,学生不感兴趣;课本分量过重,学生食而不化;学生课外活动分配不合理,学生过于劳累,影响学习精力;选择教师不慎重。

△　中国滑翔总会滑翔机劝募委员会举行第一次会议,主任委员白崇禧、常务理事会主席陈立夫等19人出席。会议决议:一、刘航琛、康心如、杜月笙等负责商业银行及工商界的劝募工作,刘维炽、陈树人负责海外劝募工作。二、在各省会设立分会,各县设立支会。三、滑翔机总数定为500架,每架以三万元为准,并规定给捐献者以各种奖励,时间从4月4日开始至明年10月10日结束。

△　台湾革命同盟会在渝举行新闻招待会。该会常务委员李友邦、宋蕉农、林友鹏等出席。林报告称:台湾五个革命团体均团结于同盟会,今后急待进行的工作是:一、速设台湾省省党部、三青团支团部;二、设置台湾参政员;三、成立台湾光复军。

△　毛泽东、朱德、王稼祥、叶剑英致电彭德怀、左权等:"敌攻乡宁、吉县甚急,阎正坚决抵抗,要求我们援助。望令我军及时予以必要援助,以争取晋绥军之抗战,是为至要。"

△　陕甘宁边区政府举行第十六次政务会议,重点研究干部教育问题,确定从组织上加强干部学习指导委员会,并进一步修改干部教育实施大纲及办法。

△　7时许,美空军志愿队飞机六架由南桑机场起飞,抵清迈侦察,发现机场有日机40余架,当即轰炸。另四架袭击日军南邦机场。

△　晨,日军以陆空联合再向鄂克温阵地攻击。9时,日军另以

步、骑、炮联合部队千余人,向阵地右侧迂回,攻克永冈机场,远征军第五军紧急增援不济,机场丢失。第二○○师派兵增援反击无效;至此,该师后方联络线被切断,遂转移同古阵地固守。25 日,同古被日军三面包围,并以飞机 30 余架支援轰炸。

　　△　晨,日机 11 架分八批窜扰陕西境内,在西安近郊投弹。

　　△　日政府将厦门与鼓浪屿"移交"汪伪政府管理,伪行政院秘书陈春圃赴厦门"接收"。25 日,陈又赴广州"接收"沙面英租界。该租界今后将划为广东省政府特别行政区,由广州特别区公处管理,处长由广东省警察局长郭卫氏兼任。日派遣军酒井最高指挥官发表声明:一、暂定为特别行政区。二、行政机构与行政实施要与当地日兵团长联系。三、移交以外的权益仍由日军管理。四、聘请日籍职员与警察,由中、日军警协力维持治安。

3 月 25 日　八路军总部发言人谈华北战局,指出日伪军自 2 月开始,在山东沂山区和泰山区、晋东南、晋西北,以及冀中、冀东等地区进行大规模的"扫荡"。经八路军和友军一个多月的奋战,上述地区的敌军"扫荡"已被全部粉碎。但是,敌军随后对冀鲁豫地区与沂蒙山区也开始"扫荡",目前对晋察冀和平西地区又有大规模进犯之势。发言人强调:敌人"确保华北"的方针,在任何时候任何情况下均不会改变,且其"扫荡"之残酷现已进入肆意毁灭之阶段,各区军民务必发挥重大力量,粉碎敌人进攻。

　　△　八路军冀南军政党委员会为统一党、政、军、民对敌斗争,决定县、区长一律兼县、区游击队长,县委书记兼县游击队教导员,分区委书记兼区游击队指导员。

　　△　侨务委员会委员长陈树人率慰劳团赴昆明慰问归国侨胞。31 日返渝。

　　△　日军 3000 余人,开始向胶东牙山区及大青山区为中心实行春季大扫荡。八路军第一二九师第三八五旅第七六九团两个连在冀南烟屯村遭日军合围,全部壮烈牺牲。

△ 下午 3 时,侵缅日军第一一二及第一四三联队,并有特种兵配合,向同古北发起攻击,日机 30 架临空支援,阵地局部被突破。远征军第二〇〇师派部队袭扰敌后,日军攻势受挫。

3 月 26 日 国民政府公布《中国农民银行土地债券法》,债券面额分 5000 元、1000 元、500 元、50 元,每年还息一次,利率低于中国农民银行土地抵押放款利率。4 月 12 日正式批准年内发行 5000 万元,先在川、桂两省经营。

△ 蒋介石对缅作战下达电令:第五军第二〇〇师、新编第二十二师及直属部队,在同古、彬马拉间与敌作第一次会战,如会战不利,应行持久抵抗,以逐步消耗敌人;同时,迅速将第六十六军及第九十六师与暂编第五十五师集中于曼德勒、杂泽间地区,准备第二次会战。第五军接蒋电令后即下达具体作战命令。

△ 9 时,侵缅日军猛攻同古,另一部占领南阳车站。是日,日机 90 架沿铁路轰炸,彬马拉车站被炸毁。远征军增援部队被阻,改用汽车及徒步南下。英方向美空军志愿队求援,经商定:同古经垒固至仰光归美志愿队负责,卑谬至仰光归英空军负责。同日,日军占领孟加拉湾之安达曼群岛,切断印、缅海上交通线。

△ 日伪军千余人对河北平乡县进行"扫荡",破坏村庄 70 余个,打死群众 154 人,抓走民伕 2000 余人。

△ 法国海军上尉武东文氏由北平到达晋察冀边区。武在九一八事变前曾任法国驻沈阳副领事,后居住北平八年,自太平洋战争爆发后,目睹日军暴行,毅然到边区参加反法西斯的战斗。

3 月 27 日 中国战区参谋长史迪威将军对记者称:盟军在缅甸遇有困难,盼能分担英方之负担,握取制空权,可有助于中国军队作战。

△ 冀东南内丘县敌占区民众不堪日伪的压迫,秘密组织"三皇道",举行武装暴动,杀死敌特人员数名。领导者李东为牺牲。

△ 驻山东沂水伪剿共军大队长于蟒生率人枪百余向八路军第一一五师投诚,改编为沂蒙抗日义勇军第一大队。

△ 侵缅日陆、空军协同继续攻击同古阵地,15 时竟施放催泪性毒气,敌我短兵相接,伤亡较重。午后,日军与新编第二十二师在克永冈发生遭遇战,双方彻夜对峙。

△ 上午 10 时,日机二架窜入浙江衢县,在城区投弹九枚,炸死儿童三人,伤 14 人。

△ 日陆、海军当局公布,对于一切重要物资,凡在上海地区使用、制造及贩卖,概由兴亚院华中联络部统制,统制物资达上百种。

3 月 28 日 侵缅日军猛烈攻击同古,并施放糜烂性毒气,第二〇〇师伤亡虽重,但阵地未动。午前,史迪威由瓢背回眉苗,于 11 时下达命令,要点是:第五军主力在黎达誓,于 29 日开始主力战;第六军暂编第五十五师主力于彬马拉附近集中,在该地迅速构筑工事。第九十六师迅速集中,归杜聿明军长指挥。

△ 汪精卫接见记者发表谈话,称:"中国事变"扩大为大东亚战争后,和平运动所谋求的中日合作,共保东亚,已由信仰而发生力量,由理论而见诸实行。"国民政府"当前的一切措施都是为了支持日本进行大东亚战争。同日,褚民谊在天津接收英租界行政权。

3 月 29 日 国民政府公布《国家总动员法》,凡 32 条,规定国家总动员物资为:兵器、粮食、药品、船和马车、土木建材、电力、通信,上述器材之生产修理及政府临时指定之物资等九种。国家总动员业务则包括动员物资之生产,民生日用品专卖、金融、运输通信、卫生、情报、迁移救济、工事构筑、教育训练、征购、维持秩序、保护交通,等等。并明文规定"政府得对人民之言论、出版、著作、通讯、集会、结社加以限制"。5 月 5 日,国民政府明令实施。

△ 是日为革命先烈纪念日,中枢纪念周举行纪念会,李文范报告革命历史和革命精神。重庆各界集会举行纪念大会,于右任、杨公达、吴国桢、刘峙等出席。于右任讲述黄花岗七十二烈士事迹。

△ 国民政府教育部训令:自本年度起,每年 3 月 29 日起举行"推进师范教育运动周"。运动周期间分别办理以下事项:召开师范教育会

议或讨论会；刊发师范教育专号；印发师范教育辅导小册；举行师范教育讲演；奖励师范学校教员及清寒优秀师范生等。

　　△　回教救国协会第二届全体代表大会在渝开幕。陈立夫、贺耀组等 200 余人出席。该会理事长白崇禧追述回教救国协会自 1938 年于武汉成立后的工作历程，选白为理事长，时子周等为副理事长，端木杰等 28 人为理事，马亮等五人为常务理事，冯庆鸿等三人为常务监事，31 日闭幕。

　　△　中国农民经济研究会在渝召开，冯玉祥在会上致辞，说明粮价虽上涨，但农民未得到好处。

　　△　八路军总部朱德、彭德怀、罗瑞卿为粉碎敌人的毒化政策发布命令，要求全体八路军将士"应即在自己所属区域内，彻底揭发敌寇毒化政策之狠毒阴谋，打击敌寇之毒化政策，并协同当地抗日民主政府，号召与组织民众，一律不许种植鸦片，违者严究"。

　　△　拂晓，远征军第五军新编第二十二师攻克南阳车站。在同古，日军陆空协同，施放毒气，猛烈攻击，第二〇〇师陷于苦战；第二十二师进展迟缓，彬马拉车站被日机炸毁，第九十六师运输受阻，致影响整个作战计划。第五军军长杜聿明决心放弃同古，向黎达誓以北萨加雅地区撤退。同古战斗历经 13 日，双方伤亡均重。

　　△　陈纳德奉召到渝，与蒋介石夫妇、史迪威、毕赛尔等会商美国空军志愿队归并美军问题。毕赛尔和史迪威表示：倘若志愿队不接受归并，就要断绝对其补给。最后同意陈纳德的意见，于 7 月 4 日解散。

　　△　中国留美第一期飞行员完成战斗飞行训练，是日在华盛顿举行毕业典礼。

　　△　八路军太行军区部队出击同蒲、正太铁路及汾离公路，牵制日军向晋西南国军的进攻。

　　△　新四军第三师第七旅第十九团猛袭苏北淮阴县苗何庄日伪军据点，毙日军八名，伪军 60 余名，俘伪团长以下 27 名。

　　△　午，侵缅日机多架空袭腊戌，中国空军美志愿队第三驱逐队在

曼允上空击落日机一架。

3月30日　毛泽东在中共中央学习组作《如何研究中共党史》的报告,提出"古今中外法",即弄清楚所研究的问题发生的一定的时间和一定的空间,把问题当作一定历史条件下的历史过程去研究。所谓"古今"就是历史发展;所谓"中外"就是中国和外国,就是己方和彼方。"研究中国党史,应该以中国做中心","不研究中国的特点,而去搬外国的东西,就不能解决中国的问题"。"我们要把马、恩、列、斯的方法用到中国来,在中国创造出一些新的东西"。"研究党史上的错误,不应该只恨几个人,如果只恨几个人,那就是把历史看成是少数人创造的"。

△　第八战区第三十五军新编第三师副师长朱宝夫积劳病逝,是日,国民政府明令褒扬。

△　华北日伪利用汪伪政府"还都南京"和伪华北政务委员会成立两周年纪念日,开始推行第四次强化治安运动,为期两个半月。此次强化治安运动在日本华北方面军和兴亚院联络部的指挥下,由伪华北政务委员会出面领导,以新民会为实践运动的核心力量,提出以"东亚解放"、"剿共自卫"、"勤俭增产"的口号,以期实现把华北广大地区变为日本大东亚战争后方基地的目的。

△　美、英、荷、澳四国组成的西南太平洋盟军司令部解散后,美、英两国重新划分作战地区:英国负责印度和印度洋,包括苏门答腊;美国负责整个太平洋,包括澳大利亚和新西兰。根据这项协议,美国又将太平洋地区划分为两个战区:一是太平洋战区,由海军上将尼米兹任总司令,包括东经160度以东的广大区域;一是西南太平洋战区,由麦克阿瑟上将任总司令,包括澳大利亚、新几内亚、菲律宾群岛、俾斯麦群岛、所罗门群岛及荷属东印度之大部。

3月31日　宋子文与美国财政部长摩根索在华盛顿签订《中美五亿美元借款》。双方约定一切财政条件(即以财政援助给予中国及美国因而收回利益之条件)时间延至战后;双方确认该项援助可使中国:"(1)增强其币制、货币及银行制度;(2)以资本供给生产事业并促进一切必要物品之生产、获得与分配；(3)阻止物价上涨，并促进经济关系之稳定，制止通货膨胀；(4)防止食粮与其他原料之囤积；(5)改良运输及交通工具；(6)实行促进中国人民生活之其他社会的及经济的措置；(7)适应《租借法案》以外之军事需要，并采取业经两国政府认可之其他一切作战力量之适当措置。"

△　太平洋作战会议在华盛顿成立，由中国、澳大利亚、新西兰、荷兰、加拿大、英国、美国代表组成，定4月1日开首次大会。

△　中华实业信托公司开幕。该公司系杜月笙联合渝、港、沪各地实业界及金融界创设。

△　毛泽东、博古在延安召开《解放日报》改版座谈会。毛泽东发表讲话，略谓：共产党的路线就是人民的路线，现在共产党推行抗日民族统一战线政策，就是合乎人民公意的政策。他还尖锐地批评王实味《野百合花》《政治家、艺术家》等文章的错误观点，强调整顿"三风"要充分发挥报纸的作用。

△　伪满洲国政府宣布第一期开拓移民五年计划执行完毕。日本开拓移民第一期(1937—1941)计划移入10万户，50万人。实际移入4.1537万户，10.7万余人。

是月　根据1941年美国的租借法，中国空军学员在美国阿里桑那州受训。自本月起，中国空军征得英国同意，又将第一、第二、第三、第四、第五、第十一等飞行大队分批调往印度，由美国代训，训毕接收新机回国。第十二至二十四期学员在印完成初级训练后，再去美国接受中、高级训练。受训学员每10人编为一组，30个组学驾驶B—24型轰炸机，24个组学驾驶C—46型运输机，训毕回国后分别编成空军第八重轰炸大队和第二十空运大队。

△　美国按租借法向中国提供飞机，从是月至年底，中国空军共获得B—25型轰炸机29架、P—40型驱逐机27架、P—43型驱逐机41架、P—66型驱逐机82架。从此，中国空军战斗力大增，多数飞机的性能已较日机优越，中国战场上空中优势逐渐转到中国方面。

△ 军事委员会拟订练兵 30 个师的编制及装备表。8 月,中美双方参谋人员开会研究并作修订,11 月定稿。

△ 中共中央军委及八路军留守兵团组织考察团,以朱德、王稼祥为负责人。考察团任务是了解陕甘宁边区部队情况,解决部队实际问题,转变部队工作作风。其后,朱德在中共中央军委检查留守兵团工作会议上,肯定留守兵团工作的成绩,同时也指出其缺点错误,希望他们更好地服从中共中央西北局的领导,更加尊重陕甘宁边区政府,大力参加生产,加强根据地的建设,还必须注意精兵简政和节省经费开支。

△ 范长江由香港返回桂林后,蒋介石再次下逮捕令。周恩来指示八路军重庆办事处通知范立即离开。范后来到了苏北解放区。

△ 八路军山东纵队清河军区成立。该军区由山东纵队第三旅改编组成,杨国夫任司令员,景晓村任政治委员,下辖五个军分区与一个直属团。

△ 八路军冀鲁豫军区第八军分区在反“扫荡”中,遭受严重损失,其建制被撤销。

△ 冀中军民开展地道战。在小流东桥炸死日军一分队。18 日,在流罗公路炸死日伪军 20 余名。19 日,在邯郸东炸毁敌装甲车两辆,炸毁王家营日军碉堡两座。26 日,在安国、博野路上炸毁敌汽车两辆。

△ 第十三军第四师少将高参张荣冈在河南作战殉国。

△ 日军对晋察冀边区采取“毒疫攻势”,强令“爱护村”送老鼠。在晋东盂县,日军大量收购蝗虫、苍蝇、蚊子等,以制造疟疾、伤寒、霍乱菌种,毒害边区军民。

△ 日军在冀热辽区,从古北口到山海关长约 700 余里长城两侧,包括承德、密云、迁安、兴隆、平泉、青龙、滦平、遵化、凌源等县,开始实行残酷的“集体并村”办法。第一阶段先把分散户集中到村里,不去就烧。第二步开始“集家”,又叫“人圈”,群众在“人圈”里过着非人的生活。有严密的特务组织,规定有“思想犯”、“政治犯”、“运输犯”等犯罪

条款。"人圈"里实行配给制,每人每年配给布三尺。"人圈"的妇女更是吃尽苦头。

4　月

4月1日　中、中、交、农四行、中央信托局和邮政储金汇业局联合公布《发行美金节约建国储蓄券办法》、《美金节约建国储蓄券说明》,规定每 100 元法币可折合五元美金,存期一年利息为三厘,存期二年为 3.5 厘,存期三年为四厘。

△　财政部函请中央银行将库存美金券提出发行,以流通市面,并改订海关金单位含金量,由 60.1846 公毫改定为 88.8671 公毫,规定关金券每元合法币 20 元,自是日起施行。

△　国民政府在陕西鳌屋黑水渠大坝举行黑惠渠放水典礼。该工程自 1938 年 9 月开工至是年 3 月完工,支出费用 200 万元,受益农田达 2000 万亩。

△　重庆市实行立约购米,至 5 月 20 日止,全市 50 镇已推行完毕。民食供应局预计每月照约发售七万余石。

△　史迪威返抵重庆,晋见蒋介石,汇报 3 月 19 日至月底在缅甸军事失利情况。抱怨在缅的中国军队不服从他的指挥。

△　西南太平洋战区盟军总司令韦维尔和缅甸英军司令亚历山大飞抵中国远征军第五军司令部所在地漂贝,会见杜聿明,"赞扬东吁中国军队英勇善战,并对中国军队在东吁掩护英缅第一师安全撤退表示感谢"。

△　延安《解放日报》改版,发表社论《致读者》,指出自中共中央发出整顿"三风"号召后,党报没有跟上。强调要使《解放日报》成为真正战斗的党的机关报,就要贯彻党的路线,反映群众情况,加强思想斗争,帮助全党工作的改正。

△　晋冀鲁豫边区政府副主席薄一波、戎子和致电阎锡山,请求制

止其第六十一军危害地方,阻挠抗日的行动。

△ 日军第二十七师团主力、独立混成第十五旅团和关东军、伪军各一部共三万余人,对冀东抗日根据地进行大规模"扫荡"。敌首先以重兵沿北宁铁路、长城和潮白河构成对冀东根据地的包围圈,然后又分割为东、西两部分,进行连续合击和分区"清剿"。

△ 日机 49 架分四批侵袭浙江丽水、衢县。

△ 太平洋作战会议在美国白宫举行第一次会议。英、中、澳、新、加、荷、美七国代表出席,主要讨论战争的广泛性问题。

4 月 2 日 国民政府表彰长沙会战有功人员。原第三十集团军第十军军长李玉堂升为第一战区第二十七集团军副总司令,遗职由预备第十师师长方先觉接任。第九战区司令长官薛岳颁给有关 77 人精忠奖状,并传令嘉奖协力作战有功人员 69 名。

△ 国民政府公布《战时消费税暂行条例》及《战时消费税则》,规定凡在国内运销的货物,除法令另有规定者外,概应征收战时消费税。税率分别是:普通日用品 5%;非必须品 10%;半奢侈品 15%;奢侈品 25%。并规定由海关于货物通过关卡时征收,没有海关的地方,由税务机关办理。自是月 15 日起开始征收。

△ 蒋介石派罗卓英为中国远征军第一路司令长官。

△ 中、英签订《中印航空协定》,规定英国政府同意中国航空公司开办重庆、加尔各答间航线,中国政府同意恢复昆明、仰光间航线。

△ 陕甘宁边区政府发布布告,为了扩大边区的春耕运动,提高民众的生产热情,决定今年全边区只征收公粮 60 万石、公草 1600 万斤,公粮比去年减四万石、公草减 1000 万斤。另外为了发展畜牧业,边区政府决定从今年起废除边区羊子税。

△ 陕甘宁边区动员委员会(主任林伯渠,副主任李鼎铭,秘书长刘景范)举行改组后第一次常务会议,决定今后各地一切动员须呈准本会后始能进行。

△ 中共中央军委发布通知:现日军在华兵力有 21 个师团,19 个

独立旅团,二个骑兵旅团,全部人数为50.6万人。其中被八路军牵制的为30.8%强,被新四军牵制的为17.6%弱。总计为49%左右,被国民党军牵制的为51%左右。

△　日机38架分两批由浙省侵入赣东玉山县,投弹数十枚,民房被毁多间。

△　日军封闭滇缅路。

4月3日　外交部奉蒋介石命令致电驻美大使馆称:巴西地位重要,日本在彼侨民遍布,我应加强驻使人选,提议升格为大使。

△　国民参政会驻会委员会举行第十次会议,由社会部长谷正纲报告社会事业设施及重庆附近社会问题处理情况。

△　国民政府派王陆一、熊斌等20余人赴陕西祭黄帝陵。

△　郭沫若创作的历史名剧《屈原》由中国剧艺社在重庆公演。该剧给广大群众以爱国主义教育,鼓舞人们为坚持抗战,反对妥协投降而斗争。

△　中国外交学会在重庆成立,选王世杰、王宠惠等为名誉理事。11日,举行首次理监事联席会,推林东海、李惟果等为常务理事。

△　东方文化协会、中苏文化协会、国民外交协会、国际反侵略中国分会、中英文化协会、中缅文化协会、台湾革命同盟会、朝鲜民族战线联盟、日本革命协议会及东方各民族文化团体,为响应台湾光复运动,在重庆举行宣传大会。监察院长于右任、立法院长孙科等出席并讲话。

△　中共中央宣传部作出《关于在延安讨论中央决定及毛泽东同志整顿三风报告的决定》(即“四三”决定),整风运动进入学习文件和对照检查阶段。

△　陕甘宁边区政府公布《陕甘宁边区政府文化工作委员会工作纲领》、《陕甘宁边区民众团体组织纲要》及《陕甘宁边区民众团体登记办法》。

△　冀东八路军第十二团在遵化县铁厂附近的夜明峪遭日伪军

3000 多人包围,经过激战,毙伤日伪军数百名,但终因敌我兵力悬殊过大,除 40 余人乘夜突出重围外,冀东军分区政治部主任兼第十二团政委刘诚光及指战员 200 多人壮烈牺牲。

　　△　日军独立混成第一旅团 3000 余人及伪军一部,分路对八路军南乐、清丰县以东及观城北之邵庄屯一带进行"扫荡",企图围歼八路军冀鲁豫军区第五军分区。在教导队青年队的掩护下,军分区机关和教导队突围,但军区后方医院、工厂及边区各救总会、南乐县抗日民主政府等单位遭受严重损失。

　　△　山东阳谷县七级镇伪军 800 余人反正。

　　△　晨 5 时许,日机 19 架窜入浙江衢县上空,向城郊投弹 29 枚,毁房四间,伤二人。6 时半,日机九架侵入浙江丽水,向郊外投弹 30 枚,毁民房 10 余间,伤二人,死一人。

　　△　日机轰炸远征军后方各地,曼德勒损失最重,缅僧随轰炸后到处纵火,街道房屋被焚毁十之七八。

　　△　日军制订侵缅之曼德勒会战方针:以有力兵团截断腊戍方面远征军退路;以主力沿同古、曼德勒道及伊洛瓦底江地区,向曼德勒前进,将远征军包围于曼德勒以西加以歼灭。尔后在腊戍、八莫、杰沙线以南将远征军残部追至怒江一带。

　　4 月 4 日　国民政府公布《中华民国战时军律》,并废止 1939 年 10 月 21 日公布的《修正中华民国战时军律》。新律规定:"阵前反抗命令或不听指挥者","立谋要挟或指示为不利于军事上之叛敌行为者","意图妨害抗战扰乱后方者","意图妨害抗战而造谣惑众,摇动军心者",均处以死刑。并规定本军律适用于军人、地方团队人员及文职公务员在战时犯罪者。

　　△　中国滑翔总会在重庆市两路口所建立之跳伞塔,于上月底完工,是日举行落成典礼,此为我国第一个跳伞塔。典礼由滑翔总会常务理事陈立夫主持。

　　△　中国统计学社第十一届年会在渝举行,筹委会主任王仲武报

告筹备经过及年会宗旨,宣读论文 10 余篇,并修改社章。

　　△　延安《解放日报》载:日军在华北占领区实施"金属收回强化运动",强令华北各敌占区工厂将所有的旧机器、破铜烂铁及民间的一切金属器皿全部收回,以供制造军火。

　　4 月 5 日　蒋介石偕罗卓英及史迪威由重庆乘飞机经昆明抵腊戍;并在梅苗召开第五、第六两军高级将领会议,指示集中主力在彬马拉与日军会战。

　　△　社会部宣布:全国性社会团体已登记者达 250 余单位。

　　△　重庆防空司令部设立防毒总队,警察局长唐毅任总队长,下设区队、分队,负责防毒、消毒及发布毒袭警报。

　　△　中华农学会发表本届理事会选举结果,推邹秉文、梁希为正、副理事长。

　　△　中国音乐学会在渝成立,潘公展、洪友兰、顾毓琇等 30 余人当选理、监事。

　　△　陕甘宁边区政府公布《陕甘宁边区优待移民实施办法补充要项》,规定移住垦区的移民可享受下列优待:一、免征救国公粮三年;二、减轻义务劳动负担;三、其他负担三年内减半征收。

　　△　侵缅日军一部攻击新编第二十二师驻地南阳车站。傍晚该师放弃驻地,撤入黎达誓附近阵地。6 日拂晓,日军又攻击黎达誓。8 日晨,日军迫近斯瓦河该师主阵地前方,双方形成对峙。

　　4 月 6 日　蒋介石在梅苗约见缅甸英军司令亚历山大与史迪威两将军,商谈战务,指示作战目标。并直接听取第二〇〇师师长戴安澜关于东吁保卫战的情况报告,对第二〇〇师的战绩再次予以嘉奖。

　　△　重庆空袭服务总队举行成立两周年纪念,吴铁城代表蒋介石宣读训词,略谓:见义勇为是我国人民之美德,守望相助为社会组织之中心,此为我中华民族最崇高之精神与坚强之毅力所在,望今后发扬光大。

　　△　财政部将整理田赋筹备委员会改为田赋管理委员会。

　　△　火柴公司总经理刘鸿生就火柴专卖发表谈话,谓:火柴专卖先在滇、黔、川、康实行,再推及其他各省。

　　△　捷克斯洛伐克新任驻华公使米诺夫斯基拜会外交部次长傅秉常,15 日向林森呈递国书,17 日拜会蒋介石。

　　△　陕甘宁边区政府委员会举行第二次全体会议,总结第一次政府委员会以来的政府工作,确定今后的方针。会议重点讨论精兵简政和“三三制”等问题,通过《边区政府委员会第二次会议关于政府工作的决议》及议案二件。同时,确定目前政府工作的中心是照顾和安排好人民的生活,加速经济建设,进一步实行精兵简政。会议历时四天,于 9 日闭幕。

　　△　侵缅日军第五十六师团一部向毛奇攻击,远征军放弃毛奇,向东退守克马俾附近。

　　△　日大本营指示中国派遣军总司令官畑俊六制定进攻重庆的作战计划,要求 1943 年春季以 10 个师团的兵力自山西南部出击;另以约六个师团为基干的一个集团军自宜昌方向出击,占领成都、重庆等要地。

　　4 月 7 日　蒋介石令第六十六军军长张轸到腊戍面授任务。当日张飞回昆明,第六十六军开始入缅。10 日,新编第三十八师孙立人部抵曼德勒。

　　△　云南省政府转发《关于保护美国军事代表团人员的训令》,规定“对来华之美国军事代表团”,“往来各地视察,对其途行自应予以周密之维护,并予以一切便利,不必施行检查”。

　　△　国民政府明令通缉卖国降敌汉奸林玉冰、林镇南、刘德亲、潘珍、蔡东昇、谢汉良、徐特存、黄庆云、李家、郑孟熟、王作民、蔡岩、蔡子良、丘瑞廷、张友哲、王章兴、蔡良士、黄医中、黄凤诗、曾良、郑文、王竹亭、黄雷义、蔡真、林傅辉、庄文龙、彭振骈、张包、黄诗、柯兆熊、陈柳潜、吴利民、徐衍能、徐顺、张国材、林浩益、吕兆龙、林旌发、叶维文、郭凤藩、杨小舟、杨绳熙、陆安、林锦彬、蔡注 45 人。

△ 行政院例会决议改组山东省政府,任命陈宝群、何思源、刘道元、陈秉炎、贾慕夷、阎复、斐鸣宇为山东省政府委员;陈宝群兼秘书长,何思源兼民政厅长,陈秉炎兼财政厅长,刘道元兼教育厅长。

△ 彭德怀、左权等向中共中央军委报告华北各地部队情况,称目前华北处境亦开始进入严重困难时期,日军的"蚕食"使抗日根据地迅速缩小,各抗日根据地被割裂,八路军部队战略机动处于困难时期。

△ 冀中第十八团奇袭安国县东石佛镇敌重要据点,俘伪"华北绥靖军"第十四集团军参谋长、旅长、团长以下官兵300余人,缴获大炮三门、步枪200余支、短枪30余支。第十八团仅伤亡22人。

△ 日中国派遣军总司令官畑俊六到苏州视察"清乡"地区,声称:"清乡"工作若非中(指汪伪政权)日双方同心协力,则无达到目的之希望。

4月8日 蒋介石在梅苗召集远征军高级将领训话,略谓:毛奇(6日已放弃)方面日军兵力如在一团以上,应抽调有力的机动部队先予击破,以使后方安全;彬马拉方面应集中第五军主力击破正面之敌。

△ 敌产处理委员会举行常务会议,决定对各地敌产予以普遍清查,将所有动产、不动产、债权、债务、公司等一律填表上报。

△ 物资局长何浩若在渝作"学术"演讲,略谓:在抗战建国的过程中,物价问题是一个癌。这个癌不是一个单独的机构或是任何人能加以割治,而是需要整个财政、金融、经济的协同努力;并指出经济上不是最可怕的事,在政治上才是最可怕的,原因之一是这样引起的财富再分配,暗中存在一种人对另一种人的剥削。政治癌比经济癌更危险。

△ 根据中、英两国签订的《中印航空协定》,由美空军第一次飞越喜马拉雅山驼峰,开通驼峰航线。该航线成为中国获得外援的最重要的航线。

△ 远征军第六军为掩护彬马拉会战左翼的安全,令暂编第五十五师第二团推进至垒固,第三团暂留杂泽、东枝构筑工事;又令第九十三师第二十九团速至和榜集结;另令第九十三、第九十四师袭击日军,

予以牵制。

△ 中国空军美志愿队发表第 14 号公报称：日机 20 架于 5 时 15 分侵入滇上空，我机迎击，当即击落 10 架，另六架失踪。

△ 中国军事代表团熊式辉等一行飞抵美国。

△ 自 2 月中旬起，沿吕梁山各地之日军，由乡宁至孝义 600 余里间，增加五六万众，企图大举进犯吕梁山根据地。阎锡山于是日在克难坡洪炉台领导干部举行"民族革命根据地大保卫战集体宣誓大会"，誓词曰："我必以革命大义领导党、政、军、教全体同志，誓以革命牺牲的决心，求得革命的成功，愿共勉之。"宣誓后，派遣铁军委员至各部队中，部队主官如不得铁军委员副署，不得发布退却命令，全战区乃普遍发起牺牲奋斗保卫革命根据地运动，在浮山、宋家庄等地与日军展开激战。

△ 伪滦平县警察"讨伐"队包围臭水坑，丰滦密联合县长沈爽等率干部与"讨伐"队交战，沈爽等 30 多名干部牺牲，45 人被俘，余部向南撤退。

4 月 9 日 蒋介石偕宋美龄由腊戌乘飞机至昆明，并令陈纳德将军指挥空军飞虎队，在缅甸掩护远征军作战。次日，由昆明飞返重庆。

△ 白崇禧以中国回教救国协会理事长资格，在官邸宴请土耳其代办戴伯伦。

△ 中国远征军长官部拟定彬马拉会战计划，以阻击兵团扼守斯瓦河北岸，利用狭长森林地区，将日军包围于彬马拉附近加以歼灭。根据上述计划，第五军于 10 日在漂贝司令部下达作战命令。

△ 重庆《大公报》讯：40 万华工正在赶修中印公路，中国段大部完成。该公路由成都经康定、巴安至印度的阿萨密，全长 700 公里，年底全部完成。

△ 重庆《大公报》讯：中国政府拨款缅币五万盾，赈济缅甸难民。

△ 美国救济中国难民委员会在渝设立办事处，文德敷任主任，太平洋关系学会研究部主任巴纳特担任驻华联络员。该办事处为顾问性质，在医药、卫生、教育、保育、经济建设和社会改造方面给以协助。

△　延安《解放日报》发表《贯彻精兵简政》的社论,指出自中共中央去年 12 月初发出精兵简政指示以来,华北各根据地虽已开始执行,但还要普遍实施和认真贯彻。因此,普遍地实行精兵简政,节省兵力,已是目前刻不容缓的重要任务。

△　周恩来在重庆听取夏衍关于香港沦陷时文化界人士分批安全撤离情况的汇报,特别关注柳亚子、邹韬奋、茅盾等人的安全和健康。要夏衍在重庆争取公开合法,以进步文化人的面貌做统一战线工作,还说皖南事变后,国民党查封《救亡日报》是亏了理的,要不亢不卑地同他们算算这笔帐,现在可以先去见潘公展,这样就争得了公开合法的地位。不久,得知于伶、宋之的等从香港到达重庆,当即指示组织一个话剧团,使在重庆的话剧工作者有演出的机会,也可吸收一些到重庆的抗敌演剧队成员参加。

△　日伪军 2000 余人"围剿"冀东王官营以南 10 个村庄,将抓捕的各村群众 2000 余人押解到黑山沟,正当屠杀群众之际,中共丰润县党政领导率部队前来营救,群众逃散。战斗中,几十名八路军战士牺牲,60 多名群众被杀害。

△　是日至次日,侵缅日军第五十五、第十八师团在飞机、战车、炮兵掩护下,继续攻击斯瓦。11 日,日机整日轰炸,夜 23 时远征军新编第二十二师按原计划留一部掩护外,主力开往沙加耶第二阵地,并向沙瓦地附近转移。

△　据日伪"华北劳工协会"公布:三月内华北各地青壮年运往东北的人数已达 15.8459 万人。

△　伪满洲国、朝鲜、华北、蒙疆等傀儡政权代表,在大连召开第一次"大连联络会议"。会上讨论政治、经济诸问题,就共同合作支援日本发动的"圣战"达成一致意见,并决定今后每半年召开一次会议。

4 月 10 日　川省府主席张群为培养坚苦卓绝之学风起见,特发表致全川中等学校校长、教职员书,勉以下列三事:一、锻炼健康身体;二、养成恢宏度量;三、厉行规律生活。

△　重庆各界举行大会欢迎归侨参加抗战建国工作,社会部副部长洪兰友等致欢迎词。

△　中共中央华中局书记、新四军政委刘少奇受中共中央和毛泽东的委托由苏北到达山东临沭县朱樊村第一一五师师部。中旬,刘少奇召开中共山东分局与山东军政委员会联席会议,决定以下重大事项:一、一切领导集中于山东分局,分局下设军政委员会;二、八路军第一一五师师部、山东纵队司令部与山东分局合署办公,三个机关由万人减至3500 人,第一一五师师部、山纵司令部、分局干部统一分配;三、山东纵队第一旅拨归第一一五师建制。

△　太行区武工队从是日至 18 日共进行战斗 45 次,毙伤日伪军210 名,俘虏 50 名,摧毁伪组织"维持会"300 余个,镇压汉奸 400 余名,开辟和恢复了有五万人口的游击根据地。

△　下午 3 时半,日"零式"战斗机 20 架侵入滇境我空军基地,被"飞虎队"击落七架,重创四架。

△　韩国临时政府成立二十三周年纪念会在渝举行,临时政府主席金九、外务部部长赵素昂举行茶会招待中外人士。

4 月 11 日　国民党中央宣传部长王世杰、副部长潘公展、董显光,在渝举行欢迎茶会,招待由上海、香港等地抵渝的新闻和文化工作者。

△　经济部物资局在成都设专员办事处,限令成都市及成都、华阳两县所存棉纱,自 4 月 1 日起开始登记,逾期者以囤积居奇论罪。

△　重庆《大公报》报道:据主管方面统计,川省盐产量共约 1070万担,除本省年需 600 万担外,接济湘、黔、陕、鄂年约 180 万担,供需相抵,尚有余盐。

△　中共中央政治局会议,毛泽东在会上作关于目前时局的发言。他说:关于中国局面恩来估计正确。蒋介石的政策是外宽内紧,积极准备在太平洋战争后的行动,现蒋经国已到西北。蒋介石对我们现已组织政治攻势与军事攻势。我们准备对付蒋的进攻。今后两年将是最困难的时期。

△　八路军第一二九师新七旅政治部主任刘诗松带领部队在冀南南宫县与日军作战,突围时牺牲。

△　日伪军数千人集中上百只船,合围微山湖中之微山岛抗日武装,抗日地方武装和游击队五六百人与敌激战后分路突围。在战斗中,运河支队参谋长褚稚卿等牺牲。此次"扫荡"历时12天,敌占微山岛,中断东西交通。

△　日军攻占菲律宾巴丹半岛。从3日起,日军再次发动对巴丹半岛的进攻,至是日完全占领。在整个巴丹半岛战斗中,美菲守军7.8万人除2000人撤往科雷希多岛外,大部被俘。日军在押解被俘人员前往圣费尔南多途中,采取极其残暴手段,致使数千名战俘死于饥饿、暴晒和痢疾,300余人被日军用刺刀刺死。这就是历史上有名的"巴丹死亡行军"。

4月12日　新疆省主席盛世才背信弃义,诬陷中国共产党,捏造所谓"共产党四一二阴谋暴动"案,"以保护"和"另有任用"为名,将南、北疆各区县的共产党员全部调回迪化(今乌鲁木齐),先后集中在羊毛湖和八户梁等处,并命令航空队全体学员离开航空队,也集中在南梁招待所。实际是将共产党人和各界进步人士全部软禁起来。

△　远征军第六军暂编第五十五师司令部移至垒固,指挥作战。同时第六军工兵营及第三团主力亦驰赴垒固归建。13日,第六军指挥所亦至垒固,并令第四十九师第一四六团向垒固以北坑皮克前进占领阵地。

△　是日至16日,侵缅日军向新编第二十二师阵地攻击,该师分别占领沙加耶北方之莫拉、叶尼、沙瓦地、挨劳各附近阵地,以阻击敌人。16日,该师在第九十六师掩护下,向彬马拉西面集结整顿。东西两侧之游击队亦随正面战况之转移,分别撤至托力安、叶尼仓各附近地区继续游击。

△　日军第三十二师团"扫荡"冀鲁豫边国军高树勋部防区,八路军一部援助高部,血战二旬。29日,八路军破袭鲁西冠城至甄城

间的公路 50 余里,毙日军 80 余人,解救被围高军一部,并掩护其安全转移。

　　△　日伪军调遣五万余人,向大青山抗日根据地进行"扫荡",并推行"施政跃进"运动,强迫群众并村,增设据点,步步压迫和包围根据地。日伪反复"扫荡",进行到 10 月才告结束。

　　△　重庆《大公报》讯:美国联合救济中国难民委员会宣布,罗斯福总统与林森主席为发动 700 万元的援华募捐运动交换广播演说。美国 15 州州长发表公告,规定是日至 19 日为"中国周"。

　　4 月 13 日　毛泽东在中央学习组作关于时局的报告。报告指出:去年冬季国际形势有两件大事,一件是苏联在反法西斯战争中取得了主动权;再一件就是爆发了太平洋战争,美国参战。日本反苏战争爆发的可能性大。如果日苏战争爆发,国民党有可能发动第三次反共高潮,他们布置很久了。今明两年是我党日子最困难的两年,我们准备在这两年中间地方缩小,人口减少,军队缩小,党员减少,财政经济缩小。我们的困难有两种,一种是反共高潮的困难,另一种是我们自己的经济困难。今天的困难,是黎明之前的黑暗,是胜利前夜的困难。为了将来要加强教育,为了现在也必须加强教育。再就是精兵简政,精兵简政是为了克服困难。

　　△　湖南长沙县长杨师篯在第三次长沙会战时被日军俘虏,不屈被害,是日国民政府明令褒扬。

　　△　驻守在鲁西阳谷县七级镇、刘庄、于庄等处伪军,由团长田庆凯率 500 余人、枪 400 余支向八路军投诚。

　　△　华北伪中央联合准备银行公布本年 1 至 3 月"联银券"发行额为 9.13429796 亿元,预计本年内发行额将达 20.6526 亿元。

　　4 月 14 日　行政院例会决议:一、财政部将赋税司改为地方财政司,并在部内增设督察专员;二、通过《非常时期改善公务员生活办法草案》。

　　△　邮政总局函请印度邮政开办新疆蒲犁与印度米斯嘎互换邮件

事务,并邮饬新疆局从速筹备。

△　重庆《大公报》讯:台湾同盟会呈请国民党中央及国民政府,准予设立台湾省政府,略谓:台湾原为中国领土,台胞同系炎黄子孙,从《马关条约》至今,沦入敌手已有48载,凡中华儿女无不认为是奇耻大辱,600万台湾同胞切盼早日归依祖国。

△　朱德、彭德怀发出电文,号召敌占区人民不给日军种植棉花,以增加敌人之困难,配合中国军民的反攻。电文指出:"这是一种急切的救国工作,望我沦陷区同胞认真实行。"

△　远征军第六十六军军长张轸率领军部及直属部队一部到达腊戌,15日率领军部一部分到曼德勒。16日夜曼德勒大火,军队投入救火。

△　凌晨2时,英缅军总司令亚历山大上将面告远征军代表侯腾,英军情况危急,日军第三十三师团沿伊洛瓦底江两岸北进,将英缅军包围于仁安羌以北,要求远征军救援。17时,远征军长官部令第六十六军新编第三十八师孙立人部赴乔克巴党解救英军。

△　八路军第二分区第四十二团罗志友营长和王万荣连长,率领80余名战士,在广胜寺力空和尚配合下,将广胜寺《赵城金藏》4700余卷抢运转移至太岳地区安泽县亢驿镇,保存了这部世界遗珍。1949年4月,这批经藏运抵北平,交北平图书馆珍藏。

△　赈济委员会委员汤漪在渝逝世。5月12日,国民政府明令褒扬,并发给治丧费5000元。

4月15日　财政部公布:美国政府应中国政府要求,依照最近美金五亿元对华信用放款协定之规定,拨美金二亿元记入纽约联邦准备银行中国中央银行存折,作为发行美金公债之准备金。

△　教育部咨各省省政府:奉行政院转奉国民政府令:各地中心学校及国民学校校长务须使其专任。至此,实施"新县制"后,国民学校、中心学校校长兼任乡、镇、保长,因而削弱学校领导的问题,开始解决。

△　中国新闻学会及重庆各报联合委员会举行茶会,欢迎来自新

加坡、香港、上海、天津等地的新闻界同行。中宣部副部长潘公展、中国新闻学会理事长萧同兹、各报联合委员会总干事陈博生及中外记者 200 余人出席。萧致欢迎词,对冒险来到后方的记者表示敬意,次由《大公报》总经理胡政之报告香港沦陷经过及日寇暴行。

　　△　周恩来、董必武致电毛泽东并中共中央书记处,提出对那些想去根据地的民主党派人士应表示欢迎;并提出争取中间分子要靠我们党的路线的正确和执行得法,也要靠他们自己的体验。为了开展统一战线,为扩大民主运动,同时也为了养成我们自己在民主制度下同其他党派合作的作风,建议中央加以考虑。

　　△　八路军晋豫联防区成立,刘忠为司令员、聂真为政委,下辖三个军分区。至此,晋豫区初具规模。

　　△　晋冀鲁豫边区第二十二专员公署专员刘齐滨病故,由袁复荣继任专员。

　　△　八路军太行军区第三分区部队在榆武公路白家庄设伏,歼日第三十六师团高木联队第三大队一部,毙日少佐以下 100 余名,俘六名,毁汽车 16 辆。

　　△　八路军第一二九师第三八五、第三八六、决一、第二一二旅对侵占俘山、翼城等地的阎锡山部第六十一军,发起自卫反击。战斗至次日拂晓结束,共俘顽军 718 人,毙伤 392 人,收复浮北大片土地。

　　△　日军第二一四联队攻战仁安羌。亚历山大以兵力不足,在梅苗与史迪威、罗卓英会晤,要求增派援军。远征军长官部决定续派新编第三十八师的两个团增援。至 17 日,该两团到达指定地区。

　　△　侵缅日军第五十六师团一部迫近土冲河阵地。16 至 17 日,双方在土冲河至保勒、南柏阵地间多次发生战斗。18 日,日军一部突进垒固南高地。19 日,该高地被日军突破。远征军师与军间失去联络。第六军令第四十九师第一四六团在垒固以北及昔胜间沿公路占领阵地,又令在保勒北高地的第九十三师第二七九团,速向垒固东北山地转移。午后,军司令部向昔胜转移。

△　是日至 19 日，日军在冀东玉田县城东之五里桥、彭桥两地集体屠杀当地基层抗日干部和村民 100 余人。

4 月 16 日　蒋介石批准美国麦慕仑上校担任中国交通区和中国运输公司总顾问，并兼任中缅运输总局总顾问，以协助解决各种运输问题。

△　教育部学术审议委员会在渝举行第三次大会，张君劢、王世杰、茅以升、冯友兰、吴有训、竺可桢、张道藩等委员出席。教育部长陈立夫致词，谓高等学校由战前 108 所增至 129 所。大会奖励华罗庚《堆垒素数论》、冯友兰《新理学》，各得一等奖一万元；二等奖为金岳霖《论道》、杨公达《春秋大义述》、陈启天《韩非子校释》、胡焕庸《缩小省区方案》、涂长望《中国气象之研究》、刘开渠《雕塑》、沈福文《漆器》等，各得 5000 元；陈铨《野玫瑰》、曹禺《北京人》、常书鸿《油画》、雷圭元《工艺美术之理论与实际》等获三等奖，各得 2500 元。于 17 日闭会。

△　中央警官学校举行校长蒋介石铜像揭幕典礼，中华警察学术研究社第六届年会及考试院举办考课给奖典礼一并举行。蒋介石兼校长亲临致词。

△　中共山东分局根据刘少奇的指示精神，作出《山东抗战四年工作总结》，充分肯定四年来山东敌后抗战的成绩：一、建立了 10 万人的抗日武装（山纵与军区共六万，第一一五师四万）；二、建立了拥有 800 万人口、2.5 万平方公里土地的抗日根据地；三、建立与发展了山东的党，党员发展到 11 万人；四、初步发动与组织了群众；五、部分地区协助了华中及其他地区的斗争。同时也指出了山东工作中的缺点和错误，并提出了今后八项具体任务。

△　《解放日报》讯：东南联大在浙江金华成立，设立文、理、法、工、商、农、师范七个学院。

△　重庆《大公报》总编张季鸾去秋去世，是日在渝举行公祭，遗体由渝启运陕西。上月 29 日灵柩抵西安，同日西安各界举行迎祭典礼，安葬于长安县南樊川少陵园。

△　远征军第五军新编第二十二师已转入彬马拉预定阵地,彬马拉会战准备就绪。17 日,杜聿明、史迪威、罗卓英商讨会战事宜,决定先击溃彬马拉进攻之敌,然后策应英军作战。13 时,日军在戾委与第九十六师一营发生战斗。第六军第九十三师先头部队已到达和榜;第六军第四十九师先头一营到达垒固以北。

△　史迪威派人将其对中国远征军整改计划送到重庆,提出缅甸北部至中国的陆、空军供应线很可能被日军切断,武器运不到中国军队手里,中国军队必须去印度取武器,建议"在美国空运公司尽可能帮助下,从密支那把军队经孟拱和信宾扬,越过缅甸北部,沿雷多公路运到阿萨姆境内",在印度组建两个军的中国部队,进行训练。两周后,蒋介石批准了这次训练计划,接着美国政府也给予批准。

△　八路军第一二九师一部在武(乡)榆(社)公路魏城附近伏击,毁敌汽车 16 辆,歼敌第三十六师团高木联队第三大队第十一中队全体及第十三中队大部,共 230 余名。

△　世界无线电公司自是日起开始旧金山与成都直接通报。

4 月 17 日　是日为《马关条约》签订四十七周年,旅渝台胞集会纪念,并规定该日为"岛耻纪念日"。

△　中美文化协会在重庆孔祥熙官邸举行游园茶会,同时举行献赠中国空军美志愿队"海鹰元"典礼。名誉会长宋美龄致词。

△　中共中央书记处关于准备应付第三次反共高潮给各地党部及八路军、新四军负责同志指示,指出有各种材料表明,蒋介石及国民党正准备于日苏战争爆发后,举行第三次反共高潮,我们必须准备团结全党和全国人民,适当地应付此次高潮及今年极大困难。中共南方局收到指示后,立即向党的干部进行传达,并指示《新华日报》于 5 月 15 日发表《提高警觉克服困难》的社论,巧妙地把中共中央的精神传达给国民党统治区的人民。

△　外交部驻菲律宾总领事杨光淦等被日军杀害。

△　远征军第六十六军、新编第三十八师第一一三团奉英军第一

军团长命令,到达宾河右(北)岸。18日拂晓,该团开始攻击,午刻将日军击溃,该团右翼渡河追击,被宾河左(南)岸日军所阻。

△ 日军陷缅甸仁安羌。英缅军第一师及装甲第七旅共7000余人被包围于仁安羌以北地区。次日,缅境英军决将铁路、公路移交我方管理。

4月18日 国民政府颁布修正《军政部组织法》。

△ 周恩来致电毛泽东和中央书记处,对国内当前形势进行了全面分析,指出国民党的反共活动又加紧,并举出了109条事实说明时局的危机,蒋介石、国民党有发动第三次反共高潮的可能。21日,毛泽东复电周恩来,指示作好准备,对付国民党行将发动的第三次反共高潮。

△ 毛泽东、朱德、王稼祥、叶剑英致电彭德怀、左权、聂荣臻、刘伯承、邓小平:为应付国民党第三次反共高潮,准备于必要时以晋察冀军区及第一二九师抽调若干部队到晋西北加强防务,以使第一二〇师在事变后能抽调大部渡过河西应付时局。

△ 陕甘宁边区政府发出通令,颁发《边区政府委员会第二次会议关于政府工作的决议》,指出当前的工作重心:照顾和安定人民生活,发动生产,今年除减征公粮、公草及废除羊子税外,应调整壮丁与牲口的动员,准备土地登记,确定地权;加强春耕工作;管理对外贸易;彻底实行"三三制";保障人民权利;整训地方武装;进一步实行精兵简政;要抓紧干部的教育。

△ 晨,侵缅日军一部向彬马拉逼进,并向庹委攻击。3时,罗卓英接驻英军联络参谋杨业孔电称:英军已无战斗力,全军后撤,日军越过宾河向乔克巴党进攻。远征军决定放弃彬马拉会战,令第五军于19日拂晓前开始转移,改守密铁拉至敏建一带,准备曼德勒会战。20日彬马拉失陷。

△ 16架美"空中堡垒"巨型机由杜利特尔中校率领,自"黄蜂号"航空母舰起飞,轰炸东京、横滨、神户、山崎等地,投炸弹及燃烧弹共16吨,于当晚飞达杭州湾着陆,另有一架飞往苏联海参崴。

△ 日伪军 4000 余人包围八路军冀东军分区后方医院所在地鲁家峪,我军伤病员及工作人员 190 余人被敌施放毒气致死。

4 月 19 日 蒋介石以极沉痛之电饬宋子文向美总统罗斯福呼吁,美国对中国与其他国家之待遇应相同。

△ 中国财政学会在渝成立,通过学会章程、工作计划,推蒋介石为名誉理事长,孔祥熙、陈其来、俞鸿钧、钱新之等 31 人为理事。孔祥熙致词,略谓:要在世界财政学中确立中国财政学的地位,把本国的财政思想发扬光大,确立民生主义的财政政策等。

△ 毛泽东为中共中央书记处起草致陈毅电:关于韩德勤的军力与地区,以能维持韩生存又对我无危害为原则。因此,地区可划给一个适当的立足地。

△ 第十八集团军副总司令彭德怀、副参谋长左权、八路军野战政治部主任罗瑞卿指示第一二九师并报告中共中央军委:在当前国际形势下,增大了日军北进的可能性,晋东南地区要迅速开展抗日统一战线工作,和国民党军和平划界。

△ 阎锡山部第六十一军军长梁培璜致函晋冀鲁豫边区政府副主席薄一波,表示愿意和谈。于是第六十一军与八路军进行停战谈判,划分两军的军事界限。

△ 西康省政府与康、藏上层人士合组康藏贸易公司,资本 600 万元,垄断康藏进出口贸易。

△ 远征军新编第三十八师第一一三团逼近日军阵地发起攻击,前进中该团第三营营长张琦少校壮烈牺牲。至 14 时,攻克 501 高地,击溃日军第三十三师团主力,使敌遗尸 1200 具,全部收复仁安羌油田区,救出被围英军 7000 余人及被俘英、美传教士、新闻记者等 500 余人。远征军的大捷,一时轰动了整个英国。为此,英国向新三十八师师长孙立人及团长孙继光等多人授勋。此后,英军退入印度,远征军自腊戍撤退,滇缅路于 30 日被日军阻断。

△ 远征军第六军暂编第五十五师在垒固南 32 哩高地被日军突

破。该军令第四十九师第一四六团分别在垒固以北及昔胜间沿公路占领阵地；又令保勒北第九十三师第二七九团速向垒固东北山地转进，军司令部向昔胜转移。

△ 夜，晋察冀边区八路军一部突袭冀中完县，将伪组织各机关全部捣毁，碉堡工事、城门岗楼大部烧毁，毙日伪军20余人，俘40余人。

△ 宋美龄在美国《纽约时报》发表《如是我观》一文，用长沙会战实例说明中国军人魂，并谴责在华治外法权，呼吁各有关国家尽早予以废除。

4月20日 中国军事代表团熊式辉等在华盛顿晋见美总统罗斯福。

△ 岭南大学决定在粤北复课，先开农、文、医科。

△ 远征军第六军令第九十三师协同第二七九团设法突围，至卯克买附近集结；令第四十九师至雷列姆待命；另令第九十三师立即西进。

△ 拂晓，侵缅日军一部进抵垒固南侧，与第六军接触。日军另一部迂回垒固西，向第四十九师阵地攻击，阵地被突破。日军又攻击垒固北该师第一四六团阵地，激战至晚，日军陆续增加，守军不支。晚，第六军军长甘丽初决定放弃战斗，令部队向卯克买转移；同时令一部破坏昔胜至和榜间公路。甘率部分人员，北上至和榜附近待援。

△ 八路军第一二九师发布反"蚕食"斗争命令，命令所属各部应着重与党、政、军、民"一元化"斗争相结后，各游击兵团除少数兵力在正面直接游击外，应以主力转至敌人侧背作战，特别要组成多数的便衣队，进入敌人背后开展游击，攻其心腹。

△ 毛泽东在中共中央学习组作关于整顿"三风"的报告。指出：今年、明年是最困难的两年，所以要加强内部教育。为了迎接新的光明世界，也要加强教育。

△ 中共中央南方局决定派张文澄、方文彬、杨才等组成调查研究组到云南开展工作。调研组的主要任务是：一、搜集有关资料；二、联系

滇军第二路军指挥部里的中共党员;三、在滇军建立电台。负责电台的杨才于 1944 年 2 月进入滇黔绥靖公署无线电总台第三机班,负责龙云与中共中央及南方局的电讯联络,直到 1945 年 10 月 3 日龙云被蒋介石逼到重庆为止。调研工作到 1946 年 4 月张文澄到重庆才告结束。

　　△　日机三批向山西吉县七郎窝军桥投弹 300 余枚。

　　△　汪精卫往上海、杭州视察,是日抵上海,林柏生、周隆庠随行。

　　△　伪满洲国政府决定外务局升格为外交部,任命韦焕章为外交部大臣、三浦武美为外交部次长。

　　△　莫斯科会战结束,苏军收复莫斯科州、加里宁州、图拉州和梁赞州等地。会战中,德军 60 余万人被歼,改变了苏德战场上的形势。

　　4 月中旬　侨务委员会与教育部合办的南洋研究所在渝成立,陈树人与陈立夫分任正、副会长,下设政治、经济、教育、法制、译述、资料、总务七个组。

　　△　朱德视察屯田政策实行得好的南泥湾农场和工厂,称赞南泥湾建设得好,是"陕北的江南"。

　　△　周恩来向中共中央南方局机关全体党员作报告,阐释三个月来蒋介石发动一系列反动事件的背景条件,历数反动事件 109 起。估计反共即使达到高潮,蒋介石总有不能丢掉抗战与民主旗帜的困难,只要我们紧抓住这两面旗帜,"他们的一切进攻和压迫,便不能不受到限制"。指出斗争将是长期的,不平衡的,而光明的到来,必定在国际国内发生重大事变以后。

　　4 月 21 日　行政院例会通过以下决议:一、《统一募捐办法》;二、《田赋管理委员会组织规程草案》;三、《本年度推销公债计划纲要》及《财政部公债筹募委员会组织章程》等案,并任命涂允檀任中国驻巴拿马特命全权公使,原任沈觐鼎免职。

　　△　四川省政府公布《四川省各县临时参议会组织规程》,凡 25 条,规定在县地方自治尚未完成以前,为集思广益,促进县政兴革起见,特设各县临时参议会。各县临参会名额,一二等县 20 人,三四等县 14

人,五六等县 10 人。由各该县住民中遴选十分之七,由曾在本省依法成立之职业团体服务人员中遴选十分之三。其候选人由各县县政府依照规定标准提出加倍人数于省政府委员会议决定。

△　中央研究院、中国地理研究所与中央博物院组织西北史地考察团,考察甘、宁、青地理、植物、史前文化、古代国防及艺术等,名誉长为朱家骅。由团长辛树帜、历史组长向达、地理组长吴印禅率团员于是日赴兰州考察。

△　中共中央发布关于"五一"节的指示,指出:"纪念'五一'必须与国际工人阶级反法西斯斗争及我国人民坚持抗战克服困难的斗争密切联系起来。同时应根据党中央及毛泽东同志整顿三风的号召来改造各根据地工会工作,深入肃清职工运动中的主观主义、宗派主义、党八股的思想方法与工作作风的残余。"

△　毛泽东复电周恩来,称:"中央已根据你的材料及估计发了准备应付第三次反共高潮的指示。……日苏战争时机当在 5 月至 8 月内,在爆发前我们一面准备应付反共高潮,同时继续抓紧党内教育,以整顿学风、党风、文风为中心,认真进行改造作风、巩固内部的工作,这无论是为着应付目前困难与迎接将来光明都是必要的。"

△　彭德怀电告毛泽东、朱德并告聂荣臻:阎锡山为和缓日军威胁,趁八路军反"扫荡"之疲劳,以第六十一军步步为营,不断向前推进,经 15 日至 17 日三天战斗,已将该军之第四十六师全部和第四十八师一个团消灭。现该军军长梁培璜已派来代表要求和平解决,阎锡山来电谓来日将并肩协同抗日。经过此次战斗,可能暂时稳定太岳局面。

△　远征军长官部对第五军下达作战命令:要点为:一、第九十六师在吉同冈、耶麦升(彬马拉北)占领阵地,与敌激战;二、杜聿明率第二〇〇师并指挥第六军,务求击破向东枝前进之日军。第五军奉命后即刻东进,先向克劳隘口进出,以七五榴炮一营及装甲车协助第二〇〇师攻击东枝日军;另令炮兵主力及战车全部向西保附近集结,相机策应雷列姆战斗。

△　拂晓,远征军第六军参谋长率步、炮兵在和榜占领阵地。10时,日军先头部队冲入和榜,当地守军被击破;午,日军在飞机掩护下,攻击和榜东侧阵地未逞。夜,日后续部队到达,并有多数车辆转向东枝。

△　远征军获悉日军分两路向北挺进,当即分兵阻击:一路由甘丽初率领一部兵力在雷列姆附近,占领既设阵地;另一路由杜聿明率领第二〇〇师等部队,由密铁拉东进阻击日军。

△　是日至 5 月底,冀东军分区为开辟热河地区,以第十二、第十三团为主力共 4000 余兵力,对敌展开攻势,连克兴隆县北水泉,承德县榆树沟,平泉县梓椤树、宽城亮甲台、熊虎斗等敌伪据点 13 处,消灭日伪军 3000 余人,使承德、平泉、兴隆、青龙广大地区相接,并与冀东迁遵兴根据地连成一片。

△　重庆《大公报》讯:复兴面粉公司以国家银行贷款转贷获利息 28 万余元,经财政部、经济部查证属实并加严惩:一、一年内不准向国家银行贷款;二、所获 28 万余元充公;三、另行罚款 28 万余元;四、由经济部通令同业公会以儆效尤。

△　晨,日机 36 架分五次轰炸浙省衢县,投弹 53 枚。同时有日机五架窜丽水,投弹 11 枚。

△　日大本营授意中国派遣军总司令部"准备浙江作战"。其目的在于占领和破坏中国东南金华、衢州等地的机场,使其国内免受空中的威胁,并打通浙赣铁路,切断中国东南的交通运输。30 日,大本营下达作战命令,要求中国派遣军摧毁浙江航空基地,"粉碎敌利用该地轰炸帝国本土之企图"。

△　美国斯特逊大学授予宋美龄名誉博士学位。

4 月 22 日　教育部在重庆举行女子教育会议,教育部长陈立夫致词说:女子教育应注意家庭内外之分,意志情感陶铸之分,现在将来责任之分,无子女之女子对于教育事业应多负责任。

△　图书杂志审查委员会在重庆开会,王世杰、吴国桢、该会主任

委员潘公展、副主任委员印维廉及各省、市审查处长等出席。去年经审准发售图书238种,查禁196种,停止发售120种,就地取缔32种,不准再版的14种,准予备查的472种。今年予以奖励的图书有:《中国农村经济研究》、《中国社会问题》、《三民主义的科学研究法》、《总理遗教初稿》、《福建辛亥光复史料》、《敌情研究》。会议决定加强各地审查工作。25日闭会。

△　孔学会在重庆成立,中外来宾及会员500余人出席。孔祥熙报告成立意义:"(一)崇道德,以期民族之复兴;(二)辨王道,以息敌人之邪说;(三)倡大同,以拯世界之人类。"吴敬恒、陈立夫先后讲话。推蒋介石、林森为名誉理事长,孔祥熙、吴敬恒、陈立夫、陈果夫等为理、监事。

△　中共中央办公厅发出《关于精兵简政问题的通知》,指出精兵简政包含两方面问题:一是注意节约与积蓄民力;二是注意组织要精干,以提高工作效率。

△　陕甘宁边区政府举行第十八次政务会议,决定下列主要事项:一、在延安成立边区防疫委员会;二、改组边区政府系统的学习指导委员会;三、扩大边区政府系统的编整委员会;四、边区公营工厂工人的工资标准;五、实施第二期运输公盐办法等。

△　侵缅日军续攻和榜阵地,激战竟日,守军阵地被摧毁,连夜向孟邦转移。23日午后,日军一面攻击孟邦,一面向丙隆转移。当远征军抵丙隆时,后路又被日军截断,该部向赖卡转移待援。24日,孟邦阵地被日军突破,余部向猛昆撤退,10时,雷列姆失陷。日军又分两路北进,一部经丙隆北进,一部经南桑东进。甘丽初率少数疲残兵力在赖卡阻击日军未果,旋令东退孟衮收容。25日,日军右纵队追至孟衮,该军向孟朽撤退,收容残部。是日,孟昆失陷。

△　第三十九集团军总司令孙良诚在鲁西南定陶、曹县地区率第三十三师、新编第十三旅及特务旅共2.5万人投敌。随同投敌的有新编第六师师长王清瀚、暂编第三十师师长赵云祥、第一八一师师长陈光

然、新编第十三旅旅长黄贞泰、特务旅旅长郭俊峰、冀察战区游击第一纵队司令丁树本、第二纵队司令夏维礼、警备处长孙玉田。汪精卫命令将该部编为伪第二方面军,任命孙良诚为总司令。孙在开封宣誓就职。

△　美国军队进抵印度。

4 月 23 日　三民主义青年团中央团部从是日至 26 日在重庆中央训练团举办团员训练班,有 760 名团员参加。团长蒋介石亲临训话,称忠孝仁爱信义和平之教育,为青年成功立业之基本教育。

△　欧亚航空公司总经理李景枞辞职,交通部派陈卓林继任。

△　远征军驻腊戍参谋团奉军事委员会电令:立即破坏腊戍、雷列姆公路,电令新编第二十八师刘伯龙部派部队于 24 日到赖卡以北,一面掩护第六军,一面破坏公路;同时通知中国驻腊戍各机关速向国内撤退;另令后勤、交通部破坏来不及抢运的物资。

△　缅甸东枝陷落。史迪威、罗卓英、杜聿明部署收复东枝,24 日拂晓开始攻击,激战至午,东枝西、南、北三面高地均攻克,并有一营冲入东枝市,发生巷战。此时,第五军接远征军长官部命令:东枝克复后即返曼德勒准备会战,并饬第二〇〇师于 25 日攻克东枝。该师于是日进入市区,主力奉命西移。

△　冀东中共丰玉宁联合县委书记石光,在丰润县未庄子遭日伪军包围,战斗中不幸牺牲。

△　上午,日机 22 架在江西境内侦察。另一批七架进袭浙江衢县,在郊外投弹多枚。

4 月 24 日　蒋介石鉴于入缅作战不利,电令远征军长官部:万一腊戍不守,第五、第六十六军应以密支那、八莫为后方,第六军以景东为后方。

△　重庆《大公报》讯:立法院提出修正《土地法》,蒋介石提出战时土地政策实施纲要 10 点,规定:私有土地应由所有人申报地价,照价纳税,税率起税点为 1% 至 2%,累进至 5%。对于农地地价税折征实物,全归中央。私有土地其地价一部由国家发行土地债券偿付。土地使用

应受国家限制政策限定。私有荒地由政府征收高价地价税,并限期使用,不使用者得由政府估定地价,以土地债券征收。

　　△　驻英大使顾维钧与英国政府签订《关于中国海员协定》。5月31日,外交部就此事致电驻英大使馆称:按照规定,应设法使中国海员复工,英方同意改善我海员待遇,希通知各海员并转告辖区各使馆。

　　△　英大使薛穆爵士与英国军事代表团团长勃鲁斯少将晋谒蒋介石,面述奉英王之命,以英国陆军最高荣誉大十字勋章赠予蒋介石。

　　△　军政部照新组织法设总务厅、军务司、机械化司、马政司、交通司、军法司、兵役署、军需署、兵工署、军医署、会计处。该部令全国各部队从本年起实施军需独立制度。

　　△　中央劳军团团长程天放率劳军团抵山西克难城劳军。

　　△　中国音乐学会举行第一届第一次理监事联席会。陈立夫、潘公展等出席,决议:一、半年内在桂林、昆明、贵阳、西安、成都等地成立分会20处;二、在今年孔子诞辰举行国乐大演奏;三、与孔学会、大同乐会合作,训练人才及制造乐器等。

　　△　中共中央、中央军委发出关于军队中干部暂不实行军衔等级制度的指示,认为:规定军衔对军队正规化固有帮助,然而目前敌后斗争日益艰难,游击性日益增强,正规化有限度,超过现有物质基础过分强调正规化,有害而无益。

　　△　中共中央对晋东南抗日根据地职工运动作出指示。关于农村劳资关系问题,指示说,我们必须从劳资双方均能获益为原则,去适当改善工人生活,照顾各阶层利益的观点出发,坚决克服狭隘的行会利益的思想。

　　△　八路军山东纵队第五旅对胶东驻石岛(荣成南)之日伪军展开攻击,毙伤敌100余名,俘日军二人、伪军180余人,残敌登船向海上逃窜。

　　△　中英两国在伦敦签订《关于英国航洋轮船雇用中国海员条件

协定》(即《关于中国海员协定》)。

　　△　侵缅日军第五十六师团自雷列姆分两路向北突进,远征军第六十六军仓促应战,节节失利。

　　△　日机 22 架分八批窜扰赣省。8 时许,日机一架窜安福投弹,三架窜吉安,在郊外投弹。另五架袭浙江丽水,投弹 19 枚,一批七架袭衢县,投弹九枚。午后,一批六架再袭衢县,投弹七枚,燃烧弹二枚。

　　△　日大本营制定《浙江作战方案》,目的为摧毁浙江各机场,决定派 78 个大队执行这一任务。计划从浙赣路东西夹击,自 5 月中旬开始,从绍兴、诸暨、金华进击,以部分兵力从杭州、富阳、兰溪方面击溃中国军队,攻克金华,然后占领玉山和丽水等主要机场。并于当日派负责中国方面的作战参谋高山信武携该作战方案飞抵南京与中国派遣军磋商。

4 月 25 日　行政院长蒋介石电饬各省、市政府对各种职业团体应切实督促加紧组训,尤应注意各团体之运用与管理。

　　△　国民政府特任卫立煌为军事委员会委员。

　　△　第三次全国参谋长会议及第四次军事教育会议均于是日在重庆召开,并于 5 月 4 日闭幕。

　　△　史迪威、亚历山大、罗卓英和杜聿明在曼德勒以南的皎施召开紧急会议,决定在缅全部军队向中国边境和印度撤退。

　　△　中共中央北方局发出《关于人民武装工作的指示》,规定晋察冀边区人民武装的组织系统及民兵的主要战略战术,要求各地广泛开展地道战、地雷战。

　　△　日军第三十二、第三十五师团共万余人,扫荡河南濮阳地区高树勋部,该部南撤。八路军冀鲁豫军区部队配合高部作战,攻克濮阳城,毙日军 120 余人,毁汽车 10 辆。

　　△　是日至 27 日,日军独立混成第十五旅团和第一一〇师团各一部共 4000 余人分别对八路军北岳区易县和平山县等地进行"扫荡",均被该地军民粉碎。

　　△　赣北九江伪军 500 余人,携步枪 500 余支、机枪五挺反正。

4 月 26 日　西康省主席刘文辉是日由西康到成都,即到渝晋谒蒋介石,并与中央各关系当局商讨要政。

△　自是日起,刘少奇分期分批、有针对性地向山东党政干部作《关于山东工作》、《群众运动问题》、《中国革命的战略与策略》、《改造政权问题》、《党内斗争问题》、《党内两条路线的斗争》、《思想方法问题》、《关于财政粮食问题》等八个报告,在正确贯彻执行中共中央的方针政策,对开展整风运动,加强党的建设等方面,都具有重要的指导意义。

△　第六军军长甘丽初率司令部人员及残部抵孟朽附近,继续指挥作战。其余各部向萨尔温江东岸转移。

△　第五军除第二〇〇师在东枝地区阻击日军外,其余全部向曼德勒转移。28 日,叫栖阵地遭日军攻击。

△　夜,八路军冀中第九军分区一部分途攻克博野、蠡县,俘伪军、伪警备队及政工人员 300 余名,摧毁两城碉堡工事,打开两城监狱,解救抗日同胞 50 余名。

△　11 时零 5 分,日机轰炸滇境空军基地,与空军美志愿队发生激烈空战,日机"零式"战斗机 11 架在腊戍南被击落。

△　重庆《大公报》讯:英国政府授予海军少将陈策英帝国爵士勋章,授予海军少校徐亨英帝国武官勋章,以表彰香港沦陷后率英方官员突围的功绩。

4 月 27 日　教育部在渝召开医学教育第三届第一次会议,通过议案:一、大学理学院设置药学系;二、建议教育部设立药学院;三、将医学教育委员会改为医药教育委员会;四、药学专科课程草案;五、高级药剂职校课程草案;六、推吴正华、连瑞琦、陈璞、陈思义、葛克全等 11 人组成药学委员会。29 日闭会。

△　农业促进会与金陵大学合作研究,选定产量高、成熟早的良种小麦 60、129、302 号三种,于去秋扩种 1300 余亩,预计可收 1900 余市石。章文才教授选定之无核广柑一种、少核鹅蛋广柑 5 种,在江津大量培植,已有母树 1000 余株。

　　△　晨,远征军第六军接参谋团 26 日(宥)电:"第六军此后应以景东为后方,掌握第九十三师及第四十九师各一部,重整战力,开拓战局。"该军按参谋团旨意,令第九十三师一部暂巩固昆兴,策划景东地区亘泰越边境之守备;令第四十九师主力至朗口集结,向雷列姆进击。是日,暂编第五十五师千余人,向景东转移。

　　△　是日至 28 日,日本华北方面军召开所属兵团长会议,贯彻本年度肃正建设计划,基本方针是放在以"剿共"为主的作战上,首先对冀东、冀中地区,尔后对太行山北部,展开肃正作战。

　　△　交河、泊镇等地日伪军 1000 余人,于拂晓奔袭冀中回民支队驻地交河陈庄村,回民支队凭街头工事阻击日伪,毙伤敌 200 余人,我伤亡 70 余人。黄昏后,回民支队胜利突围。战斗中,回民支队政委郭陆顺不幸牺牲。

　　△　上午,日机三架侵入江西吉安上空窥察,并以机枪扫射,下午,又有两架在临川等地窥察。同日,日机 12 架分两批袭湖南衡阳,在郊外投弹多枚。

　　△　美总统罗斯福致函国会,提出将美国经济纳入战时轨道,概述包括控制收入、工资、价格和分配等七项严格措施的经济规划。28 日,美国电台宣布这七项措施。

　　4 月 28 日　中、美间开放无线电照相电报,蒋介石与罗斯福互致贺电。

　　△　行政院例会决议通过《中央党政机关公务员工及其家属生活必需品定量分售实施办法草案》,并任命曹浩森兼任江西省保安司令,原兼司令熊式辉免去兼职。

　　△　战时劝募公债委员会奉令月底结束。黄炎培主任委员向新闻界谈一年来募债成绩,谓:原计划募集三亿元,现募得 5.0927 亿多元。该会结束后,将成立新的机构,直属财政部。

　　△　财政部公债筹备委员会建立,孔祥熙任主任,顾翊群、张厉生任副主任。

　　△　綦江铁路开工兴建,先筑猫儿沱至五岔一段(计划于 1947 年 8 月全线竣工)。

　　△　中共中央政治局作出《关于中共党旗样式的决议》,规定党旗长宽为 3∶2,左角上有斧头镰刀,无五角星。

　　△　刘少奇撰写《对山东工作意见的报告》,并报送中共中央。《报告》总结山东五年来工作的成绩、缺点及经验教训,提出中国共产党、八路军今后在山东的五大任务,即粉碎敌伪扫荡,加强对敌政治攻势;争取友党友军共同抗战,改善关系;统一军事政治的指挥与领导,扩大加强地方军;普遍改善人民生活,减税减租;把政权改造成为真正抗日各阶层联合民主政权,实行"三三制"。

　　△　中国远征军长官部下令部队逐步撤退。

　　△　远征军第六军令第九十三师一部扼守昆兴附近南盘河东岸,另各派一部向孟囊及南桑方面搜索,以防日军东进。暂编第五十五师于 29 日至龙东时与日军遭遇,当即给予攻击,日军纷纷撤退。

　　△　洛阳南庄(孟县东 20 里)伪第二十一师第六团第三营营长赵本温率部 280 余人,携步枪 200 余支,轻、重机枪数挺反正。

　　△　日伪军一万余人"扫荡"新编第六师高树勋部在郓城、鄄城、濮县、观城一带驻地,威逼高部投降。八路军主动配合高部作战,攻克濮县城,毙敌 120 余人。

　　△　日机 18 架分批窜扰陕境各地,八架在渭南投弹,一架窜至甘肃灵台窥探。

　　△　美国社会科学荣誉学会将荣誉金钟授予宋美龄,由驻美武官朱世明的夫人代为接受。

　　4 月 29 日　中国边疆建设协进会组织凉山实业公司,开发川、康、滇边疆物产。

　　△　据中央社纽约电:川边出产,由宋美龄赠与美国之熊猫两头,业已定名,雄者称班棣,雌者称班达。该二熊猫之命名,原由救济中国难民协会及纽约生物协会发起,由美全国儿童竞赛提名。而提议此名

中奖者为一哥伦比亚人,年仅 11 岁,名南赛。奖金之中,有一项为赴纽约旅行三天,届时将在勃龙生物园为此二熊猫举行命名典礼。

　　△　冀鲁豫第二军分区部队一部与鄄城县大队配合新编第六师高树勋部对日作战,破袭鄄郓公路,毙伤敌人 80 余人。

　　△　日第十二军指挥独立混成第一、第七、第八旅团及伪军各一部共 12 万余人,对冀南军区第六军分区之武(城)北、第四军分区之邢济路南两地突然展开大规模的合围"扫荡"。八路军激战突出重围。第四军分区司令员杨宏明、政治部主任孙毅民、新编第四旅政治部副主任陈元龙等牺牲。

　　△　日伪军在河北故城县霍庄一带发动"报复扫荡",团团围住霍庄,杀害八路军战士、群众 510 人,其中集体烧杀而死者 130 余人,造成"四二九"霍庄惨案。

　　△　侵缅日军占领腊戍,远征军第六十六军撤至畹町。

　　4 月 30 日　《大公报》讯:中国妇女慰劳总会主任委员宋美龄曾带五万缅币赴云南慰劳国军,又拨 55 万元委托该会昆明分会制做单衣分发入缅国军。

　　△　邮政总局与美国邮政商妥,对美国由普通邮路寄中国后方之信函明信片,到达加尔各答后改由航空内运,由美国邮政担负航空运费。

　　△　蒋介石电令远征军将领,固守畹町。

　　△　远征军第五军根据长官部电令作如下部署:各派步兵一连协同机械化炮兵一连,至费屯与马打牙两地严密警戒;令新二十八师第八十三团赴摩谷阻击敌人,以战防炮兵一连掩护新二十二师撤退;第九十六师开赴南巴整理;电令第二〇〇师经帕来等地向杰沙附近集结。

　　△　15 时,第六军接远征军长官部 9 时电令:腊戍失守,局势不利,该军应向景东转移。第六军决定速向景东附近亘缅、泰、越边境地区转移。从此,滇缅路被日军切断。

　　△　史迪威、罗卓英率司令部人员由瑞保转移甘布鲁,旋转至印

度,5月5日晚至板卯西行,7日到曼西,除新编第三十八师主力追随其后外,与其余部队均失联系。史迪威于7日率中美少数人员单独西行,24日到印度汀苏基,随后飞抵新德里。罗卓英率司令部人员收容散兵、伤兵,继续西移。

△　夜间,英军撤出曼德勒,向印度方向退却。

△　新四军一部在苏中攻克南通重要城镇金沙,毙日伪军百余人,俘60余人,获枪60余支、国币10余万元。

△　日大本营下达打通浙赣线,摧毁浙赣地区美、中两国军用机场的命令。

4月下旬　国民政府决定在内政部设总管全国警务部门,各省设立警务处,各县警佐室改为警察局,各区设立警察所,重要乡镇设立警察分驻所、乡镇警卫队,以加强全国警察机构。

△　毛泽东邀集鲁艺文学系和戏剧系几位党员教师何其芳、严文井、周立波、曹葆华、姚时晓等到杨家岭谈话。有人问:现在反映抗日战争的作品感人的比较少,是不是由于生活要经过沉淀,经过一段时间的隔离,然后才能够写成很好的作品?毛泽东说:写当前的斗争也可以写得很好,4月6日《解放日报》上一篇黄钢的作品《雨》,写得很好,就是写当前敌后抗日战争的。

△　我军识破日军企图,当令第三战区各部队作反击准备,浙西方面调第七十四军王耀武,第二十六军丁治磐(副职)及第五预备师到达指定地点。又令第三十二集团军总司令上官云相驻淳安,指挥钱塘江北岸部队,第十集团军总司令王敬久指挥钱塘江南岸及金兰守军,第二十三集团军副总司令李觉进驻缙云,指挥浙南部队,于5月中旬集中完毕。

△　八路军第一二九师部队大部完成整编。太行、太岳两军区及第三八五、第三八六、新一、决一旅共编成四个甲种团、七个乙种团、13个丙种团。为加强军分区,太岳区第二一二旅三个团并为第五十四团,与太岳区第四分区合并为分区基干团。决一旅第五十九团与洪赵支队

编为太岳第一、第三军分区基干团。

△　日军在冀中轮番"扫荡"、"清剿"。八路军第一二九师一部攻入定县李朽店,毙日军近百名,俘一部。另一部攻入安国县东石佛镇伪华北治安军第十四集团军司令部,俘集团军参谋长以下 200 余人。

△　日军将驻在浙江鄞县、奉化、慈溪、余姚各地区第七十师团集中于奉化、溪口一带;令驻杭嘉湖地区第二十二师团主力及伪军第一、十三师集中于余绍地区;又令华北部分主力及特种部队集中于杭州西南等地,集兵力 14 万余,征集民伕万余,泽田茂为指挥,编为第十三军,直辖五个兵团、二个混成旅团,于 5 月 14 日前集中完毕,企图沿浙赣线西犯。

是月　行政院决定自是月起增发公务员生活费 80 元;各省公务员生活津贴不得超过省总预算的 5%,食米津贴不得超过 15%。渝市政府决定各学校教职员生活补助费自是月起增为 180 元。

△　上饶集中营的"第三战区司令长官司令部训练总部军官大队"与"第三战区司令长官司令部特别训练班"合并,改编为"战时青年训导团东南分团",由第三战区中将高参卢旭兼任主任、少将专员张超任副主任,下辖二个大队、六个中队。队员均为皖南事变中被捕的新四军指战员和在东南各省被捕的共产党员、抗日志士,约 700 余人。

△　周恩来得悉国民党下令通缉邹韬奋后,立即电告八路军驻香港办事处负责人连贯,一定要让邹韬奋就地隐蔽,并保证他的安全。以后,通过中共地方组织的帮助,邹暂时避居于广东梅县红头村。

△　八路军冀鲁豫军区为加强昆山、张秋、寿张、东平、汶上等县的对敌斗争,决定建立新的第八军分区,吴机章任司令员。

△　晋察冀地区八路军与群众广泛开展地雷战,给日军以很大威胁。日军进村时不走大路走小路,行军大路不敢走,山顶不敢爬,在山腰排成一路队形前进,并强迫民伕、汉奸当向导。

△　新四军第七师第五十六、第五十七团各一部,进入安徽含山、和县地区与当地游击队会合,成立含和独立团。第五十七团另一部沿

江西进,在贵池、东流地区开展游击战。至此,新四军第七师创建皖中、皖南敌后游击根据地,打通与第二、第六师战略联系的任务初步完成。

△　湖北汉水北锋伪军陈斜卿部 700 人,豫北伪军刁培原部 300 人,信阳伪军张启黄部 300 人,九江伪保安队李云齐部 60 余人,九江另一部伪军 500 余人,湖北沙市附近曾万卿部 60 余人,共约 1900 余人反正。

△　日伪军在热河青龙(今赤城县境)进行大"检举",抓捕村民 422 人,其中 342 人惨遭杀害。

△　我国去年向美国道奇厂订购卡车百辆,运到仰光,于缅境战争之际陆续抢运进口 96 辆,余四辆因短少零件未及运出。

5　月

5月1日　国家总动员会议成立,吴铁城、陈仪、贺耀组为常务委员,秘书处长端木恺,人力组主任贺衷寒,财力组主任徐柏园,物力组主任张果,粮盐组主任周一鹗,运输组主任陈体诚,军事组主任王文宣,检查组主任朱惠清,文化组主任叶秀峰。

△　国民参政会举行第十二次驻会委员会,外交部次长傅秉常报告国际形势。

△　国民政府发行同盟胜利美金公债一亿元,计合法币 17 亿元。5 日,财政部公布购买美金公债奖励办法,规定:凡团体购买满 500 万元者明令褒奖,并颁给匾额。凡个人购买满 200 万元者除明令褒奖外,颁给一等景星勋章,其余依次作了规定。

△　财政部以中、中、交、农四行发行 100 元、50 元钞券后,不法商人乘机操纵搞贴水掉换,是日重申本年 2 月颁布的取缔办法,并重新公布:一、各地市面对中、中、交、农四行所发钞票,应按照面额十足通行,不得分别大小票或区别版式地名,贴水掉换。二、各地如设有钱摊或找换店从事兑换大小钞票者,应由该管地方政府按照各地情况,核定设立

家数,规定兑换手续费为1%,不得多取。三、自本办法施行后,如有违反上述规定者将依法究办。

　　△　四川省各区行政督察专员公署,自是日起与区保安司令部实行合并,各县国民兵团亦一律改隶县政府。

　　△　蒙政委员会第九次大会在榆林开幕。绥蒙委员会委员长沙克都尔札布、委员鄂齐尔胡雅克金、经天禄、胡凤山、奇文英等出席。决议:一、推动蒙旗民运工作;二、改进蒙旗卫生;三、改良蒙旗畜产;四、筹备蒙旗小学课本。18 日闭幕。

　　△　重庆举行五一劳动节纪念会,同时给工作竞赛优胜人员发奖。陈果夫、陈立夫、谷正纲、吴国桢等出席。杨公达阐述国民党劳工政策,中国劳动协会代表水祥云勉励职工加紧生产,加强团结。

　　△　延安各界 3000 余人集会纪念"五一"国际劳动节。朱德出席并讲话,号召工人多做工,多造枪弹,多杀敌人。最后发表《告全国同胞书》。

　　△　烟类专卖局成立,刘振东、王宪分任正、副局长。定 6 月 1 日先在川、康区实施。凡土烟及后方各厂所制造的纸烟、进口烟等,均在专卖之列。

　　△　火柴专卖是日起在川、康、黔省实施。由财政部设立火柴专卖公司,陈光甫、宋子文分任正、副董事长。刘鸿生为总经理,梁敬锌、潘公展、马克强等为董事。财政部规定所有承销商与零售商均应依照公告价格销售。川、康两省火柴、安全大合及硫化磷头等土货,一律每合售价六角,安全小合及二三等土货,一律每合售价五角。

　　△　中共中央晋察冀分局发出《关于反对敌寇"治安强化运动"的指示》,指出这是目前对敌斗争的中心,必须加强对敌政治攻势的火力。要用事实揭穿日军必胜的欺骗宣传。提高警惕性,反对敌之经济掠夺与破坏。要集中力量在接近敌区与敌进行斗争,并深入到敌人军事力量比较薄弱的侧后方去工作,以求粉碎敌之分割"蚕食"政策。要做好对敌伪军的工作,以相机夺取敌纵深后之堡垒、据点,打击伪组织。

　　△　缅甸首任驻渝代表福格德上月乘中航机在昆明失事受伤,是日在昆逝世。4日,外交部特向缅督和英国驻华大使薛穆致唁。

　　△　中国远征军副司令官杜聿明向所属部队下达从曼德勒总突围的命令。

　　△　侵缅日军第五十六师团陷维新,2日陷畹町、八莫,切断远征军第五军回国的退路。

　　△　冀中五一"扫荡"与反"扫荡"。是日至6月底,日军调集第四十一、第一一〇、第二十七、第二十六师团及独立第七、八、九混成旅团等部,共五万余兵力,配备飞机、坦克,由华北方面军司令官冈村宁次大将指挥,对冀中抗日根据地进行毁灭性的大"扫荡"。"扫荡"分为三个阶段:是日至10日为第一阶段,重点是在边缘地区反复"扫荡",稳扎稳打,企图把八路军主力部队和军区领导机关压缩、包围在滹沱河以南,滏阳河以西,石德路以北之三角地带,即冀中根据地腹心地区。5月11日至15日为第二阶段,敌以主力对抗日根据地腹心地带继续合击,企图消灭八路军主力和领导机关。5月16日至6月底为第三阶段,敌军分工划分地区,反复进行"扫荡"、"清剿",妄图一面摧毁根据地县、区、村党、政、军、民组织,一面建立伪政权、伪组织,对冀中平原实现"全面确保"。冀中军民在友邻根据地的大力支援配合下,以大部主力转移到外线,留一部主力高度分散,配合游击队就地坚持斗争。在两个月斗争中,八路军作战272次,毙伤日伪军共1.1万余人,我方伤亡亦达二万余人,被捕、被杀害的群众达五万余人。整个根据地被分割成2670小块,形成"格子网"。在此极端险恶形势下,根据地军民继续顽强坚持冀中平原的抗日游击战争。

　　△　日军在濮阳一带对新编第六师高树勋部发动攻击,是日高部撤至鄄北冯胡同一带,日军一部尾追至此,并杀害村民。5日,日军在彭庙、冯胡同、南垓、刘庄、陈庄、徐垓等几个村庄又残杀村民87人,杀伤60余人。

　　△　日中国派遣军司令官畑俊六由南京赴广州、香港等地巡视,与

驻华南的陆海军头目策划军事部署。

△ 日军报道部、海军武官及伪华北政务委员会、伪新民会、新闻广播协会等联合成立"华北宣传联盟",下设报道、广播、电影、演艺等各种委员会,以开展欺骗宣传。

△ 日大本营电告日第十五军司令部:大本营希望不失时机,更加扩大第十五军的战果,确立积极向重庆进攻的姿态,力争在国境内歼灭敌军,同时,以有力兵团越过国境,向龙陵、腾冲和怒江周围扫荡。同日,侵缅日军快速部队打到滇西边境。

5 月 2 日 中共中央于是日至 23 日在延安召开文艺工作者座谈会,由毛泽东、凯丰主持。毛泽东在报告中讲明会议的目的是要和大家交换意见,研究文艺工作和一般革命工作的关系,以求得革命文艺的正确发展,求得革命文艺对其他革命工作的更好的协助,借以打倒我们民族的敌人,完成民族解放的任务。会议开了三次,讨论热烈。23 日,毛泽东作结论性发言,阐明革命文艺为工农兵服务的根本方向,系统地回答了现代文艺运动中许多有争论的问题。这个讲话,不仅对文艺界的整风运动起了积极的推进作用,而且极大地促进了广大党员和干部改造世界观的自觉性。

△ 监察院监察委员王斧在渝病故。本月 28 日,国民政府明令褒扬,发治丧费 3000 元。

5 月 3 日 重庆《大公报》讯:经济部商标局长马克强对记者称:该局自 1928 年成立以来,已登记各种商标达 4500 多号。抗战以来本国工业发展较快,如 1940 年注册总数为 1360 号,其中本国产品占 66% 强,英国占 12%,德国占 11%。又如 1941 年注册总数为 2743 号,其中本国产品占 75%,英、德各占 10%。

△ 中国人文科学社在渝举行本年度第一次社员大会,该社常务理事戴克光称:本社为各大学教员组成,总社在昆明,重庆分会出版《学术汇刊》。

△ 中国业余无线电协会是日起在中央广播电台举行空中年会三

日。总台与昆明、桂林、贵阳、成都、宁夏、兰州、曲江、遵义、息峰、麻江、沅陵等分会电台作空中交流，并展出无线电展品。

△　重庆卫戍司令部颁布《奖励汽车改作煤气车办法》，提倡改用煤气炉，并贷款改装。

△　中共中央政治局决定成立晋西北分局，管理晋西北、晋西南和绥察三个地区党的工作，以关向应、林枫、贺龙、周士第、甘泗淇、王达成、龚逢春、赵林、吴亮平等为分局委员，关向应为书记，林枫为副书记，晋西北区委以龚子荣为书记。分局与区党委暂行合署办公，直接受中央领导。并决定组织陕甘宁晋绥联防军司令部，以贺龙为司令员，关向应为政治委员。

△　空军猛炸腊戍日军阵地。

△　侵缅日军第五十六师团分别侵占滇西边境重镇南坎、八莫和畹町。接着日军又相继进占芒市、龙陵，于5月5日前出到怒江惠通桥西侧，守桥部队匆忙炸桥，隔在桥西的大批车辆和物资落入敌手。

5月4日　陪都国家总动员宣传周举行宣传大会，总动员会常委吴铁城、贺耀组、陈仪，社会部长谷正纲，中宣部副部长潘公展，政治部副部长梁寒操，重庆卫戍总司令刘峙，市长吴国桢，市党部主任杨公达，以及各界代表5000余人出席。蒋介石发表《为实施总动员法告全国同胞》的广播讲话。

△　国民党中央政治部及三民主义青年团中央团部联合举行文化晚会。该部副部长梁寒操致辞，略谓：我们应以"五四"精神收复失地，在国家总动员的旗帜下，同心同德，向共同目标而努力。青年团宣传处长洪瑞钊讲解五四运动的意义。

△　三民主义青年团重庆支团部劝募"中国青年号"飞机及"中国青年号"滑翔机队，下午在重庆珊瑚坝机场举行呈献命名典礼，由支团部筹备处主任包华国代表呈献，航空委员会代表陈庆云接收。此次劝募历时三月，共募飞机、滑翔机21架。

△　川康食糖专卖局向内江、资中、简阳、富顺等县蔗农发放贷款

800 万元。

△ 军委会参谋团团长林蔚在缅甸龙陵下达命令:所有各部队一律归新编第二十八师刘伯龙师长统一收编,继续作战,赶赴龙陵西险要山地设伏,接应前方后撤部队,同时派员赴保山收容零星部队。是日下午,芒市北侧高地失守,日军向惠通桥推进。5 日,日军进抵惠通桥附近,幸遇昆明增援工兵两连到达,当即阻敌,同时将惠通桥炸毁。旋第三十六师赶到,双方隔怒江对峙;第六十六军张轸部退至下关、凤仪一带收容整理。

△ 缅甸侨胞领袖吴文举应赈济委员会邀请抵昆明,途经保山时遇日机轰炸,不幸殉难。是月 25 日,国民政府明令褒扬。

△ 前四川省长、国民革命军第二十二军军长赖心辉在成都逝世;军政部长何应钦特电其家属吊唁。

△ 山东省第十一区专员兼鲁西游击司令朱世勤率部在潘庄遭日军袭击殉国,旋国民政府明令褒扬。

△ 中共中央北方局和八路军总部联合发出《关于反对敌人"蚕食"政策的指示》,指出:反"蚕食"的基本方式是以武装斗争为中心,发挥党、政、军、民的整体力量,要求把政治斗争与军事斗争、隐蔽斗争与公开斗争结合起来,灵活开展游击活动,充分发挥武工队的作用。

△ 中共中央、八路军总部决定将挺进军划归晋察冀军区直接领导,并任命挺进军军长萧克为军区副司令员。

△ 八路军总部、晋察冀、晋冀鲁豫分别举行"五四"纪念大会暨第四届中国青年节。八路军全体青年,渴望携手奋斗,结束侵略战争。

△ 由兴县士绅牛友兰发起的"晋西北士绅赴延安参观团"共 13 人,是日从兴县出发赴延安。8 月 5 日,参观团返回兴县。

△ 午,日军战斗机与轰炸机各 27 架自缅北窜入云南保山上空侦察,1 时许在市区投弹。1 时 38 分,与美空军志愿队于滇缅路西段上空遭遇。日机一架被击落,另有多架受伤。同日,日机九架窜入浙江衢县郊外,投弹 47 枚,另三架在丽水投弹 14 枚。又六架日机分批窜赣东,

在玉山投弹。

△　日大本营调飞行第六十五联队与飞行第六十二、第九十战斗队增强中国派遣军的空军力量。旋中国派遣军抽调七个师团、三个混成旅团、五个支队及航空兵、海军各一部组成浙赣作战兵团。

△　是日至 8 日，美国与日本海军在新几内亚东南、澳大利亚东北的珊瑚海大战，是为历史上首次航空母舰载飞机大战。日本小型航母"祥凤号"被击沉，"翔鹤号"航母遭重创后返回。美国损失"列克星敦号"大型航母、一艘加油船和一艘驱逐舰。日军虽在战术上取胜，但仍放弃计划于 5 月 10 日在新几内亚莫尔兹比港登陆的计划。日海军自太平洋战争以来首次受到重大挫折。

△　汪精卫离南京赴长春，访问伪满洲国，林柏生、褚民谊、周作人等随行。汪一行于 7 日抵长春，8 日与溥仪会面，11 日回南京。

5 月 5 日　国民政府颁布《国家总动员法》，并开始实施。按：1940年 12 月成立的经济会议奉命结束，改组为国家总动员会议。

△　重庆青年举行劝募飞机活动。此次劝募活动历时三个月，重庆、璧山、江津、綦江、丰都、涪陵、广安等市、县合献"中国青年号"飞机一架、滑翔机 20 架；成都市献"四川青年号"滑翔机一架。

△　陕甘宁边区政府委员那素滴勒盖与吴玉章出席并主祭成吉思汗公祭大典，号召人民学习成吉思汗团结民族、抵御外侮的民族主义精神，反对中华民族的敌人——日本帝国主义。

△　日军陷松山，进至惠通桥，由上游渡过怒江东犯，滇西告急，昆明震惊。第三十六师由西昌驰援，与过江之日军激战。

△　日机 118 架从晨至午分批窜扰滇境，其中两批 28 架在保山市区投弹多枚。美驻华第十四航空队中午与日机在保山附近作战，击落日机八架。同日，日机三架在浙西北地区低空侦察，被击落一架。另有日机九架侵入浙江丽水，向郊外投弹 56 枚。又有日机 21 架分四批窜扰赣东，在玉山投弹。

5 月 6 日　陕甘宁边区政府举行第十九次政务会议，讨论边区政府系统第二次编整工作,通过下列决议:一、以刘景范、柳湜、高自立等三人组成编整审查委员会,负责对各机关编整计划方案进行审查;二、编整结束后,审计处取消,将其工作归并到财政厅;三、编余人员由民政厅负责安置。

△　侨光汽车动力公司在渝成立,由旅美、旅荷属东印度侨胞投资组建,主要生产新式木炭车,日产量八部。

△　新四军领导的地方武装一部是日进攻天长、扬州公路间之甘泉山(扬州北),歼灭 200 余名日伪军,俘 73 名,缴长短枪 70 余支。

△　阎锡山应日军要求赴吉县安平村举行"安平会议"。阎方出席的有赵承绶、王靖国、吴绍之、梁延武、刘迪吉。日方出席的有山西派遣军司令官岩松义雄中将、华北方面军参谋长安达中将、山西派遣军参谋长花谷正、中校参谋茂川、上尉参谋松井。会谈内容,在阎方为:一、申述亚洲同盟与中、日两国的利益;二、在彼此互相需要的合理条件内进行合作;三、请日方表明此项合作是否是日本的国策,抑或地方的意见及对付中国的方针。在日方为:一、强调共荣圈的胜利促阎早日投降;二、向阎提出"觉书",促其通电脱离蒋政权,如当时发表通电,立即交付联币 300 万元、步枪 1000 支;三、关于《汾阳协定》应允之武器、物资、款项等,因数目太大,需分期交付。会谈中花谷正将拟好之宣言拿出交阎锡山签字,会谈气氛顿形紧张。阎锡山默然审阅宣言达 40 分钟,决定拒绝。他估计情况不妙,怕把自己劫持,会谈休息时便不辞而别,谈判遂告破裂。

△　周恩来致电毛泽东并中共中央书记处,报告他曾通过杨杰和章伯钧的介绍,与左舜生、罗隆基同西南地方势力刘文辉和潘文华面谈两次,相约信守坚持抗战、尊重各方的武力、保证和配合人民有利于抗战民主的活动。刘等同意有同中国共产党彻底合作的必要,并答应在西康雅安(今属四川)设立电台同延安直接通报。以后,中共中央南方局派王少春夫妇到西康雅安同刘文辉建立经常联系,并在刘的总部设立秘密电台,同延安直接通报,直到 1949 年刘文辉起义。

　　△　日反战同盟晋察冀支部全体盟员在成立一周年之际向军区首长宣誓：今后粉身碎骨，亦与八路军全体同志保持亲密合作。该支部愿与八路军结成巩固同盟，为完成反战、反法西斯的光辉使命奋斗到底。

　　△　美国务卿赫尔电驻华代办范宣德，决废除在华治外法权。

　　△　英政府拨款4.15万镑给中国红十字会。

　　5月7日　国民政府公布《限制公有建筑暂行办法》，规定：在抗战期间重庆市区内及迁建区内之公有建筑，除经行政院准许外，不得兴建。无特殊理由者必须在一个月内停建，违者予以征用或处罚。

　　△　财政部公布《商业银行设立分支行处办法》，规定商业银行实收资本超过50万元者方得设立分、支行，每超过25万元者可增设一处，业已批准设立之分、支行应办理备案手续。

　　△　蒋介石电令远征军第五军立即向密支那、片马转移，勿再犹豫停顿。

　　△　延安《解放日报》发表《腾越失陷与国内团结问题》的评论，指出："日寇可能以新的进攻威胁着我们"，"加强团结，扫除一切妨害团结的障碍，是今天我们克服困难取得胜利的钥匙"。

　　△　教育部艺术文物考察团、中央研究院组织的西北史地考察团，是日抵兰州，将分赴敦煌一带工作。

　　△　八路军冀中区党委和军区发出指示，确定以发动全民武装自卫，开展广泛的游击战争，全面坚持根据地斗争为反"扫荡"方针，要求各部队既要灵活积极地打击敌人，又要避免与敌硬拼；要求主力部队以一部配合地方武装，带领各地游击小组，分散坚持内线斗争，大部迅速转向敌侧后，乘虚袭击敌据点和交通线，策应内线部队的反"扫荡"斗争。

　　△　八路军晋察冀军分区部队在易县、满城等地展开地雷战，5日至是日炸大桥一座，汽车一辆，在平山附近破坏日军为进行"蚕食"而修的轻便铁路。

　　△　午，日机12架分四批袭湘，九架窜衡阳投弹，其余三架分窜沅陵、芷江等地侦察。另日机20架分两批先后窜江西赣州投弹。

△　5 日晚,日军第四师团一部在菲律宾科雷希多岛登陆,6 日另一部随后登陆。美菲守军经激烈战斗,终因寡不敌众,驻菲美军总司令温赖特被迫于是日上午宣布投降,1.5 万名美菲军被俘。至此,菲律宾战役基本结束。

△　伪联合准备银行滥发空头纸币。据伪官方公布,总额已达26.5263 亿元,使敌占区物价较事变前暴涨 15 倍至 25 倍。在今年前三个月内仅平、津两地因拒用伪钞、私藏边币和法币被日惨杀与囚禁者即达 2000 余名。

5 月 8 日　远征军第五军军长杜聿明奉蒋介石命布置该军撤退回国。杜自率该军直属部队及廖耀湘新二十二师自印道进入野人山,时值雨季,部队在原始森林中艰难穿行,沿途缺饮水,给养困难,以芭蕉、野果、野菜及煮皮带、皮鞋充饥,加之蚂蟥吸血,蚊虫叮咬,回归热侵袭,瘴气夺人生命,官兵死亡枕藉,尸骨遍野,惨绝人寰。杜聿明亦染重病,几乎殒命。旋又奉蒋介石命,于 7 月 25 日,杜率部撤至印度雷多。

△　行政院为维持民间交通计,决议拨款 8000 万元交运输编制局发展提炼桐油事业,并由财政部贸易委员会供给大量桐油提炼代汽油。现主管当局正进行建厂工作,三五月后,川省将有 25 个炼油厂,出产大量代汽油,供给后方运输之用。

△　国际自由世界协会是日在纽约召开大会。32 国代表 140 余人出席。中国学会会长李毓英发言,主张成立全球同盟国家总部,展开全球对抗轴心的宣传。

△　中央社报道:美驻华第十四航空队前后在中缅境内共击落、炸毁日机 300 架,航空队损失飞机 15 架,死亡 12 人,伤四人,日空军人员伤亡 200 余人。

△　是日为国家总动员宣传周工商日,重庆工商界特通电拥护《国家总动员法》。晚,孔祥熙发表题为《工商业与国家总动员》的广播讲话,动员工商界人士处处以抗战建国为前提。

△　浙江平阳县潘寿年捐资兴学达 13 万元,是日国民政府明令嘉奖。

　　△　陕甘宁边区政府主席林伯渠向边区第二届参议会常驻会第六次会议报告 1941 年以来五个月的政府工作,提出政府当前工作的重心为:一是搞好第二次编整,二是加强农业建设,三是加强干部的学习教育,四是整顿学校教育,五是加强自卫军的训练。

　　△　防守在惠通桥东岸高地的第七十一军第三十六师,在迫击炮火掩护下攻击部队发起冲锋,同敌人展开激烈的肉搏战,日军除有 20 多人泅逃回西岸外,其余 200 多人被消灭。惠通桥一战,打击了日军继续东进的企图,确保了保山这个重要的军事基地。

　　△　日军攻占缅北重镇密支那。

　　△　汪精卫在长春会见伪满洲国皇帝溥仪,并出席溥仪举行的欢迎午宴。汪对记者发表谈话,声称他是抱着"休戚相关,安危相共之至情"来访问的,希望"两国"同心协力,共同支持日本,完成大东亚战争。

5月9日　新四军为发展鄂南抗日游击战争,以第五师第十四旅一部渡长江南下,在咸宁地区的西冷、桂榜山建立游击根据地。另一部在黄石地区的龙角山、大王殿一带建立游击根据地。

　　△　远征军第五军第九十六师师长余韶奉命率部于 18 日抵孟拱,19 日进入野人山,经 17 日艰苦行程到达麦通,与敌遭遇,副师长胡宾义战死。旋该师经葡萄,翻越高黎贡山回国。

　　△　日军在太原成立"四期强化治安实行委员会",下设总务、宣传、治安、厚生四部,在各县也设同样组织。强化中心是巩固平川占领区和加强奴化教育。在占领区各村设密探一人,每五个密探组成一个"情报站"。

　　△　是日至次日,日军对冀中的"扫荡"兵力增至两万余人,并封锁了环绕深县、武强、饶阳、安平、献县中心区的滹沱河、滏阳河、德石路、沧石路,构成"铁环阵";在滹沱河与滏阳河沿岸的重要渡口建立据点,完成了对冀中中心区的包围圈。冀中各军分区未能突破敌之包围,陷于被动局面。

　　△　侵缅日军第三十三师团一部攻占吉鲁车站。10 日,日军第五

十六师团一部抵杰沙与新三十八师一部激战。第五军军部在印道,第九十六师抵孟拱,新二十二师及新三十八师主力均向印道急进。

△　晨,日机 16 架分七批袭赣,8 时在玉山投弹。同日,日机窜入滇境,一架侦察机被击落。

△　伪满洲国政府在长春召开大会欢迎汪精卫。汪在会上讲话称:中、日、"满"三国为担负东亚共荣的使命,要协力同心地干下去。11日,汪结束在伪满的活动,回到南京。

5 月 10 日　中国政府通知各国将经由普通邮路寄中国后方各地之邮件,改由苏联及新疆转递,寄沦陷区各地者均由苏联及关外转递,航空邮件则经加尔各答由渝加线内运。

△　是日为国家总动员宣传周新闻宣传日,陪都记者联谊会举行座谈会。中宣部副部长潘公展动员新闻界要奉行《总动员法》。中央党部秘书长吴铁城作题为《国家总动员的前锋》的广播讲话。

△　南洋华侨协会在渝成立,孔祥熙为名誉理事长,吴铁城任理事长。

△　粤北曲江中共中央南方工作委员会机关遭国民党特务破坏,南工委副书记张文彬等人被捕,张不久被杀害。

△　远征军新编第三十八师主力是日到达米咱,得知密支那、八莫等地已被日军占领,经上述地带回国的路线已被切断。同时该师第一一三团正在卡萨苦战,后卫第一一二团在温佐陷入重围。师长孙立人果断决定回师温佐,歼灭尾追之敌,解救第一一二团,于是主力迅速南下,再返温佐外围,与包围第一一二团的日军发生激战,日军措手不及,新编第三十八师内外夹攻,战至一天一夜,打退了日军两个联队,毙敌800 余人,第一一二团安全突围。

△　侵缅日、泰军混合步兵千余、骑兵百余在飞机掩护下,向远征军驻地红勒、孟戈间袭击,另一部向猛海攻击,战至 11 日晨,远征军刘观隆支队不支撤退。晚,第六军电饬暂编第五十五师由孟色特向猛海急速前进。

5月上旬　社会部与经济部决定完善工商业基层组织,在全国推行同业公会编组法案,由社会部派书记一人,经济部派督导员协同整理。如当地有不同业三家以上者,必须加入当地商会。

△　中共中央北方局就坚持冀南抗日根据地发出指示,指出:华北敌后抗战形势极为严重,要克服悲观情绪,提高坚持敌后抗战信心;要积极组织与武装群众,开展群众性游击战争;要改变组织形式和斗争方式。6月22日,中共中央向华北、华中各战略区转发北方局的上述指示。

△　周恩来估计蒋介石将加紧军事反共,致电中共中央建议:速调大军准备给胡宗南以迎头痛击,"只有打得痛,才能使他知难而退";同民主势力、地方势力、国民党中的联共势力结成联盟,一旦内战扩大,他们即"有机可乘来反对党治,要求实现民主"。7日,收到毛泽东复电:正从军事、财政各方面准备给进攻者以痛击,已组联防司令部。

△　日伪军"扫荡"南乐、清丰以东地区,安设据点16处,占去范(县)观(城)中心区西部大块地区。同月,郓城、鄄城敌人向北"蚕食"范(县)观(城)中心区,并修筑郓(城)鄄(城)公路和郓北大堤封锁线,构成对中心区南面的封锁。

5月11日　国民政府明令公布《战时管理进口出口物品条例》,并废止《查禁敌货条例》及《禁止资敌物品条例》,对进出口政策作了重大改变。新条例规定:凡属军需物品、日用必需品,均一律准予进口;关于出口物品亦作了调整,扩大出口种类。

△　国民党第五届中常会例会决议,派组织部副部长马超俊兼任党团指导委员会委员。

△　重庆市临时参议会举行第六次大会,议长康心如、副议长文化成等出席。吴国桢作政府工作报告。19日,选出参政员龙文治、胡仲宝、潘昌猷等三人,选汪云松、李奎安、漆中权、周钦岳等为驻会委员,并通过议案多件。

△　重庆《大公报》讯:教育部宣布,本年大学招生将分区举行,全

国公、私立大学及独立学院划分为 10 个区,各区指定一所大学为召集学校。关于考试录取及分发学校等事项,均由各区自行办理。

△ 新四军彭雪枫师进攻苏北沭阳东伪军据点,毙伪军 60 名,缴枪百余支。

△ 是日起,日军对冀中开始第二期“扫荡”。敌 7000 余人合围晋县、深泽、安平地区;另一部 8000 余人合围深县以南地区。12 日,敌又以万余兵力合围武强、饶阳、安平和深县地区。敌每次合围,都以五六架飞机配合侦察和轰炸扫射。日华北方面军最高指挥官冈村宁次亲临督战。13 日,冀中军区机关和部队陆续突围。坚持中心区斗争的部队,依靠群众,利用地道,坚持斗争。

△ 日第十三军在杭州设立浙赣作战指挥所。

△ 日军陷滇西腾冲。

5 月 12 日 国民政府任命李铁铮为驻伊朗特命全权公使。

△ 军委会参谋团接蒋介石 11 日电令:日企图截断第五军与国内的联络线,希将惠通桥西岸敌人击退,可将预备第二师的一团或二团开腾冲,以掩护第五军。军委会参谋团当即转饬第十一集团军总司令宋希濂遵照执行。宋即调部队反击,以收复龙陵与腾冲。22 日,第三十六师渡过怒江,23 日开始攻击,因缺乏重武器,攻击未奏效,留置游击队于怒江西岸,主力改守怒江东岸。

△ 军事委员会电令远征军第六军主力仍留景东地区,暂编第五十五师撤回思茅、宁洱(车里北方)整理。

△ 《晋察冀日报》报道,敌伪在华北不断增加税收,据敌伪公布的统计,本年度 3 月份征收统税一项即达 1481 万元,较去年同期增加 362 万元。其中卷烟税 1044.9 万元(比去年增加 174.1 万元),棉花税 126.2 万元(增加 92 万元),通行税 67.3 万元(去年没有)。

△ 上午 10 时,日机四架窜入浙江衢县,在城郊投弹数枚。旋又窜建德县境,其中一架因发生故障,被迫降落,驾驶员一人自杀,二人被击毙。

5 月 13 日　国民政府正式公布《战时烟类专卖暂行条例》、《战时食糖专卖暂行条例》、《战时火柴专卖暂行条例》。

△　财政部与四川省政府为使川省各县田赋负担公平起见,决定利用土地陈报成果,征收本年田赋。现全川除雷马屏等 25 县多属边瘠,产粮不丰暂行缓办外,其已办及正办土地陈报县份为 111 县,财政部孔(祥熙)部长特手谕主管机关从速赶办,限期 8 月底一律完成。省政府张(群)主席亦经令饬各该县长负责推进,以便如期开征。

△　国民政府通缉汉奸令:谢仲复、麦坚石、周学昌、刘仰山、吴应培、王志刚、吴天憾、顾惠公、陈伯华、燕玉堂、潘心如、夏郁华、张四维 13 人。

△　行政院举行记者招待会,由经济部次长潘宜之宣布该部要扶植东南工业,拟由沦陷区新撤回之人力、物力重建若干新工业据点;对现有工业予以资助、扩充;对于各地半机械工业及工业合作社则由地方当局扶助。

△　中英文化协会举行盛大游园茶会,招待外宾及中美文化协会会员。会长王世杰主持,到英国大使薛穆,美国大使高思,苏联大使潘友新,澳大利亚公使奥格斯顿,土耳其代办戴伯伦,捷克公使米诺夫斯基,美国军事代表团团长布鲁斯,荷兰军事代表团团长泰门及各国驻华使馆馆员等。

△　中共中央发出《关于敌后根据地实行义务兵役制问题的指示》,指出:今天在敌后实行义务兵役制,必须慎重考虑以下几个问题:一、现在农民的政治觉悟,是否能够接受;二、从长期坚持根据地的人力、物力、财力着想,是否会发生困难;三、是否会发生大批青壮年向敌区逃亡的危险。目前晋察冀所实行的自愿义务兵役制,主要精神着重于自愿原则,而不是着重在义务制度,其他地区暂不宜仿行。目前各地应着重认真实行精兵简政和努力发展不脱产的民兵。这是长期坚持根据地应当切实执行的方针。

△　中共中央军委决定在延安设立陕甘宁晋绥联防军司令部,任

命贺龙为联防军司令员、徐向前为副司令员兼参谋长、关向应为政治委员（关因病休养，由高岗代政委）、林枫为副政治委员。联防军直辖第一二〇师、留守兵团、晋西北新军、第三五九旅、陕甘宁边区保安部队、炮兵团。各兵团从 5 月 21 日起即与联防军司令部直接发生关系并接受其命令。

△　远征军第五军第九十六师一部到达密支那附近，主力向孟关转进，18 日抵达孟关。同日，新编第二十二师到达曼西北的南利特，新编第三十八师抵曼西。

△　新四军皖中行政公署成立。

△　冀中第二十二团三个连、第十七团一个连和藁无县大队，由第二十二团团长左叶指挥，在无极县东北之小吕、王村、王先村，伏击日军加岛大队长率领的步、骑兵 500 余人及伪正定道尹率领的视察团，经 40 多分钟激战，共毙伤加岛及伪道尹以下 180 余人，八路军无一伤亡。

△　八路军太行军区第九团和祁县独立营各一部，在白晋铁路上子洪口设伏，毙日军中队长以下 30 余人，毁汽车五辆。

△　苏北淮阴日伪军 500 余人向三岔、南新集进犯，中新四军伏击，毙日伪军大尉以下 250 余人，活捉五人，缴获一批枪支。

5 月 14 日　国民政府明令褒扬交通部在港殉职员工：交通部专门委员兼购料审价委员会委员谢奋程、财务司帮办兼驻港代表汪仲良、技士邹越、港库运务股主任石寿颐、驻港材料司采购处技士毛文钟。

△　行政院决定拨款 100 万元，救济归国文化界人士。

△　重庆《大公报》讯：中国滑翔总会拟于是年"双十节"向全国各界劝募滑翔机 500 架，重庆捐 300 架，各省捐 200 架。该会主任委员白崇禧是日举行茶会，动员工商界和银行界积极捐购或认购。

△　自实行火柴专卖后，厂商因存货堆积，资金周转困难，核价过低，亏累甚巨，江北复兴、重庆重华等 20 余厂相继停产。

△　川省出口之生丝、猪鬃等因太平洋战争影响，销路断绝，川康兴业公司特向丝业公司投资 1500 万元，并将小型猪鬃经营厂家合组成

立四川猪鬃公司。

△　日军第十六混成旅团军八十五大队 700 余人,在村川大佐率领下沿岚兴公路袭八路军晋西北兴县地区党政机关。贺龙指挥小部队沿途袭扰,诱敌深入。17 日,敌进占兴县。

△　日华北方面军第一军对晋冀豫抗日根据地发动第二期"驻晋日军总进攻",先以 7000 余人"扫荡"太岳南部地区,继而集中 2.5 万人"扫荡"太行北部地区,最后又以 1.2 万余人"扫荡"太行南部地区。根据地军民奋起反"扫荡",经 38 天奋战,歼灭日伪 3000 余人。

△　晨,日机两架窜入浙江兰溪,在郊外投弹 10 余枚。同日,日机六架空袭江西玉山,在火车站附近投弹。

△　汪伪中央政治委员会第九十四次会议,特派褚民谊为访日特使,杨揆一、任援道为副使,赴日本祝贺日军在太平洋战争中的胜利。6 月 8 日结束在日活动回到南京。

5 月 15 日　浙赣会战开始。日大本营决定发动以占据浙江各机场和打通浙赣路为目标的浙赣战役。是日,日军中国派遣军以二个军共七个师团约 15 万人,对中国第三战区实施东西夹击。同日,日第一飞行团开始攻击各中国机场,海军亦在温州湾及鄱阳湖行动。进攻浙赣线东段的日军为第十三军的第七十、第二十二、第十五、第一一六师团,分别由奉化、上虞、萧山、富阳等地沿浙赣铁路及其西侧向西南实施攻击。第三战区和第九战区一部(共 41 个师约 30 万人),集中主力于浙赣线东段,利用既设阵地逐次抵抗,迟滞日军进攻,准备在衢州附近与日军决战。

△　国民参政会驻会委员会举行第十三次会议,听取外交和财政报告。

△　国民参政会川康建设期成会在成都举行第五次全体常务委员大会,讨论中心以本年田赋征实、粮政、兵役、吏治等项为主,被邀出席者有川省主席张群、西康省主席刘文辉、川康绥靖主任邓锡侯、粮食部长徐堪、次长刘航琛、川粮政局长康宝志、川康两省临参会议长等,于

19 日闭会。

　　△　中国国联同志会会长朱家骅举行茶会,欢迎迁川工厂及工商界人士加入该会,豫丰纱厂、上海机器厂等经理代表 50 余人出席。

　　△　晋察冀军区司令员聂荣臻、副司令员萧克电示配合冀中反"扫荡"的部署,指出:为有力配合冀中反"扫荡",吸引深入冀中中心区之敌外转、缩短敌"扫荡"时间,决定以第一、第三、第四、第十一各军分区向石家庄至琉璃河段之平汉线展开有力破击。根据此指示,20 日至 27 日,北岳区和平西部队向平汉路西侧地区全面出击,八天中共歼敌 1200 余人,攻克、摧毁碉堡 39 处,摧毁伪组织 21 处,俘伪组织人员 370 余人,平毁封锁沟 100 余公里。

　　△　山东省战地工作委员会公布《山东省租佃暂行条例》和《山东省借贷暂行条例》。前者规定:公、私租佃土地均须实行二五减租(即减原租额的 25%);已实行减租,但不及 25% 者,仍按未减租前之租额续减至 25%。游击区及敌占区实行减租时,得低于 25%。减租后,租佃者均须按约交租。本条例公布后,1941 年 1 月 30 日公布的《减租减息暂行条例》即行废止。后者规定:实行分半减息(即减年息一分五厘),债务人付息达原本一倍者,停利还本,付息达原本二倍以上者,债务除销。同日,山东省战工会又公布《改善雇工待遇暂行办法》,凡 21 条。当天,中共山东分局给各级党委及组织部发出指示,指出开展减租减息改善雇工待遇的群众运动,是今后山东全党的中心战斗任务。

　　△　远征军第六军综合各方情报,得悉各部队战况均告不利,该军三面受敌,乃向蒋介石、何应钦报告上述军情,当即批准放弃景东,退入滇南。第九十三师留后掩护,第四十九师撤至南峤,暂编第五十五师及刘观隆支队撤至车里,军部向车里转移,第九十三师最后撤至打洛,以担任中缅边境之防卫。第六军入缅作战至此告一段落。

　　△　日军第三十六师团主力和独立混成第十六旅团一部共 7000 余人,于是日开始对八路军(太)岳南根据地进行"扫荡"。八路军第三八六旅适时向北转移,使日军扑空。

　　△　日机19架分三批轰炸浙省金华城郊,投弹百余枚,死伤百余人,毁屋70余间。

　　△　韩国光复军与朝鲜义勇队合并,统称韩国光复军,总司令为李青天,副司令为原朝鲜义勇队队长金若山,司令部暂设重庆。

　　△　英国援华救济会将募得救济中国难民、难童及伤兵款一万镑请驻华大使薛穆转交宋美龄。

　　△　伪满洲国与外蒙古签订《边境勘定议定书》,在哈尔滨正式换文,双方互相承认。

　　5月16日　川省本年度田赋征实及征购粮食事宜,川省府即与中央有关部门会商具体办法。粮食部长徐堪、财政部次长顾翊群、田赋管理委员会主任关吉玉是日由重庆赴成都,与川省主席会商一切。

　　△　张自忠上将殉国两周年祭及纪念碑落成典礼,在重庆北碚双柏树张上将墓地举行,冯玉祥主祭,贺耀组代表蒋介石致词,各界代表400余人参祭。

　　△　原北京大学校长胡仁源在渝病故。7月14日举行公祭,于右任、戴季陶主祭,朱家骅、陈立夫等数百人参加。

　　△　陕甘宁边区政府举行第二十次政务会议,讨论政府各机关第二次编整方案,并决定编余干部以80％派往县、区为原则。还通过下列事项:一、米脂、葭县建立县务委员会;二、政府拨款10万元、粮800石救济退伍残废军人及各地灾民。

　　△　朝鲜独立革命党创始人之一、民族革命党负责人金白渊到晋察冀边区参观访问,彭德怀、罗瑞卿设宴招待。

　　△　日军对冀中第三期"扫荡"开始。是日至25日,对平汉、石德两铁路沿线地区进行突然包围袭击,由于八路军灵活转移,只发生一些遭遇战。从26日开始,日军又"扫荡"沧县、高阳、望都一带以南的冀中地区,摧毁由滹沱河、滏阳河、石德路三角地区根据地的设施。至6月20日止,日军对冀中的三期"扫荡"结束。总计"扫荡"地区约9000平方公里,杀死中国军民9098人。

　　△　日军进犯成武县小留集、黄楼一带,遭当地群众抗击受挫。16日,金乡、成武日伪军在 19 辆汽车、二辆坦克配合下,分数路对黄楼、小留集、许庄、刘菜园一带村庄进行报复性"扫荡",村民奋勇截击敌人。村民刘金端从楼上举起半个石磨扇将坦克砸坏,日军只好用另一辆坦克拖着被砸坏的坦克逃窜。

　　5 月 17 日　西南联大伍启元、费孝通等九位教授联名发表《我们对于当前物价问题的意见》一文,认为物价上涨的主要原因是:通货膨胀、物资缺乏、投机活动。后方经济社会的演变,已经到了一个严重的阶段,若不彻底解决,将失之过晚。

　　△　朱德、彭德怀致电冀中军区司令员吕正操、政治委员程子华及全体指战员,勉励他们坚持斗争渡过难关,同时命令华北各战略区积极配合冀中军民坚持平原反"扫荡"战。

　　△　日华北方面军司令官冈村宁次通告阎锡山,废除《基本协定》,采取自由行动。

　　△　浙赣战场日军中央队酒井兵团,于拂晓由萧山经临浦进犯,是日陷诸暨,23 日陷义乌。其独立第一旅团沿浙赣路以西南犯,20 日陷浦江,与守军第一〇〇军施中诚部第六十三师在高圣尖发生激战。

　　△　日军第六十九师团 700 余人占领兴县空城。18 日,遭八路军第一二〇师第七一六团及工卫旅迎头痛击。19 日,我军将敌包围于兴县东南田家会,经两小时激战,除少数敌人溃逃外,共歼敌 500 余人,缴山炮一门,轻机枪六挺。

　　5 月 18 日　行政院行政处长蒋廷黻在记者招待会上宣布:国防最高委员会决定 6 月 14 日为"联合国日",全国一律悬挂盟国国旗。

　　△　外交部长宋子文在华盛顿拜会美国总统罗斯福,双方就援华物资和缅甸局势交换意见。

　　△　国民政府派朱家骅为 1942 年第一次高等考试初试典试委员长。

　　△　中共中央北方局和八路军总部于是日和 20 日先后发出关于冀中反"扫荡"指示,强调指出敌人此次"扫荡"的残酷性和长期性,对兵

力部署、斗争方式等作了具体部署。

△　远征军第二○○师师长戴安澜奉命率部自棠吉北撤，经雷列姆西北温藻地区，进入野人山原始森林，旋抢渡南渡河，穿过曼德勒至腊戍的公路。是日，第二○○师通过细包至摩谷公路时，与日军第五十六师团两个大队遭遇，全师在密林中与敌激战，戴安澜身先士卒，指挥突围，腹部、胸部两处中弹，身负重伤。

△　驻防江苏常州机场的伪军一营300余名向新四军投诚。

△　浙赣战场第二十八、第八十八等军主力转移至金华、兰溪固守。日军迂回金兰坚固阵地，攻陷汤溪、龙游等地，并使用毒气作战。

△　日本人觉醒联盟山东支部及华北朝鲜青联山东分会，在八路军第一一五师驻地联合举行成立大会。大会宣言号召山东各地日本士兵和八路军共同抗日，打倒共同敌人日本法西斯。

△　日参谋次长田边盛武中将从日本飞抵杭州了解战况，并指示第十三军：本作战结束后，须确保金华以东的占领地区；本作战最希望获得的物资是萤石和铁道器材。同日，第十三军指挥所由杭州移至诸暨。指挥所转移途中，其专用汽船溯钱塘江由闻堰左转进入到浦阳江的义桥一带时，被第三战区布放的水雷炸沉，炸死军官及卫兵11人。

5月19日　行政院例会决议：一、财政部增设专卖事业司；二、河南省立水利工程专科学校改为国立；三、任命张廷休为国立贵州大学校长；四、任命林东海为驻埃及公使，免去其外交部参事职务。

△　国民党中央海外部举行茶会，欢迎归国侨领，刘维炽部长致欢迎词，司徒美堂等数十人出席。

△　重庆《大公报》讯：军委会政治部决定：各军政治部由该军副军长兼任政治部主任；师政治部由该师副师长兼任政治部主任。

△　交通部与川省府议定，将建设厅主管之川江船舶总队划归交通部管理。

△　重庆临时参议会选举龙文治、胡仲实、潘昌猷三人为国民参政员。

△　第十八集团军总司令朱德致电第三十四集团军总司令胡宗南,揭露他正在积极准备进攻陕甘宁边区,企图采取袭击办法,一举夺取延安,指出:"事属骇人听闻,大敌当前,岂堪有此!"

△　日中国派遣军司令官畑俊六于午后飞抵杭州,了解战况和视察战场。畑俊六特别提出两点:一是必须注意军纪,不能再出大事;二是在作战中要加强"宣抚"工作,努力造成和平气氛,以争取归顺者。日军第十三军参谋长报告中国部队有很大一部分由义乌、东阳南撤,越出了第七十师团和第二十二师团的迂回包围圈的情况。对此,畑俊六认为:此次作战已失去了围歼对方大兵团的机会。次日上午,畑俊六与第十三军司令官泽田茂同乘运输机,飞至桐庐、义乌、东阳等地上空视察战场。下午返回南京。

△　日军第三十六师团、独立混成第三、第四旅团主力及独立混成第一、第八旅团一部共 2.5 万余人,对太行抗日根据地北部平定、昔阳等地开始"扫荡"。至 24 日夜,各路日军完成对中共中央北方局和八路军总部驻地窑门口、青塔、偏城、南艾铺地区的合围。

△　日军舰 10 余艘满载士兵,是日窜至闽江口外。20 日晨,在炮火掩护下,向闽江北岸进犯,守军撤退。22 日,日机数架袭击福州,并在马尾、平潭等地上空轰炸。

△　晨,日机一架在桂林上空侦察。10 时许,日机 21 架又侵入桂林,投弹 20 余枚。

5 月 20 日　中央政治学校成立十五周年纪念在渝举行,校务委员陈果夫、余井塘、罗家伦、刘振东,教育长张道藩及师生 1500 余人出席。校长蒋介石致训词,略谓:要求国民党员推行主义不遗余力;对工作去虚伪求实在,方能收到事半功倍之效。

△　四川省临时参议会第一届第六次大会是日在成都举行,选出曹叔实、但懋辛、彭革陈、任觉五、陈志学、李琢仁、黄肃方、刘明扬为下届参政员;并讨论通过本年度四川省田赋征实数额为 1600 万市石,为抵补流滥不足之额,由省政府增加一成。于 6 月 4 日闭会。

△　重庆《大公报》讯：外交部情报司司长邵毓麟就中国政府派遣林东海为首任驻埃及公使特发表谈话，称：我国遣使驻埃为中埃关系史上一创举，中埃两国同为文明古国，今后在宗教等方面可以交流，当今在反侵略战争中可互相支援。

△　邮政总局自昆明迁重庆办公。

△　中共中央书记处发出《关于成立晋绥分局的通知》，指出中央政治局决定在晋西北成立中央分局及晋西北区党委，具体规定如下：一、该分局定名为晋绥分局，管理晋西北区党委、晋西南工委、绥察工委三个地区党的工作，以关向应、林枫、贺龙、周士第、甘泗淇、王达成、龚逢春、赵林、吴亮平等同志为分局委员，关向应为书记，林枫为副书记，关在病假期间由林代理书记；二、晋西北区党委以龚子荣为书记，除原有委员外，新增王德、谭政文、杨树义、武新宇、王逢原五同志为委员；三、分局与区党委暂行合署办公；四、晋绥分局直接受中央领导；五、晋西北军政党委员会及晋西区党委名义取消。

△　八路军晋察冀军区北岳、平西部队，为配合冀中反"扫荡"，向平汉线及其西侧地区展开为期20天的全面出击。

△　浙赣战场日骑兵一部窜浙省天台，其主力陷新昌，经尖山、文安西犯，是日陷永康。23日陷乌义，向北进攻金华。

△　晨，日机四批共24架侵袭桂林，在西南郊投弹20余枚，毁房屋数间，在恭城县投弹三枚。

△　侵缅日军第十五军（辖第十八、第三十三、第五十五、第五十六师团）结束夺占缅甸的战斗，转入防御。

△　汪伪财政部布告规定：即日起法币100元兑换中储券74元。至26日，100元法币只能兑换50元。

△　太平洋作战会议讨论中国战局。美方多主张先欧后亚的战略方针。

5月中旬　第三十七师师长史泽波为打破吕梁山南部日伪之封锁，向汾城之侯村、盘道、南西城、高庄等敌据点夜袭，激战彻夜，分别攻占各该据点。敌军增援,亦被其击溃,俘敌 30 余人。

5 月 21 日 远征军第五军连日冒雨北进,通过大森林,23 日到达项巴。此时,蒋介石电令第五军:"未奉令不得入印。"杜聿明军长为安全通过国境返回国内,决定下令改道:以新编第二十二师第一营在马兰监视敌人,掩护主力渡河,向清加林卡姆特方向前进,新编第三十八师渡过清得温河,向印境伊姆法尔前进。

△ 中共中央政治局会议讨论目前时局、整风学习、文艺座谈会等问题。关于时局问题,毛泽东发言说:国民党企图发动进攻边区的反共战争计划,由于日军尚未发动反苏战争而进攻云南、浙江以及国民党内部问题的严重,有暂时延缓的趋向,但我们应根据精兵简政、迁移多余资材、不误整风学习、不误农民生产等原则,进行必要的战争准备工作。

△ 陕甘宁边区文化工作委员会会议决议:一、拨款一万元援助由香港脱险的文化界人士,并致电慰问。二、出版《边区文化》、《边区戏剧》、《民族音乐》等。三、设立"聂耳音乐奖金"及"美术创作奖金",鼓励开展文化工作。

△ 新四军代军长陈毅撰写《华中执行精兵简政指示的情况报告》,并向中共中央报告。《报告》回顾 1941 年冬季以来贯彻中央精兵简政的部署,并具体安排今后精兵简政的工作,同时指出在执行精兵简政指示中存在的各种倾向:片面强调裁减主力部队的错误;精兵主义只适用于华北,不适用于华中;许多机构仍未建立,如一切裁减势必影响工作等。

△ 豫省鲁山县中和渠开始放水,渠长六公里,可灌溉农田 8500 亩。

△ 浙赣战场日军大城户兵团与内田兵团,由上虞、汤浦镇和绍兴发起南犯,主力沿曹娥江两岸会攻嵊县,一部进犯东阳,遭第二十五集团军第八十八军何绍周部暂第三十二师的反击。是日陷东阳后,直扑金华,与守军第八十六军莫舆硕部第七十九师发生激战。

△ 日机 11 架自晨至午分七批在江西玉山、进贤、临川、东乡等地窥察。

5 月 22 日　重庆《大公报》讯：全国国库正在形成,除国家税收外,其余都纳入国库收支。全国各地已设立公库及由地方银行代理公库共达 600 余处。全国计划三年内设立 1200 个县库。

　△　迁川工厂联合会设立工业经济研究所,由章乃器等主持,研究有关工业之法令、关税、劳工、保险、经济、金融诸问题,并出版定期会刊。

　△　中共中央办公厅发出关于精兵简政问题的通知,指出精兵简政包含两方面问题：一是要求从长期坚持根据地着想,注意节省与积蓄民力；二是要求从战争与农村环境着想,注意组织精干,分工合理,使政策能贯彻下去,能大大提高工作效率,使军事行动灵活便利。

　△　陕甘宁边区医学会为纪念诺尔曼·白求恩,特设白求恩医学奖金条例,奖金额每年 3000 元。

　△　八路军第一二九师太行军区第三分区部队在山西武乡张家沟北高地设伏,毙日军百余人,毁汽车 10 余辆。

　△　晨,日机 35 架分批轰炸浙江永康、金华、衢县、江山及江西玉山。同日,日机 11 架分批侵袭江西吉安、南城(今建昌)、临川、东乡等地,并在新淦投弹。

　△　苏驻华大使潘友新夫妇宴请中苏文化协会会长及常务理事,宋庆龄、于右任、孙科、郭沫若、陈立夫、王云五等出席。

　△　美国威斯莱学院为纪念宋美龄毕业于该校二十五周年,与古轿学院、斯梯生大学同时授予她荣誉学位,由中国驻美大使胡适代表接受。嗣后威斯康辛大学、俄亥俄大学、西北大学、普林斯顿大学与但尼生学院亦授予荣誉学位。

5 月 23 日　罗卓英经蒋介石批准到印度伊姆法尔与史迪威、亚历山大会晤,决定远征军向印度雷多附近输送,集结整训。

　△　晋察冀军区颁发《实行新编制的命令》,指出新编制的基本精神是,明确划分主力军与地方军及其相互关系,紧缩机关部门,充实战斗部队,大量减少马匹以利于行动,使部队短小精干。是月底军区部队

完成整编,新编为 35 个主力团、30 个地区团,同时整顿和充实县、区游击队。

△ 晋西北士绅参观团到达延安,牛友兰任团长,刘少白、武润生任副团长。该团在延安访问 55 天,毛泽东等中共中央党政领导多次亲切接见参观团。

△ 冀中第六军分区指挥部和警第一团第二营,在深南王家堡、护驾地、陈二庄一带被敌"扫荡"部队包围,在突围战斗中,随军活动的冀中军区政治部宣传部长张仁槐、警第一团政委陈德仁等不幸牺牲。

△ 中国空军在金华上空击落日机一架。

△ 从 5 月下旬开始,日军经过精心策划,集结重兵,对第十八集团军总部和中共中央北方局机关进行疯狂的"铁壁合围"。是日,第十八集团军副总参谋长左权向总部警卫连干部布置战斗任务,要他们率部配合第一二九师部队阻击敌人,掩护机关转移。

△ 日军 5000 余"扫荡"河北衡水以北地区,八路军冀南军区第五分区政治部主任张峻峰牺牲。

△ 浙赣战场日军井出兵团在武内兵团掩护下,沿富春江西岸地区急进,攻陷建德。

5 月 24 日 延安《解放日报》发表《保卫冀中,坚持平原游击战争》的社论,指出五个月来,华北敌后各战场上,展开了空前残酷的"扫荡"与反"扫荡"战争。华北日军现又调集数万兵力对冀中平原发动大规模的"扫荡",以巩固其北进"兵站基地"。日军为配合军事进攻,积极推行第四次治安强化运动,破坏县与县、村与村、根据地与沦陷区人民的关系,或实行怀柔政策,略施小惠,收买人心。社论号召人民必须识破敌人的阴谋诡计,开展群众性的游击战争。

△ "扫荡"太行区之敌对偏城西北十字岭地区进行"铁壁合围",第一二九师在偏城东面西驼驼一带,同总部特务团在拐儿镇反击中毙敌 380 余名。

△ "扫荡"南岳之日军于 18 日和是日两次奔袭合围沁水县东西

峪地区,企图以"反转电击"战术捕歼太岳区主力部队第三八六旅。太岳军区司令员陈赓一面指挥部队对敌作战,一面指示太岳区七专署组织三万人破击临屯公路张店(屯留)至良马村(安泽)段,切断进入根据地之敌交通干线。

　　△　成都报纸报道:四川全省共有"七七"纺织机五万架,手摇单锭机 20 万架,多分布于嘉陵江流域及长江上游一带。

　　△　甘肃湟惠渠举行放水典礼,渠口在永登县河嘴子,距兰州 81 公里,可灌溉农田三万亩。

　　5 月 25 日　重庆市长吴国桢谈防空疏散,称市民疏散为目前市府要政之一,已采取各种有效办法切实执行。据警察局报告,现已有四万余人疏散下乡。

　　△　四川省上年度开展之捐献军粮运动已结束,共献黄谷 5.4428 万石,白米 1163 石,杂粮 1509 石,缴纳代金 254.4775 万元。

　　△　远征军新编第三十八师师长孙立人率领该师开始撤退,于 30 日撤到印度境内。

　　△　周恩来致电中共中央青委,报告南方局青年组工作,说南方局青年组现有非常关系 150 人,已建立"据点"四个。今后工作主要是巩固现有"据点"和联系的关系,同时利用学生暑假开展调查,对留校同学进行启发教育。

　　△　晨,第十八集团军副总司令彭德怀、副总参谋长左权等率领第十八集团军总部和中共中央北方局机关继续从辽县麻田地区向东转移。转移中,被日军飞机发现,彭德怀、左权等立即召集紧急会议,决定迅速分路突围。左权率总部直属队和北方局沿清漳河东侧向北突围,令警卫部队掩护彭德怀等突出敌人包围圈后,继续冒着敌人炮火,指挥总部机关人员转移,不幸被敌人炮弹击中,牺牲在山西辽县南艾铺附近十字岭上。6 月 21 日,《新华日报》发表周恩来撰写的悼念文章《左权同志精神不死!》。

　　△　新四军党务委员会向所属各部队发出《关于执行党的纪律的

决定》,强调执行党的纪律的重要性,接着全面深刻分析当时新四军党内在执行纪律方面的两种倾向:一是纵容错误的放任主义,二是滥用纪律的惩办主义。最后,对执行纪律的权限、手续与方法作了统一的具体的规定。

△　上饶集中营茅家岭监狱的 26 位革命志士,赤手空拳,决死搏斗,夺了武器,冲出死牢,胜利地举行茅家岭暴动。

△　伪满洲国政府发布《关于国民优级学校毕业生募集斡旋之件》及《要纲》,决定从国民优级学校(高小)毕业生中募集矿工,使用十三四岁少年充当矿工。

5 月 26 日　行政院例会通过《令饬司法机关比照国家总动员法规定,严惩各级税务人员贪污以肃税政案》;任命马克强兼任商标局局长,原任程志颐免职。

△　国民政府公布《盐专卖条例》,对食盐的产、制、运、销,均严行统制。

△　四川省临时参议会第六次会议选出参政员及候补参政员,计:曹叔实、彭革陈、陈志学、黄肃方、但懋辛、任觉五、李琢仁、刘明扬八名为参政员;朱之洪、邓和、王兆荣、谢伯诚、陈敬修、邓汉祥、廖学章、邱矗双八名候补参政员。

△　重庆《大公报》讯:中国西南实业协会主编《四川工厂调查录》出版。该书披露:有确实资本之工厂计 390 余家。

△　远征军第二○○师师长戴安澜于是日,因伤重不治,在缅北茅邦村殉国。10 月 16 日,国民政府追赠戴安澜为陆军中将。29 日,美国会授权美总统罗斯福,颁授戴安澜懋绩勋章。

△　浙赣战场日军大城户兵团陷汤溪后,主力沿铁路向南进犯,与守军第四十九军王铁汉部暂编第十三师及第二十五军张文清部第四十师先后激战。

△　日机 30 架轰炸浙江兰溪,又 20 架炸金华,投弹千余枚。同日,日机三架在新安江一带投掷毒瓦斯弹。

△　中共南方工作委员会工作人员郭潜被国民党特务逮捕,当晚叛变。次日,国民党特务逮捕粤北省委书记李大林,破坏粤北省委;30日,又在曲江逮捕廖承志。

5月27日　宋子文在美致电蒋介石称:是日晨,美国外交部面交关于租借器材案草约,名为《中美抵抗侵略互助协定》。条约除《大西洋约章》外,其余条款均与美、英2月23日所订协定相同,我方应予赞同,并授权签字。6月2日,美国国务卿赫尔与宋子文代表美、中双方在美国国务院签字。

△　行政院公布《特种股份有限公司条例实施办法》。

△　经济部中央实验所所长顾毓瑔在记者招待会上称:11年来中工实验所朝着三个目标前进:研究工业原料之自给自足;改进工业技术以求现代化;检验工业成品,以求标准化。现已建立17个试验室,10个实验工厂,四个工作推广站。

△　四川建设厅长胡子昂在省府纪念周报告称:省府决定拨款3000万元办理农田水利。

△　中美文化协会举行第三次演讲会,由郭沫若主讲《中国战时之文学与艺术》。认为中国的文艺,已改变了战前那种与现实脱节,一味摹拟古代作品和外国作品的状况,"新的艺术到这时才生了根,旧的艺术到这时才恢复了它的气息,新旧的壁垒到这时也才逐渐地化除了"。

△　重庆《大公报》讯:上海沪江、之江、东吴三教会大学将迁福建邵武联合办学,教育部拨搬迁费30万元。

△　陈独秀在四川江津病故。6月1日安葬于江津大西门外。

△　日军1000余人进攻河北定县东南的北疃村,进村后向地道施放毒瓦斯,800余名妇孺老弱全被毒死,造成"北疃惨案"。

△　日酒井兵团沿衢州以东两侧地区向衢州前进。日军各进攻兵团接近金华、兰溪一带。第三战区部队放弃金华、兰溪阵地。

△　周佛海发表声明,宣布禁止国民党法币流通。声明称:中储券定为统一通货,为苏、浙、皖三省及南京、上海两市惟一法币,取消法币

法定通货性质。法币以 2：1 之比兑换中储券。

5 月 28 日 黔省临参会选出王亚明、马宗荣、黄宇人、张定华四人为出席第三届参政员。

△ 毛泽东在中共中央高级学习组作报告,讲三个问题:一、时局问题;二、整顿"三风问题";三、延安文艺界问题。

△ 周恩来通知郭沫若,政府近拟清查共产党员及左翼文化人士,请关照各同志注意。郭沫若当即邀集在渝的侯外庐、邓初民、张申府、王亚平、方殷、葛一虹、应云卫、郑伯奇、陈望道等人商议应付办法。

△ 甘肃临洮县举行溥济渠放水典礼。该渠从 1939 年 11 月开工,工程费 138 万余元,能灌田 3.5 万亩。

△ 防守金华城的第七十九师,从 25 日傍晚起在城内外与敌第六十一旅团激战三天三夜,给敌以很大的杀伤。但北路的敌第三十二师团 28 日已至寿昌西南的航头、志棠,第一一六师团已到达寿昌东南的唐村、诸葛;南路的第二十二师团已于 27 日进至龙游。金华正面、两翼及侧后均遭到迂回。为避免遭敌包围,第七十九师奉令于是日拂晓前与兰溪守军一齐撤离。敌即从金华城的东北角、西北角攻入城内,是日 6 时 30 分金华城被敌第七十师团第六十一旅团侵占。同日,日第十五师团占领兰溪。

△ 日军第十五师团长酒井直次中将在兰溪城北约三华里的三叉路口处观察情况时,进入第六十三师的地雷区,猛然一声巨响,酒井被炸成重伤,随即死亡。

△ 八路军向晋东南长治以北挺进,消灭日军 200 余,毁飞机三架,汽车 34 辆,烧毁汽车库一座及全部营房。

△ 华北《新华日报》社长兼总编何云、理论部主任黄君珏、国际新闻社特派员乔秋运等,在太行区反"扫荡"中,于山西辽县大羊角附近牺牲。

△ 日军以第三十五、第三十六师团各一部共 4000 余人,由阳城、王屋、邵源镇、垣曲、同善镇、张马村(翼城东南)出动,向东川村(沁水

南)合击。豫晋边区领导机关适时转移。敌扑空后,即在李疙瘩、煤坪(沁水南)一带"清剿"。八路军外线部队积极配合反"扫荡"斗争,先后在皋落镇附近及垣曲至东石村(垣曲北)间伏击日军,并袭击沁水之敌,歼日伪军 38 人,俘伪军 24 人。6 月 15 日,敌退回原据点。

5 月 29 日　冀中第八军分区第二十三团团长谭斌、政委姚国民率该团第三营,在饶阳县东西张岗村被敌"扫荡"部队合击,激战多半天,伤亡严重,谭斌牺牲,姚国民等从敌人火网中冲出。

△　是日至 6 月 5 日,浑源县民兵在寒风岭等敌据点附近,大摆地雷阵,一周内炸死炸伤敌伪军 100 余人。

△　八路军第一二九师一部在山西潞城微于镇、林旺之间伏击敌汽车六辆,毙敌 80 余人。

△　宋子文电告蒋介石:美国已向中国交货的租借物资计有:一、枪械、子弹、飞机、通信及医药器材等 6500 吨;二、兵工材料、卡车及零件 14.3 万吨,铁路材料五万吨。

△　重庆《大公报》讯:中华职教社在四川松、理、茂、懋、汶一带推行边疆教育,决定先在灌县建立一所山村职业教育学校,提倡"即工即学"。该社负责人黄炎培亲临视察,决定一切。

△　汪伪国民政府访日特使褚民谊,副使杨揆一、任援道抵东京。6 月 1 日,褚一行觐见日天皇,呈递汪精卫亲笔信。2 日,会见日首相东条英机,面交汪的亲笔信。8 日,结束在日的活动,回到南京。

5 月 30 日　国民政府任命张彭春为驻智利全权公使,免去其驻土耳其全权公使职;任命邹尚友为驻土耳其全权公使。

△　延安《解放日报》发表《击破敌人的经济掠夺与封锁》的社论,指出日本帝国主义在长期侵略战争中,不仅为兵源枯竭的难题所困扰,而且痛感战时物资的缺乏。敌人在华北的经济掠夺,也实行了更毒辣的办法。社论分析了日本侵略者对各抗日根据地经济政策的破坏的特点,提出了击破敌人经济掠夺与经济封锁的办法。强调粉碎经济封锁最有力的办法是发展根据地的生产力,使达到自给自足的地步。

△　陕甘宁边区政府任命建设厅长高自立兼边区政府秘书长,原任周文免职;批准边区高等法院院长雷经天离职学习,遗缺由李木庵代理。

△　毛泽东在鲁艺文学院对学员讲话,指出:提高要以普及为基础,不要瞧不起普及的东西,大树也是从像豆芽菜一样小的树苗长起来的。你们现在学习的地方是小鲁艺,还有一个大鲁艺,还要到大鲁艺去学习。大鲁艺就是工农兵群众的生活和斗争,广大的劳动人民就是大鲁艺的老师。你们应当认真地向他们学习,改造自己的思想感情,把自己的立足点逐步移到工农兵这一边来,才能成为真正的革命文艺工作者。

△　八路军第一二九师第三八五旅第七六九团及民兵一部,在山西辽县苏亭设伏,毙日军 140 余人,缴获骡马 80 余匹,解救被日军抓去的大批民伕。

△　冀中警备旅一个半连、第十七团第一营一个连及晋深极县大队,相继转移到深泽白庄村,拂晓被敌"扫荡"部队千余人包围。八路军战士与民兵在张子明副营长指挥下,依托工事和地道,与敌激战一天,接连打退敌人五次进攻,于夜间胜利突围转移。这次战斗以我方 20 余人的伤亡代价,毙伤敌指挥官营泽大队长以下 400 余名。

△　日军大贺兵团是日晚渡过抚河,向东进犯,与第一〇〇军施中诚部第七十五师接触。6 月 2 日陷进贤,3 日占将军庙,6 日陷东乡,9 日占邓家埠,13 日犯鹰潭。第七十五师除留一部抵抗外,主力向鹰潭以西撤退,15 日鹰潭不守,16 日贵溪失陷。由于第一〇〇军指挥不当,致使弋阳、横峰陷于混乱状态。该军向信河南岸一带转移。

△　日军右翼柴田兵团向抚河西岸梁家渡、市汉街阵地进犯,遭赣保纵队一部迎击,激战至 6 月 1 日下午,该纵队转移至三贤湖一带,4 日下午在大港口附近发生激战。6 日,日军增援猛攻,守军退至秀才埠一带阻击日军。

△　日军第二十二、第十五师团及河野旅团进至龙游以西地区,准备进攻衢州。

△ 日机 17 架侵袭桂林,在北郊外投弹 20 余枚。

△ 华南日本派遣军司令部发言人发表谈话,宣布准许中储券在华南地区流通使用。

5 月 31 日 杜聿明接蒋介石电:"该军既到清加林卡姆特,应即向西印境或利多转移,暂时休息,不必再赴葡萄,以免中途被围。"杜遂遵令改道,经大洛、新平洋向利多前进。第九十六师经由孟关出发,经孙布拉板、葡萄,向国内撤退。

△ 东北四省抗敌协会在重庆成立,原有救国团体宣布解散。大会通过会章、宣言、告东北同胞书、慰问前方将士书。选莫德惠、刘尚清等 59 人为名誉理、监事。蒋介石颁训词勉东北同胞收复失地。

△ 八路军第一二九师新一旅副旅长黄新友率领突击营奇袭日军长治(山西)飞机场,烧毁日机三架、汽车 14 辆、汽油库二座,毙敌 90 余名。

△ 驻武汉的阿南惟畿第十一军两个师团,于是日在南昌东南分别渡过抚河,沿浙赣路向东进攻,以配合日军第十三军在浙赣路的第二期作战。

△ 晨,日机九架在梧州侦察,又飞柳州城郊投弹。

△ 汪伪国民政府公布《整理旧法币条例》及《民国三十一年度安定金融公债条例》,公债总额为 15 亿元。伪中央储备银行公布《收回旧币办法》。周佛海发表谈话称:整理旧币自 6 月 1 日起施行。该行设立旧币整理委员会,总办事处设上海,在各地设分会。

5 月下旬 周恩来会见随美国军事代表团来渝的埃德加·斯诺,表示希望美国军事代表团和美国记者去延安参观。委托斯诺将宣传八路军、新四军作战业绩的有关资料带给居里,并附给居里的信一件。信中表明中共不论在何种困难情况下,都必定坚持抗战,反对内战。说明现在中共领导的武装力量已牵制日本在华兵力总数的将近半数。提出为了有效地打击共同的敌人,希望得到同盟国提供给中国的援助的一部分。

　　△　日军第二十七师团南调冀中地区参加"五一"大"扫荡"。冀东八路军第十三军分区乘敌兵力减少之机举行反击,在沙坡峪(遵化城北)、甘河草、太平庄(均滦县城西北)、赵店子等战斗中,击毙日军田蒲竹治少将等多名指挥官,攻克野鸡坨、樊各庄、油榨、石梯子(均在滦县城北)等 10 处据点,粉碎了日伪军对冀东抗日根据地的"扫荡"。这次反"扫荡"共作战 160 多次,歼敌 5500 多人,巩固了抗日根据地。

　　是月　教育部呈准规定 9 月 9 日为体育节,并颁发《体育节举行办法要点》,凡六条。《要点》规定:体育节前一周为宣传周,在节日应因时因地因人开展各项体育活动。

　　△　四川省政府密令各校,对进步学生可按非常时期维持治安紧急办法,取消其学籍,由当地警察局押送至战时青年训练团(1941 年 10 月 1 日在巴县兴隆场五云山成立,实为劳动营),对学生家属诡称奉令调训。

　　△　国民政府在重庆磁器口成立"中美特种技术合作所"。军统局局长戴笠任主任,美国战略服务局远东协调主任梅乐斯任副主任。次年 4 月 15 日,中美双方在磁器口军统局办事处正式签订《中美特种技术合作协定》。

　　△　国民党中央宣传部制定的《国家总动员宣传提纲》下达后,有 500 余种报刊被查封。

　　△　中国人民抗日军事政治大学第九分校在江苏南通海复镇建立。该分校是以抗大苏中大队为基础扩建成立的,归新四军第一师领导,由新四军第一师师长粟裕兼任校长和政治委员。

　　△　太行太岳军区以主力军一部协同地方军和边沿区的游击队,实行正面坚持;以武工队、小部队深入敌占区和被"蚕食"的地区,开展军事、政治攻势,从是月至 7 月间共摧垮伪组织"维持会"1064 个。

　　△　太行、太岳基干武装对平汉、白晋、正太等铁路全面破击,是月反"扫荡"克敌据点 29 处,破铁路 40 余里,炸毁火车三列,汽车 27 辆,平封锁沟墙 90 余里,摧垮伪组织 347 处。

　　△　中共晋豫区条西地委将康支队和第五、第九、第十支队及县支队统一整编,定名为"中条山抗日挺进纵队",柴泽民为纵队长兼政委。

　　△　河北省无极县赵户村民兵在八路军两个连的支援下,利用地面村沿、房屋工事与地道战、地雷战相结合,在 24 天内打退了日军1000 余人的连续四次进攻,杀伤日军 200 余人。

　　△　湖北省北部灾情严重,随县、宜昌等地饿死 4000 余人,灾民有70 多万。

　　△　中国空军美志愿队发表第 31 号公报称:日驱逐机被击落 24架,在地面的被击毁 35 架,另被击落轰炸机、侦察机、运输机等 30 架。此外摧毁日军卡车 78 辆,击毁装甲车一辆。是月,我方损失飞机六架,飞行员五名殉职,一名负伤。

6 月

　　6 月 1 日　蒋介石与宋美龄应美国陆军部之请,对美发表广播讲话。蒋称:我们有把握消灭敌人,但须盟国供给重武器。

　　△　蒋介石以兼理外长身份,会见印度驻华总代表沙福莱。10日,沙拜会行政院副院长孔祥熙。

　　△　粮食部在重庆召开全国第一届粮政会议,党、政、军代表 70 余人出席。粮食部长徐堪主持,孔祥熙致词,略谓:足食足兵为立国最重条件,田赋为国家主要税收,征购工作应格外努力,悉心工作。6 月 2日,蒋介石到会训话,称今年的粮政政策,在"平均"的原则下,地主富户应按累进率纳税。

　　△　粮政局在渝举行节约粮食与营养改进展览,展出各种农作物病虫害及人体营养成分的统计;儿童营养及儿童食物;杂粮与人体营养的关系;农业机械等。6 月 3 日闭幕。

　　△　财政部决定恢复 1939 年停办之渝市票据交易所。是日,中央银行设立票据交换科,主要办理票据交换及银行比期存款利率等业务,

以增强中央银行对金融市场的控制。

△　中央银行中央信托局举行国民月会,银行界人士千余人出席,由孔祥熙总裁、陈果夫副总裁主持,宣读蒋介石在中央训练团对财政、金融、经济、交通各界人员的训词。

△　中国银行在印度新德里及喀喇蚩两地设立支行,并在加尔各答设立分行。

△　财政部田赋整理委员会从是日起改组为田赋管理委员会,主任委员仍为关吉玉。

△　国民党中央宣传部驻英代表叶公超抵伦敦,10 日对记者称:中国益感中英两国对于彼此交换战局情报一事有实行合作联系之需要。

△　中央推行注音识字运动委员会在重庆举行第一次会议,教育部、中央宣传部、海外部、中央训练委员会等九部、会代表参加。通过委员会组织章程及推行计划原则等项。后因师资缺乏,注音教材及读物、注音符号的应用等未能推广。

△　中共山东分局、第一一五师政治部发布《反对敌之蚕食政策的指示》,指出:目前敌人正在"东亚解放"、"剿共自卫"、"勤俭增产"的口号下,以政治伪化、军事清剿和经济上的严格配给制度,对华北各根据地进行全面的蚕食。我应全力开展对敌的政治、军事和经济斗争,粉碎其蚕食阴谋。为此,各级党委及各部队必须做到:一、加强揭露敌人的欺骗宣传,争取与动员广大群众;二、游击区不要大张旗鼓而要分散、隐蔽地进行,以便长期坚持;三、在敌占区主要是建立党的秘密点线工作;四、反对敌人的经济配给制度与对我区的袭击破坏和封锁。

△　延安市举行参议会,同意李景林市长提出的加强战备动员,整顿自卫军,加强行政机构,实行精兵简政等意见。会议强调贯彻"三三制"政策,于 3 日闭会。

△　中国人民抗日军政大学华中总分校建立。核校系由抗大第五分校改建,陈毅兼任校长。

　　△　浙江敌后守军在日军主力进犯浙西时乘机发起攻击,自是日起,相继克复寿昌、永康、浦江,18 日一度克武义。日军内出兵团于 19 日再陷永康、武义,分路进犯丽水,与浙保纵队及暂第九军冯圣法部主力激战,于 24 日晚占领丽水。

　　△　日军陷江西弋阳。

　　△　日军中央高桥兵团由温家圳渡过抚河,向临川、浒湾、金溪进犯,第九战区第七十九军夏楚中部奉命驰援。3 日,暂第六师先头部队于同源、展平与日军激战,该师派兵一部进守临川。4 日竟夜巷战。5 日,日军增援,陷临川、浒湾,8 日窜犯崇仁,9 日陷宜黄,并经棠阴向南城进犯。第七十九军争取外线要点,固守南城,至 11 日日军突破我阵地,三面猛攻。12 日,南城陷落。该军转向硝石附近整理,14 日以后转移至万年桥南与日军对峙。

　　△　日伪军万余人对冀鲁边区抗日根据地进行“扫荡”。当地军民及冀中军区一个团、回民支队等部奋起展开反“扫荡”斗争,历时 40 余天,歼日伪军 2000 余人,抗日武装亦遭受严重损失,牺牲干部百余人。“扫荡”后冀鲁边区形势更加恶化,根据地各区之间的联系被隔断。

　　△　日伪以德州为中心成立冀渤特别行政公署,下辖 23 个县,并将同蒲路的第四十一师团调到德州地区,以加强对河北、山东两省结合部的控制。

　　△　伪满洲国政府公布《满洲帝国协和会义勇奉公队大学(学院、养成所)队则准则》,规定大学教职员、学生皆编入义勇奉公队,“担任广泛之国民防卫,特别着重于警护和奉仕”。

　　6 月 2 日　中美两国政府在华盛顿签订《中美两国政府关于适用 1941 年 3 月 11 日美国国会法案所认可及规定之互相援助以执行抵抗侵略战争之原则协定》(简称《中美抵抗侵略互助协定》或《租借协定》)。主要内容是:美国政府将继续以防卫用品、防卫兵力及防卫情报供给中国政府;中国政府将继续协助美国之国防及其加强,并以己所能供给之用品、兵力或情报供给美国政府;并对战后归还租借物资及补偿美国政府的原则作了规定。此协定奠定合作互相原则,以为共同对敌作战之基础。从此美国对华援助更由经济而扩至军事,决定租借给中国政府价值 8.7 亿美元的军用物资。

　　△　行政院例会通过下列各案:改善各省级机关员役生活案;银行监理官办公处组织规程草案;限制医务人员自由辞职办法;派中国驻巴西公使谭绍华为拟订中巴友好通商条约全权代表。

　　△　晚,蒋介石以兼理外交部长身份,宴请捷克斯洛伐克公使米诺夫斯基、土耳其代办戴伯伦,孔祥熙、王宠惠、吴铁城等作陪。

　　△　国民党中央海外部长刘维炽、侨务委员会委员长陈树人携款350 万元抵昆明,主持云南归国侨胞安置事宜。另滇省主席龙云决定拨公地交南洋归侨何葆仁、白仰峰在昆明郊外筹建华侨新村。行政院拨款 100 万元补助建筑。

　　△　四川省临参会举行第十一次会议,主要讨论田赋征实案,本年征额为 900 万石,购额为 700 万石。

　　△　中共中央成立总学习委员会,毛泽东为主任,康生为副主任,领导全延安整风学习。中央总学习委员会每周或每两周召集一次延安高级干部的学习会,讨论学习问题,并通知时事、政治和工作等问题。同日,中央总学习委员会举行第一次会议。

　　△　太行区出现严重旱灾。八路军总部发出训令,号召所属部队帮助群众挑水抢种。

　　△　日军左侧竹原支队开始集中舰艇向鄱阳湖沿岸及信河北岸地区窜扰,是日陷都昌。6 日,另一部陷余干。9 日陷黄金埠,15 日陷瑞洪,16 日陷余江,28 日陷鄱阳。至此,鄱阳湖及信河水上交通完全被日军控制。

　　△　日机 36 架分批袭赣省东乡、丰城、鄱阳、吉安等地,并在玉山、上饶两地投弹。

　　△　晨 7 时半,日机八架自缅窜滇,在祥云附近扫射。9 时 50 分,日机第二批若干架窜景东,被陈纳德飞虎队截击,日机逃去。

　　△　汪伪行政院例会决定成立新国民运动促进委员会,汪精卫兼委员长;任命陈耀祖兼广州市市长。

　　6月3日　国家总动员会议举行第一次会议,蒋介石、孔祥熙、何应钦等出席,通过《违反国家总动员法惩罚暂行条例草案》,送立法院审议;《国家总动员法实施纲要草案》五条,报告国防最高委员会。

　　△　国民政府在渝举行"六三"禁烟纪念大会。蒋介石昭告全国,谓:"烟毒与倭寇均为我民族最大之仇敌,抗战与禁烟同样重要,不容轩轾。"会后,内政部禁烟委员会在较场口公开焚毁烟具。

　　△　粮政会议继续举行大会,贺耀组以总动员会议常委立场,对当前粮政提出数点,略称:关于征实,应按各省粮食生产总量决定每元田赋之粮数;关于征购,决用累进制。财政部田赋管理委员会主任委员关吉玉发言,强调财政与粮政合作。川康粮政局长康宝志称:四川去年粮食征购超收140余万石,其中超额者11县,十成者14县,八成五者45县,不足八成者六县。征购虽已逾额,但农民极为痛苦。

　　△　四川省政府一年来验收各市、县解缴烟土膏灰二万余两,除优质烟土解部外,其余夹料烟土并同市警察局缉存烟具,于是日在成都少城公园焚毁。

　　△　山东省战地工作委员会发布《奖励粮食入境及严禁粮食出口资敌暂行办法》,规定凡从敌占区运粮到根据地者,不受任何限制,不交关税。凡从敌占区运粮之粮商,根据地各地贸易局等帮助其解决各种困难。

　　△　新四军第一师在江苏海门三阳镇伏击日伪军,歼日军70余人,伪军100余人,俘日军三人、伪军30余人。

　　△　日第十三军按计划开始浙赣战役的第二阶段,攻向衢州。其军指挥所位于龙游西南的高地,当日,攻击前进约10公里。

　　△　赣东日军为策应衢州作战,于5月30日起集中兵力三万余自南昌渡抚河向东进犯,由浙东西犯之日军向衢州进逼。第二十五、二十六、四十九、八十六军准备给日军以包围歼灭,旋接蒋介石电令:"第三

战区应避免在衢州附近与敌决战。"统帅部下令第八十六军在衢州牵制敌人,其余各部队均撤至两侧山地,实行分段截击。第八十六军陷于苦战,工事全毁,于 6 日拂晓前突出重围,衢州遂陷。

△　美日海军在中途岛大战。是日晨,日军中途岛进攻编队进至中途岛西南约 700 海里处,被美机发现,当日下午遭到美军九架轰炸机的攻击。4 日凌晨,美巡逻机在距中途岛 220 海里处发现日军航空母舰编队及正在飞往中途岛的 108 架飞机。双方在目标上空展开激烈空战,日机八架被击落,美机 26 架除二架外均被击落击伤。日军派出飞机对中途岛再次轰炸,这时美军由三艘航空母舰派出五个机群向日军航空母舰发起攻击。日军四艘航空母舰被击中,先后沉没。美军一艘航空母舰受重创,于 6 日自行炸沉。5 日凌晨,山本五十六下令停止中途岛作战并向西撤退。美军旋即发起追击。6 日,美军舰载飞机连续发起三次攻击,日军二艘重型巡洋舰及二艘驱逐舰先后中弹,其中一艘重型巡洋舰被击沉。6 日晚,美军停止追击,中途岛海战遂告结束。中途岛一战使日军丧失它在战争初期夺得的海空控制权和战略主动权,从此被迫放弃战略上的全面攻势。美军则取得自太平洋战争爆发以来的首次决定性胜利,扭转了太平洋盟军的不利态势。太平洋战争出现了有利于盟军的转折。

6 月 4 日　国民政府特派孔祥熙为中央、中国、交通、农民四银行联合办事总处理事会副主席;立法院立法委员刘振东辞职,免去本职,任命吴经熊、简又文、全增嘏、叶秋原、罗运炎为立法院立法委员。

△　粮政会议讨论通过议案 22 件,重要一案为《各省分区规定合理粮价以利民生案》,要点为:一、应用经济方法以粮控价;二、应用政治方法实施管制;三、与粮价有关方面切实配合,同时并进。会议于 6 日闭幕。

△　史迪威谒见蒋介石,检讨缅战失败之原因。

△　中共中央政治局会议听取林枫关于晋西北工作报告的第一部分(1940 年晋西事变到现在两年来的工作概况)。会议同意毛泽东的

提议,给予联防军司令部三项职权:统一晋西北与陕甘宁两个区域的军事指挥及军事建设;统一两个区域的财政经济建设;统一两个区域的党、政、军、民关系。

△　八路军第二纵队并入冀鲁豫军区,第二纵队番号撤销,杨得志任军区司令员,黄敬代政治委员(后为苏振华)。

△　中共冀中区委和八路军冀中军区除留部分地方武装就地坚持反"清剿"斗争外,领导机关和主力部队迅速转向邻区。至7月初,冀中区委和军区及主力部队一部转移到冀鲁豫边区抗日根据地;另一部转移到山东抗日根据地冀鲁边区。冀中军民在两个月的反"扫荡"中,共作战270余次,毙伤日伪军一万余人,打破了日军消灭冀中区领导机关和主力部队的企图,但根据地受到严重破坏,被分割成2670多个小块,大部沦为敌占区,部分变为游击区。敌据点增至1635处,封锁沟增至3000多公里。冀中军区部队减员46.8%,群众伤亡和被掳走的共有五万多人。从此,冀中地区的斗争进入更加困难的阶段。

△　日军500余向冀中无极地区围攻,八路军两个连毙伤日军两名小队长以下200余人。

△　汪伪中央政治委员会第九十六次会议特任命汪曼云为行政院政务委员。

△　汪精卫召开清乡工作会议,通过《清乡委员会进展清乡工作纲要》及《1942年下半年度清乡工作要领》,决定将清乡地区扩展至江苏全省及浙江和上海地区;7月1日在太湖东南地区实行第一期清乡,10月初进行第二期清乡;决定成立清乡委员会上海分会,特派陈公博为上海分会主任委员,李士群负责太湖东南地区第一期清乡工作,傅式说负责第二期。

△　伪满洲国为配合义务兵役制提出建立所谓"国民勤劳奉公制度",强迫东北青年无偿服劳役。29日,伪满洲国民生部发布《关于勤劳奉公义务人选定要纲》、《国民勤劳奉公制创设要纲》,规定21岁至23岁未服兵役之男子,在此期间要参加12个月无偿劳役。并决定编

成勤劳奉公队,设专门机构管理,"协和会"协助。

6 月 5 日　班禅活佛的继位人已在甲洼村寻得,名泽巴多杰,1938 年生于康定县折多塘附近。

△　中国远征军集结于印度东北境整理补充,并掩护中印航运基地。

△　被囚禁于上饶集中营的新四军将士和爱国志士,是日自上饶起程向闽北转移。

△　日军在北平成立"治安强化运动本部",以统一华北"治安强化运动"的领导。10 日,伪华北政务委员会开始实行"紧急物价对策",并发布"推行物价政策"布告。

△　日军第三师团经与第七十九军第九十八师一天一夜的激战后,于是日晨占领江西临川。

△　美总统罗斯福警告日本,如在中国或其他盟邦使用毒气,美将予报复。按:日军在浙赣战役中,进攻建德、金华时,皆施用毒气弹。

6 月 6 日　是日为工程师节。中国工程师学会、国父实业计划研究会及工程师学会重庆分会在渝举行纪念会。工程师学会重庆分会会长徐恩曾报告开会意义。经济部长翁文灏提出"工业建国"的口号。孔祥熙要求工程师响应国家总动员,担起工程动员的责任。经济部工业司司长欧阳仑对记者称:自抗战以来工业发明与制品已达 500 余件。

△　美国援华委员会主席霍夫曼在纽约宣布:为援华已募到 500 万美元。是日,印度人民援华捐款 2.53 万卢比寄往重庆,印度王公亦捐 5000 卢比。

△　汪伪最高军事顾问影佐祯昭奉调回国,新聘顾问松井太久郎 8 日抵南京。

△　伪湖北省主席何佩瑢被日军毒毙。

△　伪满洲国政府公布《国民储蓄会法》,9 日公布《国民储蓄会法施行规则》。规定机关、学校、企业、市街村组织国民储蓄会,强迫东北人民参加储蓄会,推行储蓄义务制。

△ 伪满洲国政府公布《关于为充一般会计岁出之财源发行公债之件》,决定"政府为充一般会计岁出之财源,得于预算所定范围内发行公债"。据此,伪满可用发行公债办法,任意搜刮民财,充其"岁出之财源"。

6月7日 延安《解放日报》发表《华北各抗日根据地处在空前残酷斗争中》的社论,指出由于日军对华北根据地连续不断地"扫荡"与推行"治安强化运动",斗争之艰苦与残酷,实空前未有;我们要有在敌后坚持抗战争取胜利的信心,又要对困难有充分的认识,去迎接困难,克服困难。

△ 中共中央总学习委员会举行第二次会议,决定全国各地党委按照延安精神,暂行停止其他政治、业务教育和党的历史研究,集中力量研究整风文件和检查工作,将整风运动开展到全党。

△ 经济部全国度量衡局在渝成立机械工业标准起草委员会,推杨继曾等为常务委员。

△ 八路军第一二九师攻克襄垣五阳、潞城黄碾,毙伤日伪300余人。

△ 日军3000余人向晋西北方山、静乐、汾阳一带"扫荡"。八路军晋西北第八分区部队与敌激战31次,毙伤敌450余人,15日击退敌人"扫荡"。

△ 日军第十五师团和河野混成旅团占领衢州。

△ 晨,日机34架分批自缅窜扰滇境,其中战斗机六架在保山上空以机枪扫射,轰炸机27架在滇、越边境侦察。同日,日机13架分四批袭赣,一架窜扰新喻等地,六架窜丰城投弹,六架分两批窜樟树投弹。

6月8日 国民政府派驻巴西公使谭绍华为议订《中巴友好通商条约》全权代表。

△ 中央出版事业管理委员会常委会通过该会组织条例及工作方针等,16日在重庆正式成立中央出版事业管理委员会,叶楚伧为主任委员,另设"指导"、"编审"、"稽核"各科室。

△ 中共中央宣传部发出《关于在全党进行整顿三风学习运动的指示》,决定全党均应进行整顿"三风"的学习运动,各地、各级党委、各级宣传部及原有高级学习组均应按照中央指定的 22 个文件,有计划地领导这一学习运动。并根据延安的经验,提出了九条办法。学习时期规定为四个月至五个月。

△ 中共中央为统一领导陕甘宁与晋绥两个地区的财政经济,决定成立陕甘宁晋绥财政经济委员会,林伯渠、贺龙分任正、副主任。

△ 周恩来得悉廖承志为国民党特务逮捕,电中共南方工作委员会负责人方方,作出负责同志立即分散隐蔽等六点指示。方方因南委电台受到袭击未接到此电,但根据急剧恶化的形势采取了疏散隐蔽措施,使南委干部得以脱险。

△ 新绛之华灵庙由第十九军连长彭永祥率部守御,是日敌以数倍之众来攻,至濒临危急之际,彭永祥挑选 30 余人以"活炸弹"向敌逆袭,彭连长以下 24 壮士与敌同归于尽,关系第二战区运粮要道之华灵庙乃得确保。

△ 冀中第八军分区司令员常德善、政委王远音率领第三十团、第二十三团第二营和军分区机关一部,于拂晓转移至河(间)肃(宁)公路以南之薛村(肃宁县属),遇河间、肃宁、献县、饶阳等多路敌人合击。在向北突围时,机关和部队伤亡惨重;分区司令员常德善、第三十团团长萧志国、政委汪威牺牲;分区政委王远音负重伤,拔枪自戕殉国。

△ 日机 51 架分批在赣省上饶、樟树及赣东各县窥察。又日机 22 架,分三批轰炸上饶,并投传单。

△ 伪满洲国特派大使张景惠抵南京。9 日,汪精卫接见,并设宴招待。

6 月 9 日 行政院例会通过任命谢寿康为驻梵帝冈公使;任命驻巴拿马公使涂允檀兼任驻洪都拉斯公使,原兼驻洪都拉斯公使沈觐鼎免职。

△ 孔祥熙宴请各党派领导人,周恩来、董必武、左舜生、张君劢、

沈钧儒出席,孔报告财政状况。

　　△　东北四省抗敌协会在渝举行第一次理监事联席会,推马亮、英焕章、田雨时、谭文彬、陈士瀛为常务理事,马愚忱为总干事,洪钫、程烈、赵宪文、武尚权为副总干事。毕泽宇、王化一分任敌后工作委员会正、副主任,于斌、石九龄分任救济委员会正、副主任。

　　△　宋子文荣获美国耶鲁大学法学博士学位。

　　△　"扫荡"太行北部地区的日军南下,合围八路军第一二九师直属队等部,该部乘夜跳出合围圈。日军扑空后,于19日撤退。至此,太行、太岳抗日根据地军民夏季反"扫荡"结束,历时38天,共歼日伪军3000余人。

　　△　拂晓,定县、安国、深泽等据点之敌5000余人,分路合击沙河岸之东西城、赵庄、马阜才、大定一带,冀中第七、第九军分区机关各一部及第十七团(欠一个营)、第十八团和第二十二团两个连奋起反击。经激战后军分区机关及第十七、第二十二团突出重围;第十八团突围失败,伤亡惨重,第九军分区政治部主任袁心纯、第十八团政委钟洲、副团长焦玉礼等牺牲。

　　△　上午,"扫荡"冀中之敌坂本支队300余人,合围深泽县宋家庄。八路军第二十二团两个连、警备旅第一团及第四十地区队共800余人,在团长左叶统一指挥下,据守村落抗击,坂本支队长被击毙。当日下午,敌从安国、定县、无极、深泽、安平陆续增援到1800余人,并施放毒瓦斯,八路军沉着应战,血战16小时,击退敌38次冲锋,后分两路胜利突围。这次战斗共毙敌400余人。

　　△　日军以20路梳篦队形向山西平顺东北之石城第一二九师直属队和新一旅合击,八路军在刘伯承指挥下突出重围,日军"扫荡"又告失败。

　　△　日机22架分批袭扰湘、赣,六架在衡阳投弹,另12架在赣州投弹,51架日机在赣境南城、上饶投弹。三架窜零陵、芷江、桃源各地窥察。

△　日军成立"财团法人华北综合调查研究所",由日华北开发会社研究局长升泽德雄主持,资金 200 万元,主要探测华北资源。

6 月 10 日　社会部公布:经该部调整、考核后的直属社会团体有 224 个,全国分、支会有 2007 个,地方团体有 1653 个。经该部批准近期成立的有:金融研究社(由黄墨海主持),中国俄文学会(卜道明主持),中国留意大利同学会(石孝先主持),中国战时社会问题研究社(罗敦伟主持),中国印刷学会,中国妇女实业协进会(廖文英主持)。该部曾规定人民团体总登记限本月底结束,凡不合乎人民团体组织规程之团体或人民团体,虽已成立而无实际工作成绩表现者,该部均将令其撤销。

△　周恩来致电毛泽东:"美对苏关系已转好,反苏力量日减","美战略方针是先打败德国,再反攻日本"。

△　13 日为鲁班诞辰纪念。中国滑翔总会滑翔机劝募委员会工业界劝募队是日举行茶会,动员工业界认购"鲁班号"滑翔机,陶桂林、高云集当场认购两架。

△　昆明行营主任龙云召集昆明市治安人员与各区乡镇长自卫大队等数百人训话,宣布实施全市大检查,肃清无业流氓。

△　中国回教救国协会、中国边疆文化促进会、中国边疆问题研究会、中国边政学会、中国边疆学会、中国边疆建设协进会、西北建设学会及社会部组织"西北慰问团",赴绥、蒙、甘、宁、青慰问。

△　远征军参谋团团长林蔚率参谋人员离保山回昆明。次日,远征军司令官罗卓英等 40 人抵印度新德里。

△　第三战区一部收复浙江义乌。

△　山西河津、稷山之敌千余人,于是日围攻稷山之黄花峪,该地由第八十三军李如意营守备,敌六次冲锋均被击退,窜入堡内之敌 60 余悉数歼灭,激战至次日拂晓,毙伤敌 300 余,我官兵阵亡 150 余人。

△　八路军第一二九师配合太岳部队破坏敌人白晋铁路 60 余里,将沁县、长子、屯留境内伪组织全部摧毁,毙敌伪 300 余名、俘敌百余名。

△ 八路军第三八五旅一部收复山西黎城县城。

△ 日伪军对冀东"扫荡"结束。同日,冀东军区发布命令,决定展开反"蚕食"武装斗争,调第十二、第十三团大部由热河返回冀东,夺取被"蚕食"地区。

△ 周佛海与日本正金银行上海分行经理岸浪义质签订《关于向日本购买武器、被服等军需资材活期透支借款契约书》,总额为 3500 万元。

△ 日大使重光葵在南京召开总领事会议,讨论实施日本对汪伪政府政策及增加重要物资生产,保证军需物资供应问题。

△ 香港总督杨格爵士被日军押送上海。

6 月中旬 周恩来向三次前来拜访的戴维斯表示中共抗战决心。在戴维斯表示希望中共在侦察敌情方面给美国提供便利时,周恩来建议美国派一个军官小组在陕西、山西建立观察站。

6 月 11 日 外交部情报司致电在美之宋子文、熊式辉称:在缅日军约 10 万人,其中 2000 人侵入滇省。现敌我在怒江隔岸对峙,我派队包围腾冲,另向龙陵随时攻击,日军无渡江北上企图。入缅我军,一部仍留敌后作游击战;另一部退入印度,控制入印大门。浙江日军约十一二万人,6 日占衢州,继续西进。南昌方面约五六万人,南下攻东乡。日军企图攻占飞机场并打击我第三战区野战军,打通浙赣路,但我早有准备,随时切断敌人后路,前途可乐观。再,包头日军渡河南下,企图扩大蒙古边境据点。我方似仍应促英、美迅速援我飞机和重武器等,一面支持目前战局,一面准备对日反攻。

△ 财政部贸易委员会主任邹琳谈蚕丝外销,称蚕丝为外销物资主要品之一,近因浙江某地沦陷,浙丝收购不易,故川丝之增产愈加必要。本年度川丝增产计划,预计可达 5000 余担,以增强外销。

△ 冀东军分区第十一团政委耿玉华率一部分战士由平西到冀东,途经平北赤城县境时,在长嵯山遭敌包围,血战到最后,率 19 名战士跳崖壮烈牺牲。

△ 浙东日军攻陷衢州后,分两路继续西犯。以大城户兵团为左路,沿铁路西犯,是日陷江山;另一部向广丰攻击,第四十九军王铁汉部暂十三师抵抗不力,13 日广丰陷落。以井出兵团为右路,沿常山港进犯,9 日陷常山,是日陷玉山,与第二十六军丁治磐部激战后,15 日陷上饶。7 月 1 日,与由赣东进犯之日军合陷横峰,浙赣线被日军打通。

△ 日军第三十四师团攻占江西余江。

△ 日军集中 1.2 万余人,在冀县、枣强地区,对八路军冀南军政机关实行"铁壁合围",八路军及时分散突围,未遭损失。但由于敌人疯狂"蚕食"和进攻,冀南区敌据点、碉堡、公路、封锁沟、墙猛增,至 6 月底,敌据点、碉堡增到 708 处,公路、封锁沟、墙总长达 4886 公里,形成据点、碉堡林立,公路、封锁沟、墙为网,冀南抗日根据地被分割得支离破碎。

△ 晨 8 时许,日机四架袭长沙,在市区投弹,毁民房数间。国民日报社中弹,毁房屋数间。

6 月 12 日 江苏省江都县长陈中柱率队御敌,为国捐躯,是日国民政府明令褒扬。

△ 中缅文化协会为响应印度对缅宣传周及欢迎缅甸朝野人士来华,特请中央党部秘书长吴铁城、组织部长朱家骅、社会部长谷正纲等,对印度和缅甸发表广播讲话。

△ 陕甘宁边区政府举行第二十三次政务会议,通过《边区政府第二次精兵简政实施方案纲要》,确定边区政府机构的合理原则是"紧缩上级、加强下级、政事分开、合署办公"。从这一原则出发,重新确定各厅、处的机构设置及人员编制。

6 月 13 日 毛泽东致电周恩来,指出:"二十二个文件的学习在延安大见功效,大批青年干部(老干部亦然)及文化人如无此种学习,极庞杂的思想不能统一。""华北、华中斗争极其紧张残酷,要熬过今明两年须费极大牺牲,两年后如能保存现有军队(57 万)的一半,全国则保存现有党员(80 万)的一半,便是胜利。"

△　据四川农改所统计:川省小麦种植面积 1939 年为 1652.9 万亩,今年增至 2013.9 万亩;1939 年产量为 2005.9 万市石,今年增至 3243.5 万市石。

△　第三战区部队收复浙赣路北之常山。

△　吕正操、黄敬率冀中军区、党委、行署领导机关一部及第二十七团(两个营)从冀中区转移至冀南南宫、威县之间的掌史村,被日伪军 1300 多人包围。八路军依据临时构筑的工事与敌血战,当夜胜利突围转入晋冀鲁豫根据地。是役共毙伤日伪军 300 多人,八路军伤亡 90 多人。这一胜利,受到中共中央军委的电令嘉奖,誉为“平原游击战坚持村落防御战的范例”。

△　日军独立混成第十二旅团一部及伪军共 4000 余人,对苏中海门、启东地区进行“清剿”,杀害抗日群众,编组保甲,建立伪政权。新四军第一师主力适时跳出敌之封锁区,转移至南通以西地区。6 月 24 日,新四军军部统一部署第二、第三师及第十八、第二旅对当面的日伪军展开破袭战,策应海门、启东地区的反“清剿”斗争。在一个月反“扫荡”斗争中,第一师共歼敌 2000 余人。

△　日军第三师团攻占江西南城。

△　晨,日机 18 架袭桂林,四架被我空军击落。

△　重光葵在南京召开兴亚院联络部长会议,讨论对汪伪政府的政治、经济、文化政策问题。

△　汪精卫抵广州视察,14 日接见德国、意大利两国驻广州总领事。15 日,伪广东省政府举行欢迎大会。汪在大会上讲话,声称要继续坚持和平反共建国的主张。21 日回到南京。

△　韩国外务部长赵素昂在渝招待新闻界,要求正式承认韩国临时政府。

△　美劳工联合会主席葛林、美国工业团体代表大会会长莫雷、哥伦比亚大学校长白特勒、米歇尔大学校长鲁士文、哲学家杜威等,在联合国日之际向中国人民致电,祝贺在反法西斯战争中取得更大的胜利。

中国劳动协会、中华海员工会、全国邮务总工会、重庆市总工会复电美国劳工联合会致谢。另美国大学妇女协会向中国妇女界致意,宋美龄代表中国妇女复电致谢。

6 月 14 日 是日为联合国日。重庆各界万余人举行庆祝大会。林森、宋美龄、于右任对国外广播。外交部举行茶会,蒋介石兼理外长招待外宾。晚,13 个国际文化团体举行盛大晚会,欢宴外宾。

△　蒋介石与英印度军总司令韦维尔于联合国日互电志念,表示砥砺之热忱及抗敌之决心。同日,中国远征军在印度新德里同英、美、荷军队参加联合国日阅兵典礼;印督林里资哥欢宴英王弟,罗卓英将军应邀赴宴。

△　财政部决定自今年 7 月 1 日起,法币由中央银行集中发行,中国、交通、农民三行所有已印未发之法币亦移交中央银行发行。各省及地方银行所发小额纸币,按财政部 7 月 14 日颁布的《中央银行接收省钞办法》,由中央银行接收,不得继续发行。

△　三民主义青年团中央团部干部训练班第四期学员举行毕业典礼。蒋介石亲临主持并训话,训勉革命青年应确立奋斗服务的人生观,坚定对主义的信仰,领导全国青年,完成抗战建国大业。

△　周恩来写信给柳亚子,关心他的安全和生活,希望他“重整南社旧业”,表示愿为其解决生活上的困难。

△　远征军第五军直属队及新二十二师向利多转移。7 月 3 日到新平洋,官兵已断粮六日,仅新二十二师因饥饿死亡的即达 2000 人。7 日,美机在新平洋空投大米及药品以救急。7 月 25 日,抵印度东部阿萨密省的雷多附近。

△　远征军第五军第九十六师于 5 月下旬从孟关出发,进入野人山,人饥马困,又有毒蛇猛兽侵袭,沿途失踪者达 800 多人,是日抵葡萄,尚存 3000 余人。副师长胡义宾以身殉国。7 月 27 日接蒋介石电令:“该师即由葡萄向维西东归。”该师由阿普塔翻越高黎贡山,经维西于 8 月 23 日到达滇西剑川休整。

　　△　印度国民大会领袖甘地致函蒋介石,对中国人民为求国家之自由与完整而英勇战斗与无穷牺牲,深表同情与钦佩;声言决不致以牺牲中国自由而换取印度自由,及保证愿以印度为抵抗日人侵略之基地。

　　△　日军第二十二师团占领江西广丰、上饶。

　　6 月 15 日　蒋介石在重庆黄山接见史迪威,史再次提出整改军队问题,称:"根据训练华军 10 万人之原议,美国实愿负完全责任以训练之,配备以在印度可得之大炮等武器,供给以营房及医药设备,并希望得升降黜陟之全权。"因此议涉及到军权,蒋未置可否。

　　△　孔祥熙在中枢纪念周讲述各种专卖条例要旨,主要是提高产品质量和标准。

　　△　重庆中央党政机关公务员生活必需品定量分售是日起开始实施。物资局长何浩若发表谈话称:定量分售之物品有煤、油、盐、布四种,比一般售价低 10％至 20％,使公务员不致因物价波动生活受影响。如事实上物价仍上涨,可增加生活补助费。

　　△　重庆市居民登记处成立。规定凡市区儿童年满 13 岁均应登记,办理身份证;外侨居留市区者,办理身份登记手续;凡来往过客出入市区者,须由原居住地的警察机关或乡镇公所领取证件,方可出入。7月 17 日吴对记者谓:居民身份登记在世界各国早有先例,在我国则为创举,计划四个月内办完。

　　△　军事委员会政治部任命吴树勋为中国电影制片厂厂长,王瑞麟为副厂长。

　　△　第十八集团军副总司令彭德怀向中共中央报告敌后反"蚕食"斗争的严重形势,提出裁并领导机关,向延安输送、积蓄干部的建议。

　　△　是日至 7 月底,冀东军分区主力部队从长城外热河地区返回冀东,发动了以打日军为主的"青纱帐复仇战役"。具体部署是:第十二团两个营负责恢复迁滦丰地区;第十三团两个营恢复丰玉遵地区;两部主力会合后共同恢复丰玉宁地区,其他部队和各县基干队分别向滦河以东和北宁路以北广泛出击,破坏敌交通,袭击敌据点,配合、策应主力

部队在中心区之作战。此次战役共作战 50 余次,毙伤日军大佐以下官兵 696 人,毙俘伪军团长和伪县长以下伪军 975 人。被敌"蚕食"的地区,除玉田、蓟县南部和迁滦丰第一区以外,全部恢复。还为开辟滦河以东、北宁路以南地区创造了前进阵地。成立以丁振军为书记的中共路南工作委员会,根据地人口发展到 279 万人,主力部队发展到 5090 人,地方武装达 1920 人。此役受到八路军晋察冀军区通报表扬。

△　浙赣铁路 8000 余名工人在奉命撤退时,将沿线所有桥梁、涵洞 200 余处全部破坏,牵制了铁路沿线日军及伪军的调动。

△　日机二架轰炸广东海康、徐闻等县,死伤 20 余人。

△　汪伪军事委员会委员长驻苏北行营调集伪军在南通、海门地区进行"清乡"。

6 月 16 日　行政院例会通过《本年度粮食库券条例草案》,规定自 7 月 1 日起分别省区发行,至 1944 年起分五年平均偿还,每年以面额五分之一抵缴各该省田赋应征之实物,1948 年全部抵清。

△　中央军官学校举行成立十八周年纪念及阅兵典礼,蒋介石训话,略谓:本校教育方针要使学生能自治、自动、自强、自爱,学校宗旨为人人能够"明礼义、知廉耻、负责任、守纪律"。

△　国立中央研究院设有奖金四种:一、杨铨奖金,主要授予对社会科学有贡献者;二、丁文江奖金,主要授予对生物科学有贡献者;三、李俊承奖金,主要授予对工程学有贡献者;四、蚁光炎奖金,授予对泰国、越南、缅甸、马来亚等国历史、地理和文化有研究者。本年度获奖者,杨铨奖有全汉升、张子毅、严中平,各得 1500 元;李俊承奖为武鼏,得 2000 元;蚁光炎奖为许云樵,得 2500 元,姚柟,得 1500 元。

△　中共中央军委、总政治部发出《关于军队中整顿三风学习与检查工作的指示》,指出军队整风是为了反对军事领域中的教条主义和经验主义,提高党性,以团结全军,增强战斗力,更好地贯彻执行党的路线、方针和政策。并对军队整风作出具体原则规定:一、利用战斗空隙进行学习和整顿;二、力求在营以上干部中首先学习整顿并收到成效;

三、集中时间学习整顿"三风"文件。

△ 陕甘宁边区政府命令在华池、定边、清边、志丹四县交界地区划一新县,命名为吴旗县,归三边分区管辖。

△ "扫荡"太行南之日军转向山西陵川、河南辉县、林县地区"扫荡"国军。八路军第一二九师命令新一旅及太行军区第四、第五分区策应友军作战。当天,驰援太南友军的第一二九师一部一度收复林县县城。

△ 八路军第一二九师政治部发出训令,号召部队在战斗的空隙切实帮助群众春耕,并公布部队 1942 年的生产工作计划:生产标准按人数计,旅以上机关每人生产 100 元,团以下每人生产 50 元(包括节约在内)。

△ 日军一部窜江西丰城、樟树,是日陷丰城、樟树;另一部窜至永泰、石口附近,被第五十八军孙渡部阻击。同日,日军第三十四师团占领鹰潭、贵溪等地。随后,中、日双方军队在南城、宜黄、崇仁等地进行反复争夺。

6 月 17 日 国民政府特任万福麟为军事委员会委员,任命谢寿康为驻罗马教廷公使、涂允檀兼驻洪都拉斯公使。

△ 全国银行、钱庄向中央银行缴纳存款准备金,至是日止,共375 家,计缴款 1.39 亿元。

△ 是日为农历端午节,全国慰劳总会发起劳军运动。重庆各机关、团体及学校组织群众,携带礼品,前往医院慰劳伤病员及军属。

△ 农民银行在川省所放农贷,总额已达二亿元,今年农田水利贷款为 2900 万元。

△ 四川省政府公布征收房捐章程,规定全川各县、市凡居民超过100 户的乡镇,一律征收房捐。

△ 第三十四军第四十五师师长王凤山在山西万泉县西张瓮村率部突围时中弹牺牲。后被国民政府追赠为陆军中将。

△ 第十八集团军总部进驻山西辽县麻田镇。

△　晋豫行政办事处成立,18 日正式办公,管辖中条山地区。自 1941 年国军从中条山撤走后,八路军、决死队南下开始建立抗日政权。经各界积极筹备,于是日在阳城召开成立大会,太岳支队政委聂真出席会议。

△　是日至 23 日,晋察冀边区召开首次自然科学研究会,边区工农矿业、军事工业、医学界科学家与技术人员和各界代表,以及国际友人、物理学家班威廉、原燕京大学教授林迈可、印度医学家柯棣华、奥地利医学家傅来等 100 余人出席。会议决定成立"晋察冀边区自然科学界协会",选出陈凤桐、刘再生等五人为常务理事。

△　赤石暴动。16 日,上饶集中营被囚人员抵达福建崇安县大安宿营。是日下午,被囚人员在崇安县赤石镇崇溪河畔等待过渡时,暴动领导核心决定发起暴动。先行过河的第一、二、三、五中队都已由特务、宪兵押走。当第六中队 80 多人过河后,在王羲亭率领下举行暴动。经过一场激烈的搏斗,除 13 人牺牲,多数人摆脱了特务的追击,冲上山岗,奔向武夷山。暴动战士由中共地下党和游击队接应,与茅家岭暴动出来的战友会合,在武夷山打游击。9 月,战士们重返皖南,回到新四军。

6 月 18 日　蒋介石密电在美国的宋子文和熊式辉(中国驻美军事代表团团长),说明对史迪威的看法,略谓:中国战区至今未有何组织,亦未筹备进行,史不重视组织与具体方案及整个实施计划。

△　孔祥熙与其妻宋蔼龄欢宴空军美志愿队陈纳德少将、毕索尔准将及全体队员。宋蔼龄赠陈纳德指挥官刀一口。

△　冀中第六军分区司令员王长江、政委旷伏兆率警备旅机关和警二团向冀鲁豫地区转移,行至冀南馆陶县北阳堡村时,遭日军一个联队包围。八路军依据村落坚守,击退敌数次进攻。战斗中,敌又从馆陶、邯郸调来援兵,兵力达 5000 余人,10 倍于我。八路军乘夜突出重围。此役毙伤敌 380 余名,包括毙日军联队长、大队长各一名,我方伤亡 80 余人。7 月上旬,王长江率队到达冀鲁豫军区范县一带,与吕正

操、黄敬所率之冀中领导机关会合。

6月19日　财政部曾通令严禁贪污,是日复通令严饬所属人员奉公守法,"如有违背,即予严惩"。20日,中央银行总裁孔祥熙指示所属不得利用职位,图谋私利。

△　教育部召开农业教育委员会,主要讨论农业教育推进计划,决定将全国划为16个农业区,分区设置农学院;并通过提案20余件,20日闭会。

△　重庆《大公报》讯:教育部为改进边疆教育,决定增加边教师资;边疆学校改国立,派王衍康接收;增设大学先修班、高中预备班、初中预备班,成立就业指导处,专办边疆青年升学、就业、训练、考核等事项。

△　中共中央政治局会议研究三项议程:一、听取林枫关于晋西北工作报告的第二部分(政权工作)。二、讨论抗战五周年纪念问题。毛泽东发言说:纪念"七七"五周年宣言的内容,应拥护建立反法西斯战争的第二条战线,提出应有信心明年战胜日本帝国主义,并提出战后建国的主张。三、讨论整风学习问题。毛泽东发言说:现在的学习运动,我们要发现坏人,拯救好人,要有眼光去发现坏人,即托派、日特、国特等三种坏人。要区别坏人及犯错误的同志,要做细密的观察、调查工作。

△　周恩来就国民党在西北布置反共军事行动、廖承志被捕和桂林《新华日报》分馆被封事,质问刘为章。刘否认西北的反共布置,对后二事答应转告何应钦查明。

△　周恩来致电毛泽东称:一、蒋原拟于三四月反共,由于日本的攻势和国际形势对苏有利而暂缓,加上联络参谋到延安发现我已有防御布置遂作罢。估计白崇禧将先从宁夏作局部挑衅,发生冲突后即造谣向我进攻,如国内外舆论没有反应,则有可能从南面进行冒险进攻。如我"应付得好,还可挽救"。二、根据蒋最近抗日消极和制造八路军南下的谣言,估计蒋的中心意图是挑动日本进攻苏联。蒋目前不敢投降,也不敢放手内战。我们应力争把抗战坚持下去,发生投降和内战都极

不利。太平洋战争爆发后，我方任何让步不能生效。蒋已企图消灭我大后方组织，因此对突然事变的发生，不能毫无警惕和防御。

△　陕甘宁边区政府举行第二十四次政务会议，讨论落实边区参议会扩大常驻委员会对政府工作的建议，并对今后工作决定如下：一、军事第一，一切工作服从战争；二、在群众中进行宣传教育，克服太平观念与忽视战争的思想；三、密切联系群众，经常了解人民的情绪与需要；四、进一步实行精兵简政，实现事权统一，行动简便，提高工作效率；五、改进司法工作。

△　宪兵队在福建崇安县对上饶集中营第三中队和其他中队的所谓"顽固分子"，以及暴动中被抓回的薛克凡、瞿淑、何永雄、蒋仁坚、骆其峰等 50 多人进行集体大屠杀。

6 月 20 日　粤省主席李汉魂当政五年，推行庶政，甚为积极，蒋介石特致电嘉勉。

△　国立体育专科学校于去秋在江津奉令筹办，教育部为加紧培养体育师资起见，特拨经费 30 余万元，将该校改为国立体育师范专科学校。

△　中共中央发出关于纪念"七七"抗战五周年的决定，要求在纪念"七七"时庆祝苏、英、美协定的签订，加强全民族团结，改善各抗日党派间的关系，并决定在延安举行追悼抗战死难将士大会。

△　晋察冀第一军分区第二十团一部，于涞源县沙河驷伏击日伪军，激战六小时，毙伤敌 120 余人，俘伪军 10 人，缴获机枪七挺，步枪60 余支。

△　中共苏中区党委、苏中军区司令部、新四军第一师师部联合向所属各单位发出《关于反"清剿"的指示》，指出我们这次反"清剿"斗争的总方针，是立即全面动员，团结党、政、军、民，开展反"清剿"的群众运动，以政治重于军事的原则，坚持苏中斗争，争取反"清剿"的胜利。

△　日军对太行区南、北部和太岳区南部的大规模"扫荡"，历时38 天，死伤 3000 余人，是日开始由太南地区撤退。

△　驻山西武乡段村之日军北川中队包围伪警察所,600 名伪警察当场被缴械、逮捕。武乡"维持会"会长郝泉春、伪警察所长张成武、伪警备队分队长董丰年等 30 余人被轮番拷打。郝受刑不过,愤然供称所有人员都与八路军有关。日军四出捉拿,伪组织人员与群众纷纷逃到八路军根据地。

△　8 时许,日机二架窜福州,投弹七枚,中午又一架投弹四枚,两次毁民房数十间。

△　国际劳工局召集同盟国国家轮船公司、船员两方代表在英国伦敦开会,中华海员工会电请会议讨论改善中国海员在外轮上服务的待遇问题。

6 月中旬　中缅运输暂停,运输局奉令结束。

△　复旦大学化学系主任林一民用土产桐碱制成纯碱,纯度达 99％以上,经济部准予专利。林集资在重庆北碚建厂制造。

6 月 21 日　重庆《大公报》讯:运输统制局将中国运输公司改为西南运输局,局长仍由该公司经理陈延炯担任,将官商合办改为政府经营。

△　延安《解放日报》发表题为《保护根据地人力的斗争》的社论,指出:五年来,日军从华北已运走 500 万华工。因此,保护华北人力的斗争已成为敌后残酷斗争的重要部分。为达此目的,要广泛发动民兵,依靠群众的武装力量,尽量抢救敌战区人民;在敌人"扫荡"时,要掩护群众转移;对被捕去的同胞,要及时组织逃跑和开展其他种种活动,为抗战事业效劳。

△　平准基金委员会美方委员福克斯在渝病故。福克斯于去年春季来华工作。

6 月 22 日　国民党第五届中常会通过国定纪念日:1 月 1 日为中华民国开国纪念;10 月 10 日为国庆日;8 月 27 日为孔子诞辰;3 月 29 日为革命先烈纪念;9 月 9 日为孙中山第一次起义纪念;12 月 5 日为"肇和"兵舰举行起义纪念;4 月 12 日为清党纪念;7 月 9 日为国民革命

军誓师纪念;5 月 5 日为革命政府纪念;6 月 15 日为孙中山广州蒙难纪念。

△ 宋子文在华盛顿与罗斯福、丘吉尔在白宫会谈,商讨中国战区问题。

△ 地政署在渝成立,郑震宇任署长,内政部地政司取消。

△ 中山大学校长张云辞职,金曾澄就任代理校长职,该校决定迁往桂省。

△ 是日为苏联抗德战争一周年,中苏文化协会举办茶会招待各国驻华使节,会长孙科致词赞扬苏联抗战。协会发行特刊,蒋介石题词"敌忾同仇"。参谋总长何应钦于晚 7 时设宴招待在渝苏联军官。

△ 重庆《新华日报》发表沈钧儒撰写《苏联所进行的"全民""全面"战争一周年》一文,认为苏联的卫国战争实行了战争中真正的全民动员,是历史上空前的创举。对于抗战中的中国,应该起示范作用。

△ 中共中央转发北方局关于坚持冀南工作给杨得志、苏振华的指示,要求冀南党的领导机关要向党内外宣传坚持抗战的有利形势,并要求冀南领导机关克服平均主义,抓住中心工作,与千万群众共存亡,坚持平原游击战争。

△ 日机 12 架窜衡阳上空,被我空军击落一架,击伤二架。

6 月 23 日 行政院例会通过《钞票统一发行办法》。

△ 远征军司令长官罗卓英由印度返抵重庆,晋谒蒋介石述职。

△ 中共中央职工运动委员会负责人邓发将有关抗日根据地职工运动的情况电告周恩来。电称:晋西北边区有组织的工人共 1.68 万人,总工会下设六个中心区工会及 22 个煤矿磁窑业工会和五个产业工会。晋冀豫边区有组织的工人共 12.4 万人,总工会下设五个分工会及正太铁路总工会和同蒲铁路总工会。晋察冀边区有组织的工人约 23.46 万人。陕甘宁边区有组织的工人共 5.69 万人,总工会下设四个分工会。山东在抗战初期成立的第五战区总工会改为山东省总工会。

△ 在华日本共产主义者同盟在延安举行成立大会,朱德代表中

国共产党及八路军表示祝贺。大会向毛泽东发了致敬信。25日,毛泽东致信野坂参三,祝贺在华日本共产主义者同盟成立。信中说:"中国共产党完全同意你及一切日本革命同志的革命活动,我们将尽一切可能援助你们,请以此意告诉同盟诸同志。"

△ 美陆军部通知史迪威,命其通知蒋介石:"布里尔顿第十航空队的重型轰炸机和一些阿萨姆——缅甸——中国航线的运输机,随同必要人员撤往中东。"25日,布里尔顿第十航空队奉令飞赴埃及,而一队飞往中国的B—24重型轰炸机也中途停在喀麦隆,改变航行飞往英国。

6月24日 中国与在伦敦的波兰政府复交,波兰政府决定取消1938年承认"满洲国"之决定。是日,中国外交部宣布中国与波兰两国政府同意将公使馆升为大使馆。

△ 蒋介石会晤史迪威,再次商谈军队整改问题。蒋同意空运五万军队到印,并大部分接受了史提出的条件。并商定由罗卓英为副长官主管行政,而由史任指挥管、训、练。这次商谈决议因美国决定调走第十航空队而未执行。

△ 赈济委员会代委员长许世英在行政院举行的记者招待会上宣布:该会自成立已四年零两个月,共拨发各项赈款1.2468亿元,救济难民人数为2672万人,抚恤空袭伤亡人数17.436万人,移居侨民133万余人,救侨费用3440万元。

△ 第九战区一部克复江西贵溪。

△ 新四军第二、第三师等部根据军部指示,分别对当面的日伪军守备薄弱的据点和交通线展开破击战,策应苏中抗日根据地海门、启东地区的反"清剿"斗争,至7月上旬,共歼日伪军2000余人。

△ 日军占领浙江丽水。

6月25日 四川本年度征购实物具体实施方案,前经省政府根据省临时参议会第六次大会决定之原则,详为拟订,由财政厅长石体元于是月1日携渝,与财、粮两部洽商。该项方案业经中央核准,饬照定额1600万市石(征900万市石、购700万市石)十足征购。并限9月1日开始,三个月内竣事。石体元于 21 日返成都,是日向张群主席面陈洽商经过。

　　△　全国慰劳总会举行欢迎归侨大会,谷正纲代会长致词,勉励归侨以过去在南洋创业之精神,为发展我国工商业而奋斗。新加坡侨领连瀛洲、吉隆坡侨领黄树芬等讲话。

　　△　国民党中央组织部妇女运动委员会召开中央党部女同志联谊会,讨论妇女如何参加国家总动员工作。

　　△　昆明防守司令部成立,黄维任司令。

　　△　陕甘宁边区政府举行第二十五次会议,通过下列主要决议事项:一、边区政府设立审判委员会,负责边区第三审案件的处理;二、成立边区民众武装动员委员会,以统一各级武装动员工作;三、西北制药厂与民政厅卫生处合并为中西合璧卫生处;四、为纪念抗战五周年,组成“七七”纪念大会筹备会;(五)通过《关于整顿边区各直属学校的决定》。

　　△　中共冀中临时区党委发出《关于青纱帐时期工作指示》,提出冀中当前斗争的方针是:保存力量,隐忍待机,坚持分散的(小块的)游击战争,逐渐恢复阵地。

　　△　中国海员俱乐部在伦敦成立。该俱乐部是由伦敦码头福利委员会、英国劳工部及船主公会合资建立,由中国派员管理。中国劳工联合会主席、国际劳工局联合航务委员会中国首席代表朱学范在会上称:中国海员平均每 36 小时伤亡一人。

　　△　太平洋作战会议在白宫举行特别会议,商讨对日作战计划。会前,罗斯福、丘吉尔会见宋子文商谈中国战区有关问题。

6 月 26 日　国民参政会驻会委员会举行第十六次会议,由秘书处报告国防最高委员会转复政府对于国民参政会第三届第二次大会建议案办理情况,另由外交部次长傅秉常报告外交和国际形势。

　　△　国民政府令:曾江水早年侨居南洋,效忠革命;抗战以来,领导侨群,厥功尤著,特明令褒扬。

△ 史迪威谒见蒋介石,报告第十航空队轰炸机开往开罗事,蒋对此决定甚为不满。

△ 内蒙古伊克昭盟准格尔旗扎萨克奇治国在扎萨克旗承袭扎萨克职位,宣誓就职。准格尔旗扎萨克由协理护理已数十年,现始由奇治国正式承袭此职。

△ 四川教育厅奉教育部令:凡每年高小毕业生达 200 人以上之县,均须设县立中学,并设 20％至 30％免费学额,10％至 20％公费学额。

△ 浙赣路局局长金士宣称:浙赣路全线已彻底破坏,所有桥梁、涵洞 200 余处一律自行炸毁,该路员工 8000 多人均已顺利撤退。

△ 中国边疆问题研究会首届代表大会在重庆举行,决定在重庆、成都、雅安、云南、广西、遵义、巴安、嘉定等 13 处成立分会。按:该会于 1938 年成立,系武汉大学、浙江大学、重庆大学、中山大学、复旦大学、西北联大、东北大学等校师生、校友组成。

△ 毛泽东复周恩来 19 日电称:"国共一时不会好转,也不会决裂,是拖的局面。但到希特勒倒后,国际局势变化,势必影响中国,国共好转和民主共和国前途还是有的,我们好好做下去,争取此局面。目前四个月国际国内都是关键。"

△ 美国空军司令部宣布:中国空军美志愿队解散后,即将编入美国第二十三大队,由史各特任大队长。

△ 英国各大学中国委员会主办"中国夏令学校",是日在伦敦举行开幕典礼,驻英大使顾维钧出席并讲话,英国各大学中国委员会主席麦尔康宣读英外相艾登的贺词。

6 月 27 日 蒋介石电询在美国的宋子文,美军第十航空队之轰炸机悉调北非作战,此事是否罗斯福总统之意。同日,罗斯福总统致电蒋介石,保证美国及其同盟国均确信中国为共同作战之重要分子,暨第十航空队轰炸机赴埃助战完毕后仍交中国使用。

△ 美总统罗斯福与英首相丘吉尔发表联合声明,表示加强抑制

德、日,援助中、苏之决心。

△　国民政府公布《1942 年同盟胜利公债条例》,总额为 10 亿元,自 7 月 1 日起发行,年息六厘,1945 年开始还本,10 年还清。

△　浙东日军侵入丽水。

6 月 28 日　国民政府在兰州成陵大殿为元太祖成吉思汗举行大祭,派蒙藏委员会副主任赵丕廉前往主祭。

△　国民外交协会在渝举行第四届年会,决议:一、筹设外国语文专科学校;二、筹设国际招待所;三、组织访印、访澳团。选吴铁城、陈立夫、朱学范、胡秋原等 31 人为理事,甘乃光、洪兰友等九人为监事。

△　川省蔗农本年因得省政府、中国农民银行及川康区食糖专卖局之贷款,甘蔗收成甚佳。食糖专卖局为推广川糖销路,在西安设立西北运销处,在湖北老河口设立鄂豫运销处,分别办理川糖对西北各省及豫、鄂二省之运销工作。

△　成都妇女界为响应宋美龄发起的"七七"百万献机运动,是日召开理监事会议,决定发动各界妇女扩大募捐。

△　新四军一部收复江苏海门,消灭守城日伪军 200 余名,摧毁伪政权。

△　汪伪国民政府特任杨揆一为湖北省政府主席,叶蓬为军事委员会参谋本部参谋总长。

6 月 29 日　蒋介石下令撤销中国远征军长官部,另建中国驻印军总指挥部,史迪威任总指挥,罗卓英任副总指挥,驻印军共 8000 余人,改编后在加尔各答西北的兰姆加训练。

△　蒋介石向美国政府发出正式的最后通牒,提出三项要求:"一、三个美国师应于八九月间到达印度,与中国军队合作,以恢复通过缅甸的交通线。二、从 8 月开始,中国战区的空军应有 500 架飞机连续在前线作战。并应以必要的补充来维持其实力,不得中断。三、从 8 月开始,空中运输每月应为 5000 吨。"如不达到上述三点,"就勾销中国战场"。

△　国民政府公布《妨害国家总动员惩罚暂行条例》。对违者按情节轻重,分别处以死刑,无期、有期徒刑,或没收财产,或罚金十万、五万、三万元等处罚。

△　重庆《新华日报》载:沈钧儒律师代表鲁迅纪念委员会,为保障鲁迅著作及其家属继续享有合法收益,在《新华日报》刊登启事称:近来发现有将鲁迅原著篡改割裂,或改换名目,蒙混发行。此后如有欲翻印,或分别印单行本者,均应向沈律师商洽,否则即依《著作权法》第三章、第四章之规定依法诉追。

△　川、康食糖产量逐年下降,蔗农咸以粮价高涨,多改种粮食作物,总计今年蔗糖较上年减产 25％。

△　山西长治城日伪军围袭壶关县神郊村,残酷屠杀村民 137 人,烧毁民房 360 余间。

6 月 30 日　朱德撰写《胜利在望,团结向前——为纪念抗战第五周年而作》一文,略谓:自太平洋战争爆发后,我军发动主动的攻势,卒使华北敌军不敢任意抽调,使其益感泥足深陷之苦痛。这不仅在我国抗战中起着重大作用,而且在太平洋盟国对敌作战中,也成为有力的一翼。

△　中共中央北方局发出《对目前冀鲁豫工作的指示》,指出:冀鲁豫边区已进入空前艰苦的时期,在将来更严重的形势中,根据地仍可坚持,要防止和克服仓皇失措、悲观失望情绪。并强调发动群众是当前最主要的任务,是开展一切工作的中心环节。

△　延安《解放日报》发表左权遗著《论军事思想的原理》一文,阐述八路军军事思想产生的条件、规律及现状,并着重论述八路军军事思想的特点。还语重心长地指出,在用马克思列宁主义的方法来创造与发展我们的军事思想这一问题上,我们还做得非常不够,以后要用更大的努力向这个方向前进,创造我们中国光辉的马克思列宁主义军事科学。

△　暂编第三十八师第二团于襄陵县之石瓦庄、薛村一带掩护夏收。是日,襄陵敌 1500 余人,步、炮联合向其进攻,经浴血苦战,营长张夺魁负重伤,官兵伤亡甚重,毙敌亦甚多。

△　新四军第一师奇袭江苏东台日伪据点,毙伤日伪军 300 余名,俘伪军 40 余名,缴电台一部及其他军用品。

△　日机九架由鄂境侵入湖南常德市,投弹百余枚,毁房屋百余栋,死伤数十人。

6 月下旬　日军对冀中发动的"五一大扫荡"结束。冀中共产党、八路军蒙受空前严重的损失,主力部队损失约 35％,地方部队损失约 46.8％,区以上干部牺牲三分之一,群众被杀害、抓捕达五万余人。

△　日伪军 2000 余人由团风、新洲出动,向(黄)陵(黄)安南地区进行"扫荡"。新四军第五师第十四旅在地方武装配合下,经三天英勇作战,歼敌 400 余人,粉碎敌之"扫荡"。

是月　国防最高委员会第八十六次常务会议决议:各省、市、县动员委员会一律撤销,改设各省、市、县动员会议,其任务为办理推动国家总动员法令及业务,并颁布各省、市、县举行动员会议通则 10 条。

△　滇省组织民众自卫预备大队,将全省划分为 34 区,每区设一支队部。

△　晋西北抗日根据地遵照毛泽东关于"把敌人挤出去"的指示,把军事、政治、经济、文化各种斗争形式结合起来,有组织有计划地一个村庄一个村庄向敌人"挤"地盘,自是月至 10 月共收复 218 个自然村。又晋西北抗日根据地自是月起,共组织了 37 支武工队,深入敌占区和游击区,经过四个月的斗争,收复了 200 多个自然村,并在敌占区开展了工作。

△　新编第二十九师司令部少将高参黄祯泰在河南作战殉职。

△　成都附近各县米价飞涨,不到一个月米价小市每石由 600 余元涨至 800 余元,大市由 700 余元涨至 900 余元,上涨 30％以上。

△　留美华侨在美开展募捐运动,纽约华侨筹饷总会已募得 50 余万美元,芝加哥华侨救国总会募得 100 余万美元,旧金山旅美华侨义捐救国总会募得 70 余万美元。

△　苏北涟水、灌南、阜宁、沭阳四县游击总指挥徐继泰率部投敌,

任伪和平反共兴亚建国军第三军军长。第三战区游击支队司令景顺扬在浙东率部投敌。

　　△　日军在平、津成立"回教总会"、"基督教总会"、"佛教总会"伪组织,以控制该地区的宗教活动。日在晋东北五台山抓捕各庙和尚500余人充当伪军。

　　△　汪伪特工总部由上海迁往杭州,改称军事委员会闽赣皖浙四省边区行营。

7　月

　　7月1日　国民政府公布《战时烟类专卖条例》,自8月1日起,在四川、西康及鄂西区域实施。

　　△　财政部正式实施《钞票统一发行办法》。

　　△　财政部设专卖司,朱偰为司长。该司成立后,除盐专卖仍由盐务司统筹办理外,其余各种专卖事业,概由其主管。

　　△　财政部决定将赋税司改为财政司,杨绵仲任司长。规定全国县、市自治财政除游击区外,一律自今年8月1日起分三期整理,每期六个月,设督导专员30人赴各地巡回督导。

　　△　经济部物资局会同国家总动员会议、四联总处等机关组织检查公司行号委员会,何浩若为主任。20日,物资局拟定《检查公司行号业务暂行办法》。截至月底,受检查之公司达122家,其中重庆有三家情节较重,予以停业查封处分。

　　△　特许进出口货审核委员会在渝成立,邹琳为主任。

　　△　本年度川省行政会议经省府决定,在成都、南充、泸县、剑阁与重庆五个中心地点分别召集,成都区会议定于是月8日召开,12日结束。讨论结果将作为其他各处会议之张本,重庆区会议则最后举行。会议参加人员,政府方面有各区专员、保安副司令、县市长、田赋管理处副处长、粮政科长、省田赋管理处督导员;党部方面有省党部各区督导

员、各县党部书记长；参议会方面有各县市临时参议会议长、副议长、秘书。省主席张群表示：此为本省乃至各省行政会议树一创格，主旨在集中各方意见，检讨既往，策励将来，以促进本省的抗建工作。

△ 中国入缅远征军司令长官罗卓英等于 6 月底抵渝，是日国民外交协会、反侵略运动分会、国联同志会、慰劳总会、政治部文化工作委员会及中缅文化协会集会欢迎。慰劳总会副会长谷正纲致欢迎词，政治部副部长梁寒操讲话，对罗勇于负责的精神表示赞许。晚，罗应广播电台之请，对全国和南洋华侨广播，详述中国军队入缅作战经过。5 日，旅渝归国华侨协会举行欢迎会。

△ 新运妇女指导委员会举行成立四周年纪念会，指导长宋美龄致训，勉励妇女克服困难，牺牲一切，以求抗战最后胜利。

△ 中国空军军官 42 人在美国空军训练学校毕业，美空军第三支队司令华斯将军在毕业典礼上颁发文凭。

△ 朱德在延安《解放日报》上发表《纪念党的二十一周年》一文，指出经过长期革命斗争的锻炼，我们党已有了自己的最英明的领袖毛泽东。但我们还是有很严重的缺点。这就是党中央和毛泽东所指出的主观主义、宗派主义和党八股三种不大正派的作风，还在党内残存着。必须深入目前党所号召的整顿"三风"的工作，使全党走上完全布尔什维克的道路。

△ 八路军胶东军区成立（原第五旅和第五支队取消），许世友任司令员，林浩为政治委员，王彬为副司令员。7 日，胶东行政主任公署成立，王文任主任，林一山、曹漫之任副主任。

△ 中共山东分局颁布《关于整理村镇财政的决定》，决定要求行政村和县直属镇设立财政委员会，由全体民众选举公正、忠实、负责、为民所信赖的三至五人为委员。

△ 日军第三十四师团一部在横峰与第二十二师团一部会合，至此打通浙赣铁路。尔后，日军有计划地破坏机场和铁路，并大肆掠夺战略物资。第三战区以部分兵力在浙赣线两侧钳制日军。日军在进行数

十天的破坏和掠夺后,按预定计划于 8 月中旬开始后撤,留第二十二师团驻金华、武义等地。

　△　日伪 4000 余人突然占领山东徂徕山区外围 30 余村庄,并对徂徕山区实行"蚕食",八路军与民众进行反"蚕食"斗争。

　△　汪伪威海卫要港司令部成立,鲍一民为司令。

7 月 2 日　中共中央政治局会议讨论《中共中央为纪念抗战五周年宣言》(草案)和《中共中央告抗日根据地全体党员和八路军新四军将士书》(草案)。毛泽东发言指出:中央为纪念抗战五周年宣言有一个新内容,就是战后的建国方针和强调团结的问题。中国民族问题是一个基本问题,国民党 50 年来都抓住民族这个口号,所以在人民中间有很大的影响。我们提出战后办法是有策略意义的。现在我们的政策,在形式上是改良的,实际上是革命的。今年 7、8、9 三个月是时局转变的关键,主要是日苏战争是否爆发,第二条战线是否建立,德国进攻高加索是否得手,过三个月后今年的局面就定了。国共关系也决定于这三个月。我对联络参谋说,谁打西安谁是汉奸,谁打延安也是汉奸。对何应钦,我们只是反对他的反共,何反共我反何,何不反共我也不反何。我们在统一战线中没有过去的斗争是不能存在的,在斗争之后又要团结。会议通过中共中央的上述两个文件。

　△　毛泽东电复董必武,拟请董找王世杰一谈,要求国民党联络参谋陈宏谟、郭亚生返延安,询问释放叶挺的可能性,申述我党中央"七七"宣言大意,请王介绍见蒋介石。

　△　国民政府公布修正《营业税法》,凡 21 条,规定:凡以营利为目的之专业,均应依本法征收营业税。以营业总收入额为标准者,征收 1％至 2％,以营业资本额为标准者,征收 2％至 4％。

　△　青海省政府主席马步芳"捐资兴学"1000 万元,国民政府明令嘉奖。

　△　中印医药技术会在渝成立。16 日,印度公共卫生学院院长兰安生应邀来华。

　　△　日伪军千余人"扫荡"冀南馆陶西南地区。

　　7 月 3 日　外交部致电胡适称:政府决定"七七"五周年扩大纪念,驻外各使馆应组织当地党部、侨团联合盟国援华团体举行纪念会及广播、展览、祈祷等节目,并向将士致敬,以鼓励士气。宣传纲要如下:一、强调我国为联合国反侵略先锋及抗战五年来对于世界反侵略之伟大贡献;二、说明联合国人力、物力、财力之强大,坚定最后胜利的信心;三、分析远东战局之重要,要请美、英从速加强飞机及重武器援华,击溃日寇,提早共同胜利。

　　△　国民政府直接税处处长高秉坊在中央银行经济研究处座谈会上称:直接税在国税中的地位,在 1937 年度仅占国税总额 4％,到 1941 年底已占 26％。

　　△　外交部致电驻美大使馆称,关于海员问题,经研究决议如下:(甲)海员合同期满,应强令继续服务。但要以实行下列各项为条件:一、职业及损害、伤亡之赔偿及抚恤应有保障;二、待遇平等;三、准许登岸;四、准许组织海员工会;五、重要港埠设立海员俱乐部或招待所。(乙)由社会部派员宣慰海外中国海员,并指导及联系各项事宜。

　　△　中共中央就八路军总部移至晋西北及中共中央北方局组织问题致电彭德怀:总部有移晋西北之必要,不仅安全,而且还可来往延安,工作方便。总部移晋西北后,北方局取消,以北方局现有机构成立太行分局,邓小平为书记。在冀鲁豫边区成立分局,罗瑞卿为书记。

　　△　晨,日机五架侵袭湖南衡阳,在郊外投弹数枚。午,又八架袭衡阳,我空军与日机在市近郊空战数分钟,日机溃散。

　　7 月 4 日　财政部田赋管理委员会在渝举行田赋征实业务检讨会,主任委员关吉玉等 200 余人出席。孔祥熙在会上称:自去年 9 月各省分别开征以来,截至本年 6 月底,全国征收总额已达 2300 余万市石,达征数的 103％。会议还通过:一、本年度田赋征实及征购粮食工作计划草案及地籍管理计划草案;二、各省开展平价米问题;三、土地陈报限年底一律完成等案。

　　△　是日为国际合作节纪念日。上午,渝市社会局举行纪念大会。下午,全国合作社物品供销处举行茶会,招待各机关及各乡镇合作社负责人。合作事业管理局局长寿勉成报告全国合作社物品供销处成立一年半以来的进展情况。社会部宣布举办合作事业工作竞赛办法六条,定明年1月1日展开。拟本年度合作社达四万处,三年后达40万处。

　　△　是日为美国第一百六十六周年独立纪念日,林森致电罗斯福祝贺。晚,何应钦设宴款待美军事代表团及大使馆陆军参赞办事处全体人员。

　　△　中国空军美志愿队自是日起改组为驻华美空军第二十三驱逐机队,陈纳德少将改任美驻华空军总司令。美国飞行员33人及地面部队队长三人作战英勇,功绩卓著,中国政府特分别授予第四、五、六、七等云麾章,并以星翼徽章授予每个队员。另该队发表声明称:自去年8月1日成立至今,"飞虎队"在缅甸、泰国、越南及中国各地,共击落日机284架。

　　△　英国伯明翰大学赠予中国驻英大使顾维钧法学博士学位。

　　△　毛泽东致电聂荣臻,指示:此次整风是全党的,包括各部门各级干部在内。所谓各部门,就是不但有地方,还有军队;所谓各级,就是不但有下级,而且主要对象是高、中两级干部,特别是高级干部,只要把他们教育好了,下级干部的教育就快了。在一个根据地内,主要应着重边区与地委两级,其次是县一级,只要他们有了正确方向,区、村干部的毛病就易纠正。希望你抓紧党、政、军、民、学各方面高级干部的学习领导,克服在他们中存在着的"三风"不正的残余。

　　△　中共中央北方局发出《对目前冀中工作的指示》,指出:八路军主力部队撤出冀中后,局势仍在继续恶化。冀中党的紧急任务是:甲、保存现有干部及武装,公开的干部与正规军继续向西、南转移。乙、点滴地恢复与整理党的组织,改变组织形式与斗争形式,转入地下,作长期隐蔽之计。丙、克服思想混乱,准备应付敌人的新的政治进攻。今后冀中总的方针,仍是坚持平原群众抗日游击战争不变。于是,八路军冀

中军区决定,各级党、政、军领导机关和主力部队暂时撤出冀中,转向邻区。至本月初,第十七、第十八、第二十九团到达北岳区;军区司令部、政治部、区党委、行署及第二十七团、警备第一团、抗大第三团、骑兵团、回民支队到达冀鲁豫区。

△　晨 1 时半,日机分批轰炸衡阳,第一批五架在衡阳投弹,第二批三架在冷水滩投弹,第三批 12 架于晨 7 时在衡阳发生空战,被我空军击落一架。5 日,日机三架又在衡阳投弹。

△　汪伪新国民运动促进委员会召开第一次全体委员会议,通过《新国民运动青年训练纲要》等,并决定成立青年团和童子军。

7 月 5 日　重庆《大公报》载:中国妇女慰劳自卫抗战将士总会主任委员宋美龄,在抗战五周年到来之际,特拨慰劳费五万元以慰劳三军将士。

△　中国药学会在渝成立(前身为中华药学会)。该会的任务是:研究中西药的合理配制利用;中药科学化;沟通与世界药学的联系。

△　董必武致电中共中央和毛泽东,请示可否出席第三届国民参政会及我党参政员名额等问题。次日,毛泽东电复董必武说:为争取国共关系的好转,我们准备出席参政会,不争参政员名额,但以维持原额为宜。

△　冀中八路军一部在容城南蔡村与 500 多名日伪军遭遇,经一天作战,毙敌 160 多人。

△　日军开始在山西汾阳实行"村政配给制",规定 12 岁以上每人每日配给粮六两,每户每月煤油半斤,火柴五盒,成年男女每人每年配给土布一丈四尺。

7 月 6 日　国民政府任命吴南轩为国立复旦大学校长。

△　《战时食糖专卖暂行条例》在粤、桂两省实施。

△　中国盲人幸福促进委员会在渝成立,通过组织规章,推宋美龄为名誉会长,宋蔼龄为会长。

△　捷克斯洛伐克总统贝奈斯以最高大十字勋章赠蒋介石。

　　△　晋西北临时参议会在兴县开幕。行政公署及直属机关、中共晋西区党委、群众团体、各县代表及工作人员 500 余人出席。贺龙、续范亭、林枫为大会名誉主席团成员,武新宇致开幕词,中共晋西区党委王达成讲话,号召共产党员认真执行"三三制"。大会选阎秀峰、屈健、赵玉如、王步青等为临时参议会参议员。

　　△　赣境第九战区一部克宜黄,进迫崇仁。

　　△　八路军第一二九师一部在冀东遵化北沙坡峁战斗中,击毙日军第二十七师团第一四四联队长田蒲少将。

　　△　中国境内盟机大举出动,轰炸汉口、南昌、广州等地日军机场。

　　△　中央大学地质系主任朱森教授因在重庆大学兼课,兼领两校的平价米,被人告发,受到停职追米的处分。朱教授遭此打击,旧病复发,是日病故。16 日,《大公报》为此发表社评《由朱森教授之死说起》,称:朱教授之死是时代的悲剧,时代在折磨这群读书人。时代的幸运儿是投机商人、游击商人。

　　△　日外相东乡发表谈话,强调滇缅路切断后重庆之困难;并声言日本将"用各种手段使其屈服"。

　　7月7日　是日为我国抗战五周年纪念日,重庆及全国各地均举行纪念活动。上午 8 时,重庆各界在新运模范区广场举行兵役宣传,慰劳国军及国民兵检阅大会。9 时,国民兵运动大会开幕,同时渝市各宗教团体均分别举行胜利祈祷会。下午 4 时举行慰劳同盟国战友大会。晚,中央文化运动委员会举行晚会和火炬游行。

　　△　蒋介石为抗战第五周年纪念日,向全国军民广播,勖勉一致信奉国父三民主义革命建国最高原则之指导,发扬中华民族四维八德之传统精神,以保障抗战胜利,建国成功。

　　△　军事委员会公布五年抗战战绩:毙伤日军 250 余万名,俘 2.9924 万名,获战利品约 747 万件,击落飞机 2504 架,大会战 14 次,游击战 1.0375 万次。

　　△　美国总统罗斯福、陆军部长史汀生、参谋总长马歇尔及印度英

军总司令韦维尔等,均致电蒋介石祝贺中国抗战五周年。

　　△　蒋介石为美总统罗斯福电贺中国抗战五周年纪念复电致谢,并表示自必策励奋斗,竭尽职责,战胜残暴之侵略者,从而达到我两国与其他联合国家之幸福。

　　△　中共中央发表《为纪念抗战五周年宣言》,指出摆在我国抗战面前有两大问题:一是如何争取时间,克服困难,以达抗日的最后胜利;二是如何对目前的抗战及战后的中国建设取得各党派的一致意见。宣言号召全国军民坚定胜利信心,克服悲观失望和消极等待情绪,"一致为着独立的、统一的、和平的、民主的、繁荣的,各党各派合作的战后新中国而奋斗"。同日,又发表《告抗日根据地全体党员和八路军新四军将士书》,指出在全国抗战配合之下,五年来,全体党员和将士创造了许多根据地,坚持了艰难的敌后游击战争,拖住了日军在华的一半兵力,并且组织了千百万群众,保护了华北、华中千百万人民的生命财产安全,所以没有全体党员和八路军、新四军全体将士的艰苦奋斗、英勇牺牲的精神,便没有五年的抗战局面。

　　△　延安各界万余人集会纪念抗战五周年,并追悼为抗战牺牲的先烈。朱德讲话指出:"中国战后亦将必定成为独立的、统一的、和平的、民主的、繁荣的、各党派合作的新中国。"中共中央西北局书记、日本在华共产主义者同盟及反战同盟代表大山、军事委员会驻第十八集团军联络参谋周励武先后讲话。最后通过致蒋介石及全国将士电,致八路军、新四军全体将士电。

　　△　第十八集团军公布抗战第五年战绩。计共作战 1.2221 万次,毙伤日军 5.0306 万人、伪军 3.3536 万人,俘日军 284 人、伪军 1.7914 万人。日军投诚 16 人,伪军反正 4306 人。缴步、马枪 1.5715 万支,轻重机枪 362 挺,子弹 11.3262 万发。破坏敌铁路 650 里,公路 6148 里,桥梁 408 座。毁敌据点 597 个。敌伪伤亡与第十八集团军伤亡比例为 1.5:1。

　　△　国民政府公布《水利法》。同日,任命高阳为国立广西大学校长。

　　△　行政院例会决议任命朱章赓为中央卫生实验院院长。

　　△　新疆省政府主席盛世才向中央报告与苏联外交部次长迪卡诺索夫会谈情况。11日，盛世才向中央揭露苏联阴谋侵略新疆之经过。按迪卡诺索夫于本月3日到达迪化。

　　△　中共中央北方局和八路军野战政治部发出关于展开全华北全面对敌政治攻势的训令，指示从7月7日起在全华北地区对敌展开两个月的全面政治攻势，以求在政治上沉重打击日军，粉碎其"确实掌握华北"，"使华北成为大东亚战争兵站基地"，以及利用伪军伪组织作为统治工具的阴谋，大大提高敌占区人民胜利的信心。

　　△　浙赣线守军于7月初发动局部攻势，是日第二十八军陶广部第一九二师收复新登，并截断富春江敌后交通线，该师于15日克桐庐。19日，第二十八军第六十二师克建德。第一军第七十五师、第二十五军张文清部第一〇八师、第二十一军刘雨卿部第一四七师，于18日至19日先后克横峰、弋阳。同时赣东守军围攻南城，16日克金溪。日军第十三师团一部退浒湾，第三十四师困守贵溪以西。

　　△　汪、日成立处理中国、交通两银行联合委员会，周佛海和日本驻上海公使堀内干城轮流担任主席。联合委员会召开第一次会议，决定：一、根据《处理中、交两行要纲》处理两行复业的一切事宜；二、在两个月内两行恢复营业。

　　△　泰外交部长华达刚致电汪伪政府外长褚民谊，宣布泰国正式承认汪伪国民政府。

　　7月8日　国民政府令派李迪俊为庆祝多米尼加新总统就职典礼专使。

　　△　四川省第三次行政会议成都区会议是日开幕，省主席张群主持并致训词，称此次会议除检讨过去施政，策划今后改进外，特别着重以下两点：一、为本年度本省征实办法的改进。二、为本省临时民意机关之提前成立，已于本年4月奉准施行。此为本省政治上一种重大成就，在各县、市临时参议会成立之初，有及时说明以正观感之必要。于

12 日闭会。

　　△　中正大学战地服务团一行 30 余人赴赣北慰劳军队,是日在新淦惨遭敌军杀害,团长姚名达教授等多人牺牲。

　　△　陕甘宁边区政府副主席李鼎铭会见晋西北士绅参观团,谈他提出"精兵简政"建议的经过和从政半年来对共产党的认识。

　　△　八路军冀南区部队趁青纱帐期间发起夏季出击。经月余作战,给伪东亚同盟自治军的两个旅以歼灭性打击,恢复魏县、漳河、大名、平乡、广宗等地区,开辟邯郸、磁县边,丘县、邢台诸新区,发展了游击队,打开了冀南的抗战局面。

　　△　八路军一部攻占山西陵川,毙日伪军 120 余人,俘 12 人。八路军攻克陵川后,立即通知第二十七军将该城让与,仍转回原防。

　　△　日机从 7 日至是日轰炸闽省建瓯,第一批八架在市区投弹 30 余枚,第二批九架投弹 28 枚。

　　7 月 9 日　是日为三民主义青年团成立四周年纪念日,各地团部均举行纪念活动。三青团中央团部在渝举行纪念会,书记长张治中报告纪念意义。指导员何应钦、张伯苓、中央党部秘书长吴铁城、监察委员会书记长王世杰等 140 余人出席。团长蒋介石致词,要求在组织方面应着重质的提高与团员的严密考核;在训练方面应注重干部的培养及青年自发自动的精神;在宣传方面应注意三民主义思想之深入与普遍化。

　　△　国民党中央举行国民革命军北伐誓师十六周年纪念会,何应钦报告纪念意义。

　　△　监察院在渝举行第八十次院务会议,通过《监察委员巡察首都地方办法》等四案,规定每月派监察委员两人到首都各地巡察,每星期汇报一次。

　　△　毛泽东就国共关系和整风学习问题致电刘少奇,提出"我们的方针是极力团结国民党,设法改善两党关系,并强调战后仍需合作建国"。因此就须估计日本战败时,新四军及黄河以南部队须集中到华北

去。故掌握山东及山东的一切部队,造成新四军向北转移的安全条件,实有预先考虑之必要。

△ 毛泽东在延安会见晋西北士绅参观团,重申中国共产党在抗日中坚持团结,在战后仍然坚持团结建国的方针。

△ 据报载:渝市银钱业,除中、中、交、农国家银行外,共有各省、市银行 14 家,商业银行 32 家,银号 14 家,钱庄 32 家。

△ 晨,我空军袭击南昌日军机场,炸毁日机 10 余架,并在江面炸毁运输舰一艘。同日,驻华美空军公报称:在衡阳上空击落日军侦察机一架。

△ 是日至 8 月中旬,日军调集万余兵力,向平北地区发动大规模的夏季"扫荡"。平北八路军以大胆向游击区挺进,往返调动敌人,疲惫敌人,抓住有利时机加以打击,迫使敌人于 8 月 19 日陆续撤出中心区而结束"扫荡"。这次反"扫荡"中,八路军作战 38 次,毙伤敌伪军 291 名,俘 30 名(其中日军三人)。

△ 浙江日军一部退向温州。同日攻陷浙江青田。

△ 英国外相艾登重申重庆国民政府为中国惟一合法政府。16 日,英驻华大使薛穆以艾登的声明照会外交部。

7 月 10 日 国民政府任命涂允檀兼驻哥斯达尼加公使。

△ 财政部田赋管理委员会严令各省积极实行田赋推收,规定:凡土地产权的转移或典权之设立与变更,如买卖、继承、分析、合并、赠与、交换、典当、回赎等,依法取得产权之受权人及承典人或回赎人,均应在一定期限内向办理推收机关申请登记。此种登记手续称为推收。外国人在通商口岸或外国教会在内地取得永租权之土地时,亦应办理推收手续。

△ 农林部召开农事农村经济及垦务工作会,通过全国农业农村经济及垦务施政方针;战后五年农业建设计划;垦殖法、农会法等修正案 50 余件,15 日闭幕。

△ 国民参政会举行第十七次驻会委员会,主要听取外交部关于

国际形势的报告,并研讨关于召开第三次全国内政会议、促进新县制等案。

△ 川康盐务管理局盐井河船闸通航典礼,是日在邓井关举行。该河为运输食盐之惟一河道,系自自流井之牛角沱至邓井关以下汇入沱江,全长 73 公里。自 1939 年底开工,至本年 5 月完成,工程费用达 1300 余万元。

△ 朱德致电周恩来称:为了培养党的海外工作干部,已在海外工作委员会领导下,设立海外工作研究班,请在重庆经常注意了解和收集有关海外和华侨团体的活动情况,并把有关这方面的书报、刊物和文件及时送来延安。

△ 朱德关于南洋华侨及朝鲜人工作问题指示罗瑞卿等,指出:中央已设立海外工作委员会,由我负责。前方请政治部协助海委领导此项工作。应成立华侨救国联合会,团结他们参加抗战工作。

△ 陕甘宁边区政府公布《陕甘宁边区县务委员会组织条例》,规定边区所辖之县,凡未经县参议会正式选举县政府委员者,均设立县务委员会;由县参议会选举主任一人及委员六至十人组成,并呈请边区政府委任;县务委员会受边区政府领导和分区专署之督察及县议会之监督;县务委员会下设秘书室及民政、财政、教育、建设、保安等五股和司法室、保安大队部。

△ 日伪军 6000 人对苏中抗日根据地泰兴、靖江、泰县和如皋西地区进行“清剿”,修筑公路、据点,以封锁、分割抗日根据地。新四军第一师第一旅主力转移至“清剿”区外,留少数兵力分散坚持斗争。敌在寻歼第一师主力的企图破产后,遂于 8 月中旬转移兵力,结束“清剿”。

△ 汪伪国民政府发布国民实施训练训令,内称:“根据本年元旦所颁布之纲要,于精神物质两方面对于全体国民实施训练,并以全国青年团与童子军之普遍设立,用作训练之机构……国民全体应尽其最大之努力,肩负其对国家对东亚之使命,使此两运动积极推进,以底于成功。”

　　△　汪精卫发表《清乡一周年》一文,声称"清乡的意义,不只在清除匪共,使之必去,尤其要根绝匪共,使之不能复来"。

　　△　美国副总统华莱士向罗斯福报告,美国政府"除了支持蒋介石外,似乎没有其他选择",但这"充其量只是一笔短期投资",蒋介石"没有治理战后中国的才能和政治力量",因此,美国必须"在支持蒋介石的同时,通过各种可能途径对他施加影响,迫使他在中国进步人士的指导下采取能唤起民众支持、能使中国在作战方面有新的起色的政策"。

　　7月上旬　国民参政会秘书长王世杰与董必武会面,董再次向王提出国民党当局应释放叶挺的要求,并向王介绍中共《"七七"宣言》的大意,表示参政会应是国内团结的标志,国共两党问题应从政治方面寻求解决。

　　△　印度发起"中国日"运动,先后募集印币 100 多万卢比转交宋美龄,并捐赠一批药品给中国红十字会。

　　△　燕京大学政治系主任吴其玉教授等一行五人,由北平脱险抵贵阳,受到黔省燕大校友会欢迎。

　　△　军事委员会政治部长张治中与董必武会谈。董向张说明:一、中共对抗战胜利有坚强信心;二、在取得胜利之前必定遇到空前的困难。克服困难,主要是依靠国共两党间的合作;两党之间的军事、政治问题,经过商谈总可求得解决办法。

　　7月11日　国家总动员会议拟定战时生活标准:一、取缔奢侈行为;二、限制奢侈品进口与销售范围;三、对许可营业者的规定;四、日用必需品的生产标准均有规定。

　　△　川省酒精厂设置过多,原料不足,省政府令各县对不合规定者即予封闭。成都有 10 余家、自贡五家、资中五家、内江 10 家等,均在封闭之列。

　　△　骑一师师长赵瑞、骑四师师长杨谌,于是日率第一、第四两团赴平遥西之净化、介休东北之中街一带征运食粮,突遭敌 7000 余人附炮 60 余门、坦克车百余辆重重包围,猛烈进攻,以飞机、大炮轰击,大量

施放毒瓦斯及烧夷弹。我官兵经激战后,伤亡及中毒者甚众,除一部突围外,赵、杨两师长受伤被俘。

△　是日至 14 日,华北朝鲜青年联合会在山西漳河畔举行,决议:将联合会改为"华北朝鲜独立同盟";将《朝鲜青年》机关报改为《民族解放》;"朝鲜义勇队华北支队"改为"朝鲜义勇军华北支队"。大会修改同盟纲领及章程,明确提出建立朝鲜民主共和国的政治目标和斗争路线,并为在华北的 20 万朝鲜同胞的一切利益而斗争。

△　日军一旅团与暂第九军暂第三十三师激战,是日陷温州。

△　日舰 10 余艘、陆战队千余从温州湾登陆。13 日,陷瑞安。17日我克复瑞安与温州。

△　日机九架侵袭闽省建瓯,投弹多枚,另一批八架窜扰建阳、永吉等地。

7 月 12 日　陕甘宁边区财政厅与边区银行举行联席会议,讨论食盐专卖问题,确定食盐专卖任务是统一食盐对外销售,争取操纵盐价的主动权;集中食盐统销所得外汇,并用其中的一部分帮助稳定金融和周转对外采买。明确专卖原则是边区内地自由贸易,对外统一推销。

△　第九军暂第三十三师再克浙江青田。后日军又陷青田,暂第三十三师于 29 日三度克复青田。

△　八路军太行区部队伏击由武乡向榆社转移的日军。上午 9时,日军 10 余辆汽车进入伏击圈,八路军发起攻击,至中午将敌全部歼灭,汽车全部烧毁。榆社之敌增援,亦被击溃。此役缴获轻机枪五挺、掷弹筒六个、子弹万余发。

△　7 时 30 分,日机九架由越南侵入滇省建水,我空军立即起飞警戒,日机逃跑。

7 月 13 日　内政部政务次长张维翰是日出发,赴陕、甘、宁、青、川、康、豫等省,了解新县制推行情况,以及民政、警政、户政、禁政等执行情况。

△　重庆《大公报》讯:全国今年征实征购数额核定近一亿市石,财

政部拨款修建仓库。

　　△　毛泽东复电新疆省政府主席盛世才,指出:"当此全世界反法西斯、中国抗日战争胜利在望之际,深望彼此团结一致,共济时艰。"

　　△　第三战区一部在闽江口渡海攻克福斗岛。

　　△　八路军第一一五师公布五年战绩:共进行战斗 2976 次(不含 1938 年),毙、伤、俘敌伪 20 余万,缴获长短枪 6.4792 万支,轻重机枪 1024 挺,各种炮 133 门。

　　7 月 14 日　国民政府两次接到盛世才关于苏联在新疆活动的报告,是日蒋介石召集重要会议,商讨新疆问题。

　　△　行政院例会通过《非常时期地籍整理实施办法》及《乡镇财产保管委员会组织章程》。

　　△　1 时许,日机六架由浙侵入闽北:一批三架袭建阳,投弹 10 余枚;另一批轰炸建瓯,在西郊投弹 12 枚。

　　△　周佛海抵东京,先后会见首相东条、外相东乡、藏相贺屋。15 日,周拜见日本天皇、海相岛田、日本银行总裁结城、兴亚院总务长官及川等,并接见记者发表谈话称:"来日目的是与日当局商谈今后两国在稳定发展金融上之合作问题,同时并进一步要求日本朝野予以更大之协助。"

　　7 月 15 日　三青团中央团部决定主办夏令营,全国共分四区。四川区由张治中主持,西北区由胡宗南主持,西南区由康泽主持,东南区由蒋经国主持,邀集高中以上学生一万人参加。拨经费 700 万元,8 月 1 日开营。

　　△　中国工矿银行成立,是日开始营业。该行系国内热心工矿事业的人士与华侨投资组建,以扶植工矿事业为营业方针。总经理翟温桥。

　　△　中国银行在西康省西昌县建立办事处,开始营业。

　　△　中共中央华中局作出对苏中伪军策略的决定,强调除应有充分反"扫荡"的准备外,争取与李长江、杨仲华两部的调解,是坚持苏北抗战的重要条件。

△ 彭德怀发表《关于平原抗日游击战争的几个具体问题对某同志的答复》一文,指出平原地区敌我斗争已经进入一个空前紧张、尖锐的时期,我平原抗日根据地在部分地区已经发生了质的变化,而成为游击区,大块根据地被敌人逐渐分割成了许多小块根据地。在这种形势下,一方面要正视现实,适应客观环境的变化发展,采取新的组织形式和斗争方针,另一方面还要看到平原根据地会继续存在,公开的武装斗争仍是主要的。

△ 新四军第五师政治部发出《关于当前宣传鼓动工作的指示》,提出新的规定:旅(分区)政委、主任应审核宣传科各种印刷品,应随时宣传干部各种情况,并给以具体指示。

△ 陈毅在中共中央华中局扩大会建军报告的第一部分《论军事建设》,是日在华中局出版的《真理》第八期上发表。文章指出:我军的指挥员应学会善于指挥正规战,学会善于指挥游击战。两者要能正确地分别掌握,综合运用,这是我军战法的上乘。

△ 进入印度的一部中国远征军改称中国驻印军。

△ 日军 3000 余附汽车 300 辆向冀南进犯,图谋消灭馆陶、丘县公路两侧之八路军,经激战,八路军毙日军千余,败敌溃退德州。

△ 汪伪财政部宣布:禁止以法币买卖物品、处理资产、缴付旅费、车费、租金及其他费用、兑换其他通货、充作担保品、成立债权、或偿还债务、借贷、劳动报酬等。

7 月 16 日 蒋介石接见苏驻华大使潘友新,重申今后有关新疆事件,苏联政府应与中央政府直接洽商,以免发生误会;并说对于新省经济事项与苏联之交涉,政府已派翁文灏部长前往迪化办理;对于政治调查与督察事项,派朱绍良赴新负责主持,希一并转达苏联政府。

△ 周恩来鉴于各党派陆续有人去游击区,致电毛泽东:当前敌后小游击区的统战工作必须展开一个新的局面。建议中共中央进一步研究同许多友党合作的某些具体问题,如步骤、范围、方式、方法等,并通知各游击区的党组织,首先是华中的党组织,迎接这一新的局面。

　△　陕甘宁边区政府举行第二十七次政务会议,原则通过夏收征粮办法,及由秘书处筹办《边区政府公报》等项决议案。

　△　延安自然科学院院长徐特立在延安《解放日报》发表《抗战五个年头中的教育》一文,认为:"五年抗战是全面战或总力战,在军事、政治、经济、文化、思想各方面,都成为你死我活的残酷战争。在思想方面,即文化教育方面,其斗争的形势虽有种种,其实质只是民族解放的革命教育与日寇和伪政权的奴化教育的战争。同时在民族解放运动共同的目标下,又有少数人包办的抗战与全民抗战或全面抗战两种不同的教育思潮。"

　△　中共中央军委致电第一一五师、新四军及李先念,对新四军第五师工作作如下指示:一、用广泛的游击战争支持敌后地区;二、向鄂南发展;三、派几个连到顽军后方,引退、扰乱顽军;四、要少树敌人,多开展统一战线工作;五、抽调干部在湘鄂西及湘鄂赣老苏区地带建立秘密工作;六、最重要的是第五师及地方党政领导中的团结一致,巩固与群众的联系。

　△　冀东第十二团一部于滦县、太平庄一带设伏,毙伤日军 180 余人,俘伪军 200 余人。制造潘家峪惨案的主犯、日军佐佐木二郎大佐被击毙。

　△　汪伪中央政治委员会例会,决定撤销武汉绥靖主任公署,设军事委员长驻武汉行营,任命杨揆一为行营参谋长。

　7 月 17 日　国民政府派马步青兼任柴达木屯垦督办,所部亦全部开入青海。

　△　国民党中宣部召开政令宣传会议,决议:一、各主要机关设宣传机构,无机构仅设主管宣传者,亦须规定具体办法。二、由中宣部提供宣传资料。三、行政院每三个月编制之政令送中宣部备资宣传,并由中宣部函请行政院查照办理。

　△　重庆市开始实行食糖专卖。

　△　据统计,重庆市节约储蓄数额已达 3.6 亿元,内法币储蓄券为

2.18 亿余元,美金储蓄 140 万元,普通储蓄约一亿元。

△ 晋西北军区司令部发布命令,要求各地部队帮助群众生产,并厉行节约,以克服困难。

△ 延安《解放日报》讯:晋西北兴县开明士绅牛友棣将耕地 154 垧及其他土地 282 垧交由政府代管,一切收入充作教育经费。又兴县康氏宗祠家长将康家祠堂财产及 5000 元捐给政府,作为教育经费。

△ 延安和晋西北音乐界集会,纪念人民音乐节和聂耳逝世七周年。昆明各歌咏团体举行纪念会,聂耳之兄序伦报告聂耳生平。李公朴号召推行歌咏工作以资纪念。

△ 中国派遣军总司令官畑俊六于是日由宁飞平,与冈村宁次磋商要事,旋赴张家口、包头、大同等地。22 日抵济南。23 日返宁。

7 月 18 日   史迪威向蒋介石递交一份备忘录。参照原先两路夹击日军的设想,向蒋介石提出一项四点军事计划,要中国方面挑选 20 个师参加作战;并认为此计划不仅能打通滇缅公路,而且在仰光收复后美国能连续半年每月拨运给中国 3000 吨物资。8 月 1 日,蒋介石采纳了这个建议,接受了缅甸战役计划,但又提出两项条件:一是英军从陆路和海路参战;二是派遣充足的空军部队提供有效支援。

△ 国民党中宣部在安徽屯溪设立东南战地宣传员办事处,并创办安徽《中央日报》,冯有真兼社长,是日发刊。

△ 中共晋察冀分局再次发出对平北工作的指示,指出:目前平北应以巩固为主,巩固地向前发展,应注意向矾山堡发展,以求打通平西、平北两地的联系。要派必要干部开展平绥路南工作和发展伪满境内工作。分局决定建立平北地委,段苏权为第十二军分区政委兼平北地委书记。

△ 浙赣线第九战区一部克复横峰、弋阳。次日,第三战区一部分克建德、温州、瑞安,并截断浙赣铁路。

△ 9 时 15 分,日机两架飞窜浙省龙泉,在城郊投弹八枚。

7 月 19 日   中国药学会第一届理监事联席会议在渝举行,建议政府设置药务署,以加强对药物的制造、供应等问题。

　　△　川省动员委员会为供应前线川、康各部队医药需要,特发起募集医药运动,计募得药类24大箱寄前方备用。

　　△　八路军第一二九师一部在冀东沙河驿太平庄设伏,袭击转移的日伪军800余名,毙伪治安军第四集团军总司令刘化南,击伤伪高级将官三名,毙日军大佐一名。是日,冀东八路军在滦县设伏,毙伤日伪军170余名,俘日军60余名;又北岳区八路军两个连夜袭平山黄壁庄,毙伤日伪军30余名,解放民伕百余名。八路军伤亡七人。

　　△　日机四架窜扰闽北,二架飞袭浦城,投弹10余枚。

　　7月20日　国民政府制定《人民团体集会须知》,规定:以后人民团体集会于会期两星期前呈报社会行政主管官署,并请求派员出席指导,开会时间以三小时为限。

　　△　美总统罗斯福行政助理居里,由美经印度飞抵重庆。

　　△　冯玉祥在国民党中常会上作《关于兵役弊端的报告》,略谓:"一连新兵百余名关在一个房内……看逃兵如看囚犯一样","壮丁来源多由保甲长雇佣或贿买而来,均未经合法手续抽签,因此死亡后所有抚恤金均被中饱。""部队主管克扣壮丁军粮盗卖私肥,壮丁因此每餐不饱,均面现菜色,形同病夫。"

　　△　刘少奇在回延安的途中,就克服困难,准备反攻,为战后建立新中国创造条件致函陈毅,称目前关键问题是更多地教育、培养中下层干部,使他们有必要的理论基础,完全了解党的政策,作风严谨,不断成熟起来,只有这样,才能完成任务。

　　△　八路军第一一五师教七旅第十九、第二十团,在曹县西北杨集对日军骑兵第四旅团一个中队及伪军骑兵一部进行伏击,毙伤日伪军100余人,缴战马20余匹。

　　7月中旬　教育部推行注音识字运动,中宣部、海外部训练委员会、军事委员会政治部、蒙藏委员会、三青团,各派一人至三人组成中央注音识字运动委员会。

△ 四川省与川康兴业公司共同组成四川农业供应公司,由该省建设厅长胡子昂任董事长、董时进任总经理,主要经营农具、肥料等。

△ 中央大学地质、地理、生物、森林等系师生组成"川西科学考察团",分赴成都、峨眉、威远等地考察。

△ 周恩来就目前东江游击队政委林平来电请示同广东国民党当局谈判原则问题,电示林平,必须坚持以下原则:政治独立,不混编,不派政工人员,不调训部队,专在游击区打敌人。

7 月 21 日 蒋介石接见美国总统行政助理居里。居里向蒋递交罗斯福总统信件,内称:"居里先生前次访华之后,本人畀倚至深,随时咨询,几有关中美关系之一切军事、政治、经济各问题,彼以沉默之态度,作忠实与正确之沟通,此实为尔我不能面谈不得已而求其次之最善办法。"居里向蒋介绍了美国的远东战略,并就反攻缅甸、飞机供应、改善中英邦交、史迪威之地位、空运紧急货品、战后政治、印度问题、改善中苏关系等,广泛交换了意见。

△ 蒋介石接见周恩来,蒋称已指定张治中和刘为章同中共谈判,国民党的联络参谋将继续去延安。

△ 行政院例会通过任命司徒龙为侨务委员会委员,严家淦兼福建田赋管理处处长。

△ 中国工业合作协会理事长孔祥熙聘周象贤为该会总干事。

△ 重庆市居民身份登记开始办理,军委会政治部和调查统计局协助。中央特拨经费 113 万元,限四个月内办完。

△ 新四军军部与第五师之间通讯联络经常中断,中共中央军委根据新四军军部的建议,决定第五师暂归中央军委直接指挥,建制仍属新四军。后成立湘鄂豫皖军区,第五师师长兼军区首长。

△ 晋境第二战区一部克陵川。

△ 日军一部从浙江平阳海面登陆,窜扰鳌江地区。

△ 美总统罗斯福任命海军上将李海为美军总参谋长。

7 月 22 日 中国驻埃及公使馆设立,一等秘书汤武代行馆务,是日谒埃及总理兼外长那哈斯,呈递到任函件。

△ 印度公共卫生学院院长兰安生抵成都,考察公共卫生推进工作。

7月23日 蒋介石电令四川省临时参议会,对办理土地陈报要"广为宣传,共襄厥成"。该会决定成立特别委员会负责办理。

△ 是日为全国节约建国储蓄劝储委员会成立两周年纪念日,该会发言人对记者称:30亿元之目标,年底可望完成。

△ 第七战区司令长官余汉谋密令闽粤赣边区总司令香翰屏,将借势走私的纵队副司令钟冠豪处决,并将其所部缴械整理。

△ 长沙警备司令部特务组长孔松涛等六人因贪污罪被判处死刑。

7月24日 教育部在美国组织"留美中国学生战时学术计划委员会",宋子文任主任,赵元任、郭任远、侯德榜、方显廷、李干、孟治为委员。

△ 毛泽东、朱德、王稼祥、叶剑英复电八路军驻山西办事处处长王世英,指出:"已令前方援助晋绥军之英勇抗战,请告阎长官。"

△ 八路军第一二九师主力一部,在遵化西南赵店子猛袭日巡视工作团,毁汽车40余辆,毙日军宇高大佐以下多人。

7月25日 中共中央政治局会议继续听取林枫关于晋西北的工作报告。讨论精兵简政问题时,毛泽东发言提出:精兵简政适合于目前需要,但做得还不彻底。明年陕甘宁边区脱离生产的人员要减至六万人,晋西北减至五万人。边区主要是两项工作:教育工作和经济工作。晋西北加上打仗一项。要提高工作效率和质量,少而精,能学习的学习,能生产的生产。军队不继续补充,按现有实际人数充实连队,可以实行小团制。至于敌后,要准备很大的缩小。搞一个统筹统支与自给自足相配合的很好的经济制度,以七分统筹、三分自给为主旨。会议根据毛泽东的意见,作出相应的决定。

△ 中共中央西北局、陕甘宁晋绥联防军司令部、陕甘宁边区政府

联合向县团级以上干部发出急电,指示各级坚决禁止法币在边区流通,对破坏边区金融之不法分子必须予以严惩。

△　八路军野战政治部主任罗瑞卿发出训令称:目前在各抗日根据地工作的已有美国、德国、意大利、加拿大、日本、印度、朝鲜、葡萄牙等国的战友,各级军政机关要热情关怀国际友人,为他们解决物质生活及语言不通等各方面的困难。

△　涪江水利设计处于去年 3 月间在三台北坝设立工程处,从事改善航道及农田水利工作,用款达 400 余万元,现已竣工。上水航船所耗人力较前节省三分之二,航程时间较前经济六分之五,而可避免触礁翻船之危险。

△　日驻蒙军以第二十六师团主力及骑兵集团一部共 1.3 万余人,对晋绥抗日根据地的大青山地区发动大规模的"扫荡",企图消灭八路军大青山骑兵支队,摧毁大青山抗日根据地。八路军大青山骑兵支队主力和大青山区党政领导机关先后转移至绥南,日军扑空。后日军主力转向绥南地区"扫荡",并在大青山根据地内增设据点,使之变成两军交叉地带。

△　汪伪广东省政府主席陈耀祖与日军第二十三军参谋长栗林忠道签订《关于接收英美财产与委托经营的基本协定》,规定:日军将所接管的英、美公私财产的一部分,仍旧在日军管理下贷与汪伪政府,或委托其经营。其贷与委托经营的有英、美公私有财产,有岭南大学、柔济医院及沙面地区建筑物的大部。

△　日本、伪满洲国与南京伪政权在东京召开交通恳谈会,讨论建设大东亚铁道干线问题,计划由东京经大阪直至新加坡,利用沪杭、浙赣、粤汉、湘桂及越南、泰国各铁道而相连接,全长 7834 公里,所需新筑的铁路 700 公里,预计五年完成。

7 月 26 日　中国边疆问题研究会首届会员代表大会在渝举行,各地分会报告会务。各分会会务重点为:重庆分会注重研究工作;成都分会注重实地考察;西北分会主要研究回汉问题;雷马屏峨分会注重当地调查;嘉定分会着重研究雷马屏峨建设问题及乐西公路一带情况;广西分会主要研究少数民族问题;云南分会着重云南资源的调查;坪石分会注重西南民族问题及边疆文物的调查。

△　驻美大使馆武官朱世明少将代表中国政府向轰炸东京的三名美国飞行员上尉华臻、上尉拉维区、中尉麦克罗分赠中国陆军勋章。

△　八路军第一一五师司令部、政治部发出指示:冀鲁边区目前已成为分散游击的战争局面,公开的斗争形式已降为次要地位。分散的游击战争配合以合法隐蔽的地方工作,应成为当前主要的斗争形式。

△　八路军一部将冀东卢龙以西油榨、王营、炉村等七个日伪据点全部摧毁,是役毙伤日伪军百余人,俘人枪各120余,子弹数千发。

△　在5月反"扫荡"中,被日军抓捕的240名抗日干部,于是日和8月初,在太原赛马场,被驻太原独立混成第四旅团日军新兵当"教育检阅课目"的活靶刺杀惨死。

△　印度甘地以《警告日人》为题,撰文痛斥日本侵华。

7月27日　国民政府明令公布第三届国民参政会参政员名单,共240名,计各省、市164名,蒙古、西藏地区八名,海外侨民八名,其他各方面人士60名。其中有中共参政员毛泽东、董必武、林伯渠、秦邦宪、陈绍禹、邓颖超六人,各民主党派及民主人士张澜、黄炎培、谭平山、江恒源、褚辅成、冷遹、周士观、顾颉刚、许德珩、张奚若、晏阳初、谢冰心、左舜生、张难先、韩兆鄂、司徒美堂、李璜、曾琦、张君劢、吴贻芳、余家菊、陈启天、达浦生等人。二届参政员本届未被选者有中共的吴玉章及民主党派、无党派民主人士沈钧儒、陶行知、邹韬奋、王造时、史良、梁漱溟、罗隆基、杨庚陶、陈嘉庚、王卓然等43人。

△　国民参政会第二届二次驻会委员举行最后一次会议,通过沈钧儒所提请政府保护小工厂建议案。

△　国民政府公布《国家总动员会议组织条例》,规定该会设置在行政院内,由行政院长指派各部部长或聘任中央党部、国防最高委员会、中央设计局等单位负责人为委员,并由院长从委员中指定三人为常

务委员。该会对外不行文,一切决议由行政院施行。

△　据重庆《大公报》讯:1938 年,国立北洋工学院改为国立西北工学院。是日北洋工学院校友商议在渝成立私立北洋工学院,推曾养甫为筹备委员会主任、孙越崎为副主任、李书田为总干事。决定本年 10 月 2 日该院四十七周年校庆日建校,设土木、矿冶、机电工程三个系,并暂推该院前院长李书田为院长、茅以升为副院长。

△　陕甘宁边区政府公布《陕甘宁边区三十一年度征收救国公粮条例》,确定本年的公粮征收采用属地主义和属人主义两种方式,即凡资产收入在边区而人在边区以外者,公粮征收采用属地主义;一家资产散布在边区各县者,则采用属人主义。同时对征收范围、标准、减征免征条件、奖惩等作了规定。

△　八路军第一二九师冀南军区枣强南大队,夜袭南白塔伪军据点,毙、俘伪自卫团 230 余人。

7 月 28 日　中共中央北方局对冀中工作发出指示,强调目前的紧急任务是保存现有的干部及武装,公开的干部及正规军团应迅速继续向南转移。目前的工作方针是隐蔽地掌握乡村政权,建立与开展城市工作,加强统一战线,以隐蔽的武装斗争为主。

△　晋绥军区司令员贺龙、政委关向应电示绥远大青山支队司令员姚喆、政治部主任张达志:一、大青山的游击战争必须坚持,不能放弃;二、姚司令部或可转至右玉西山,由张达志带领二团与群众武装坚持那边,并与西边三团取得联系;三、分散的部队可设司令部以迷惑敌人。当时姚喆已去绥西。根据指示,张达志率领大青山支队司令部直属机关及骑兵第二团一部,苏谦益率领绥察行署、陶林、武川县政府和游击队及一部分干部,越过平绥路到达绥南蛮汗山地区。绥中专署已先期抵达该地。

△　冀东伪治安军一个团与百余名日军押送 150 多辆满载面粉的大车由沙河驿前往上五岭。冀东八路军第十二团在乾河槽设伏,将日伪军全部歼灭,缴获全部物资。31 日,冀东沙流河日伪军 1800 余人向

八路军猛扑,经激战,毙伤日伪军 190 余名,八路军伤亡 18 人。

　　△　伪中央储备银行总裁周佛海与日本银行总裁结城丰太郎签订《借款契约书》,总额为一亿日元。

　　△　波兰驻华代办特罗和斯基飞抵重庆。

　　7 月 29 日　行政院例会通过本年度粮食库券领换凭证领换办法,规定本凭证之持有人应于规定限期内,凑成一市石以上各种粮食库券面额,向该县代理机关换取粮食库券,过期未领换者,准至 1948 年连同本息一次抵缴田赋。

　　△　新四军军部致电粟裕等,对坚持苏中长期斗争作如下指示:苏中斗争要准备苦斗一年至两年。苏中工作应以领导武装斗争,进行敌伪工作、组织领导两面政权、领导民兵为中心。其他任务均应围绕此一中心进行。部队不应再有主力与地方的区别,保持四个主力团,余均与地方武装合编。机关要大量裁减,以便利行动。

　　△　英国联合援华募款运动大会在伦敦举行,该市市长劳理主持。英王和王后及红十字会等共捐款 3.3 万镑。宋美龄致电感谢。

　　7 月 30 日　国民政府公布《省税务管理局组织暂行条例》,各省税务管理局成立后,所有省内各项国税,均由该局征收,每省内设若干县、市税务征收局,受省局指挥与监督。过去之统帅局,直接税分处等均将取消。

　　△　中美文化协会在渝举行欢迎居里游园会,由该会会长孔祥熙主持,蒋介石、宋美龄等 400 余人出席。居里发表演讲,谓罗斯福曾有言:"余欲对中国之英勇民众声言,无论日本能获得何种进展,均当设法以飞机及军火运交蒋委员长之军队。"

　　△　毛泽东在中共中央政治局会议上发言指出,第二次世界大战结束时,法西斯国家将被打败。只有美国恐怕是个大家伙,战后法西斯国家都要依靠它,它可能支配世界。今年打败希特勒的问题还要看一看,恐怕对冬季反攻、对德国的弱点估计过大了。战后中国的前途有两种可能,我们在宣传上应以争取好转的前途为前提。争取同大多数人

一道,是我们策略的出发点,而不是孤立自己。

△ 陕甘宁边区参议会通过《土地征用法》,规定延安市可耕土地概不得随便征用,除军事建筑外,均须付代价与租金。

△ 重庆、迪化间无线电话开通。

△ 日本轰炸机九架,进袭湖南衡阳机场,被美机拦截,击落三架。

△ 伪满洲国政府经济部公布《整理公债(第八次)发行规则》,决定从本日起发行公债一亿元,称为第二十三次四厘公债,10 年后偿还。

7 月 31 日 毛泽东复电刘少奇,对国共关系作出估计,指出:一、目前英、美不愿中国内战,国民党近日态度好转这是一个原因。此种好转还会发展,我正极力争取。二、我们现向国民党表示,在战后或在反攻阶段具备了北上可能条件时,我黄河以南部队可以开赴黄河以北。三、国共关系,现因国内外情势变化及我们坚持合作政策,他们已有改取政治解决的表示。最近恩来见蒋介石谈得还好,蒋已重新指定张治中、刘斐与我们谈判,另指定卜士奇任日常联络,蒋之联络参谋继续来延安,都是好转征兆,但不能求之过急。

△ 物资局厘定重庆市棉纱价格,新棉标准价格由 540 元增至 800 元,20 支厂纱最高限价由 6900 元增至 8580 元。

△ 财政部美籍顾问杨爱德博士应中美文化协会邀请发表广播讲话,略谓:中国的财政由于日本的侵略已相当困难,建议采用田赋征实、盐税增加税收、发展所得税、利得税、消费税等,以支付战费。

△ 印度政府赠我国奎宁丸 500 万吨已运抵昆明。

7 月下旬 八路军第一一五师政治委员罗荣桓就湖西工作,向中共湖西地委组织部长陈璞如作重要指示,指出湖西地区战略地位十分重要,斗争形势尖锐复杂,三角斗争将是长期的,我们不能有麻痹思想;要加强军队与地方的团结;要对敌开展政治攻势,分化瓦解敌人,能争取则争取之;要注重加强日、伪、顽占领区的工作。

△ 冀中大雨,滹沱河、沙河、唐河、潴龙河、子牙河均暴涨。日军为淹毁冀中军民,密令沿岸各敌决堤,引水向低洼处横溢,千里平原变

成茫茫大海,房屋田园多被淹没。总计日军共决堤 128 处,受灾村庄 6752 个,占全冀中总村数 95%,被淹田园 153.82 万亩,被冲房屋 1.689 万间,损失财物值 1.6 亿元以上,灾民 200 万人,是历史空前巨灾。

是月　国民政府重新拟订公务员生活津贴,规定:一、国民政府主席一万元;二、五院院长各 5000 元,副院长各 3000 元;三、各部部长及四委员会委员长各 3000 元;四、文官长兼军长各 3000 元;五、五院秘书长及行政院政务处长各 3000 元;六、特任人员各 2000 元;七、特派人员各 1500 元;八、各部次长、各委员会副委员长、立法委员、法院检察长各 1500 元,科级规定 200 元至 300 元不等。

△　军委会拟定《党政军各机关人事机构统一管理纲要》,经国防最高委员会通过。该《纲要》规定党、政、军各机关人事机构及其人员之统一管理,属于党者为中央党部秘书处;属于政者为考试院铨叙部;属于军者为军委会铨叙厅。

△　教育部规定自是月起至明年 6 月止,为全国学生社会服务年,分别规定服务项目及中心活动表。

△　宋庆龄发表《中国妇女争取自由的斗争》一文,指出:"中国的妇女和男子一样,正在为她们的祖国而战。在目前有关整个国家前途的斗争中,她们已经证明自己是我国历史上女英雄们的好女儿了。"

△　重庆、成都商业资本家集资 300 万元,合组国华股份有限公司,业务范围为经营进出口贸易,及投资农、工、矿、垦等事业。

△　第二战区为打破敌之封锁企图,分兵为两部分,一部固守小船窝以北渡口,分区设险,以内核心区重在固守,以外核心区扼守要路,以歼敌区建筑据点阻敌通过。各据点星罗棋布,配以狙击队配合作战。另以独立之狙击队及各部队所隶之狙击队随时配合据点作战,或深入敌后,或绕于阵前,以达共同歼敌之目的。

△　中共中央发出《关于取消秘密党的省委特委组织的指示》,指出:根据浙江、江西、广东三个省委被破坏的教训,秘密党内必须取消省

委特委的组织,只保留县委或支部。支部及每个党员的任务是勤学、勤业、交朋友。

△　中共晋察冀分局决定由程子华负责组成冀中临时领导机构,由程兼任区党委书记。临时机构设于唐县张各庄、洪城一带。冀中军区政治部在白洋淀梁庄一带设立"冀中军区干部收容总站"和"分站",冀中区党委在安平、定县一带建立秘密交通站,先后收容失散的干部1000 人以上。

△　陈士榘率八路军第一一五师独立支队(第一、二团)由山西吕梁山区转移至鲁西。第二团后留鲁西,编入第三四三旅(教三旅),陈士榘率第一团进入鲁南归建。

△　延安《解放日报》讯:本月日军在华北捕捉壮丁 2.2185 万人。其中 1.7 万人已运到关外,4000 多运往内蒙等地。

△　日军在太原杏花岭秘密杀害八路军 5 月反"扫荡"中被俘干部张友清等 200 多人,赵基宪等四人死里逃生。

8　月

8 月 1 日　蒋介石电四川省主席张群指示川省本年度田赋征购办法,称田赋征购为军粮民食之所需,关系抗建大计至深且巨。上年征购均能于最短期内底于有成,粮食供应于焉无缺。本年征购数额增加,征收及征购业务一律合并办理,各田管机关责任倍重。务望督饬各级行政长官,在田赋征收期间,一律出巡宣导,藉以提高粮户纳粮情绪,加强征收人员工作精神,以期振导全省力量,完成征购工作。16 日,蒋又严令各省主席转谕人民踊跃纳粮。

△　《妨害国家总动员惩罚暂行条例》于是日开始实施,凡违反总动员法或违反依总动员法所订的法令,均依该条例罚办。

△　中国卫生工程学会在渝成立,陈果夫为名誉理事长,通过建议国父实业计划研究会增设卫生工程研究组;建议中央政治学校开环境

卫生课;确定全国卫生工作事业方针;组织专门委员会研究战后卫生工程建设事业等。

△ 第十一届中国工程师联合年会在兰州举行,计16个分会600余会员出席。通过筹集李仪祉、陈子博奖学金、呈请政府将现行市度量衡制度改为公度量衡制度等案。推翁文灏(连任)为会长,胡博渊、杜镇远为副会长。6日,成立工程标准协进会。7日闭幕。

△ 川、康、鄂西区烟类专卖,是日起全部实施。

△ 中共中央书记处决定彭德怀任北方局书记,邓小平任太行分局书记。

△ 中共中央和中央军委决定,八路军山东纵队改编为山东军区,罗荣桓任山东军区司令员兼政委,王建安任副司令员,黎玉任副政委。以山东纵队机关为主成立鲁中军区,王建安兼任鲁中军区司令员,罗舜初任政治委员。山东纵队第一旅改编为教导第一旅,归第一一五师建制,仍留鲁中活动。山东军区随中共中央山东分局和第一一五师师部活动。

△ 中共中央山东分局发出《关于目前对敌斗争的指示》,称:目前山东许多地方逐渐被"蚕食",根据地基本群众尚未认真发动起来,平原根据地一般不很巩固,山区根据地巩固程度也差。又由于敌人分割华中、华北与山东的形势已大体形成,造成我对敌斗争上的许多困难。在此形势下,我们提出全力对敌斗争,粉碎敌人对我根据地之"蚕食"政策,坚持我游击区,伸入敌占区,开辟边缘游击区为反敌"蚕食"政策的积极行动方针,克服过去对敌斗争中的保守、软弱、孤立的现象。

△ 晋察冀军区召开各直属部队干部大会,庆祝建军十五周年。同日,《晋察冀日报》发表《八路军永远和我们在一起——纪念八路军诞生十五周年》社论,指出在今后不管何等残酷战争的年月里,八路军也永远不能离开华北和边区,永远不能离开我们亲爱的父老同胞!

△ 东北抗日联军教导旅正式组成,周保中任旅长、李兆麟任副旅长(政委)、崔石泉(即崔庸健)任参谋长(兼任旅党委书记)。旅下编四

个步兵教导营,两个直属教导连,翌年又增编自动枪教导营。教导旅共有指战员 1000 余人,其中苏籍官兵 300 人,抗联指战员 700 余人。

　　△　中国航空公司重庆——兰州线开航。

　　△　成都——重庆间无线电话通话。

　　△　日武内兵团由龙游南犯,是日陷浙江遂昌,与奈良支队会合后,2 日又陷松阳。

　　△　日伪军 1.3 万余人对冀东迁安、卢龙、滦县、丰润地区进行"扫荡"。冀东八路军部队内外线配合作战,共歼日伪军 800 余人,至月底迫敌撤退,打通了长城外锦州至承德铁路以南东西长达 250 公里的地区,使诸小块根据地连成一片。

　　△　衡阳连日空战,空军击落日机 17 架。

　　△　上午 9 时,日机三架窜入浙省龙泉,在闹区投弹 21 枚,烧屋千余间,死伤数人。

　　△　伪山西省政府决定将全省伪警备队改编为正规军,直属伪省府。

　　△　日、汪处理中国银行、交通银行联合委员会发表两行复业具体方针,规定两行在中央储备银行的管制下,作为一般商业性银行继续营业。

　　8 月 2 日　重庆《大公报》讯:全国现有高等学校 129 所;国立中等学校 23 所;私立中学 100 余所,在校学生 70 余万人。

　　△　日机 11 架分两批轰炸浙省云和,投燃烧弹 40 余枚,毁民房多间,死伤 30 余人。

　　8 月 3 日　何应钦在中枢纪念周报告称:现已组成 1200 个国民兵团,训练了 40 余万国民兵干部,1000 余万国民兵。今后应注意:一、征兵制度充分发挥人力,扩大兵役宣传;二、确定调查全国户籍;三、健全各地基层政治机构完成新县制;四、普及国民教育及国民体育等。

　　△　史迪威、居里晋见蒋介石,面陈三路攻日计划。

　　△　延安《解放日报》发表《彻底实行精兵政策》的社论,指出精兵

政策是目前敌后建军的正确方向,是坚持敌后斗争和准备反攻力量的重要步骤,各根据地应集中一切力量彻底实行精兵政策,扩大民兵武装,渡过难关,争取抗战的最后胜利。

△　江西省政府组织江西兴业公司,由文群、杨绰庵、张泽尧、胡家凤等任董、监事,资金 3000 万元,接收原有省辖各种工厂及电厂。

△　第三战区一部收复浙江遂昌。

△　远征军一部自缅甸撤至印度东境之利多,并转移至印度蓝姆伽训练。次日,蒋介石电勉涉险入印之远征军,称:"兹派史迪威参谋长来印,对各该部巡视慰问,并加督训。"

△　鲁苏战区第五十一军第一一一师(原属东北军)师长常恩多率所部 2000 余人宣布脱离国民党,转移到山东滨海抗日根据地接受共产党的领导,部队仍用原番号,配合八路军抗战。不久,常恩多病逝,万毅继任师长,郭维城任副师长。后该师改编为滨海支队,万毅任司令员。

△　汪伪中央储备银行与日本正金银行签订日元 3000 万元《借款契约书》,规定以华中水电股份有限公司、永礼化学工业股份有限公司及华中电气通信公司股票作抵押。

△　黄河泛滥,灾及平民(今大荔)、朝邑(今大荔)、华阴、合阳、韩城等县,为近数十年所未有,而以平民全县淹没为最惨重。是日下午 2 时许,黄河暴涨,水势急湍,韩城县之安澜、巍阳、芝秀沿河地带当被浸没,5 时许,合阳复兴乡全部被浸,9 时随即奔腾于平民全境,除新民村地势较高,有林场分散水势,未被浸入外,全县大小 40 余村庄无一幸免,且波及朝邑之乌牛、仁和、中和、和衷四乡,沿河滩地直泻,及于潼关吊桥一带,水头高达丈余,澎湃四溢不可遏止。至 4 日晨 5 时左右水势渐退,迄 6 日午乃归入河床。据调查平民等六县灾民 5.3420 万人、死亡 681 人、受伤 252 人、下落不明 350 人。被淹地 49.98 万亩,农作物损失 1.3227 万元,冲毁房屋 2140 间,其他财产损失 3.057 万元。

8 月 4 日　史迪威、居里赴印度视察蓝姆伽训练事宜。

△　行政院任命张洪沅为四川省立重庆大学校长。

△ 国民党中宣部部长王世杰招待外国记者,谓:"关于民主政治的训练,国民党的一贯政策是谨慎坚定。""四年以来,国民政府对于国民参政会的设立和改组,可以说充分表现了这种谨慎坚决的态度。"

△ 毛泽东复电陈毅,对精兵简政问题作指示:伴随着极端残酷的斗争,根据地缩小必然要到来。不论华中、华北,都不能维持过大部队。你们决定现有八万主力、四万地方军,扩大为 10 万主力、10 万地方军,这个数目太大了。如根据地民力、财力迅速枯竭,弄到民困军愁,实有坐毙危险。请考虑到年底或明春作一通盘计划,达到精简之目的。

△ 日驻汪伪政府大使重光葵对德国新闻社和海通社社长发表谈话,诡称:"中日两国之全面协力,已在经济上政治上文化上积极展开。中日民众在最近之将来,必能实现全面合作之体制。"

8 月 5 日 中国工业合作协会在重庆举行四周年纪念会。工合运动已普及 18 省,建立合作社 2000 多个,社员三万多人,每月产值增至 7500 万元。

△ 民生公司建造浅水轮船 10 艘,供川江内河行驶。

△ 浙东第三战区各线反攻,丽水、永康相继克复。

△ 浙赣战场日河野旅团由空军配合猛犯第四十九军阵地,是日陷峡口,7 日陷保安街,8 日占领仙霞关及关帝庙。第一〇五师向日军反攻,9 日克仙霞关、保安街,10 日克峡口,复原阵地,并向八都、江山追击。

△ 冀鲁豫军区第八团攻克阳谷县张秋镇西北徐楼敌据点,并痛击来援之敌,毙日军 25 人,毙俘伪军 60 余人。

8 月 6 日 四川丝业公司在重庆举行股东会议,改选董、监事,公推张群为董事长。公司增资 3000 万元亦已如数收足。

△ 国民政府委员杨庶堪在重庆病故。20 日,国民政府明令褒扬,生平事迹存入国史馆,发给治丧费 5000 元,抚恤 10 万元。11 月 22 日,杨庶堪追悼会在渝举行。

8月7日　教育部呈请行政院批准拨专款改善教授生活：一、奖助金，凡教授或副教授如有著作，可将稿件送教育部，先支付稿费，再行出版；二、补助金，凡教授家庭人口在五人以上者，持校方证明，每月可领200元至400元之补助金。

△　罗斯福秘书居里返美。居里此次来华，留渝16日，与蒋介石会谈14次，多次谈及史迪威地位问题，临别又请尽量优容共产党。

△　美海军陆战军在所罗门群岛的瓜达尔卡纳尔岛登陆，从而拉开了为期六个月的争夺该岛的战幕。结果日军遭到惨败，被迫转入战略守势，直至投降；盟军则挫败日军继续南进的计划，为在太平洋上开始逐岛进攻创造良好条件，使太平洋战争形势为之转变。

8月8日　国民政府令：《战时盐专卖暂行条例》在全国施行；《战时火柴专卖暂行条例》在川、康、黔三省施行；《战时食糖专卖暂行条例》在川、康两省施行。

△　军事委员会制定《关于核定在华美军犯罪行为处置办法》，规定美国人在中国犯罪"按照美国军法裁判"。

△　缅甸侨领李文珍参政员晋见林森主席，倡导归侨在后方从事生产。

△　地政局决定在川省各区择18县成立地籍整理处。现已在泸县等10县成立，办理土地测量、登记及规定地价，限四个月完成。

△　陕甘宁边区政府给各专署、县府发出命令，重申不得随意挪用或强借乱支地方财政收入，要求各项地方财政收入按期完成任务，款项必须随时交金库。如有违者，将予以行政处分。

△　晨，八路军第一二九师一部在冀南大名东南攻入伪军据点，歼伪新编兴亚同盟第一军王天祥部主力千余人。午后，日军赶来增援，遭八路军痛击，被歼百余人。八路军伤亡13人。11日，日伪军1500人对大名东南地区进行报复"扫荡"。

△　冀东第十二团第一营在迁安县彭家洼庄南龙子山（今名常胜山）上设伏，全歼日本关东军原田东雨中队，76名日军除一人逃跑外，

均被击毙,缴获轻重机枪四挺,掷弹筒三个,长短枪 70 余支。八路军营长欧阳波平牺牲。

△　汪精卫接见朝日新闻社南京分社社长,发表谈话称:将尽其可能以物资协助日本,以表示国民政府协力大东亚战争,同甘共苦之精神。

△　美日进行萨沃岛海战。8 日深夜,日军七艘巡洋舰和一艘驱逐舰在瓜岛以北的萨沃岛海域与正在南区巡逻的盟军舰只遭遇,当即发起攻击。盟军由于猝不及防,二艘巡洋舰和一艘驱逐舰被日舰击伤。随后,日军舰队又驶向盟军在北区的巡逻舰只,盟军三艘巡逻舰均遭重创。后来,日军在萨沃岛东北海域又击伤盟军驱逐舰一艘。日军在战斗中,有二艘巡洋舰被击伤,损失轻微,但由于未触及盟军运输船只,未能阻止盟军在瓜达尔卡纳尔岛登陆。

8 月 9 日　四川省主席张群在成都四川省水上警察训练所第一期毕业典礼上宣布:乐山、宜宾、泸县设水警分局,并在总局所在地成都设水警所。

△　国立交通大学重庆分校奉教育部令改为总校,自下学期起暂设电机、机械、航空、土木、管理五系。

△　新四军第一师第三旅两个团,经过周密的侦察,对日伪军南通重要据点石港发起攻击,全歼守敌,俘伪军第三十二师第六十四旅官兵 500 多人,缴获轻重机枪六挺,长短枪 345 支。

△　浙赣战场日军第三十二师团一部自常山北犯开化,是日占华埠;另一部自玉山西犯德兴,于珠川镇附近与第五十五军范子英部第一四五师激战。上饶日第二十二师团窜郑家坊与第二十一军刘雨卿部第一四六师战斗。赣东日军第三十四师团与第三十二集团军上官云相各部激战,攻势顿挫。

△　日军第二十六师团主力及骑兵集团一部共 1.3 万余人,向绥南地区"扫荡"。该地区八路军大部及军政领导机关分别向外转移,大青山骑兵支队进入绥南的蛮汗山区,大青山行政公署及绥中专署机关

经绥南转至晋西北的偏关地区。平绥铁路西段以北地区仅留少数部队与敌周旋。至 11 月中旬,大青山根据地大部分沦为敌占区或变为游击区。

△　甘地、尼赫鲁等印度国大党领袖 16 人被英国当局逮捕,印境数次发生骚乱。10 日,蒋介石打电报给甘地、尼赫鲁及奈杜夫人表示慰问。

8 月 10 日　国民政府公布《粮食库券条例》。库券面额分一市斗、二市斗、五市斗、一市石、五市石、10 市石、100 市石七种,从是年起每年以面额五分之一抵缴各该省田赋应征之实物,至 1948 年全数抵清。

△　财政部决定棉纱、麦粉一律改征实物,棉纱及棉纱直接制成品每 285 公斤折征一公斤,麦粉每 40 袋折征一袋。

△　中缅运输局撤销,另组滇缅公路运输局、川滇公路运输局及滇缅公路工务局接办业务,统隶于运输统制局。

△　中国远征军副司令长官杜聿明抵渝,陕西同乡会举行欢迎会,杜报告在缅甸作战经过。

△　浙赣战场第二十五集团军第八十八军何绍周部克石仓源,日军退松阳固守。

△　汪伪军事委员会委员长驻武汉行营成立。

△　日正金银行与汪伪中央储备银行签订《军用票及中储券之互相存放款契约》,规定:当正金银行需要中储券资金时,就由正金银行收入中储行在该行一定数量军票存款,中储行则按军票数额以 18 元兑换 100 元之比率折成中储券,作为正金银行在中储行存款(1943 年 4 月 1 日,改订契约,将军票改为日元)。

8 月上旬　月初,中国远征军从缅甸分别撤至印度及滇西。据当时初步统计,入缅时总人数为 10.3 万人,经四个月作战,仅剩四万余人。其中,第五军(下辖直属部队,第二〇〇师、新二十二师、第九十六师)4.2 万人,作战死伤 7300 人,撤退死亡 1.47 万人,仅剩两万人。

8 月 11 日　蒋介石接见英驻华大使薛穆,提示个人对印度问题之地位与态度,及为同盟国设想之苦衷。并希望美国出面斡旋,对印度保证,战后允其独立。

△ 《中央社》讯:中国、交通、农民三行修改组织条例,仍保持官商性质,官股加多。修改要点:一、资本完全由政府负担,不收私人股份;二、放款性质限于短期;三、发行最高限额由政府核定;四、设总裁一人、副总裁二人,由政府特派,另设理事若干人,组织理事会。

△ 八路军第一二九师第三八六旅及山西青年抗敌决死队第一纵队、政治保卫队第二一二旅编成太岳纵队,陈赓任司令员,薄一波任政治委员。

△ 八路军第一二九师冀南第五分区一部,夜袭杨庙日军据点,激战半小时,俘百余人,获枪 80 余支,子弹 4000 余发。

△ 是日至 9 月中旬,日军对冀东根据地进行"冀东一号第二期作战"。参加"扫荡"的日军有第二十七师团和第一一〇师团大江大队、驻蒙日军面高坦克联队、松井讨伐队,以及伪"治安军"10 个团、伪满军 2000 余人,总兵力共四万余人,由铃木启久少将指挥,首先反复"扫荡"、"清剿"冀东东部地区。自 8 月 17 日至 9 月末,日军独立混成第十五旅团,在伪军配合下,大举"扫荡"冀东西部地区。在一个多月反"扫荡"中,冀东军民共作战 20 余次,毙伤日军 300 余名、伪军 150 余名,俘伪军 400 余名,缴获轻重机枪 13 挺,掷弹筒九个,长短枪 520 余支。

8 月 12 日 蒋介石接见捷克斯洛伐克驻华公使明诺夫斯基,接受捷总统贝奈斯总统赠的十字勋章。13 日,蒋特致电捷总统表示感谢。

△ 重庆《大公报》讯:国民政府决定国家银行专业化,中央银行为惟一发行银行,中国银行为专营国际汇兑及贸易事业,交通银行专营实业放款及股票债券抵押贴现业务,中国农民银行专营农贷及土地金融业务。四行股本各增至 6000 万元,分为公股与非公股,非公股不得超过股本总额 40%。各行设立董事会。

△ 甘肃省洮沙县马玉堂捐资一万元,兴办该县灵石寺中心学校,

教育部授予一等奖状。是日,国民政府明令嘉奖,并颁"热心教育"匾额一方。

　　△　川省府据报,各县因秋收将届,近有预买青苗睹盘情事。省府对此种非法交易决予严禁,特提示惩处办法两项,通令各县、市认真执行。所有青苗一律不准买卖,已订有契约者应饬撤销。如违一经查出,或被人举发,即按非常时期取缔日用重要物品囤集居奇办法惩处。

　　△　中共中央政治局作出关于晋察冀分局和军区主要人员配备的决定:以聂荣臻、程子华、刘澜涛、萧克、杜理卿、赵振声、刘仁为分局委员,聂荣臻为书记,程子华、刘澜涛为副书记。聂来延安期间,程子华代理书记。军区由聂荣臻为司令员兼政治委员,萧克为副司令员,程子华、刘澜涛为副政治委员,聂来延安期间由肖克代理司令员、程子华代理政治委员。同时决定取消北岳、冀中两区委,两区工作集中于分局。

　　△　据天津《庸报》统计,今年七个月内,华北运往"满蒙"做苦工的壮丁,达70余万人。

　　△　是日至15日,斯大林、丘吉尔和哈里曼在莫斯科会谈。会谈中,英、美向苏联通报即将实施的"火炬"行动,即在法属北非登陆。

8月13日　国民党中常会第九次全体会议,通过加强国家总动员实施纲领,决定将国民精神总动员委员会及新生活运动总会等机构合并。

　　△　国民政府派驻土耳其公使邹尚友为互换中伊友好条约批准约本全权代表。

　　△　中印学会在渝举行年会,讨论修改会章、扩充组织等,推朱家骅、顾孟馀为正、副理事长,戴传贤、陈布雷为正、副监事长。郭泰祺、顾毓琇、王世杰为监事。

　　△　浙江金华地方法院院长陆宝铎、检察官陶亚东、书记官李聪谋等,于日军侵占金华后被执不屈,以身殉职,国民政府特明令褒扬。

　　△　宋希濂、李根源在云南大理创办《滇西日报》,聘顾建平等主持,是日发刊。

△ 延安《解放日报》发表社论《纠正统一战线中的"左"右倾错误》。社论列举了"左"右倾的具体表现,批判了"左"比右好的错误观点;号召一切共产党员应该做坚持统一战线的模范,做坚持团结的模范,纠正在执行统一战线政策过程中发生的个别的"左"右倾向;要求全党正确执行党中央的政策,以达到克服困难,克服投降危险,争取时局好转的目的。

△ 第三战区一部围歼浙境松阳以南残余日军,仙霞岭反攻告捷。

△ 八路军第一二九师第五分区部队攻入平乡城内,俘日伪军200 余人,缴获枪百余支。

△ 新四军第五师决定成立鄂皖兵团指挥部,刘少卿(化名江岳江)兼指挥长,杨学诚任政治委员。同时成立第四军分区(黄冈及鄂南地区)、第五军分区(鄂皖边地区)。

△ 华北朝鲜独立同盟与朝鲜义勇队华北支队联合指示所属单位,在全华北展开对敌政治攻势,以争取华北数十万朝鲜侨民与瓦解敌军。

△ 日军第二十七师团第三十一大队及伪军2000 余人,对冀东迁安县东西密坞11 个村进行"扫荡",屠杀村民100 余人,捕走300 余人。9 月 10 日又将抓走的 300 余人集体屠杀于大杨官营村西大坑。

△ 日军通令华北占领区的大米、小米、小麦、油、煤等物品实行"配给"。

8 月 14 日 蒋介石约见周恩来,希望在西安会晤毛泽东。周恩来随即电告毛泽东,认为在目前情况下与蒋介石会见不会有好结果,建议让林彪代毛泽东同蒋介石会见。9 月 14 日,林彪偕伍云甫离开延安赴重庆。

△ 国民政府特派叶楚伧为高考初试典试委员长,潘公展、罗家伦等 25 人为典试委员。

△ 军事委员会致电军令部,并电令重庆卫戍总司令部,谓"遇有不法行为之美官兵必须采取看管或扣留时,应以和平及优待方式","责

成当地机关部队采取必要措施随时予以先行保护","迅速通知美方移交办理","不得稍有粗野举动"。

　　△ 贵州省政府主席吴鼎昌饬令解散本省"帮会组织","凡已加入者,一律须即日退出"。

　　△ 重庆为庆祝第三届"空军节",举行首届跳伞比赛。同日,成都亦举行首届模型飞机比赛。

　　△ 美国陆军航空司令阿诺德中将于中国空军节之际,向美国驻华空军司令陈纳德少将致电嘉奖。

　　△ 中国军事代表团团长熊式辉赴旧金山考察,将参观美国西岸军事工业,并出席国民党旧金山支部常务委员会。

　　△ 陕甘宁边区政府举行第三十次政务会议,通过下列主要决议事项:一、修正已颁之三十一年度征收救国公粮条例,将原规定之起征点五斗改为六斗,起征率5%改6%;二、完全接受边区参议会常驻会第七次会议关于改进政府工作作风的建议,责成秘书处拟出执行的具体办法;三、边区政府成立保健委员会,负责行政干部之保健工作;四、准陈永清辞去边区参议员代表大会筹委会主任职务,遗缺由马豫章担任;五、以南汉宸、刘景范、高自立、霍子乐、丁仲文五人组成建筑委员会,负责监督政府办公厅的修建工作。

　　△ 日伪军6000余人"扫荡"山东八路军利津、沾化以东之垦区,并企图隔绝冀鲁边区与清河区的联系。八路军清河军区部队发起反"扫荡"、反"蚕食"战役,歼敌伪军500余人,粉碎了敌人"蚕食"计划。

　　△ 第五十七军第一一一师新任师长孙焕彩纠集李延修、朱信斋等部共2000余人,乘八路军换防之机,南越日(照)莒(县)公路,占领甲子山。八路军第一一五师教导第二旅、山东军区第二旅与第四旅及地方武装等部,联合向其展开反击,经三皇山、陡山河、蒲汪、滩井等战斗,给顽军以惨重打击,至19日收复甲子山地区,共毙伤顽军500余人,俘650余人。

8月15日 蒋介石由重庆飞兰州处理新疆各项问题。

△　财政部批准中国农民银行发行土地债券一亿元。

△　外交协会聘宋美龄为名誉理事长,孔祥熙、孙科、朱家骅、王世杰、王宠惠、王正廷、郭泰祺、张治中、贺耀组、谷正纲、张群、董显光等为名誉理事;决定在纽约成立分会。

△　毛泽东致信谢觉哉,指出:关于"还政于民"这个口号不妥。早几天《解放日报》社论有"官方干部"、"纯老百姓代表"的话,也有不妥处。我们的政府是真正代表老百姓的,是民的,故不可说"还政于民",也不可分为"官方"、"非官方"。

△　《东南日报》经陈果夫核准,由社长胡健中率领全体员工从浙江退出,在湖北复刊。21 日正式出版。

△　中国军队开始在浙赣线反攻。是日,第三战区部队收复浙江沿海重镇温州。18 日,日军各兵团向原防地撤退。

△　华北日本士兵反战团体代表大会在延安召开,18 日闭会。朱德、吴玉章参加大会并讲话。朱德代表八路军声明:"反法西斯的日本大众士兵是我们真正的好朋友,是建立将来东亚和平幸福的好朋友。"号召他们把在华日本士兵,"都团结在你们的旗帜底下,枪口对着你们和我们的共同敌人日本军部"。日本士兵代表茂田江致答词。大会决定成立反战同盟统一组织"在华日人反战同盟华北联合会",并通过纲领和会章,还通过宣言并决议严惩横暴长官。

△　汪伪政府粮食管理委员会与日本派遣军总参谋长签订《苏浙皖三省粮食采办搬运之谅解事项》,划定苏州区、无锡区、松江区、安徽江北区为日军采用军用米区域。

△　太原附近各县大雨不止,山洪暴发,河水暴涨。同蒲路太原至侯马段 200 余里被淹没,铁轨、车辆多被冲毁。

△　中央社费城合众电:星期六晚《邮报》载有讨论中国问题之论文一篇,内容系论空袭。略谓重庆今日深知无论来自何方之空袭,其坚固之石颚,均能受之而无恐,此乃全世界最英勇之城市。

8 月 16 日　陕甘宁边区政府财政厅、边区贸易总局会同中共中央西北局、中央管理局、联防军司令部等党、政、军机关联合成立食盐专卖委员会,联防军司令部张令彬为主席。该会为辅助边区政府推行食盐专卖政策之权力机关,具体工作由财政厅贸易局执行。下设食盐专卖总公司和估产估价委员会。

△　八路军第一二九师冀南、冀鲁豫军区各一部袭击大名以东南李庄伪军王天祥部,毙、俘伪军团长以下 280 余人。

△　陈公博与日军小林部队长签订《关于上海地区清乡工作中日协定》,规定:日本方面以担任军事事项为主,中国方面以担任政治工作为主。上海分会用于清乡的军队为保安队、警察队,其作战及警备事宜,受日军小林部队长指挥。

8 月 17 日　军政部组设军官资格审查委员会,规定各市、县军事科长人选,须正式军官学校毕业,并经该会审查合格为准。

△　中央社讯:政府为鼓励警察安心服务,根据内政部第三次会议决议和国民参政会第二届第二次大会建议,特作如下规定:一、警察人员服务三年者可免其子女小学费用;二、满九年者,可免中学学宿费用;三、满 15 年者,可免专科以上学校学宿等费。

△　冀东军分区第十三团第二营于蓟县洪水庄同由平谷出犯之日军遭遇,经激烈战斗,全歼日军前卫一个小队 40 余人,缴获轻机枪四挺,步枪 20 余支。

△　美参议院议员汤姆斯发表演说,主张联合国家放弃在华一切治外法权,以表示实施大西洋宪章的决心,并建议于 8 月 29 日签订废除治外法权协约。本月 29 日为《南京条约》订立一百周年,美国各报纸表示赞同废除治外法权。

8 月 18 日　据中央社讯:国民政府最高军事当局决定全国各地之国民兵团与军事科并存,国民兵团直属于市、县政府,市、县长兼任团长,副团长由军事科长兼任。

△　粤省行政会议在韶关举行,粤北 10 余县县长、粮政科长、田赋处长等 500 余人出席。省长李汉魂报告粮政、兵役、卫生、保卫等要政。

第七战区司令长官余汉谋报告征实、征购、治安等问题。通过调查存粮及登记粮仓等案,20 日闭会。

△ 中共中央政治局会议讨论国际国内形势,认为丘吉尔和斯大林在 8 月 12 日至 15 日进行会谈,讨论关于建立第二条战线问题,在这种国际形势下,中国局势有好转可能,即亲苏、和共、政治改良。

△ 中缅文化协会举行晚会,欢迎旅缅华侨领袖李文珍、许文顶等,该会副会长都弥亚辛女士致欢迎辞,李、许等相继发言。

△ 日大本营命令任河边正三中将为中国派遣军总参谋长,原任后宫淳大将调任中部军司令。是日,河边正三赴南京就任,并会见汪精卫。

8 月 19 日 蒋介石在昆明创办"战时干部训练团",自任团长,龙云任副团长,第十一集团军总司令宋希濂任教育长。该团招收初中以上男女生"受训",并设立边区子弟"特别班"。

△ 毛泽东复周恩来电称:"依目前局势,我似应见蒋。"周恩来又致电毛泽东称:与蒋会晤时间"似嫌略早",可由林彪或朱德"先打开谈判之门",如蒋约林或朱来渝,也可答应,"以便打开局面,转换空气,一俟具体谈判有眉目",毛泽东再来渝。本月 29 日、9 月 3 日,毛泽东再复电周恩来称:根据目前局势,"我去见蒋有益无害",已定先派林彪见蒋,然后确定我去西安的时间。同日,毛泽东致函陕甘宁边区参议会副议长谢觉哉、中共西北局组织部长陈正人,称陕甘宁边区第二届参议会应以精兵简政为中心,开会前实行精简,开会后检查精简,这包括精少、效力、统一各个方面。总之,精兵简政要来个大举方能切实见效。

△ 中共中央华中局批准的浙东军政委员会成立,统一领导浙东抗日武装力量。是日,"第三战区三北游击司令部"(余姚、慈溪和镇海三县的姚江以北地区)亦成立,并将部队统一整编为第三、第四、第五支队,以坚持"三北"地区,发展四明山、会稽山地区。同时,组成一支精干武装回浦东坚持斗争。

△ 浙赣战场第三十二集团军第四十一师是日克上饶,21 日克玉山。浙赣西段日军第三十四师团陆续向南昌撤退。第一〇八、第一四七等师是日克贵溪,第七十五师于 21 日克鹰潭,第十九师于 22 日克邓家埠,24 日克东乡。第一〇八师于 29 日克进贤。

△ 晋西北岚县八路军与民兵合作,对日军展开六路大破击,摧毁桥梁四座,公路多段,捣毁普明镇等地"模范村"围墙。

△ 日军在晋东北灵丘施放毒瓦斯,当场中毒而死民众 30 余人。

8 月 20 日 蒋介石在兰州指示盛世才抗苏之方针:一、中央军由兰州进驻安西、玉门,控制在哈密的俄军;二、委派新疆外交特派员,中央收回外交权,使苏联在新疆的外交纳入正轨;三、肃清新疆共产党;四、令苏军撤离新疆;五、收回迪化飞机场。

△ 财政部根据全国桐油调节管理暂行办法及其施行细则的规定,指定重庆市与川东、川中及陕南、鄂北、鄂西,凡 158 县、市为第一桐油管理区域。该区域的桐油如须运出,应向复兴公司领取转运证,凭证转运;该区域内的桐油业商户及桐油工厂,除应向贸易委员会登记外,并按月向复兴公司报告存油数量。

△ 东南联合大学决定设文、理、法、商四个学院 13 个系以及艺术专修科,11 月 1 日在福建建阳开学。

△ 晋冀鲁豫军区发起为期 40 天的对敌政治攻势。同日,第一二九师政委邓小平在华北《新华日报》发表《政治攻势与敌占区同胞的关系》的谈话,号召敌占区同胞与根据地人民密切结合,形成一个巨大的斗争力量,迎接即将到来的光辉灿烂的明天。

△ 浙赣战场广信第十集团军预备第五师是日克广丰,第一〇五师 23 日克江山,该师及游击队一部于 28 日克衢州,29 日克龙游,30 日克汤溪。

△ 汪伪中央政治委员会例会通过调整军事委员会机构案,将军政部及海军部改隶属军事委员会,将军政部改为陆军部,设参谋本部、军事参议院及总务厅。任命刘郁芬为总参谋长,萧叔宣为军事参议院

院长,鲍文樾为陆军部长,叶蓬为陆军编练总监,孙良诚为军事委员会委员并暂行兼任开封绥靖主任。总参谋长、陆军部长、陆军编练总监为军事委员会当然常务委员;选陈君慧为水利委员会委员长。

△ 日兴亚院派员赴中国占领区进行实地“考察”。第一批是日出发,视察华北、华中日军占领区之一般政务及政情;第二批由近藤荣次郎等组成,视察汪精卫政府统治情况及华北日军进出情况;第三批由后藤一三等组成,视察华北、华中产业交通;第四批由田道之四郎等组成,视察华北、华南之财政经济等。要求到年底写出调查报告交兴亚院。

△ 巴西政府宣布放弃在华特权。

8 月 21 日 社会部主办的人民团体总登记宣告基本结束,全国直辖 224 个社团,已登记者达百余单位。另据《中央日报》讯:凡不符合人民团体组织规程之团体,或虽已成立而无实际工作成绩者,该部均将令其撤销。

△ 第九战区一部克复浙赣铁路之交通重心鹰潭镇与玉山城。同日,第三战区一部再克浙东青田、东乡。23 日,第三、第九战区一部分别再克江山、余江。

△ 汪伪国民党中央执行委员会例会任命陈春圃为组织部长。

△ 伪华北治安军总司令齐燮元赴长春视察伪满军队,商谈军事问题。

8 月 22 日 中共中央政治局会议讨论毛泽东与蒋介石会谈问题,决定先派林彪去,看情况再定。毛泽东在会上就整顿“三风”、精兵简政和陕甘宁边区工作问题发言,指出:总的目标是整顿“三风”、精兵简政,办法是五整即整军、整政、整党、整财、整关系。

△ 美总统罗斯福邀请宋美龄访美。

△ 中国航空公司开辟重庆至兰州新航线。

△ 伪广东省政府与日签订《关于日本交还汕头市自来水厂及借款合约》,规定日方自开始经营汕头市自来水事业,直至交还于伪方前之投资额及其附带费用作为伪方的借款,借款额为日金 29.9521 万元,

五年内分期支付日方。

8月23日　财政部拟定《中央银行组织法》,规定"中央银行资本完全为政府资本";"中央银行总裁得参加国家预算之审议";并规定中央银行随时协助政府制订关于金融财政之管理事项等。

　　△　浙赣战场第二十三集团军第一四五师是日克平山,鄱阳湖地区日军向康山、南昌退却。同日,鄱阳湖警备队克波阳,24日克都昌。同日,第十九师一部收复浒湾,暂第六师攻克临川。

　　△　延安《解放日报》发表题为《精兵简政是当前工作的中心环节》的社论,指出全党应充分了解其意义,彻底执行,把我们的队伍整顿得整齐些,锻炼得更精干些,胜利与发展就会更有保证。

8月24日　国民政府为沟通侨汇,特作如下规定:一、由主管国际汇兑的中国银行与有关省银行订立代解侨汇合约;二、侨汇登记编号列帐,由旅美参政员邝炳舜将姓名、住址和款数送财政部转请中央银行指定在美银行立产收款;三、中国银行在国内侨眷中心区域增设支行与办事处;四、国外汇交沦陷区之款,可先由中国银行汇至邻近沦陷区之行、处,再由商业行庄转汇等。

　　△　蒋介石由兰州飞西宁,并在西北各地视察。

　　△　教育部长陈立夫、侨务委员会委员长陈树人举行茶话会,招待归侨教育工作者,讨论有关侨民教育问题。

　　△　重庆《大公报》讯:国民政府经济部调整各省省营贸易机构,分别改为企业公司、贸易公司。

　　△　浙赣战场第九战区新第十师是日克三江口,新第十一师25日克李家渡,27日克梁家渡,恢复战前原态势。

　　△　日军从徐州、滕县、费县、济南、临沂、枣庄等地,集结4000余人,分八路"扫荡"鲁南抱犊崮山区。八路军鲁南部队当即开展广泛游击战,并深入敌后开展反"扫荡"斗争。

　　△　夜,延安大雨,山洪暴发,被水冲走80余人,经济损失达数百万元。28日,陕甘宁边区政府拨款五万元赈济灾民,并组成水灾善后

委员会,负责善后处理工作。

　　△　日、美进行所罗门群岛以东海战。是日,日军输送登陆兵的船只及护航的舰艇编队进至瓜达尔卡纳尔岛以北 200 余海里处,日海军第二舰队在其以东 40 海里处航行。当日下午,美海军特混编队即抢先对日军发起攻击,一举击沉日轻型航空母舰。随后,美海军派出舰载机攻击日舰,只击中一艘水上飞机供应舰。在美军发起攻击的同时,日舰载机也飞临美舰上空。经过六分钟的激战,美一艘航空母舰受创,15 架飞机受损,日机 90 架被击落、击伤。25 日拂晓,美军陆基航空兵又击沉日军一艘运输船和一艘驱逐舰,重伤一艘巡洋舰。经过此次海战,日军被迫停止利用大量船只输送登陆兵上岛的活动。

　　8 月 25 日　毛泽东修改一份关于最近日苏关系及国共关系的情况通报。通报指出:斯大林、丘吉尔会谈后,反希特勒战争即将进入决战的阶段,这是整个战争的新形势。国民党最近已放弃了 5 月间的军事反共计划,而采取政治上解决国共关系的方针,蒋介石两次见周恩来谈话,国共关系确有走向好转的趋势。毛泽东在修改时加写的内容有:"由于缅甸失陷,西南国际通路断绝,迫使国民党不能不注意西北国际通路,并与苏联增强外交关系。""加以地方与中央的矛盾,财政税收的困难,人民对负担的不满,其内部困难日益增加,如再扩大反共战争,将至不可收拾,这亦是对国共关系避免军事解决改取政治解决的重要原因。""由于我党一贯实施争取好转的政策,特别是今年'七七'宣言,重申我党拥蒋合作的方针,这不能不起促进好转的作用。"

　　△　中共中央军委任命滕代远为八路军总司令部副总参谋长。

　　△　据重庆《中央日报》载,国民党中央组织部为加强各地党务督导工作,特依各省地域之大小,划分为若干区,每一区设一党务督导员。督导员直接由国民党省党部指挥,由组织部指派。

　　△　国民党第五届中央执行委员王柏龄在成都病故。9 月 8 日,中常会决议明令褒扬,并给抚恤金五万元。10 月 12 日,国民政府明令褒扬。

　　8 月 26 日　四川省水利建设已动工者有遂宁南北堰、洪雅花溪渠、三台北堰、峨眉熊公堰、雅安青衣渠等五处,由中、中、交、农四行和信托局贷款 500 万元。

8 月 27 日　是日为教师节和孔子诞辰纪念日,教育部与中央文化运动委员会举行孔子诞辰座谈会。同日,重庆孔学会举行纪念会,陈立夫、谷正纲及苏联大使潘友新等 300 余人出席。孔学会理事长孔祥熙致词称:纪念孔子应努力沟通中西文化,孙中山所倡导的三民主义,是集中外文化之大成。晚,中国音乐学会特举行国乐演奏会。

△　教育部公布部聘教授名单:苏步青(数学)、李四光(地质学)、吴有训(物理学)、饶毓泰(物理学)、张景钺(生物学)、艾伟(心理学)、胡焕庸(地理学)、胡元义(法律学)、杨端六(经济学)、孙本文(社会学)、梁希(林学)、茅以升(土木水利工程)、庄前鼎(机械航空工程)、余谦六(电机工程)、洪式闾(医学)、蔡翘(生物解剖)、黎锦熙(中国文学)、陈寅恪(史学)、萧一山(史学)、汤用彤(哲学)、吴宓(英国文学)等 30 名。

△　国民党中央执行委员会通令各党务机关一律普设人事机构,按党务机关之大小,分为甲、乙、丙三等。

△　第九战区部队克复江西进贤、上饶、贵溪等地。同日,第三战区部队克复温州。

△　八路军第一二九师命令各部队利用青纱帐雨季加紧破坏敌之封锁沟、墙,并配合政治攻势,在封锁线内开展游击战。冀中八路军向日军展开破袭战役,自是日至 9 月 10 日,先后作战 42 次,毙伤日伪军 70 余人,破坏公路 72 里,平封锁沟 60 余里,毁敌炮楼八座,缴获军用品多件。

△　美军潜艇在闽江口外击沉日运输舰二艘。

△　美国务卿赫尔电令驻英大使,与英商洽共同取消在华治外法权。

8 月 28 日　蒋介石在西宁召见马步芳、马步青,指示要发展柴达木东西交通,及对西藏之方针。同日转赴酒泉。30 日飞抵张掖、武威视察。

△　四川省政府会同军管区司令部制定《四川省乡镇以下各兵役

人员拉丁强服兵役惩罚办法》。但拉丁之风仍未因此制止。

△　重庆《大公报》讯:《中国论坛报》在江西省发行日刊,彭集新任总经理,章苍萍任总编辑,王乃昌任发行人。12 月 3 日,该刊因承印工厂发生问题,被迫停刊。

△　浙赣战场第二十五集团军第八十八军暂三十二师克丽水;新三十一师于 23 日克缙云,9 月 1 日克永康。

△　八路军第一二九师政治部作出关于太行区反"蚕食"斗争的总结报告,指出:在反"蚕食"斗争中,必须首先肃清干部中的悲观失望情绪,正确地估计敌我力量,认清我们在政治上的优势,把握反"蚕食"政策武器;反"蚕食"斗争必须走群众路线,发动群众参加反"蚕食"斗争;反"蚕食"斗争必须在领导上取得统一,使党、政、军、民相互配合。敌进行大"扫荡",是我们积极展开反"蚕食"斗争的良机,也是配合反"扫荡"的有力武器,应该很好地抓住这一时机,取得反"蚕食"斗争的胜利。

△　是日至 9 月 10 日,北岳区军民开展反"蚕食"斗争,摧毁日军岗楼三座,破坏公路 620 里,毙、伤、俘日伪军 690 余人。

△　皖省水灾惨重,为百年来所未有,灾区遍及阜阳、桐城、太和等21 县。是日,旅渝同乡会召开紧急会议,推举刘立明等代表吁请孔祥熙、赈济委员会代委员长许世英拨款救济。

8 月 29 日　第七十九师是日克松阳,30 日克宣平。日军原田旅团退据武义。日军第十三军一部占领金华、兰溪,其余撤往杭州;第十一军撤回南昌。浙赣战役至此结束。是役共毙伤日军 2.2413 万名、马193 匹,俘日军 53 名。

△　华北朝鲜独立同盟和朝鲜义勇队,于朝鲜亡国三十一周年之际发出文告,号召韩国同胞"协助中国抗战,贡献一切力量,争取韩族自由"。

8 月 30 日　宋美龄携蒋介石致盛世才函飞往迪化,吴忠信、朱绍良、毛邦初等随行。宋与盛在迪化秘密谈判。31 日,宋携盛致蒋介石复函飞抵西宁,函称遵照指示,切实奉行。至此,盛世才正式服从国民政府领导。旋,蒋介石任命盛世才为国民党中央监察委员、新疆省党部主任、新疆边防督办、新疆省政府主席、第八战区副司令长官、中央训练团新疆分团主任、中央军校第九分校主任、西北运输委员会副主任、第十九集团军副司令等九要职。

　　△　四川省政府以各县凿塘蓄水,关系高原灌溉,预防灾害,至为重要,特通令各县一律遵照前颁标准办理,工料膳食由主佃分担。

　　△　川省建设厅长胡子昂谈川省建设动态:机械制造厂由原省立机器厂合并,资本 1500 万元,钱新之任董事长;水泥公司资本 700 万元,主办人徐宗涑;农业公司资本 600 万元,主办人刘伯量;丝亚公司资本 3000 万元,张群兼董事长。

　　△　粤北第七战区一部克复军田。

　　8 月 31 日　立法院长孙科在中枢纪念周报告 15 年来立法工作。谓:自 1928 年以来各项立法工作可分四大类:一、政治体系立法;二、司法体系立法;三、经济体系立法;四、国防体系立法。其中司法体系立法工作已全部完成,政治体系立法已基本完成,其他两项立法正在进行。

　　△　重庆 13 个国际文化团体负责人举行第十六次联席会,并欢宴罗马教皇驻渝代表费悦义,由天主教文化协会负责人潘明英主持,波兰、英国代表讲话。

　　△　驻英代表叶公超在英发行《中国新闻》,叶自任编辑,是日出版。

　　△　新四军第五师为保卫大小悟山后方机关,惩罚国民党顽固派的进攻,集中第十三旅等部,向礼山以北顽固派保安第四旅进行反击,全歼保四旅旅部及两个团,活捉旅长蒋少瑗,取得礼北战斗胜利,缓和了鄂东的形势。

　　△　八路军冀南、冀鲁豫军区各一部,强袭大名东北金滩镇,歼伪军一个团。

　　△　晨 5 时 20 分,日机三架分批由晋窜陕境窥视,一架飞川北通江、广元等县,至 12 时许始分途飞走。

△　日细菌部队又在浙江衢县、金华地区进行细菌战,仅义乌崇山村因传染鼠疫而死者即达 320 多人,30 家绝户。

8 月下旬　冀东八路军击溃日军万余人对根据地的"报复扫荡",并开辟了路南、河东 400 余村的工作;打通了锦热路以南东西长达 500 余里的地区,使许多小块根据地联结起来,边区人口增至 270 万人,主力部队增至七万多,地方武装增至近 200 万。冀东是在困难时期各抗日根据地均大大缩小的情况下,惟一得到发展的一块根据地。

△　八路军第一一五师和山东纵队运用"敌打进我这里来,我打到敌那里去"的"翻边战术",有效地制止了敌之"蚕食"。

是月　中共中央晋察冀分局决定成立东北工作委员会,聂荣臻兼任书记,韩光为副书记。同时,决定在冀东地区和冀中地区也成立东北工作委员会。

△　八路军野战政治部发出《关于教育部队爱护国际战友的训令》,指出:各级政治机关应当教育自己的部队,以十分尊重与亲切的态度去帮助、爱护、关怀我们这些可贵的国际友人,替他们解决各种实际工作中与生活中的困难,目前敌后战争更加频繁,因此更要求我们对他们加以照顾。在战斗情况下更关心他们的安全,这对我们部队本身也就是一种具体的国际主义教育。

△　中共中央晋绥分局正式成立。关向应为书记,林枫为副书记。晋绥分局统一领导晋西北及绥远地区党、政、军工作,原晋西北军政委员会及中共晋西区党委撤销。晋西北军区改称晋绥军区。晋绥根据地实现了中共党的一元化领导。晋绥分局辖第二、三、五、六、八、绥西、绥南等八个地委 40 余个县。

△　八路军山东军区第二旅机关改为滨海独立军分区,王叙坤任司令员兼政治委员,下辖第五、第六两团。1943 年 3 月,改为滨海军区。

△　周恩来听取徐伯昕关于生活书店在国民党统治区出版机构的布局和工作进展情况的汇报,指示说,在投资合营和化名自营出版机构

中,务必要区分一、二、三三条战线,以利于战斗。

△　华北各抗日根据地发起对敌政治攻势:1日,冀南军区发起为期三个月的对敌政治攻势;10日,太岳区发起为期二个月的对敌政治攻势;20日,晋冀鲁豫军区发起为期40天的对敌政治攻势;是月,晋察冀军区和北岳区党委组织发动第三期对敌政治攻势。

△　山东省保安第十七旅少将旅长窦来庚在山东殉职。

△　日军采取"蚕食"手段,占领北岳区千余个村庄,北岳区周围的碉堡由1941年的864个,增加到1876个。北岳区根据地缩小,北岳区斗争进入困难阶段。

△　日军侵占海南岛后,琼山县长泰村成为琼崖纵队抗日根据地,是月一天中午,日军突然包围长泰村,屠杀村民95人,烧毁全村房屋。

△　日军在山东、冀东等地强征民伕20多万人,在冀东挖封锁沟、筑堡垒。伪满洲国政府也沿长城各县继续实行"集家并村",制造"无人区",妄图切断八路军与群众的联系,遏制八路军在长城内外开展游击活动。

△　豫省灾情严重。春季无雨,入夏又遭风、雹、蝗患,庄稼枯萎,灾区达45里,灾民约300余万。国民政府拨100万元急赈,但灾情仍在发展。省主席李培基电请中央继续拨款并免赋。

9　月

9月1日　为纪念欧战三周年,蒋介石特电英国首相丘吉尔重申抗战决心。参谋总长何应钦分别致电英国海、陆、空三部大臣及魏菲尔将军,对英国全体将士及人民英勇作战的精神表示敬意。

△　中、中、交、农四行联合办事总处进行改组,原在理事会下之战时金融、战时经济两委员会并为战时金融经济委员会,下设贴放、农贷、储蓄、汇兑四个小组。

△　社会部劳动局成立,局长贺衷寒,副局长史维焕。

△ 民族健康运动委员会在全国发起民族健康运动,是日起在全国各省同时举行,历时一月。

△ 是日为记者节。中国新闻学会第一届年会在渝举行,国民党中委陈果夫、宣传部长王世杰等 150 余人出席。新闻学会理事长潘公展致词,要求新闻工作者以牺牲个人自由,去换取国家民族之自由平等。推萧同兹等 21 人为理事,潘公展等七人为监事。陪都记者联谊会举行晚会。中央文化运动委员会举行茶话会。

△ 延安新闻界举行第九届记者节,并追悼《新华日报》华北分社社长、青年记者总会北方办事处主任何云等,杨尚昆报告何云生平事迹。博古讲述办好报纸的重要性。王若飞、凯丰、胡乔木、陶铸等 300 人出席。另新华社晋西北分社、中国青年记者学会晋西北分会及《晋西北大众报》等单位,亦联合举行纪念活动。

△ 中共中央政治局发出《关于统一抗日根据地党的领导及调整各组织间关系的决定》,强调实行党的一元化领导和各种组织之间的密切配合。政治局确定:中共中央代表机关(中央局、中央分局)及各级党委(区党委、地委)为各地区的最高领导机关,统一对各地区的党、政、军、民工作的领导,取消过去各地党政军委员会。中央代表机关及各级党委的决议和指示,下级党委及同级政府党团、军队及民众团体,均须无条件执行。为统一地方党与军队党的领导,中央分局、区党委、地委书记,兼任军区、军分区政治委员,另设副书记管理党务工作。要求严格实行民主集中制,执行下级服从上级、全党服从中央的原则,同时又要注意防止和纠正党委包办政权、民众团体工作的现象。加强各抗日根据地的统一,是为了更顺利地进行反对日寇的战争,"一切服从战争"是统一领导的最高原则。

△ 毛泽东接见国民党驻延安联络参谋陈宏谟、郭卫生、周励武。陈等表示,蒋介石、张治中、吴铁城均愿与中共改善关系。毛泽东指出:一、彼方释放叶挺,我方派董必武一人出席参政会,否则仍不能出席;二、我方决不推翻国民政府,决不越过现有疆界,彼方承认我方在敌后

有发展权利,承认现有防地,承认边区,在敌后的国共两军双方下令互不攻击;三、恢复新四军,发给欠饷,停止逮捕;四、何应钦停止反共,我停止反何,并可重新往来,但若何再反共,我必再反何。

△　中共中央太行分局成立,由邓小平、李大章、刘伯承、李雪峰、蔡树藩五人组成。邓小平任书记,李大章任副书记,领导太行、太岳、冀南、晋豫(中条山区)四个区党委。

△　陕甘宁边区政府举行第三十三次政务会议,边区参议会副议长谢觉哉列席并报告继续贯彻精兵简政方案。决定由林伯渠、李鼎铭、谢觉哉、高自立、刘景范、柳湜、周兴等七人组成简政委员会,负责政府简政之全部工作。

△　晋冀鲁豫边区政府公布保护边币命令,决定本区一切交易往来,收受公款,都以冀钞为本位币,不许行使法币。持有法币者,须由冀南银行或其委托之代办所兑换成冀钞,方得使用。是日,边区政府还发布修正后的《禁止敌伪钞票暂行办法》,决定禁止一切敌伪发行的钞票在本区内携带、保存与使用。8日,边区政府又发出《关于目前金融货币工作的几个问题给各专县工商局的指示》,进一步提出巩固本币(冀钞)、管理外汇等问题的具体办法。

△　延安举行9月运动会开幕式,朱德讲话强调举行这次运动会的目的,在于广泛地开展体育运动,健全体格。9日闭幕。

△　延安《解放日报》讯:日军从7月10日开始向晋察冀实行第五次治安强化运动,是日结束。其特点:一、实行大乡制,组织自卫团;二、集中力量向一县突击,县集中力量向一区或一村突击;三、每二人抽丁一人,每一区抽丁400人,组织自卫军;四、每区建立据点实行清乡;五、在交通要道组织突击"扫荡"。

△　汪伪清乡委员会上海分会在南汇、奉贤、北桥三区开始"清乡"。在"清乡"地区设立三个特别区公署、19个分区公署、三个特区封锁管理所,开设保甲人员封锁训练班,实行调查户口,编组保甲。在"清乡"周围地区修筑167公里封锁线,建立大小检查所41个,对来往行

人、车辆及物资实行检查。

△　伪蒙疆联合自治政府第二任主席德穆楚克栋鲁普及副主席于品卿、李守信在张家口举行就职典礼。

△　日外相东乡辞职,遗缺由首相东条兼任。17 日,任命谷正之为外相。

△　第二十八届国际学生联合会在华盛顿开幕,中国学生代表 27 人出席会议。驻美大使胡适在会上讲话,主张建立"集体安全制度"。

9 月 2 日　蒋介石与宋美龄 1 日到宁夏。是日宁省政府举行欢迎会,蒋出席并讲话,对宁夏抗战的贡献与建设表示满意。宋出席妇女运动会欢迎大会,对宁夏妇运工作的成绩表示赞许,当即给法币五万元充作该会经费。3 日,蒋、宋飞西安。

△　经济部长翁文灏饬令工矿调整处及迁川工厂联合会组成西北工业考察团,由正、副团长林继庸、颜耀秋率领,21 日出发赴陕、甘、宁、青考察。

△　驻美大使胡适拜会美总统罗斯福。

△　浙赣铁路沿线日军节节退却,第三战区一部克永康、义乌,赣东方面已恢复 6 月以前态势。

△　延安《解放日报》载:华北日伪在第四次"治安强化"失败后,又实行所谓"紧急物价对策",将在伪华北政务委员会下设立各级物价委员会,由日本兴亚院中央物价对策委员会直接领导,下设事物局整顿各地"配给业务"。在此政策下,华北各大城市日用必需品濒临绝迹。

△　美社会主义党国内执行委员、美国战后世界委员会主席理曼·汤姆斯,美国纺织工人协会会长意密尔理·何,于是日和 5 日分别致函中国人民和工人,表示主张废止美国政府一切治外法权和在华特权,并将函件托中国出席国际劳工大会的代表朱学范带回。

9 月 3 日　行政院副院长孔祥熙对沦陷区同胞发表广播讲话,希望再接再厉,完成神圣使命。

△　粮食部发表通告:本年全川丰收,川西收成十足,川南、川北亦

均丰收,仅川东稍欠,但如将小麦收成及全川各县秋收平均计算,则本年粮食收获实较去年为优。各地粮价有普遍下降趋势。

　　△　八路军晋西北第三分区一部消灭修筑雁门镇据点日军60余人。

　　△　日参谋总长杉山元下达《五号作战准备纲要》,日军准备进攻四川。后因日军在各战场陷入困境而无力实施这一计划。

　　9月4日　中国新闻学会召开第二届理事会,推曹谷冰、彭革陈、张万里、周钦岳为常务理事,陈铭德为书记。萧同兹连任理事长。

　　△　晋察冀边区行政委员会发出《关于目前游击区政权组织及工作的决定》,指出在敌人不断分割封锁、突击“蚕食”之下,游击地区的村级抗日政权,可以利用敌伪政权的组织形式,或者把抗日政权加以伪装,作为暂时应变的必要措施。两面派的村政权,在组织形式上,可以是多种多样的,以能迷惑敌伪视线,掩护抗日工作为准,不必求其强同。此外,对游击地区县、区政权与工作,也作了若干规定。

　　△　山东省战地工作委员会制定对敌经济斗争新政策,决定以战略区为单位成立生产贸易管理委员会;对敌展开生产、贸易等全国的经济斗争,以粉碎敌人向根据地倾投法币、操纵贸易、掠夺资源的阴谋。

　　△　晨,日机三架飞福建长汀,投弹12枚。另日机一架轰炸建瓯,投弹四枚,死伤20余人。

　　9月5日　四川省政府决定是月及10月分别开征田赋征购实物,计征谷900万市石,购谷700万市石。为弥补短收,酌加一成,共计1760万市石。摊派数较去年增加300余万市石,购粮价格增加为每市石150元,并按券七币三发给。

　　△　周恩来致电毛泽东:见蒋时机不成熟,蒋对人“包藏祸心”,局势也“非对我有利”。鉴于英、美需要中国拖住日本,苏联需要对华让步,蒋认为目前正是解决边区的好机会,甚至误以为我“七七”五周年宣言表明我已屈服。如会晤,蒋会利用以“打击地方和民主势力,以陷我于孤立”境地。估计同蒋会晤的可能前途:一、表面和谐,答应解决问题

而散。二、约毛泽东来渝开参政会后，借口留毛长期驻渝，不让回延安，"此着万不能不防"。提议林彪出面"勿将话讲死，看蒋的态度及要解决的问题，再定是否出来"。毛泽东采纳了这一意见。

△ 中共中央北方局对冀东工作发出指示，重申 3 月 15 日指示精神，强调"今后应注意向北发展，坚持锦热路南游击战争，并利用社会关系开展锦热路北工作，建立秘密堡垒，准备在适当时机发展路北游击战争"。

△ 汪伪政府决定在江苏、上海地区改订田赋征收办法，改银为米，折合中储券征收。

△ 英政府决定将福州仓前山英国副领事馆全部产业归还中国。驻福州英领事柴博与国民政府代表李世甲在英领馆办理移交手续。按：仓前山英领馆系同治五年（1866）签约租与英侨管理，1870 年英侨捐献政府，本年 6 月 19 日国民政府外交部向英大使致送备忘录要求将该馆归还中国，经英政府同意，并饬由驻福州领事柴博负责移交。

△ 美就废除在华不平等条约事照会英国，指出中国政府"正在对外政治关系上采取主动"，"目前可能是采取确切行动的最好时机"，说明此时废除在华特权，可以达到三个目的：一、具体地协助中国，以增强中国对日作战的效能；二、洗刷中美关系上现存的所有不正常事项；三、正式规定美、英人民在中国所享的一般权利完全和他们在其他友邦一样。18 日，英国复照表示同意。

9 月 6 日 蒋介石在西安主持召开军事会议，研究解决军容风纪、补充兵员、防止逃兵、教育训练、军需供给及卫生交通等问题。会议于 10 日结束。蒋 14 日飞返重庆。

△ 财政部决定：自本月 1 日起，川省境内中国、交通两行所办农贷业务，均移交农民银行办理。农行已在各县、乡设合作金库 90 余所。

△ 中国化学会第七届年会在渝举行，到翁文灏、孔祥熙及化学界代表 300 余人。讨论战时化学研究与化学教育问题。推吴承洛为会长，曾昭抢为副会长。7 日闭幕。

　　△　是日至次日，王宠惠、孔祥熙、翁文灏分别致电欢迎胡适回国。孔的电文称："四载贤劳，功在邦国；载誉归来，公私同庆。"

　　△　重庆《大公报》总编张季鸾公葬仪式在西安城南蓉林寺墓地举行。该报总经理胡政之主持，全国新闻界代表及西安各界人士 3000 余人参祭。蒋介石亲颁祭文。中央文化运动委员会委员张道藩、潘公展、洪兰友、中宣部长王世杰致电吊唁。

　　△　中共琼崖特委召开第九次扩大会议，冯白驹作题为《一切为了反攻》的政治报告，林李明作统战工作报告，庄田作军事报告，会议于 25 日结束。

　　△　冀南八路军开始反"蚕食"斗争，至 19 日，进行大小战斗 75 次，毙、伤、俘日伪军 400 余人。

　　△　据《晋察冀日报》载：日本从国内及其殖民地台湾、朝鲜强迫移入华北的所谓"日本居留民"，数量上确有很大增加，但其"五年移民华北 200 万"的计划远未完成。据敌方公布的数字，五年来华北日侨的人口增加如下：1937 年 7 月 4.3108 万人；1938 年 7 月 9.934 万人；1939 年 4 月 14.7126 万人；1940 年 4 月 26.9011 万人；1940 年 10 月 31.493 万人；1941 年 4 月 34.2112 万人；1942 年 1 月 1 日 38.1986 万人。到 2 月 1 日，增加到 38.3857 万人。

　　△　重庆《中央日报》、《大公报》载：浙、赣收复区哀鸿遍野、亟待救济，以临川、广丰、上饶、南城、金华、丽水、衢州灾情特重。第三战区长官部电请中央急赈，另组织两战地宣慰督导团是日出发视察。

　　△　旅渝同乡会集会要求政府拨急赈款 500 万元以解决河南灾情。10 日，孔祥熙召见请赈代表，只允拨 300 万元。

　　△　上午，日机 41 架分八批袭击湘、粤各地，在衡阳扫射，并在龙门县境投弹。

　　9 月 7 日　教育部奉行政院训令：乡（镇）中心学校及保国民学校，应隶属于县（市）政府，不应隶属于乡（镇）之下。所有中心学校及国民学校校长均应由县政府遴选。

△ 延安《解放日报》发表社论《一个极其重要的政策》,阐明精兵简政是克服当前极端困难的一个极重要的政策问题;指出:战争的机构要适应战争的情况,现在根据地缩小了,决然不能像过去那样维持着庞大的机构。党中央提出的精兵简政政策,是一个极其重要的政策。

△ 八路军第一一五师向中央军委、八路军总部报告冀鲁边区的形势:该区有 17 县,驻日军 3600 余人,伪军 1.1 万余人,敌据点 380 个,顽军近万人,敌、伪、顽超过我军五倍。边区共 600 万人口,我方能推行政令的不到一半,我区已完全陷入受敌封锁分割之局势。

△ 日军在山西汾阳召集各村伪村长、书记、教员等 800 多人开会,先用酒席招待,接着强令互相检举抗日分子,最后将 400 多人杀害。

9 月 8 日 川省田赋征收实物暨随赋带购粮食,去岁成绩为全国之冠,国民政府特颁给奖金共 1153.4 万余元,以资鼓励。

△ 国民政府授予欧震晋、张德能、陈侃、周庆祥、朱岳、方先觉、董煜、李棠三等宝鼎勋章;陈沛三等云麾勋章;罗奇四等云麾勋章。

△ 四川省推行国民教育两年来,据统计全川 4368 乡,6.2483 万保,已设中心学校 4401 所,国民学校 3.5094 万所,民教班 3.6544 万班,学生总数 475.8493 万人,教师总数 11.431 万人。

△ 四川省今年桐油产量约四万至五万吨,除少数供燃料及照明外,提炼汽油仅需 1000 吨,外运断绝,销路大成问题。

△ 毛泽东就国共合作中之斗争方针问题致电周恩来,电称:一、林彪见蒋时,关于我见蒋应说我极愿见他,目下身体不大好,俟身体稍好即可出来会见,不确定时间。如张文伯(即文白,张治中字)愿来延则先欢迎他来延一叙,如此较妥。二、我们与民主政团及地方军人的合作,应服从于国共合作,国共合作是第一位的,决定性质的;其他合作是第二位的,次要性质的,如果二者发生矛盾,应使第二位服从第一位,这是基本原则,必须坚持。三、目前似已接近国共解决悬案相当恢复和好时机,对于国民党压迫各事,应极力忍耐,不提抗议,以求悬案之解决与和好之恢复,并请注意。四、我西安办事处已于 3 日接办公厅通知,4

日接第三十四集团军通知邀林彪前往,现在交涉飞机,准备日内动身。

△ 吕正操等率领冀中党、政、军机关一部分干部及第二十七团两个营,从冀鲁豫转移到太行山区之涉县,同时冀中警备旅旅长王长江亦率领所部转移到涉县地区,受到彭德怀副总司令、罗瑞卿政治部主任及刘伯承师长、邓小平政委的欢迎。9 月 18 日,彭德怀检阅冀中部队,9 月 28 日八路军总部直属部队召开欢迎大会。

△ 9 时,日机一架由越南飞滇省罗平、师宗一带侦察,在宜良上空与中国驱逐机相遇,日机中弹起火,在弥勒附近坠落。

9 月 9 日 重庆各界举行孙中山首次起义纪念会,于右任报告广州起义史略与意义,中央委员张继、卫戍总司令刘峙讲话。同日,全国 11 个城市庆祝首届体育节,举行运动会,纪念孙中山首次起义。

△ 行政院例会通过对低薪公务员补助办法,规定:除战时生活补助费 200 元外,其薪金在 90 元以下者,加 10 成;在 51 元以上者加五成。

△ 朱德、彭德怀电贺"日本觉醒联盟"冀南支部成立三周年。电报称:"你们在冀南前线协助八路军进行争取日本士兵的工作,成绩优良。当此反法西斯胜利前夜,希望百倍努力。"

△ 八路军第一一五师向中央军委、八路军总部报告称:鲁南山区与平原已被敌分割为分散游击的局面,泰山、泰西区亦如此。鲁中与其他各根据地的联系很困难,清河区原有地区已被敌据点所分割,我津浦路两侧的联络点也被敌摧毁。为适应此种形势,目前反"蚕食"斗争在游击区应采取麻痹敌人,隐蔽精干,保存力量,密切同群众的联系,加强群众性的游击战争的方法。

△ 川滇铁路公司总经理、叙昆铁路工程局长、兼滇越路线区司令沈昌在昆明逝世。

△ 英国联合援华募捐运动会主席克利浦斯夫人称:各方已捐款 10 万镑,其中 8.305 万镑交宋美龄,拟募 25 万镑。

9 月 10 日 外交部宣布,欢迎英国议会访问团来华。16 日,国际联盟同志会中国分会会长朱家骅致电英国会访华团表示欢迎。

　　△　交通部调隆福均兼川滇铁路公司总经理,以杜镇远代理粤汉铁路局长。

　　△　重庆裕华、豫丰、申新、沙市四大纱厂迭呈物资局呼吁提高纱价无效,是日又联呈物资局要求提高纱价。15 日,该四厂招待渝市新闻界申诉迁厂损失约达 300 万元,今日物价上涨至速,物资局规定棉纱价格殊难使厂方维持。

　　△　第十八集团军野战政治部为揭露日军杀害我军俘虏发出通知,指出:今年 7 月日军在太原将被俘的 200 余名抗日志士杀害,要把这一违反国际公法的罪行公布于世。

　　△　日伪军在冀东迁安县实行"集家并村",唐山守备队长佐佐木把捕获的男女老幼 319 人挟持到大杨官营西北的老牛圈全部杀害,制造"大杨官营惨案"。

　　△　伪满洲国政府公布"国势"调查结果,总人口为 4320.288万人。

　　9 月上旬　由于"五一"反"扫荡"后冀中根据地全部变成游击区,主力部队已撤出,中共中央晋察冀分局和军区决定"冀中各军分区完全地方化",规定地委书记兼军分区政委,分区专员兼军分区副司令员,县长、区长分别兼任县大队、区小队队长,县委书记、区委书记分别兼任县大队政委和区小队指导员。

　　△　新四军第一师和苏中军区各部队统一编组,各旅组成一个正规化、精干化的独立团,计有第一、四、七及第五十二团。这四个团作为苏中的机动兵团。各旅的其他部队归苏中地方军,充实地方兵团,作为地方军之骨干。

　　△　日军在北平成立"兴亚宗教同盟"分会,总会设在东京,其任务是:一、举行"大东亚战争建设宗教协力会议";二、设置"大东亚宗教调查会";三、结成"兴亚宗教记者联盟"。是月初在东京召开"宗教协力会议"。

9 月 11 日　国民政府明令胡适免驻美利坚合众国特命全权大使职,次日特任魏道明为驻美利坚合众国特命全权大使。

　△　西南实业协会举行星期五聚餐会,章乃器发表《涨价休战》论文,并讨论游资、运输及全面管制等问题,以西南实业协会、迁川工厂联合会及重庆国货厂商联合会的名义向当局陈述意见。

　△　中共中央晋察冀分局及军区高级干部会议在平山县寨北村召开,聂荣臻主持,着重研究如何进一步加强党的领导,总结以往反“蚕食”斗争的经验教训,批判主力部队忽视游击战而坐待良机打大仗的错误偏向,强调开展游击战多打小仗,积小胜为大胜的战术思想。会议确定以武装斗争为核心,配合各种斗争向敌实行全面攻势,变游击区为根据地,变敌占区为游击区,实行“敌进我进”向敌后之敌后发展游击战争的总方针。根据会议精神,北岳区各部队展开了以军事斗争为核心的全面出击,冀中区部队展开了以建立白洋淀、文安洼、大清河地区苇塘游击根据地为中心的斗争。

　△　日本中国派遣军总司令畑俊六为视察华北、华中联结地区之军情,于是日赴开封、新乡、徐州等地活动。14 日返回南京。

　△　汪精卫往上海视察“清乡”。13 日,汪精卫在上海发表谈话,谬称:“上海是 20 余年来共产思想的策源地,须从思想清乡着手。”

　△　美国建造供给中国之第一艘运输船,在美国西海岸某港下水。

9 月 12 日　四川省政府为督饬各县征收实物及普遍视察各县政务,特派视察员分组往各区视察。省主席张群以各区视察出发在即,特分电各区专员、县长,并会各视察员,严禁馈赠酬酢,否则以行贿贪污分别论罪。

　△　教育部聘任马思聪为中华交响乐团团长。

　△　日军第四十一师团、独立混成第七、第八、第九旅团及伪军共万余人,以“铁壁合围”战术“扫荡”河北枣强以南地区。八路军冀南军区机关及第六分区部队适时转至外线。经八路军努力反击,日军 21 日大部撤回石德路。

9 月 13 日 据重庆《新华日报》报道:中、中、交、农四联总处令四行在陕、甘、宁、青、新五省增设分、支行,完成西北金融网。

△ 延安《解放日报》载:日军在山西忻县、崞县一带发展"一贯道"、"先天道"、"同义会"等迷信组织,入会时每人交白洋一元,并用"加入后,日本可以不杀"欺骗群众,入会后进行特务活动。

9 月 14 日 教育部颁发《省市县立社会教育机关工作人员待遇规程》,凡 14 条。规定省属社会教育机关工作人员待遇为 40 至 400 元。县属社会教育机关工作人员待遇为 30 至 200 元。每年按 12 个月发给。工作人员本人婚姻生育、父母或配偶的丧葬在规定时间仍支原薪。服务满 15 年得休假一年。子女入学享受免费待遇。

△ 中国工业联合会在重庆召开筹备会,决议:推颜耀秋为主任委员;该会名称定为中国全国工业联合会;第一步取得人民团体资格,进一步成为法定组织。

△ 东北四省抗敌协会在渝招待各文化团体,该会常务理事史焕章讲话,黄炎培、尹葆宇、杨卫玉等出席并致词。

△ 国民党中央派往南京特别市党部委员兼书记长夏恩临等返渝述职。

△ 湖南省政府饬省银行拨款百万元创办"忠爱社",派刘顺慈为经理,总社设耒阳。并筹设长沙、衡阳、茶陵、洞口、南岳等分社,建立全省旅行网。

△ 周恩来关于国共合作中斗争方针问题向毛泽东作请示报告,称:统一战线以国共两党为主,地方实力派与中间党派为辅,是我党历来统战工作的方针。重庆时期,在你提出的斗争三原则和革命两面政策指导下,统战工作有新的发展。我们在国共关系充分注意的情况下,同时也应努力开展对各中间派、地方实力派、文化界和外交方面的统战工作,具体做法是:一、对国民党争取谈判机会,但有步骤。二、如国民党压迫我们,就与之说理,请求解除,压迫太过也要从正面批评,不能默然而息。三、对其他方面统战的中心在要求其与国民党比进步,非比落后。

△　延安《解放日报》载：日军在太原封锁所有水井，出售挑水证，凭证挑水，每张挑水一担。日军从晋东南抢劫大批妇女运到太原，定价30、40 元或 100 元公开出售。

△　上午 11 时，日机一架窜入陕境，在榆林、绥德投弹。12 时，又日机一架窜晋省，在黄河两岸窥察。

9 月 15 日　行政院例会决议：一、中国、交通、农民三行各增加官股一亿元。二、简派关吉玉为田赋管理委员会主任委员。

△　教育部奉蒋介石手令，特拨专款救济专科以上学校教员，奖助金分甲、乙两种，凡专科以上教员有著作者，在校外无兼职的教授、副教授，直系亲属超过五口以上，或因病医药费超过 500 元者，均可申请补助或借贷。

△　党政工作考核委员会委员李宗黄奉令出发赴湘、桂、滇、黔等省考核党政工作。

△　《战时火柴专卖暂行条例》自是日起在云南施行。

△　重庆《大公报》讯：火柴自是日起开始涨价，一等每盒零售价1.2 元；二等每盒 1.1 元；3 等一元。

△　中共中央军委发布关于陕甘宁晋绥联防军司令部与八路军留守兵团司令部合并及干部任命的命令。军委指出：为贯彻精兵简政，为统一军事指挥，着令将联防司令部与留守兵团司令部合并，除指挥晋西北部队外，直接指挥陕甘宁边区各部队，但留守处及留守兵团司令部名义保留，联防司令部名义对外一律免用。任命贺龙为司令员，徐向前、萧劲光为副司令员，关向应为政治委员，高岗为副政治委员，张经武为参谋长，方强为政治部主任。林枫免去联防军副政治委员职务，任命为一二〇师及晋西北军区政治委员。

△　毛泽东关于国共合作问题复电周恩来，指出：国内关系总是随国际关系为转移。自苏德战起，英、美、苏关系好转，直至今天，国共间即没有大的冲突。目前任务是促成两党谈判，促成具体解决问题。闻蒋介石已回渝，我们仍要林到西安后要求赴渝，以期打开商谈门路。

△ 毛泽东向李先念下达指示:目前是极力争取国共好转,恢复两党谈判,使新四军取得合法地位,以便坚持抗战的时期,望极力避免打磨擦仗,并设法与周围国军取得和解为要。

△ 浙境第三战区一部再克武义城,金华仍在激战中。

△ 日伪军 300 余人驱使民伕 2000 余人,企图在唐县老虎山构筑碉堡。八路军开展伏击战,经六昼夜战斗,共炸伤日伪军 44 人,俘伪军 150 余人,破坏了敌建碉计划。

9 月 16 日 缅甸全境被日军占领,中国入缅远征军全部撤出。远征军入缅总数为 10 万人,撤回国内的仅四万余人,大部在撤退中伤亡。从 3 月初至是日,远征军转战 3000 里,历时六月余。远征军第一次入缅作战至此结束。

△ 中国工程师学会与国父实业计划研究委员会共同发起的"中国工矿银行"开业。该行集民间资金,专为开发工矿企业。陈立夫为董事长,毛庆祥、邵毓麟、胡兆祥等八人为常务董事,翟温桥、于墨章分任正、副经理。

△ 中共中央军委总政治部颁发团以下单位政工人员配备变化的指示,规定:营、连两级设立政治委员;团政治处仅保留二至三名政工人员,政治委员兼任政治处主任;连队建立五至七人的党支部委员会,支部委员可兼任党小组长。应尽量抽调一些干部到山区受训,以达到保存干部与准备将来之目的。

△ 晋冀鲁豫边区临时参议会第二次大会在山西漳河畔召开,到参议员 61 人,敌占区士绅参观团和工人参观团 73 人列席。选申伯纯、邢肇棠、王斌堂、李大章、李雪峰等 13 人为主席。大会通过参议员的六条权利和七条义务、《修正土地使用暂行条例》、《累进负担条例》等。30 日闭会。

△《晋察冀日报》报道:石家庄日伪兴建所谓"欢乐街",建筑工程历时三个月,计有一等妓馆八家、二等妓馆 16 家、三等妓馆 31 家,商户 32 家,妓女检验所一处,共建房屋 1250 间,占地 2.2 万平方米,耗资 75

万余元。

　　△　韩国光复军司令部在渝举行纪念会,纪念该军成立两周年及韩国独立战争三十五周年。该军总司令李青天向蒋介石、何应钦致敬,蒋复电致谢。

　　△　美总统罗斯福及夫人再邀请宋美龄访问美国。

　　9月17日　中午,新疆省主席盛世才派全副武装军警包围软禁在新的共产党人的住地八户梁,把陈潭秋、毛泽民等五人软禁在邱公馆。下午,盛世才又将林基路、李宗林、李云扬等共产党在新全部人员一百多人软禁起来。这就是抗日战争时期发生在西北边疆的"新疆事件"。

　　△　中共中央军委总政治部在《关于部队中知识分子干部问题的指示》中,要求各领导机关、特别是老干部必须忠实地执行党对知识分子的政策,严格肃清排斥新知识分子的态度,反对夸大知识分子的弱点,要对知识分子采取耐心的、和蔼的说服教育。

　　△　是日至11月15日,日军进行"冀东一号终期作战",调集第二十七师团、独十五旅团、第一一〇师团和第十二军各一个大队,关东军一个联队,伪治安军和伪满军24个团,以及地方伪军,约五万余人,对冀东根据地进行毁灭性的"扫荡"和"清剿"。两个月的"扫荡"中,在冀东境内修筑起多条封锁沟,切割成若干小片。并与伪满相呼应,沿长城线南侧,东起卢龙县桃林口,经迁安、遵化、蓟县、三河、平谷、密云,进入平北地区怀柔至昌平桃峪口,距长城八公里至30公里宽窄不等地区,制造成一条长达700里、宽80里的带状"无人区",与伪满辖区沿长城外侧制造的"无住禁作地带"相衔接,妄图割断长城内外之联系。在基本区内,又将盘山、鲁家峪、腰带山等七块游击根据地制造成"无人区",2342户居民被迫迁往他乡。

　　△　美国务卿赫尔发表关于"九一八"十一周年之声明,斥日本为大战祸首。同日,美情报局发表文告,说明11年来之美国远东政策,内称:"敌撕毁条约,侵占东北,美坚持原则,不予承认。"

　　9月18日　国民政府派吴泽湘为外交部驻新疆特派员加公使衔。

　　△　东北四省抗敌协会在渝举行"九一八"十一周年纪念会,到
500 余人。遵义东北同乡会代表于震天向抗敌协会献旗,上书"东北是
中国的生命线"。

　　△　驻英大使顾维钧为"九一八"十一周年纪念在伦敦举行记者招
待会,英情报部情报处长布勒甫约等 150 余人出席。

　　△　第十八集团军总司令朱德就"九一八"十一周年纪念,为《解放
日报》撰写代论《勉东北同胞》,略谓:东北抗日义勇军曾在极艰苦的条
件下,坚持抗日;今后东北同胞仍应采取各种方式,配合祖国抗战,以求
获胜。是日,延安各界举行集会,纪念九一八事变。

　　△　周恩来为重庆《新华日报》撰写的代论《第十一年的"九一八"》
发表,代表中共、八路军重述去年 9 月 18 日的誓言:誓愿与东北同胞并
肩作战,一直打到鸭绿江边,把东北人民从日寇铁蹄下解放出来。

　　△　东北抗日救国总会、东北抗联第一、第二路军总指挥部周保中
等发表《"九一八"十一周年纪念告东北人民书》,号召"饥寒交迫、疾病、
死亡、困苦的东北人民同胞起来吧! 起来拯救自己和子孙后代","实现
反攻,驱除日寇出中国,收复东北失地"。

　　△　晋冀鲁豫边区政府决定:从即日起,辽县易名为左权县,以纪
念左权将军。

　　△　联合国艺术展览在重庆市中央图书馆揭幕,展出三日,展品共
700 余件。

　　9 月 19 日　　国民政府公布宁夏、广西参议员名单:宁夏临时参议
会第二届议长为徐宗孺,副议长为马震武,参议员有李斌、章文轩、张光
普等 19 人;广西临时参议会第二届议长为李任仁,副议长杨暄,参议员
有唐民亚、张光辰、曾作忠等 35 人。同日,又公布《捐资兴办社会福利
事业褒奖条例》,规定凡热心捐资社会救济、工农福利和其他儿童福利
事业者均给予褒奖。奖状分五等,由省及院辖市政府授予;奖章分金质
与银质两种,由社会部授予;匾额由国民政府授予。

　　△　教育部将湘南国立商业专科学校改为国立商学院。

△　重庆《新华日报》根据中共中央南方局指示,出版《团结》副刊,每周一期。周恩来为创刊号撰写发刊词《团结的旨趣》,提倡批评与自我批评。创办《团结》副刊,是为了推动南方局各级党组织的整风学习和帮助《新华日报》搞好改版工作。

△　美军部以反攻缅甸案告知我国。

9 月 20 日　国民党新任黔省党部主任委员傅启学由渝抵筑视事。

△　晋西北行政公署颁布《减租交租条例》,规定山地先以七成五折合,再减 25%,平均水田只减 20%。对游击区、敌占区则酌减 15% 至 20%。照顾农民与地主双方利益。

△　延安《解放日报》刊朱德撰《为自由而死,生命永存》一文,称赞 10 位朝鲜革命同志为帮助中国抗战流尽了自己的鲜血。他希望"朝鲜革命同志与华北抗日军民更加紧密地站在一起,与华北的 20 万朝鲜人民,更广泛地团结起来,携手并进,奋勇杀敌","迎接破晓的曙光到来"。

9 月中旬　中共中央华中局书记刘少奇由山东返回延安途中,经湖西、鲁西南到达濮(县)范(县)观(城)中心区,在沿途边了解情况,边作指示。他指出,对敌斗争要有战略眼光,不要轻易搞大兵团作战;对伪军要以政治瓦解和争取为主;山东地区是八路军和新四军联系的枢纽,是以后反攻的战略基地,应加强对这个地区的领导。并特别强调开展减租减息运动和发动群众问题。

9 月 21 日　蒋介石通电行政院各部、会各省政府,并转所属各专员各县长,以粮政问题为国家财用所关,抗战军需所托,切盼全国官民自动完粮,争取最后胜利。并勉励全国同胞、各级政府,应以去岁四川为模范,奋发自效。按:去岁各省征粮,四川一省征实征购实占全国之首位,且在数量上超过规定额达 100 余万石之多。

△　蒋介石在中枢纪念周讲述视察西北感想时称:数年来西北政治、经济、文化、社会各方面进步迅速,甘、青、宁各省均能照中央法令,切实执行。

△　经济部组成"西北工业考察团",一行 21 人由林继庸任团长,

是日离渝赴陕、甘、宁、青考察工业。考察期为三个月。10 月 11 日,考察团抵西安。17 日,赴咸阳、耀县等地考察。

9 月 22 日 行政院例会决议:一、本年度追加社会教育经费 300 万元;二、增拨本年度下半年侨教救济费 200 万元;三、学校教职员及中央公务员因经济困难子女无力求学者,可免费入学。

△ 河南省沁阳县县长贾御五转战抗战前线,壮烈殉国,国民政府明令褒扬。

△ "日本访华使团"平诏、有田、永井等 11 人到南京访问,汪精卫与使团密谈:一、海南岛长期租借日方;二、日方强迫汪承认华北、蒙疆两伪组织独立,一切不受汪指挥;三、汪伪供给日方人力物力,日方供给汪伪以武器装备。27 日,访华使团回国。

△ 东北镜泊湖水力发电站开始送电。26 日在镜泊湖畔举行水力发电式。

9 月 23 日 蒋介石手谕第八战区司令朱绍良,令第四十二军限期移驻肃州、玉门一带。

△ 国民政府令派关吉玉为财政部田赋管理委员会主任委员。

△ 晨,日机 33 架飞桂林上空盘旋,并在市郊用机枪扫射,我高射部队予以还击,仓皇逃去。又日侦察机一架飞湖南衡阳侦察。另日机 11 架、16 架先后飞桂林侦察。

9 月 24 日 故侨务委员会委员余荣抗战以来赴澳门等地劝销救国公债 4000 万元,功劳卓著,是日国民政府明令褒扬,并由铨叙部依例议恤。

△ 中华慈幼协会重庆抗战军人子女教养院在渝举行落成典礼。

△ 重庆各机关女公务员百余人集会,要求修改《公务员战时生活补助办法》第六条"夫妻同为公务员者,妻不得领平价米"之规定,认为此规定有违男女平等之原则。29 日,行政院例会决议:夫妻同为公务员仍准一人领平价米。

△ 日伪军集结万余兵力在飞机配合下,向北岳区开始秋季"扫

荡"。日军先头部队分三路向根据地腹心地区窥进:南路曲阳日军松尾大队 600 余人,经王快向西推进;西路龙泉关、石嘴敌 400 余人,向东推进;西路灵丘敌千余,向南集中,于 28 日侵占阜平县城。八路军积极反击各路之敌,30 日上午收复阜平,至 10 月上旬,敌之秋季"扫荡"被粉粹。

　　△　苏北如皋等地三万多农民举行暴动,手执菜刀、镰刀、木棍等与日伪军抢粮队搏斗,杀伤十几名日伪军,缴获部分军用品。次日,日伪军前来报复,新四军赶到,将日伪军全部击溃。

　　△　汪伪中央政治委员会任命任援道为海军部部长。

　　9 月 25 日　下午 4 时,波兰驻华临时代办特罗和斯基拜会蒋介石。5 时,印度驻华专员萨福莱亦晋见。

　　△　农林部长沈鸿烈等,是日由渝飞兰州,视察甘肃、青海两省农业。

　　△　中国国民外交协会在纽约成立办事处,聘陈汝舟为该处主任;并在印度加尔各答成立分会。

　　△　统制棉纱供应之福生蓉庄,因领纱手续繁苛,并克扣浆量,被纺织业群众捣毁。

　　△　重庆《新华日报》发表周恩来撰写的《论贤妻良母与母职》一文,批判旧的贤妻良母主义与夫权思想;提出为了人类的绵延,尤其目前强健我们中华民族的后代子孙,应当尊重母权,提倡母权,以此新观念代替"贤妻良母"的旧观念。

　　△　晋察冀第四军分区部队趁敌军"扫荡"根据地之际,一举攻入灵寿县城,毙伤日伪军 60 余名,俘日军指挥官二名、伪军及伪职人员 228 人。

　　△　新四军第一师第三旅一个团,在师长粟裕指挥下举行谢家渡战斗,经过激战,歼灭日军南浦旅团第五十二大队长保田中佐以下 110 余人,俘日军 18 人。

　　△　日伪军 1500 余人对新四军苏中根据地的江都、高邮、宝应地

区进行"清剿"。新四军第十八旅主力先敌转移至外线,坚持原地斗争的部队遭到很大损失,根据地大部变为游击区。

9 月 26 日　国防最高委员会为严禁公务员经商,特再训令军委会及五院通饬全国公务员不得经营任何商业或担任商业机关之董、监事等职务。如有违令故犯,一经查出,应予依法惩处。

△　经济部派遣专家赴新疆开发新疆油田。

△　美籍新闻记者、上海密勒士评论报主笔鲍威尔遭日军殴打致残,蒋介石赠予美金一万元,借以酬答鲍在远东从事新闻工作 25 年及为中国主持正义之意。中国新闻学会亦捐赠鲍威尔六万元以示慰劳。

△　复旦大学文学院院长伍蠡甫休假,由梁宗岱暂代;梁聘著名剧作家曹禺到文学院任教。

△　延安《解放日报》发表题为《敌后的秋收》的社论,要求敌后根据地每个村庄,所有男女老少都投入秋收运动中。机关、学校、部队的非战斗人员应一齐动员,帮助群众秋收。正规军与游击队武装保卫民众收割,不让敌人抢走一粒粮。

△　晨 7 时 17 分日机六架窜河南,在广武投弹 10 余枚。

9 月 27 日　蒋介石派董显光携函赴新疆迪化欢迎罗斯福总统私人代表威尔基一行。10 月 2 日,威尔基抵渝。

△　中国回教救国协会理事会致电印度回教联盟,希望印度团结统一,先有国家民族之自由,才有宗教信仰自由。

△　日华北方面军司令官冈村宁次率第三十二、第三十五师团、独立第五及第六混成旅团主力,和伪军共一万余人,分八路对冀鲁豫边抗日根据地中心区濮县、范县、观城等地实行"铁壁合围"。八路军教导第三旅等部先敌转移至外线,根据地领导机关顺利跳出敌军的合围圈。少数连队、机关、学校陷入包围,经英勇奋战,大部突围脱险。日军"清剿"三天后,即转向昆山、张秋地区"扫荡"。至 10 月 5 日结束。

9 月 28 日　国民政府改组绥远省政府:秘书长阎伟免职,由于纯斋继任;民政厅厅长袁庆曾免职,由陈炳谦继任;建设厅厅长王国英免职,由曾厚载继任。

　　△　中国回教救国协会理事长白崇禧在中枢纪念周报告回教救国协会概况,及视察西北回教情况与世界回教发展趋势。

　　△　日、汪在南京举行移交武器仪式。日军将来福枪 1000 支、榴弹炮四门、轻机枪 54 挺、重机枪 16 挺及其他军器交给在上海和太湖东南地区进行"清乡"的伪军使用。

　　△　伪满洲国政府人事大调动:外交部大臣由驻日大使李绍庚充任,司法部大臣由吉林省长阎传绂充任,兴农部大臣由龙江省长黄富俊充任,经济部大臣由交通部大臣阮振铎充任,交通部大臣由民生部大臣谷次亨充任,奉天省长由邮政总局长徐绍卿充任,吉林省长由"新京"特别市长金名世充任,安北省长由兴安北省长额尔钦巴图充任,"新京"特别市长由禁烟总局长张联文充任,龙江省长由奉天省民生厅长申振先充任,安东省长由地政总局长曹承宗充任。次日,驻日大使由总务厅次长王允卿充任。总务厅次长由三江省长卢元善充任,三江省长由林野局副局长孙伯芳充任,林野局副局长由奉祀官袁庆清充任。

　　9 月 29 日　行政院例会决议:酌情减免河南征实、征购粮食数额,并拨款救济;《公务员战时生活补助办法》依第四条领取食米,即按夫或妻之年龄领一石或八斗或六斗。

　　△　中央警官学校正科第九期及特科警官班第二期毕业,校长蒋介石亲临致训称,警察的任务除铲盗窃乱贼外,还要特别注意使鳏寡孤独废疾者皆有所养,使长幼有序,男女有别,这样社会秩序才不致混乱。

　　△　川西科学考察团在川南雷波境内发现巨大铁矿。

　　9 月 30 日　教育部令中小学加授兵役课程,普及兵役常识。小学讲"兵役常识",中学讲"兵役浅说"。

　　△　三民主义教育研究会向全国各专科以上学校发出公函,称三民主义为"立国大经",完美性超乎一切思想主义之上,必须奉行;提出将有关党义书籍及有关重要理论书刊让学生按时阅读并作读书报告;举行党义论文讲演比赛。根据蒋介石训示,拟以《三民主义教程纲目》

作为各专科以上学校三民主义教学统一教材。

　　△　重庆《大公报》讯:今年购粮搭发节约建国储蓄券五亿元,已陆续发出,其中将搭发一部分美金储蓄券,自 1944 年起分期还本,五年还清;搭发节约建国储蓄券三年还清。

　　△　中共中央晋绥分局对晋绥军区部队的精兵简政作出决定:主力军(包括第一二〇师及山西新军)以缩编单位、合并后方、调整机关、充实战斗部队为原则。根据这一原则,主力部队由三万人减至 2.5 万人,地方武装由 6500 人减至 5000 人。

　　△　冀南八路军第一二九师一部乘日军外出"扫荡"之际,攻入成安县,俘伪县长以下 700 人,500 余名伪军反正。

　　△　汪伪行政院发布训令称:为谋军警一体化,拟在国民政府内政部、各省及各特别市警察机关,派驻军事委员会军事顾问,负责辅助中日防共军事协力之设计,及中日间军事协力之联络。

　　9 月下旬　日华北方面军总司令官冈村宁次亲率日伪军数万对鲁西范、濮、观中心地区实行"铁壁合围",八路军第一一五师第三四三旅政委曾思玉率四个连队在范县与敌激战,随后又率军民冲出敌之包围。

　　是月　教育部在苏南、皖南及闽北等地设立招待站,在建阳设立招待所,解决浙、赣战区青年救济和升学问题。

　　△　周恩来致电中共中央宣传部长凯丰并转中央文委,报告大后方最近文化活动情况,称政治部文委会近被监视甚严,会内外之特务活动加紧,对外活动甚少。全国文协活动全部停顿,文艺界的活动极少,戏剧界因环境及剧场限制难以发展。出版界因印刷和检查之限制,日益萧条。桂林政治环境恶劣,文化统治加紧,文化人被监视,出版新书亦减少。

　　△　中共冀中党委和军队根据中共中央北方局高干会议关于"成立以白洋淀、文安洼、大清河一带之苇塘为主的游击根据地,逐渐向外扩张恢复与开辟"的决定,冀中第八、第十军分区在任丘、安新、文安、大城和永清等县苇塘水网地带,建立多块游击根据地,这对于在极端艰险

困难关头,保存冀中平原的革命有生力量和坚持与发展抗日阵地起了重大作用。

　　△　英、美华侨组织的中华公所抗日后援会发起献金运动,共筹集国币 105 万元,将 80 万元交付广东急赈会,其余交中国银行作为救济伤兵及阵亡将士家属费用。

　　△　日军在晋西北从是月至明年 9 月分期训练伪自卫团。15 至 35 岁的编为“战斗组”,36 岁至 50 岁的编为“情报组”,在忻县成立“随军工作班”和“先锋队”,均为半武装的特务组织。在离石成立“治安工作队”,设立“流亡青年招待所”,捕捉过路青年强迫训练。

　　△　日伪军三万人对热河兴隆山地进行“大讨伐”,实行灭绝人性的“三光”政策。在清水湖一带,仅被日军杀害的儿童就有 48 名。

10　月

　　10 月 1 日　教育部公布《国立学校教职员战时生活补助办法》,凡 24 条。规定:教职员每月根据年龄报领食米代金,代金数额由教育部核定。另外每人每月发给战时生活补助费,费额由行政院根据各地物价及生活状况核定基本数,依薪俸额加成发给。

　　△　教育部在重庆召开中等以上学校训导会议,教育部长陈立夫主持,讨论训育行政、导师制、党务团务、军训、学生团体组织及社会服务等。3 日闭会。

　　△　中华全国体育协进会董事会在渝举行临时会议,张伯苓主席。决议:一、将本会章程依照社会部颁发之《战时人民团体组织法》修正通过;二、将原任董事改为理事,并推原任名誉监事商震、张治中、金曾澄、沈鸿烈、陈时为监事,原任常务董事为常务理事,主席董事为理事长。

　　△　中国红十字会第二届红十字周在渝举行,到会员 200 余人。许世英主席,副会长刘鸿生报告工作概况。该会共有五个大队及 23 个国防服务队分布全国。

△　驻美大使魏道明首次拜会美国务卿赫尔。

△　美总统罗斯福特别代表威尔基由兰州飞抵成都访问,在张群主席之欢迎茶会中称:此次赴渝将与蒋介石共同策商同盟国争取最后胜利及建立战后世界永保和平等问题。至于美国军火产量,现已大量增加,今后对各盟邦自必尽力协助。

△　美援助中国工合委员会理事长卡宾德博士应中国工合主席孔祥熙邀请抵渝。此行为视察中国大后方 2400 所工业合作社生产状况。卡宾德于 5 日赴西北考察。

△　印度驻华专员沙福莱爵士返印度(回任印度联邦法院推事)。

△　晋冀鲁豫边区政府发布减租减息布告,要求所属各地区全面彻底执行减租减息政策,广泛开展群众性减租减息运动。

△　浙境第三战区一部克永康。

△　汪伪行政院发布《关于调派军事顾问赴警察机关加强反共的训令》,规定军委会派日本军事顾问前往内政部及首都与各省、市警察机关,担任"辅助中日防共军事协力之设计与中日间军事协力联络"。27 日,公布军事顾问名单。

10 月 2 日　美总统罗斯福特别代表威尔基由成都飞抵重庆,全市民众热烈欢迎。

△　农林部长沈鸿烈一行到天水参观,并商水土保持事。

△　汪伪政府最高经济顾问青木一男辞职,由石渡庄太郎继任。青木一男会见记者发表谈话,要求汪伪政府努力协助日本完成大东亚战争。

△　汪伪行政院宣传部长林柏生一行抵东京,发表谈话要求日本加强汪伪政府力量,以便能协助日本完成大东亚战争。

△　山东荏平地区国民党军齐子修部投敌,被编为伪中央第五十七军。

10 月 3 日　美总统罗斯福特别代表威尔基晋见国民政府主席林森。晚,蒋介石及夫人设宴招待威尔基,并邀请各国使节暨国民党、政府、军队首长作陪。次日,美国联合援华委员会名誉会长宋美龄举行茶会,欢迎威尔基一行。晚,蒋介石与威尔基会谈。

　　△　蒋介石提请国防最高委员会明令褒扬梁启超,称:"梁氏毕生尽瘁于学问著作,对我国近代学术文化贡献甚大,国家为昌明文教,允宜追予褒崇。"是日,国民政府明令褒扬。

　　△　国民政府任命蒋复璁为国立中央图书馆馆长。

　　△　美国驻英大使奉命通知艾登:美国建议美、英两国在 10 月 9 日同时在华盛顿和伦敦约见中国大使,用绝对机密的口头方式说明几个月以来美、英会商取消在华领事裁判权的情形。艾登不赞成美国的机密方式,主张两国发布公开的联合文告,10 月 10 日见报。美国国务院同意发布公开文告,但不赞成联合文告,主张由美、英分别发布。艾登表示同意。

　　△　教育部将蒋介石关于注意提高中学国文程度的手谕转发各省教育厅,训令各省各校遵办。蒋提出:"现在中学国文低落,应令各中学校长切实注意,并设法提高,以后凡大学招生,如有国文不及格者,不准录取为要。"

　　10 月 4 日　蒋介石会见威尔基,双方就有关战后问题进行商讨。

　　△　长沙《阵中日报》在敌人有效射程内照常出报,蒋介石特准为社长吴忠亚记功一次。

　　10 月 5 日　蒋介石为废除不平等条约事授意陈布雷撰拟新闻稿,敦促美国百尺竿头,更进一步,发挥其一贯对中国友善的精神,作一件能够转移世界视听,彰明盟国道义权威的大事。

　　△　国民党中央海外部召开首次会议,刘维炽部长主持。通过议案:一、华侨实业银行由广东省银行渝行经理阮励予筹备,发展后方工矿业,资本额为 2000 万元;二、华侨建设银行公司由缅侨李文珍、何葆仁等集资创立,开始向后方产业界投资;三、由曾纪华等筹设华侨兴业银行;四、林云谷在桂林与各地侨领会商在韶关、衡阳等地筹设运输公司办理贸易。会议还讨论侨民救济等问题,9 日闭幕。大会组织西北

考察团赴川、陕、甘、青、宁、新疆等地考察。

△　周恩来在重庆会见威尔基。次日,周恩来、邓颖超应邀出席行政院副院长孔祥熙为欢迎威尔基举行的宴会。

△　中国劳动协会理事长朱学范致电美国劳工联合会,祝贺第六十二届年会召开。

△　重庆江庆钱庄 160 余万元用途不明,经查系私人挪用,财政部将总经理卢亭泰、经理彭炽光"押解军法机关严行究办,以彰法纪"。

10 月 6 日　蒋介石面告威尔基,东北与台湾为中国领土,战后必须归还中国,旅顺、大连军港可由中、美共同使用。

△　威尔基在重庆向全国广播演说,称全力反攻之时机亦已到临。

△　重庆《大公报》讯:行政院副院长孔祥熙将一份备忘录交给威尔基,要求美国派空军驻在中国,并希望与美国合作。

△　驻美大使魏道明向美总统罗斯福呈递国书。

△　第四届全国兵役会议在重庆举行,参谋总长何应钦等 500 余人出席。蒋介石两度亲临训话,略谓:提倡公务员和士绅子弟率先当兵,以形成踊跃从军的风气。会议通过加强管区机构;各师区设军医院及收容所;充实各县新兵征集所;普遍推行国民兵制度;加强兵役宣传等提案,10 日闭幕。

△　行政院例会任命傅作义兼绥远省境内蒙古各盟旗地方自治指导副官,原任朱绶光改任蒙藏委员会委员;特派中央监委张继、党政工作考核委员会秘书长张厉生赴豫查勘灾情。

△　毛泽东、王稼祥、叶剑英复电李先念、任质斌、陈少敏,指出:"在顽军继续进攻时应坚决打击之,以求生存,在获得胜利后应表示愿与他们恢复和平,以求好转,望本此原则实施。"

△　冀中第十军分区一部在夜间以突然勇猛动作,一举攻入永清县城,占领伪县政府及警察所、新民会,打开监狱,救出被囚抗日干部和同胞 200 余人,俘伪县政府职员和伪军 67 人,缴长短枪 51 支。二小时后,八路军主动撤出。

　△　伪满洲国政府公布《产业统制法》及其施行规则,宣布废止1937年5月制订的《重要产业统制法》。据此法规定,将产业统制由以前只限重工业方面的21种,扩大到重工业、轻工业、建筑材料业、食品加工业等方面的86种。对产业实行全面统制。

　△　中国艺术品展览会在英国伦敦联合援华专款运动总部展出。

10月7日　蒋介石招待威尔基早餐,继续商谈战后各项问题。

　△　蒋介石电示在美国的宋子文"如美政府能提前讨论取消不平等条约,则我方应即与之开始交涉"。9日,又电宋子文、魏道明,强调"领事裁判权以外,尚有其他同样之特权,如租界及驻兵与内河航行、关税协定等,应务望同时取消,方得名实相符"。

　△　威尔基在重庆举行记者招待会发表谈话,晚乘飞机赴西安。次日,威尔基一行由董显光、朱绍良陪同赴潼关前线参观。蒋纬国上尉在前线招待威尔基,并赠以日本军刀等战利品。同日,威尔基一行离陕经成都回国。

　△　中共谈判代表林彪偕伍云甫、周励武到达重庆。

　△　日军千余人"扫荡"太岳翼城地区,抢走公粮千余石。8日,八路军第一二九师政治部发出反对敌人抢粮的政治训令。

10月8日　四川省主席张群以烟土禁种,各县大多早已出具肃清烟苗及罂粟种子切结,自不容许再有一茎烟苗发现。乃本年上季仍有少数县份,或以界连邻省地阔山荒,或因乡镇保甲人员疏于防范,致仍有偷种及野生烟苗情事发生,顷特厘订各县查禁烟种应行注意事项,通令全省遵行,以期彻底根绝。

　△　是日至12月10日,华北敌伪实行第五次"治安强化运动"。伪北平市、山西、山东、河南公署同时公布《第五次治安强化运动实施办法》。伪华北政务委员会委员长以下,省长、道尹、县知事以及各伪团体领导人均率先带头"促使运动的发展",以期摧毁抗日根据地的抗战力量和收粮工作,以达到所谓"确立大东亚战争必胜的协力体制,彻底剿灭共军,提高民众建设新华北的意志"之目的。

△ 八路军在山西五寨进行反蚕食斗争,至 25 日共摧毁 56 个伪村政权,俘伪村长、闾长、特务、密探 133 人。

△ 日军在雁北以"分进合击"、"挨村清剿"办法进行蚕食,凡抗日人员住过的房子一经查出,人即被捕,房屋被毁。

△ 上午 10 时,日机 25 架轰炸洛阳,城关内外损伤惨重。中央社洛阳分社中弹多枚,毁房屋数间。

10 月 9 日 军事委员会公布浙赣线战果:全战线 573 公里,已克复 418 公里,击毙敌官兵 2.245 万人,俘虏 1050 人,缴获骡马 630 匹、轻机枪 88 挺、步枪 2150 支、子弹 380 箱、迫击炮弹 30 箱、手榴弹 100 枚,毁汽车 26 辆,击沉运输船 64 艘、橡皮艇 42 艘,以及无线电台等。战役从 5 月 15 日起至 9 月 30 日止,历时四个半月。

△ 驻美大使魏道明应邀访晤美国务卿赫尔。赫尔面交魏一份关于美国政府决定放弃在华治外法权的草约。美国声明称:"美国政府准备立时与中国政府谈判,缔结一规定美国政府立时放弃在华治外法权及解决有关问题之条约。美国政府并望在最近期内以完成上述目的之草案,提交中国政府考虑。过去数周内,美政府业与英政府就是项一般问题交换意见,美政府欣悉英政府与美政府具有同样之意见并正采取相似之行动。"10 日,魏道明发表声明,谓美国政府宣布放弃在华特权,表明中国与西方关系进入新时代。

△ 驻英代办陈维城应邀访晤英外相艾登。艾登面交一份关于英国政府决定迅速放弃在华治外法权的草约。21 日,英外相宣布上海公共租界将在谈判之列。

△ 东方文化协会在重庆举行座谈会,讨论太平洋战争中东方各民族之任务。覃振主持,胡秋原、金若山、赵素昂等先后发言,咸谓太平洋战争中中国地位重要,东方各民族须通力合作,共抗侵略,以求民族独立平等。同时欢迎出席国际劳工大会的朱学范一行。

△ 国防科学运动周是日起在成都举行。四川省立科学馆与科学仪器制造所合办的科学展览会亦在蓉开幕。

　　△　中共中央宣传部在延安召开辛亥革命纪念会,到 700 余人。朱德、吴玉章、林伯渠、李六如、徐特立、范文澜为主席团,吴玉章讲述辛亥革命的经过与意义。林伯渠讲述中华革命党的历史。朱德讲话,指出:"那时的云南起义是组织、军事、政治上的模范。"10 日,延安《解放日报》发表社论《纪念辛亥革命》。

　　△　延安《解放日报》发表刘少奇《论党内斗争》一文,毛泽东加写按语称:"这是刘少奇同志于 1941 年 7 月 2 日在中共中央华中局党校的演讲,理论地又实际地解决了关于党内斗争这个重大问题,为每个同志所必读。现当整风学习开展与深入的时期,特为发表,望全党同志注意研读。"

　　△　汪伪政府主席汪精卫与日本特使平沼等签订长期租借海南岛及确认华北、蒙疆伪组织等条约。

　　△　美总统罗斯福特别代表威尔基离华返美。

10 月 10 日　重庆各界举行中华民国成立三十一周年纪念会,同时检阅渝市三青团员及全民国民兵团与义勇警察。蒋介石在会上宣布英、美放弃在华特权,并与中国另订新约,勉励全国同胞格外努力自强自立。蒋于 9 日发表《告全国军民书》,要求以勤俭笃实争取最后胜利,以忠恕仁爱求得永久和平。是日林森向全国广播,略谓:中华民族的传统理想就是天下为公,三民主义的最高目的就是世界大同。

　　△　美、英两国政府同时发表声明,宣布废除在华治外法权及其他有关权益。

　　△　美最高法院院长在费城独立厅扣鸣自由钟 31 响,庆祝中华民国三十一年国庆。

　　△　英驻华大使薛穆面交宋美龄一张 12 万英镑的支票,系今年英联合援华首批募款。

　　△　加拿大政府宣布废除在华特权。驻加公使刘师舜应加政府邀请,前往晤谈。

　　△　教育部组织礼乐编订委员会,顾毓琇为主任委员。

△ 中国印刷学会在渝成立,推陈立夫为名誉理事长,潘公展为名誉理事,周鼎新为理事。

△ 朱德邀请林伯渠、吴玉章、范文澜、周健民、萧泽苍等曾参加过同盟会及辛亥革命的老人,在延安畅谈辛亥革命在南方和北方的情况。朱德并在延安《解放日报》上发表《辛亥回忆》一文,对辛亥革命时期云南起义的情况和所起的作用作了论述,略谓:云南在民国初年能够大放异彩的原因,一是坚持统一战线,二是依靠民众。民国以来每次革命运动成功与否,都是要看能不能实行这两条原则。坚持上述两条原则,以求抗战胜利,建国成功,是我们与全国贤达应当共勉的。

△ 刘少奇在太行北方局党校作《中国革命的战略策略问题》的报告,对中国革命的基本问题作了分析。报告内容分绪论、中国党的战略、中国党的策略、战略的指导及策略的指导五个部分。

△ 延安评剧院成立,毛泽东题词:“推陈出新”,朱德题词:“宣扬中华民族四千余年的历史光荣传统。”

△ 晋西北抗日军参选工作结束,选贺龙、关向应、周士第、甘泗淇、罗贵波、张宗逊、韩钧、雷任民、高士毅为正式参议员。

△ 淮北苏皖边区第二届参议会开幕,到会各界代表 260 余人。邓子恢、田丰、许志远等为主席团。中共淮北苏皖边区党委刘子久、新四军第四师师长彭雪枫、淮北行署主任刘瑞龙相继讲话。14 日,彭雪枫作《四师战绩与边区目前形势和我们的任务》报告。16 日,刘瑞龙作政府工作报告。

△ 晋冀鲁豫边区政府派人将山西省左权县十字岭的左权遗体移到河北省涉县石门村,并举行公葬。同时建立左权同志陵墓和纪念塔。彭德怀书写的《左权同志碑志》和罗瑞卿撰写的《纪念左权》一文,刻在左权纪念塔上。1950 年 10 月 21 日,左权的灵柩由河北涉县石门村移葬于邯郸晋冀鲁豫烈士陵园,并举行隆重祭典。陵园修建了左权陵墓、纪念馆和碑亭。周恩来亲自书写“左权将军之墓”墓碑。

△ 太行区遭受严重旱灾,晋冀鲁豫边区政府决定成立太行区旱

灾救济委员会,杨秀峰主席兼任救济会主任。各分区也相应组织旱灾救济委员会,领导救灾工作。

10 月 11 日　蒋介石为英、美废除在华治外法权及美国特于中国国庆日鸣自由钟,致电罗斯福与丘吉尔表示感谢,提出:"深望最近续订新约之时,将包括一切不合于国家平等原则或国际公法一般原则之现存特殊权益让与权特权等,一律加以废除。"另,国民外交协会亦去电致谢。

△　史迪威至重庆谒见蒋介石报告至印度视察情形,并带来罗斯福总统的信。罗斯福在信中表示:除 100 架飞越驼峰的飞机外,再为中国战区于 1943 年早期提供近 500 架飞机,但美国部队不能支援中缅印战区。

△　社会部在渝召开首次社会行政会议。社会部长谷正纲任主席,孔祥熙、吴铁城、陈立夫等 300 余人到会。讨论议案:一、收复地区之社会重建问题;二、战时社会政策;三、儿童劳工福利;四、地方慈善团体救济机构调整问题;五、国民劳动服务方法及技术等问题。18 日闭幕。

△　中美新约在华盛顿开始谈判。

△　新西兰总理福来塞在惠灵顿发表演说,决放弃所有与中华民国主权完整不符合之一切在华特权。

△　中韩文化协会在渝成立。孙科、吴铁城、朱家骅、王世杰、马超俊、梁寒操、金若山等为理事。于右任、冯玉祥、周恩来、郭沫若、李青天(朝)、柳春郊(朝)等 24 人为名誉理事。

△　山东各界集会追悼国际友人德国名记者希伯。希伯于去年12 月鲁中大扫荡在沂蒙山区采访时牺牲。

10 月 12 日　蒋介石电示宋子文:关于废除治外法权,应静待美政府提出其所谓简短的草约后,我方再表示意见,此时不必作任何交涉,惟我不妨间接表示:甚望其将过去所有各种不平等条约一律作废,整个撤销,重订平等合作之新约。

　　△　杜月笙、杨虎等人倡导的一元献机运动,自去年 9 月至今已募得 300 万元,可购"忠义号"战斗机 20 架,是日在渝举行呈献典礼。

　　△　罗斯福总统电复蒋介石,允诺将第 10 航空队增至 15 个中队。

　　△　美总统罗斯福发表谈话,称盟国决对德、日发动新攻势,以分散苏联与中国境内之敌人力量。

　　△　毛泽东为延安《解放日报》撰写题为《第二次世界大战的转折点》的社论,略谓:苏联红军对斯大林格勒战役的胜利,不但是苏德战争的转折点,甚至也不但是这次世界反法西斯战争的转折点,而且是整个人民历史的转折点。这一形势,将直接影响远东。明年也将不是日本法西斯的吉利年。日本将一天天感到头痛,直至向它的墓门跨进。

　　△　日军奔袭山西沁水县槐树庄,将未及躲走的男女老少 48 人,全部驱赶到窑洞内烧死。

10 月 13 日　蒋介石在重庆会见中共中央代表林彪,张治中、周恩来在座。林彪即对蒋介石说明毛泽东本拟亲自来见他,只因当时有病未能前来,待身体康复后仍愿来与他一晤。蒋问林:"毛润之先生有何意见转告余否?"林称:"我未动身以前,延安方面接得校长电报,毛先生即提出中共中央会议讨论,并约我数度谈话,其所指示者,大抵系根本问题,一如中共对于抗战建国之观察,与国内统一团结问题,以及对于委座之期望等。"接着,林谈了如何抗战建国与团结统一,以及两党争论问题,并特别转告毛泽东的意见,希望国共两党今后"应彼此接近,彼此相同,彼此打成一片"。林批评国民党"一部分人总是希望挑起内战",强调"中国社会之特点,决不容国内再发生战争,否则,必为全国社会之所反对";并表示"无论就中国社会、地理、经济与军事各方面而论,皆希望中国从此能统一团结,而不可发生内战"。蒋对林之谈话初则频频点头,至听到批评国民党有人主张内战及新四军问题时,蒋立即拒绝提新四军之事,说承认新四军等于不承认政府。今后勿再提新四军了,你是我的学生,我才告诉你。并约林走之前再谈。

　　△　宋子文在华盛顿与美代理国务卿威尔斯晤谈,并拜会罗斯福。

　　△　大同日伪颁布"新税则",其中 50 种捐税为古今罕有,如斗捐、秤捐、碾子捐、井捐、锅捐、婚姻换贴捐、入葬捐、衣服捐、被服捐等等。大同市伪县长饬令税务科各股及"宣抚班",分赴各街市乡村,协同该地区伪行政人员逼迫人民交纳。

　　△　日、"满"、"华"兴亚团体首次会议在东京举行。林铣十郎代表日方"兴亚同盟",张焕相代表伪满协和会,黄复生代表伪新民会,林柏生代表汪伪"东亚联盟中国总会",会议中心为加强此等团体间的联系。15 日闭幕。

　　10 月 14 日　蒋介石交给史迪威一份中国作战计划《中美英联合反攻缅甸方案大纲》(实际上这份计划是史迪威制订的)。这份计划再次坚持要美国和英国派出足够的舰艇和航空母舰,在孟加拉海湾获得制海权和制空权,并在仰光实施两栖登陆,以此作为中国投入 15 至 20 个师的部队的先决条件。

　　△　国民党政治部与中宣部、三青团中央团部、社会部、内政部、军令部、战地党政委员会等 10 余机关成立"防谍肃奸宣传委员会"。上述各部分别通电各省市党部、青年团支部、各省市政府、各级政治部组织相应的机构,使防谍肃奸宣传深入全国各保甲。

　　△　驻英大使顾维钧返国述职,是日抵渝。15 日,晋谒蒋介石。

　　△　四川省主席张群在四川省训练团讲《地方自治与抗战建国》,谓"在此抗战紧张阶段中,县政为争取最后胜利的基本因素,必须因应时代,适合需要,举凡推行役政粮政,组训民众,建设农村,安定后防,均须于地方政治制度中有确当的规定"。

　　△　蒋介石的政治顾问拉铁摩尔再度来华,携罗斯福致蒋介石的信,并有一函致孔祥熙,表示一向密切注意中国财政。

　　△　英牛津大学授予蒋介石民法学名誉博士学位。

　　△　延安《解放日报》发表毛泽东撰写的社论《历史教训》,评述斯大林格勒战役中 8 月 23 日至 10 月 9 日期间苏联红军的正确战术和十分激烈勇猛的抵抗。指出:"整个苏德战争已经证明:只要人们不对法

西斯讲慈悲,就是说,多一点勇气,法西斯就会失败的,这就是历史的教训。""日本的实力与他的野心之间的矛盾,也是一定要把日本法西斯压得粉碎。"

　　△　陕甘宁边区政府举行第三十五次政务会议,决定成立整学委员会,负责整顿延安大学、鲁迅艺术学院、自然科学院、青年剧院、评剧院及边区各中等学校。还决定将原拟设的西川办事处更名为绥西办事处。

　　△　英援华医疗队一行 22 人抵长沙,设后方医院一所。

　　△　日军对冀鲁豫区的大"扫荡"结束。八路军冀鲁豫军区第八分区政治部主任魏金山、抗大分校训练处长孙厚甫等在反"扫荡"战斗中牺牲。

　　△　汪伪国民政府撤销第二集团军总司令部,总司令杨仲华免职查办。

　　△　美陆军部长亨利·史汀生在华盛顿宣布,美国陆军计划到 1943 年增至 750 万人。

　　10 月 15 日　广西省政府在桂林召开行政会议,李济深、李品仙、夏威等 200 余人出席。中心议题为:一、地方自治;二、田赋征实;三、军粮征购等问题。

　　△　史迪威离渝前往印度执行《中美英联合反攻缅甸方案大纲》。

　　△　是日为新四军成立五周年纪念日,新四军直属队全体将士在苏北盐阜召开庆祝大会,并致电中共中央。

　　△　《抗战日报》刊登晋绥军区副司令员续范亭纪念新军建军五周年文章《新军五年战斗》,指出五年中,晋西北新军各部共作战 1469 次,总计毙敌伪官兵 3031 名,伤敌伪官兵 6340 名,俘伪军 1554 名,获得了辉煌的胜利。五年来,新军在战斗中共伤 5624 名,亡 1312 名,失踪 499 名。

　　△　"扫荡"大青山地区之日伪军由绥中、绥南转兵"扫荡"绥西。经反复"扫荡",日军在大青山地区增设据点 24 处,控制了整个绥中,使

绥西和绥南成为游击区。

　　△　日第十二军一万余人对山东滨海、鲁南地区"扫荡"；又7000余敌军"扫荡"清河区之寿光地区，八路军清河独立团遭受损失。敌"扫荡"后封锁了小清河，形势恶化。是日，山东军区、山东省战工会、八路军第一一五师师直机关及"抗大"一部先后转向沂蒙山区。

　　△　日伪军派大批特务潜入晋西北兴县一带活动，以配合第五次"强化治安"运动。并将离石、离东、方山一带所有帮会教门统一于"万国道德会"，进行欺骗宣传。

　　△　日本前"兴亚院"华北联络部长官、陆军中将森冈皋就任华北贸易组合总联合会会长。

　　10月16日　蒋介石接见苏大使潘友新，提出独山子油矿与迪化飞机制造厂，盼与苏签订合同，以解决悬案。17日，外交部次长傅秉常设宴欢送潘友新回国述职。

　　△　张治中与林彪、周恩来在重庆曾家岩进行国共两党的会谈。林彪提出"三停三发两编"，即停止全国军事进攻、停止全国政治压迫、停止对《新华日报》的压迫，释放新四军被俘人员，发饷、发弹和允许中共军队编两个集团军。张将话头打断，建议林彪先同各方面多谈，然后再同他谈。以后林彪和周恩来同刘为章会谈。刘表示一切都可谈，但要林彪、周恩来同张治中谈。

　　△　延安《解放日报》发表毛泽东撰写的社论《评柏林声明》，指出：希特勒的旧军队是疲惫不堪了，精锐部分已经耗完。"日本的情况稍有不同，它的实力还可以举行一个进攻，这是因为过去的战争没有动用它的主力的原故"。"但是不论怎么样，世界形势已起了根本的变化，一切法西斯国家实际上都已丧失了主动地位，不管德国或日本，都是如此，也不管日本采取这样或那样的政策，都是如此"。

　　△　豫西永济渠告成，是日在伊川鸣皋镇举行放水礼。

　　10月17日　周恩来为国民党即将召开国民参政会，致电毛泽东并中共中央书记处，估计蒋对主席团人选的安排有三种可能：一、照旧；

二、不同我们接洽，故意选我一人；三、接洽后选我们一人。提出：第一种可听之，第二种讨厌，如第三种，毛泽东可参加。请示中央意见。18日，毛泽东电复：在延安的参政员请假，董必武、邓颖超出席，应采取"七七"宣言所持的态度。21日，周恩来收到中共中央书记处来电：如国民党方面提周恩来入参政会主席团，可予同意。

　　△　国民政府任命卢作孚为交通部常务次长。

　　△　燕京大学迁成都后复校，是日代理校长梅贻宝招待新闻界报告复校经过，并呼吁各方予以协助。

　　△　八路军第一二九师一部强袭冀南之丘县，毙日伪军 140 余人（内伪大队长一名），缴枪 80 余支，子弹万余发。

　　△　日军 4000 余人"扫荡"泰山区，八路军鲁中第一分区机关及主力一部在茶叶口被敌包围，损失严重，分区政委汪洋等以下百余人牺牲。

　　10 月 18 日　蒋介石发表《告全国各界同胞及海外侨胞书》，勉励竞购公债，以完成抗建大业。按：本年国民政府发行同盟胜利美金公债一亿元，暨同盟胜利国币公债 10 亿元。

　　10 月 19 日　中共中央西北局在延安召开高级干部会议，陕甘宁边区县团以上干部参加会议，在延安中央党校学习的干部和中央高级学习组成员到会旁听。主要讨论整党整风、边区党的历史、边区党的领导、财政工作及边区今后任务等问题。毛泽东到会讲话，讲国际国内形势、整顿"三风"、边区的建设三个问题。指出：这次开会我们是要大检查、大整顿，以达到精简、效能、统一、节约、反官僚主义五项目的。其中尤其达到统一是最重要，一定要作到统一领导。会议在中央直接领导下，批判了王明"左"倾冒险主义影响下陕北党内少数同志所犯的错误，特别是肃反扩大化错误；对当时党内闹独立性、地方工作中的官僚主义、军队工作中的军阀主义等倾向展开了批评与自我批评，加强了党的一元化领导；对陕甘宁边区政府工作、经济问题和财政问题进行了讨论，制定了方针政策。会议于 1943 年 1 月 14 日结束。

　　△　中共中央晋绥分局颁发《对于巩固与建设晋西北的施政纲

领》,其要点为:坚持抗日民族统一战线;开展群众性的游击战争;贯彻
"三三制";保障抗日人民之人权、地权、财权及言论、出版、信仰、居住之
自由;改进司法机构,实行陪审制度;彻底实行减租减息,保证交租交
息;提高生产;实行合理的财政税收制度;推行国民教育,尊重知识分
子;从政治、经济、文化上提高妇女地位;团结少数民族,尊重宗教信仰
与生活习惯等。

　　△　中华全国文艺界抗敌协会在重庆召开纪念晚会,纪念鲁迅先
生逝世六周年;因当局不允,中途被迫停开。

　　△　八路军第一二九师冀南第六分区一部于枣强、大营间设伏,解
救冀南军区政治部主任刘志坚脱险,并歼灭日伪军一部。

　　△　日本处死4月18日轰炸东京时被俘美国飞行员。

　　△　汪伪军事委员会改组,委员长汪精卫,总参谋长刘郁芬,参谋
次长陆军黄自强、海军许建廷,总务厅厅长黄自强(兼),陆军部部长鲍
文樾,海军部部长任援道,航空署署长姚锡九,经理总监公署总监何炳
贤,陆军编练总监公署总监叶蓬,参谋长富双英,调查统计部部长李士
群,军事参议院院长萧叔宣。

　　10月20日　国民政府任命张廷休为国立贵州大学校长。

　　△　中共中央北方局再次发出《对冀鲁豫区党委、军区工作指示》,
指出:今后半年工作的重点首先应放在基本区,中心环节是发动群众,
坚决改造区村政权,健全财经建设工作,健全与加强武装工作。决定黄
敬任区党委书记。湖西地区划归冀鲁豫区党委领导,湖西地委改称为
中共冀鲁豫第六地委,潘复生任书记;湖西军分区改称第六分区,王秉
璋任司令员;湖西专署改称晋冀鲁豫边区第二十一行政督察专员公署,
李贞乾任专员。

　　△　陕甘宁晋绥联防军司令员贺龙等发布通令,为贯彻精兵简政
并统一指挥,将联防司令部与留守兵团司令部合并。

　　△　晋察冀边区政府发布《关于救灾工作的指示》,指出完县、唐
县、易县的大部分地区,灾荒之重,为几年来所绝无。完县的几个区,易

县、唐县的若干村,出外逃荒者达万余人。并强调指出救灾工作必须立即着手进行,救灾的办法应因地因人而不同。

△ 日军第三十六、三十七、六十九师团与独立混成第四旅团及伪军各一部共 1.6 万余人,对太行和太岳北部进行"扫荡"。八路军采取内线坚持与外线出击相结合,主力军、地方军和民兵结合,展开广泛的群众性游击战。至 11 月中旬,除二个大队盘踞沁源等据点外,其余均撤出根据地。

△ 日华北方面军最高指挥官冈村宁次是日由北平出发赴归德、海州、连云港等地"视察",25 日返平。

△ 是日至 26 日,日军在湖南岳阳、临湘"清乡",屠杀 2000 多人,烧毁民房数千栋。

△ 日机 10 架自越南侵入滇境,在蒙自东门外投弹一枚,并用机枪扫射,毁民房数间。

10 月 21 日 国民政府任命赖琏为国立西北大学校长。

△ 教育部决定将师范生一律改为公费生,并决定在渝大量收容战区内迁中学生。

△ 中共中央决定:晋豫区并入太岳区,薄一波任太岳区党委书记,聂真为副书记。原太岳区党委书记安子文调延安工作。

△ 苏北盐阜区临时参议会在阜宁召开,到国共两党及各界代表 400 余人。陈毅作政治报告。会议发表宣言,强调加强各党派、各阶层团结,改善国共关系,完成抗战大业。选举黄克诚为参议会议长,王泽夫、龚友兰为副议长,于 10 月 31 日闭会。

△ 八路军第一一五师一部克复鲁中安东卫、岚山头、潘家店、朱家官庄等据点,数百日伪军除一部逃跑外,大部就歼,缴获军用品甚多。

△ 冀中军区第八军分区司令员孔庆同,在河间县冯家坟战斗中不幸牺牲。李弗畏继任分区司令员。

△ 美国空军轰炸日占区开滦煤矿公司林西矿,使开滦五矿无法开工。

10 月 22 日　国民参政会第三届一次大会在重庆开幕,到政府官员、参政员及中外记者共 300 余人。中共参政员董必武、邓颖超出席。民主同盟参政员张澜、张君劢、左舜生拒绝出席。张伯苓主席,蒋介石致训词称:今天不只是"军事第一",也是"经济第一",希望参政会协助政府执行战时经济法令,克服经济难关。下午,何应钦报告军事,傅秉常报告外交。

　　△　国民政府在成都农本局设立"福生庄",办理收购发放棉纱事宜,该庄职员串通奸商从事黑市买卖,收价 1.2 万元,卖价四五万元。经济部长翁文灏训令"严办"。蒋介石手令"认真查办"。

　　△　教育部发布审查从战区退出的学生训令,规定设立"鲁苏豫皖边区战地学生指导处",在安徽临泉设立战区学生登记处,对来自敌后与沦陷区的学生均进行"严密考核"。并将情况向战时青年训导团主任康泽、副主任徐君佩报告。

　　△　八路军第一二九师太行军区第三分区"抗敌救亡决死先锋队"第九团一个连,结合县区武装破击白晋铁路南沟至漳沅段,毁桥两座。

　　△　冀中第十专区第三联县县长胡春航,在永清县西庞各村被敌包围,突围时负伤被俘,壮烈牺牲。

　　△　美联合援华委员会开会推威尔基为该会名誉主席,霍夫曼连任主席。自 1 月起至今,已募得美金 528.4 万元。

10 月 23 日　国民参政会举行第二次会议,莫德惠任主席。孔祥熙报告财政;徐堪报告粮政;周钟岳报告内政;张嘉璈报告交通情况。

　　△　湖北省公安县李大林捐资 13 万余元作为本县中心学校建筑费,该县许愍周捐资 10 万元救济难民,国民政府明令嘉奖,各授予金质奖章一枚。

　　△　重庆文化劳军会成立,贺国光为名誉主席委员,谷正纲与吴国桢、杨公达、康心如分任正、副主任委员。

　　△　日伪调集驻南口、泰陵、怀来、延庆、张家口之兵力 1000 余人,对平北中心区、昌延地区和丰滦地区进行"分区扫荡"。平北八路军主

力部队相机转到外线进行大规模破袭战,迫使敌人于 12 月 8 日退回原地。

10 月 24 日　国民参政会举行第四次会议,主席吴贻芳。翁文灏作经济报告,钱天鹤报告农林建设;下午,陈立夫报告教育工作。

　　△　杜月笙与新华银行经理王志华、华新电气公司经理唐继之等一行数人,是日自渝出发赴西北考察,时间月余。

　　△　湖南临参会议长赵恒惕组设南岳建设特种股份公司,资本百万元。国民政府认股 50 万元,湖南省政府 30 万元,其余为民股。

　　△　著名史学家、浙江大学教授张荫麟在遵义病逝。

　　△　美国政府将《中美关系条约草案》面交魏道明大使,计八款,要点为:取消治外法权;废除《辛丑条约》及美国所享特权;放弃美国在上海及厦门公共租界享有的特权;彼此内地杂居及通商;重订友好通商口岸航海条约等。

　　△　中共中央晋绥分局代理书记林枫致电贺龙、关向应、徐向前:晋绥分局决定绥远、雁北合并,成立塞北工委,大青山骑兵支队和第五分区合并为塞北军分区,党政军统一领导。以高克林为塞北工委书记,胡全为副书记;姚喆为司令员,郭鹏为副司令,高克林为政委,张达志为副政委;原骑兵支队及第五分区部队属于军分区。骑兵支队番号取消,原骑兵第一、第二、第三团番号不变;第五军分区部队编为第四团。党、政、军领导机关驻偏关。原第五军分区部队编为雁北支队。

　　△　晋西北临时参议会在神府县胡家庄召开,到参议员 145 人。大会通过《关于政府工作报告》、《巩固与建设晋西北施政纲领》、《保障人权条例》、《减租交租条例》等文件。大会选林枫为议长,刘少白、牛荫冠为副议长,阎秀峰、程进、杨廉浦等六人为驻会委员。同时选举产生晋西北行政公署,续范亭、武新宇为行署正、副主任。11 月 11 日闭会。

　　△　晋察冀军区骑兵团一部奇袭平汉铁路王京站,焚毁敌军用棉花 20 余万斤。

　　△　上午 10 时 45 分,日侦察机一架自越南窜入滇境,在蒙自窥

察。11 时 15 分,日轰炸机 15 架窜蒙自郊外投弹。11 时 20 分,轰炸机 18 架窜至开远侦察。

△　美政府向中国驻美大使馆提交《中美新约草案》,转交中国政府。

10 月 25 日　蒋介石在官邸宴请 20 余名民间参政员,26 日又宴请全体参政员。

△　国民参政会电慰蒋介石及前方将士、各战区以及东北和海外侨胞。

△　宋子文由美国返抵重庆,11 月 2 日正式就任外交部长。

△　西南实业协会、中国战时生产促进会、迁川工厂联合会、国货厂商联合会在百龄餐厅招待全体参政员。席间四团体代表申述工业界对于协助政府稳定物价及工业资金、原料、运输统制等意见,并提出完成工业团体立法,促开全国生产会议的建议。

△　延安《解放日报》以《坚持华北平原游击战的条件》为题发表社论,指出,平原抗战是能够坚持下去的,这首先是因为敌人方面兵力不足是一个先天性的根本弱点;其次是敌人的残暴不能不激起人民的强烈反抗,这种对敌人的血海深仇,这种尖锐的民族矛盾,是敌人无法压服的。虽然看来敌人在某个局部握有一时的军事优势,但政治上却处于绝对劣势,只要我军永远依靠平原地区的人民,则平原游击战争就一定能够坚持下去,直至最后胜利。

△　毛泽东为中共中央书记处起草复陈少敏电,对她请示在顽军不断进犯情况下应采取的政策问题指出:"除对国民党中央目前不要批评外,对顽军破坏团结、进攻边区仍应号召民众予以抵抗,以斗争之手段达到团结之目的。"

△　美陆军轰炸机进袭香港九龙区,投弹 20 余吨,击毁日机 10 架。另美机六架在蒙自以南击落日机二架。

△　日机 11 架分三批由广州飞桂林侵扰。又日机 12 架由越南飞滇境蒙自上空袭扰,其中一架坠毁。

△ 日第三十六师团"扫荡"太行区时,在山西榆社县圪坨、岩良、偏良三地杀害民众 162 人,大部分为集体屠杀。

△ 汪精卫赴华北巡视,飞抵北平。次日,对记者发表谈话称:他这次来北平是为了出席新民会全体联合协议会,在华北推进新国民运动,完成大东亚战争。并接见山东省长唐仰杜,河南省长陈静斋,山西省长苏体仁,河北省长吴赞周,北平市长余晋和,天津市长温世珍,青岛市长赵琪。29 日,汪结束在北平的活动返宁。

△ 韩国临时议院在渝召开第三十四次议会,到临时政府主席金九、国务委员李始荣、曹成焕,临时议政院副议长崔东晔、金若山等 40 余人,推现任临时政府顾问洪震为议长,11 月 19 日闭幕。

10 月 26 日 外交部发表声明:"本年 4 月 25 日中国驻巴西公使谭绍华照会巴西外长,中国政府拟与巴西政府缔结新友好通商航海条约,以替代 1882 年中国与巴西所签订之旧约,巴西政府在原则上接受中国政府之提议"。

△ 四川省主席张群以各县、市临时参议会先后成立,并召开首次会议,于地方政治之推进补助良多,迩来征实征购工作之顺利进行,尤有极大贡献,特通电勖勉。

△ 浙江省政府主席黄绍竑对记者谈浙赣会战,称浙省此次战役全部沦陷者 27 县,敌骑部分窜入者六县,灾情严重县有衢县、松阳、丽水、永嘉,郊外村镇无一完好。被杀害群众达 1.5 万人,伤 5000 人,失踪 1.2 万余人。公私财产损失达四亿元以上。

△ 董必武在国民参政会第一审查委员会会议上发言,驳斥军政部长何应钦所谓八路军"各自为政"以及国民党一些参政员要求"加强军事统一"的言论,介绍八路军在华北敌后英勇顽强、艰苦卓绝坚持抗战的显著战绩,并指出第十八集团军不是天神,它的兵要吃饭,要穿衣,要作战,处在没有得到国民政府当局补充的情况下,怎能责怪八路军"各自为政"呢?

△ 周恩来对当前同国民党的谈判问题致电毛泽东和中共中央书

记处,提议采取以下方针:一、先尽力缓和两党表面上的关系,在根本问题(军队、政权等)上只从原则上说服国民党加以改变,"至少使他们当面不能反驳";二、再次见蒋时,不提全部要求,或只谈原则,不提具体问题,或说愿听调遣,但有困难,要求"停打接济";三、对张治中除要求停打外,还谈防地,说明愿听调遣,但须解决困难,就此提出要求。认为如此,林此来可完成两个任务,一是缓和双方表面关系,二是重开谈判之门。若要超过此种任务,则非在防地上大让步不可,恐今日尚嫌其早。28 日,毛泽东复电称:同意所提方针,重在缓和关系,重开谈判之门,一切不宜在目前提的问题均不提。林彪在第二次见蒋后即回延安。

△　美国总统罗斯福致函蒋介石,对于威尔基访华结果表示满意,称:"威尔基先生已以最热烈之语句,称述彼在中国人民中所见到之良好精神。福深信彼之访华,使吾等在美者对于协调吾人共同作战力量之各种重要问题,获得更明切之见解,而证明此行有莫大之补益。"

△　美陆军航空队轰炸香港北角发电厂、广州白云山机场。

△　日军第三十二、第五十九师团及独立第五、第六旅团各一部,共 1.5 万余兵力,对鲁中沂蒙山区进行"扫荡"。27 日敌对沂蒙山区南墙峪进行合围,山东军区机关大部突出合围。11 月 2 日,山东军区机关转移至对崮峪时,又遭敌合围,特务营大部壮烈牺牲。第一一五师指挥鲁中各部队有力地支援了沂蒙山区的反"扫荡"斗争。11 月中旬,敌被迫撤出沂蒙山区。

△　日军在湖南岳阳、临湘自 20 日至是日,假"清乡"为名,四出屠杀焚掠,该两县境内被屠杀男女 2000 余人,烧毁民房数千栋,劫去谷米3000 余石,猪、牛 300 余头,灾情惨重。

△　日军围袭河北三河县泗河村,三天屠杀村民 48 人,打伤致残者 120 余人。

10 月 27 日　国民参政会召开物价特别讨论会,国家总动员委员会常委贺耀组,财政、经济、粮食、交通四部代表列席说明。

△　重庆《益世报》发表《提几个教育问题贡献于参政会诸公之前》

一文,提出五个问题:一、教师待遇问题。"教师待遇落后,致不安于位而改业";二、儿童保教问题。"儿童每多癫头、沙眼、夜盲。每天二饭或二粥一饭,或竟二粥","教具缺乏,课本不足";三、中学生生活问题。"宿舍简陋,席地而卧,营养不良,面带菜色,油灯自修";四、大学生出路问题。"毕业后无事可作,女生出路更难";五、学风问题。"师生如路人,遇公益事则多却步,视公费为应得,公私观念淡薄"。

△　阎锡山规定第二战区军人吃头等饭,其余人员吃二等饭。头等饭主食小米五两,山芋 10 两,副食猪肉二两半,山芋四两。二等饭主、副食均次之。

△　驻苏大使邵力子离苏返国。

△　周恩来答复毛泽东 25 日询问林彪在第一次见蒋时曾否谈到他见蒋的时间地点问题的来电,说林第一次见蒋时即提出毛甚愿见蒋,惟适患伤风,蒋即问毛好,未及其他。并报告同林彪见张治中的情况,鉴于林彪提出的要求被张治中打断,建议改变老一套的谈判办法,即最好多谈一般原则,不涉及具体问题,以缓和这次谈判的空气。

△　《晋察冀日报》报道:太行区第三、第六两专区及冀西、豫北各县发生严重灾荒。武安敌占区已有 60 元买一女孩之事,甚至有全家上吊者。晋冀鲁豫边区政府主席杨秀峰亲往武安等地灾区视察慰抚。边区政府决定:一、拨粮 100 石帮助无法生活之灾民;二、减轻太行第五、第六专区的粮食负担;三、暂定以公债折六万元作为救济贷款;四、以工代赈,组织纺织、运输、修渠等生产工作。

△　史迪威与英国驻印军司令韦维尔就《中美英联合反攻缅甸方案大纲》进行会谈。韦维尔拒绝中国在印度的军队从英帕尔经过达武和加里瓦向缅甸推进,只同意由胡康河谷、猛拱河谷入缅。经协商同意史迪威的使命在于占领密支那——八莫,以便使用密支那机场,并与从云南进军的中国军队取得联络。

△　日军万余人、汽车 300 辆、坦克一部,由多架飞机配合,向鲁西范县、濮阳地区进犯,企图歼灭八路军主力。八路军转到外线,在日军

侧后积极进袭,内外夹击日军,于 11 月中旬击溃日军。此役毙伤日军 500 余名。

△　下午,日机 12 架自越南窜至滇境蒙自郊外轰炸,被击落二架。又日机五架袭保山地区。

△　汪伪行政院第一三四次会议,任命广东省政府秘书长周应湘兼任广州市市长。

△　伪满洲国经济部公布《第二次富国债券发行规程》,决定发行第二次富国债券 500 万元,从 12 月 1 日发行,1947 年 4 月 1 日还清,每年 3 月 1 日抽签还 2376 张(每张债券额五元)债券。

△　挪威政府驻英大使照会中国驻英大使馆称,挪威愿与英、美采取同样步骤,放弃在华治外法权,并与中国政府商订新约,代替 1847 年挪与我国所订之条约。

△　阿根廷外长奎纳素宣布:阿政府与中国政府拟签订友好通商航海条约,代替 1881 年订的旧约。同日,加拿大、荷兰亦相继表示放弃在华特权并愿与中国商谈新条约。

10 月 28 日　蒋介石向国民参政会报告《加强管制物价方案》,规定实施管制物价的重要方针为:一、实施限价;二、掌握物资;三、增进生产;四、节约消费;五、便利运输;六、严密组织;七、管制金融;八、调整税法;九、紧缩预算;十、宽筹费用。

△　据中央社讯:中国海员在英国服役者约万人,在战争中牺牲者约 600 人,将由英国恩给部对若干残废者授予英王忠勇章,对殉职和完全残废之海员将给现金。

△　英政府令驻华大使与中国政府开始谈判废除英国在华治外法权。

△　中共中央华中局发出《关于冬季工作的指示》,提出要抓好四项主要工作:一、大力发展群众武装与民兵训练;二、巩固各群众团结,开展冬耕运动;三、切实推行民主运动,改造各级政权机构;四、开展冬学运动,广泛教育群众与党员干部。

　　△　日机七架袭广东,一架被击落。另日机多架飞云南、湖南、广西等地侦察。

10 月 29 日　第三届国民参政会第一次大会通过行政院蒋兼院长手订并于 28 日提出之《加强管理物价方案》。同日,并通过设立经济动员策进会,其宗旨是辅助国家总动员法令及战时经济法令之实施,以期达到切实管制物价。

　　△　教育部公布《小学课程标准总纲》及《国民学校及中心小学小学部各科课程标准》,定于下年度第一学期起实施。《总纲》规定:小学以"注意发展儿童身心,培养国民道德,民族意识及生活必须之基本知识技能,以期养成修已善群爱国之公民为目的"。

　　△　八路军太岳军区第三十八团一个营于山西沁源西芦家庄伏击日军,毙伤日伪军 350 人。

　　△　八路军第一二九师第三八五旅第七六九团一部,在山西襄垣以北东泉村毙伤日军百余人。

　　△　鲁中沂蒙反"扫荡"战役中,八路军与友军第五十一军并肩杀敌,是役毙日伪军 600 余名。

　　△　晨,日机五架侵入桂林上空,在郊外投弹 20 余枚。又日机三架再袭桂林。

　　△　荷兰政府通知中国政府愿意取消在华治外法权,另与中国订立平等条约,并表示自动修改过去在荷属东印度对于华侨待遇之差别规定。

10 月 30 日　重庆《大公报》发表中央大学教授致全国大学教授书,指出:报载美国拨款 400 万补助中国大学教授生活。据以下理由,未便接受。从国家教育立场,为尊重国家及政府地位,依靠友人怜恤,有贬我教育人员之尊严。建议将 400 万购置图书仪器,请政府另筹维持生活良策。

　　△　英驻华大使薛穆向外交部递交中英新约草案,计九款,内容与中美新约草案相同,仅多一款,规定新约适用之领土、人民及公司,包括

大不列颠联合王国、北爱尔兰、印度,英王之一切殖民地、海外领土、保护国,在英王保护或宗主权下之一切疆土及其英国的一切委托统治地,另在第四款中增加了交还天津、广州英租界的内容。

△　驻美大使魏道明夫妇在纽约中国驻美大使馆设宴招待美国联合援华委员会各界人士。

△　陕甘宁边区政府举行第三十六次政务会议,通过下列主要决议案:一、在教育厅内设立教育委员会;二、在秘书长之下设立研究室;三、划设延属分区,管辖延安等 10 县、市;四、划鄜县归关中分区管辖,靖边县归三边分区管辖。

△　日军在沁源城关、阎寨、中峪店、交口等地开始构筑据点,并加紧修筑临(汾)屯(留)公路和二沁大道、安(泽)沁(源)大道,企图以沁源为“山岳剿共实验区”。

△　日机分两批共八架向福建建瓯西郊投弹八枚。31 日,又有两批共 12 架在建瓯市区投弹 40 枚,民众死 20 余人,毁房 50 余间。

10 月 31 日　第三届国民参政会第一次大会闭幕,蒋介石致词,勉各尽战时国民义务,以贯彻国策。本次参政会共召开十一次大会,通过《关于加强管制物价方案之决议》、《民国三十二年政府对内对外重要方针审查意见和联合报告》等提案 250 余件;并选出驻会委员 25 名:孔庚、褚辅成、李中襄、王云五、邓飞黄、陈博生、许孝炎、杭立武、陶百川、江一平、但懋辛、江庸、王启江、郭仲隗、林虎、阿旺坚赞、冷遹、黄炎培、于斌、罗衡、何葆仁、董必武、陈启天、许德珩、王普涵。

△　毛泽东复电林枫,指出晋西北只有人口 70 万至 100 万,望检查如此迅速缩小的原因,与周(士第)、甘(泗淇)商讨积极开展游击战争,向敌人挤地盘的具体方案(即具体的积极的全面的反蚕食斗争)。必须振奋军心民心,向敌人取积极政策,否则地区再缩小前途甚坏。

△　伪满洲国实行第二次战时增税,并增加税种,更加残酷地搜刮民财。新设清凉饮料税(税率为价格之 20%)、交易税(交易额之 2‰);改正勤劳所得税为按所得收入递增率征税;提高酒税和特别卖钱税,税

率增加一倍。伪满洲国政府通过这次增税,在本年度即可多搜刮
1.2779 亿元。

10 月下旬   周恩来在重庆会见国民党驻延安的联络参谋陈宏谟。
陈表示谈判中心在看八路军能否接受命令、听从调遣,至于防地问题,
可以不尽如 1940 年 10 月"皓电"的要求,但军队必须移动。

是月   国民党中央组织部通告各省市、学校、工厂、海员党部,颁发
《党员守则研讨大纲》,凡 12 条:一、忠勇为爱国之本;二、孝顺为齐家之
本;三、仁爱为接物之本;四、信义为立业之本;五、和平为处事之本;六、
礼节为治事之本;七、服从为负责之本;八、勤俭为服务之本;九、整洁为
强身之本;十、助人为快乐之本;十一、学问为济世之本;十二、有恒为成
功之本。

△   中国滑翔总会滑翔机劝募委员会,主持滑翔机劝募运动,定
"双十节"结束,原计划为 500 架,实已达 751 架。

△   冀东军分区直属队和丰玉遵联合县基干队,在青龙县青河口
伏击关东军田中"讨伐队",歼灭田中队长以下官兵 100 余人,缴获轻机
枪三挺、小炮一门、长短枪百余支。

△   晋察冀军区炮兵营在河北省曲阳县武家湾成立。1943 年 3
月,炮兵营奉命开赴延安,编为八路军总部炮兵团第二营。

△   邹韬奋在中共党组织派人护送下由敌占区上海乘船秘密经南
通到达苏北抗日根据地。

△   太行区旱情严重,晋冀鲁豫边区政府决定拨款 10 万元救济
灾荒。

△   中、美、英、苏四国代表在重庆举行研讨对日作战的军事会议。

△   周佛海派军统特务程克祥去重庆,向蒋介石、戴笠面交亲笔
信。周在信中表示希望沟通宁、渝之间的联系和促成全面和平的实现。

△   日华北方面军参谋长安达二十三声称:"华北碉堡已新筑成
7700 余个,遮断沟修成 1.186 万公里长,为起自山海关经张家口至宁
夏的万里长城六倍、地球外围的四分之一强。"

　　△　海南岛日军调集第十五、第十八两个警备队,对琼山、文昌接壤的村庄发动大"扫荡",屠杀民众数千人。

　　△　日军修建泰缅铁路,自泰国佛统起,沿奎诺伊河谷至缅甸丹彪西驿止,全长 400 公里。据统计从是月开工到 1943 年 11 月全线通车,日军共驱使七万余名战俘和 30 余万名民工拼死修路,共有 1.3 万名盟军战俘和九万民工丧生,平均每公里铁路有 260 人付出生命。这条铁路在历史上被称为"死亡铁路"。

　　△　日香港总督部宣布,港币四元兑换军用票一元。同时,强迫囚禁于战俘集中营里的汇丰银行经理海地签发存放在仓库内面额 50 元以上港币,然后利用这批港币到澳门采购物资。迫签港币总数接近 1.2 亿元。

11　月

　　11 月 1 日　三青团中央团部在蒋介石私邸开最高干部会,蒋介石、陈诚、张治中等出席。会议就非国民党系诸党派之反政府活动进行讨论,决定以对付共产党而制定的异党活动办法对付各民主党派;同时还通令西安、兰州、韶关、桂林、昆明等地三青团加重弹压。于 2 日闭会。

　　△　全国慰劳总会文化劳军运动委员会举行茶会,孔祥熙致词,略谓:现以 2000 万元为捐募目标,此款不由国库负担,而发动人民捐款,望各界有钱出钱,有物出物,由城市到乡村,由国内到国外,一致响应。

　　△　航空委员会主任周至柔与美军代表同往云南视察空军基地。

　　△　湖北省政府在老河口成立鄂北行署,何绍南为主任。

　　△　中共中央军委总政治部任命谭震林为新四军政治部主任,免去饶漱石兼主任之职。

　　△　日政府增设大东亚省,青木一男为大臣,山本熊一为次官,对满事务局次长竹内新平为总务局长,拓务省拓北局长今吉敏雄为满洲

事务局长,兴亚院部长宇佐美珍彦为中国事务局长,外务省南洋局长永野伊太郎为南方事务局长。从此,凡日本在亚洲各占领地域之政务皆由大东亚省掌管,只属纯外交事务由外务省管理。

△　日军中国方面舰队司令长官左贺峰一调横须贺军港任镇守司令,遗缺由吉田善吾继任。

△　英驻华军事代表团团长勃鲁斯少将离任,由葛林斯达尔少将继任,并兼任英国驻华大使馆武官。

△　中印公路在中、美、英三方面协力下,自印度利多开始修筑。

11 月 2 日　中央文化运动委员会第三次全体委员会在渝举行,主任委员张道藩,副主任委员潘公展、洪兰友,委员吴南轩、胡秋原、黄少谷、舒舍予、徐悲鸿、张恨水、易君左等 100 余人出席,通过拟请中央统一文化运动机构,以便加强指导,请中央设置三民主义研究院等案。

△　重庆《大公报》讯:蒋介石手令赈济委员会协同儿童保育机关,将二万名难童移往新疆保育。

△　国民政府公布浙江省临时参议会名单:议长陈屺怀、副议长余绍宗,议员吕公望、叶志超、邵裴子等 37 人。

△　陕甘宁边区政府为加强对税收的监督,发出命令规定如下:一、凡设有税务局的地方,须组织税务委员会,协助税局工作;二、责成地方保安警卫部队及自卫军协助税务局、所,查禁仇货、毒品等违禁物品及检查偷漏税情况;三、严饬公营商店遵章纳税,当地政府和驻军须给予税务机关有效的帮助,查禁违章者;四、经常注意群众对税务机关的反映,帮助税务机关纠正与解决存在的问题;五、政府不得单靠命令税工人员执行。

△　鲁中沂水(今沂源城南)、东里店等日伪军 800 余人,在飞机和炮兵支援下,分 11 路向沂水、沂源、临朐三县交界对崮峪进行“拉网合围”“扫荡”。八路军第一一五师教导第一旅转到沂水城东,摆脱敌人。山东军区机关、鲁中军区第二军分区直属团转移到对崮峪后,被日伪军包围。经一天激战,打退敌人八次猛烈进攻后,分路突围。这次战斗共

毙伤敌 600 余人,八路军伤亡和失踪 300 余人,山东省战工会秘书长李竹如、鲁中区第二地委书记潘维周等牺牲。

△ 伪军第一军军长李英率 3000 余人"扫荡"冀鲁豫边区根据地北部地区。八路军冀鲁豫军区第五军分区司令员朱程指挥民一团、基干团和军分区教导队,在内黄县将敌包围,毙俘伪旅长以下近千人。

△ 日机 54 架自广东方面出动,其中 36 架分三批袭桂,盟机多架升空反击,发生激烈空战,日机四架被击落,盟机损失一架。

△ 石渡庄太郎抵南京,就任汪伪政府最高经济顾问。5 日,石渡对记者发表谈话,表示日本如没有中国的协力如物资等,就不能完成大东亚经济建设。

11 月 3 日 蒋介石在私邸召集何应钦、白崇禧、商震、陈诚及英、美代表举行军事会议,讨论:一、缅甸反攻作战计划;二、云南、越南作战计划;三、留印中国军队行动问题等。

△ 行政院例会决议褒扬已故驻波兰公使王景岐,任命张含英为黄河水利委员会委员长。

△ 外交部长宋子文在渝举行中外记者招待会,声明中国应收复一切失土,应恢复到"九一八"以前之状态。

△ 外交部在研讨美国政府上月 24 日《中美关系条约草案》后,拟订《对于中美关系条约草案意见》、《中美关系条约修正草案》、《中美关于新约范围以外之特权应即废止之换文》三项文件,是日由魏道明送交美国政府,美方同意以此作为双方交涉的基础。

△ 新都县银行经理兼川康银行新都办事处主任,并兼四川省银行第一民食供应处顾问吴肇章,利用职务私囤食米 2000 余石、菜籽 1.2 万余石,操纵市场,经国家总动员会议成都经济检察队破获,决处死刑,执行枪决。

△ 中共中央军委制定《华北形势大纲》,总结华北敌后抗战形势,提出八路军作战方针是继续坚持平原,以保障晋、冀山区物资供给及晋、冀山区的联系。作战内容是反"蚕食",要以我之强对敌之弱;反"扫

荡"则要以我之弱对付敌之强。把根据地、游击区、敌占区的对敌斗争结合为一体,构成反"扫荡"的正面。反"蚕食"、反"扫荡"两者有机结合,以反"扫荡"为主。

△ 八路军冀南军区为打开漳河两岸地区的工作局面,以四个团的兵力发起成安临漳战役。首先一举攻克土匪程希孟部的老巢回龙镇,歼其 9000 余人。11 日开始战役的第二阶段,奔袭成安、临漳两城,全歼临漳守城日伪军 150 余人,并肃清该地区的伪警备队及伪政权机构。从此,打开了漳河两岸成安、临漳地区的抗战局面。

△ 驻山东滨海区八路军第一一五师教二旅,为配合沂蒙区反"扫荡",以"翻边战术"在海陵进行反"蚕食"战役,连战一周,克敌伪据点 16 个,毙伤日伪军 170 余人,俘日伪军 450 余人,粉碎敌对海陵的"蚕食"。

△ 新四军奔袭安徽灵璧、固镇,俘伪大队长以下 120 名,毙伤日伪军 400 多名,缴获子弹 3000 发、步枪 150 余支。

△ 日机 13 架空袭江西赣县,在郊外投弹 30 余枚,一人死亡。

11 月 4 日 重庆《大公报》讯:经济部资源委员会副主任委员钱昌照视察四川西南后称:资委会直属工矿企业 96 个,今年生产价值约 20 亿元。

△ 驻英大使顾维钧在重庆公开讲演,题为《战后和平问题》。

△ 中共中央晋绥分局根据毛泽东"把敌人挤出去"的指示,在兴县北坡村召开晋绥分局、行署、军区、抗联以及各专署、军分区负责人参加的高干会议。决定主力部队以三分之一的兵力,地方武装以二分之一的兵力,普遍组成武装工作队,深入敌后开展工作。分局成立敌区工作部,张稼夫兼任部长,并在各地敌人据点中建立内线,打入敌人内部,配合部队作战。

△ 加总理金氏宣布,任命欧德伦少将为加拿大驻华公使。

11 月 5 日 四川农业公司组成,负责人选即由川康兴业公司与四川省政府共同商定。

△　据重庆《大公报》讯：海军中将陈策、少校徐亨在去年港九战役中奋勇突围，对英国援助甚大，英驻华大使薛穆代表英王特将勋章分授陈、徐二氏。

△　中国驻美领事在华盛顿开会，由驻美大使魏道明主持，研究旅美华侨援助祖国抗战等问题。

△　美国援华委员会拨款 400 万元补助中国各大学教授生活。11日，蒋介石颁手谕：增拨教育经费 200 万元作为补助各专科以上学校教授生活，又拨 400 万元为明年教育经费。

△　晋察冀军区司令部公布五年来军区战绩：共作战 1315 次，毙伤日伪军 16.9012 万名，俘日军 441 名，俘伪军 1.9603 万名，伪军反正 1.6992 万名，缴获各种炮 106 门、掷弹筒 225 个、各种机枪 1038 挺、步马枪 3.1098 万支、短枪 342 支、马刀 893 把、战马 3723 匹。

△　冀东蓟宝三联合县基干队和中共县委干训班在三河县之泗河村，遭日伪军 500 余人围攻。在突围中，干部和战士牺牲 27 人。日伪军连续 4 天对该村村民进行拷打，有 48 人被杀害，120 余人致残，400余间房屋被烧毁。

11 月 6 日　中国政治学会第三届年会在渝举行，主要讨论重建世界和平及政治建设机构。王世杰任主席。蒋介石特颁训词，略谓：《大学》、《中庸》、《礼运》三篇为我国政治哲学之宝典。王宠惠秘书长演讲《战后集体安全》。选王世杰、钱端升、杭立武、浦薛凤、张忠绂、肖公权为理事，选蒋廷黻、高一涵等为监事。8 日闭幕。

△　新疆省政府发表公告：人民不得潜行加入外籍，并公布国民政府 1929 年颁布的《国籍法》。

△　四川省银行增资为 4000 万元，由国民政府财政部出资 1000万元，四川省政府出资 2000 万元，余为商股。

△　教育部训令指定中央大学等 21 校，自 11 月 20 日起加紧实施军事管理，以树各校楷模。

△　驻英大使馆陆军武官康宝煌就英国第八军在埃及大捷，代表

中国陆军向帝国参谋本部副参谋总长赖埃祝贺。

△ 中共中央公布《关于宽大政策的解释》,指出:对敌人、汉奸及其他一切破坏分子,在被捕、被俘后,除坚决不愿悔改者外,一律施行宽大政策,予以自新之路;对于坚决不愿悔改者,是镇压而不是宽大。

△ 晋察冀第三军分区部队一部,袭击定县云虎村之敌,俘伪军390 余人。

△ 新四军夜袭安徽泗县东青阳集,毙日伪军 28 名,俘 137 名。

△ 伪满洲国政府召开有省次长参加的日籍地方官吏首脑会议。16 日,又召开伪省长会议。两会中心议题为粮食问题,确定 1942 年度收来之农产物,先供军需、特需,继之供应重要生产部门之劳需,然后再转向一般民需。

11 月 7 日   是日为苏联十月革命胜利二十五周年纪念,国民政府主席林森致电苏联最高苏维埃主席加里宁;中苏文化协会会长孙科致电斯大林;国际反侵略运动中国分会、国际联盟同志会、中英文化协会、中美文化协会、留俄同学会、中国回教救国协会、中国劳动协会、中华全国文艺界抗敌协会致电苏联对外文化协会凯缅诺夫表示祝贺。军委会举行纪念会,招待在渝苏联军官和武官等。

△ 延安各界代表 2000 余人集会,庆祝苏联十月革命胜利二十五周年。朱德报告苏德战争与中国抗战。延安各机关、学校分别举行纪念活动。

△ 延安《解放日报》发表毛泽东撰写《祝十月革命二十五周年》一文,指出:今年的十月革命节不但是苏德战争的转折点,而且是全世界反法西斯阵线战胜法西斯阵线的转折点。"十月革命的旗帜是不可战胜的,而一切法西斯势力则必归于灭亡"。"我们的抗日战争已经进行五年多了,我们的前途虽然还有艰苦,但是胜利的曙光已经看得见了。战胜日本法西斯不但是确定的,而且是不远了"。

△ 苏联驻华大使馆为十月革命胜利二十五周年举行茶会,招待中国各界人士及盟国驻华使节,周恩来、董必武、邓颖超等出席。

　　△　国民政府决定彻底管制棉花,其办法:一、陕棉除物资局收购者外,其余商人自行采购来川之棉花,一律由农本局在川、陕沿线宝鸡等地加以收购,由政府统筹分配;二、敌人在湘北、鄂西一带套购棉花,除下令禁止棉花输出外,并在沦陷区大量抢购。14日,国民政府以一亿元专款收购陕棉。是日,军需署开始统制棉纱。17日,国家总动员会议决定将陕西存棉20万担,每担定价600元全部收购。逾期未交者,一律没收存公,并规定除农本局外,各纱厂、各机关不得自行收购。

　　△　中华职业教育社举行董事会,黄炎培、钱新之、陈光甫、王云五等10余人出席,决议将中华职业学校改为职业专科学校。

　　△　中国影展在英国伦敦展出。展品共60幅,主要反映各界群众抗日及建设的情况。

　　△　中共南方局文化组组织在渝进步文化界人士郭沫若、茅盾、舒舍予、胡风、夏衍、田汉、阳翰笙、史东山、曹靖华、戈宝权等百余人,联名给苏联文化界致贺电,称:十月革命的胜利,"对于全人类的反法西斯蒂的战争给予着无上的欢欣、鼓舞、力量","我们是深切相信人类的前途正是走向光明,纵使目前尚有莫大的障碍,但我们要不屈不挠,排除万难前进"。

　　△　日军纠集昌平、延庆、密云、滦平、丰宁等地敌伪4000余人,分10路对平北根据地进行"报复扫荡"。平北军民奋起还击,一周后将敌击退,并乘胜攻克怀来西北安家堡据点。

　　△　日大本营派原陆军大学校长下村定中将接替泽田茂中将为第十三军司令官。

11月8日　"火炬"行动开始。凌晨,在艾森豪威尔将军指挥下(大本营设在直布罗陀),美英联军开始在法属阿尔及利亚和摩洛哥登陆,旨在夺取北非登陆场,进而与正在埃及和利比亚作战的英国第八集团军协同,歼灭非洲大陆的德、意军队。

　　△　日华北方面军司令官冈村宁次秘密由北平飞到烟台,布置对胶东根据地进行"扫荡"。

11 月 9 日　教育部颁发《待遇边境学生暂行规则》,凡 13 条。规定:为鼓励蒙、藏及其他语言文化特殊性质地方学生升学内地,每年开学前,由旗盟地方官署、边地学校推荐学生参加升学考试,学校将予从宽录取或酌收旁听。对未能录取学生的不及格科目,教育部指定学校予以补习。

△　据重庆《大公报》讯:贵阳甘沟煤矿公司创办人赵清华去秋入川调查地矿,在灌县发现铁矿,已设厂开采。

△　新四军第三师第八旅第二十二团一部,在涟东县总队的配合下,于涟东佃湖地区阻击日伪军 800 多人的进攻,激战终日将敌击退,毙伤日伪军 100 余人。

△　伪华北政务委员会、伪蒙疆联合自治政府、伪满洲国政府、关东州及朝鲜等代表在北平召开“第二次大陆联络会议”。会议以“力求供应日本一切,借以充实日本战力”出发,讨论“扩大对日输出”、“彼此互相援助”等问题。

11 月 10 日　国民政府任命苏兆祥为四川高等法院推事兼院长。

△　行政院例会决议为国立中学和各省临时中学追加教育经费 600 万元;授予航空委员会前秘书长宋美龄一等宝鼎勋章,以表彰她对航空事业的贡献。

△　驻苏大使邵力子回国述职,是日抵渝,12 日晋谒蒋介石。

△　中央宣传部长王世杰对外籍记者称:“美军在北非登陆,我不仅完全同情,并盼法人不阻挠盟军行动。”

△　四川古物保管委员会及四川博物馆近在外西抚琴台侧发现古墓一座,当于 9 月中旬开始发掘,刻已掘出墓身,证明为前蜀帝王建墓址。墓中尚有铜器多件,弥足珍贵。按:王建为五代时前蜀开创之王,舞阳人,唐昭宗末年封蜀王。

△　川、康两省政府商定,将省营各生产事业全权委托川康兴业公司代办。该公司为求周转灵活,向四联总处洽妥低利贷款 5000 万元,并可随时支用。

　　△　中韩文化协会理事长孙科在重庆招待韩国临时议院全体议员,周恩来、冯玉祥、宋庆龄等出席作陪。

　　△　英国议会访华团艾尔文等一行抵重庆。

　　△　八路军野战政治部发出《关于巩固部队政治工作指示》,指出:在战役战斗日益频繁,而在一定时期内部队的补充又属困难的情况下,巩固部队就成为政治工作的重要任务。并强调在部队中应关心与爱护战士,提倡干部与战士同生死共患难,更多地照顾战士的切身利益,不断给予精神上的安慰与鼓励,同时要利用各种生动具体事实,对部队进行传统教育,提倡艰苦奋斗的作风。

　　△　晋绥军区参谋长周士第报告晋绥军区部队五年来战绩:共作战5287次,毙伤日伪军8.685万人,俘日军312人、伪军8335人。毙伤马5843匹,俘马5563匹,缴获步枪1.3324万支、驳壳枪464支、手枪251支、轻重机枪538挺、各种炮42门、毒瓦斯1770筒,破坏火车头28个、车皮22辆、汽车866辆、飞机五架、坦克四辆、碉堡68个、公路9432里、铁路895里、桥梁530座。

　　△　八路军太行军区第五分区配合冬季政治攻势,与民兵发起对河南安阳营井段封锁沟、墙的破击作战,毙、俘日伪军百余人,收割电线万余斤。同日,八路军步、骑兵各一部强袭山西临漳,毙日军一部,俘敌150名,缴获长短枪200余支、战马50匹。

　　△　美总统罗斯福宣布,美国计划到1943年底扩军970万人。

　　11月上旬　八路军晋察冀军区第十团团长王亢率队将窜到密云古石峪烧房、抢粮的石匣日军南岛中队包围,毙敌南岛中队长以下80余人,截回粮食70余驮。

　　11月11日　英国议会访华团艾尔文等一行四人觐见国民政府主席林森,并呈英王亲笔信。同日,该团晋谒蒋介石及夫人宋美龄,将丘吉尔首相及英国上下两院致蒋信以及丘吉尔夫人致宋美龄信面呈蒋、宋。晚,蒋介石夫妇设宴款待艾尔文一行,蒋致欢迎词时指出:"中英不仅为求取胜利而协同努力,更为建立新世界而提携共进。"

　　△　财政部制定《新疆流通货币暂行办法》,决定中央银行在新省设行,发行关金券与新省币同时流通,并暂定关金券 25 分折合新省币一元。

　　△　第十战区司令长官薛岳宣布七项规定,凡党政军警机关部队官兵,均应集体宣誓不经商、不走私,违者撤职。

　　△　四川江津县邓鹤年捐助江津县私立聚奎初级中学校暨新本女子初级中学款项,前后达 30 万元以上,是日国民政府明令嘉奖,以昭激励。

　　△　中央大学全体教授发出《致全国大学教授书》,表示不愿接受友邦给予的生活补助费,以顾全国家体面。

　　△　重庆《中央日报》特讯称:复旦大学学生近因生活关系,多在重庆北碚附近兼任其他职务,学校当局严加取缔,并令自即日起至 12 月 1 日止办理登记,由校方审核,如不登记或未经核准而仍在校外兼职者,一经查出,立即开除。

　　△　中共琼崖特别委员会召开会议,检查一个月来反"蚕食"斗争的经验教训,确定"以坚持内线与展开外线作战相结合"为新的作战方针,及建立以猛山为中心的根据地展开外线斗争的策略。

　　△　中共太岳区党委、太岳军区发出围困沁源之敌的命令。洪赵支队负责打击沁县至沁源大道之敌,围困王和镇,警戒韩洪、红窑上来犯之敌。洪赵支队在沁县至沁源大道上,伏击敌人,破袭道路,造成敌人物资补给的极大困难,有力地支援沁源围困战。

　　△　八路军雁北部队里应外合智取灵丘东张庄敌据点,俘伪军 80 余人,缴获轻机枪二挺、长短枪 62 支、子弹三万余发,全部焚毁敌伪住所、堡垒。八路军仅一名负伤。

　　△　日伪军千余人"扫荡"冀南大名西南地区,在泊儿村等处设据点。

　　△　美潜水艇在上海吴淞附近击沉日轮船两艘。

　　11 月 12 日　国民党五届十中全会在重庆开幕。蒋介石任主席,到中央执监委员 155 人。三民主义青年团中央团部常务理、监事,各省、市党部主任委员、书记长,各院、部、会长官,各省政府主席均列席。于右任、孙科、冯玉祥、戴季陶、邹鲁、孔祥熙、陈果夫、叶楚伧、顾孟馀、李文范为主席团。会议研讨经济问题及党政工作,确定工作新方针。

　　△　外交部长宋子文和英驻华大使薛穆在重庆会晤,就取消治外法权、交还租界、双方缔结平等新约等问题开始举行谈判。会谈中中国方面提出新界问题与租界性质相似,应予解决;英国则认为新界问题不在谈判范围之内。中国政府不愿因新界问题而使谈判破裂,对此声明保留日后重行提请讨论之权。

　　△　驻古巴公使李迪俊代表中国政府与古巴外长马丁尼在哈瓦那签订《中古友好条约》。

　　△　重庆各界纪念孙中山诞辰七十七周年,刘峙、吴国桢等 500 余人出席。重庆市党部为此举行各大学及专科学校学生讲演竞赛,讲题为《国父诞辰及于中华民族之影响》。三民主义青年团重庆支团部为此举行中学生讲演竞赛。

　　△　蒋介石饬军事委员会政治部编订的《政工典范》出版,是日明令颁布施行。

　　△　经济部西北工业考察团团长林继庸率团员 20 余人于 7 日抵兰州,在兰参观工厂、企业,是日抵青海考察。12 月 3 日赴新疆考察。初步决定:在宁夏将办水泥、毛纺、造纸三个厂;在甘肃开办纺织、面粉、炼铁三个厂;陕西主要扩充和改善现有企业;并决定将原设在西安的经济部工矿调整处西安办事处改为西北办事处;明春在兰州设置专员办事处。

　　△　上午,英议会访华团与各报社负责人会晤,包括《大公报》王芸生、《中央日报扫荡报》联合版詹文浒、《时事新报》陈翰伯、路透社赵敏恒、中央社萧同兹、美国合众社王公达、美国国际新闻社李圣思及英国《每日快报》马丁茂等。10 时,英议会访华团拜会国民参政会驻会委员。下午,宋子文在外交部举行茶会,欢迎英访华团。

△　日军二万余人分区"扫荡"八路军胶东地区。这次"扫荡"共分三期。第一期以烟青路东之牙山(栖霞县)、马石山(海阳县北)为中心,采用"拉网合围";第二期向东海地区合击"清剿";第三期向西海地区合击。"扫荡"至 12 月 24 日止。

△　8 时,日机 44 架分路窜袭湘、桂,8 时 58 分与我空军在零陵上空发生激烈空战,"零式"日机一架被击落。同日,日机 11 架在桂林与我空军发生空战。

11 月 13 日　英国议会访问团在渝参观大、中、小学。同日,中英文化协会举行茶会欢迎英国议会访问团,正、副会长王世杰、薛穆及会员 200 余人出席。晚,教育部长陈立夫设宴招待访问团,教育部次长余井塘、顾毓琇、四川大学校长程天放、西北大学校长赖琏等出席作陪。同日,中英文化协会举行茶会欢迎英国议会访问团。

△　四川省教育学院 20 余名教授举行座谈,沉痛呼吁美国援助不便接受,改善生活端赖政府。

△　八路军冀东主力部队在承平宁地区打击日伪。第十二团第二营围歼三沟警察署、五道河子警察分驻所和上谷、永和铁路警护队。第十一团一个连攻击洼子店警察分驻所、黄土梁子、八里罕警察署和大营子警察分驻所。到 17 日,打下三沟、黄土梁子、八里罕三个警察署和六沟、七沟、洼子店等 11 个警察分驻所及上谷、榆树沟、永和三个铁路警护队,缴获长枪 140 余支、手枪 11 支和一批物资。

△　华北朝鲜独立同盟晋西北分盟及华北日本人反战同盟晋西北支部召开成立大会。朝鲜独立同盟分盟主任为金世光,日本人反战同盟支部负责人为小林武夫。

11 月 14 日　国民党五届十中全会举行首次大会。主席团宣布各组召集人名单:党务组丁惟汾、朱家骅、陈立夫;政治组王宠惠、王正廷、张厉生;军事组何应钦、程潜、陈济棠;经济组张群、贺耀组、徐堪;教育组邵力子、白崇禧、张道藩。旋即由中央常务委员居正报告党务。

△　教育部公布《中学及师范学校教师检定委员会组织规程》,凡

九条;《中学及师范学校教员检定规程》,凡 15 条。规定各地教育行政机关应指定或聘请人员组成检定委员会。教师检定每年举行一次,检定合格有效期为六年。各校均应聘请检定合格的教师。1944 年 7 月 7 日,经行政院修正后,此《规程》改为《条例》。

△　英议会访问团参观中央政治学校。晚,蒋介石夫妇在官邸设宴招待英议会访问团。

△　日军第十七师团、独立混成第十三旅团各一部及伪军共 6000 余人,附以坦克、骑兵,在航空兵支援下,对淮北抗日根据地中心区青阳、半塔地区进行"扫荡"。新四军第四师以主力一部协同地方武装坚持斗争,该师主力大部跳出合围圈,向泗县、灵璧方向转移,袭击日军侧后据点及交通线。内外线配合作战,迫日军于 12 月 17 日撤出青阳等地。第四师在 33 天的反"扫荡"作战中,共歼日军 800 余人。在此期间,新四军第二师也粉碎日军混成第十三旅团及伪军 2000 余人对淮南抗日根据地定远地区的"扫荡"。

11 月 15 日　军事委员会在桂林举行西南将领会议,协议在越南国境线反攻作战问题,并决定将西南行营移驻南宁,由白崇禧任总指挥。

△　是日至月底,冀东军分区主力部队为配合恢复基本区的反"蚕食"斗争,在热河境内及长城南侧进行广泛出击,先后攻克锦热路的上谷、永合两车站及兴隆、承德、平泉、宁城、蓟县、抚宁等地 21 处敌伪据点,扩大热南根据地,开辟凌青绥地区,游击区已有 11 个抗日县政权,其中三个县跨长城南北,两个县完全在"伪满"国境之内,武装部队已发展到 8100 人。

△　日军第十七师团及伪军各一部共 5000 余人,由淮阴、泗阳、新安、沭阳等地出动,从四面出击淮海区的小湖庄、陈圩、张圩地区,企图消灭该区中共党、政、领导机关及新四军主力部队。新四军第三师第十旅以主力一部协同地方武装坚持内线斗争,第十旅主力大部掩护党、政、军领导机关向灌云东北方向转移出去。日伪军扑空后,即向六塘河

两岸进行"扫荡",同时修公路、建据点,尔后又实行分区"清剿",将淮海抗日根据地分割成数块。根据地军民经月余作战,共歼日伪军 500 余人。

△ 日伪军 5000 人合击鲁中博山城东马鞍山地区。被围的八路军一个区中队和在此休养的八路军副团长王凤麟等伤员坚决抵抗,后大部牺牲。

△ 暂编第五师少将师长彭士量在湖南石门殉职。

△ 汪精卫于 14 日偕日顾问松井太久郎赴武汉视察,是日伪湖北省政府、汉口市政府设宴招待。汪在宴会上声称:为协助日本完成大东亚战争,第一、必须内部团结一致,克服一切困难;第二、必须与日本同心协力,和衷共济。

11 月 16 日 国民党五届十中全会举行第二次大会,由国防最高委员会委员孔祥熙作政治报告,对行政、立法、司法、考试、监察五院工作作扼要说明。英大使薛穆、澳大利亚公使艾格斯顿、印度专员黎吉生、英国军事代表团团长孔士德、英议会访问团艾尔文等莅临参观。蒋介石以总裁身份致词欢迎。下午,宋子文报告国际形势。

△ 新运妇女指导委员会指导长宋美龄在渝举行茶会欢迎英议会访问团。各妇女团体负责人及妇女界知名人士 300 余人出席。

△ 朱德在延安军事学院第一期学员毕业典礼上讲话,强调实事求是作风,指出一切最好的战略战术,都是实事求是,合乎辩证法的。有什么样的武装,有什么样的敌人和地理条件,就必须打什么样的仗,调皮是不行的。并指出:革命是群众干的,没有群众什么也干不成。因此,必须深入到群众中间,才能团结和领导群众前进。他还说,目前革命胜利的希望比以前更大了,我们政治上更要坚定,永远做一个革命者,使革命成功。

△ 陕甘宁边区政府设立边区物资局,取消财政厅所属的贸易局,将原贸易局所属之盐业、土产公司及光华商店划归该局领导。任命叶季壮为物资局局长。

△　日机四架窜入陕西境内,并在西安窥察。

11 月 17 日　国民党十中全会举行第三次大会,国家总动员会议常务委员会贺耀组作经济报告,四川省主席张群作川省施政情况报告。18 日,举行第四次大会,何应钦作军事报告。

△　蒋介石为美国《纽约先驱论坛报》发表题为《建立平等互赖的世界,消灭任何帝国主义》的论文,以三民主义说出中国与世界未来的希望,主张建立平等互赖的世界,消弭任何形式的帝国主义。

△　行政院副院长孔祥熙在重庆官邸欢宴英议会访问团。同日,英议会访问团拜访宋庆龄。

△　宋美龄应美总统罗斯福夫妇邀请飞美。

△　教育部颁布《奖励中等学校教员休假进修办法》,凡 11 条。规定在一校连续服务满九年,成绩昭著、品格健全的专任教员得申请休假进修,进修期限为一年。进修期间仍支原薪及各项补助或津贴。

△　赈济委员会委员郑延卓、专员梁建华及军事委员会上校参谋周励武偕夫人抵延安,奉命携款救济边区水灾。叶剑英、林伯渠、李鼎铭等前往交际处访晤。12 月 1 日,陕甘宁边区政府、边区参议会、八路军留守兵团联合举行晚会欢送郑一行。郑发表讲话,略谓:第十八集团军在晋察冀等地牵制了大量的敌人,留守兵团起了同样的作用,边区虽接近前方,社会秩序如此安静,在艰苦的环境得到如此的成果,令人钦佩。

△　八路军在山东全线出击,在沂蒙区歼日伪军 300 人,滨海区歼日伪 600 人,鲁南、清河区各歼敌数百。同日,鲁中滨海各界群众 2000余人集会,庆祝八路军反蚕食连克 16 据点的胜利。

△　八路军晋察冀部队一部在灵丘县展开破击战,二小时内将蔡家峪至南坡头 40 余里的电讯设施全部破坏。

△　国际情报委员会公布:中国沦陷区内,有高等学校 25 所被迫停办,14 所全部毁灭,另 15 所遭轰炸,损失极重。

△　8 时至下午 2 时,日机 10 架分批窜入陕境,其中一架窜入甘肃成县一带窥察。

　△　比利时政府通知中国政府放弃在华特权。

11 月 18 日　出席国民党五届十中全会代表孙科、冯玉祥、马超俊等联名向全会提出《联苏容共扶助农工调整国共关系案》;李宗仁、白崇禧、李品仙等广西派联名提出《抗战诸党派结成大同团体案》;陈立夫、陈果夫等联合提出《防止分散抗战建国势力案》;万福麟、于学忠等东北派一致要求释放张学良。

　△　财政部与英国福公司签订《关于办理中国购英货物在印度接运的合同》,凡 11 条。

　△　中华妇女职业协进社成立三周年。该社在渝创办青年女子农业学校和中华女子职业学校,收容战区流亡女青年,膳食免费。

　△　武汉大学教授百余人召集紧急会议,并发表宣言赞同中央大学教授拒绝接受美援的号召,并请教育部要执行本届国民参政会所通过的决议案,以改善教授待遇。另通电全国教授,发起组织全国教授联合会。

　△　周恩来以《新华日报》编者名义,发表该报首次刊出的《友声》专栏前言,称随着抗战局势的发展,中国人民的任务越来越重。在探讨需要解决的问题中应当重视不同的意见,特辟《友声》一栏,欢迎各方面朋友提出真知灼见。

　△　英议会访问团上午参观兵工厂。晚,出席国民党中央党部举行的晚宴。

　△　"扫荡"太岳抗日根据地北部地区的日军撤离根据地,留下一个大队及伪军一部据守沁源县城及其附近据点,企图以此为基地分割和"蚕食"太岳根据地。太岳北部地区军民在中共太岳区委领导下,以麻雀战、阻击战、地雷战和伏击战等对沁源县城日伪军实施长期围困。

　△　下午 2 时,日机一架飞入湖北老河口,在河岸投弹数枚。

11 月 19 日　国民党五届十中全会举行第五次大会,由党政工作考核委员会秘书长张厉生报告党政考核工作;国防最高委员会秘书长王宠惠报告行政三联制与党政考核工作三十年度成绩总检讨。下午分别审查提案。

△　国民党第五届中央监察委员会举行第十次全体大会,监察委员林森、张继、吴敬恒、杨虎、邵力子、王宠惠、黄绍竑、商震、王秉钧、王世杰等35人出席。王子壮秘书长宣读常务委员会工作报告,讨论关于审查稽核等案件。

△　军事委员会颁布党员公务员及士绅子弟服兵役征集办法,规定由各县(市)长、市党部书记长、国民兵团副团长、军事科长、社会科长及师管区遴派一员组成特种壮丁调查委员会,办理全县征集事务。凡党员公务员及士绅子弟应征者,经验查后,即抽签公布,中签者准入模范队或特种兵部。

△　下午4时,三民主义青年团中央团部在干部训练班举行茶会,欢迎英议会访问团。晚7时,国际反侵略运动大会中国分会,中韩文化协会,中国国民外交协会等团体联合举行宴会欢迎英访问团。

△　朱德总司令、彭德怀副总司令在《正义报》发表《告沦陷区同胞书》,揭露日军实行第五次"治安强化运动",号召沦陷区人民坚持对敌斗争,争取抗战的最后胜利。

△　监察委员熊育锡在宁都逝世。熊为当代宿儒,蒋介石电唁家属,赠三万元抚恤费。12月20日在渝开追悼会。

△　延安《解放日报》载:1941年6月至1942年6月一年间,华北日军抓捕壮丁运往关外者达74.2万人。截至1941年底,敌在华北修碉堡7700余座,铁路、公路两侧的壕沟已达37.2万里。

△　汪伪中央储备银行与日正金银行签订《关于购买广播电讯器材向日本正金银行活期透支借款600万元契约书》。

11月20日　国民参政会第三届驻会委员会举行首次会议,莫德惠任主席,林虎、王普涵、陈启天、黄炎培、许德珩、江一平、阿旺坚赞、王云五、董必武、杭立武、陈博生等参政员出席。由秘书处报告本届第一次大会决议案,处理经过及经济动员策进会筹备情况。外交部次长傅秉常报告外交及国际形势,最后讨论废除不平等条约问题。

　　△　军事委员会派甘肃省政府主席谷正伦兼任甘新公路督办,西北公路工务局长凌鸿勋兼任会办,接管甘新公路,并修护由甘肃河口至甘、新交界之星星峡公路干线。

　　△　国民党五届十中全会举行第六次大会,听取各省、市党政报告。

　　△　国民政府命令陆军少将高树勋晋升中将。

　　△　国民外交协会在广播大厦举行废除不平等条约座谈会。莫德惠、于斌、江一平、陈炳章、程希孟、胡秋原、杨玉清等出席。主要意见有:一、废除不平等条约范围要广,应彻底;二、经济不平等条约应一概废除,华侨在侨居国所受不平等待遇应纠正;三、战后吸收外资必须以维护国家主权和自由贸易为原则,其他国家对我国应采取合理的保护政策;四、人民必须有信仰自由,订立新约后不限制正常的宗教活动,宗教与政治分开等。

　　△　据重庆《大公报》讯:政府对兵役行政有新规定:男女均须服兵役,除因公在外三年不能回国,因病短期内不能恢复,独立维持一家生活及小学教师,或从事国防工业和矿业工作者可缓役外,其余一律不能免缓。蒋介石特作如下训示:一、党团员及政工人员应首先送子弟服役,如有规避,定予重惩;二、对规避兵役之壮丁,县政府均予严厉处分;三、各县遣送壮丁时对于生活均应妥为照料,不得苛虐。今后考核县政府政绩,兵役与粮政各占 35%。

　　△　豫省当局(战区司令长官蒋鼎文、省党部主任委员刘真如、省政府主席李培基)联名通电全国,呼吁救灾。

　　△　天文学会东南区年会是日在福建永安举行,由总会长高鲁主持,并报告《二十年来之气象学》。

　　△　陕甘宁边区政府建设厅与关中专署合办的边区炼铁厂正式开炉炼铁。

　　△　八路军第一二九师第三八五旅第十四团一部袭入山西沁县车站,歼日伪军 70 余人。

　　△　日军第三十二师团、骑兵第四旅团等部万余人,对湖西单县以

东地区进行大"扫荡"。

　　△　滦河西岸车河口据点敌伪 140 余人向南出动"讨伐",在承德以南黄花川河口被冀东八路军全部歼灭。毙田中大队长以下官兵 43 人,俘百余人,缴获轻机枪三挺、步枪 106 支、手枪九支。八路军伤 19 人,亡三人。

　　△　日首相东条和海相青田、大东亚相青木、次官山本、前首相平沼、驻南京大使重光葵等会谈,协商加强汪政权的政策,决定加强汪伪国民政府的政治力量,促进占领区的经济复兴和增加军事物资生产,建立总力战体制。关于解决战争物资供应问题,决定以夺取中国占领区物资为主。为了实现上述目的,决定加强驻南京大使的权力。

　　11 月中旬　中共沁源县委员会组建围困作战指挥部,以太岳军区第三十八团和第二十五、第五十九团各一部为骨干,与县区武装和民兵相结合,组成 13 个游击集团,对日伪军广泛开展麻雀战、阻击战、地雷战、袭击战、伏击战和破袭战,昼夜袭扰。并动员沁源城、交口、阎寨等据点及附近居民全部撤走,进行填井塞河,空舍清野。经过连续的袭扰,日军人员伤亡不断增加,补给十分困难,不得不换防。

　　11 月 21 日　国民党五届十中全会举行第七次大会,继续听取各省、市党政报告。下午,蒋介石作党政工作总检讨。

　　△　重庆女国民党员代表潘素、何群等 10 人向十中全会请愿,要求按照七中全会决议,尽早成立中央妇女部。

　　△　国民政府确定:1943 年全国田赋实征额为一亿石。

　　△　是日为第三届防空节,全国各地均召开纪念大会,检阅防护部队,检查防空设施及慰劳遇难家属。重庆在夫子池广场举行检阅式与纪念大会。

　　△　毛泽东在中共中央西北局高级干部会议上,结合中国共产党的情况,讲斯大林《论布尔什维克化十二条》。首先指出,一般地说,中国共产党从它的战线、工作、经验、觉悟程度、同群众的联系来说,是一个布尔什维克党。接着,逐条进行讲解。最后总括地说:这个十二条,

很值得我们好好地研究一下。这是我们全党的"圣经",是"圣经",而不是教条,是可以变化的。23 日,继续讲《论布尔什维克化十二条》。

△　中国抗战艺术展览会在纽约艺术博物院举行,展出内容有玉塔、佛像、绘画和服装等。

△　日军独立混成第五旅团主力及第五十九师团、独立混成第六、第七旅团各一部共 1.5 万余人,采取"拉网"战术,对胶东区栖(霞)牟(平)海(阳)莱(阳)边的牙山、马石山地区进行"扫荡"。胶东军区机关率部化整为零,分散活动,分区坚持,进行反"扫荡"作战。

△　晨 9 时,日机一批六架,另一批 12 架,由赣甯至福建建瓯,在西郊投弹数十枚。

△　日政府召开御前会议,确定对华方针,其要点为:帝国以汪伪国民政府之参战作为打开日华局面之一大转机。以日华提携之根本精神为准则,专行加强汪伪国民政府之政治力量,同时谋求击退重庆所根据之抗日借口,真正向更新中国与完成整体战争迈进。在要领中提出加强汪伪国民政府之政治力量。对重庆的政策中提出帝国不以重庆为对手,不以其进行一切和平工作,但在形势变化下拟进行和平工作时,另行决定之。在战略方策中提出"帝国对华战略方策根据既定方针"。

11 月 22 日　国民党中央委员杨沧白于 8 月 6 日逝世,是日重庆举行追悼会,蒋介石主祭。国民政府明令褒扬,特给恤金 10 万元。

△　驻福州英领事署正式交还仓前山英国副领事馆全部产业。

△　陈毅率领新四军在洪泽湖畔与日军展开激战。17 日,新四军在管庄、鲍家集与日军激战。18 日,又在沈集及钱家集战斗。22 至 23 日,日军复猛袭洪泽湖畔,并扑向新四军根据地萧石庙、顺山集。

△　日伪军把平谷前后北宫、翟各庄、杏园、北辛庄、井儿峪等村百姓 300 余人围在北上营大庙,三天三夜不给吃喝,第四天把 16 人带到北上营据点,有八人惨遭杀害。

11 月 23 日　国民党五届十中全会举行总理纪念周,蒋介石致训词。旋即举行第九次大会,继续听取地方党政报告。24 日,举行第十次大会,连续听取党政报告。

　　△　江西临川地方法院推事黄种新在浙赣战役中以身殉职,是日国民政府明令褒扬。

　　△　中国劳动协会、全国邮务总工会、中华海员工会、重庆市总工会等工会团体,欢迎英议会访问团工党议员劳森。

　　△　延安《解放日报》前总编辑杨松在延安病故。

　　△　晚,日中型轰炸机三架企图袭击中国西南美空军基地,被美空军战斗机拦截,击落二架。

11 月 24 日　国民党五届十中全会通过《积极建设西北,以增强抗战力量奠定建国基础案》。

　　△　财政部为平抑物价,经行政院核准,特将棉纱、麦粉两项统税试行改征实物。

　　△　交通部派杜镇远为粤汉铁路局长。

　　△　英议会访华团在重庆招待中外记者,谈英决摧毁德、日,先击溃德国,战至日本降服为止。

　　△　日大东亚省举行首次会议,决定曾任兴亚院之委员分担对中国占领区工作,曾任对满事务局之委员分担对"满洲"工作,曾任拓务省委员分担南洋占领区工作。

11 月 25 日　国民党五届十中全会举行第十一次大会,通过《加强战时财政合理统筹政策,以裕国计而利抗战案》、《策进役政宏裕兵源案》、《政府应速制定工业法,以发展工厂增加生产案》等 10 项议案。下午举行第十二次大会,蒋介石作总结报告。

　　△　国民政府令:一、甘肃临夏县马驯捐资兴学 3.9 万余元,除由教育部授予一等奖状外,应予明令嘉奖;二、甘肃景泰县张钦武捐助景泰县小学校产 1.5 万元,除由教育部授予一等奖状外,应予明令嘉奖。

　　△　四川省政府为督导四川各县普遍设置县以下各级民意机构,及彻底整理户政改进警政,特派督导员 10 余人分赴各区督导。

　　△　重庆市商会举行改组大会,各业公会 220 余人出席,推举周懋

植、周荟柏、林尧放、陈德恕等 15 人为理事,温少鹤、陶桂林等七人为监事。

△　英议会访华团抵西安访问。29 日到成都,12 月 6 日飞赴昆明,10 日结束在中国的参观访问返回英国。

△　延安《解放日报》讯:晋察冀边区政府规定典地回赎办法:一、典地是地无租、钱无息、活买活卖的土地买卖关系;二、处理典地回赎纠纷,必须坚持保证地主土地所有权,保证农民使用权的原则;三、出典人赎回的土地,不能自耕再行出租、出佃、出典、出卖者,土地使用人有优先承租、承佃、承典、押买权。此外还规定了发生纠纷解决办法。

△　"扫荡"胶东的日军攻占海阳县北马石山,将未及转移出去的 500 多名群众全部杀害,制造了"马石山惨案"。

△　汪伪国民党中央常务委员会改组广东省党部,任命汪屺为主任委员,梁朝汇、冯澂、左汝良、李国梁、雷惠明为委员。

11 月 26 日　国民党五届十中全会举行第十三次大会,通过《1943年度党务工作方针案》《实施义务劳力制度,促进地方生产,以利民生而裕国用案》《确定义务劳动服务制度,颁布义务劳动法案》等。

△　中、中、交、农四行联合办事总处理事会议核定《1943 年度推行储蓄业务计划纲要》,呈报国家总动员会议,规定各行、局推行 40 亿元储蓄。

△　阎锡山在朝会上作节约消费讲话,要求今后生活需要上,除医药外,我们产什么用什么,不准购买外边物品。先从副官处着手,一切用品,减半发给。

△　中苏文化协会妇委发起举行同盟国妇女联欢会,邀请在渝的英、美、苏等国妇女参加。

△　周恩来在重庆红岩嘴召集中共中央南方局工作人员会议,报告整风学习中的若干问题。林彪在会上报告有关华北战场的情况。

△　八路军第一二〇师独一旅奉命西渡黄河到达绥德,担负绥德警备任务,独一旅旅部兼绥德警备区司令部。该旅第二团集结于米脂、

葭县地区,第七一五团集结于绥德以西马蹄沟地区。

△ 日华北方面军司令官冈村宁次偕参谋一行飞冀东等地观察。27 日,转滦县、迁安、沙河、遵化。29 日,经通县返平。

△ 上海《申报》和《新闻报》因刊登盟国胜利消息,被日军封闭,所有员工一律遣散。12 月 11 日,国民党中宣部致电嘉慰。

11 月 27 日 国民党五届十中全会闭幕。全会听取了中央各部门及部分省、市的报告;共收到提案 82 件,其中有关党务者 18 件、政治 27 件、经济 25 件、教育九件、军事三件。通过的重要议案有:《加强战时财政合理统筹政策以裕国计而利抗战案》、《策进役政宏裕兵源案》、《实施加强物价管制方案》、《党务改进案》、《加强地方监察制度案》、《调整省县机构,确定权责范围,简化业务程序,以增进效率案》、《特种研究委员会报告本党今后对共产党政策之研究结果案》等。关于共产党问题,一面决定"对共产党仍本宽大政策",一面又诬蔑共产党"私自组织军队",要求政府依法予以制裁。全会选举陈果夫、何应钦、孔祥熙、张厉生、白崇禧、宋子文、邹鲁、叶楚伧、丁惟汾、李文范、冯玉祥、陈济棠、吴忠信、潘公展、邓家彦等 15 人为中央常务委员,并决定将中央司法行政部改隶行政院。最后,由于右任宣读《中国国民党五届十中全会宣言》。《宣言》指出国民党的内外政策,即要确立国际政策,加强抗战力量,确定建国要务,集中建国意志;并强调精神与物质必须并重,号召从头努力,以完成建国之全功。

△ 宋美龄赴美就医,是日抵纽约。霍浦金斯代表罗斯福总统在机场迎候,并陪赴医院。旋在美展开活动,宣传中国抗战。

△ 盟机袭广州,在黄埔炸沉日军载重 7000 吨的运输舰一艘。

△ 八路军一部在山东南部邳县、临县展开反"蚕食"斗争,解放民伕 2000 余名。

△ 日内阁作出《关于中国劳工遣入日本国内的决定》,这是东条英机内阁为支持太平洋战争,解决国内劳动力严重不足而作出的一项决策。据统计,从 1943 年到 1945 年,先后有 169 批,4.1762 万人被押

运到日本,分别在 135 个企业中做苦役劳工,其中有 7000 人葬身日本。

11 月 28 日 财政部公债筹募委员会主任孔祥熙,在官邸宴请各省政府主席、省党部主任委员、书记长,商讨本年度各地公债筹募推进事宜。

△ 日伪军在牟平、海阳一线构筑断绝网,继向文登、荣成推进,并以 5000 余人严密封锁烟台至海阳的公路,以 20 余艘舰艇在渤海、黄海海面游弋封锁,企图围歼胶东军区机关和从马石山突围出来的部队。胶东军民以内外线相结合的作战方法,到处打击敌人。

△ 新四军浙东三北游击队进行周家路、登州街、黄家埠等战斗,歼“忠义救国军”艾庆璋等部共 3000 人,取得反顽斗争的胜利。

△ 日政府集结南洋协会、满洲协会、拓殖协会等 80 个组织,合组为“兴亚拓殖团体协议会”。

11 月 29 日 财政部直接税处召集第五届业务会议,部长孔祥熙主持,各省、市直接税分局局长等 200 多人出席,研究税收问题。12 月 5 日闭幕。

△ 中共中央发出《关于国民党十中全会问题的指示》,指出:这次会议通过的决议案,要求我们不超过在国民党所设定的严格范围,则答应和我们合作。这是国共两党长期接洽和他们通过许多动摇犹豫之后才决定的。国民党五届十中全会对于从 1939 年到现在四个年头的国共不良关系,作了一个总结。这个决议在某种意义上和 1937 年 3 月间国民党三中全会关于“根绝赤祸”的那个决议案有些类似,它是严厉的,但却是表示时局好转的开始。

△ 晋冀鲁豫边区政府公布《优待日本逃战避难军民规程》,规定逃战避难的日本人均享受国际友人的待遇,尊重其民族、语言、文字、风俗习惯,负责其人身、财产安全,予以生活保障。愿参加抗日工作者,按我抗日工作人员同等待遇。老弱病残失去工作能力者,政府予以救济。

△ 延安《解放日报》载:陕北南泥湾驻八路军一个团本年开荒千余亩,商业生产达 150 万元以上,自建房屋和窑洞 173 间,蔬菜、肉类达

到完全自给。

△ 重庆《大公报》讯：重庆和西北实业界人士王正廷、钱新之等发起组织甘肃河西实业公司，以发展河西畜牧业。资金暂定 1000 万元。

△ 伊斯兰青年会在重庆举办讲座，由回族著名史学家白寿彝主讲《中国伊斯兰教之发展》。

△ 英国议会访华团由宝鸡飞抵成都访问。

△ 四川耆老尹仲锡因病在成都逝世。

△ 汪精卫为《中日基本关系条约》签订二周年发表《告全国民众书》，诡称："当前的任务就是加强国民政府的力量，使之能对和平的障碍和叛逆加以扫荡廓清，并协助日本完成大东亚战争。"并表示对日本要有互相谅解、互相信赖的精诚，扫除误会，促进合作。

△ 英首相丘吉尔对世界演说，保证欧陆战事结束后，英全力对日作战。

△ 29 个反法西斯国家的青年代表在英国首都伦敦举行会议，决定组织"世界青年协会"。

11 月 30 日 国民政府举行扩大纪念周。蒋介石在纪念周勉励中央与地方通力合作，努力实现十中全会目标。

△ 中共中央发言人评国民党十中全会，声明：中国共产党人的立场，一切以抗日民族统一战线为基础，凡合乎团结抗战之利益者，无不诚意实行，这是坚持不变的。

△ 八路军第一一五师司令部、政治部发出指示：鉴于国民党东北军对我军的态度比较友好，对日军斗争还有积极性，因此，目前主张扩大对东北军的军事行动是不对的，我沂蒙地区应对东北军实行疏通，求得缓和。对第一一一师趁敌向我"扫荡"再次占领的滨海甲子山区，决定进行收复。

△ 史迪威将军总部发表第 53 号公报称：美国驻华空军从 25 日至 27 日共击落日机 20 余架。

△ 汪精卫与日首相东条英机、"满洲国"总理张景惠举行交换广

播讲话,庆祝汪、日条约和汪、日、"满"共同宣言签订两周年。汪讲话声称:《中日基本关系条约》的内容,在政治上、经济上、军事上、文化上奠定了中日共存共荣的基础。如今应根据条约的精神,"扫除一切症结,应付大东亚战争决胜之基础"。

是月 毛泽东在中共中央西北局高级干部会议上宣布:整风不仅要弄清无产阶级与非无产阶级思想(半条心),而且要弄清革命与反革命(两条心)。从 12 月起,中共中央各部委和延安的一些机关、学校先后开展了审查干部的工作。

△ 周恩来同林彪在重庆会见美驻华使馆文职官员约翰·谢伟思和约翰·文森特。

△ 边疆建设协进会川康滇边区分会理事长安登文将大凉山大河沟一带私有森林数十万株贡献给政府。

△ 中国劳动协会致电美国工业团体协会,对在波士顿举行的第五届年会祝贺。

△ 中共中央冀鲁豫平原分局成立,黄敬任书记,张霖之任组织部长。冀南军区与冀鲁豫军区合并为冀鲁豫军区,宋任穷任司令员,王宏坤代政治委员,杨勇任副司令员,苏振华任副政治委员,曹里怀任参谋长,朱光任政治部主任。

△ 八路军晋豫军区成立。下辖三个联防军分区,以统一和加强中条山地区的军事领导。

△ 八路军第一一五师教二旅运用"翻边战术",乘日军开赴沂蒙山区的机会,在赣榆、东海一带的海陵地区攻克敌伪据点 16 处,粉碎敌人对这一地区的"蚕食"。

△ 新四军军部发出《关于反"扫荡"的指示》,指出日伪军将对华中敌后抗日根据地实施大"扫荡"。

△ 山西洪洞、赵城敌占区农民,为反对日伪实行的配给制度举行暴动,杀死洪洞、赵城两县伪县长。

△ 日军在晋西北雁北开始实行第三次"施政跃进运动"。内容有

三：一、实行统制经济,在城内由日寇侵吞各商店,并在朔县设粮店九座,统制粮食;二、实行保甲制;三、加强反共活动,成立"青年灭共队",强迫人民反共。

△　日伪军 900 余人围攻兴隆县南水峪,冀东军分区第十三团、第二区队和县大队战士奋起反击,在狗背岭、四座楼激战两日,毙伤敌近百名,旋即转移。不久,日伪军又调 2000 余人再次"扫荡"花石、狗背岭一带。小西天村共产党员掩护 40 多名八路军伤病员爬上峭壁"憋死猫",得以安全脱险。

△　日伪军在河北丰润县大官屯、马家峪、黄土岭、小河村、娘娘庄和小营六村,五天内屠杀民众 144 人。

△　美国务院捐款 1.8 万美元(折合国币 36 万元)给中美文化协会,由美国驻华大使高思转交该会会长孔祥熙,以促进中美文化工作之开展。

△　美魏斯里学院设立宋美龄基金,院长麦克阿非女士表示,院方将利用是项收入充实远东问题课程。

12　月

12 月 1 日　东南七省地方银行会议在韶关召开,主要讨论中央银行与东南各省银行的联系等内容,3 日闭幕。

△　西北公路工务局长兼甘新公路会办凌鸿勋奉命接管甘新公路,计由河口至星星峡路长 1178 公里,对外用督办公署名义,一切事务均由西北公路工务局办理。

△　中共中央发出《关于加强统一领导与精兵简政工作的指示》,指出:各根据地很多都是机关庞大,系统分立;单位太多,指挥不便;干部堆在上层,中下层虚弱无力;军区、分区两级有些缺乏领导核心,许多人谁不服谁,而不能承认一个比较强一点的同志为领导核心。这些现象,与目前及今后极端严重的分散的游击战争环境是完全矛盾的。各

中央局、分局、区党委,必须认真讨论这一问题,根据中央的决定与政策,在今冬明春做到以下各项:一、在军区、分区两级建立领导核心,军区建立领导一切的区党委或中央分局,只留三个主要负责人,分负党委、政府、军队责任,其中一人为书记。二、实行精兵简政。军队在抗战期间原则上不再补兵,全军准备在明年至后年缩小一半,由 57 万准备缩至 20 余万,量小而质精,更有战斗力。三、干部必须根据整顿"三风"的精神,实行自我反省,消除宗派主义余毒,乐于交出机关交出部队,被分配到新的岗位去。

△　八路军在北岳区出动 200 名武工队深入敌占区,举行为期一周的打击伪政权的政治攻势。此次活动共逮捕伪政权工作人员 60 余名。

△　伪军第十三师师长丁锡山及第二十五旅旅长王拂尘等,在浙江绍兴、嵊县一带率所部人枪 7000 余于是日及 4 日反正。

△　日中国派遣军和汪伪"清乡"工作委员会制定《1943 年上半年清乡工作要领》,确定除在苏南继续进行"清乡"外,将"清乡"地区扩展到苏中南通和浙东余姚等地区,并以对其南京、上海及长江下游威胁最大的苏中区为重点。日军从江南调来有"清乡"经验的第六十师团四个大队以及伪军、警察、特务和行政人员共 1.5 万余人;并从苏南等地运来大批竹子,编制封锁篱笆;同时还在南通成立了"清乡"指挥机构。日计划第一步以两个月时间进行军事"清乡",以四个月时间进行政治"清乡"。

△　日驻汪伪南京政府大使重光葵从日本抵上海,发表谈话称:在日期间与政府各有关当局洽商了强化"国民政府"的具体措施,日本对华政策的根本方针没有任何变更。为统一日本在华各机关,是日起将外务省、兴亚院在华各机关实行合并。

12 月 2 日　中央党政机关委员会举行第一次会议,决定军事机关人事训练由中央训练团办理,吴思豫为班主任;党政机关人事训练由中央政治学校办理,吴铁城为班主任。

△　国民党中宣部举行宣传工作讨论会,部长王世杰、副部长潘公展主持,各省、市党部主任委员、书记长等60余人出席。主要讨论国际国内宣传,新闻、出版和文化等问题。

△　全国医疗药品器材生产协会在渝举行第一次理、监事联席会议。理、监事罗霞天、孟目的、连瑞琦等20余人出席,推常务理事张天溉兼任该会总干事,并决定设立技术和运输机构。

△　四川绥靖公署主任邓锡侯、潘文华,在成都邓公馆欢宴英国会访华团。

△　驻波兰特命全权公使王景岐在瑞士病逝,是日国民政府明令褒扬。

△　周恩来同董必武、林彪在八路军重庆办事处会见新西兰友好人士路易·艾黎。

△　美军工程部队6000余人赴缅北战场,担负筑路和埋设输油管任务。

12月3日　据重庆《大公报》讯:本年度节约储蓄预定为30亿元,截至11月,已达27亿元,明年决定扩大总额为80亿元。

△　农本局总经理穆湘玥因推诿卸责贻误要公,行政院决定撤职查办。

△　陕甘宁边区政府委员会举行第三次会议,李鼎铭副主席作八个月来政府工作及精兵简政方案的报告;财政厅长南汉宸作财政工作报告;陕甘宁晋绥联防军司令员贺龙作整军报告。会议通过《简政实施纲要》及土地租佃、拥军优抗等方面的法规条例。确定政府今后的任务,一是发展生产,二是加强干部教育和军事教育,三是整饬政纪,四是加强民主集中制的领导。于9日闭幕。

△　豫省灾情严重,政府已拨款400万元赈济,现决定再拨100万元急赈,并允豫省向中国、农民两银行贷款100万元作为平籴基金。军委会政治部部长张治中给灾民捐款一万元。

12月4日　国民参政会驻会委员举行第二次会议,主要听取外交及粮政实施情况的报告。

　　△　蒋介石致电美国制造厂商协会,对美国的民用工业很快转为制造军火表示钦佩。

　　△　驻美大使魏道明在纽约中美"协进社"讲演,建议全力进行太平洋战争,并表示中国为进攻日本最合理的战略根据地。

　　△　延安《解放日报》讯:西南实业协会、迁川工厂联合会、国货厂商联合会为协助政府稳定物价,特发表宣言,认为物价上涨原因,并不完全是通货增加和物资减少。宣言提出解决物价问题之原则有三:一、政府与社会应合力谋求解决;二、工商界应先平价以响应政府号召;三、一切经济设施应以物价为中心。

　　△　宋庆龄、李德全、刘王立明等在重庆发起组织"中华妇女节制会",并决定创办同盟胜利托儿所。

　　△　朱德在中共中央西北局高干会讲话,着重论述整党和党的一元化领导问题。号召大家学好马列主义,善于把革命理论运用于实践,并克服领袖欲。军队要加强纪律性,服从党的领导,遵守政府法令。

　　△　赣省灾情严重,政府曾拨款 200 万元,决定再拨 100 万元予以救济。

　　△　新西兰驻美公使奈士在纽约所举行之全球国际团体联合会发表演说,称战后之一切协议,中、美、英、苏四大国应平等参与。

12 月 5 日　国民党中央在重庆举行"肇和"兵舰起义纪念会,在渝的中央委员及各部、会长官出席,由曾参加此役的中委杨虎报告《肇和起义纪念与抗战建国》。

　　△　八路军冀鲁豫区高级干部会议决定:一、四分区合并为一分区;教三旅与二分区合并为二分区;回民支队与三分区合并为三分区;南下支队与六分区合并改称四分区;教七旅与七分区合并改称五分区;教四旅与湖西分区合并改称六分区;水东区不变。并决定分区及县、区支队政委均由地方党委书记兼任。

　　△　中共中央晋绥分局根据毛泽东"把敌人挤出去"的指示,发出

《关于加强对敌斗争的指示》，要求各地成立对敌斗争委员会，组织武卫队，深入群众，依靠群众，开展对敌斗争，扩大根据地。根据这一指示，为恢复绥中地区工作，中共塞北工委派绥中专员程仲一率武川县长李康、陶林县长宋克缵和部分干部战士重返绥中，开展工作。

△ 八路军第一一五师教导第五旅奉令由苏北调回山东。

△ 延安《解放日报》载：自上月下旬开始，八路军在鲁中反扫荡作战 100 余次，摧毁日据点 50 余处，毙伤日伪军 2000 余名，缴长短枪 1000 余支，俘日伪军官兵 1500 余名，伪团、营长多名。八路军伤亡 800 多人。

△ 日驻冀东司令官、第二十七步兵团长铃木启久，指令驻滦县张各庄据点之日骑兵队长铃木信率队砍杀村民，被刀砍、火烧、活埋村民 1100 人，其中 30 名婴儿被摔死，60 名孕妇被剖腹，全村 27 户被杀绝，烧毁房屋 1030 间，制造"潘家戴庄大惨案"，也是冀东的第二起大惨案。

△ 日军五次"治安强化运动"实施以来，北平图书馆被日劫夺一空，除运走者不计外，仅被焚毁之文献书籍，就有 4.5 万余册。

△ 浙江灾情严重，浙省旅渝同乡发动募捐，特组织筹赈会，公推戴传贤为理事长，陈布雷为监事，虞洽卿为劝募队总队长，决定募集赈款 3000 万元。

△ 太平洋学会第八届大会在加拿大蒙德特莱勃兰开幕。中、苏、英、美等 12 国代表出席，主要讨论对日问题。加拿大戴尔当选下届主席，美国顾露尔、中国蒋梦麟当选副主席，中国李国钦当选财政委员会主席，美国卡特尔当选秘书长，14 日闭幕。

12 月 6 日　蒋介石在太平洋战争一周年之际，致电美总统罗斯福称："吾人在共同作战中，日益增进其相互之友谊与了解，以迄于胜利之到临，于达成吾人共同任务，以创造公理自由之新世界秩序，必大有裨益也。"同日，致电英首相丘吉尔致意。次日，亦致电澳洲总理寇丁及加拿大总理金氏，称盟国胜利之期不远。

△ 重庆市物资局决定，自是日起市民买布须凭身份证，每人每年

供应 15 尺。

△ 文化劳军运动委员会招待新闻界,由正、副主任谷正纲、黄少谷讲话,文化劳军旨在激励军心,鼓舞民气,并建立军中文化。

△ 中国边疆问题研究会在重庆成立。

△ 中国回教救国协会为响应美国纪念日本侵略珍珠港一周年,是日举行特别宗教祈祷仪式。

△ 重庆《大公报》载:《论大学教育之危机》一文,称:一年以来,大学教育每况愈下,实已有不忍不言之势。教师为饥寒所逼,难以言教,学生急功好利。文章最后呼吁政府当局,及早根治,务使"大学不办则已,办则必须像个大学,必须使教者能安心教书,学生能安心读书"。

△ 驻苏大使邵力子在重庆沙磁区讲演《使苏观感》,到中大、重大、南开及市中各校师生 2000 余人。12 日,又到北碚复旦大学讲演。邵对苏联在反法西斯战争中的卓越战绩及必胜因素,叙述綦详。

△ 日军"扫荡"山东荣城县崂山地区,屠杀民众和被俘官兵 300 余人,掳走青壮年 300 余人,制造"崂山惨案"。

△ 9 时,日机 11 架侵入江西赣县,在该县郊外投弹多枚。下午 2 时,日机 31 架侵入桂林,在西南郊外投弹 30 余枚。

12 月 7 日 国民党中央执行委员会与国防最高委员会分别召开常务会议,通过任免要案:一、派张道藩为中央宣传部部长;二、国防最高委员会添设副秘书长一人,派甘乃光充任;三、派陈仪为党政工作考核委员会秘书长;四、派张厉生为行政院秘书长;五、交通部长张嘉璈辞职,由曾养甫继任;六、外交部政务次长傅秉常、常务次长钱泰辞职,任命吴国桢为外交部政务次长,胡世泽为常务次长;七、任命贺耀组为重庆市市长;八、张嘉璈被聘为行政院顾问,钱泰为外交部顾问;九、傅秉常任立法院外交宪法筹委会委员长。

△ 国民党中常会决议,将原有东北党务办事处撤销,分别成立辽宁、吉林、黑龙江三省省党部。

△ 全国地政会议在渝举行,主要讨论:一、如何实现蒋介石制订

的战时土地政策实施纲要;二、研究在明年内测毕全国 1300 个县、市城区实施地价税等问题。12 日闭会。

△ 国民党中宣部长张道藩在《文化前锋》上发表《我们所需要的文艺政策》一文,提出"六不"、"五要"政策。"六不":不专写社会黑暗;不挑拨阶级的仇恨;不带悲观的色彩;不表现浪漫的情调;不写无意义的作品;不表现不正确的意识。"五要":要创造我们的民族文艺;要为最受苦的平民而写作;要以民族的立场来写作;要从理智表述作品;要用现实的形式。

△ 参谋总长何应钦就日军发动太平洋侵略战争一周年纪念日,特致电美国陆军部长史汀生、海军部长诺克斯、参谋总长马歇尔、英国陆相克利格、海相亚历山大等,表示与盟军一起打败日军。

△ 日伪军 2000 余人对冀南大名西南进行为时一周的"扫荡"。

△ 晨,日机 18 架由湘北起飞,经平江等地分两批窜衡阳,于 9 时许先后在衡阳机场附近投弹。同日,日机 12 架侵袭福建省建瓯,在西郊投弹 31 枚。

12 月 8 日 国民政府特任曾养甫为交通部长、贺耀组为重庆市长、张厉生为行政院秘书长。

△ 行政院例会决议授予喜饶嘉措禅师封号,任命任建鹏为内政部警察总队总队长。

△ 战时新闻检查局将全国划分为中央、西北、东南三区。中央区是日在渝召开工作检讨会,中宣部长张道藩、该局局长商震均出席并讲话。

△ 北平燕京大学是日在成都举行复校仪式,代理校长梅贻宝于是日晚在成都中央广播电台广播,报告复校经过。

△ 日军在北平举行"华北青少年团"成立大会,华北方面军司令官冈村宁次、新民会最高顾问铃木及德、意法西斯国家代表等 300 多人出席。

△ 晨,日机两批共 28 架侵扰桂林,在西南郊投弹多枚。同日,日

机七架侵扰建瓯,在西郊投弹 40 余枚。

△　伪满洲国政府发表《基本国策大纲》,重申"举国人尽国力以图完遂圣战"。强调"准备日满共同防卫"、"确定国防国家体制"、"政府和协和会合成一体"、"行警一致"、"勤劳奉公"、"贯彻计划的统制经济之原则",加强农产品"集货工作",实行生活必需品之配给制度。总之,在政治、军事、经济各个方面更加强化法西斯统治。

△　是日为美国参战一周年,美国总统罗斯福、英国首相丘吉尔互函表示,中、荷、英、美联合作战彻底击溃暴日。

12 月 9 日　第四次全国地政业务会议在重庆开幕。

△　中国财政学会举行第一次财政问题座谈会,讨论如何推行蒋介石手订的加强管制物价方案。

△　全国工业联合会开始筹备,由全国 60 家工厂联合备文送主管机关核准,推胡西园、张剑鸣为代表晋谒当局陈述一切。

△　上海《新闻报》驻渝记者顾执中等为上月 26 日该报遭日军封闭一事发表告国人及同业书,称:《新闻报》虽遭摧残,生命不能告终。13 日,该报在渝同人为该报复刊问题举行会议,决议:一、成立上海《新闻报》复刊委员会;二、通告各界如有人利用该报机器、厂房等设备出版,概不承认。

△　刘少奇在晋西北干部会上作《关于减租减息的群众运动》的报告,阐明领导各解放区群众开展减租减息运动是共产党战胜困难、夺取胜利的一项重大决策。

△　晋察冀军区白求恩国际和平医院第一任院长、国际主义战士、印度援华医疗队医生柯棣华患癫痫症在晋察冀边区逝世。12 月 29 日,毛泽东为柯棣华大夫写挽词:"印度友人柯棣华大夫远道来华,援助抗日,在延安华北工作五年之久,医治伤员,积劳病逝,全军失一臂助,民族失一友人。柯棣华大夫的国际主义精神,是我们永远不应该忘记的。"

△　晋西北赵城、和顺、辽县(左权县)、洪洞四县农民为反对"配给

制度"举行武装起义,杀死以上四县伪县长和 60 余名日伪军。

△ 日伪军分三路合击安徽朱家岗,新四军第二十六团击退日军 10 余次冲锋,毙伤日军 280 余人,收复青阳、马公店、金锁镇等地。

12 月 10 日 国家总动员会议开会,讨论蒋介石制订的加强管制物价方案实施细则,以及机构问题、管制地区、限价对象与限价标准等问题。11 日会议决定先选日用必需品限价(包括专卖物品)。

△ 蒋介石在地政会议上致训词,略谓:要实现孙中山提倡的平均地权与耕者有其田,这是民生主义土地政策之纲领。会议决定将农民银行作为土地金融专业机关,为农业服务。

△ 中央文化运动委员会举办文化讲座,由朱家骅讲《如何迎头赶上西洋文化》。

△ 英议会访华团一行自昆明乘机返国,行前对中国人民发表告别书。称此次访华,"吾人带来吾人所代表之英国议会及人民之友谊,而携回对于一英勇不屈之民族……之热烈回忆"与"伟大见闻。中国必胜"。并表示"来自吾人之一切可能援助,即将来临"。

△ 日伪第五次"治安强化运动"结束。至此,历时一年多的日伪在华北的五次"治安强化运动"终告完结。由于八路军的英勇作战和广大人民群众的坚决反对,这些运动"既未收到预期的效果,也未达到作战的目的"。

12 月上旬 日伪军再次由泗县出动,打通泗县至宿迁公路,控制青阳、马公店、归仁集、老韩圩、金锁镇等要点,企图分割淮北抗日根据地。为打破敌之企图,新四军第四师决心以主力一部首先拔除青阳外围敌据点,孤立青阳;尔后集中主力,攻取青阳。不料敌于 10 日先我行动,以 1000 余人兵分三路合击第九旅第二十六团于朱家岗(今江苏泗洪县北)。该团奋战终日,击退敌 10 余次冲击,歼敌 280 余人,迫敌撤退。

12 月 11 日 蒋介石接斯大林函,称中苏两国之坚强友谊必在战后奠定两国人民合作之基础,树立世界永久和平。

　　△　地政会议通过《战后迅速完成全国地籍整理计划》等案，决定在明年内将后方各省县城及重要镇市地方共 800 余处，地籍整理业务全部办完，以便开征地价税。

　　△　教育部公布《教育部中华教育电影制片厂组织大纲》，凡九条，决定在重庆设立中华教育制片厂。李清悚任厂长。该厂专制 16 毫米教育片、幻灯片，编制教学方案，并与国外电化教育机关联络合作。

　　△　陕甘宁边区政府召开专员、县长联席会议，林伯渠主席作《明年政府工作方针》的报告，对目前形势与任务以及精简、经济建设、教育、财政、司法、保安、乡政、干部、"三三制"及拥军等政策作原则性的说明，着重指出当前的基本任务是：发展生产、干部教育。强调一切工作都必须围绕这两项中心任务来做。会议于 1943 年 1 月 16 日结束。

　　△　国际联谊会是日在伦敦举行年会，中、美、英、捷、比、波等国代表 200 余人出席。中国政府派财政部次长郭秉文参加会议。该会旨在促进各国人民之间的谅解与友谊。大会选克罗斯菲德连任理事长。

　　12 月 12 日　国民政府决定明年实施役税法，规定凡 18 岁至 45 岁之国民皆有缴纳役税之义务，凡服兵役或工役者，可免一部或全部。

　　△　全国文艺界抗敌协会发表保障作家稿费、版权、版税意见书，并提出稿费、版税改善办法：一、著译发表费每千字暂定最低额为 30 元；二、著译经审查后即送给发表费；三、如物价上涨，发表费须按照生活指数递增；四、著译出让版权之稿费，已发表者暂定最低额为每千字 50 元，未发表者最低额每千字为 70 元；五、著者经签定出版权让与契约后，即送给全部稿费；六、如物价上涨按比例提高。另关于版税、再版等均有详细规定。

　　△　重庆《大公报》讯：中华自然科学社将在美国发行《中国科学》双月刊，在国内发行《科学纪新》双月刊，介绍国内外科学技术发展情况。

　　△　中共中央南方局向中共中央提出《关于国共关系的报告提纲》，提出国民党对待共产党的政策变化，可分为三个阶段：第一阶段是

1936 年至 1938 年,国民党重在组织上解决,即企图融化共产党;第二阶段是 1938 年至 1942 年,重在军事上解决,企图削弱和消灭共产党;第三阶段从国民党五届十中全会开始,趋向好转的一面已渐增长,坏转的一面已渐减弱。中国共产党目前的方针应是:一、争取好转,勿忘防御;二、争取合作,勿忘斗争;三、争取发展,勿忘巩固。中共必须准备克服行将到来的空前困难,一方面努力于敌后,坚持边区的建设,大后方的埋头苦干,沦陷区的隐蔽待机;另方面努力向国民党及各党派、各地方、各中间分子多提积极的建议。既要防止过分乐观情绪,又要纠正不相信可以争取好转的右倾悲观情绪。

　　△　据延安《解放日报》特讯:积极推行朱德屯田政策的模范——第三五九旅,今年种地 1.18 万亩。决定明年全旅扩大耕地面积 3.9 万亩。并发表题为《积极推行南泥湾政策》的社论,号召陕甘宁边区各军在驻地建设自己的"南泥湾",克服物质困难,支持长期抗战,争取最后胜利。

　　△　新四军第九旅一部袭击淮北金锁镇,另一部配合地方武装袭击归仁集;同时,第十一旅一部在骑兵团一部配合下,夺取马公店,并准备协同第九旅一部进攻青阳。敌慑于被歼,遂于 17 日撤出青阳、金锁镇等地。

　　△　日军在晋西北开始推行"新国民运动",由伪山西省新民会统一领导,以"保民"、"养民"、"教民"为中心内容,是治安强化运动中"剿共"、"肃正思想"等内容的发展。为了推行这一运动,敌占区各县相继成立"新国民运动实施委员会"。

　　△　平西斋堂日濑野中队 50 余人,突然包围斋堂北 10 里之王家山(昌宛县属),村中青壮年已事先逃避,留村中老弱及小孩 40 多人,被驱至一屋,全部烧死。

　　12 月 13 日　重庆《中央日报》讯:蒋介石手令省、县党部今后工作任务:一、完成地方自治;二、训练甲级壮丁限三年内完成;三、推行总动员法令;四、健全县以下各级党部及训练基层党部干部。

△ 中华基督教节约献金运动重庆分会举行宣传会议,由会长冯玉祥作报告。会议决定在渝附近组织劝募献金分队 30 个,从是月 15 日开始举行节约献金运动。在重庆设总会,各地设分会,由基督教徒组成,每三个月献金一次。

△ 滇西日军屡图强渡曲石江,均被中国军队击退。

△ 日军独立混成第五旅团主力及第五十九师团、独立混成第六、第七旅团各一部,共一万余人,自是日起向青岛、烟台公路以西进行"扫荡",对平度、招远、掖县、莱阳边区的山东军区第五旅进行合围。第五旅以小部队配合地方武装坚持内线斗争,主力部队及时转至敌占区打击敌人。在我内、外线部队打击下,敌被迫于 12 月底撤回原据点。

12 月 14 日 周恩来在八路军重庆办事处的中共党员大会上作关于国共关系问题的报告,总结 1936 年以来国民党对待共产党态度的变化,指出:目前是"空气缓和","关系恢复",趋向好转,但能否解决具体问题,尚在两可之间。提出好转中仍须注意两个事实:双方解决问题的办法有很大距离;"局部压迫未放松"。但各种因素将使国民党继续改变其对中共的方针,"我们当前的任务是促其变"。基本方针仍是"坚持抗战、团结、进步和民主"。具体的是"争取好转,不忘防御";"争取合作,不忘斗争";"争取发展,不忘巩固"。

△ 军事委员会决定撤销运输局,该局所属工作仍由军委会负责。

△ 陕西省第三行政督察专员公署第三科科长史宗沂、财政部陕西省洛川县田赋管理处副处长李培厚,奉专员余正东之命,赴延安参观。

△ 中华妇女节制会在重庆创办胜利托儿所,李德全、刘王立明等被选为董事,基金为 100 万元,地址在大田湾。

△ 印度孟加拉省遭风灾,蒋介石夫妇捐款 3750 镑。

12 月 15 日 四川省军管区司令张群、省党部主任委员黄季陆联合举行茶话会,邀请省党政军、各机关团体及新闻界负责人,宣传实施新兵役法的重要意义。

△　中美无线电传真正式开放。美国总统罗斯福在办公室举行简单仪式,并将给蒋介石的亲笔信交给中国驻美大使魏道明。

△　成都市公共汽车经数月筹备,又装备木炭车四辆,是日试行通车,路线为东门车站至西门车站。

12月16日　蒋介石会见林彪和周恩来,张治中作陪。林彪表示拥护国民党十中全会宣言和决议的新精神。谈到两党关系时,要求彻底实行"三停三发两编"。蒋介石表示,国民党对统一团结问题不是政治手段,希望"大家在政令下工作",还说各政治团体要集中起来,希望问题很快解决。他答应发给药品,但不许再提新四军事,说承认新四军等于不承认政府。会见后,林彪将情况电告中共中央,建议加以研究后给以指示。

△　周恩来致电中共中央,认为这次蒋向林彪谈的两点,一是显然对军队数目、组成、地区及干部使用有若干不同意见,一是对于党及边区的所谓政治团体要集中领导,语意含混,显然还未定出具体办法。并提出:为推动局势好转,拟主动找张治中解决中共的合法地位、军队扩编数、边区行政区人员不动和目前适当调整作战区战后再重新划分四个问题。中共中央书记处18日电复提出:一、在允许中共合法条件下,可同意国民党到边区及敌后办党;二、军队编四军12师,新四军在内;三、边区改行政区,人员、地境不动;四、黄河以南部队战后北移,目前只作准备,李先念部实在无法调动,但东江曾生部在适当条件下目前即可加以调整。

△　国民政府任命陶百川为《中央日报·扫荡报》联合版新任社长。总经理仍由詹文浒副社长兼任。袁业裕、钱仲易分任总、副总编辑。陶仍兼《中央周刊》社社长。

△　教育部边疆教育委员会举行第三届大会,陈立夫、陈果夫、朱家骅等60余人出席。主要讨论设置边政学院、明年西北边疆教育设施等问题,17日闭幕。

△　财政部专卖司司长朱偰对记者称:明年专卖事业已确定:一、

火柴已列入限价物品；二、食糖以供应酒精原料，增加蔗糖生产，暂不限价；三、烟类专卖将在全国推广。

△ 云南昭通县李燮阳捐资兴学 11 万元，国民政府明令嘉奖，教育部授予一等奖状。

△ 陕甘宁边区政府、边区参议会、八路军留守兵团司令部在延安联合举行晚会，欢迎途经延安的晋察冀边区政务委员会副主任、国民党晋察冀党部领导人胡仁奎，林伯渠主席致欢迎词。

△ 八路军一部在鲁中临沂开展政治攻势，至 26 日已进入敌占区 104 个村，直接宣传群众二万人、伪军 400 人，包围据点 10 处，救出被捕群众 600 人，逮捕汉奸、特务 16 名，并组织若干处抗日工作点。

△ 中共晋察冀分局社会部派任远（刘杰）到冀东工作，并决定将原冀东情报站改为"冀东东北情报联络站"（对外称"冀东军分区联络部"）。主要任务是搜集伪满的战略政治情报，向东北派遣情报人员，建立情报组织。相继在路南及滦东建立三个分站，至日本投降时，情报站秘密人员已发展到锦州、北票、沈阳、四平、佳木斯、吉林、长春、哈尔滨等城市。

△ 日第十一军以第三师团主力及伪军共万余人分四路向大、小悟山分进突击，企图围歼新四军第五师。第五师以一部兵力配合地方武装坚持原地斗争，主力掩护机关分路向外线转移。于次日晨跳出重围，继而袭击夏店及平汉铁路、河汉公路沿线的日军据点。日军合围扑空，后方受袭，被迫撤退。至 18 日，第五师重返大、小悟山。是役共歼日伪军 200 余人。

12 月 17 日 国民政府明令公布《限制物价办法》。同日蒋介石通电在全国实施限价办法，电文称："特手订加强管制物价方案，以图标本兼治之计"，实施办法计七条，规定各重要市场物价、运价、工资，一律自 1943 年 1 月 15 日起实施限价，并以本年 11 月 30 日各该市场价格作评定标准，违反法令，擅自抬价，按军法惩处。

△ 重庆《大公报》讯：财政部公布明年财政预算，其中各项税收数

字均较本年度增加一倍或数倍。列入收入预算的第一位是田赋,其次为直接税,第三位是专卖,第四位为消费税、关税、统税等收入。总计为180亿元。

△ 兵役署长程泽润谈明年兵役,对记者称:一、学生服兵役原则已定,对沦陷区学生予以免役。曾受过军训者,中学生减为一年零六个月,专门以上学校学生减为一年;二、严禁冒名顶替,如被发现,处以极刑;三、兵役之终极目的在兵农合一。

△ 中国新闻学会举行第二次理事会,赵敏恒、成舍我、曹谷冰、张万里、彭革陈、陈铭德等出席,由理事长萧同兹主持。通过:一、聘沈善铉、浦熙修、高集、张仁仲为调查组干事;二、聘陈振纲、李景芳、朱经冶、张步云等九人为服务组干事;三、决定成立工作服务队。

12 月 18 日 国民参政会驻会委员会举行第三次会议,主要议题为:一、国际形势;二、农林部部长兼国家总动员会议秘书长沈鸿烈报告农林及物价管制情况;三、决议设置经济动员策进会,会长由蒋介石担任,在重庆设立总会及秘书处,并在昆明、衡阳、西安、成都、万县设立办事处。

△ 中共中央北方局代理书记、八路军副总司令彭德怀在太行军区干部会议上批评华北各地对地方武装忽视和吞并的行为,指出这是把游击战估计过低,把运动战估计过高所犯的错误。

△ 八路军第一一五师举行生产节约大会,全师从 1 月至 11 月生产节约达 800 万元,山东根据地平均每人可减轻负担四元。师政委罗荣桓指出:10 个月中帮助群众劳动 46 万个人工,仅滨海区开荒 3200 余亩,帮助群众开荒 2300 余亩;号召师直机关及鲁中、鲁南、滨海各兵团明年达到生产节约 1000 万元的任务。22 日闭幕。

△ 日第十一军司令官塚田攻及高级军官九人,乘机自南京飞汉口,在安徽太湖县上空被驻守大别山区的第五战区第二十一集团军第一三八师高炮部队击中坠落,机上人员全部毙命。

△ 日大本营和政府联席会议决定《以〈为完成大东亚战争处理对

华问题的根本方针〉为基础的具体策略》。《策略》规定:第一,利用国民
政府(按:指汪伪政府,下同)参战的机会,为确保其对日本在战争中的
合作,和该政府缔结基本协定。第二,加强国民政府的政治力量,包括
加强财政、调整和地方政府的关系、交还租界、撤销治外法权、处理在华
敌产等。第三,在经济措施上,在占领区要重点地谋取重要的战略物
资,并积极地获得敌方物资。要促进中国官民积极的经济活动及对日
合作,并以此帮助国民政府加强政治力量。

12 月 19 日　　立法院例会通过决议,规定公务员不得直接或间接
经商。

△　四川省三十二年度(1943)各县、市地方预算经审定,计岁入岁
出总额各为 9.141279 亿元,较上年预算数增加 60%。

△　暂编第四十八师为开展政权,进出洪洞、赵城,为此必须攻击
位于洪、赵间之石家庄日军据点。是日,师长娄福生遴选 30 人为"活炸
弹",夜袭石家庄,敌 40 余人悉数就歼,并击溃庄外碉堡之敌,毙敌 56
人,我伤亡三名。

△　八路军冀南军区第六分区第十九团袭入枣强东关,歼伪军
100 余人。

△　日军企图以重兵围歼第五战区部队,从是日开始,连陷商城、
罗田、英山、广济、黄梅、桐城、潜山、太湖、宿松等县城,使鄂、豫、皖广大
地区相继沦陷。

△　日军秘密开始对湖西地区实行"扫荡"。第十七师团一部进抵
砀山以北及丰县、沛县一线;第三十二师团一部窜抵金乡;菏泽之敌进
到单县,对八路军教导第四旅及湖西军区活动中心单县东北曹马集形
成四面包围。第四旅与当地军民奋起反"扫荡"。

△　平西李家堡点(斋堂西)伪军 40 余人,在队长王英、副队长
刘文正率领下反正,携步枪 30 支、短枪七支。

△　汪精卫应召离南京赴日本,周佛海、褚民谊、梅思平、林柏生及
日顾问石渡、松井、寺冈等随行,次日抵东京。

　　△　伪满洲国政府经济部公布《投资事业公债（第十次）发行规程》和《水力电气事业公债（第二次）发行规程》，决定各发行 4000 万元，称为第二十四、第二十五次四厘公债，1952 年全部偿还。

12 月 20 日　四川省主席张群主持四川省警察训练所第十三期警官班毕业典礼，并讲《现代警察应负的使命》。张氏勉励毕业警官各就本身岗位，努力加紧工作，向着民族复兴大道迈进。

　　△　重庆市社会局令饬重庆盐业、食油、棉花、棉纱、布匹、燃料、纸张同业公会，以上民生重要必需品一律以当年 11 月 30 日的价格为标准，重新议定价格，一星期内呈核，以作正式颁布之依据。

　　△　中国物理学会第十届年会改为分区举行。是日重庆物理学界人士举行年会，由总会前任会长李书华致词，宣读论文，讨论会务，决定成立物理学会重庆分会。

　　△　是日为回教忠孝节（古尔邦节），中国回教救国协会特通电全国教胞贺节。在渝 500 多回教同胞集会庆贺。

　　△　"抗大"代理政委张际春致电中央军委，报告抗日军政大学总校情况，称"抗大"总校现有学员 2800 余人，教职人员 2700 余人。

　　△　延安《解放日报》报道：陕甘宁边区共有公营工厂 62 家，有职工 3500 人。

　　△　日军第三十二师团骑兵第四旅团等部共一万余人分路向冀鲁豫抗日根据地湖西区"拉网"前进。该地区八路军部队节节抗击由南向北压缩之敌，迟滞、破坏日军合击计划。至黄昏时，以一部兵力袭扰进占鱼台西北张庄之敌，主力即乘机于鱼台东南方向突出包围圈。战斗中，八路军伤亡 300 余人。此后，日伪军在该地挖沟、修堡、筑点。至 1943 年 1 月，共筑路挖沟达 80 余公里，建据点 30 余处，使湖西抗日根据地陷入敌人分割的"格子网"内。

　　△　日军强渡南累河，向滇境进犯。

　　△　驻暖儿河、东河口一带田中"讨伐"队 140 多人，长途奔袭第十三军分区司令部。军区直属队长带队在黄花川河口设伏，田中当场被

击毙,其余敌军被俘,缴获轻机枪三挺、长短枪 125 支。

12 月 21 日 蒋介石在联合纪念周致训词:一、各党、政、军部门总结一年来工作得失;二、明年施政工作应以完成复员准备工作为标准;三、各机关紧缩机构、裁减人员,务于短期内完成。

△ 邮政总局长郭心崧辞职,交通部派副局长徐继庄接充。

△ 私立北泉图书馆正在积极整理四川先贤著作,决定辑编两大丛书,一名"四川先哲遗著",一名"四川掌故丛编"。

△ 延安《解放日报》报道:陕甘宁边区纺织工业,到目前为止,有公营工厂 21 个,布机 380 台,毯机 32 台,工人 1083 人;纺织合作社 30 个,布机 167 台,毯机 12 台,工人 385 人。全边区推广家庭纺织,有土机纺车共八万架,从业者达九万人。据统计,陕甘宁边区共有公营工厂 62 个,职工 3500 人。

△ 日御前会议决定《为完成大东亚战争而决定的处理中国问题的根本方针》,规定:国民政府(按:指汪伪政府,下同)参战,是打破中日战争现状的一大转机,为促使其对英、美宣战,应专心加强国民政府的政治力量,并力图消灭重庆政府借以抗日的口实,和汪精卫政权一起为完成战争而迈进。在美、英的反攻达到高潮前,要使对华的各种措施获得成果。

12 月 22 日 国民政府明令公布《战时烟类专卖暂行条例》,自 1943 年 1 月 1 日起,在湖南、江西、福建、浙江、江苏、广西、广东、陕西、甘肃、宁夏、青海、贵州、云南等省及皖南地区施行。

△ 行政院例会,蒋介石作明年施政方针指示,并通过以下决议:一、裁撤物资局,成立农本局,定为国营事业,以消除平价之内在矛盾;二、明令褒扬故川滇滇越铁路线区司令兼中国远征军随军铁路特派员沈昌;三、简派端木恺为国家总动员会议副秘书长。

△ 中印缅美军总司令史迪威中将以"立功勋章"授予美驻华空军司令陈纳德少将。

△ 法学博士陈耀东应中法比瑞文化协会邀请,讲述不平等条约的废

除问题,称对华不平等条约如不彻底废除,则世界新秩序难达圆满境地。

△ 八路军第一一五师政委罗荣桓在第一一五师后勤生产节约大会上作总结报告,要求各部队在 1943 年克服更困难的一段艰苦路程,更多地节省根据地的人力、物力、财力,积蓄力量,准备反攻。山东全军争取生产节约 1000 万元,同时要严格开展反贪污的斗争。

△ 汪精卫拜见日天皇,并接见记者发表谈话。声称:关于协助日本完成战争问题,已与日本政府“披沥诚意,荷蒙同感,各种协力问题,意见一致”。

△ 林柏生在东京对记者发表谈话声称:为与日本分担完成战争的责任,“国民政府”在政治上,首先是要把握民心,并予以严格的组织与训练;其次是加强政治机构,增进行政效率。在军事上,建军与整编军队并重,加强军队的政治与军事训练。在财政经济上,统一币制,加强物资调剂与管理,并力求生产力的增进。

12 月 23 日 国民政府明令追赠故员王凤山为陆军中将。

△ 国民参政会经济动员策进会成立。蒋介石兼会长,常务会员有孔庚、褚辅成、李中襄、王云五、陈博生、黄炎培、董必武、许德珩、杭立武、陶百川等 37 人。驻会常务会员为:冷遹、黄炎培、邓飞黄。主要任务是考察物价、限价、工资,及各种生产情况,调查走私和运输情况等。

△ 财政部钱币司司长戴铭礼对记者称:明年决定加强金融管制:一、明年在后方十四个大城市设立银行监理官;二、明年在成都实行票据交换业务,然后向各大城市推广。

△ 交通银行举办特约实业存款,该项存款将投放国防及民生实业,无论盈亏,均由该行保本保息八厘,每年结算投资所得纯益,扣除保息,其余按 60% 分配给存户。

△ 重庆《大公报》讯:中华农学会为鼓励优秀青年学习农业,经第二次理事会决议,自明年起设置下列奖学金:农业研究生奖助金 12 名,每人每月奖助 200 元至 300 元;专科以上学生 100 名,每人每年 400 元。

△　中共中央北方局发出《关于华北敌后抗日根据地 1943 年工作方针的指示》,内称:华北党的基本任务,在于进一步巩固敌后抗日根据地,坚持敌后抗日游击战争,克服困难,积蓄力量,为反攻及战后作准备,以便迎接伟大新时期的到来。

△　鄂东黄土岭、罗田战斗,第三十九军刘和鼎率第五十六师及第十六、第十七纵队与日第三师团激战。

△　汪精卫及其一行出席日本首相东条的欢迎宴会。东条致词,称赞汪精卫对日本的全面协力。汪致答词,表示今后要竭尽全部的心力和物力,替日本分担大东亚战争的一部分责任。

△　伪满洲国政府公布《学生勤劳奉公令》,规定大学和相当于大学的在校学生每年参加为期 30 天至 45 天的"勤劳奉公",如有不服役者不予毕业。

12 月 24 日　国民党代表张治中与中共代表周恩来、林彪在重庆进行谈判。中共代表提出四点意见:一、共产党合法化,国民党可以到中共区域办党办报,共同实行三民主义;二、八路军扩编为四个军 12 个师;三、陕甘宁边区依现有区域为行政区,直属中央政府;改组华北地方政权,实行中央法令;四、中共军队战后原则上接受开往黄河以北之规定,目前只能作准备工作,如情况许可时(如反攻),可磋商移动。并声明,如此四项可以谈,林即留此继续谈,倘相距太远,就请蒋介石提出具体方针,交林带回延安商量。张治中答应将四点报蒋。30 日,张电话通知周恩来,他们已开过会,认为条件相距甚远,未作决定。

△　国民党中央执行委员蒋作宾逝世。28 日,国民政府明令褒扬。

△　第三次全国美术展览会在重庆中央图书馆开幕,计有大小陈列室 20 余间,展示作品 3000 余件。其中书法 33 件,国画 184 件,西画 57 件,雕塑 32 件。除此之外,还有瓷器、刺绣、蜡染、摄影、图案、建筑制图等。参加陪展的,有北平故宫博物院、国立中央研究院语言所、中央博物院筹备处、教育部艺术文物考察团、说文月刊社、中国营造学社

等单位,均有作品参展。展期半月,累计观众 14 万人次。这次展览是南京国民政府成立以来规模最大,作品最多的一次美展。

△　鄂东麻城、黄土岗战斗,暂编第五十一师林茂华与日军第三师团激战。

△　皖南潜山、太湖战斗,第四十八军苏祖馨率第一三八师李英、第一七六师李本一等部与日第六十八、第一一六师团激战。潜山、太湖数度易手,至 1943 年 1 月 11 日,第四十八军收复上述两地,伤毙日军近 3000 人。

△　卢森堡政府宣布放弃在华特权。

12 月 25 日　蒋介石举行茶会招待盟邦军官,庆祝耶稣圣诞节,并祝联合国家胜利。

△　重庆国民兵团举行大检阅,国民兵团团长唐毅任司令官。蒋介石特派参谋总长何应钦为总检阅官。全市 3.3 万人列队参加,市长贺耀组,卫戍司令贺国光,兵役署长程泽润参加检阅。

△　国民党中宣部举行茶会,招待中外记者,主要由外交部政务次长吴国桢讲述英国议会访问团访华之意义,称此次英议会访问团来华,对于中英谅解及合作之促进,贡献极大。

△　中国滑翔总会在重庆举行百架滑翔机命名典礼,同时举行滑翔机展览。

△　中国社会服务事业协进会举行成立周年大会。各团体展览会亦在社会服务处开幕。

△　日机 80 余架分三批由缅甸侵入滇境。第一批 17 架于 3 时 20 分在云南驿投弹六枚。第二、三批共 70 余架窜入怒江沿线及蒙化一带盘旋,经我高射炮猛击,其中八架重轰炸机被击落。

△　汪精卫在东京发表广播讲话《告日本国民》,表示决心与日本"同心协力,共安危共生死",使大东亚战争得到最后胜利。

△　伪满洲国政府经济部公布《第二十七次四厘公债发行规则》,决定发行公债 1.5 亿元,10 年后全数偿还。

12 月 26 日　蒋介石谒见林森主席,报告废除不平等条约与缔结新约交涉经过。

△　重庆《大公报》讯:内政部长周钟岳谈明年工作要点:一、新县制实施要完成;二、户口调查与推行身份证;三、警政要扩大充实;四、禁政要严厉执行。

△　中华全国戏剧界抗敌协会第三届理、监事改选,选出理事田汉、洪深、阳翰笙、熊佛西等 31 人,候补理事夏衍等 15 人,监事赵丹、郑君里等 10 人,候补监事常任侠等五人。

△　第十八集团军总司令朱德、副总司令彭德怀命令,自 1943 年 1 月 1 日起,每人每天增发食油两钱,每月增发津贴费五角,每年发洗脸毛巾两条。

△　延安《解放日报》刊载太行文化界人士杨秀峰、邢肇棠、杨献珍、罗青、王振华、徐懋庸、陈克寒等 16 人发表的宣言,抗议日军杀害辅仁大学教授陈赓甫等三人的暴行,呼吁敌占区知识界、文化界人士来根据地参加抗日工作。

△　据中央社讯:豫省政府决定在洛阳、灵宝、广武等五地设立粥厂,于明年元旦开始对灾民施粥。

△　日华北方面军召开军事会议,方面军司令官冈村宁次在会上宣称:“华北地区自大东亚战争爆发以来,就担负起兵站基地任务”,今后“除对重庆国民党军队加大压力外”,要在伪军的配合下,剿灭华北的共产党军队。

△　日机犯滇,被空军击落多架。

12 月 27 日　蒋介石核准国民党中央拟订的《扶助朝鲜复国运动》,确定“先他国承认韩国临时政府”的方针,并将援朝政策的重点从扶助朝鲜革命力量,参加中国抗战,转移到强化朝鲜复国力量,争取实现战后朝鲜独立,并扶助韩国临时政府成为朝鲜独立后的正统政府。

△　陕甘宁边区政府任命曹力如为新划延属分区专署专员、李景林为副专员兼延安市市长。

△　汪精卫及其一行离日回国抵南京。汪在南京对记者发表谈话称：关于应付时局的办法，经过和日本政府多次会谈，双方意见融洽，对于加强国民政府（按：指汪伪政府）及协助大东亚战争有进一步发展。

12 月 28 日　国民党中央常委会决定派四川大学校长程天放为中央政治学校教育长，四川大学校长由省党部主任委员黄季陆继任。

△　蒋介石以密电告美总统罗斯福，反攻全缅事中国应用之军队皆已就绪，惟英不能践其诺言。

△　国民政府派于峻吉兼国际劳工组织理事会中国助理理事。

△　杜月笙创办之陕西冶铁股份有限公司在西安成立，杜为董事长，唐继之为总经理。新华电冶公司、新华储蓄银行、陕西企业公司、雍兴公司、兴中公司、大华纱厂、申新纱厂参加。

△　四川省农会在成都成立。周遂初为主任委员。

△　晨 5 时，日机三架侵入鄂省老河口，在城内投弹，天主堂医院全被炸毁。

△　伪满洲国政府公布康德 10 年(1943)度岁出岁入总预算各为10.55 亿元，比康德九年(1942)度预算增加 2.316 亿元，增加 28％强。

12 月 29 日　行政院例会决议：一、四川省立重庆大学、浙江省立英士大学、山西省立山西大学改为国立，并将国立东南联合大学归并国立英士大学；二、任命张洪沅为国立重庆大学校长。

△　"中国艺术剧社"在重庆成立。该社主要是由太平洋战争爆发后陆续由香港、上海撤到重庆的戏剧、电影工作者组成。主要负责人有于伶、金山、宋之的、司徒慧敏等。

△　陕甘宁边区政府公布《土地租佃条例草案》，凡六章 37 条。该条例根据团结抗日的原则，调整租佃关系，发展农业生产，加强抗日力量，实行减租减息与交租交息的抗日民族统一战线土地政策。规定：在土地已经分配区域，保证农民的私有土地制；在未经分配的区域，保证地主的土地所有权、债主的债权，政府对东佃关系及债务关系加以合理调整。

△　晋冀鲁豫边区政府为加强对工商合作事业的领导,决定由工商总局局长王兴让兼任实业社经理。当月,边区工商局召开各县局长、商店经理联席会议,确定"开展合作运动,发展生产"为 1943 年工商业的总方针。

△　午,日机五架侵入广东肇庆,在市区投弹 30 余枚。

12 月 30 日　蒋介石接见外交部长宋子文,听取关于英国对九龙问题之意见。

△　《大公报》讯:中国农民银行土地金融处发行土地债券一亿元,分百元、五百元、千元、五千元四种,限期 15 年。

△　陕甘宁边区政府任命袁任远为绥德专署专员,杨和亭为副专员;张中良为关中专署专员;马锡五为陇东专署专员,朱敏为副专员。

△　第三战区部队克复皖西太湖。

12 月 31 日　国民政府明令抗战殉职将领入祀全国忠烈祠。

△　四川省 1943 年度概算编竣,总数约五亿元以上,不足之数,将向中央请求补助。各县概算约较 1942 年度增加十分之六。

△　《中美平准基金协定》延期六个月。

△　鄂皖边境英山陷落。

△　伪华北政务委员会常务委员兼建设总署督办殷同病死。

12 月下旬　中共广东军政委员会在九龙地区召开会议,传达中共中央南方局书记周恩来的指示。会议决定立即在部队中开展政治教育,提高对国民党顽固派本质的认识。从 1943 年开始,对日伪军展开广泛袭击。

是月　毛泽东在陕甘宁边区高级干部会议上作《抗日战争时期的经济问题和财政问题》的报告,阐明经济工作的总方针是"发展经济,保障供给"。

△　中共中央南方局电广东军政委员会,指示成立广东临时工作委员会(亦称临委),以林平为书记,连贯、梁广为委员。林平负责全面兼军事工作,梁广负责城市工作,主要管广州、香港、澳门等城市的工

作;连贯负责国统区党组织联络和华侨统战工作。临委在南方局直接领导下,开展广东全省城乡抗日斗争以及各项工作。

△　晋西北人民武装扩大到 19 万人,其中自卫队 16 万人,民兵三万余人。是年,地方武装配合主力军或单独作战 387 次,毙伤日伪军 580 余人,俘虏伪军政人员 80 余人,破坏桥梁三座,割电话线 140 余里,缴获一批枪支弹药。

△　北岳区反"蚕食"斗争获得重大胜利,三个月来(9 至 12 月)共作战 593 次,毙、伤、俘日伪军 4290 余人,攻克据点三处,摧毁碉堡 113 座,平沟破路 118 里,基本上阻止了敌之"蚕食",冲破了敌之沟墙封锁。各地武工队还深入敌后开展工作,到年底共恢复或开辟了 1650 个村庄。

△　淮海抗日根据地军民发动交通破袭战,使纵横全区的公路大部被破坏,无法通车,并拔除了宋圩、姜圩、钱圩、孟头圩、小金庄、永兴庄等伪军据点,沉重地打击了日军以中国人打中国人的政策。

△　至是月底,晋察冀边区范围驻有九万余日军、11 万伪军,共修建据点、碉堡 3358 处,筑成公路 2.6942 万里,挖掘封锁沟 7884 里,砌封锁墙 896 里,冀中、冀东、平西、平北都变为游击根据地,北岳区的巩固根据地也缩小三分之一以上。边区主力部队和地方武装缩减为 8.3 万余人,民兵仅有 40 余万人。

△　美空运总部印中联队(后改为师)成立,负责驼峰空运,直到 1945 年 9 月战争结束。据统计,在此期间共输运军援物资 65 万吨,总价值 1.5 亿美元。

是年　本年度国家总预算及追加数岁入岁出各为 338.178067785 亿元。

△　本年度国库收入总额为 273.0073571156 亿元;支出 263.6298194113 亿元。

△　国家总动员会议秘书长沈鸿烈称:自抗战以来,物价逐渐上涨,就重庆趸售物价指数以 1937 年为基数,至是年涨至 78 倍。1942

年 4 月以前物价较稳定,平均每月涨率为 1％左右,6 月份为 20％。7 月底为止,重庆趸售物价指数较战前为 130 倍,零售物价指数较战前为 115 倍。

△ 国民政府是年发行粮食库券 1278 万石。

△ 自本年起,川省预算编入国家预算(由原来的国、省、县三级财政改为国家财政、县自治财政两级),地方主要收入划归中央接管。

△ 中、中、交、农四行在四川设立之总、分、支行,已增至 153 所,较战前增加三倍,资本总额占全川银行 56％以上。

△ 据经济部统计,国统区共有工厂 3758 家,工人 24.16 万余人。与战前情况相比,工厂数增加 16 倍,工人人数增加六倍。重庆一地产业工人达九万余,非产业工人达 10 万,是国统区战时工业和工人最集中的城市。

△ 据经济部统计,迄至 1942 年底,全川合于工厂法标准的厂矿已由 1937 年的 115 家增至 1654 家(包括官办 165 家),占国统区厂家总数的 44.01％。工业资本总额由战前 214.5 万元增至 11.3012 亿元(其中官营资本 7.11337 亿元,占 63％),占国统区工业资本总额的 52.28％。拥有动力设备达 6.2208 万匹马力,占国统区总数的 43.22％。工人人数由战前的 1.3 万人增至 15.44 万人,增加 10 倍以上。

△ 本年内四川共征送壮丁 36.6625 万人。

△ 迄至今年 12 月,法币发行总额为 344 亿元,发行指数为 2442％,较之上年增加 126.9％;同期,重庆趸售物价指数为 7776％,较战前增长 184.1％,货币购买力指数为战前的 1.28％。

△ 陕甘宁边区开荒 45 万亩,完成计划 90％,收获粮食 168 万余石。国营工厂发展到 62 个,食盐年产销达 20 余万驮,生产布 10 万尺。纸、肥皂、粉笔、精盐、牙粉均能自给。

△ 晋察冀民兵开展地雷战,从 4 月至 10 月共 1390 余次,毙伤日伪官兵 626 人,俘 147 人,炸毁碉堡 47 座,毁汽车 40 辆,破路平沟 330